JN209972

コンメンタール

借地借家法

第4版

稲本洋之助
澤野順彦
［編］

日本評論社

第４版 はしがき

旧版の刊行から早いもので９年という時が流れ、本書も平成29年以来、法改正に対応するべく改訂作業を続けていた。そんな中、共同編者である稲本洋之助先生がご逝去されたのは、昨年の６月のことである。

稲本先生は、とりわけ不動産法における理論面において多くの業績を上げられたが、その法分野の実務とのつながりの重要性を早くから認識され、昭和60年４月から５月にかけて、「ヨーロッパにおける都市開発と借地・借家の実態」を調査・研究するため、稲本先生をリーダーとし、研究者・実務家のエキスパートからなる私設調査団が結成され、アムステルダム、ミュンヘン、リヨン、パリ、ストラスブールの各地を歴訪し、各種の調査、研究が行われた。この成果（その概要については、拙著・借地借家法の現代的展開590頁に紹介されている）は、その後のわが国の借地・借家法の改正を考える礎の一つとなった。

また、昭和60年６月、法制審議会（民法部会財産法小委員会）において、借地・借家法改正問題について審議することが決定され、同年11月法務省民事局参事官室から「借地・借家法改正に関する問題点」および「同説明」が出されると間もなく、稲本先生は、昭和61年６月、学者、日本弁護士連合会および日本不動産鑑定協会（現・日本不動産鑑定士協会連合会）のバックアップによる「借地借家制度調査会」を立ち上げた。この調査会を通じて、借地・借家制度に関する問題点について全国的、かつ、多角的な実態調査が行われ、少なからず借地借家法立法の参考資料とされた。

借地借家法は、平成３年９月30日国会を通過し、平成４年８月１日から施行されたが、この間を通じ、稲本先生は「都市的土地利用研究会」を主宰され、多くの研究者、実務家が不動産関係法制度に関し、議論を積み重ねる場を設けられた。

本コンメンタールは、平成５年７月初版が刊行されたが、本書はこのような実績の上に成り立っているものであり、コンメンタールとしては、執筆者も含めて極めて特色のある産物であると自負できるものと考える。このような貴重な機会を作られた稲本先生には深く敬意と感謝の念を禁じ得ないものがある。

後掲の稲本先生記名のはしがきは、稲本先生の遺稿である。拝聴に値するものであり、読者諸兄にあられては、是非お読み戴きたい。

末筆ではあるが、本改訂にあたっては、小柳春一郎・獨協大学教授に稲本先生の編集作業を全面的にご協力戴いた。共同編者として、この場をお借りして、小柳教授に心より感謝を申し上げる。また、今回の改訂版の編集にあたっては、日本評論社の室橋真利子さんに大変お世話になった。心よりお礼申し上げる。

令和元年６月

澤野順彦

＊　　＊　　＊

第３版の刊行から７年が経過した。この間、借地借家法にかかわる新たな立法は法第４章「借地条件の変更等の裁判手続」に関する部分（平成23年法53号）に限られるが、他方では、民法（債権法）改正作業も進み新条項案が示されるなど、法文の規範内容とその環境の変化にも注目しなければならず、それらはまた借地借家法の注釈にも反映されなければならない*。読者から届く新版の要望も考慮し、ここに『コンメンタール借地借家法』（第４版）を刊行する運びとなった。

改版に当たっては、判例、学説さらに実務上の要望に関する情報をできる限り広く、かつ、客観的な観点からの評価に耐える方法で取り上げるべきことは言うまでもない。私たちはこれまで、この原則を十分に考慮した上で、いくつかの課題を掲げ、その検討を行ってきた。改めて記すならば、それは、現借地借家法に至る借地・借家法の歩み（わが国における歴史）であり、現に果たすべくして果たし得ていない役割（規範としての限界）であり、その上に加えるならば、借地・借家制度がよって立つ土地所有権観念とを総合的に追求した位置づけ（将来展望）などである。

また、現行法制への関心の中に本来は別異の分野で解決されるべきものが混入していることも稀ではない。たとえば、平成15～16年ごろ最高裁判例まで煩わせた「サブリース事件」や近年改めて社会的話題となっている賃貸経営一括引受け業者の家賃減額請求などがそれである。これらについて借地借家法の注釈においては触れられず、また触れられないことに法律構成上相応の理由が存在するにかかわらず、サブリースや賃貸経営一括引受けにかかわるトラブルの主たる解決指針を借地借家法に求める傾向がみられた。

本書第４版の編集においては上記の点に関して次のように配慮した。サブリースや一括引受けに伴う諸問題については、借地借家法の各条項でのコメントは最小限にとどめ、最終条項の注釈のあとに別枠を設け、新たな担当者を置いて解説することとした。社会問題となった事象についての法文のコメントには、このような腑分けが必要だからである。

最後に、第３版の「はしがき」において仮設的に述べた定期借地権の諸態様について触れ、借地借家法制の将来展望を改めて見てみよう。

第３版「はしがき」では、普通借地権の適用除外としての定期借地権に特例制度として設けられた事業用定期借地権が、「例外の例外」ではなく、３種独自の借地制度の一つとなるであろうと述べた。この予測は８年後の現在、ほぼ現実の状況として確認できる（これに関して、信頼性の高い実態調査の報告書、関東甲信不動産鑑定士協会連合会編『第３回定期借地権の地代利回りに関する実態調査報告』〔平成28年３月〕が刊行された。私たちはこれに依拠して各種定期借地権の現在を知ることができる）。

他方、事業用定期借地権が定期借地権一般の特例的存在ではなく独自のものであるとすると、３種の借地権のうち残る一つ、非事業用定期借地権の趨勢はどうか。居住用建物所有の定期借地権（以下「居住用定期借地権」という）がそれであるが、おおよその見方では「伸び悩み」であるという。その原因として挙げられることは少なくないが、土地の権利が所有権でないことによる減価と市場性の喪失、資産として期間が限定されることによる安心性の欠如などが一番大きいようだ。

しかし、これらは定期借地権の定義上の前提であることも確かで、それ自体としては払拭できない。ここで借地法制の将来展望という点からの再検討が必要となるのではないか。土地所有権を住宅所有の土台として考えるとき、所有すべき住宅に最適の土地所有の在り様を考える。つまり、最適とは無期限ではなく、有期の保有であり、そのための経済的負担が合理的であることである。このような発想は単に将来のものではない。現に、英米法の世界での基本的な土地所有権＝リースホールド leasehold はまさに有期の土地所有権であるし、すでにわが国でも実例がある地代一括前払いの地上権型居住用定期借地権（「定期所有権」と形容されることがある）も土地所有者の全権能を備えた有期の土地利用権である。

これをわが国で全面的に採用することにはいまだ困難があろうが、居住用定期借地権の設定当事者の権利義務等に法律上の縛りを加えながら存続期間の決定をより自由にする（たとえば、期間20年ないし30年の居住用定期借地権の承認など）ことは考えられてよい。とはいえ、これもいまだ立法論上のことで解釈論（コンメンタール）上の議論ではなく、私たちが上述のように解釈論の彼方に将来展望があってよいと思う限りのことであり、当面はそのように受け取っていただければ幸いである。

前版から７年のインターバル中に本書の編集にあたる㈱日本評論社のスタッフも変わった。はしがきの最後になるが、現在の担当者室橋真利子氏の多面にわたるご配慮によって無事編集を終えることができたことをここに記し、編者・執筆者一同の謝意を表することとしたい。

稲本洋之助

［平成29年５月記］

＊　民法改正条項の掲載方法については、「法令・引用文献略語一覧」参照。

第３版 はしがき

平成11年の法律第153号によって借地借家法第38条の全文が改正されたことを機に、実務における「定期建物賃貸借」の受容状況をみながら平成15年に本書の第２版を刊行した。それからすでに７年近くが経過し、その間、平成３年の新法に依拠した借地契約が着実に増え、新法の解釈・適用をめぐる判例も次第に多く報告されるようになった。もちろん、現に行われている借地契約の大半は旧借地法下に締結されたものであり、新法の経過規定のもとで今後もかなりの期間にわたって存続するものと考えられるが、経済的な状況の変動や土地利用の変化によって旧借地法下の契約の解消や新法による借地契約への転換もまた進むであろう。

新法施行後の状況はこのようにゆっくりとではあるが次第に流動的な様相をみせている。その中でも、法第22条から第25条に定められた「定期借地権等」は借地関係の流動化の目玉であって新たに設定された借地権の中で占める比率は極めて高いものと考えられている。すでに新法制定の目的が借地による土地利用の増進であった以上、従来それを妨げていたと思われる法定更新制度ないし正当事由条項による一元的な借地権保護の縛りを解釈上疑義のない形で緩和することが法律改正の基本的な眼目であった。いいかえれば、いわゆる「借地権価格」などとして現象した所有権への負担（土地に生じるキャピタル・ゲインが法定更新制度等によって借地権に吸収されることによる相対的な減価）を伴わない新たな土地利用権を創設することができるかが問われ、定期借地権制度の創設はそれに答えるための重要な試みであったのである。

解釈上疑義のない形でとは、更新による存続保護のある普通借地権を基本に据えたうえで、その適用除外として定期借地権を定め、さらにその適用除外として事業用借地権を定めるという形式をとったことである。適用除外である以上そのための法律要件を存続期間、借地上の建物の用途、定めるべき特約と許されない特約の厳密な規定などによって明確にしなければならない。新法の施行後多くの質問が寄せられたのは、このように一般条項的な判断をできるだけ排除した構成要件の定め方が従来の借地法と大きく異なったからだと思われる。

特例としての定期借地権とそのまた特例としての事業用借地権は法律の施行後５年を経過する前後から次第に契約事例を増やしていった。新規建築物を土地利用権の種別で区分すれば所有権によるものが圧倒的に多いことは事実としても、借地権全体の中では定期借地権と事業用借地権によるものが大半を占めることもまた事実であった。法律上は確かに例外的な借地権であっても、事実上は新規借地権の中で一般的な選択肢となってきたのである。他方で、定期借地権はキャピタル・ゲインの取得を目的とせず、もっぱら利用利益を目的とした土地利用権であることから、地代は定期支払であっても全期間一括払いであっても、またその中間のどのような形態であっても、利用の対価以上でも以下でもないことが理解されるようになった。借地借家法上の制度ではないが、平成17年の課税取扱上の新方針（国土庁照会への平成17年１月７日国税庁回答）はまさにこのような理解の上に意味を持つ改革であったといってよい。

借地借家法は平成19年12月21日の法律第132号によって新たな改正を経験した。

改正点は形式上は事業用借地権を定めた旧第24条に係るもので、その名称を「事業用定期借地権等」にあらため、また条文の順序を第24条から第23条に繰り上げて新たな位置づけをあたえた。新しい事業用定期借地権の内容は本書の該当箇所で詳しく解説をしているのでそれに譲り、法改正としての特徴のみをここで述べるにとどめよう。一言でいえば、定期借地権はなお普通借地権に対して特例的位置にあるが、事業用の借地権はもはや定期借地権の例外ではなく、第22条の定期借地権とならぶ第二の定期借地権類型となったということである。いはば、建物の用途による限定のない50年以上の「一般定期借地権」と事業用途に限定される50年未満の「事業用定期借地権」の二つの領域からなる定期借地権制度となったといってよい。詳しく見れば事業用定期借地権にその基本形としての30年以上50年未満型とより絞り込んだ30年未満の事業用借地権が区別され、両者を総合して「事業用定期借地権等」と呼んでいることは確かだが、法律構成上の基本は上記のところに尽きるのである。

本書の第３版は、事業用定期借地権制度の新たな位置づけが新借地借家法上の重要な画期の一つであるという認識から刊行されるものである。平成19年改正では変更のない条項でも判例や実務取扱いの進展、学説上の掘り下げなど注意すべき点が少なくないことにかんがみ、全面的にレヴューを行った。第２版に対する読者からのご意見も大いに参考にさせていただいた。

最後になるが、版元の日本評論社ではこれまで本書を担当してきた古立正芳氏に加えて高橋耕氏が改版の編集事務全般を統括され、あらゆる協力を惜しまず執筆者を助けていただいた。ここに記して一同の謝意を表することとしたい。

平成21年12月

稻本洋之助
澤野　順彦

第２版 はしがき

本書を『コンメンタール借地借家法』と題して刊行してから、すでに10年が経過した。

この間、平成８年の新民事訴訟法の制定に伴って法43条、52条から54条が改正された（平成８年法110号）ほか、平成11年（12月15日）には、法38条の全文を書き換える改正があり、これに伴って第３章第３節の節名も「期限付建物賃貸借」から「定期建物賃貸借等」に改められた（平成11年法153号）。後者は、いわゆる「定期借家権」を導入した法律改正であり、立法過程で激しい論議を呼んだことはいまだ記憶に新しい。同改正に際しては、そのような事情から、「施行後４年を目途として、居住の用に供する建物の賃貸借のあり方について見直しを行うとともに、この法律の施行の状況について検討を加え、その結果に基づいて必要な措置を講ずるものとする。」旨の留保が附則４条においてなされている。

一方、実務においては、本法の制定前に設定された借地契約および借家契約について本法により廃止された建物保護に関する法律、借地法、借家法の規定によって生じた効力の大部分が維持されているため、それら旧法の規定とともに旧法下の判例・慣行に基づく取扱いがなされているとともに、新法上で再編された諸規定についても解釈上旧法下の判例等が参照されて今日にいたっている。他方では、新法によって創設された「定期借地権」などの新しい制度も施行後10年を経て次第に普及し、法律上の解釈や経済的評価も定まる方向にある。これらの事情は、新法の制定当時から予想され、または期待されていたところであるが、市民の生活に深くかかわる民事の基本法制であるだけに、法律改正の定着といっそうの活用のためにはなお時日を要するであろう。

法制度の用いられ方は、多かれ少なかれそれぞれの時代の社会経済的状況を反映するものである。借地借家法の改正事業の過程はまさに地価高騰の時代であったが、そのもとで形成された取引慣行は法の解釈にも影響を与えた。今日では反転して地価が暴落し賃料の大幅な減額を求める裁判が相次いで提起されている。

賃料の長期据置きや定期的増額の特約が法32条との関係で争われるのである。

実定法の詳細な解説を目的とする本書では、法律改正はもとより、判例・学説の動きを不断にフォローアップしなければならない。今回10年ぶりに全面的な見直しをすることができたが、利用者各位には大変ご迷惑をかけたことをお詫びしたい。なお、各条項の執筆には原則として初版の担当者があたったが、一部変更したところがあることをお断りする。

第2版の刊行にあたっては、日本評論社・古立正芳氏が編集を担当され、製作全般にわたってご配慮をいただいた。記して感謝の意を表する次第である。

平成15年7月

稲本洋之助
澤野　順彦

初版 はしがき

新借地借家法は、平成３年（1991年）10月４日に公布され、翌年８月１日に施行された。同法の制定によって、旧借地法・借家法が大正10年（1921年）に定められて以来70年ぶりに、借地・借家制度の全面的な改正が行われたこととなる。その間、昭和16年の正当事由制度の導入、昭和41年の借地非訟事件手続の創設の二度の法律改正を経験したが、今回の改正はそれらの見直しや拡充を含めて借地・借家制度を今日の社会的経済的条件に適合させることを目的として行われた。立法史上重要な画期をなすものというべきである。

借地については定期借地権および自己借地権が、また借家については期限付建物の賃貸借がそれぞれ新設された。普通借地権についても、存続期間、正当事由制度、更新後の法律関係など、旧法における借地権とははっきりと区別される新しい考え方が導入された。このほか、借地法、借家法、建物保護法の全面にわたって従来問題とされていた事項の見直しがなされている。さらに、借地法・借家法の改正に併せて民事調停法の一部も改正され、賃料の増減額請求について調停前置および調定条項の制度が採用された。

このように、新借地借家法は土地・建物の利用をめぐる今日の問題状況に対応するため、新しい制度を創り、また従来の解釈・運用上の諸問題を解消することに努めたものとひとまず評価することができる。しかし、新法の施行によって従前の権利関係を変更することは原則的に許されないため、新借地借家法は、旧借地法・借家法の下で設定された借地権や建物賃貸借には適用しないことを基本としており、その結果、同法の施行後は、制度上内容を異にする新旧二つの借地権や建物賃貸借が存在することとなる。ここに、契約実務・慣行の基礎をなす民事基本立法について大きな改正を行うことの難しさを見ることができる。

今回の借地法・借家法の改正事業は、昭和60年（1985年）、東京都心部を端緒として異常な地価の高騰が始まるときに開始され、６年を経てようやく地価の高騰が終息し、さらに下落に転じてバブル経済が崩壊しはじめた平成３年（1991

年）に終了した。その意味では、土地・建物の利用に関する基本立法としての新借地借家法もまた、バブル経済との関わりをいっさい否定することは難しい。現に、審議の過程では、新借地借家法に宅地建物の供給促進に資する政策的役割を担わせることについて議論が交わされている。

しかし、このような立法時期の諸事情とは別に、従来の法律制度のもとでは借地・借家関係が硬直化し、そのことがわが国の土地・住宅問題の一因となっていたことは否めない。その意味においては、借地借家法に定められた各種の借地権および建物賃貸借の的確な運用と法の適正な解釈が今後わが国の土地・住宅問題の解決に重要な役割を果たすことを期待すべきであろう。

ところで、新旧異なる借地権および建物賃貸借が今後多年にわたって並存することを考え、借地借家法ないし借地借家関係をめぐる社会経済情勢の今後の変化を考えるならば、法律施行後間もない今日において将来とも有効な借地借家法の解釈を行うことは容易なことではない。幸いに、本書の執筆者はそれぞれ、法制審議会において借地借家法改正作業が開始される以前から借地・借家法のあり方について専門的な立場から研究に従事してきた経緯がある。そのための共同研究と成果報告はこれまで「都市的土地利用研究会」（東京大学社会科学研究所内　代表者　稲本洋之助）によって行われてきたが、借地借家法の施行を機に、とりまとめの意味で同法のコンメンタールの形式をもって本書を執筆することとした。借地借家法施行後間もなくの著述であり、今後発表されるであろう多くの優れた研究によって補われることを期待する。本書がさまざまな角度から検討され、利用され、批判されることを、執筆者一同希望している。

本書の刊行にあたっては、日本評論社　徳永　昭氏が企画・編集を担当され、製作全般にわたって配慮していただいた。記して感謝の意を表したい。

平成５年６月

稲本洋之助
澤野　順彦

目　次

借地借家法

第１章　総　　則

第２章　借　　地

第１節　借地権の存続期間等

第2節　借地権の効力

第3節　借地条件の変更等

第4節　定期借地権等

第3章　借　　家

第1節　建物賃貸借契約の更新等

第2節　建物賃貸借の効力

第3節　定期建物賃貸借等

第4章　借地条件の変更等の裁判手続

附　　則

平成11年改正附則（抄）

平成19年改正附則（抄）

民事調停法（平成３年法律第91号改正）

借地借家法

平成３年10月４日法律第90号

施行　平成４年８月１日（平成４年政令第25号）
改正　平成８年６月26日法律第110号
　　　平成11年12月15日法律第153号
　　　平成19年12月21日法律第132号
　　　平成23年５月25日法律第53号
　　　平成29年６月２日法律第45号

第1章　総　　則

（趣旨）

第1条[1]　この法律は、建物の所有を目的とする[2]地上権[3]及び土地の賃借権[4]の存続期間、効力等[5]並びに建物の賃貸借[6]の契約の更新、効力等[7]に関し特別の定め[8]をするとともに、借地条件の変更等の裁判手続[9]に関し必要な事項を定めるものとする[10]。

〔1〕　本条の趣旨　　この法律の立法目的を述べる規定である。法律の冒頭に「趣旨」ないし「目的」、「定義」などの規定を置くことは近年の立法によくみられるところである。旧借地法、借家法にはこのような規定はなかったが、近年の立法形式にならって本法でも第1条で立法の「趣旨」を明らかにした。

立法の趣旨は、借地・借家の法律関係について、民法の規定に対する特別規定を設けることおよび借地条件変更等の裁判について非訟事件手続法の規定を準用するにあたり必要な特別規定を設けることである。

〔2〕　民法の特別法として借地借家法（以下、特に必要がある場合を除いて「本法」と呼ぶ。また、大正10年の旧借地法を「旧法」と呼び、それと対比して本法を指示するときは本法を「平成3年法」と呼ぶ。以下、全条の注釈において、この例による）の適用対象となる土地利用は、建物の所有を目的とするものに限られる。地上権および土地の賃貸借は立木の所有（林業）や建物以外の工作物の所有を目的として行うことができるが、それらには本法の適用はない。

建物はその用途を問わない。居住用（戸建住宅・区分所有建物）と業務用（事務所・店舗・工場・倉庫…）で適用法律を分けることは立法上の検討課題ではあるが、本法ではそのような区別はしていない。特定の借地権類型（事業用定期借地権等。

23条）についてもっぱら事業用の建物に限るという制限を設けるにとどまった。

土地の工作物が建物であるといえるかは、工作物の物理的性状によるとともに、当事者の意思解釈の問題でもある。土地と別個に所有権の目的となるか、また借地権の対抗要件として建物としての登記ができるかなどの問題については前者すなわち工作物の性状が重要な意味をもつが、借地法の適用に関しては、後者すなわち当事者の意思解釈に重きが置かれ、物理的性状などは意思解釈のための資料として扱われるべきことが多い。判例に現われたところでは、ゴルフ練習場として使用することを目的として賃貸借が行われた場合には、事務所用建物の築造が予想されていたというだけでは現に建物が築造されていたとしても借地法の適用はないとするものがある（最判昭42.12.5民集21-10-2545。バッティング練習場につき同旨、最判昭50.10.2判時797-103）。

これに対して、契約書においては建物所有以外の一時使用であることが記載されていても、土地利用のために必要な工場等の建物を建てることが口頭で合意されていた場合（東京地判昭44.3.29判時566-70）や、賃貸人が建物の建設を知りながら賃料を受領しており、暗黙の合意によって建物所有のための賃貸借に改められたとみるべき場合（東京高判昭34.7.27東高民時報10-7-163）には、合意の存在を理由として借地法の適用を認めている。

〔3〕　民法265条以下に規定される土地の使用収益を目的とした用益物権の一つ。地上権者は土地所有者の承諾なしに地上権の譲渡・抵当権設定・土地の賃貸をすることができ、登記請求権を有する。民法では、地上権の存続期間は設定当事者の合意によって自由に定めることができるので30年未満の地上権の設定も可能である。したがって、本法の存続期間の規定（3条。30年以上）は、建物の所有を目的とする場合に適用される特則となる。

建物所有を目的とする地上権に本法が適用されることによって、地上権者は、30年の存続期間と法定更新制度を享受し、建物買取請求権を認められ、建物の登記によって対抗要件を具備するなど大きな利益を受ける。

建物の所有を目的とするものであれば、空中・地下の区分地上権（民269条の2）についても特段の制約なく本法が適用される。抵当権の実行に伴って成立する法定地上権（民388条）に借地法の適用があることは戦前からの判例である（東京控判昭9.10.5新聞3784-16、東京高判昭49.1.31東高民時報25-1-12）。

〔4〕　民法601条以下に規定される賃貸借で土地を目的としたもの。

(1)　賃貸借契約によって成立したもののほか、裁判上の和解または調停によって成立した場合でも、本法の適用がある。和解条項で法定の存続期間を下回る期間を定めた場合には、その定めは効力を生じない。

抵当権設定登記後に設定された土地賃借権を保護する民法旧395条は平成15年の民法改正によって廃止された。同改正法施行前に設定された賃借権は保護されるが、その存続期間は、民法602条に定める期間を超えることができない（大判昭2.1.31民集6-6）。602条に反して長期の存続期間を定めた場合には、602条を超える部分についてだけでなく賃貸借契約全体を競落人に対抗することができない（最判昭38.9.17民集17-8-955）。

(2)　民法の規定は「契約自由の原則」の上に設けられた任意規定であるから、土地の賃貸借についても契約当事者の合意が優先し、民法の規定は特別の合意がない場合に補充的に適用されるにとどまる。建物所有を目的とする土地の賃貸借に本法が適用されることによって、当事者の合意によって定めることができる事項およびその範囲が制限されることとなる。本法は、その規定の一部についてそれに「反する特約で借地権者に不利なものは、無効とする」（９条、16条、21条）と定め、特約の制限が土地の利用の保護を目的としていることを明らかにしている（これを片面的強行規定という）。

本法の適用を受ける借地関係は、したがって、(a)本法の強行規定、(b)本法の任意規定、(c)民法の規定（任意規定）の三つの適用を受けることになる。借地関係に関する当事者の特約は、(a)に反する場合には無効となって(a)の定めが直接に適用され、(a)に反しなければ特約の内容が当事者間の法となる。当事者間に特約がない場合に(b)に該当規定があればそれが適用され、ない場合には(c)が適用されることとなる。

〔5〕　存続期間、効力等　　本法第２章に定める事項を指す。「……等」と記述しているように例示的列挙であって、存続期間、効力以外の事項を含むことはいうまでもない。

(1)　存続期間　　一般に「存続期間」とはその間権利ないし契約関係が効力を有する期間を意味し、その満了によって権利ないし契約関係が終了することとなるが、借地関係の安定を保障することを目的とする本法においては、強行規定との関係および法定更新との関係で以下のような特別の法律効果を有する。

ア）　当事者間に特約がない場合の法定存続期間を定めるとともに、当事者間の特約によって定めうる存続期間の下限を画してそれより短い期間の約定を無効とする。

イ）　その間に正当事由に相当する事情があっても借地権の終了の裁判を求めることができない期間として借地権の存続を保障する。いいかえれば、正当事由による借地権の更新拒絶は、存続期間の満了時においてのみ許される。たとえば、旧法との対比において更新後の存続期間を短期化したこと（4条）は、直接には正当事由の具備についての判断を求める機会を増大したことを意味することとなる。

本法で定める存続期間には、借地権の当初の存続期間（3条）、更新後の存続期間（4条）および承諾ある再築の場合の存続期間（7条）がある。このほか、定期借地権（22条）および事業用定期借地権等（23条）の成立要件として存続期間に関する特別の定めがある。

⑵　効力等　　借地権の効力に関する規定（第2章第2節）として、借地権の対抗力（10条）、地代等増減請求権（11条）、借地権設定者の先取特権（12条）、建物買取請求権（13条、14条）、自己借地権（15条）に関する規定を置く。効力に関する規定のほか、借地条件の変更および増改築（17条）、借地契約の更新後の建物の再築（18条）、土地の賃借権の譲渡または転貸（19条）および建物競売等の場合における土地の賃借権の譲渡（20条）についての裁判所の許可に関する実体規定（第3節）および「定期借地権等」に関する特則規定（第4節）を含めて「効力等」といっている。

〔6〕　建物の賃貸借　　民法601条以下に規定される賃貸借で建物を目的としたもの。

⑴　建物は、その用途を問わない。居住用（戸建住宅・集合住宅）と業務用（事務所・店舗・工場・倉庫……）で適用法律を分けることは立法論上検討されてよい課題ではあるが、本法ではそのような区別はしていない。賃貸借の承継（36条）および定期借家契約の中途解約（38条5項）に関する特則の適用対象を居住用建物（生活の本拠）に限定しているにとどまる。

本法の適用対象は建物の賃貸借に限られ、使用貸借を含まない。また、賃貸借であっても、建物の一部で構造上利用上の独立性がない部分のみを目的とした賃貸借（貸間）には本法の適用はない。

⑵　建物の賃貸借に関する民法の規定、本法の片面的強行規定および任意規定とそれらの間の適用関係については、〔4〕⑵で述べたところを参照せよ。

〔7〕　契約の更新、効力等　　本法第３章に定める事項を指す。例示的列挙である。

⑴　契約の更新　　借家関係については、借地関係における存続期間に相当する制度は存在しない。もちろん、借家契約についてその存続期間を定めることができるが、定めなくてもよい。つまり、借家契約には存続期間の約定があるものとないものがあり、期間の定めがある借家契約についてのみその更新が問題となる。期間の定めのない借家契約は期間の定めがない状態で存続し、当事者のいずれかが解約の申入れをすることによって終了する。本法第３章第１節は「建物賃貸借契約の更新等」と題して、建物の賃貸人からの更新の拒絶および解約の申入れについて特別の定め（26条〜28条）をしている。

⑵　効力等　　建物賃貸借の効力に関する規定（第３章第２節）として、建物賃貸借の対抗力（31条）、借賃増減請求権（32条）、造作買取請求権（33条）に関する規定を置く。効力に関する規定のほか、建物賃貸借終了の場合における転借人の保護（34条）、借地上の建物の賃借人の保護（35条）、居住用建物の賃貸借の承継（36条）および定期建物賃貸借等（第３章第３節）に関する規定を含めて「効力等」といっている。

〔8〕　特別の定め　　地上権および賃借権に関する普通法としての民法に対して、特別の定め（特別規定）を本法に置く。特別規定は、任意規定に属するものと強行規定に属するものに分かれる。本法の実体規定（３条から40条まで）のうち、９条、16条、21条、30条、37条によって片面的強行規定とされているもの以外の規定すなわち11条、15条、20条、32条、33条、36条は任意規定である（ただし、地代等増減請求権に関する11条および借賃増減請求権に関する32条については、判例は、実質的には強行法規であるとしている〔地代等について、最判昭56.4.20民集35-3-656、最判平15.6.12民集57-6-595。家賃について、最判昭31.5.15民集10-5-496、最判平15.10.21民集57-9-1213等〕）。それらは、当事者の間にそれと異なる特約がない場合に民法の規定に優先して適用される補充規定である。なお、「定期借地権等」および「定期建物賃貸借等」に関する規定は、一時使用目的の借地権および

建物賃貸借の規定を含めて、強行法規の適用除外を特別の要件の下に許容する規定であり、それに従った特約でなければ強行法規の適用を免れえないという意味で強行性を帯びている。

片面的強行規定つまりそれに反する特約で「借地権者又は転借地権者（建物の賃借人又は転借人）に不利なもの」を無効とする規定は、本法において多数を占める。借地権者等に不利であると判断されない特約は有効であるが、そのような特約がない場合には、それらの規定は民法の規定に優先して適用されるという意味で補充的機能を果たす。なお、本法において片面的強行規定とされているもののうち借地権および建物賃貸借の対抗要件に関する10条と31条は第三者の利益と直接にかかわる規定であって、それを当事者が借地権者等に不利とならない範囲で合意によって変更することを認めることには疑問が呈されている（16条の注釈を見よ）。

〔９〕　借地条件の変更等の裁判手続　　本法第４章に定める事項を指す。本法は、旧法（昭和41年改正）を承継して、借地権設定者の承諾にかかわる一定の事項について当事者の申立てにより裁判所が非訟事件として関与する制度を定め、さらにその適用対象を拡大した。

旧法はまず、堅固でない建物を堅固の建物に建て替えるための借地条件の変更について裁判所への申立てを認めていたが、平成３年法においては建物の堅固・非堅固の区別をしなくなったため、その次元では裁判所の関与を必要としなくなった。平成３年法はそれに代えて、建物の種類、構造、規模または用途を制限する借地条件の変更を非訟事件手続に服せしめることとした（17条１項）。

増改築を制限する旨の借地条件がある場合の借地権設定者の承諾に代わる裁判所の許可（同条２項）、土地の賃借権の譲渡または転貸についての借地権設定者の承諾に代わる裁判所の許可（19条１項）および建物競売等の場合における土地の賃借権の譲渡についての借地権設定者の承諾に代わる裁判所の許可（20条１項）については、平成３年法は、旧法の制度をほぼそのまま承継している。

平成３年法が非訟事件手続として新たに追加したのは、借地契約の更新後の建物の再築についての借地権設定者の承諾に代わる裁判所の許可（18条１項）の手続である。平成３年法は借地契約更新後の借地権の存続を建物の存続にかからしめたことから、借地権者にやむをえない事情がある場合の例外的な救済措置として裁判所による代諾許可制度を導入することとなった。

本法第４章は、これらの借地非訟事件に関する特別規定を定める（42条）。借地非訟事件は第４章に定める事項以外については非訟事件手続法に従う（ただし、同法27条、40条、63条１項後段を除く）。

〔10〕 借地借家法の一本化　　本法は旧借地法・旧借家法と建物保護法を廃止し、それらを一つの法律にまとめて借地借家法とした。しかし、本法の章構成をみれば明らかなように借地関係と借家関係とは明確に分けられ、両者に共通する規定は存在しない。

借地関係と借家関係はその実態においても法律的側面においても性格を大きく異にするので、両者を単一の法律によって律することについてはすでに昭和30年代の改正事業に際して批判があった（鈴木・研究Ｉ166）。

平成３年の改正において両法の一本化が行われたのは、一本化を必要とする理論的根拠が存在したからではなく、さまざまな便宜的事由によるものと考えられる。本法において借地関係と借家関係をあわせて規定したのは、直接には昭和35年の「改正要綱案」の例によるものであり、遡れば昭和16年の借地法、借家法改正において存続保障のための仕組みとして等しく導入された正当事由条項が戦後復興を経た昭和30年代において強く見直しを求められるようになったという背景がある。また、社会経済条件の変化をふまえて借地・借家法の見直しを行うべきものとした平成３年の改正においては両法を一括して改正することに立法を推進する上での利点があったことも確かである。さらに内容的には、平成３年法下において借地権終了の機会が増大した結果、「旧法と異なって借地関係の変動がその上の建物の借家関係のあり方に直接に影響を及ぼすことが少なくないことから、借地関係と借家関係を同一の法律で定めるほうが齟齬が少ない」（稲本・法時64-6-6）ことも確かであろう。

両法の一本化はこのような事情に配慮した結果であるが、本法の構成からもわかるように単一法とすることを当然とする理由があったとはいいがたい。両法を分けた場合、借家法の改正を必至とする状況にないことから借地法のみの改正になる可能性があり、他方、借地法の改正のためには借家法も含めて大正10年法制の全面的な刷新を行うことが得策であるという判断があって昭和35年の「改正要綱案」の前例に従ったものと考えられる。　（稲本洋之助・藤井俊二）

（定義）

第2条〔1〕　この法律において、次の各号に掲げる用語の意義は、当該各号に定めるところによる。

一　借地権〔2〕　建物の所有を目的とする地上権又は土地の賃借権をいう。

二　借地権者〔3〕　借地権を有する者をいう。

三　借地権設定者〔4〕　借地権者に対して借地権を設定している者をいう。

四　転借地権〔5〕　建物の所有を目的とする土地の賃借権で借地権者が設定しているものをいう。

五　転借地権者〔6〕　転借地権を有する者をいう。

〔1〕　本条の趣旨　　本条では、借地制度にかかわる五つの基本用語について定義を行う。いずれも借地関係の用語であるが、第2章の冒頭でなく第1章「総則」において規定しているのは近年の立法作法によるものであるほか、第3章「借家」中に「借地権」の語を用いる条項がある（35条）ことによるものと考えられる。他方、借家関係について用語の定義を設けないのは、建物の賃貸借、賃借人、賃貸人、転貸借、転借人の語が借地関係の用語に比して重要でないからではなく、それらはすでに普通法としての民法上の用語であることによる。1条でいうように、普通法に対して「特別の定めをする」にあたって新たに用いる語のうち基本的なものの定義を行ったのである。

〔2〕　借地権　　旧法1条で「本法ニ於テ借地権ト称スルハ建物ノ所有ヲ目的トスル地上権及賃借権ヲ謂フ」と定めていたのを承継した規定である。

(1)　この定義によって、本法で「借地権」について規定されていることがらはすべて、建物所有のための地上権および土地の賃借権に共通に適用されることとなる。逆に、19条、20条にみられるように「借地権」の語を用いず「(土地の)賃借権」の語を用いている条項は地上権には係わりがないものということになる。12条2項、3項においては所定の制度が地上権と土地の賃借権に同様に適用されるにかかわらず「借地権」といわずに「地上権又は土地の賃貸借」という表現を用いているが、これは登記に関する規定であって登記法上「借地権」としての登記を認めていないことに配慮した結果である（旧法13条2項、14条参照）。

(2)　本法における「借地権」が本法第2章の規定の全面的な適用を受けるか否かは別の問題である。たとえば、一時使用目的の場合であっても建物の所有を目的とするときは「借地権」であるが、第2章の規定の大半は適用がない。

〔3〕　借地権者　　借地権を有する者をいう。旧法の用語をそのまま承継した。

〔4〕　借地権設定者　　本法においてはじめて用いられる用語である。旧法においては、「土地所有者」の語を用いていたが、地上権者が第三者に賃貸する場合または土地の賃借人が第三者に転貸する場合の法律関係における「貸し主」には適合しない。そのため、あるいは土地所有者について定める規定を準用規定（旧法8条）を設けて準用し、あるいは「土地所有者又ハ賃貸人」（旧法13条）という表現を用い、あるいはそのような準用規定や併記なしに解釈上で準用をしていた。本法で借地権者に対して借地権を設定している者を「借地権設定者」と定義したことによってこの問題はすべて解決された。賃貸人である地上権者および転貸人である土地の賃借人はすべて「借地権設定者」として、その賃借人または転借人との関係を本法により律せられることとなる。

〔5〕　転借地権　　建物の所有を目的とする土地の賃借権で借地権者が設定しているものを転借地権という。借地権設定者は土地所有者である場合と借地権者である場合とがあるが、後者によって設定された借地権を前者によるものと区別する必要がある場合にこの語が用いられる。

転借地権をこのように定義することによって、地上権者が賃借権を設定した場合にも設定された後は本法では「転借地権」と呼ばれることとなる。

借地権設定者が自己借地権を有する土地所有者であってもよい。ちなみに、区分所有建物の敷地について自己借地権を有する土地所有者が区分所有権を譲渡する場合には、借地権とともに建物を譲渡する場合と、自己借地権に基づいて土地を転貸し建物を譲渡する場合とがあることとなる。

〔6〕　転借地権者　　転借地権を有する者をいう。定義上、土地の賃借人であって、賃貸人が自己借地権者である場合を除いて土地所有者でない者ということになる。「転借人」の語は本法では借家についてのみ用い、借地についてはすべて「転借地権者」の語を用いる（5条3項、6条、7条、8条5項、12条4項、13条3項、16条、17条5項、18条2項、19条7項、20条5項、21条）。

（稲本洋之助・藤井俊二）

第2章　借　　地

第1節　借地権の存続期間等

（借地権の存続期間）

第3条〔1〕　借地権の存続期間〔2〕は、30年とする〔3〕〔4〕。ただし、契約でこれより長い期間を定めたとき〔5〕は、その期間とする〔6〕。

〔1〕　本条の趣旨　　本条は、借地権が設定された当初の存続期間について規定する。借地権の存続期間の下限を定めることによって借地権の存続を保障する規定は、借地法の中核をなすが、過去二度の改正においてはこの規定には変更は加えられなかったが、本法では、存続期間に関する規定を抜本的に改正している。

(1)　日本民法は、土地と建物を別個独立の不動産としている。そのため、欧米諸国の法制とは異なり、土地を所有しないで建物を所有することが可能である。欧米諸国では、土地と建物が一体の不動産であるのが原則であるので、土地所有者以外の者が他人の土地に自己の資本を投下して建物を所有するのは例外的現象である。

その例外的場合においても、土地利用権は物権であり（藤井・東社42-9-229以下参照）、建物所有のための借地にあっては、法律上の規制があるか否かを問わず、存続期間は長期である（藤井・東社42-9-232）。すなわち、土地所有者が自ら資本を投下せずに、他人に土地の利用を委ねて建物を建築させる場合には、長期の存続期間を保障すべきことが欧米諸国では常識であるといえる。まして、土地と建物を別個の不動産とする原則を採るわが国では、借地は――欧米諸国と異なり

――建物所有のための土地利用の原則的形態の一つであるから、それに長期の存続期間を保障する必要性は一層大きいといえる。

⑵　民法の賃貸借に関する規定では、賃借権の存続期間の上限を改正前は20年としていたが（改正前民604条１項）、改正によって50年とされた（改正民604条１項）。しかし、下限に関する規定はない。また、賃貸借の存続期間を定めなかった場合には、１年間の解約申入期間を置いていつでも解約申入れをすることができる（民617条１項１号）。

地上権については、上限・下限いずれについても規制はなく、ただ、期間を定めなかった場合には、地上権者はいつでも地上権を放棄することができ（民268条１項）、また放棄しないときは、裁判所は当事者の請求によって20年以上50年以下の範囲内で存続期間を定めるものとされている（同条２項）。

民法典の立法者は、建物所有のための借地権としては賃借権ではなく地上権が利用されるであろうと予想しており、そうであれば存続期間は20年以上が多いであろうから、20年より長い期間の借地には永小作権や地上権の設定ができるとしていた（梅636、岡松204は、わが国の慣習では長期の賃貸借が少なく、また永小作権と区別するために賃借権の最長期間を20年にしたと述べる）。しかし、実際には、立法者の予想に反して地上権の設定は極めて少なく、しかもその地上権の存続期間も３年とか５年と著しく短期であった（三好・講座1-21）。

⑶　明治42年に建物保護法が成立し、地震売買の道をふさがれた。そのため、一部の地主は、地代値上げを容易にするため借地契約の短期化を図った。これに対して、借地権者側は借地法制定運動を繰り広げることになった。その主張は、建物は土地よりも保護されるべき財であり、短期の借地契約は耐用年数が長い建物を所有するための借地にはふさわしくなく、短期の契約を容認するならば、多大の資本を投下して堅牢な建物を建てる者がいなくなるということである。特に、借地権の存続を保障して、「投下資本の利益を安固にすることこそが都市発達の基礎である」ことが強調されたのであった（渡辺185以下）。

裁判所も、契約における当事者の合理的意思解釈として、短期の特約を地代据置期間の定めにすぎないと解したり（東京地判明44.11.27新聞761-21）、契約上の「例文」であって当事者は拘束される意思を有しないと判示したりして（東京地判明44(ワ)1572〔月日不明〕新聞801-22）、土地の賃借権の存続を図ってきたが、当事者の合理的な意思の解釈という方法で借地権の存続を保障し、短期借地契約の弊害を除去することには限界があった。そこで、大正10年に「借地法」を制定し、賃借権の存続期間に関する民法の原則を根本的に修正して、建物所有を目的とする借地権（地上権・賃借権）の存続期間を長期化したのであった。

(4)　旧法２条は、借地権の存続期間を「石造、土造、煉瓦造又ハ之ニ類スル」堅固な建物の所有を目的とするときは60年、その他の建物（非堅固建物）の所有を目的とするときは30年と定めた（法定存続期間。旧法２条１項本文）。

ただし、当事者が契約で堅固建物について30年以上、非堅固建物について20年以上の存続期間を約定した場合には、旧法２条１項の存続期間の定めにかかわらず、その約定期間をもって借地権の存続期間とするものとし（同条２項）、当事者が存続期間について特別の合意をしなかった場合には、法定存続期間（30年または60年）が適用されるが、その期間内に建物が朽廃した場合には、借地権はその時点で消滅するものとした（同条１項但書）。

旧法がこのような期間の定めをしたことについては、特段の理論的根拠があったわけではなく、「相当の目分量」によるものであったといわれる（渡辺251）。

(5)　これらの30年または20年の期間より短い期間を約定した場合については、解釈上の対立があった。Ａ説は存続期間は法定期間つまり60年または30年になるとし、Ｂ説は30年または20年となるとした（学説の詳細は、〔５〕参照）。判例は、このような存続期間の約定は、旧法11条によって定められなかったものとみなされるから、旧法２条１項本文の規定に戻り60年または30年となるとして、Ａ説を採用した（最大判昭44.11.26民集23-11-2221）。

〔２〕　法定存続期間　　法律によって契約等の存続期間を定める場合、その期間を法定存続期間と呼ぶ。法定存続期間の性質は、それを定める法律によって異なるが、本法が借地権について定める場合には、次のような意味をもつ。

本法の適用を受ける借地権の存続期間は、特別の定めがある場合（定期借地権、事業用定期借地権等、一時使用の借地権など）を除いて、法定の期間（30年）とされる。この期間と異なる期間の定めで借地権者にとって不利なものは無効とされる。法定存続期間より短い存続期間の定めは不利なものとされるのに対して、それより長い期間を定めることは当事者の自由に委ねられる。このように、本法上の法定存続期間の定めは、存続期間について定めがない場合の存続期間を決定するものであるとともに、存続期間に関する当事者の特約を制限する基準期間としての役割を果たしている。

同様の法定存続期間の観念は、ア）当初の存続期間についてだけでなく、イ）更新後の存続期間、ウ）当初存続期間内に借地権設定者の承諾を得て建物を再築した場合の存続期間についても採用されている。

他方、22条以下の定期借地権等については固有の法定存続期間の観念は存在しない。22条の定期借地権と23条１項の事業用定期借地権は本条の法定存続期間を前提としてなされる一定の期間特約に基づくものであり、24条の建物譲渡特約付借地権も本条の法定存続期間の定めと抵触しないで定められる存続期間に対応した譲渡特約を行うものである。他方、23条２項の事業用借地権については、本条の法定存続期間が適用されないことはいうまでもないが、存続期間として定めうる期間の上限および下限が定められているだけで、一定の期間が法定されているのではない。

〔**３**〕 法定存続期間の一本化　　建物の堅固・非堅固の別にかかわりなく法定存続期間を一本化することの必要はすでに昭和30年代の改正作業において問題とされていた。

⑴ 「問題点」（1958年）では、ア）不燃化建物建築が奨励されて市街地の建物の堅固化が進んでいること、イ）堅固・非堅固の認定が困難であること、ウ）法定存続期間を一本化すれば用方違背に関する困難な問題がなくなることなどを挙げて、存続期間の一本化の必要が述べられていた（広瀬〔座談会発言〕法時29-10-24）。

次に、期間を一律とした場合に、それを30年とするか50年とするかが問題となった（研究会・ジュリ196-47～48）。50年説は建物の寿命を根拠とする（星野英一発言）のに対して、30年説は堅固建物でも30年程度を経過すると取壊し、建替えが進んでいること、また50年とすると貸地人自身の代には土地が返ってこないのは国民感情に合わないことを理由とした（水田耕一発言、鈴木重信発言）。

「1960年改正要綱案」第五、１では、「借地権の存続期間は、30年とすること。ただし、当事者の合意をもって、これより長い期間を定めることを妨げないこと」とされたが、昭和41年の改正法ではこの点の改正は見送られた。

⑵ この問題は、昭和60年の「問題点」であらためて採り上げられた。「問題

点」第一、一、１では、存続期間を一本化すべきものとし、その場合の期間は30年としたらどうか、とされた。すなわち、今後締結される借地契約では期間の定めのないものはほとんどないであろうから、期間の定めのない場合と定めのある場合を別異に規定すべき必要性は乏しい、また、建物の耐用年数も非堅固建物が堅固建物より短いとはいいがたいのではないかというのであった（「問題点の説明」）。

「試案」は、「堅固建物の所有を目的とするものについてであるかどうかを問わず、30年とするものとする」とした。その根拠として、現在では、堅固建物と非堅固建物で社会的・経済的耐用年数においても、築造にあたっての投下資本の額においても大きな違いがないこと、当事者意思の推測の面でも堅固・非堅固という建物の種類・構造のみから存続期間の長短を客観的に判断することは容易ではないことが挙げられている。

また、存続期間が満了しても、契約の更新を拒絶するには正当事由が必要とされるので、期間満了によって借地関係がその時点で終了するという構造には必ずしもなっていない。このような構造を考慮すると、土地利用の安定性を一応保障できる期間として、また一般の社会的・経済的な建物の耐用年数からみて30年が妥当であろうというのである（「試案の説明」。本条についても寺田参事官（当時）は、同様の説明をしている〔寺田・NBL489-40〕）。個人・企業の目的を達成するのに必要な土地利用の安定に要する期間として30年一世代程度のものを確保するのが望ましいとも説明されている（稲葉・別冊 NBL20-35）。

⑶　このような議論の下に30年の法定存続期間が定められた（藤井・法時64-6-15）が、今後建てられる良好なビルディングや、良好な市街地形成に寄与しうるような建築物の維持の法的保障のために、さらには人生80年時代において（原田・ジュリ939-73）、30年という存続期間が十分なものであるということができるかについてはなお疑問の余地がある。30年としたこと自体の根拠は明確ではなく、結局、旧法の堅固建物にかかわる最低存続保障の期間を目安として定めたものであって、本条の規定も旧法と同様に「相当の目分量」にすぎないものであるといえる（藤井・法時64-6-15）。

〔４〕　法定存続期間中の建物朽廃による借地権消滅制度の廃止　　旧法では、期間の定めがない借地契約において法定存続期間中に建物が朽廃した場合には借

地権が消滅する、という制度があったが（旧法２条１項但書)、平成３年法はこの制度を承継しなかった。すでに「1960年改正要綱案」でも、「朽廃」による借地権消滅の制度を廃止すべきであるとされていた。

「試案の説明」においては、「朽廃」という概念には幅があり過ぎてその判定は現実には困難が伴い、借地関係の消滅という重要な問題の決定にこのような幅のある概念を決め手にすることはできないということであった（旧法時においても、鈴木・借地(上)349以下は、確定期間によって借地権存続を保障することによって、当事者の予測が可能となり、朽廃という微妙な概念をはずすことによって当事者の紛争の主要なものの一つをなくすことができるから、廃止すべきであると主張していた)。

平成３年法では、８条の「滅失」の概念の中に「朽廃」も含まれる（「試案」第一、三、２参照)。したがって、更新後に建物が朽廃した場合には、借地権者から地上権放棄または賃貸借の解約申入れをすることができ（８条１項)、他方、借地権設定者は、借地権者が無断で朽廃建物を再築した場合に、地上権の消滅請求または賃貸借の解約申入れをすることができる（同条２項)。

〔５〕　約定存続期間　　当事者間の合意で存続期間を定める場合には、旧法では、堅固建物の所有を目的とするときは30年以上、非堅固建物については20年以上でなければならなかった（旧法２条２項)。この最短約定存続期間より短い期間を定めた場合には、旧法11条によって期間の定めのないものとなり、したがって旧法２条１項を適用して60年または30年となるとする説（戒能67、広瀬・借地借家45、星野・借地借家41など）と、短期を約定しようとする当事者の意思を尊重して、旧法２条２項の範囲内で最短期間である30年または20年となるとする説（我妻・各論中一487、鈴木・借地(上)341）が対立していた。

判例は、最大判昭44.11.26（民集23-11-2221）が、60年・30年説を採り、以後これに従っている。このような判例の結論に対して、約定最短期間よりわずかに短い存続期間を定めた場合には、旧法２条２項の期間どおりに定めた場合に比べて著しく長くなり、不合理であるとの批判も有力であった（鈴木・借地(上)341)。

本条では、契約に定めのない場合の法定期間と約定最短期間を一律に30年とすることによって、この問題を回避することとした（寺田・NBL489-40)。堅固建物については旧法と違いはないから、この規定の「実質的意味」は、「非堅固建物を目的とする借地権について約定による最低期間が10年引き上げられることにある」(稲葉・別冊 NBL20-35)。

〔6〕 30年以上の存続期間の約定の効力　30年以上の存続期間を当事者間の借地契約で定めることについては何の妨げもない。ただし、借地権が臨時設備の設置その他一時使用のために設定されたことが明らかな場合には、30年より短い存続期間の約定も有効となる(一時使用目的の借地権。25条)。

最長期については制限がない。どのように長い期間でも約定することができると解される(旧法における通説)。存続期間を「永久」とする定めも有効である。「無期限」と定めた場合については、意思解釈によって「期間の定めをしないもの」と解し、法定存続期間に服せしめるべき場合があるであろう。

(藤井俊二)

(借地権の更新後の期間)

第4条〔1〕　当事者が借地契約を更新する場合においては〔2〕、その期間は、更新の日から10年〔3〕(借地権の設定後の最初の更新〔4〕にあっては、20年〔5〕)とする。ただし、当事者がこれより長い期間を定めたときは〔6〕、その期間とする〔7〕。

〔1〕 本条の趣旨　借地契約が更新された後の存続期間については、旧法では、更新の時より起算して、堅固な建物の所有を目的とする場合には30年、その他の建物の所有を目的とする場合には20年と定め(旧法5条1項前段)、当事者がこれより長い期間を約定した場合には、それによるものとした(同条2項)。更新後の存続期間について定めがなかった場合には、上記の法定存続期間に従うが、その満了前に建物が朽廃したときは、それによって借地権は消滅するとしていた(同条1項後段)。この後段の規定も、過去二度の借地法改正においては変更されていなかった。

(1)「1960年改正要綱案」第六では、「借地権は、その存続期間が満了したときは、期間の定めのないものとして存続すること」という提案がなされていた。これは、貸地人と借地人の利害の合理的な調整方法として、契約更新後は一定の正当事由が生じたときはいつでも借地関係の解消を請求することができるとするほうが適当であるという考えに基づく(鈴木(重)〔座談会発言〕研究会・ジュリ196-

44)。ただし、この要綱案では、正当事由が備わった場合には、貸地人は、裁判所に借地権の消滅請求をすることができ、借地権消滅請求が認められなかった場合には、貸地人は、その後5年間消滅請求をすることができないという構造を採っていた。

⑵　この考え方は、平成3年の改正作業において再度採り上げられることになった。昭和60年の「問題点」第一、一、4では、「借地権の存続期間が経過したときは、更新をする旨の合意がされた場合を除き、借地権は、期間の定めのないものとして存続するものとし、土地所有者は、正当事由が備わったときは、解約の申入れをすることができるものと」したら、どうかという問題が提起された。

しかし、その後公表された「試案」第一、二では、「期間の定めのないもの」という考え方は否定され、堅固建物・非堅固建物を問わず、法定最短期間を一律に更新の時から10年とし、合意でこれを超える期間を定めた場合には、それに従うものとされた。その「説明」によると、旧法の構造では、存続期間満了時に正当事由を具備するか否かはあまりにも大きく偶然性に依存し、制度として硬直化していて、当事者の利害調整としては不合理であった。借地関係の終了問題の柔軟な処理方法としては「1960年改正要綱案」が優れているが、それでは借地関係の安定性の確保の要請に反するので、その中間的解決策として、借地関係の安定性を維持しつつ、正当事由具備の機会の偶然性を緩和させるものとして、10年の期間が提案されたのであった（寺田・NBL489-41参照)。

⑶　このようにして、政府原案では、更新後の借地権の存続期間の法定最短期間は、堅固建物・非堅固建物一律に10年とするとされていたが、国会の審議において、「常に10年ごとに更新における正当事由の有無を判断するものとすることは、借地人の負担が過大となり、ひいては居住権の安定性を損なう」として、最初の更新に限り20年とする修正が加えられ、本条となった。

〔2〕　当事者の合意による更新　「当事者が借地契約を更新する場合」とは、当事者の合意によって借地契約が更新される場合をいう。ここでの合意は、法定更新の確認と解すべきである。合意が成立しなければ、借地契約は更新されないわけではない。更新の合意がなくても、借地権者が土地の使用を継続するときは、借地権設定者に正当事由が備わらない限り、法定更新の制度によって更新されるからである。

⑴　更新は、当初の借地関係を維持存続させるものであって、当初の契約を消滅させて新たな借地権を設定することではない。従来、存続期間満了の場合以外に、建物朽廃による借地権消滅の場合にも、合意更新がありうるかが問題となっていた（詳細は、望月＝篠塚・新版注民⒂433参照）が、改正によって建物朽廃による借地権消滅の制度は廃止されたため（3条の注釈〔4〕16頁以下で述べたところを参照）、建物朽廃の場合に更新の問題は生じないことになり、建物が滅失した場合の問題として取り扱われることになる（寺田・NBL489-42、7条および8条参照）。

⑵　借地権がどのような原因で成立したものであるかは、問わない。法定地上権（民388条）、法定借地権（仮登記担保10条）のような法律によって成立した借地権の合意更新も認められる。

⑶　22条から24条に規定される定期借地権等の存続期間が満了するときであっても、本条の合意による更新は認められるであろうか。思うに定期借地権等に更新を認めるのは、背理であろう。つまり、定期借地権等は、一定の存続期間が満了したら終了するものであって、契約の更新がないものだからである。したがって、存続期間が満了するときに、更新の合意がなされた場合には、新たに普通借地権または定期借地権設定の合意がなされたものと認定すべきであり、存続期間は、前者においては期間の定めがないときは3条の適用により30年となると解すべきである。

一時使用目的の借地権には、本条の適用はない（25条）。処分権限を欠く者が締結した民法602条に規定する短期賃貸借にも適用がないと解され、更新される場合には民法603条の更新に該当し、更新後の短期賃貸借も民法602条の制限に服することになる。

⑷　更新の合意においては期間以外の条件は、当事者が自由に決めることができる（しかし、従来の借地関係の継続といえなくなるほど借地条件を変更するのは、むしろ新しい借地権の設定とみるべきである）。合意の内容が本法の強行規定に反しない限り、合意は、有効と解すべきである（望月＝篠塚・新版注民⒂435、星野・借地借家67、鈴木・借地㊤618）。

更新の合意において特別の約定がなければ、従来の借地契約における借地条件がそのまま更新後の借地関係に引き継がれる。

⑸　敷金・保証金のように借地権者が自ら提供した担保は、別段の合意がなく

ても、更新後の借地権に引き継がれる。更新後の借地権には効力が及ばないとすれば、借地権者は更新後に敷金の返還を請求することができることになるが、これは、当事者の意識にも反し、妥当性を欠く。他方、更新後の借地権に引き継がれても、借地権者の不利とはならないからである（鈴木・借地(上)518)。

(6)　借地権自体が登記されて対抗要件を具備しており、その登記に存続期間が記載されている場合には、この登記の対抗力は存続期間の満了によって消滅し、更新後にまで及ばないと解すべきであろうか。しかし、本法10条の建物登記によって対抗力を備えた場合には、期間の記載がないために更新後も対抗力を有するのであるから、このこととの均衡上対抗力は更新後にも及ぶと解すべきである（星野・借地借家69、鈴木・借地(上)488。従来、借地権は半永久的に存続するのが社会通念であるという理由も挙げられていたが、〔３〕で述べるように借地権観念が変化しているので、本条の解釈としては採りえない)。

〔３〕　更新後の借地権の存続期間　　更新後の存続期間は、当事者が存続期間について特別の約定をしなかった場合には、最初の更新のときを除いて、契約更新の時から堅固建物・非堅固建物の別を問わず一律10年とされる。

(1)　昭和60年の「問題点」では、更新後の借地権は期間の定めのないものとして存続し、借地権設定者は、正当事由が備われば解約申入れをすることができるものとするのはどうか、が問われていた。すなわち、旧法下における更新後の存続期間は長期に過ぎ、借地権設定者にとって正当事由の具備は偶然性に大きくかかり、当事者の利害調整のあり方としては硬直化しているとして、借地権の存続が最低限度保障された後は、正当事由を具備した時点で随時借地関係を解消するのが合理的あり方だというのであった（「問題点の説明」)。しかし、「問題点」についての意見照会に対する回答では賛否両論が大きく対立し、学者からも借地権者の居住上の地位を危うくし、借地権者による建築行為を抑止する結果になるという批判が寄せられた（田山・基本問題50、原田・ジュリ939-73以下)。

(2)　平成２年の「試案」では、このような批判を考慮して、更新後の存続期間を一律10年とした。この期間は、旧法の規定では存続期間が長過ぎ、借地権設定者と借地権者との間の借地権終了に関する利害調整として硬直化しているが、他方、期間の定めのないものとすると借地権の安定性が損なわれる。そこで、正当事由具備の偶然性を緩和して、当事者間の利害調整をより柔軟なものにし、他方で借地権の安定性を確保する必要がある、として中間的な案がまとめられた（「試案の説明」）。

⑶　「法案」も、更新後の存続期間を10年としたが、〔5〕で述べるように、国会の審議において修正が加えられ、最初の更新においては存続期間を20年と法定し、第２回目以降の更新においては10年とすることとなった。

旧法下では、土地を貸したら半永久的に返ってこないという意識が土地所有者の間に根強く存在した。借地法による存続保障がそのような方向で作用したことは否定できない（鈴木禄弥教授は、このような現象を端的に借地権の「亜所有権化」とされる〔鈴木・研究Ⅰ 269以下〕）。これに対して、平成３年法によって更新後の存続期間が短縮され、正当事由による終了の機会が増大した結果、「貸しても返ってくる」借地権という新しい借地権観念が生み出された。

そのため、定期借地権を普通借地権と対置して定期借地権の新しさを強調することには問題がある。普通借地権も旧法下の借地権とは大きく性格を変えており、その変化をみれば定期借地権と共通するところが少なくない。特に、更新後に建物が滅失した場合には更新後の期間が残っていても借地権は原則として消滅する（８条の注釈を見よ。その結果、更新後は既往の建物が存在する限りで、かつ、また正当事由が具備されない限りで暫定的に存続が許される借地権になる）ことから、平成３年法の普通借地権は――正当事由の判断を介して終了することになる点で定期借地権と構造を異にするとはいえ――定期借地権に劣らず新しいタイプの借地権であるとみるべきである（稲本・法時64-6-12、藤井・法時64-6-20、藤井・不動産研究34-3-1、片山・自正43-5-66、丸山＝勝田・基本コンメ20。これに対して、原田・ジュリ1006-43は、更新がある従来型の借地権としての性格は基本的に存続しているとする。同旨、吉岡・奈良産8-3=4-281）。

⑷　更新後の存続期間の起算点は、旧法下の通説と同様に、前借地権の消滅の時と解すべきである。ここでの合意は、本質的には法定更新を確認するものであり、更新の合意があったから契約が更新されるとみるべきではないからである。つまり、合意の成立の日からと解すると、合意が存続期間満了前になされたときは新旧の期間が重なり、期間満了後になされた場合には新旧の借地権の存続期間に空白が生じることになり、いずれも法律関係を複雑にさせるからである。更新の合意が前借地権の消滅後になされた場合にも、更新の効果は前借地権消滅の時

まで遡及する。

〔4〕 建物再築による存続期間延長　当初存続期間中に建物が滅失し再築され7条2項によって存続期間が延長された場合に、この延長は、最初の更新に該当するであろうかが問題となる。確かに、7条1項の規定による期間の延長は広い意味では契約の更新に含まれるが、平成3年法では、表現の上で、更新と延長を別異に扱っていること、および国会における修正の経緯（〔5〕の注釈参照）を考慮して、すでに建物滅失・再築による期間延長がなされていたときは、これを最初の更新に数えないと解すべきであろう（寺田・NBL489-49注(7)、研究会・新しい借地借家〔新訂版〕46以下）。

〔5〕 最初の更新における存続期間　最初の更新にあたっては、更新後の存続期間を堅固建物・非堅固建物の別を問わず例外的に一律20年とする。

「試案」においても「法案」においても、最初の更新における存続期間も10年としていた。しかし、国会審議において、更新後の期間を10年とすると、更新料支払の機会が多くなり、また10年ごとに正当事由が判断されるというのでは借地権者による建物建築が事実上抑制され、借地権者の負担が増え、ひいては借地権者の居住権の安定を損なうおそれがあるとして修正が加えられ、本条の規定となった（121衆院会議録4-24)。この規定は、星野教授によると「一種の経過規定のようなものであ」るとされるが（星野・法教136-16)、最初の更新における借地権は、借地権の安定性を維持するために特に挿入された規定であり、正当事由のチェック機能の働く時期を延ばすものとして、借地権の存続保障を基本的前提としていた旧法における借地権の性格を残すものであると解するのが「一種の経過規定」の意味であろう（丸山＝勝田・基本コンメ20)。

〔6〕 存続期間延長の合意　旧法下では、更新にあたって存続期間を定める合意ではなく、単純に存続期間だけを延長する合意がなされた場合に、旧法5条の規定が適用されるかが議論されていた。

すなわち、脱法行為の危険を指摘して延長についても存続期間最短期の制限を受けるとする適用肯定説（星野・借地借家64以下、望月・注民⒂330）と、延長期間満了時に借地権者は常に明渡しを余儀なくされるわけではなく、正当事由によるチェックも働くから、特に借地権者に不利となるとはいえず、期間延長は更新と区別して自由になしうるという適用否定説（鈴木・借地㊤522、平井・基本コンメ

182）とが対立していたのである。平成3年法についても同様の解釈論が成り立つが、筆者としては旧版の見解を改めて、適用否定説を支持する。借地関係のより柔軟な運用に資すると思うからである。

〔7〕　存続期間の合意の効力　　当事者が、最初の更新にあたって20年より長い期間を定めた場合、また2回目以降の更新にあたって10年より長い期間を定めた場合には、その期間が借地権の存続期間となる。期間を延長するだけの場合も同様である。ただし、これらよりも短い期間を定めた場合には、本条は片面的強行規定である（9条）から、その約定は効力を生ぜず、存続期間の定めはないことになる。したがって、本条本文の規定に従って、最初の更新のときは、20年、2回目以降は10年となる。

（藤井俊二）

（借地契約の更新請求等）

第5条[1]　借地権の存続期間が満了する[2]場合において、借地権者が契約の更新を請求した[3]ときは、建物がある場合[4]に限り[5]、前条の規定によるもの[6]のほか、従前の契約[7]と同一の条件[8]で契約を更新したものとみなす[9]。ただし、借地権設定者が遅滞なく異議[10]を述べたときは、この限りでない。

[11]2　借地権の存続期間が満了した後、借地権者が土地の使用を継続[12]するときも、建物がある場合に限り[13]、前項と同様とする[14]。

3　転借地権が設定されている[15]場合においては、転借地権者がする土地の使用の継続[16]を借地権者がする土地の使用の継続とみなして、借地権者と借地権設定者との間について[17]前項の規定を適用する。

〔1〕　本条の趣旨　　本条は、1項で借地権の存続期間満了時の借地権者の更新請求権を規定し、また2項および3項では借地権の存続期間満了後も借地権者または転借地権者が土地の使用を継続する場合における法定更新について規定する。

旧法では、4条において更新請求権に関する規定を置き、6条に法定更新の規定を置いていたが、本条ではこれらの制度を一括して規定することとなった。立法論としては、借地権者が更新請求をしない場合でも、土地の使用の継続によって法定更新されるのだから、更新請求の制度はほとんど意味がないとして更新請求の制度を廃止するのが適当とする主張もあった（我妻・各論中一492、鈴木・借地(上)415）。しかし、実際には更新請求がなされる場合が多く、これを廃止するには「国民の心理的抵抗がある」とする見解もあって（星野・借地借家62）、本法でも更新請求の制度は維持された。

なお、旧法では、４条２項に規定されていた建物買取請求権について、平成３年法は13条において規定している。

〔**2**〕 更新請求権の発生事由　　旧法４条１項では、借地権者が更新請求をすることができる場合を存続期間満了の場合に限定せずに、「借地権消滅ノ場合ニ於テ」と規定していた。そのために、かつては、期間満了で借地権が消滅した場合以外に、たとえば借地権者の債務不履行によって借地権が消滅した場合にも更新請求権が認められるかが問題となった（詳細は、鈴木＝生熊・新版注民⒂397以下参照）が、債務不履行による借地契約解除の場合には、更新請求権の成立を認めないのがこれまでの判例（大判大15.10.12民集5-726）・通説であり（我妻・各論中一489、広瀬・借地借家52、星野・借地借家73、鈴木＝生熊・新版注民⒂397など）、借地権消滅とは、存続期間の満了であると解された。本条は、このような旧法の解釈を受けて、更新請求権の発生を存続期間満了の場合に限定することを明確にしたものである（内田・新版注民⒂832）。

〔**3**〕 ⑴　更新請求権者　　更新請求権を行使することができるのは、存続期間の満了する借地権の権利者である。たとえば、ＢがＡから土地を賃借し、さらにこれをＣに転貸して、借地上にＣ所有の建物が存する場合には、Ｂは、Ｃの建物があることを援用して自己の借地権の更新を請求することができる。Ｂが更新請求をしない場合には、Ｂの借地権を基礎とするＣの転借地権も消滅することになる。しかし、ＣとＡとの間に契約関係はないのであるから、Ｃは、Ａに対して直接更新を請求することはできない。通常、まずＢがＡに更新請求をし、これによって借地権の更新があった場合には、これを基礎としてＣはＢに転借地権の更新を請求することになる（広瀬・借地借家54、鈴木＝生熊・新版注民⒂402）。

ところが、Aに更新拒絶の正当事由がないにもかかわらず、Bが更新請求をせず、そのためにCの転借地権が消滅するという事態が生じるおそれがあり、さらには、Cを追い出すためにあえてBが更新請求をしないという事態も考えられる。このような場合のCの救済方法として、CがBの有する更新請求権を債権者代位権（民423条）を用いて代位行使することが考えられうる。債権者代位権の無資力要件の見地からは疑問がないとはいえないが、妥当性という見地からは、肯定すべきものと解する（鈴木＝生熊・新版注民⒂403）。

一時使用のための借地権者は、更新請求権を有しない（25条）。これに対して、処分権限を有しない者が民法602条所定の期間内で賃借した場合には、存続期間満了に際して更新を請求することができる（大阪高判昭29.9.3高民7-8-605。同旨、星野・借地借家14、鈴木＝生熊・新版注民⒂396）。

⑵　更新請求の相手方　　更新請求の相手方は、更新請求時の借地権設定者である。旧法では、相手方が「土地所有者」と規定されていたが、これは典型的なものを例示したものであって、土地所有者以外の者が借地権を設定した場合には、この借地権設定者が更新請求の相手方になると解されていた（星野・借地借家79）。本条は、これを明確にしたものである。

⑶　請求権行使の時期　　更新請求をすべき時期については、法文上何らの制限もないが、満了の時期に接着した前後の時期になされる必要がある。なぜならば、更新請求が早過ぎると借地権設定者としては諾否を決しかねるであろうし、遅過ぎる場合には本条2項の法定更新の問題に移行するからである（広瀬・借地借家54、鈴木＝生熊・新版注民⒂400）。

⑷　更新請求の意思表示　　更新請求の意思表示は、通常、借地権設定者からの存続期間満了を理由とする明渡請求に対して借地権者がそれを拒絶するという形で問題となる。この場合に、借地権者の明渡拒絶の意思表示の中に更新請求の意思表示が含まれていると認められ、あらためて更新請求の意思を表示する必要はないと解される（星野・借地借家75、鈴木＝生熊・新版注民⒂401）。したがって、存続期間満了による借地権消滅を理由とする土地明渡請求訴訟で、明渡請求認容判決が確定した場合には、借地権者は、もはや更新請求をすることができない。すなわち、借地権者が明渡請求について争ったこと自体が更新請求とみられるのであり、敗訴した場合には、更新請求が認められなかったことになるからである

（鈴木＝生熊・新版注民⒂401）。

⑸　更新請求権排除特約　　更新請求権を排除する特約は、借地権者に不利な特約であるから、効力を生じない（９条）。たとえば、存続期間満了の際には直ちに土地を明け渡す旨の特約（最判昭28.12.24民集7-13-1633）、存続期間満了の際には無償で借地上の建物を贈与する旨の特約（最判昭52.12.19判時877-41）は、更新請求権排除特約とみなされる。

〔**4**〕　建物の存在　　借地権者が更新を請求するには、存続期間満了時に建物が存在していなければならない。

借地上の建物は必ずしも借地権者の所有である必要はなく、借地権者の借地権を基礎として、借地権設定者に対する関係で適法に土地を占有使用している者（たとえば、転借地権者）の所有であればよい（鈴木＝生熊・新版注民⒂399）。

〔**5**〕　建物が存在しない場合　　建物の存在を更新請求のための絶対的要件とは解することはできない。特に、借地権設定者の責めに帰すべき事情によって借地権者が存続期間満了時までに建物を建築することができなかった場合には、借地権者が借地権設定者に対して債務不履行に基づく損害賠償請求権を取得するとしても、それだけでは借地権者の救済として十分ではないと解される。かつて最高裁は、この場合に、建物が存在しないことを理由に更新請求を認めなかった（最判昭38.5.21民集17-4-545）が、学説は健全な法感情に反する不当な判決であると批判した（高島・判例㊦867、星野・借地借家74、鈴木・借地㊤420など）。

この批判に応えて、その後判例が変更され、借地権設定者の妨害によって建物滅失後再築ができなかった場合には、建物不存在を理由に借地権者の更新請求権を否定することは信義則上許されないとした（最判昭52.3.15判時852-60）。

平成３年法では、本条２項の規定で、法定更新についても建物の存在を要求するようになり、更新と建物の存立とが旧法よりも密接な関係をもつようになったのであるが、建物不存在が借地権設定者の責めに帰すべき事由による場合にまで、更新請求権を否定するのは、やはり信義則に反すると解される。

〔**6**〕　更新後の存続期間　　借地権設定者に更新請求を拒絶するにつき正当事由がなく、更新請求が認められた場合には、存続期間については、従前の契約の条件と異なり、４条を準用して、最初の更新のときは20年、２回目以降は10年となる。ただし、当事者間の合意でこれより長い期間が約定された場合には、その

約定に従う（4条但書の準用）。

〔7〕　従前の契約　　旧法4条1項では、「前契約」と規定していたが、本条では「従前の契約」と表現をあらためた。しかし、いずれも存続期間満了前の借地契約を意味するものであり、変更は表現上のものである。

〔8〕　従前の契約と同一の条件　　存続期間以外の点では、従前の契約と同一の条件であるとされるから、従前の契約に付されていた地代等の増額や弁済方法に関する特約は、更新後の借地契約にも引き継がれることになる。

敷金、保証金等の借地権者が借地権設定者に提供した担保が更新後の契約にも引き継がれることについては異論がない（4条の注釈を見よ）。しかし、第三者が提供した担保や保証人の責任については民法619条2項との関係で問題となるが、借地権が存続している限り、担保や保証人の責任は存続するものと解すべきである。この場合の保証は、個人根保証であるが、個人貸金等の根保証ではないから元本確定期日に関する特則である465条の3は適用されない。また、建物賃貸借に関する判例であるが、反対の趣旨をうかがわせるような特段の事情がない限り、更新後の賃貸借から生じる賃借人の債務についても保証する趣旨で保証契約を締結した、と解されている（最判平9.11.13判時1633-81）。

また、対抗力についても、借地権自体が登記されている場合に、存続期間も記載されている場合であっても対抗力を失わない。対抗力が建物登記による場合には（10条）、登記に存続期間の記載がなく、更新後の借地権にも対抗力は及ぶと解されるのであるから、借地権自体の登記の効力は更新後に及ばないとすると均衡を失するからである。

〔9〕　更新請求権の性質　　借地権者が、更新請求権を行使すると、借地権設定者に更新の意思があるか否かにかかわらず、法律上当然に「契約を更新したものとみな」される。借地権設定者に更新を拒絶する正当事由があり（6条の注釈を見よ）、それに基づいて遅滞なく異議を述べた場合にのみ、更新の効果は生じない。したがって、このような効果を生じさせる更新請求権は、形成権の性質を有する。

〔10〕　借地権設定者の更新拒絶　　(1)　旧法4条1項但書では、「土地所有者」は、正当事由があるときは、遅滞なく異議を述べて更新を拒絶することができる旨を規定していた。しかし、解釈論上は、更新請求の相手方を借地権者と直

接関係のある土地所有者に限定する理由はないから、そこでいう「土地所有者」とは、借地権設定者のことであるとされていた（広瀬・借地借家58）。本条１項ただし書は、この趣旨を明文化したものである。

(2)　更新拒絶の意思表示である「異議」は、正確な形で表示する必要はなく、期間満了後は更新する意思のないことが明らかになればよい（東京高判昭30.5.30判時57-8。同旨、伊東ほか・諸問題198、鈴木＝生熊・新版注民⒂404、平井・基本コンメ22）。実際には通常、借地権設定者から土地の明渡しを請求し、借地権者がこれを拒否する場合が多い。この場合には、土地明渡請求に更新拒絶の意思が表示されているとみることができる（鈴木＝生熊・新版注民⒂404）。更新拒絶には正当事由が備わっていることが必要であるが、正当事由については、６条に独立して規定が置かれることになった（６条の注釈を見よ）。

(3)　更新拒絶は、更新請求があった後「遅滞なく」されなければならない。遅滞があるときは、更新請求によって一応生じていた契約更新の効果が確定する。したがって、以後は、更新拒絶をすることができなくなる。

遅滞の有無は、具体的判断によるほかないが、借地権設定者が更新請求を受けたときは直ちに更新の諾否について考慮しはじめるべきであり、その考慮に必要な期間を超えて更新に異議を述べた場合には、遅滞になると解すべきである（鈴木＝生熊・新版注民⒂405）。したがって、借地権設定が遠い過去のことで、借地権設定者が期間満了を知ってから異議を述べる法定更新（本条２項）に比して、より短期でなければならない（広瀬・借地借家59、星野・借地借家75、鈴木＝生熊・新版注民⒂405）。

更新請求のあった後、借地権設定者が何の留保もなしに地代、賃料を受領した場合には、更新請求に対して異議がないものとみなされる（広瀬・借地借家59、鈴木＝生熊・新版注民⒂405）。

〔11〕　本条２項の趣旨　　本条２項は、法定更新に関する規定である。

旧法では、法定更新が問題になるのは、「借地権ノ消滅後」も借地権者が土地の使用を継続する場合であると規定し（旧法６条１項）、借地権の消滅原因を限定していなかった。これは、法定更新の要件として建物の存在が要求されていないため、建物の朽廃による借地権消滅の場合にも、法定更新がありうるとする必要があったからである。しかし、建物の朽廃による借地権消滅の制度（旧法２条１

項但書）が廃止されたので、本法では法定更新をもっぱら存続期間満了に限定した（寺田・NBL492-24）。従来は、存続期間満了後だけではなく、合意解除、借地権放棄あるいは借地権者の債務不履行に基づく借地権設定者の法定解除権行使の場合にも法定更新の規定の適用があるかが問題となった（詳細は、鈴木＝生熊・新版注民⒂439以下参照）。本条2項は、法定更新を存続期間満了の場合に限定することによってこの問題を回避している（内田・新版注民⒂832）。

〔12〕　土地の使用継続　　法定更新がなされるためには、借地権者が存続期間満了後も土地の使用を継続することが必要である。本条2項の「土地の使用を継続」は、借地権者自身が行うものでなければならない。もっとも、借地上の建物を第三者に使用させている場合も、借地権者自身が使用している場合に該当する。借地権者が借地を賃貸もしくは転貸している場合は、本条3項の問題となる（〔15〕の注釈参照）。また、使用は現実になされていなければならない（東京高判昭24.12.26高民2-3-444。星野・借地借家87は、一般論としてはこの判決の結論に賛成するが、具体的解決としては疑問とする。同旨、鈴木＝生熊・新版注民⒂440）。

〔13〕　建物の存在　　旧法では、建物の存在は、法定更新の要件ではなかったが（旧法6条1項）、他方、建物が存在しない場合には借地権設定者が更新を拒絶するには正当事由が不要であった（同条2項）。本条2項では、法定更新の要件として「建物がある場合」を要求している。本条1項の更新請求の場合に、建物の存在が要件となっていることとの均衡をとったものであり、借地権の存続保障が建物一般の存立と密接に結びついていることを反映したものであるとされる（寺田・NBL492-24）。

建物は、存続期間満了時に存在していなければならない。存続期間満了前に建物が滅失し再築された場合には、それが当初の存続期間中であれば、再築について承諾を借地権設定者から得ているときは、7条の存続期間延長の問題になり、承諾を得ていないときは、期間の延長は生じないから、当初の存続期間満了時に契約の更新がなされるかの問題となる。したがって、存続期間満了にあたって借地権者が更新請求をすることができるか、使用継続による法定更新が生じるかが問題となる（寺田・NBL492-31注⑵参照）。更新後の再築であれば、8条の問題となり、承諾を得ている場合には、存続期間延長の問題となり、承諾がない場合には、契約の解約が問題となる（詳細は、7条および8条の注釈を見よ）。

〔14〕　借地権設定者の遅滞のない異議　　借地権者が期間の満了後も借地の使用を継続する場合には、借地権設定者が遅滞なく異議を述べないと、１項の更新請求による場合と同様に借地権は更新される。

異議は、旧法と同様、期間満了後の使用継続によって借地権が更新されることに対する反対の意思表示である。その表示方法には制限がなく、期間満了後に明渡請求をすることや、期間満了によって借地権が消滅していることを理由に賃料の受領を拒否することをもってすることができる（鈴木＝生熊・新版注民⑮441）。

異議は、「遅滞なく」述べられなければならない。期間満了後、借地権者が借地権設定者の遅滞のない異議を受けないで土地の使用を継続すると、更新の効果が確定し、それ以後の借地権設定者の異議は意味をもたなくなる。

期間満了後の異議が遅滞なく述べられたか否かは、具体的事案に即して判断するほかない。旧法下の最高裁判例には、借地契約が40数年前になされ、契約書もなく関係者も死亡して、借地契約の始期を明確に知りがたい事情があったという事案において、裁判所の審理の結果判明した満了時より１年半を経過して述べられた異議も、遅滞のないものとして、「遅滞なく」を緩やかに解したものもある（最判昭39.10.16民集18-8-1705）。また、期間満了後７カ月後に述べた異議も遅滞ないものとされる（横浜地判昭57.12.24判タ498-143）。しかし、近時は、当事者の契約意識が高くなっており、契約が書面化されるのが通常の状態であり、更新後の法定期間が旧法に比して短縮されたのであるから「遅滞なく」の判断も厳格化されるとする見解もある（平井・基本コンメ23）。近時の下級審判決では、期間満了後１年10カ月後に異議を述べた場合（東京高判平1.10.30判タ752-179）および２年後に異議を述べた場合（東京高判平6.3.28判時1505-65）は、遅滞していると認め、期間満了後２カ月目に異議を述べた場合は、遅滞がないとしたものがある（東京地判平7.2.24判タ902-101）。

〔15〕　本条３項の趣旨　　本条３項は、Ａの土地に借地権の設定を受けたＢが、さらにＣのために借地権を設定した場合における法定更新の規定である。旧法では、８条に法定更新および建物の滅失・再築による期間延長について転借地権者に関する規定を置いていた。本条３項は、これを分解してそれぞれの規定における借地権設定者と転借地権者との関係を明確にするために設けられた（寺田・NBL492-25）。

Cの転借地権は、Aに対する関係でも有効なものでなければならない。AB間の借地契約が賃貸借である場合には、転借地は転貸になるため、転借地についてAの承諾があった場合（民612条1項）、またはこれについて裁判所の代諾許可（19条）を得ていた場合、または無断転貸の場合であってもAB間の信頼関係が破壊されていない場合には、Cの転借地権はAに対しても有効である（鈴木＝生熊・新版注民⒂460）。

〔16〕　存続期間満了後の転借地権者による土地の使用継続　　Bの借地権の存続期間満了後もCが土地の使用を継続することが必要である。Cの転借地権の存続期間内か存続期間満了後かを問わず、Cが土地の使用を継続している場合であればよい。Cが使用を継続しているとみられる状況は、Bの土地使用継続の場合と同様だからである。

〔17〕　Aが異議を述べる相手方　　Cがする土地の使用の継続をBによる土地の使用継続とみなすのであるから、Aに更新拒絶について正当事由がない場合には、借地関係は、法定更新されることになる。Aが更新拒絶のために異議を述べる相手は、Bの借地権の更新が問題となっている以上、Bである。しかし、実際にはCが直接に土地を使用しており、Bが遠隔地にあってAがBに異議を述べるのが困難だという場合もありうる。このような場合には、BはCに異議の受領権限を与えたものと認め、AがCに対して述べた異議も有効と解したい（鈴木＝生熊・新版注民⒂461。なお、明石＝田山・基本コンメ193は、B・Cいずれに対してでもよいとする）。

（藤井俊二）

（借地契約の更新拒絶の要件）

第6条[1]　前条の異議[2]は、借地権設定者及び借地権者[3]（転借地権者を含む[4]。以下この条において同じ。）が土地の使用を必要とする事情[5]のほか[6]、借地に関する従前の経過[7]及び土地の利用状況[8]並びに借地権設定者が土地の明渡し[9]の条件として[10]又は土地の明渡しと引換えに[11]借地権者に対して財産上の給付[12]をする旨の申出をした場合[13]におけるその申出を考慮して[14]、正当の事由があると認められる場合でなければ、述べることができない[15]。

〔1〕 本条の趣旨　(1) 本条は、賃貸借契約の終了事由として正当事由制度を維持するとともに、「貸主・借主（転借地権者を含む）双方が土地の使用を必要とする事情」「借地に関する従前の経過」等、正当事由の存否を判断するにあたって考慮すべき事項を明文で定めた。すなわち、本条は、「問題点」において提示されたような正当事由自体を法文上で明確化するという方法をとらず、これまでの裁判例で採用されてきた正当事由の判断基準を列挙するという方法を採用した（星野・法教136-6、寺田・登記361-21、飯塚・手研460-21、飯原・ジュリ1006-46）。

「問題点」に示されたような正当事由の明確化つまり正当事由に相当する事項を具体的に列挙する方式は、一方で、裁判所における判断を予測可能にし、明渡紛争の迅速な処理に役立つというメリットを有するが、他方では、当事者の多種多様な利益状態に応じた柔軟な紛争解決を妨げるというデメリットも有している（寺田・民月47-1-55）。正当事由を直接に規定するという考え方は、一つの事由が存在することによって直ちに正当事由を肯定するという処理に傾きがちであり、借主の地位を相対的に弱めるばかりでなく、全体としてこれまで保たれてきた借地関係の均衡を大きく失わしめるおそれがある（大西・法時58-5-56）。

正当事由は、借地権設定者側に生じたある一定の事情（たとえば、使用の必要性）があるからといって、それだけで直ちに明渡しを認めるという制度ではない。借地権設定者・借地権者双方に生じた事由を総合的に考慮して明渡しの可否を決する一般条項である。このような一般条項は、借地権設定者・借地権者双方に存する多種多様な利益状態に応じた妥当な紛争解決を図ることができるという利点を有する。この点からいうならば、平成3年法が、一般条項としての正当事由制度の枠組みを崩さなかったことは評価することができよう。立法者は、正当事由に関しては、従来の判例法理を基本的に踏襲する態度をとった。

(2) 本条は、「試案」と同じく正当事由の判断基準を列挙するが、以下の点で当事者間の利害調整をより妥当なものにしている。第1に、本条は、「当事者の使用の必要性」と「従前の経過」等の他の判断基準との間にアクセントの差をつけ、あくまでも「使用の必要性」が第一次的な判断基準であることを明確にしている。具体的には、いくら高額の立退料が提供されても借地権設定者の自己使用の必要性があまりにも低い場合には、正当事由ありとすることが許されないということである。正当事由と立退料の提供が別個の条文で扱われていたのを正当事由の枠内で処理したのも、このような配慮からである。

第2は、各界からの批判をふまえて、「土地の存する地域の状況」という判断基準を削除したことである。「土地の存する地域の状況」は1960年改正要綱案における「土地の高度利用」や「問題点」の「土地の有効利用」のいいかえであるという批判が出されたが、立法者はこの批判をかわすことができなかった。この条項は、昭和50年代以降の地価高騰を背景にビル用地確保の障害となる正当事由規定を無力化させることを望んだディベロッパー業界の主張と符合するものがあった。法律学者の多くは、この条項は正当事由の緩和につながり、借主の保護を弱めるとして批判的であった。

第3は、「その他一切の事情」をも削除したことである。ここで列挙された判断基準はいずれもこれまで判例で認められてきた代表的なものを例示したにすぎず、今後時代の変遷とともに正当事由の判断基準も変わりうることを考慮するならば、「その他一切の事情」という文言を置くことにはそれなりの意味がある。一般条項としての正当事由制度には不可欠な文言だといってもよいであろう。しかし、立法者は、「地域の状況」を正当事由の判断基準から削除したことと関連して、「その他の事情」のなかで「地域の状況」が考慮されることを嫌ったように思われる（本田・法時64-6-24）。

〔2〕「前条の異議」とは、借地契約の期間満了に際して、借地権者からなされた更新請求に対する借地権設定者の異議（5条1項）と期間満了後借地権者が土地を明け渡さないでいる場合になされる借地権設定者の異議（同条2項）をいう。

借地契約の期間満了に際して借地権者が更新を請求する場合や借地権者が土地の使用を継続している場合に、建物が存するときには、借地権設定者が遅滞なく異議を述べないと借地契約は更新されてしまう。これに対して、借地権設定者が遅滞なく異議を述べたときには、正当事由の有無が判断され、正当事由があると判断されると借地契約が終了する。

〔3〕　借地権者および借地権設定者の語義については、2条の注釈を見よ。

〔4〕　転貸借　　(1)「借地権設定者」は、通常は土地所有者たる借地権設定者を意味するが、転貸借の場合には、借地権者（転貸人）を指す。同様に「借地権者」は、転貸借の場合には、転借人を指す。

(2)　転貸借は賃貸借を基礎として成立するので、理論的には、賃貸借が終了するときには転貸借も終了し、転借人はその利用権を失うこととなる。たとえば、借地権者の債務不履行を理由として賃貸借契約が解除された場合には、原則として転借人は借地権設定者に対し目的物を占有する権原を失う（大判昭6.3.18新聞3258-16、最判昭36.12.21民集15-12-3243）。しかし、このことは、借地権設定者と借地権者の合意で転借人を排除することを認めるものではない。判例によれば、賃貸借の合意解除や賃借権の放棄をもって転借人に対抗できない（最判昭38.2.21民集17-1-219）。同様の意味で、正当事由を理由とする明渡請求についても、借地権者側の事情として転借地権者の事情が考慮されるべきである。本条は、このような旧法下の判例理論を明文で確認したものである。

(3)　これに対して、借地上の建物の賃借人は、本条にいう「借地権者」に含まれない。判例も、借地上建物の賃借人は、借地権設定者が当初から建物賃借人の存在を容認していたか、または実質上建物賃借人を借地権者と同一視しうると認められる特段の事情のない限り、借地権者側の事情として斟酌できないとする（最判昭58.1.20民集37-1-1、最判昭56.6.16判時1009-54）。

〔**5**〕 (1)「土地の使用を必要とする事情」にはさまざまなものが考えられる。たとえば、建物を建て、生活の本拠として使用するという場合もあれば、ビルを建て収益を挙げたいという場合もある。借地権設定者自身ではなく、家族の事情という場合も考えられる。いずれにしても、貸主・借主双方の事情の軽重を斟酌しながら正当事由の有無を判断しなければならない。その意味で、このファクターは、旧法の「自己使用の必要性」と異なるものではない。

(2)　両当事者の土地使用の必要性を比較することで正当事由を判断した裁判例は、以下のようにまとめることができる（なお、昭和25年から昭和58年９月までの裁判例の分析については、鎌田＝山田・ジュリ828-222以下参照）。

(a)　正当事由があるとされた事例

ア）　単純に使用の必要性のみの比較で正当事由があるとされた事例

1）　借地権設定者の使用の必要性が高い場合

借地権設定者の必要性と借地権者の必要性にかなり差がある、つまり借地権設定者の必要性が生活・営業あるいは生計維持にとって欠くべからざるものであるのに対して、借地権者の使用の必要性がそれほど重要ではない場合には、立退料提供の必要なく正当事由が認められている。借地権設定者の使用の必要性が居住・営業のいずれかによる差異は認められない。

a)　高齢者が自活のため土地を駐車場として利用すること等を理由として借地契約の更新を拒絶した事例において、借地権設定者はその年齢および経済状態からしてその土地を利用することが唯一の生活安定の方途であるのに対して、借地権者にとっては必ずしもその土地に執着しなければならないほど切迫した事情は見出せないとして正当事由が認められた（東京地判昭59.7.10判時1159-130）。

b)　借地権設定者は、本件土地を利用して病院兼居宅または日照のみを目的とする住宅を建築する必要が高いのに対して、借地権者は他に土地を所有し、老朽化した本件家屋をほとんど利用していないという、双方の使用の必要性にかなり開きがある事例において、正当事由が認められた（東京高判昭59.11.8判タ552-178）。

2)　借地上建物の不使用等

借地権者が借地上の建物をほとんど使用していない場合や借地の一部を空き地としている場合にその空き地部分についても正当事由が認められている。すなわち、借地権者が倒産して建物使用の必要性がほとんど喪失している場合には、たとえ借地権設定者にもそれほど大きな使用の必要性がない（長男の居住する建物建築のため）としても、立退料提供の必要なく正当事由が認められている（東京地判昭63.5.31判時1303-93）。

イ）　使用の必要性に関連する他の附随的要素によって正当事由があるとされた事例

借地権設定者の使用の必要性と借地権者の必要性とが同程度である場合には、他の附随的要素によって正当事由が判断される。

1)　立退料の提供がある場合

近時の裁判例に多くみられる高度有効利用型の事例は、この立退料の提供の有無によって処理されている。

a)　借地権者が焼鳥屋の店舗および住居として使用している建物の敷地の賃貸借について、借地権設定者がビル建築を理由として借地権者の使用継続に異議を述べた事例において、双方の必要性ともあまり高くないが、立退料1700万円（借地権価格の6割）の提供と引換えに正当事由を認めた（東京地判昭59.12.21判タ

553-185）。

b）　借地権設定者は自己の所有する土地において婦人用和装小物店を経営していたが、商売に適しないという理由で借地権者に対して本件土地の明渡しを求めた。他方、借地権者も、上記土地で化粧品店を経営しているものであり、他に土地建物を所有してはいるが、商売には適していないという事例において、双方の必要性は同程度であるとした上で立退料1500万円の提供を考慮して正当事由を認めた（名古屋高判昭59.12.26判タ549-195）。

c）　借地権設定者が隣接地と一体として有効利用を図りたいという理由で借地権者（大衆酒場を経営）に対して更新を拒絶した事例において、双方の必要性にはそれほど開きがなかったものの、立退料１億8000万円の提供によって正当事由が認められた（東京地判昭62.3.23判時1260-24）。

なお、借地権者が借地上にある建物を建て替える計画（特にビルへの建替え等の高度有効利用を図ること）を有している等、借地権者がこれまでの建物をそのままのものとして使う意思をもっていない場合は借地権者に不利な事情として考慮されている。たとえば、建物利用目的を独身寮から部課長の社宅に変更していること（神戸地判昭62.5.28判タ657-223）や借地権者が借地上の建物を改築予定のとき（前掲東京地判昭62.3.23）には、建物の必要性ひいては土地そのものの使用の必要性が低いと判断されているようである。このことは、借地権者の開発利益の追求は正当事由の判定にあたっては借地権者にとってマイナスの要素となるということでもある。

2）　土地の高度利用が必要不可欠である場合

借地権設定者にとって土地の高度利用が必要不可欠である一方で、借地権者側に当該土地に執着する理由がない場合、立退料の提供と引換えに正当事由が認められている。たとえば、新聞販売店を経営する借地権設定者が、配達従業員を居住させる建物を建築する必要から、印刷業を経営する借地権者に対して更新を拒絶し土地の明渡しを求めた事例で、借地権設定者に、経営上および労務管理上、従業員居住用の建物を建築する必要性がある一方で、借地権者の印刷業を本件土地上で経営する必要性は必ずしもあるとはいえないとして、立退料6450万円の提供と引換えに正当事由が認められている（東京地判平7.2.24判タ902-101）。

3）　借地権者に移転先または代替地がある場合

借地権者自身が所有地を有していたり（東京地判平7.9.26判タ914-177）、または借地権設定者が借地権者に代替物件を提供することができる（東京地判平6.8.25判時1539-93）場合、正当事由の判定に際してプラスの要素となる。

(b)　正当事由がないとされた事例

借地権設定者の生計の維持に当該土地の利用が不可欠ではないのに対して、借地権者側がその土地を生活・営業の本拠として利用している場合には、原則として、正当事由が認められない。

ア）　単純に使用の必要性の比較で正当事由がないとされた事例

1）　高度有効利用を主たる理由とする場合

従来の裁判例は、借地権設定者側の更新拒絶の正当事由が実質的には土地の有効利用を理由とする場合に、借地権者側の必要性と比較考慮し、後者の必要性がより高い場合には立退料の提供があっても正当事由を否定する傾向にある。

a）　借地権設定者が駅前の一等地である本件土地を効率的に利用する意図で更新を拒絶した事例で、借地権者の居住の必要性が高いことを理由として立退料の提供があっても正当事由は認められないとした（東京高判昭53.12.8判時919-66）。

b）　借地権設定者が本件土地上に高層ビルの建築を計画していることを理由として更新を拒絶した場合において、借地権設定者側は生活に困窮していないのに対して、借地権者側は高齢で子供達の援助により生活していること、本件土地上の家屋に長期間居住してきたこと、他に所有する建物がないこと等を理由として立退料の提供があっても正当事由が認められないとした（東京地判昭61.12.26判時1252-73）。

c）　借地権設定者が、土地の最有効利用として本件土地上に高層ビルの建築を計画していることを理由に更新を拒絶し土地の明渡しを求めた事例で、借地権設定者が単に高収入を得たいだけである一方、映画館等を経営している借地権者には、営利目的以上の文化的・社会的意義が認められるとして、その使用の必要性が高いことを理由に、立退料の提供があっても正当事由は認められないとした（大阪地判平5.9.13判時1505-116）。

2）　借地権設定者側の使用の必要性が具体性を欠く場合

小児麻痺の後遺症というハンディを有する次女夫婦に家を建てて居住させてあげたいという理由で明渡しを求めた場合に、その具体的な計画がなくかつ資金の手当も具体化しているわけではないのに対して、借地権者側は他に居住すべき住居がない上に、高額の更新料等を支払っていることを考慮して正当事由を認めなかった（東京地判昭63.5.30判時1300-73）。

イ）　使用の必要性に関連する他の附随的要素によって正当事由がないとされた事例

使用の必要性の程度が双方同じくらいで立退料の提供があったとしても、借地権者に移転先または代替地がない、あるいは見つけることが困難である場合には、正当事由が否定される（東京地判平8.7.29判タ941-203等）。

その他、移転費用が多額であること、あるいは借地権者側に移転するための資力がないことのほかに、借地権設定者が自分で使用できる代替地を有していること、あるいは資力が十分にあること等も、附随的要素として考慮される（佐藤・ひろば48-4-35）。

(3)「使用の必要性」というファクターのなかには、借地権設定者の土地についての将来の利用計画も入る。ただし、借地権設定者の利用計画の内容が土地の必要性を判断する重要な要素となったり、逆に、借地権者の土地利用の仕方が経済的側面からみてその土地の非有効利用に当たるという事情（たとえば、ビルを建築すれば何十倍も地代がとれるのに一軒家として利用している）が重要なファクターとして斟酌されることになると、土地の有効利用が独立の正当事由要素になったのと結果的には異ならなくなる。

旧法下の裁判例のなかには、土地の高度利用ないしは地域の事情を正当事由の判断要素としたと思われるものが散見されることも事実である（たとえば、東京地判昭61.1.28判時1208-95は５階建てマンションの建築の相当性を一つの要素として、立退料の提供なく正当事由を認めている。立退料9000万円の提供によって正当事由が補完されるとした東京高判昭61.4.28金判748-31も同旨）。その意味で、土地の使用の必要性とは、「契約内容になっている当該土地」の必要性を意味するというようにあらかじめその意味を限定しておく必要がある。

〔**6**〕「土地使用の必要性」が正当事由の主たる判断要素で、それ以外の事由は、正当事由の補完事由にすぎないことを明らかにしている。たとえば、借地権設定者が自らは使用する必要性がほとんどないにもかかわらず、立退料の提供のみで正当事由を具備できるという可能性を否定している（寺田・登記361-21）。

〔7〕「借地に関する従前の経過」　(1)　ここで考慮されるファクターは、契約締結の際の事情、契約存続中の事情および契約終了時の事情に大別される。具体的には、次のものがある。

ア）　権利金、更新料、承諾料等の支払の有無　　権利金の支払がなかったことは正当事由ありとする附随的要素の一つとして考慮されている（東京地判昭63.5.31判時1303-93）のに対して、高額の権利金ないし更新料を支払っていることは正当事由なしとするときの附随的要素として考慮されている（東京地判昭63.5.30判時1300-73）。

イ）　借地権設定以来の期間の長さ　　借地権者が長期間利用していることを、正当事由の判断に際してマイナス要素として考慮する裁判例は、数多くみられる（とりあえず、東京地判昭61.12.26判時1252-73、東京地判昭62.3.23判時1260-24〔50年以上〕、横浜地判昭63.4.21判時1293-148〔70年間〕、前掲東京地判昭63.5.30〔40年間〕）。

ウ）　借地権設定の事情（一時使用に近いもの）　　借地契約そのものが借地権者の不法占拠が先行する形で終戦直後の混乱期に締結されたもので、目的建物もバラック様のものであったことが正当事由ありとする附随的事情として考慮されている（東京地判昭56.4.28判時1015-90）。また、借地権者の再三にわたる懇望を断わりきれずに貸したという事例（東京高判昭56.1.29判時994-48）では、契約締結にかかわるこのような事情が高額の権利金を受け取ったことを正当化する事情として考慮され、正当事由を肯定するための附随的事情として機能している。

以上、借地権設定者と借地権者との間の親族関係等を契機として借地契約が締結されたというような借地権設定時の事情は、正当事由を肯定するための積極的な理由となっているのではなく、使用の必要性等の事情を補完する要素としての役割を果たすにとどまるものである（上例の判決以外に、大阪高判昭52.9.16判時879-85〔もともと老朽化した建物を代物弁済によって取得した借地権者がその後45年間も土地を占有した事例〕、東京高判昭56.4.28判タ449-90〔親族間の借地契約の事例〕）。

エ）　賃料額の相当性・支払の順調さ、用法違反等　　借地権設定者が土地取得以来、将来土地を明け渡してもらうつもりで賃料増額請求を全然してこなかったことを正当事由ありとするための附随的要素とするもの（東京地判昭55.4.22判時969-83）、反対に借地権者が賃料を誠実に支払い続けていたことを正当事由否定の附随的要素とするもの（前掲東京地判昭63.5.30）がある。

オ）　借地権設定者への嫌がらせ等の不信行為　　建物が朽廃に近く、借地権設定者が異議を述べたのにあえて借地権者が大修繕を行ったという事情も正当事由ありということの附随的要素として考慮されている（前掲東京地判昭62.3.23）。

カ）　当事者の変更および変更の事情　　高層ビルの建築計画が借地権設定者の変更（代物弁済による土地の取得）を契機にもちあがったということが、正当事由を否定する要素となったものがある（東京高判平4.6.24判タ807-239）。また、借地権設定者が土地を取得する際、その価格が安価（更地価格から借地権価格を引いた額）であったことが、正当事由を否定する要素となったものもある（最判平6.6.7判時1503-72。この事例では、借地権者自らが土地を使用しない旨を表示しているが、それにもかかわらず、借地権者が有する借地権の財産的価値の保護を借地権者側の事情として認め、正当事由を否定した点で意義があろう。なお、秦・別冊 NBL45-102参照)。

このように、「従前の経過」のなかで考慮される事情は数多く（星野・法教136-17)、また同時に複数の事情が考慮されることもあり（たとえば、前掲東京地判昭63.5.30では、高額の権利金、更新料等の授受、期間の長期性、賃料支払の順調さ等が総合的に斟酌されて正当事由が否定されている)、具体的に、これらのファクターが正当事由の認定にあたってどの程度重要な役割を果たすかは、個々具体的な事案に対する裁判所の判断に委ねざるをえないであろう。

⑵　更新料の支払義務の存否について本法は何ら触れていないが、普通借地権の存続期間が2回目の更新以降10年と短くなることとの関係で更新拒絶の機会が増え、それとともに更新料をめぐる争いが「従前の経過」というファクターのなかで判断されることが多くなる可能性がある（大西・受新493-12)。

なお、更新料支払の慣習（法）の存否について、判例はこれを否定している（最判昭51.10.1判時835-63)。ただし、更新料に関する特約に基づいて借地権者が更新料を支払って賃貸借契約が更新されている場合には、借地権設定者の更新料請求権が肯定されなかったからといって、上記金員の返還を請求することは信義則上許されないとしている（東京高判平11.6.28金判1077-46)。

⑶「従前の経過」のなかで「古くなった建物の建直しの必要があること」や借地に関する社会的な状況（たとえば、住宅難の緩和）という事情を考慮すべきではない。これらの事情がこの基準のなかで大きな比重を占めるようになると、土

地有効利用のいいかえにすぎなくなるからである。

〔8〕 土地の利用状況　⑴ 借地権者がどのような建物を建て、その土地をどのように利用しているかということが判断の基礎となる。その判断にあたっては、次の諸事情が基礎となると考えられる（飯塚・手研460-21、稲葉・別冊NBL20-53）。ア）借地上の建物の存否、イ）借地上の建物の種類・用途（居住用建物か事業用建物か等）、ウ）建物の構造・規模（建物が低層であるか高層であるか等）、エ）建物の老朽化の度合い（建ててからどのくらい経過しているか）、オ）建物の面積（土地面積のなかでどのくらいを占めているか）、カ）建築基準法等の違反の有無、キ）借地権者の利用状況（借地権者自身が当該建物を利用するのではなく、借家人に利用させていること等）。

⑵ 旧法下の裁判例では、いずれも附随的事情としてではあるが、エ）の事情を指摘する判決が多くみられる。たとえば、東京地判昭62.3.23（判時1260-24）は、建物がすでに老朽化している上に借地権者にとって手狭で同人自身も建替えの希望をもっているということを正当事由の附随的要素の一つにしている。また、借地権設定者の明渡目的がビル用地確保のためである場合にも、建物の老朽化が斟酌されて正当事由を認めたものがある（前掲東京地判昭62.3.23）。同様の判断をするものとして、東京地判昭59.7.10（判時1159-130）、東京高判昭59.11.8（判タ552-178）、神戸地判昭62.5.28（判タ657-223）、横浜地判昭63.4.21（判時1293-148）がある。

このほか、エ）とともにイ）の事情もあわせて指摘するものとして、双方当事者が営業の必要性については同程度である場合に、借地権者の建物の利用状況が小規模の倉庫、事務所、作業場で他に移転が可能であることおよび建物が老朽化し、かつ借地権者自身も建替えの意図を有していることを附随的要素として正当事由を認めたものがある（東京地判昭55.4.22判時969-83）。

⑶ これに対して、「土地の存する地域の状況」というファクターは平成3年の改正では見送られた。これには、ア）都市計画上の用途地域の変更、イ）商業地域化、ウ）住宅地域化、エ）周辺建物の高層化等、が考えられる。これらのファクターには、これまでの裁判例で正当事由の附随的な要素として考慮されたものも見受けられるが、「土地の存する地域の状況」が削除された経緯を考えると、これらの事情を正当事由の判断基準とすることは避けなければならない。もっとも、

「土地の利用状況」と「地域の状況」とはこれまでもはっきりと区別されていたわけではないので、土地の有効利用や再開発が「土地の利用状況」として考慮されることも考えられないではない（寺田・税通46-15-197、寺田・民月47-1-59、平出・ジュリ992-157）。

〔9〕　本条が「土地の明渡し」という表現を用い、借地権の消滅という文言を使わなかったのは、借地権の消滅を条件とすると財産上の給付の提供後明渡しまでの間の借地権者の占有が不法占有になってしまうという不都合を避けるためである。

〔10〕「土地の明渡しの条件」とは、財産上の給付が明渡しに優先して提供されるということであり、財産上の給付の提供が執行文付与の要件となるということである。このように約定すれば、受け取った立退料を新たな物件の取得費用や賃借費用に充てること、代替家屋の提供を待ってそれに入居することなどが容易となろう。

〔11〕「土地の明渡しと引換えに」支払うとした場合には、財産上の給付の提供が家屋の明渡しと同時履行になるということを意味する。執行法上は、財産上の給付の提供（立退料の提供や代替家屋の提供）が執行開始の要件（民執31条）となるということである。ここでは、明渡しと立退料の提供等が同時履行となるので、それまでの移転先の取得費用、賃料や敷金等は借地権者の自己資金から支払わなくてはならない。

〔12〕「財産上の給付」とは、多くは立退料の提供を意味するであろうが、それに限定されるわけではなく、代替土地・建物の提供も含まれる（代替建物について、最判昭32.3.28民集11-3-551）。

この財産上の給付は、その提供によって直ちに正当事由が具備されることになるわけではなく、主たる正当事由が認められない場合に、それを補完する要素として考慮されるにすぎない（最判昭46.11.25民集25-8-1343、最近の下級審裁判例として、東京地判平25.1.25判時2184-57、本田・法時64-6-26参照）。借地権設定者の使用の必要性が借地権者の必要性をかなり下回る場合には、30億円またはそれを大幅に上回る立退料の提供があっても正当事由が認められないとする裁判例（東京地判平2.4.25判時1367-62）も同様の判断に立つものである。

立退料の算定方法は、事案ごとに必ずしも同じではないが、更地価格に借地権割合を乗じた借地権価格を基準とするもの（東京地判昭56.4.28判時1015-90、東京地判昭59.12.21判タ553-185、東京地判昭62.3.23判時1260-24、前掲東京地判平2.4.25）が多く、営業補償、建物価格、移転に伴う精神的苦痛に対する補償、さらには移転実費（運送費、荷造費、動産損料、移転通知費等）なども立退料の内容になる。

なお、財産上の給付の申出が明文化されたことによって、その提供が義務づけられたわけではない。

〔13〕　本条は、申出の時期および方法についてはなにも定めていない。これまでの実務の取扱いを踏襲するものと考えられる。

立退料の提供の申出は、それが正当事由を補完するものでなければならないので、原則として期間満了後遅滞なくまたは解約申入れ時になされなくてはならない。しかしながら、判例は、借家事例において存続期間満了後に立退料の提供の申出（または解約時に申し出ていた立退料の増額の申出）がなされた場合であっても、原則として正当事由判断の基礎にすることができるとし（最判平3.3.22民集45-3-293）、また学説では、この判例理論が借地契約にも及ぶ可能性が指摘されていた。これについては、事案ごとの個々具体的な事情との比較衡量によって決められるので、一概には判断できないが、裁判例は、比較的緩やかに解するのが一般的であった。たとえば、異議から約3年後（横浜地判昭63.4.21判時1293-148）、期間満了時から4年半後（東京地判昭56.4.28判時1015-90）、4年10カ月後（東京高判昭51.2.26高民29-1-16）の提供の申出が斟酌されている。とはいえ、かなり長期間を経過した後の申出は斟酌されなかった。たとえば、6年以上経過後の申出は斟酌すべきではないとし（名古屋高金沢支判昭52.9.7判時875-57）、また、12年10カ月後の申出を斟酌することを否定したものがある（東京高判平3.1.28判時1375-71）。その後、借地事例において類似の問題が扱われ、判例は、信義則に反する事情がない限り、事実審口頭弁論終結時までになされた申出が、原則として考慮されるとしている（最判平6.10.25民集48-7-1303）。

〔14〕　(1)　借地権設定者が立退料の提供等を申し出たか否か、その金額等が考慮される。立退料の金額については、双方の必要性の程度や借地期間等によって異なる。また、当該土地をどのように利用しているかによっても異なる。一般的にいえば、業務用借地のほうが居住用借地よりも立退料の金額は高くなると思わ

れる。現実の裁判では、当事者双方に存する諸事情を考慮してケース・バイ・ケースで決められることになる。

(2)　裁判所は、借地権設定者の申出額と特段に相違しない範囲内で、申出額を超える立退料の提供を命ずることができる。これに対し、申出額を下回る立退料の提供を命ずることは許されない（民訴246条）。

(3)　裁判所は、借地権設定者が立退料等の提供を申し出なかった場合に、判決で立退料等の提供を条件としてまたはそれと引換えに正当事由を認めることは許されない。

〔15〕　正当事由のあることが５条に定める「異議」を述べる要件である。「異議」自体は特別の方式や文言形式を何ら必要とせず、具体的行為としては契約の終了ないし土地の返還を求める申出で足りる。この終了ないし返還の申出に強行規定である５条の法定更新を阻却する強力な法律効果を付与するのが本条に定める「正当事由」の判断である。そこでは、借地契約がもはや10年（最初の更新にあっては20年）の存続すら認められずに終了することを「正当」とする総合的で客観的な事情があり、かつ、それが社会的に是認されるものでなければならない。

したがって、正当事由は実定法上にみられるさまざまな一般条項のなかでもその判断において最も緊張度の高いものであり、紛争解決の最終局面である裁判の場において争われることに制度としての具体的な機能がある。いいかえれば、裁判外においては正当事由は借地契約の終了という方向ではほとんど機能しない。むしろ、訴訟を提起し証拠を調えて契約の終了が正当であることを主張しなければ土地の返還を求めることができないという認識を普及させ、返還要求を抑制する方向で機能することとなる。

旧法の正当事由条項はまさにそのような機能を発揮し、土地所有者の側に借地による宅地供給を嫌忌する傾向を生み出した。本法による正当事由条項の改正は、「土地の有効利用」等の観念が一人歩きすることを慎重に避けて行われたが、その基調が旧法下の「機能」を否定し、設定後30年（以上）を経過した借地契約に関して利益調整の観点からさらに20年（初回のみ）ないし10年存続させることの是非を判断する手続として活用することにあることは明らかである。

（本田純一）

（建物の再築による借地権の期間の延長）

第７条[1]　借地権の存続期間が満了する前[2]に建物の滅失[3]（借地権者又は転借地権者による取壊しを含む。以下同じ。）があった場合において、借地権者が残存期間を超えて存続すべき建物を築造したとき[4]は、その建物を築造するにつき借地権設定者の承諾[5]がある場合に限り、借地権は、承諾があった日又は建物が築造された日のいずれか早い日から20年間存続する[6]。ただし、残存期間がこれより長いとき、又は当事者がこれより長い期間を定めたときは、その期間による[7]。

[8]２　借地権者が借地権設定者に対し残存期間を超えて存続すべき建物を新たに築造する旨を通知した場合[9]において、借地権設定者がその通知を受けた後２月以内に異議を述べなかったとき[10]は、その建物を築造するにつき前項の借地権設定者の承諾があったものとみなす[11]。ただし、契約の更新の後（同項の規定により借地権の存続期間が延長された場合にあっては、借地権の当初の存続期間が満了すべき日の後。次条及び第18条において同じ。）に通知があった場合においては、この限りでない[12]。

３　転借地権が設定されている場合においては、転借地権者がする建物の築造を借地権者がする建物の築造とみなして、借地権者と借地権設定者との間について第１項の規定を適用する[13]。

〔１〕 本条の趣旨　　本条は、借地権の存続期間が満了する前に建物が滅失した場合において、借地権者が新たに建物を築造（再築）したときの借地期間の延長について定めたものである。５条が、借地権の存続期間満了時の法定更新について規定しているのに対し、本条は、存続期間中の法定更新について規定したものといえる。建物が再築されると、その建物は少なくとも20～30年は存続するのが通常であり、借地権の残存期間を超える場合も少なくないことから、建物の存続と借地権の存続を合理的に処理しようという趣旨に基づくものである。

旧法にも同趣旨の規定があったが、要件等がやや異なる。すなわち、旧法においては、借地権者の建物再築について借地権設定者が遅滞なく異議を述べないと、従前の建物が滅失したときから堅固建物については30年、非堅固建物については20年の期間で法定更新されるものと定められていた（旧法7条）。これに対して、本条は、借地権者の再築について借地権設定者が承諾をした場合に限り法定更新されるものとし、更新後の期間は、承諾のあった日または建物を再築した日のいずれか早い日から、建物の堅固・非堅固の区別なく一律20年とするとした。

両者の本質的な差異は、旧法が借地権設定者の遅滞なき異議がないと当然に法定更新となることを前提としていたのに対して、本条は、借地権設定者の再築についての積極的な意思表示すなわち「承諾」を法定更新の要件としたことである。ここに、借地権の存続に対する立法上の考え方の違いをみることができる（旧法は建物の存続する期間を基本にして借地権の存続期間を考えていたのに対して、本条は、当事者の合意による期間をより重視する）。また、法定更新の成否について立証責任が転換されていることに注意すべきである（旧法下では、法定更新の不成立は借地権設定者において主張・立証すべきことであったが、本条の下においては、法定更新の成立を借地権者が主張・立証する必要がある）。

〔2〕「借地権の存続期間が満了する前」とは、建物滅失時においてなお借地権が存続していることをいう。そのような場合に、借地権の残存期間と建物の再築について、借地権者と借地権設定者の利害の調整を図ろうとするのが本条の趣旨である。建物が滅失しても借地権は消滅せず、また、建物の朽廃による借地権消滅の規定（旧法2条1項但書）も平成3年法にはもはや存在しないから、建物が滅失した時点において、借地権の残存期間があれば本条の適用がある。借地権の存続期間は、最初の存続期間および合意更新後の存続期間はもちろん、法定更新後の存続期間（5条および本条によるもの）も含まれる。なお、本条は、一時使用の借地権には適用なく（25条）、また、短期賃借権にも適用ないものと解すべきであろう（鈴木＝生熊・新版注民⒂446）。

〔3〕「建物の滅失」とは、地震、火災、水害その他の事故などによって建物が倒壊し、損傷し、もしくは流失、焼失するなどして建物が存在せず、または建物の形骸はあるが建物としての効用が喪失したという場合のほか、自然の時の経過により建物自体や使用資材等が腐朽・損傷して、建物としての社会的、経済的効用が失われた状態（いわゆる朽廃）も含まれる。また、本条の滅失は、借地権

者または転借地権者が任意に取り壊した場合も含まれる旨明文で規定されたので、旧法上問題となっていた人為的取壊しの場合の適用問題は解決された。なお、建物の滅失は、新たに建物が築造されるまでにそのような状態となればよいから、新建物の建築工事と併行して順次旧建物を取り壊し、新建物完成の時には旧建物全体が取り壊された場合も、本条の適用はある（最判昭50.9.11民集29-8-1273）。しかし、既存建物を取り壊さずに大改修を加え、その結果建物の命数が著しく延長した場合には、本条の適用はないと解すべきであろう（同旨、星野・借地借家98。反対、鈴木＝生熊・新版注民⒂447、札幌高決昭39.6.19高民17-5-287）。

〔４〕　本条の適用があるためには、借地人が自ら建物を再築する必要がある。借地権設定者との間で何ら土地使用の権原のない第三者が再築しても本条の適用はない。ただし、適法な転借地権が存する場合に、転借地権者が建物を再築したときは、借地権者が建物を再築したものとみなされ、本条の適用がある（本条３項）。

再築される建物は、借地権の残存期間を超えて存続すべき建物であり、通常の建物であれば、よほど残存期間が長期間でない限り、その建物の耐用年数は存続期間を超えるものと考えてよい。建物の再築は、借地権の存続期間中になされればよいから、滅失後相当の期間経過後であってもよいが、存続期間満了の時までにある程度建物が完成している必要があるものと解される。旧法では、存続期間が満了しても借地権者が土地の使用を継続していれば、とにかく法定更新があるものとされていたから（旧法６条１項）、借地権存続期間中に工事を完了する必要はないと解されていた（明石・基本コンメ住宅関係法62、鈴木＝生熊・新版注民⒂449）。しかし、５条２項の使用継続による法定更新は、建物が存在することが要件とされたから、本条の解釈についても、建物としてある程度（不動産登記法上、建物の登記が可能な程度に）完成している必要があるものと解される。

〔５〕　本条の法定更新と認められるには、建物の再築について借地権設定者の承諾が必要である。承諾は、借地権者が残存期間を超えた建物を再築することを認識してなされることが必要であるが、再築の結果、法定更新となる旨の法的効果については知らなくてもよい（旧法の異議につき、同旨、星野・借地借家100）。

承諾は、書面によらなくても口頭でもよい。また、承諾は、建物が再築される前でも後でもよい。さらに、建物滅失前の承諾についても、特約のない限り本条の適用を認めてもよいものと解される。たとえば、既存の建物を取り壊して建物を再築する場合に、借地権者が借地権設定者からあらかじめ再築の承諾を得て建物を取り壊し再築した場合にも、承諾の際に契約の更新がなされるなどの事情がないときは、本条の適用を認めても差支えないものと解される。建物の再築について、借地権設定者の承諾に代わる裁判所の許可（17条1項、2項、18条1項）がある場合も、本条が適用される。ただし、更新後の再築については、裁判所は本条1項と異なる期間を定めることができる（18条1項後段）。

承諾にあたって承諾料の授受がなされるか否かは、今後の慣行によることになるが、従来も異議権放棄の対価として、いわゆる更新料相当額が支払われていたケースもあり、更新料授受の慣行がある程度存する地域では、承諾の対価として何がしかの金銭の授受がなされることも考えられる。

〔6〕 本条1項により借地権者の建物再築について借地権設定者の承諾ある場合および本条2項により承諾があったものとみなされる場合には、借地権は、承諾があった日または建物が築造された日のいずれか早い日から20年間存続する。

(1) 更新される場合　　法定更新を定めた5条が「契約を更新したものとみなす」と規定しているのに対して、本条は「借地権は……20年間存続する」としているので、単に「期間の延長」を定めたもので「更新」とはいえないとする見解も成り立ちうる。しかし、旧法においても同様の規定がなされていたが、通説はこれを法定更新と解し、建物滅失後に再築がなされた場合には、再築後の借地条件は存続期間および用法の問題を除いては再築前のものがそのまま引き継がれ、当事者の供した担保や保証人の責任、借地権の対抗力、公正証書の効力などは、いずれも再築後に引き継がれると解していた（我妻・各論中一439、鈴木＝生熊・新版注民(15)453）。本条の解釈としても、これと異ならせる理由はまったくない。本条についても、借地契約は再築の前後を通じて同一性を維持しているもの、すなわち一種の法定更新と解すべきであろう。

再築により延長される期間は、承諾のあった日または建物が築造された日のいずれか早い日から20年間である。承諾があった日は、現実に借地権設定者の承諾の意思表示がなされた日のほか、2項により承諾があったものとみなされる場合もこれに当たる。本法においては、旧法上存した建物の種類（堅固・非堅固）による区別が廃止されたことに伴い、再築される建物の種類による差異はなく、一律20年間期間が延長する。

(2)　更新がない場合　　借地権の存続期間満了前に建物が滅失し、その後建物を再築しても、借地権設定者が承諾しない限り法定更新とはならない。したがって、借地権設定者の承諾がない場合には、契約の一般原則によることとなり本条の問題とはならない。しかし、本法が更新後の無断再築について借地権設定者に一種の法定解除権を認めており（８条２項)、借地権設定者の承諾のない建物の再築と借地権の存続に関し、旧法とは異なった取扱いをしているので、更新とならない場合の借地関係について必要な範囲で述べる。

ア)　建物の再築について　　借地権の存続期間が満了する前に建物が滅失した場合に借地権者が残存期間を超える建物を再築するのは借地権者の権利と解されるから、借地権設定者の承諾が得られないときでも、借地権者は自由に建物を再築できるのが原則である。増改築禁止の特約が存する場合でも、本条の再築を妨げることはできず、これに反する特約は無効と解すべきであろう（９条。同旨、星野・借地借家190、最判昭33.1.23民集12-1-72)。

イ)　正当事由について　　建物の再築について借地権設定者の承諾がないときは、期間は延長せず、従来の借地期間が満了したときに借地権は一応消滅する。しかし、通常は期間満了により直ちに借地権が消滅することは稀なことであり、借地権者の更新請求や使用継続によって法定更新されるか、または借地権設定者からの正当事由に基づく更新拒絶による明渡請求となる。問題は、この正当事由を判断するにあたり、借地権設定者の承諾なく建物を再築した事情を借地権者に不利な事情として考慮できるかである。旧法の下では、建物の再築に対する借地権設定者の異議を正当事由の判断要素の一事由として考慮すべきとするのが通説であった（鈴木＝生熊・新版注民⒂436)。６条の解釈としても、この事情を「借地に関する従前の経過」に関する一事情として総合的に考慮することに問題はない。

しかし、本条では、承諾があれば期間が延長するが、承諾がなければ期間は延長せず従来の契約関係がそのまま維持されるにすぎない。他方、本条においては、存続期間を超えて建物を再築できることは借地権者の基本的権利とされていることから、建物の再築について承諾がない事情は、そのこと自体として借地権者に不利な事情とすべきでないと解される。建物滅失の事情、建物再築の経緯、借地権者の承諾を得るための努力とこれに対する借地権設定者の対応、借地権の残存期間等を考慮して総合的に判断して、借地権者に不利または有利な事情として考慮すべきであろう（同旨、星野・借地借家102、鈴木＝生熊・新版注民⒂456、明石・基本コンメ住宅関係法65）。

ウ）　建物買取請求権について　　借地権設定者の承諾なしに建物が再築された場合には、従前の借地期間が満了すると借地権は一応消滅し、借地権者の更新請求、使用継続に対する借地権設定者の正当事由に基づく異議が認められると、借地契約は終了する。この場合、借地権者に建物買取請求権が認められるべきか否かについて、判例は、これを肯定するもの（東京地判昭14.11.29新聞4518-11）と否定するもの（東京控判昭9.4.30新聞3713-5）に分かれるが、学説は、建物買取請求権を認めるのが通説であった（鈴木＝生熊・新版注民⒂457）。

また、借地権者に建物買取請求権が認められるとした場合に、建物の時価は、滅失した建物が現存するとした場合の時価か、それとも再築後の建物の時価かが問題とされ、前者の時価によるべきとする説（広橋・契約大系Ⅲ15ほか）、現実に新建物を取得する借地権設定者の利得を考えると、再築後の建物の時価とすべきとする説（鈴木＝生熊・新版注民⒂457）があった。さらに、再築後の建物を時価で買い取るとなると相当高額となり、借地権設定者としても一時に多額の支出をしなければならないので、この借地権設定者の不利を少しでも解消するために、買取代金のうち新旧建物の差額については、民法608条2項を類推適用し、裁判所が支払猶予の期限を定めることができると解すべきとするのが通説であった（星野・借地借家209、明石・基本コンメ住宅関係法66、鈴木＝生熊・新版注民⒂457）。

そこで、本法は、借地権設定者の承諾なく建物を再築した場合においても借地権者に建物買取請求権を認め、買い取るべき建物の時価は再築された建物であることを前提として、裁判所は、借地権設定者の請求により、その代金の全部または一部の支払について、相当の期限を許与することができるとして立法的に解決をした（13条2項）。

〔7〕　残存期間が20年間より長いとき、または当事者が20年より長い期間を定めたときはその期間による（本条1項但書）。このただし書の規定により、従来の借地権の存続期間が維持される場合でも、本条の更新はあったことになり、借地の法律関係は、更新後のものとして扱われる。

〔8〕　本項は、契約の更新前に建物が滅失した場合において、借地権者が残存

期間を超えて存続すべき建物を再築する旨を通知したのに対して、借地権設定者が２カ月以内に異議を述べなかったときは１項の承諾があったものとみなすことを定めたものである。

〔9〕　本項の通知は、借地権者から借地権設定者に対してなされるもので、残存期間を超えて残存すべき建物を再築する旨を通知すれば足りる。一般に、再築される建物は、相当長期間存続するのが通常であるから、本項の通知に際して、特に残存期間を超えて存続すべき建物であることを明確に述べる必要はないものと解される。ただし、借地権設定者が異議を述べるか否かを判断する資料を提供するという意味において、再築される建物の種類、構造、規模、用途については、最小限度明らかにする必要はあろう。

通知の時期は、建物の再築に着手する前でも後でもよく、また、再築建物完成後であってもよいものと解される。本条は、最初の存続期間中の建物の再築自体を承諾にかからしめているわけではなく、１項の法定更新規定の適用を受けるか否かを承諾にかからしめているにすぎないからである。

〔10〕　借地権設定者が本項の通知を受けた後２カ月以内に異議を述べないと、再築について１項の借地権設定者の承諾があったものとみなされるから、これを是としない借地権設定者は、２カ月以内に借地権者に異議を述べなければならない。異議は、単に再築に異議がある旨述べれば足り、異議の理由は必要でなく、また異議を述べた場合の法的効果を知って述べる必要はない。異議は、借地権者の通知が到達した日の翌日から起算して２カ月以内（２カ月後の応答日の前日まで）に借地権者に到達する必要がある。異議を述べても２カ月以内に借地権者に到達しなければ、承諾があったものとみなされる。

〔11〕「前項の借地権設定者の承諾があったものとみなす」とは、借地権者の建物再築について本条１項が適用され、借地契約が法定更新されることを意味する。承諾があったとみなされる日は、借地権者の通知が到達した日ではなく、それから２カ月を経過した異議申出期間の満了の日と解すべきであろう。

〔12〕　本項のみなし承諾の規定は、契約の更新後に通知があった場合には適用されない。契約の更新とは、期間の満了により合意更新または５条により法定更新された場合のほか、建物の再築により法定更新となった場合（本条１項）も含まれる。期間満了直前に再築の通知をしたが、その通知が期間満了後に借地権設

定者に到達したときは本項の適用がない。

なお、期間満了前に建物が滅失し、借地権者の再築の通知は期間満了前に借地権設定者に到達したが、２カ月の異議申出期間中に期間が満了したときは、更新なく契約は終了するから（５条２項）、もはや本項の適用はないもの、すなわち、借地権者の通知を受けた後２カ月以内に何ら異議を述べなくても、再築の承諾があったものとはみなされないものと解する。

〔13〕　本項は、転借地権が設定されている場合には、転借地権者が建物滅失後に建物を再築したときは、その建物の再築は借地権者がしたものとみなして、借地権設定者の承諾がある場合には、承諾があった日または建物が築造された日のいずれか早い日から20年間、原借地権の期間が延長する旨を定める。本条１項の法定更新が成立するには、建物の築造を転借地権者が行ったという点を除いては、借地権者と借地権設定者との間に、本条１項の要件が存することが必要である。また、転借地権も借地権設定者に対して適法な借地権であることが必要である。

転借地権者が築造する建物の耐用年数は、原借地権の残存年数を超えていれば足り、転借地権の残存年数を超える必要はないものと解される（鈴木＝生熊・新版注民⒂466）。これに対して、築造建物の耐用年数が転借地権の残存期間よりは長いが、原借地権の残存期間より短い場合には本条１項の要件が満たされないので、原借地権について期間の延長はない。しかし、借地権者と転借地権者との間では、本条１項の適用により転借地権の期間は延長（更新）されるものと解される（同旨、星野・借地借家102、鈴木＝生熊・新版注民⒂466）。

転借地権者の建物再築について借地権設定者の承諾があると、原借地権は承諾のあった日または建物築造の日のいずれか早い日から20年間期間が延長し更新される。原借地権の更新があっても、転借地権には直接何らの影響を与えないが、転借地権者と借地権者との間には本条１項の要件が具備する場合には、転借地権の更新があることに問題はない。

（澤野順彦）

（借地契約の更新後の建物の滅失による解約等）

第８条〔1〕　契約の更新の後〔2〕に建物の滅失〔3〕があった場合においては、借地権者は、地上権の放棄又は土地の賃貸借の解約の申入れをすることができる〔4〕。

〔5〕2　前項に規定する場合において、借地権者が借地権設定者の承諾〔6〕を得ないで残存期間を超えて存続すべき建物〔7〕を築造したとき〔8〕は、借地権設定者は、地上権の消滅の請求又は土地の賃貸借の解約の申入れをすることができる。

3　前二項の場合においては、借地権は、地上権の放棄若しくは消滅の請求又は土地の賃貸借の解約の申入れがあった日から3月を経過することによって消滅する〔9〕。

4　第1項に規定する地上権の放棄又は土地の賃貸借の解約の申入れをする権利は、第2項に規定する地上権の消滅の請求又は土地の賃貸借の解約の申入れをする権利を制限する場合に限り、制限することができる〔10〕。

5　転借地権が設定されている場合においては、転借地権者がする建物の築造を借地権者がする建物の築造とみなして、借地権者と借地権設定者との間について第2項の規定を適用する〔11〕。

〔1〕　本条の趣旨　　本条は、借地契約の更新後に建物が滅失した場合において、借地権者は地上権の放棄または土地の賃貸借の解約の申入れをすることができること（1項)、および借地権者が借地権設定者の承諾を得ないで残存期間を超える建物を築造したときは、借地権設定者は地上権の消滅請求または土地の賃貸借の解約の申入れをすることができること（2項）を定めたものである。

旧法にはこのような規定は存在しない。更新後の借地権の存続期間を短くし、建物滅失後の再築による期間延長（更新）を借地権設定者の承諾にかかわらせたことは、端的にいえば、更新後の借地権はなるべく早期に消滅すべきものとする立法政策的配慮に基づくものといえる。

⑴　1項は、更新後に建物が滅失した場合には、借地権者は地上権の放棄または土地の賃貸借の解約の申入れをすることができるとしている。更新後の存続期間が短縮され（4条)、また、更新後の建物の再築が制限された（本条2項）のに伴い、借地権者が更新後に滅失した建物の再築をあきらめ、または再築について借地権設定者の承諾または裁判所の許可（18条）が得られない場合に、なお賃料

を支払い続けなければならない借地権者の不利を解消するために設けられた規定と解することができる。しかし、建物の滅失によっても借地権は消滅せず、かつ、経済的には借地権者は高額な借地権価格を有しているのに対して賃料が低廉であるという現状に鑑みると、更新後に建物が滅失した場合においても、借地権者が借地権を放棄するものとは考えにくい。

一般的にいえば、建物が滅失した場合には、借地権者は建物を再築するであろうし、更新後において借地権設定者の承諾が得られないとしても裁判所の代諾許可が得られる蓋然性はかなり高いはずであるから、建物を再築することにより得られるであろう利益（建物を使用する利益、他に賃貸して収益をあげる利益、借地非訟手続により建物譲渡に伴う土地賃借権の譲渡・転貸をすることができる利益、更新がない場合に建物買取請求権を行使しうる利益など）を放棄してまで、借地権を放棄することはないであろう。また、仮に建物の再築が認められないとしても、借地権者は他の用途に利用することもあろう。

この場合、仮に多少の用法違反があっても、再築を承諾しなかった借地権設定者はその用法違反を理由に契約を解除することは信義に反する場合もあろう。また、建物の再築が認められない場合に、借地権者からする賃料減額請求は十分理由があるように思われる。このように考えると、1項の規定は少なくとも立法当時においてはその意義はあまり重要でなく、むしろ2項の無断再築に対する借地権設定者の解約権を認めることとの均衡上設けられた規定と解さざるをえない。

しかし、2項の解約権は一種の法定解除権であり、旧法上は原則自由であった更新後の建物再築について、本法は、更新後の建物再築は借地権設定者の承諾を要することとし、承諾のない再築に対しては借地権を消滅させるというもので、借地権者にとってはきわめて不利な規定といえる。更新後の建物の再築に対する裁判所の許可を定めた18条の運用にもよるが（その運用にあまり期待ができないことについては、18条〔17〕の注釈参照）、1項による借地権者の利益と2項によって被る借地権者の不利益とを比較すると、著しく均衡を欠いていることは明らかである。したがって、本条の解釈においては、これらの事情を十分考慮すべきことになろう。

(2)　本条の問題点の第2は、1項または2項によって借地権が消滅する場合の利害調整の方法を何ら定めていないことである。1項は、借地権者が自ら権利を放棄したのであるから、仮に借地権者の経済的利益が失われるとしても、その不利益は借地権者自身が負担すべきであるとの見解もありうる。しかし、更新後であっても借地権価格はいまだ相当高額であろうし、借地権価格のなかには、借地権が消滅しても当然清算されるべき部分があるはずであり（澤野・基礎428）、さらに、借地権者が借地権を放棄せざるをえない事情（建物の再築につき借地権設定者の承諾が得られない場合など）の存在をも考慮すると、1項の借地権放棄による借地権消滅に際して、借地権者と借地権設定者との間に何らかの経済的利害調整は欠かせないのではないか、と考えられる。また、2項による解約権行使により借地権が消滅する場合には、借地上に新築建物が存在するのが通常であろうから、借地契約終了により借地権者は建物を収去して土地を明け渡さなければならないことになる。この借地権者の不利益は、自らが負担すべきものといえないでもない。

しかし、新築の建物を収去しなければならない経済的損失は、はかりしれないものである。他方、たとえば更新料を支払って合意更新後間もなく建物が滅失し、残存期間が十数年存する場合に、建物の再築に借地権設定者の承諾がないとの一事によって借地権を消滅させるとすれば、思いがけなく土地が返還されることにより得られる借地権設定者の利益はきわめて大きいものとなろう。このような借地権者の不利益と借地権設定者が得る利益は、借地権の消滅にあたって適正に調整されるべきものと考えられる（澤野・ジュリ1006-72)。「試案」第一部第二の二の別案2には、このような場合も含めた借地権消滅時の利害調整条項が存したが、本法にはかかる規定がないので解釈で補うほかない。

〔2〕　契約の更新は、期間満了時の合意更新、5条1項、2項の法定更新のほか、7条1項に基づき建物の再築によって期間が延長した場合（この場合は、借地権の当初の存続期間が満了すべき日の後。7条2項但書）を含み、さらに期間満了前の合意更新（たとえば、借地権を譲り受けた者との間で期間を延長して契約書を取り交わした場合、建物の増改築または再築に際して期間を延長して承諾を与えた場合など）も含まれるものと解される。

契約の更新の「後」といっているのは、契約更新前に建物が滅失した場合には当事者は当初の契約を維持すべきであり、借地権者は原則として借地権の放棄をすることができないことを確認したものである（ただし、借地権が地上権の場合には、民法268条１項により地上権の放棄をすることができる)。

〔3〕 建物の滅失は、自然の災害、第三者の行為その他の事故によるほか、借地権設定者あるいは借地権者または転借地権者（７条１項参照）による人為的取壊しも含まれる。滅失は、建物が倒壊、損傷し、建物としての機能が失われた状態をいい、いわゆる朽廃も含まれる（７条〔3〕の注釈参照)。

〔4〕 本項の借地権の放棄をすることができるのは、借地権者である。転借地権が設定されている場合において、転借地権者の建物が滅失したとき、転借地権者が借地権者に対し借地権を放棄できることに問題はない。しかし、この場合において、借地権者が借地権設定者に原借地権の放棄をすることができるかである。仮にこれが認められると、借地権者の意思によって転借地権も消滅することになり、転借地権者の建物再築の期待、あるいは転借地権価格を失わせることになるのできわめて不合理である。したがって、転借地権者の建物が滅失した場合においては、借地権者は、本項の借地権の放棄をすることができないと解すべきであろう。

借地権を放棄するには、借地権設定者に対してその旨の意思表示が到達する必要があるが、放棄の理由を述べる必要はない。放棄の意思表示が借地権設定者に到達すると、その到達の日から３カ月経過することによって借地権は消滅する。放棄の意思表示をしても、３カ月を経過しないと借地権は消滅しないから、借地権者はその間の賃料を支払う義務がある。

借地権が消滅すると、借地権者は借地権設定者に対して土地を明け渡さなければならないが、建物は存しないから、借地権者はそのまま土地を引き渡せばよい。

〔5〕 本項は、契約の更新後に建物が滅失した場合において、借地権者が借地権設定者の承諾を得ないで残存期間を超えて存続すべき建物を築造したときは、借地権設定者は地上権の消滅請求または土地賃貸借の解約の申入れをすることができる旨を定めたものである。この解約権の行使があった日から３カ月を経過することによって借地権は消滅する（本条３項)。建物を再築するのは借地権者だけではなく、転借地権が設定されている場合には、転借地権者が建物を再築する場合も本項の適用がある（本条５項)。

〔6〕 借地権設定者の承諾は、明示の承諾に限らず黙示であってもよい。この承諾がないことが、本項の解約権行使の要件の一つである。更新後の建物再築に

ついて、借地権設定者の承諾が得られない場合の裁判所の代諾許可については18条に規定があり、借地条件の変更および増改築の許可の裁判よりも要件が厳格であることは後述する（18条〔4〕の注釈参照）。

〔7〕「残存期間を超えて存続すべき」とは、建物が築造された時において、建物の耐用年数が借地権の存続期間より長いことをいう。この期間は相対的なものであるから、同じ耐用年数（たとえば15年）の建物でも存続期間が短ければ（たとえば10年）存続期間を超えて存続すべき建物となり、存続期間が長ければ（たとえば20年）存続期間を超えない建物となる。したがって、存続期間を超えるか否かは、建物の耐用年数が何年であるかにかかるが、実際上は建物の耐用年数を判断することはきわめて困難である。また、この耐用年数は、建物の構造、建築資材の腐朽・損傷の程度から判断するいわゆる物理的耐用年数ではなく、社会的、経済的もしくは機能的に観察し、建物としての効用がどの程度持続するかという、社会的・経済的残存耐用年数をいうものと解すべきである。

〔8〕「築造したとき」とは、本項の解約権の行使によって借地権が確定的に消滅することに鑑み、建物として完成したことを要するものと考えられる。すなわち、不動産登記規則111条にいう建物（屋根および周壁またはこれに類するものを有し、土地に定着した建造物であって、その目的とする用途に供しうる状態にあるもの）の程度に至ることを要するものと解すべきである。

〔9〕 本項の解約は、正当事由を要せず、借地権設定者が借地権者に対し、地上権の消滅請求または土地賃貸借の解約申入れの意思表示をすることによって成立し、その意思表示が到達した日から3カ月を経過することによって借地権消滅の効力が発生する。転借地権が設定されている場合において、転借地権者が借地権設定者の承諾なく、原借地権者の存続期間を超えて存続する建物を再築した場合でも、解約の意思表示は、借地権者に対してすれば足りるものと解する。解約の意思表示が借地権者に到達した日から3カ月を経過すると借地権は確定的に消滅し、借地権者（および転借地権者）は、借地権設定者に対して建物収去土地明渡義務を負う。なお、本項の解約権の効力の判断にあたって、信義則（最判昭28.9.25民集7-9-979など）が適用されることは当然である。また、本項の要件に該当しても借地権設定者が解約権を行使しないときは、従来の借地契約がそのまま存続する。

〔10〕　１項の借地権の放棄は、借地権者の権利として構成されているから（この権利が実際上無意味であることにつき前述)、この権利を制限する特約は借地権者に不利なものとして無効である（９条)。しかし、本項は、２項の借地権設定者の権利である解約権を制限する場合に限り、１項の借地権者の権利を制限できることとした。しかし、１項の借地権者の権利とされる借地権を放棄する権利と、２項の借地権設定者の権利である解約権とは、著しく均衡を欠くものであることは前述のとおりであり、本項が実際上機能することはきわめて稀なことであろう。なお、２項の解約権のみを制限する特約は有効であり、建物再築についての借地権設定者の承諾は、この解約権の放棄と位置づけることができよう。したがって、再築の承諾に際し承諾料が支払われるとすれば、それは期間の延長と解約権放棄の対価ということになる。

〔11〕　本項は、転借地権が設定されている場合において、転借地権者が原借地権の存続期間を超えて存続する建物を再築したときは、その建物の再築は借地権者がしたものとみなされ、借地権設定者は借地権者との借地契約を解約することができる旨を定めたものである。転借地権者が作り出した違法状態について、借地権者が責任を負わなければならないというものであり、借地権者にとってかなり酷な規定である。たとえば、転借地権者が借地権者の制止を振りきって建物を再築した場合にも、原借地権の存続期間を超えて存続すべき建物が現に築造された以上、借地権設定者の解約権が発生すると解することは条理に合わない。したがって、近代民法の過失責任主義に則り、転借地権者の行った違法な再築については借地権者に過失がある場合に限り借地権設定者の解約権が発生する、と解すべきである。この借地権者に過失があることの主張・立証責任は、解約権を行使する借地権設定者の側にあると解すべきであろう。

〔借地権消滅時の利害調整〕

１項の借地権の放棄および２項の解約権の行使により借地権が消滅した場合に、当事者間で何らかの利害調整を要するか否かについては何ら規定がない。しかし、利害調整の規定がないというのは利害調整の必要がないということではなく、借地権が消滅するそれぞれの場合において、借地権消滅の事由、借地契約の従前の経過、借地権が消滅することによって借地権設定者が得る利益などを総合的に考慮して決定すべきであるということである。

ここでいう利害調整とは、2項の解約権行使によって借地権が消滅した場合の建物の処置と1項、2項を通じての経済的な清算をいう。結論的にいえば、旧法下において、債務不履行による契約解除の場合に建物買取請求権を行使することができるかについて、判例（最判昭35.2.9民集14-1-108）はこれを否定してきたが、本法の解釈としては13条を類推適用すべきものと考える。また、1項、2項による借地権消滅にあたって、借地権者は借地権設定者に対して清算金請求権を有するものと解すべきであろう。この場合の清算金請求権の法的根拠は、不当利得もしくは権利の付合による償金請求権の規定（民242条、248条）によるとすることもできるであろう。

（澤野順彦）

（強行規定）

第9条〔1〕　この節の規定に反する特約〔2〕で借地権者に不利なもの〔3〕は、無効とする〔4〕。

〔1〕　本条の趣旨　　第1節は、借地法制の中核である借地権の存続を保障する規定を置いている。本法の成立によって借地権の観念に変化が生じた（3条〔1〕、4条〔3〕の注釈参照）とはいえ、存続保障が借地法制の中核を占めることは変わりがない。平成3年法が定める存続保障の規定に反する特約で借地権者に不利なものは、無効とされる。

旧法11条の規定は、借地権の存続保障のみならず、事情変更による借地条件の変更、土地賃借権の譲渡・転貸の場合における裁判所の代諾許可および土地賃借権の譲渡・転貸における建物取得者の建物買取請求権に関する規定について規制するものであったが、本条は、借地権の当初の存続期間（3条）、更新後の存続期間（4条）、借地契約の更新請求・法定更新（5条）、借地契約の更新拒絶の要件（6条）、当初存続期間中における建物減失後の再築による存続期間の延長（7条）および借地契約更新後の建物滅失による解約に関する規定（8条）、すなわち借地権の存続保障に関する規定がすべて強行規定であることを規定している。本条以外に、借地権の対抗力等借地権の効力に関しては16条に、また借地条件の変更等については21条にそれぞれ片面的強行規定である旨の規定が置かれている。

〔２〕「この節の規定に反する特約」　「この節の規定に反する特約」とは、３条から８条までの規定の趣旨に抵触する契約条件である。

(1)　旧法下において、存続保障に関する規定について旧法11条に反する特約とされた例は、次のようである。

ア）　存続期間　　非堅固建物の所有を目的とする土地賃貸借において期間を３年と定めた場合には旧法２条２項に反する特約とされ（最大判昭44.11.26民集23-11-2221。同旨、最判昭45.3.24判時593-37）、また借地権者一代限りとする特約は特段の事情がない限り借地権者に不利な特約であり、旧法11条に反すると判示されている（東京高判昭48.11.28判時726-44、東京地判昭57.3.25判タ478-86）。これらの特約は、裁判上の和解（最判昭45.7.21民集24-7-1091、大阪地判昭60.3.29判タ588-78）や調停（東京高判昭51.4.13判時819-43）によって成立したものでも、旧法11条に反する場合には、無効とされる。

イ）　更新　　1)　更新請求に関するものとして、期間満了と同時に異議なく土地を明け渡す旨の特約（最判昭33.1.23民集12-1-72)、借地権者があらかじめ更新請求権を放棄することに対し、その代償および明渡料に代えて賃料を免除する合意（東京高判昭54.12.12判時958-68）は、旧法11条に反するとされる。ここでも、存続期間満了時に建物を収去して土地を明け渡す旨の調停条項は、実質的に借地権者の更新請求権を否定するので無効であると判示している（大阪高判昭55.11.4判タ444-128）。

2)　法定更新に関しては、期間満了後新たに契約を締結しなければ土地賃貸借契約は無効である旨の特約（東京控判昭9.8.7新聞3747-11)、借地契約の合意解除と同時に継続料の支払を条件に新規契約を結ぶ合意（東京地判昭46.1.25判時633-81)、存続期間満了をもって賃貸借契約を終了させ、更新しない旨の裁判上の和解条項（東京地判平3.7.31判タ774-195）は、無効とされる。

ウ）　合意解約　　期限付合意解約は場合によっては有効とされるが（(2)イ））、これによって本法の借地権の存続保障規定が潜脱されるおそれもあるので、借地権者が真実解約をする意思を有せず、合意の内容も借地権者に不当に苛酷である場合（前掲東京地判昭57.3.25、東京高判昭58.3.9判時1078-83）は、借地権者に不利な特約として無効とされる。近時の下級審判決には、借地契約の合意解約をする和解契約は、借地権者の錯誤による無効とはいえないが、借地権設定者の自己使用の必要性が高くないことや和解契約に至る経緯などの諸般の事情を総合的に観察すると、客観的に借地権者に不当に苛酷であり、本条の趣旨と信義則に照らして無効だとしたものがある（東京地判平8.8.29判時1606-53）。

エ）借地権者に破産等の事由がある場合の無催告解除特約　　借地権者が、差押仮差押仮処分を受け、もしくは競売破産等の申立てを受けたときは、借地権設定者は催告を要せずしていつにても契約を解除しうる旨の特約は、事情の如何を問わず無条件に賃貸人に契約解除権を認めるものであるとすれば、旧法11条に反して無効であるとされる（最判昭38.11.28民集17-11-1446、東京地判平24.1.13判時2146-65）。

⑵　次に、旧法11条に反せず、特約が有効とされた例は以下のようである。

ア）　賃料不払いの場合の解除権留保特約　　借地権者が賃料の支払を遅滞したときは、借地権設定者は催告を要せずに解除できる旨の特約は、有効とされる（最判昭40.7.2民集19-5-1153）。ただし、賃料支払遅滞が信頼関係を破壊するに足る事由が認められる場合に解除権を認める趣旨であると解される（長尾・借地借家コンメ194）。

イ）　合意解約　　合意解約は、当事者のなす新たな契約であるから、その有効・無効は契約に関する一般原則によって判断する（鈴木・借地㊤541、東京地判平27.2.24LEX/DB25523694）。これに対して、期限付合意解約は本条によって無効とされる場合もあるが（⑴ウ））、借地権者が真実解約の意思を有していると認めるに足る合理的客観的事情があり、ほかに合意を不当とする事情がない場合には有効とされる（最判昭44.5.20民集23-6-974、横浜地判昭62.4.20判時1256-71）。

ウ）　増改築禁止特約および新築禁止特約　　増改築禁止特約および新築禁止特約は、限定的に有効と解される。すなわち、無断増改築や新築が賃貸人に著しい影響を与え信頼関係を破壊すると認めるに足る事由が存する場合にのみこの特約に基づく解除権の行使が許される趣旨だと判断されている（増改築禁止特約について、最判昭41.4.21民集20-4-720、最判昭44.1.31判時548-67。新築禁止特約について、東京地判昭51.5.13判時843-79）。

〔3〕　借地権者に不利な特約　　借地権者に不利な特約だけが、本条によって無効とされる。

⑴　不利な特約の判断基準　「借地権者に不利な」特約かどうかの判断にあたって、旧法11条について、学説の対立がある。A説（分離判断説）は、特約された事項だけを個別的に判断すればよく、他の借地条件を相関的に判断する必要がないとする（大判大14.7.1新聞2424-6、広瀬・借地借家135、森泉・新版注民⒂613以下）。これに対してB説（総合判断説）は、特約事項だけに限定せずに、他の借地諸条件を斟酌して総合的に判断すべきだとする（最判昭31.6.19民集10-6-665、最判昭52.12.19判時877-41。特約についてではないが、東京地判平8.8.29判時1606-53参照。星野・借地借家215、鈴木・借地㊤198）。A説は、B説のように他の契約諸条件と比較衡量して、不利かどうかを総合的に判断するとすれば、借地権者に不利な特約が有効視される場合も生じ、それでは11条を片面的強行規定としている趣旨が没却されるという（森泉・新版注民⒂613）。しかし、後述するように（⑵ア））、事情によっては借地権者に不利な特約も有効と解したほうが借地権者の利益になる場合もあるのであるから、B説が妥当であると考える。

本条に反する借地権者に不利な特約が裁判上の和解や調停によってなされたものであっても無効と解すべきである。

⑵　不利な特約の事例　以下、各条ごとに借地権者に不利な特約とみられるものについて考察する。

ア）　3条　借地権の存続期間を5年とか10年として3条に定める期間より短い期間を特約した場合には、不利な特約として、無効とされる（旧法11条について、最大判昭44.11.26民集23-11-2221）。無効とされた結果、存続期間の定めがないものとみなされる。

また、借地権者一代限りで借地を明け渡す旨の借地契約は、不確定期限付の借地契約であるが、借地権の法定存続期間の満了前に期限が到来することがある以上、従来の判例では特段の事情がない限り借地権者に不利な特約とされた（東京高判昭48.11.28判時726-44）。期間30年の借地権が成立すると解すべきである。特段の事情とはなにか。借地権者が債務不履行にあり、そのため本来ならば借地契約を解除してよい場合であるが、借地権者の死亡までは従前どおり借地を継続させたいという事情がある場合に、一代限りの特約も有効と解される（藤井・Q&A77）。

存続期間満了前の期限付合意解約も問題となる。つまり、期限が存続期間満了前に到来すると、期間満了前に土地を明け渡さなければならなくなるからである。したがって、3条を潜脱する目的でこの合意をする場合が現われるであろう。このような目的が認められるときは、期限付合意解約は無効とすべきである。ただし、判例は、借地権者が真実借地契約を解約する意思を有すると認めるに足る合理的客観的理由があり、かつ、ほかにこの合意を不当とする事情が認められない場合には、借地人に不利な特約ではないとしている（最判昭44.5.20民集23-6-974）。

イ）　4条　　4条についても3条と同様に考えることができる。つまり、更新後の存続期間として3年とか5年の短い期間を特約した場合には、不利な特約として無効となり、最初の更新の場合であれば、20年、2回目以降は10年の期間になる。

合意更新にあたって更新料の特約がなされた場合に、この特約は有効であろうか。判例には、更新料の支払を条件とする場合には、更新請求ないし法定更新の規定を潜脱するもので無効と判示するものがある（東京地判昭46.1.25判時633-81、東京地判昭59.6.7判時1133-94、東京高判平11.6.28金判1077-46）が、近時の判例は更新料支払特約を有効視するものが増えている（東京高判昭51.3.24判タ335-192、東京地判昭51.9.14判タ351-275、東京高判昭54.1.24判タ383-106、最判昭59.4.20民集38-6-610等）。

学説では、有効説は、更新料を借地権者も予期しているのが通常であり、借地権設定者は賃料の前払いとしての更新料と訴訟せずに更新する利益の対価としての更新料を請求できるから、更新料支払を条件とする更新の合意は有効であるとし、更新料が支払われなかったときは更新の合意が無効となり、更新請求または法定更新の問題となるとする（星野・借地借家66、鈴木（重）・現代契約大系3-55は、支払がなかった場合には、停止条件不成就により法定更新も問題とならないとする）。

無効説は、借地権設定者が正当事由を具備しなければ借地権は無償で更新されるのに借地権者が更新にあたって更新料を支払わなければならないとするのは、法定更新の規定を潜脱することになり、借地法の強行性に反するとされる（篠塚・常識(下)125、内田・判タ536-144）。合意更新を法定更新の確認と解する立場からすると（4条〔2〕の注釈参照）、合意更新に際して更新料の支払を条件とすることは認められないので、無効説が妥当であると考える。

ウ）　5条　　1）　5条1項の更新請求権をあらかじめ放棄する特約は不利な

特約と解される。たとえば、旧法11条については、期間満了の際には直ちに土地を明け渡すというような特約（最判昭28.12.24民集7-13-1633）、存続期間満了の際には無償で借地上建物を借地権設定者に贈与する旨の特約（前掲最判昭52.12.19）や期間満了時に終了させる代償として10年間の賃料を免除する特約（東京高判昭54.12.12判時958-68）は、更新請求権排除特約とみられ、無効とされている。

2)　５条２項について、法定更新をあらかじめ排除する特約は、不利な特約である。裁判上の和解による法定更新排除条項も無効である（東京地判平3.7.31判タ774-195）。

存続期間満了の後は新たに借地権設定契約を締結しなければ当然無効とするという特約は、無効であるとされている（東京控判昭9.8.7新聞3747-11）。

更新請求および法定更新の前提として、建物が存在していることを５条は要求しているので、これを回避するために存続期間を超える建物の築造を禁止する特約も無効である（最判昭33.1.23民集12-1-72）。

借地契約の合意解約と同時に継続料100万円の支払を条件とする新規契約を結ぶ旨の合意は、継続料の支払がない限り借地の継続使用を認めないという特約であるから、旧法４条または６条の脱法行為であり、無効であるとされる（前掲東京地判昭46.1.25）。

平成３年法の５条１項、２項についても以上と同様に解すべきである。

3)　更新請求および法定更新に際して、借地権設定者の請求があれば、更新料支払の特約がなくても当然に借地権者は借地権設定者に対して更新料支払義務を負う旨の商慣習ないし事実たる慣習は存在しないから（最判昭51.10.1判時835-63その他多数の判例がある。近時のものとして、東京地判平7.12.8判タ918-142）、借地権設定者は、更新請求があった場合および法定更新の場合には、更新料請求権を有しない。

エ)　６条　　1)　借地権設定者に正当事由が備わるか否かにかかわらず、あるいは借地権設定者に正当事由がない場合でも、存続期間満了時に確定的に借地権が消滅する趣旨の特約は、明らかに６条に反し無効と解される。たとえば、旧法下では、存続期間満了時には建物を直ちに収去し、土地を明け渡す旨の特約は無効とされている（前掲最判昭28.12.24）。

2)　借地権設定者の側に土地使用の必要が生じた場合（たとえば、息子が結婚し、建物新築用に土地が必要となった場合）には、借地権者の事情の如何を問わず、借地権は存続期間満了によって消滅する旨の特約も、正当事由判断は、借地権設定者と借地権者の双方が土地の使用を必要とする事情を比較衡量して行うという6条の基本的判断枠組に反するので無効である。

3）　借地権設定者は存続期間満了時に立退料を支払い、借地権者はそれと引き換えに確実に土地を明け渡す旨の特約は、どうであろうか。6条は、正当事由判断にあたって立退料の申出も考慮するとしているが、この規定は、従来判例で確立された原則を法律上確認したものであり、立退料を提供する旨の申出はあくまでも補完的な要素であって、立退料の提供だけでは正当事由は認められないと解される（研究会・新しい借地借家〔新訂版〕57)。また、立退料が独り歩きする可能性（本田・法時64-6-26）を阻止するためにも、このような特約は、6条の規定に反する借地権者に不利な特約と解すべきである。

存続期間満了時に借地権者は建物を収去して、土地を直ちに明け渡すが、その代償として数年間の賃料を免除するという合意も借地権者に不利な特約である（前掲東京高判昭54.12.12)。賃料の免除は、立退料の前払いとみることができ、この合意を有効とすると、結局、立退料の支払のみで正当事由を認めることになるからである。

オ）　7条　　当初存続期間中に建物が滅失した場合に、借地権設定者の承諾がなければ、建物の再築をすることができず、承諾を得ずに再築した場合には、直ちに契約を解除することができるとする特約は不利な特約であろうか。7条は、借地権設定者の承諾がなければ期間の延長はできないと規定しているが、再築について承諾を要すると規定していない。借地権者は、借地権の存続期間中は土地の使用を継続する権利を有するのであるから（東京高決昭33.2.12下民9-2-182)、再築につき承諾を要し、承諾を得ないで再築した場合には契約を解除できるとする特約は借地権者に不利な特約であり、無効であると解する（東京高判昭40.4.13東高民時報16-4-71、東京地判昭40.9.29判タ184-170)。ただし、下級審判決には特約は有効だが特約違反を理由とする解除を制限するとするものもある（東京高判昭40.4.2下民16-4-589、東京地判昭40.10.14判時423-34)。

もっとも、この特約は、その趣旨から旧建物の規模、構造ないし材質を著しく凌駕するような建物を再築することを禁じていると解すべきである（鈴木・借地

(下)738)。特に、借地権者が建物買取請求権を行使した場合における借地権設定者の予測を超える建物を買い取ることになる結果は避けるべきであろうからである。

カ） 8条　　更新後に建物が滅失した場合に、無断再築を禁止する特約は、有効であろうか。8条は、更新後において借地権設定者の承諾を得ずに再築した場合には、借地権設定者は地上権消滅請求または賃貸借契約の解約を申し入れることができるとしているのであるから、結局、借地権者は承諾を得ずに再築をすることができないという構造になっている。この場合の無断再築禁止特約は、不利な特約ではないと解される。ただし、借地権設定者が地上権消滅請求または解約申入れをした場合には、土地明渡猶予期間を3カ月より短い期間にする特約は、8条3項に反し無効である。これに対して、借地権者が地上権放棄または解約申入れをする場合について3カ月より短い期間を特約するのは妨げない（寺田・NBL489-47）。

また、この特約によって、借地権者が18条によって裁判所の再築の許可を申し立てる権利は奪われない（21条）。この申立権を奪う特約も無効である（21条の注釈参照）。

更新後の建物再築について借地権設定者の承諾を不要とする特約は、借地権者に有利な特約であるから、無効とはならない。

8条1項による借地権者の地上権放棄権、賃貸借解約申入権を制限する特約は、同条2項による借地権設定者の地上権消滅請求権、賃貸借解約申入権を制限する特約と同時にしなければ、無効である（同条4項）。したがって、借地権者の地上権放棄権や賃貸借解約申入権だけを放棄させ、借地権設定者だけが地上権消滅請求、解約申入れをすることができるとする特約は無効である。しかし、借地権者は地上権放棄、解約申入れをすることができるが、借地権設定者は地上権消滅請求、解約申入れをすることができないとする特約は、借地権者に有利であるから有効である。双方とも、地上権放棄ないし消滅請求をすることができない、または解約申入れをすることができないとする特約も無効ではない（同項）。

〔**4**〕 (1)　3条から8条までの規定に反する特約で、借地権者に不利なものは無効となるのであるが、無効となるのは当該特約だけであって、借地契約自体の効力は、特約が無効であることによって影響は受けない。

(2)　個別的考察　　以下では、各条項について、特約が無効となった場合に、契約関係は具体的にどうなるかを考察する。

ア）　３条　　当初の存続期間に関する特約が３条に反する借地権者に不利な特約と認められた場合には、当該特約は無効となるのであるから、当初存続期間は定められなかったものとなる。したがって、存続期間は30年となる。

イ）　４条　　更新後の存続期間に関する特約が４条の規定に反する借地権者に不利な特約と認められた場合には、更新後の存続期間は、最初の更新においては20年とされ、第２回目以降の更新においては10年とされる。

ウ）　５条　　1)　借地権者の更新請求権を剝奪するような特約で、５条１項に反し、借地権者に不利な特約と認められた場合には、この特約は無効となるから、借地権者は、契約の更新を請求することができ、借地権設定者が正当事由を具備して遅滞なく異議を述べない限り、契約は存続期間を別として従前と同一の条件で更新されたものとみなされる。存続期間は、これについて特約がないときは、最初の更新においては20年、第２回目以降の更新においては10年とされる。

2)　実質的に法定更新を排除し、借地権者に不利な契約が５条２項に反し、無効とされたときは、借地権者または転借地権者が土地の使用を継続する場合には、借地権設定者が遅滞なく正当事由の備わった異議を述べない限り、存続期間を別として従前の契約条件と同一の条件で更新される。期間に関しては、５条１項と同様である。

エ）　６条　　正当事由の存否を問わず借地権が期間満了によって確定的に消滅するとするような借地権者に不利な特約は、６条に反し無効とされる。この無効な特約に基づいて借地権設定者が契約の更新を拒絶し、土地の明渡しを請求する場合には、その契約更新拒絶や土地明渡請求に正当事由が備わっているか否かをあらためて判断すべきである。正当事由が認められた場合には、更新拒絶や明渡請求が認められることになるが、正当事由が備わっていないと判断された場合には、契約は更新されることになる。更新の場合には、契約条件は、存続期間を別にして従前の契約と同一である。

オ）　７条　　当初存続期間中に建物が滅失した場合に、建物を再築して存続期間を延長するには借地権設定者の承諾が必要であるが、無断再築があったときは、直ちに契約を解除できる旨の特約は無効である。したがって、借地権者は、この特約にかかわらず、借地権設定者に建物を新たに築造する旨通知し、借地権設定者がその通知後2カ月以内に異議を述べなかったときは、承諾があったものとみなすことができる（7条2項）。この場合には、借地権は、再築の日または承諾があったとみなされる日のいずれか早い日から20年間存続する。

借地権者が借地権設定者に再築の通知をせず、無断で再築をした場合でも、借地権は、当初存続期間の残存期間満了まで存続する。この満了時における借地権設定者の更新拒絶に正当事由が備わっているときは、借地権は終了する。正当事由が存しない場合には、契約は存続期間を別として従前の契約と同一条件で更新される。存続期間は、最初の更新にあたっては20年、第2回目以降の更新においては10年とされる。

カ）　8条　　契約更新後の建物再築について、借地権設定者に無断で再築をした場合に、借地権設定者が3カ月より短い期間をもって地上権の消滅請求または賃貸借の解約申入れをすることができる旨の特約は無効であり、その期間は8条3項の規定に従って3カ月となる（なお、再築について借地権者の裁判所の許可申立権については、21条の注釈を見よ）。

契約更新後に建物が滅失することを想定して、借地権設定者の地上権消滅請求または賃貸借解約申入れを制限する特約をせずに、借地権者の地上権放棄または賃貸借解約申入れを制限する特約だけがなされた場合には、この特約は無効である。借地権者は、更新後の建物が滅失したときは、借地権者は、特約にかかわらず地上権の放棄または賃貸借の解約を申し入れることができる（8条1項）。

（藤井俊二）

第2節　借地権の効力

（借地権の対抗力等）

第10条[1]　借地権は、その登記[2]がなくても、土地の上に[3]借地権者[5]が登記されている建物[4]を所有するときは、これをもって第三者[6]に対抗することができる[7]。

2　前項の場合において、建物の滅失があっても[8]、借地権者が、その建物を特定する[9]ために必要な事項[10]、その滅失があった日[11]及び建物を新たに築造する旨[12]を土地の上の見やすい場所[13]に掲示[14]するときは、借地権は、なお同項の効力を有する[15]。ただし、建物の滅失があった日から2年を経過した後[16]にあっては、その前[17]に建物を新たに築造し、かつ、その建物につき登記した場合に限る[18]。

3　民法（明治29年法律第89号）第566条第1項及び第3項の規定[19]は、前二項の規定により第三者に対抗することができる借地権の目的である土地が売買の目的物である場合[20]に準用する[21]。

4　民法第533条の規定は、前項の場合に準用する[22]。

（借地権の対抗力）

第10条　借地権は、その登記がなくても、土地の上に借地権者が登記されている建物を所有するときは、これをもって第三者に対抗することができる。

2　前項の場合において、建物の滅失があっても、借地権者が、その建物を特定するために必要な事項、その滅失があった日及び建物を新たに築造する旨を土地の上の見やすい場所に掲示するときは、借地権は、なお同項の効力を有する。ただし、建物の滅失があった日から2年を経過した後にあっては、その前に建物を新たに築造し、かつ、その建物につき登記した場合に限る。
〔民法改正整備法〕
第26条　施行日前に前条〔借地借家法を改正する条文〕の規定による改正前の借地借家法（次項において「旧借地借家法」という。）第10条第１項又は第２項の規定により第三者に対抗することができる借地権の目的である土地の売買契約が締結された場合におけるその契約に係る契約の解除及び損害賠償の請求については、なお従前の例による。
２　〔略〕

〔**1**〕　本条の趣旨　　本条１項は、建物所有を目的とする借地について、地上権または土地の賃貸借の登記がない場合でも、借地人が借地上に登記した建物を所有することを要件として、第三者に借地権を対抗することができることを定めている（旧建物保護法１条と基本的に同旨。以下、旧建物保護法を単に「旧法」と呼ぶ）。土地の賃借権は、その登記を経れば第三者対抗力を備えるが、登記請求権がないため登記をするには土地所有者の協力が必要である。現実には借地権の大部分が賃借権であるにもかかわらず、その登記に協力する土地所有者は稀であるばかりか、対抗力がないことに着目して第三者に売却し賃借人の立退きを求め、またはそれを手段として地代の増額や一時金の支払を求める悪弊が民法の施行後ほどなく現われた（地震売買として社会的な問題とされた）。旧法はこれに対処するため明治42年に制定され、平成３年の改正に際して本法10条として再編された。

２項は、借地上の建物の登記をもって借地権の対抗要件とする以上、建物が滅失すれば建物登記が無効となり対抗力も消滅することから生ずる不都合を解決するための規定である。本法は、建物を再築し、その登記をするために必要な一定期間に限り借地権に暫定的な対抗力を付与する途を開いた。

〔**2**〕「その登記」とは、地上権または土地賃借権自体の登記を指す。地上権については登記請求権が認められているので、それによって登記を請求する途はあるが、実際には裁判によって地上権の登記を強いる例は稀である。土地上の建物の登記によって土地の賃借権に対抗力を付与することとの均衡上、未登記の地上権に同一の保護を与えるべきものとされた。

〔**3**〕　建物の登記にはその敷地の範囲について記載がないため、対抗力ある借

地権が及ぶ範囲についてはそれを決める基準が必要となる。借地権の目的となる土地の範囲は借地権設定当事者の意思によって定められるべきであるが、当事者の意思が明瞭でない場合もある。そのような場合には、借地権は建物所有のために客観的かつ合理的に必要とみられる範囲に限定され、本条による対抗力もその範囲にとどまることになる。たとえば一人で甲乙２筆の土地を借地し、登記建物が甲地にのみ存在するときは、それによる対抗力を乙地にまで及ぼすことはできない（最判昭40.6.29民集19-4-1027）。しかし、隣接する甲乙２筆の借地のうち、甲地には登記のなされた建物があるが、乙地には登記された建物がない場合に、両地を買い受けた新土地所有者が、乙地の明渡請求をしても、２筆の土地が一体として利用されている等の事情があるときには、当該明渡請求は権利の濫用となり認められない（最判平9.7.1民集51-6-2251）。

〔４〕 借地上の建物の登記は、いかなる種類の登記でなければならないか。この点については判例は柔軟な態度をとっている。それによれば、借地人が自己を所有者と記載した表示の登記をしていれば、本条にいう登記をした建物に当たる(最判昭50.2.13民集29-2-83)。建物所有権登記であれば、当事者の申請に基づいてなされた所有権登記だけでなく、建物の処分禁止を命ずる仮処分命令を登記するために登記官吏が職権でした登記でもよい（大判昭13.10.1民集17-1937)。抵当権設定の仮登記仮処分命令の嘱託に基づく職権でなした保存登記でもよい（高松地判大11.7.17新聞2015-11）が、仮登記のままでは本条の保護を受けることはできない。

所在地番の表示（最大判昭40.3.17民集19-2-453）や増改築後変更登記した部分が焼失した場合（最判昭39.10.13民集18-8-1559）のように建物の登記と現状が多少相違しても登記ある建物と認められる。もっとも、借地上に登記建物を所有していても所有者の異なる庭使用として借り受けた隣地（最判昭44.10.28民集23-10-1854）や、数筆の借地にまたがる建物所有において、その建物登記に敷地の表示として記載されていない部分の土地賃借権については（最判昭44.12.23民集23-12-2577)、対抗力は否定されている。

〔５〕 建物登記は、借地権を主張する者の所有名義であることを要する（大判昭11.11.17新聞4075-15)。かつて下級審裁判例には、借地人の家族名義の建物登記でもって足りるとするものがあったが（長男名義：東京地判昭26.2.2下民2-2-119、

母名義：東京地判昭27.6.5下民3-6-771、未成年の子の名義：東京高判昭29.5.15下民5-5-697)、最高裁は、借地人と氏を同じくし同居している未成年の長男名義で登記した建物所有の事例について、旧法による保護を否定するに至った（最判昭41.4.27民集20-4-870)。

これに対して、学説では、制度の趣旨が借地上に建物を築造し、そこに居住する借地人とその共同生活者の土地利用の保護・安定にあるのであるから、共同生活の関係にある者の名義をもって足りると解するものが多い（我妻・法協84-4-579、鈴木・借地(下)969、幾代・新注民(15)355)。

借地上建物に譲渡担保を設定して建物の登記を債権者名義に移転した場合はどうか。判例は、その場合には土地賃借権を第三者に対抗することができないとしている（最判昭52.9.27金判537-41、最判平1.2.7判時1319-102）が、この点についても学説は一般的に借地権の対抗力を肯定する。その理由として、ア)譲渡担保の場合には目的物の所有権の所在を一義的に決することは困難である、イ)譲渡担保権者名義の建物登記によって借地権を対抗されても、新土地所有者は少しも不利益を受けない、ウ)借地人が借地上の建物を譲渡担保に供することは本来自由であるのに、対抗力を否定すれば賃借人が建物を譲渡担保に供することは実際上不可能となる（鈴木・借地(下)971、星野・借地借家393、幾代・新注民(15)356)。

〔**6**〕 (1)　ここにいう「第三者」とは、主として借地権が存在する土地を譲り受けた者である（旧法が、借地権が設定された土地が意図的に第三者に譲渡され、借地人が建物を取り壊して立ち退かなければならない事態、すなわち「地震売買」を防ぐために定められた由縁である）が、もとよりそれに限られない。民法177条にいう「第三者」に準じて、借地権の存在と両立しない正当な利益を有する第三者と考えるべきである。たとえば、借地権が設定された土地に対する担保権者や同一土地に二重に借地権の設定を受けた者は、本条の「第三者」に該当する。

なお、適法な土地転借人は、転貸人がその賃借権を対抗しうる第三者に対し、転貸人の賃借権を援用して自己の転借権を主張することができる（最判昭39.11.20民集18-9-1914)。

(2)　改正前民法605条では登記した不動産賃借権の対抗力をその不動産について物権を取得した者にとどめていたが、改正民法は、「その他の第三者」にも対抗力を認めた。対抗力の対象たる「第三者」の拡大すなわち対抗力の強化につながり、本条の「第三者」にも影響しそうであるが、実態は逆である。そもそも、本条の「第三者」は改正前民法のように物権取得者に限定しない趣旨で「第三者」と規定していたのであり、それが今回の改正民法605条に影響したと考えられる。したがって本条の「第三者」の範囲については従来どおりと考えられる。

改正民法は、上記のような605条の改正に加えて、本条および31条により対抗力を備えた場合、その不動産が譲渡されたときの、不動産賃貸人の地位はその譲受人に移転すると明文化し、地位の移転に伴う債務の承継の範囲、賃借人に対する対抗要件、賃貸人の地位の譲渡に賃借人の承諾が不要である等について、条文の追加を行った（改正民605条の2～605条の4）。いわゆる「不動産賃貸人の地位の移転」の問題であるが、これは従来、民法には規定がなく、民法学界、判例の努力により形成されてきたものであり、すでに理論上も実務上も定着している。今回の民法改正の大きな目的の一つは、確立された判例や一般的な解釈を適切に明文化することにより、国民一般にも民法のルールが見えるようにすることにあり、実質的なルールを変更しようとするものではない。したがって、借地権付き土地所有権が譲渡されたときの譲受人の地位・義務の承継については、従来どおりと考えられる。

なお、「不動産賃貸人の地位の移転」に関しては、本条が適用される借地権譲渡の場合よりも賃貸建物の譲渡のほうが、判例も判例分析も豊富である（31条〔2〕(5)参照）。

〔7〕　本条により借地権が対抗力を取得するということの現実的機能は、その後の土地所有権取得者および用益権者等からの明渡請求等を拒否しうるということである。

〔8〕　建物が滅失すると建物の登記は無効となり、本条1項で定める借地権の対抗力も当然に失われる。本項は、このような建物滅失による対抗力の喪失という不都合を避けるために特別の制度を設けた。借地人は、建物が滅失しても、以下の要件を満たせば、なお借地権の対抗力を暫定的に維持することができる。

建物の滅失が大規模な災害の被災地における借地借家に関する特別措置法による政令の対象となる大規模な災害に起因するものであるときは、同法に特別の保護制度が設けられている。

(1)　建物の滅失が特定大規模災害によるものであるときは、政令施行の日から起算して６月を経過する日までの間は、借地権は本条１項の効力を有する。

(2)　(1)の場合において、借地権者が、その建物を特定するために必要な事項および建物を新たに築造する旨を土地の上の見やすい場所に掲示するときも、借地権は本条１項の効力を有する。

(3)　ただし、政令施行の日から起算して３年を経過した後にあっては、その前に建物を新たに築造し、かつ、その建物につき登記した場合に限るとされている(同法４条１項、２項)。

〔９〕「建物を特定する」必要があるのは、滅失して現に存在しない建物の存在を喚起するに際して、それがどのような建物であったかを明確にするためである。本条１項が旧法に従って、建物の登記によって借地権の対抗力が具備されるものとしている前提には、土地の取引にあっては土地の登記簿を調べるだけではなく現地を検分するのが通例となっているという事実がある。土地の登記簿に現われていなくても、現地を見た結果、土地所有者の名義ではない建物が存在していることを認識できる場合には、土地利用権が設定されているとの推測が働くはずである。

そこで、本法は、建物が滅失して借地上に存在しなくなっても滅失した建物の残影があればそこから上記のような推測が働き、建物登記簿も調べて借地権の存在を確知することができると考えて、本項の制度を設けたのである。いわば、無効となった登記に一定の条件の下に余後効を認めるとともに、もはや建物が存在しない現地と建物登記とを結びつける方法を整備することとしたのである。そのためには、滅失建物の残影としての掲示を要求し、それに滅失建物を特定する事項を記載すべきものとした。このような仕組みの下ではじめて、掲示上の表示と滅失した建物登記とが一体となって暫定的に対抗力が維持されるとみることができる。

〔10〕　滅失建物を特定するためになされるべき記載は、建物登記との連絡を的確にするものでなければならない。つまり、滅失建物登記との結びつきを維持するため、その登記の表示事項を掲示することが必要となる。具体的には、建物の所在、家屋番号、種類、構造、床面積、所有者等の記載をすべきことになる（不登44条、不登規111条以下）。このような滅失建物に関する表示を見た第三者は、登記所で、閉鎖登記簿または滅失した建物の従前の登記（滅失登記をしていない場

合）を見て、建物の存在を確認することができる。

〔11〕　建物が滅失した日を掲示に記載する。建物滅失の日は、対抗力の余後効が認められる暫定期間2年（後述〔16〕）の起算点となる。建物が滅失した後、掲示がなされるまでに権利を取得した第三者には対抗することができないので、対抗の可否を決定する上でも滅失日の記載は重要である。

〔12〕　本項の掲示は滅失建物の残影に暫定的な対抗力維持の機能を付与するものであるが、建物が滅失した場合すべてについて等しく対抗力を与えようとするものではなく、再築の意欲のある借地権者を保護しようとする制度にほかならない（寺田・NBL494-22以下）。そのため、借地人は、再築の意思を掲示上表明しておくことを要求される。ただし、再築建物の規模等の具体的計画までは予告する必要はなく、滅失の日から2年が経過するまでに建物を新たに築造する旨を掲示しておけば足りる。

〔13〕　掲示は当該土地上の見やすい場所に設置しなければならない。要は建物所有のための借地権が存在する事実を第三者に認識させるに足る場所に掲示をするということに尽きる。掲示の具体的な場所、位置等について特別の制限があるわけではない。

〔14〕〔10〕から〔12〕で述べた事項を表示する掲示をした場合には、借地権の対抗力が維持される。実際上問題となるのは、この掲示が継続して存在しなければならないかである。先に述べたように、掲示を滅失した建物の残影と考えるならば、掲示がいったんなされた後撤去されれば、その後に現地を見た第三者には、借地権を対抗することができなくなるはずである。

立木取引における慣行として形成されてきた公示手段としての明認方法においても、それを一度施したというだけでは不十分であり、第三者が権利を取得する当時にも存在することが必要とされている（最判昭36.5.4民集15-5-1253）。掲示という簡易な明認方法であるだけに第三者の保護も具体的に考慮しなければならないからである。

建物が滅失した後この掲示をするまでの間に土地について第三者が権利を取得した場合には、その第三者には、のちに掲示を行い、滅失の日を掲記しても借地権を対抗することができない。したがって、借地人は建物滅失後速やかに本条の掲示を施すことが必要である。

〔15〕 本項の要件を満たした掲示を施すことによって、前項と同様の対抗力が認められる。立法者は掲示を登記と並ぶ独立の対抗要件とみるのではなく、かつて建物の登記によって公示されていた借地上建物のいわば残影にすぎず、その登記との結びつきによってはじめてその効力が正当化されるものであって、掲示とかつての建物登記が重なりあって建物を公示し、もって暫定的に借地権の対抗力を維持するにすぎないものと考えている（寺田・NBL494-24）。

なお、掲示の効力につき立法担当官解説による「対抗力の維持をはかろうとする」もの（寺田・NBL494-24、永井・解説(下)52）という表現や、拙稿の「掲示により借地権者は引き続き対抗力を有することを認めた」（東川・法時64-6-37）との表現は誤解を招きやすいとの指摘がある（生熊・ジュリ1006-70）。評者のいわんとするところは、本項は、建物滅失により、掲示がなされるまで一時的に借地権の対抗力は消滅するという構成をとっているのであり、掲示によって「対抗力を維持する」とか「引き続き対抗力を有する」という表現は不正確であるという意味であろう。

この点については立法担当官も「イ　建物が滅失した後、掲示がされるまでに権利を得た第三者に対しては、対抗することができない」と明確に述べており（寺田・NBL494-24）、図によっても示されている（法務省・新しい借地借家127、B_1B_2の部分）。本稿でも以上のことを前提にして、「借地人は建物滅失後速やかに本条の掲示を施すことが必要」と述べている（〔14〕）。以上のことを明確に示しておくならば、あとは多分に表現の問題にすぎないのではなかろうか。すなわち、建物滅失から掲示設置までの期間中は対抗力は消滅するが対抗力空白の期間内に借地権の負担のないものとして土地を取得した第三者は背信的悪意者として処遇される可能性が高いこと、本項の「掲示」の意義は建物滅失から掲示までの一時的な対抗力消滅の期間を最小限にとどめ、建物を築造して登記を具備するまでの期間、暫定的に対抗力を付与することを目的とするものであり、掲示は滅失建物の残影で完全な対抗力取得に至るまでその残影を引きずって再築建物登記へとつなげるという「連続性」の側面に重点を置いていることを「掲示」創設の趣旨と理解するならば「対抗力の維持をはかろうとする」との表現もあながち不適切ではないと思われる。

〔16〕 いったん掲示をすれば、建物が滅失した後2年が経過するまでの間は、

その掲示がある限り、土地の譲渡があっても、譲受人に対して借地権を対抗することができる。2年の期間が満了した後も、その期間内に建物の築造・登記を経ることによって、土地の譲受人等の第三者に対抗することができる。

〔17〕「その前」とは、建物が滅失した後2年が経過するまでの期間を指す。

〔18〕 2年が経過するまでの間に建物を再築し、登記をした場合には、その登記より先に土地の譲渡があり、その登記がなされたとしても、2年の期間が満了した後引き続きこの第三者に対して借地権を対抗することができる。

これに対して、建物の滅失から2年を経過した後に建物を再築し、登記をした場合には、その登記より先に第三者が土地について権利を取得しその登記がなされていれば、2年の期間の満了後は、借地権を対抗することができない。

2年経過後に建物を再築し、登記を経由した場合であっても、その後に権利を取得した第三者に対しては本条1項によって対抗することができる。

〔19〕 本条3項は、1項および2項の適用によって第三者に対抗しうる借地権が存在する土地が売買された場合に、改正前民法566条の用益的権利による制限がある場合の売主の担保責任の規定を準用するものとしている。

⑴ 売主から土地を譲り受けるにあたって借地権の存在を知らなかった買主は、のちに借地権を対抗されてその土地の使用収益ができなくなった場合に、売買契約を行った目的を達成することができず、損害を被る。民法は、売主の担保責任の一つとして売買の目的物に対抗力を備えた他人の用益的権利が存在する場合について規定している（改正前民566条）。借地権が地上権であってその対抗力が登記によって付与されている場合には改正前民法566条1項で、また借地権が登記された土地賃借権である場合には同条2項でそれぞれ規定されている。これに対して、借地権の対抗力が本条1項および2項によって付与される場合を民法は想定していないので、本条3項は、旧法2条に従って、民法566条1項および3項を準用するものとした。

⑵ 買主は、借地権の存在のために売買契約をした目的を達成できないときは、売買契約を解除することができる（改正前民566条1項前段）。たとえば、買主が自ら使用するために買った土地について借地人から明渡しを受けられなかった場合である。

⑶ 買主が借地人から明渡しを受けて自己使用の目的は達成したが、借地人を

立ち退かせるために立退料の支払を余儀なくされたという場合には、買主は、売主に対して損害賠償の請求をすることができる（改正前民566条１項後段）。これに対して、買主は売主に対して代金の減額を請求することはできないと解されている（改正前民566条１項と563条との比較）。

⑷　契約の解除および損害賠償の請求は、買主が対抗力を備えた借地権が存在することを知った時から１年以内に行わなければならない（改正前民566条３項）。

⑸　なお、改正民法を受けて本条３項が削除されていることにつき、〔後注〕を見よ。

〔20〕　本条によって保護を受けるのは、売買によって土地所有権を取得した善意の買主に限られる。

⑴　競売の場合の買受人を含まない。競売においては、執行裁判所、執行官による不動産の現況調査に基づく物件明細書が一般の閲覧に供せられるので、対抗力のある借地権の有無とその内容とを確知しうるからである（民執57条、62条等）。

⑵　買主は対抗力ある借地権の存在につき善意でなければ（「知らず」改正前民566条１項）本条によって担保責任を追及することはできない。すなわち、買主が対抗力を備えた借地権が存在することを知った上で土地を譲り受けた場合には、借地権が存在することを承知して土地を譲り受けたと考えられるから、売主は負担のない土地を買主に移転する売買契約上の義務を負わず、したがって担保責任を負わないからである。

⑶　買主は善意であればよく、過失の有無は問題としないと解されている（広瀬・借地借家30、幾代・新注民⒂368、鈴木・借地(下)1024）。しかし、借地権の登記がある場合ないし借地人が借地上に登記ある建物を有する場合には、買主は借地権の存在を知っていたものと推定されるから、重大な過失により知らない場合には買主が担保責任を追及しえないとするのと実際上大きな相違はない（鈴木・借地(下)1024）。そうすると、本条２項によって新たに設けられた建物滅失後の土地上の掲示がある場合には、買主は借地権の存在を知っていたものと推定され、担保責任を追及できないことになろう。「善意」の内容については〔**21**〕を見よ。

⑷　なお、改正民法を受けて本条３項が削除されていることにつき、〔後注〕を見よ。

〔21〕　本条では建物登記（１項）と「掲示」（２項）という簡易な公示方法によ

って借地権の対抗力を認めたため、建物滅失後の土地売買における買主は対抗される借地権の内容を予知する十分な手段をもたない。したがって、そのような買主のために売買の担保責任の規定を準用する必要は、登記された賃借権の場合（改正前民566条2項）より大きいといえる。

⑴　〔**20**〕⑶で述べたように、買主が売主の担保責任を追及するためには、善意であることが要求される。この善意の内容について、旧法下では、買主が借地権の存在を知らない場合はもちろん（旧法2条前段）、借地権の存在は知っていても対抗力を有することを知らなかった場合も含むと解せられた。旧法2条後段で「買主カ契約ノ当時知ラサリシ地上権又ハ賃借権ノ効力ノ存スル場合亦同シ」と規定されていたからである（広瀬・借地借家31）。これは、買主が借地権自体の存在は知っていても、借地権登記の存在も借地上の建物の存在も知らなかった、という場合に担保責任を追及することができるという意味であって、借地権の存在自体を知り、かつ対抗要件発生の要件事実（建物登記等）の存在も知っていたが、借地権に対抗力があることは知らなかった、という場合（いわゆる「法律の不知」）には、同後段によっても認められない（最判昭32.12.12民集11-13-2131、鈴木・借地㊦1024）。

⑵　本項には、旧法2条後段のような規定はないが、それを削除したことが単なる「法の不知」を善意とする趣旨とは解しがたい。したがって、本項の新しい文言によって、上記のような旧法下の判例・学説を受け入れたものとみるべきである。

⑶　なお、改正民法を受けて本条3項が削除されていることにつき、〔後注〕を見よ。

〔**22**〕　本条4項は、売主の担保責任を理由として売買契約が解除された結果、売主・買主が互いに債務を負担するに至る場合に、それらの間で同時履行の抗弁権の関係が成立することを規定したものである。旧法2条は民法566条の適用がある場合に同時履行の抗弁権に関する533条を準用することを定めた571条をさらに準用していたが、本法では4項を新設して直接に民法533条を準用する旨を規定した。

売買契約が解除されると、売主には受領した代金を返還する債務および買主に損害がある場合にはそれを賠償する債務が生じる。これに対して買主は買い受けた土地を返還する債務を負う。これら債務の間で同時履行の抗弁権が成立する（民533条）。したがって、売主は代金および買主に賠償すべき損害がある場合には賠償金の用意をして履行の提供をしなければ移転登記の抹消および土地の引渡しを請求することができず、買主は登記抹消の用意をととのえなければ代金等の支払を請求することができない関係に立つこととなる。

なお、改正民法を受けて本条４項が削除されていることにつき、〔後注〕を見よ。

〔民法の改正（平29法44号）に伴う借地借家法の改正〕

平成29年の改正民法は、本条の見出しを「（借地権の対抗力）」に改め、本条の３項および４項を削除した。本条３項は、１項および２項の適用によって第三者に対抗しうる借地権が存在する土地が売買された場合に、改正前民法566条の用益的権利による制限がある場合の売主の担保責任の規定を準用したものであった（〔**19**〕）。登記の対抗力が本条１項および２項によって付与される場合を民法は想定していなかったので、本条３項は、改正前民法566条を準用するものとしたのである。

しかしながら、改正民法は605条、本法10条または31条その他の法令の規定による賃貸借の対抗要件を備えた場合、その不動産が譲渡されたときの不動産賃貸人の地位はその譲受人に移転する（改正民605条の２）と追加して明記したわけであるから、本条３項、４項の民法の準用規定は必要なくなった。

〔借地借家法の一部改正に伴う経過措置〕

改正民法によって、本条３項、４項は削除されたが、施行前に本条１項、２項により、第三者に対抗できる借地権の目的である土地の売買契約が締結された場合、その契約の解除および損害賠償の請求については、なお従前の例によるとした（民法改正整備法26条１項）。

〔改正民法施行後の影響〕

改正民法施行後の本条１項、２項の適用による借地権の目的である土地が売買された場合、改正民法605条の２に基づき、改正民法566条、533条が適用されることになるが、今回の民法の改正（平29法44号）は、売主の担保責任の規定に広範囲な変更をもたらした。

したがって、これら民法改正がもたらす結果は、民法のコンメンタールの内容となるが、民法改正を踏まえて本条にかかわる範囲で検討を加えることにする。

⑴　改正民法は、売買における売主の担保責任について、①権利・物の瑕疵を理由とする責任から、目的物に関する権利の移転面での契約の不適合および目的物の種類・品質・数量面での契約不適合を理由とする責任とし（瑕疵から契約不適合へ）、②この契約不適合を理由とする買主の救済を、売買契約に基づく売主の義務違反、したがって債務不履行を理由とする救済として捉えている。

具体的には、「担保責任」という語を用いる場合であっても、これは、権利・物に関する契約不適合を理由とする責任を示す集合名詞にすぎず、債務不履行とは異なる異質な責任が存在するものでなく、その責任の性質は債務不履行を理由とする責任である。②権利・物に関する契約不適合を理由とする責任の処理については、債務不履行の一般的規律が適用される（潮見・NBL1045-7）。

⑵　上述の枠組みに従って、損害賠償の請求および契約の解除について、改正前民法565条（改正前民563条2項および3項の準用）および570条本文（改正前民566条1項の準用）の規律を次のように改めた。

「売主の追完義務」の規定および「買主の減額請求権」の規定は、「債務不履行による損害賠償の請求」ならびに「契約解除」の催告解除、無催告解除の規定による解除権の行使を妨げない。

この結果、買主が借地人から明渡しを受けて自己使用の目的は達成したが、借地人を立ち退かせるために立退料の支払を余儀なくされたという場合に、これまでは買主は、売主に対して損害賠償の請求をすることはできるが、代金の減額請求をすることはできないと解されていたが（〔19〕⑶）、改正民法施行後は減額請求が可能と解される。

⑶　競売における買受人の権利の特則　　改正前民法568条1項および570条ただし書の規律を次のように改めた。

民事執行法その他の法律の規定に基づく競売における買受人は、「契約解除」の催告解除（改正民541条）、無催告解除の規定（改正民542条、543条）ならびに債権者に帰責事由のある場合の解除の規定により、債務者に対し、契約の解除をし、または代金の減額を請求することができる。

改正前民法568条1項では、「強制競売による買受人」となっていたものが、「民事執行法その他の法律の規定に基づく競売（……）における買受人」と改正されたので、たとえば、担保権の実行としての競売等（民執180条以下）の買受人なども、債務者に対し、契約の解除をし、または代金の減額を請求することができることになろう。

また、債務者に対し、契約の解除をし、または代金の減額を請求することができる根拠が、改正前民法568条1項では、「第561条から前条までの規定により」つまり売主の担保責任の規定により請求できるとなっていた。それが、今回の民法改正による枠組みの変更に従って、売買における売主の担保責任から、契約不適合を理由とする責任とし（瑕疵から契約不適合へ）、この契約不適合を理由とする買主の救済を、売買契約に基づく売主の義務違反、すなわち、債務不履行を理由とする救済へと根拠規定の変更を明示したものである。

(4)　売主の担保責任と同時履行の関係　　すでに述べたように、本条4項「民法第533条の規定は、前項の場合に準用する。」は、本条3項とともに削除された。改正民法605条の2で本法10条の対抗要件を備えた場合、その不動産が譲渡されたとき、賃貸人の地位は譲受人に移転することになり、借地権の存在を知らなかった買主は、売買契約を行った目的を達成できず損害を被る。民法が想定するこのような場合に民法を準用する本条3項の規定は必要なくなった。それとともに民法533条（同時履行の抗弁権）の規定を3項に準用する本条4項の規定も削除された。きわめて当然の措置と考えられるが、改正民法は本条4項の削除にとどまらず、売主の担保責任と同時履行の関係につき大きな変更をもたらした。

すなわち、改正前民法571条は「第533条〔同時履行の抗弁権〕の規定は、第563条から第566条まで及び前条〔570条〕の場合について準用する。」と規定していた。すなわち、売主の担保責任の結果として生じる買主の代金減額請求または、契約の解除に基づく損害賠償の請求が発生する場合に、双務契約一般の当事者の公平を図るため、一方は相手方がその債務の履行を提供するまでは、自己の債務の履行を拒むことができるとする同時履行の抗弁権の規定を準用することにしたものである。

571条の根底にあるものは、売買契約における売主の担保責任は契約一般の債務不履行責任とは異なる別個の責任体系であり、であるがゆえに、売主の担保責任を理由として売買契約が解除された結果、売主・買主が互いに債務を負担するに至った場合には、双務契約一般の同時履行の抗弁権の規定を準用する必要があったのである。

改正民法はこの571条を削除した。ここにおいても改正民法が目指す基本枠組みの変更の一端がみられる。すでにみたように、改正民法は、売買における売主の担保責任について、権利・物の瑕疵を理由とする責任から、目的物に関する権利の移転面での契約の不適合および目的物の種類・品質・数量面での契約不適合を理由とする責任とし（瑕疵から契約不適合へ）、この契約不適合を理由とする買主の救済を、売買契約に基づく売主の義務違反、したがって債務不履行を理由とする救済として捉えた。ここに至っては、もはや571条の存在理由はない。

これを受けて、改正民法533条は次のように改められた。従来の533条の文言を「双務契約の当事者の一方は、相手方がその債務の履行（債務の履行に代わる損害賠償の債務の履行を含む。）を提供するまでは、自己の債務の履行を拒むことができる。ただし、〔以下、同文〕」のように改め、「債務の履行」に債務の履行に代わる損害賠償の債務の履行を含むことを明記した。これによって、売買の売主の担保責任の債務の履行は、双務契約一般の債務の履行のなかに統合されることになった。

（東川始比古）

（地代等増減請求権）

第11条〔1〕　地代又は土地の借賃〔2〕（以下この条及び次条において「地代等」という。）が、土地に対する租税その他の公課の増減により〔3〕、土地の価格の上昇若しくは低下その他の経済事情の変動により〔4〕、又は近傍類似の土地の地代等に比較して〔5〕不相当となったとき〔6〕は、契約の条件にかかわらず〔7〕、当事者は、将来に向かって地代等の額の増減を請求することができる〔8〕。ただし、一定の期間地代等を増額しない旨の特約〔9〕がある場合には、その定めに従う。

2　地代等の増額について当事者間に協議が調わないときは、その請求を受けた者は、増額を正当とする裁判が確定するまでは、相当と認める額の地代等を支払うことをもって足りる〔10〕。ただし、その裁判が確定した場合において、既に支払った額に不足があるときは、その不足額に年１割の割合による支払期後の利息を付してこれを支払わなければならない。〔11〕

３　地代等の減額について当事者間に協議が調わないときは、その請求を受けた者は、減額を正当とする裁判が確定するまでは、相当と認める額の地代等の支払を請求することができる。ただし、その裁判が確定した場合において、既に支払を受けた額が正当とされた地代等の額を超えるときは、その超過額に年１割の割合による受領の時からの利息を付してこれを返還しなければならない。〔12〕

〔１〕　本条の趣旨　　本条は地代改定をめぐる当事者間の権利義務関係および改定決着までのルールを定めている（旧法12条と基本的に同旨）。賃料改定に関しては本条に加えて民事調停法24条の２、同法24条の３の両条（民事調停法の一部改正により新設）が重要であり、そこにおいては、賃料改定を求める訴訟を提起するには、それに先立ち調停の申立てを要すること等が新たに定められている（本書民調24条の２、24条の３の注釈を見よ）。賃料改定紛争を調停手続において迅速に解決することがその目的である。なお、かつて地代家賃の額を統制していた地代家賃統制令（昭和21年勅令443号）は、昭和61年末をもって廃止されている。

〔２〕　民法では、地上権において、地上権者が定期に支払う土地使用の対価を「地代」（民266条）、賃貸借の場合を「借賃」と呼んでいた（民法原規定609条ほか）が、後者は平成16年のいわゆる民法の現代語化の改正により「賃料」に置き替えられた。両者を含めて、本条の法文では「地代等」という用語が使われている。以下、これを単に「地代」と呼ぶことにする。

〔３〕　土地に対する公租公課　　公租公課の増大の結果、地代を従前のままとすると借地権設定者の手取り額が著しく減少するような状況にあることが、地代額を不相当とする要素となる。公租公課としては、固定資産税、都市計画税が一般的であるが、水利地益税もこれに該当する。平成４年から導入された地価税については、次の２点に留意すべきであるが、平成10年以後当分の間地価税の課税は停止されている（租税特別措置法71条）ことから、当面は考慮の必要はない（森金・訴訟の実務268）。

第1に、地価税については、さまざまな非課税措置（たとえば、居住用建物の用に供されている土地については、他人の居住用建物の場合を含め、原則として非課税とされる）や10億円の基礎控除（個人および資本金1億円以下の中小法人の場合15億円）の関係で、現実に地価税が課せられることはそれほど多くない。

第2に、借地人も納税義務者とされており、これは土地の資産価値が借地人と借地権設定者（底地権者）に分属しているという判断に基づくものである。もっとも、借地権設定者たる土地所有者が地価税を支払うべき場合でも、区画ごとに設定された借地権の価格が基礎控除内であることが多い。そのような場合でも、当該土地に対して所有者（借地権設定者）が負担すべき地価税額（計算上算出可能）は、土地に対する公租公課として、固定資産税と同様に地代に反映してこよう。もっとも、大規模な借地で借地権者もまた相当の地価税を負担する場合には、そのことを考慮にいれて「不相当性」を判断すべきであろう。

〔4〕　地価の上昇・低下等　　たとえば道路の開通、駅の新設などの地域の環境整備から生じた利便性や収益性の増大による地価の上昇、反対に、旧中心市街地の空洞化などからくる利便性、収益性の低下による地価低下は、当然に地代に反映するであろう。都市計画上の規制緩和による地価の上昇も同様である。ただし、わが国においてしばしばみられた投機的要因に基づく地価高騰の場合には、地代への反映について慎重な配慮が必要である。なお、一般に不動産鑑定においては、地代は底地価格（更地価格から借地権価格を除いたもの）を基礎にしているから、更地としての地価変動のみならず底地権割合の変動も考慮する必要がある。

「その他の経済事情の変動」は平成3年法において新たに追加されたもので、地価の騰落以外の経済的な状況の変動を指す。具体的には物価指数、国民所得、通貨供給量、賃金指数などの指標が考えられる。もっとも、これらは旧法12条の解釈として、裁判実務上すでに「不相当性」の判断の際に考慮されており、平成3年法はこのような実務上の取扱いを法文上明確にしたもので、従来の状況に実質的な変更はない。

〔5〕　近傍類似の土地の地代との比較　　近隣地域および同一需給圏内の類似地域における賃貸借事例の地代との比較をいう。もっとも、借地関係はそれぞれ個性に富むため、借地関係の内容がほぼ同種とみなしうるような事例がある場合にはかなりの説得力があるが、そのような場合は必ずしも多くない。そのため、

相互の比較を可能にするためには、契約の始期、期間および内容、土地の位置および地形、権利金等の有無ないし金額その他の要因についても計量的な補正がなされる必要がある。

〔6〕 地代増減請求権が認められる理由およびその要件　(1) 長期にわたる継続的な関係である借地契約においては、契約当初に定められた地代の額がその後の経済事情や社会の変動により不相当になることを避けられない。その場合に、当事者間で地代の改定が円満に合意されることが望ましいが、改定の要否あるいは具体的な改定額をめぐり合意がまとまらないことが少なくない。このような場合、地代額が不相当な水準のまま放置されるという不都合を回避するため、本条１項は、約定地代額が事情の変更により不相当になったときに、公平の観念から、改定を求める当事者の一方的意思表示により、従前の地代額を将来に向かって客観的に相当な金額に改定する権利すなわち地代増減請求権を認めている。

ところで、従来、実際の地代改定紛争のほとんどが借地権設定者からの地代増額を求めるものであった。しかし、近年、オフィスビルの賃貸借などではいわゆるバブル崩壊以降の経済不況、空室の増加に伴い減額請求をめぐる紛争も少なくない。

(2) どのような場合に地代増減請求権が認められるか。地代増減請求権の要件は、次の二つである。第１に、地代が諸事情の変化により客観的に不相当になったこと、第２に、地代を増額しない特約がないこと（これについては〔9〕の注釈を参照）である。

ア） 地代が「不相当」となったかどうかを判断する要素として、法文では、土地に対する公租公課の増減、地価の高低その他の経済事情の変動および近隣の地代水準との比較を挙げている（これらについては、それぞれ〔3〕ないし〔5〕の注釈を参照)。ただし、それらはいずれも「不相当性」の判断の要素を例示したにすぎず、それら以外の要素（たとえば、前回の改定からの期間の経過や主観的特殊事情の変化など。それぞれ後述）が考慮されることもあるし、他方で例示されたこれらの要素に変動があっても（たとえば税金が変動しても）そのことのみで直ちに増額請求権が発生するわけでもない。従来の地代が全体として不相当なものとなることが重要なのである。

イ） 現行の地代が定められてから相当期間が経過したことは、「不相当性」の判断にあたって考慮される。ただし、この相当期間の経過は増減請求権発生の独立の要件ではなく不相当判断の一要素にすぎない（最判平3.11.29判時1443-52、星野・借地借家238）。経済事情などの急激な変動により地代が不相当な状態に至った場合には、たとえ前回の地代決定からそれほど期間が経過していないときでも増減請求権は発生するものと解される。

ウ）　地代額の決定にあたり考慮され重要な要素とされた当事者間の個人的事情の変化も考慮される。客観的な経済情勢の変動に限るとする立場（山下＝上田＝土井＝森里・判タ1289-30）もあるが、本条の目的が、従前賃料が不相当となった場合に公平の見地からの改定を認めるものであることから、主観的事情を排除する必要は乏しい（星野・借地借家237）。たとえば、当事者間の友好関係等を理由として地代額が近隣の相場よりも安く設定されていたが、その後の相続や時の経過によってそのような特殊事情がなくなった場合には、一般的な地代水準まで増額を認めるのが適当である（当事者間に縁戚関係があったため低額であった地代が２度の相続により特殊事情は解消したとするものとして、東京高判昭53.6.28判時911-117。賃貸借当事者間の特殊事情が終了した場合に同旨を判示するものとして、東京高判平12.7.18金判1097-3）。ただし、一挙に高額の値上げとなる場合には、増額の幅を考慮したり、段階的な増額などの方法をとるべきであろう（東京高判平18.11.30判タ1257-314は、借家事例であるが、賃貸借の当事者の代表者が親子であったため低額であった賃料をその後の賃貸人の変更により特殊事情が変更したとする増額請求を認めるに際し、適正賃料と現行賃料とに倍以上の開きがあった事例につき、公平を理由に中庸値とした原審を支持）。反対に、借地契約の当事者が代表者を同じくする会社であり、賃借会社が賃貸会社を金銭的に援助する意図で、適正な賃料よりも大幅に高額な賃料が約定されたが、時の経過によりこの事情が消滅した場合には、減額請求が認められる（最判平5.11.26集民170-679）。

エ）「不相当性」は、当事者間の具体的諸事情を総合的に考慮して既存の地代で当事者を拘束することが公平に反するか否かで判断すべきである。租税の増大によって借地権設定者の純益が著しく減少した場合（〔3〕の注釈参照）や、地代額が近隣の同種事例に比べて均衡を失するに至っているような場合（〔5〕の注釈参照）には不相当といえよう。

オ）　従来の地代が不相当になったことの立証責任は、改定を求める当事者にある。

〔7〕 従前の地代が不相当となったこと、および一定期間不増額の特約がないことの二つの要件が満たされている場合には、「契約の条件にかかわらず」増減請求権が認められる。

(1) その意味では、本条1項は強行規定の性格をもつとされる（旧法12条1項について最判昭56.4.20民集35-3-656、我妻・各論中一507）。ただし、その趣旨は、16条により片面的強行規定とされている諸規定とは違って、地代の改定・増減について借地権者に不利な特約をすれば直ちにそれが無効とされるわけではなく、地代改定は基本的に当事者の合意に委ねられているが、増額しない旨の本項ただし書以外の定めをしても増減請求権の行使が妨げられないとの趣旨である（寺田・NBL494-33）。この点につき、後掲(5)に述べる最判平15.6.12（民集57-6-595）、さらに、32条に関するものとして最判平15.10.21（民集57-9-1213）が重要である。

(2) 地代の増額は当事者の協議により決定するという特約（協議特約と呼ばれることがある）が存する場合に、借地権者と協議をしないで、または協議を尽くさずに増額請求をすることができるかについては、判例は、そのような特約は、できる限り訴訟によらないで解決しようという合意にすぎず、当事者間に協議が成立しない限り賃料の増減を許さないとする趣旨ではないとして、協議を経ない増額請求も有効であるとした（前掲最判昭56.4.20）。

(3) 公租公課の変動や物価指数等に応じて地代を自動的に改定する特約（自動改定特約。たとえば、地代は固定資産税・都市計画税の○倍とする条項、消費者物価指数の変動にスライドするとの条項、△年ごとに□パーセント増額するとの条項など）が、地代改定をめぐる協議の煩わしさやトラブルを未然に防止するために、しばしば利用されている（升田・判時1475-3、1477-3）。このような賃料自動改定特約の効力と本条1項との関係について、従来の下級審裁判例では、本条1項が前述した意味での強行法規の実質をもつことを考慮しつつ、個々の特約の内容が本条1項の趣旨に反し、経済的事情の変更がなくても賃料の増額をするとか、その増額が経済的事情の変更の程度と著しくかけ離れた不合理なものとなるときは無効とすると解し「改定基準の相当性」を要求し、さらに加えて、その特約の適用によって定まる「改定後の金額の相当性」が具体的に判断され、当該事案における特約の最終的な効力が決定されていた（杉原・ジュリ1256-183）。

他方、学説上は、まず基準の相当性による特約の効力が判断され、有効と認められるときは、その限りで法定の増減請求権は排除されるが、特約に基づく賃料額が不相当となり特約が無効と認められる（その論拠としては、事情変更の原則、当事者の意思解釈、信義則などが挙げられた）ときは増減請求権の行使が許されると解されていた。

⑷　もっとも、こうした下級審裁判例による説明については、改定基準としていったんは有効とされた特約がその後の事情変化を考慮した判断により、その効果・適用が否定されうることの論拠がなお明確でないとの批判があり、学説についても、特約に基づく賃料額が不相当となり特約が無効となる根拠が明確でなかった。これらに対して、有力学説は、裁判例の分析から、前掲の判断枠組みのうち、改定基準の相当性・合理性の判断はきわめて形式的で基本的に改定特約は有効とされていること、特約の無効・失効の理由とされる事情変更の原則は固有の意味での同法理の適用ではなく賃料増減請求権規定における不相当性判断と同一であることを指摘した。それによれば、当事者間の賃料決定に関する合意の有効性（拘束力）を前提としつつも、かつ、強行法規の実質をもつ増減請求権の制約には服することから出発し、当事者がその特約の基礎としていた事情がその後の経済事情の変更により失われるに至ったときは、特約に基づく賃料額が賃料増減請求権規定の趣旨に照らして不相当になった（要件充足）結果として、合意の拘束力の基盤が失われ当事者は賃料増減請求権が行使できることになると把握すべし、と指摘していた（原田・判タ901-58以下）。

⑸　こうした状況の下で、最高裁は、地代自動改定特約（いわゆるバブル経済の崩壊の前に結ばれた3年ごとに地代を10パーセント増額する条項）について、上記の有力説に近接した判断を示した。前掲最判平15.6.12は、一方で本条1項が強行法規の実質をもつこと、他方で当事者間の賃料決定合意の自由から地代改定協議の煩わしさを回避するための地代自動増額特約も原則有効であることを前提としつつ、「地代等自動改定特約は、その地代等改定基準が借地借家法11条1項の規定する経済事情の変動等を示す指標に基づく相当なものである場合には、その効力を認めることができる。しかし、当初は効力が認められるべきであった地代等自動改定特約であっても、その地代等改定基準を定めるに当たって基礎となっていた事情が失われることにより、同特約によって地代等の額を定めることが借

地借家法11条１項の規定の趣旨に照らして不相当なものとなった場合には、同特約の適用を争う当事者はもはや同特約に拘束されず、これを適用して地代等改定の効果が生ずるとすることはできない」し、「当事者は同項に基づく地代等増減請求権の行使を同特約によって妨げられるものではない」とした（具体的には、バブル経済下では本件特約もその効力を否定されないが、地価動向が下落に転じた後の時点では、本件増額特約により地代を定めることは本条１項に照らし不相当となったとした）。

なお、特約が本条１項に照らして不相当となった場合の効果に関して、強行法規の実質をもつのは、増減請求権の行使を妨げることができないという点だけである。不相当となった時点以降でも、賃借人が増額特約の適用を争うことなく、増額された賃料を支払っていた場合、増額賃料の支払を受けたことが賃貸人の不当利得になるわけではない（杉原・ジュリ1256-184）。

これに関連して、賃借人が増額特約の効力を争って特約による増額賃料を支払わず従前賃料あるいは自己の相当と認める額の賃料だけの支払・供託を続けていたが、後に特約が有効と認められた場合に、どのように解決すべきか。形式的には不足を理由に債務不履行解除の余地がありうるが、裁判例では、本条２項の適用を認めて解除を封じたり（札幌高判昭54.10.15下民30-9=12-528）、あるいは、２項の適用は認めないが、有効とされた地代改定特約に従わなかったことに信頼関係を破壊しない特段の事情ありとして解除を否定している（東京地判平6.11.28判時1544-73）。学説上も、２項の類推適用や信頼関係破壊法理など、特約の不遵守を解除に直結させない方向が指摘されていた（吉田・注釈借地借家868）。これらに対して、前掲の有力学説（原田・判タ901-60）は、特約の有効・無効という形式の下で争われているのは実質的には当事者の合意（特約）に基づいて決定・算定された賃料額の相当性そのものであり、賃料増減請求権の行使の場合と異ならないから、こうした紛争の場合にも本条２項が適用されるべきと指摘していた。前掲最判平15.6.12は、この点を直接扱うものではないが、同判決の前述の基本枠組みからすれば、同様に解すべき余地があるように思われる。

(6)　ところで、注意すべきは、地代増減請求にかかる本条に関する前掲最判平15.6.12が示した判例法理とは別に、サブリース契約への32条適用をめぐって提示された判例法理の存在である。詳細は32条の注釈に委ねるが、バブル経済の頃に盛んに行われた建物のいわゆるサブリース契約に賃料減額請求権の規定が適用されるかについて、近時最高裁の判断が示された（前掲最判平15.10.21ほか）。その骨子として、サブリース契約は建物の賃貸借契約に当たり、32条が適用されること、同条は強行法規であるから賃料自動増減特約があってもその適用を排除できず、当事者は増減額請求権の行使を妨げられないこと、32条1項に基づく「賃料減額請求の当否（〔賃料増減額請求権行使〕の要件充足の有無）及び相当賃料額」を判断するにあたっては、公平の見地に照らし、賃貸借契約の当事者が賃料額決定の要素とした事情その他諸般の事情を総合的に考慮すべきであること、が明示されている。

最高裁は、これらが、単に建物サブリースにおける賃料改定特約のみならず、サブリース以外の借家契約（オーダーリース）あるいは借地契約における賃料増減請求においても妥当する一般枠組みとして把握する姿勢をみせている。すなわち、最判平16.6.29（判時1868-52）は、建物所有を目的とする借地契約において、賃料は3年ごとに消費者物価指数の変動率を乗じ、公租公課の増減額を加算・控除した額とするが、物価指数が下落しても減額はしないとの賃料改定特約があった事例につき、サブリース判決と同様の論理が当てはまるものとしている。ただ、このように、借地に関する上述の前掲最判平15.6.12の判断枠組みと上記サブリース判決が示した判断枠組みとを一元的に理解する見方に対しては、異論も強い。そこでは、前掲最判平15.6.12は賃料増減額請求権の通常適用であるのに対して、前掲最判平15.10.21の示した法理がサブリース契約の場面への修正適用であり、契約締結以前の事情の総合的考慮という新たな規範創造と理解する（この立場からは、前掲最判平15.6.12の事例では賃借人が賃貸借契約中の賃料改定特約において経済変動・賃料変動のリスクを引き受けていなかった〔賃料改定特約の機能は改定をめぐる紛争の防止のみ〕のに対し、前掲最判平16.6.29の借地契約の事例は、同リスクの引き受けがなされていた点でサブリースと共通性があるとする〔吉田・判タ1173-112〕）。

〔8〕　増減請求権の行使の方法および効果　　(1)　行使の方法　　増減請求権は、相手方に対する意思表示によって行使されるが、その意思表示は口頭でも書面でもよい。実務上は、後にこの意思表示がなされたかどうかが争われることを考慮して、配達証明付きの内容証明郵便でなされることが多い。書面による場合も、記載内容から増減請求の意思表示であることがわかれば、特別の様式も必要

とせず、またその改定の根拠を示すことや、金額を明示することも必要ではない（東京地判昭42.4.14判タ208-186）。もっとも、裁判上増減請求の意思表示をする場合には、請求の上限を画する必要から、訴状において金額を明示しなければならない（貼付する印紙の金額の算定という意味もある）。

(2)　行使の効果　　ア）　地代増減請求権はいわゆる形成権であり、増額請求の場合に借地権設定者が増額の意思表示をすれば（具体的に改定金額を提示するのが通例である）、借地権者がそれを承諾するか否かにかかわらず、その意思表示がなされた時（厳密にいうとその意思表示が借地権者に到達した時）から、将来に向かって客観的に「相当」な額に増額するという効果が生ずる。

イ）「相当」な額が具体的にいくらであるのかに関して、当事者間に争いがないとき、たとえば、借地権設定者が提示した金額に対して借地権者も異存がない場合には、その金額が改定地代となる。

「相当額」をめぐって当事者間に争いがある場合は、調停または裁判において決定されることになる。民事調停法の改正によって、賃料改定を求める訴訟を提起する者はまず調停を申し立てなければならず、調停の申立てをしないで訴えを提起した場合は原則として調停に回される（民調24条の2の注釈を見よ）。

裁判によって決定された改定の効果は、前述のように増減請求の意思表示の時点に遡って生じる。裁判所の判決は、増減請求権という形成権の行使によりすでに意思表示の時点で生じている改定金額を確認するにすぎないと説明されている。

賃料増減額確認請求訴訟においては、その前提である賃料増減額請求の当否および相当賃料額の審理判断がなされるが、その審理判断にあたっては、賃料自動改定特約が付されていた場合でも、当事者が現実に合意した賃料のうち直近のものを基にして、その合意がなされた日から当該賃料増減額確認請求訴訟に係る賃料増減請求の日までの経済事情の変動等を総合的に考慮すべきものとされる（最判平20.2.29判時2003-51）。

さらに、賃料増減額請求により増減された賃料額の確認を求める訴訟の訴訟物および既判力の範囲について、従来いわゆる期間説（賃料増減額請求発効の日から当該訴訟の事実審口頭弁論終結時までの期間の賃料額と解する）と時点説（特定の期間と解する必然性はなく、増減額請求発効日時点の賃料額と解する）との対立があったが、近時最高裁は、原則として後者の立場を明らかにした（借家につき最判平

26.9.25民集68-7-661)。すなわち、その既判力は、原告が特定の期間の賃料額について確認を求めていると認められる特段の事情がない限り、前提である賃料増減額請求の効果の生じた時点の賃料額に係る判断について生ずるものとした。両説は、賃料増減額確認訴訟係属中に新たな賃料増減請求がされた場合の訴訟運営面での対応等で相違が生じえたところ、実務上一定の方向が示されたものといえる(詳細につき、伊藤・最判解353以下)。

ウ)　相当地代はどのように算定されるか。継続地代の改定額の算定については、以下のようなさまざまな方式がある。

1)　利回り法　　土地の基礎価格(通常は底地価格)に地代利回りを乗じて得た純地代に必要経費(公租公課等)を加算するもの

2)　スライド法　　既定の地代を基準として、その後の経済変動の指数(たとえば物価指数、土地価格の変動指数、公租公課の変動率等)を乗ずるもの(厳密には、既定の地代中の純地代に変動率を乗じたものに改定時点の必要経費を加える)

3)　差額配分法　　当該土地の経済価値に即応した適正な地代と実際の支払地代との差額について、契約内容、契約締結の経緯等を総合的に勘案して当該差額のうち貸主に帰属すべきものと判断される部分・額を従前の支払地代に加算するもの

4)　賃貸事例比較法　　近隣の同種同等の賃貸事例における地代の相場と比較し個別要因による補正を施して求めるもの

5)　公租公課倍率法　　固定資産税と都市計画税の合計額の何倍(2倍から3倍の範囲が多い)という形で地代額を定めるもの(理屈はともかく簡便であるため、和解や調停などで従来しばしば利用されてきた)

これらの方式のどれを原則とするかに関して、判例は、いずれの方式も合理性があり、ケース・バイ・ケースであるとしている(最判昭40.11.30判時430-27、最判昭43.7.5判時529-49)。したがって、具体的な事件について、どの方式あるいは組み合わせによって算定するかはもちろん、各方式においても個別的にどのような数値を適用するか(たとえば、1)利回り法で地代利回りを何パーセントにするか、2)スライド法で変動指数として何を利用するか、3)の差額配分法で貸主に帰属すべき割合をどれだけとするか等)の判断については、専門的な知識を必要とし、通常は不動産鑑定士に適正地代の鑑定を依頼し(当事者が依頼する場合もあれば、裁判

所が依頼する場合もある)、その結果を証拠として利用することになる。

近年の裁判例あるいは鑑定実務においては、これらの１）ないし４）の方式のうちの複数の方式により試算された金額を総合的に調整・比較考量して最終的な金額を決定する仕方（総合方式と呼ばれる）が一般化している（「不動産鑑定評価基準」〔平成14年７月３日総論第７章第２節、各論第２章、直近の改正は平成26年５月１日〕も、継続賃料の鑑定評価手法としてこれら四つの方式を規定している。本条をめぐる最近の38件の裁判例を対象に、各方式のウェイトづけも含め整理したものとして、渡辺・解説345以下が詳しい)。

〔**9**〕 一定期間地代を増額しない特約　　たとえば地代を５年間据え置くという特約が存在する場合には、従前の地代を「不相当」とする事情があったとしても、その期間内は本条の増額請求権は認められない（本条１項但書)。ただし、この不増額特約の期間がかなり長期にわたるもので、他方その間に経済的事情が激変した場合には、その激変が特約当時の当事者の予測を大きく超え、その特約の拘束力をそのまま認めるのが著しく公平に反するとみられるときに限り、不増額特約にかかわらず「事情変更の原則」を適用して本条の増額請求権を認めるべきである（横浜地判昭39.11.28判タ172-212)。

〔**10**〕 本条２項は、増額請求の意思表示がなされ、相当額をめぐって当事者間で協議がまとまらない場合に、後に裁判等で決着し増額が確定するまでの間、借地権者が支払うべき暫定的な金額および増額確定後の清算のルールを定める。

⑴　借地権者は、増額の確定まで「相当と認める」地代を支払えば足りる。その趣旨は、従前地代額より低額であってはならない（借地権者が従前の地代を下回る金額を相当と考える場合の処理については⑶で説明する）が、借地権者自身が主観的に相当と考える額を意味し、客観的な適正額を意味しない（最判平5.2.18判時1456-96。通説)。

たとえば、借地権設定者が現行の地代10万円を13万円に増額請求してきたのに対して、借地権者が11万円が相当だと考えれば、その金額だけ支払えばよい（この場合、借地権者が相当地代として支払った限度〔11万円〕で当事者間の合意〔一部合意〕があったものとし、裁判所はその金額を下回る額〔たとえば10万5000円〕を決定することができないのか、については後述〔**11**〕の注釈参照)。また借地権者が従来どおり10万円が相当だと考えれば従来どおりの金額を支払えばよい。後に12万円への改定が裁判所により認められた場合でも、後述〔11〕の注釈に示した形で不足分の清算をすれば不足を理由に解除はできない（本条2項の前身たる旧法12条2項は昭和41年の改正により追加されたものである。それ以前は、この不足額の不払いを理由とする債務不履行、解除、土地明渡しという紛争が相次いだが、同改正により解除が絡むトラブルの余地を封じた）。

もっとも、借地権者が主観的に相当と判断すれば、いかに低額であっても本項が適用され解除の余地はないかについては、最判平8.7.12（民集50-7-1876）は、借地権者による支払額が、借地権者が主観的に相当と認めていたとしても、借地権設定者が負担すべき目的物の公租公課の額を下回り、そのことを借地権者が知っていたときは、特段の事情のない限り、債務の本旨に従った履行をしたといえず解除の余地があるとする（最判平8.7.12判時1579-82は、賃貸人が自己所有地と第三者所有地とをあわせて賃貸した事例で、その地代が前者の公租公課と後者の原賃貸借の地代の合計額を下回っていた事案につき、同旨の判断をした。これら最判につき、学説上も同旨のものとして、内田・リマークス15-55、山野目・判タ933-70）。

なお賃料改定の場合に、借地権設定者側が増額地代でなければ受け取らないとして受領を全面的に拒絶することがしばしばあるが、その際には、借地権者は供託（民494条以下）をなすべきであり、受け取らないからといって供託もせず放置すれば不払いの債務不履行責任を問われ契約を解除されるおそれがある。

⑵　以上のような暫定的取扱いは、「増額を正当とする裁判」が確定するまでのものである。ここにいう裁判とは、改定地代を確認する判決、改定後の地代の支払を命ずる給付判決を指すが、賃料額が裁判上の和解により確定され、それが調書に記載された場合（東京高判昭54.5.22判時934-55）や地代改定の調停が成立し調書に記載された場合も含まれる（荒木・実務解説201。もっとも裁判上の和解や調停の場合には、通常その条項のなかで改定額、時期、清算の仕方等の詳細が定められ、本条2項適用の余地は多くないであろう）。

⑶　借地権設定者が従前10万円の地代を13万円へ増額請求したのに対して、借地権者がその増額請求には根拠がないと考える場合でも、前述のように借地権者は従前地代額10万円を支払わなければ債務不履行の責任を問われるが、借地権者が9万円が相当と考えるときは9万円への減額請求が可能である。ただし、減額請求をしても、金額が確定するまでは、借地権設定者は自己が相当と考える額

（従前額を上回ることはできない）を請求することができるから（本条３項。〔12〕の注釈参照）、借地権者は、その請求額（まず上限たる従前額であろう）の支払債務を免れない（香川・解説180-181。これを怠った債務不履行として解除を肯定した裁判例として、東京地判平1.3.6判時1345-75）。

〔11〕 増額を認める裁判が確定した場合等（前掲〔10〕(2)参照）に、増額請求の時以降、借地権者が支払ってきた、または供託してきた金額が裁判により確定された金額に不足するときには、借地権者は、その不足分に年１割の利息を付して賃貸人に支払わなければならない。

これに対して、借地権者が支払いまたは供託してきた金額が裁判所による確定額等を超過するときの取扱いはどうなるか。前掲〔10〕(1)の設例――従前地代10万円の13万円への増額請求に対し、借地権者が11万円を支払った――において、裁判所が10万5000円を正当と判断したときの扱いとして、借地権者が相当地代として支払った金額の限度で合意があったと同一の法律関係となり、裁判所は、仮に10万5000円を相当と判断してもその旨の判決はできないとの見解もある（香川・解説181-182）。

しかし、借地権者としては、金額の決定は裁判所に委ね、あくまで暫定額であることを留保した上で支払うことも考えられるから、裁判所は借地権者の支払額に拘束されずに適正地代を決定できると解すべきである（伊東・基本コンメ住宅関係法135）。そして、この場合、過払いの超過額について、年１割の利息付与を定める本条３項は適用されず、借地権設定者は、一般原則に従い、超過額を不当利得として民事法定利率の利息を付して返還することとなる（東京地判平18.11.28 LLI/DBL06134808。家賃についての事案であるが、東京高判平24.11.28判時2174-45）。

〔12〕 減額請求の意思表示がなされたが「相当地代」の額について当事者の協議がまとまらない場合の取扱いは、増額請求の場合と基本的に同様である（本条３項の前身である旧法12条３項も、２項と同様昭和41年改正により追加された）。

(1) 減額請求の場合には、金額が確定するまでの係争期間中、借地権設定者は、自ら相当と考える地代を請求することができ、借地権者はその金額は支払う義務がある。たとえば、現行13万円の地代について10万円への減額請求がなされた場合に、借地権設定者は、自ら相当と考える金額（従来どおり13万円でもよいが、それを超えることはできない）を請求でき、借地権者は暫定的にせよその額は支払わなければならない。それを怠り賃貸人の請求額を下回り自己の主張する額の支払を継続した賃借人に対しては、賃料不払いによる解除が認められる（借家の事例であるが東京地判平6.10.26判時1559-61、東京地判平10.5.28判時1663-112）。なお、減額を相当とする裁判が確定するまでの「賃貸人が相当と認める額」の賃料支払請求権は、賃貸人の請求等の意思表示により発生する形成権ではなく、賃借人の減額請求の意思表示の到達時に当然に発生し、また、「賃貸人が相当と認める額」は、特段の事情のない限り、従前賃料額と同額と推定されるとする事例がある（東京地判平10.4.16判タ997-221）。結果的に、たとえば、12万円への減額が裁判上認められたとすると、借地権設定者は超過分（係争期間中13万円を受領していた場合の各月1万円）につき年1割の利息を付して賃借人に返還しなければならない。なお、この年1割の利息は、上記のような超過分に限り付加されるものであり、実際の支払額が不足していた場合の不足分については、1割の利息付加は認められないことにつき、32条〔**12**〕(1)の注釈を参照されたい。

(2)　なお、上の例の13万円から10万円への減額請求に対して、借地権設定者側が逆に14万円を相当地代として増額請求してきた場合の取扱いは、前掲〔**10**〕(3)のいわば裏返しの関係になる。すなわち、減額請求がなされても、その確定までは借地権設定者は従来どおり13万円の請求ができるが、その後14万円への増額請求をしても、借地権者は自己が相当と考える地代額（従来どおり13万円であろう）を支払えば不履行の責任を免れるから、結局、減額請求に対抗して増額請求がなされた場合でも、裁判で確定するまでは、借地権設定者は従前の額を超えて請求することはできず、他方、借地権者は、従前額は支払わなければならない（要するに、確定までは従来どおりの法律関係が維持される）。

（副田隆重）

（借地権設定者の先取特権）

第12条〔1〕　借地権設定者〔2〕は、弁済期の到来した最後の2年分〔3〕の地代等について、借地権者がその土地において所有する建物の上に先取特権〔4〕を有する。

2　前項の先取特権は、地上権又は土地の賃貸借の登記〔5〕をすることによって、その効力を保存する〔6〕。

3　第1項の先取特権は、他の権利〔7〕に対して優先する効力〔8〕を有する。ただし、共益費用、不動産保存及び不動産工事の先取特権並びに地上権又は土地の賃貸借の登記より前に登記された質権及び抵当権〔9〕には後れる。

4　前三項の規定は、転借地権者がその土地において所有する建物について準用する〔10〕。

〔1〕　本条の趣旨　　土地の借賃については、民法で先取特権が認められ（民312条〜316条）、それが地代に準用される（民266条2項）が、その目的物は動産に限られている。本法は借地権者に有利な各種の制度を設けているので、それに対する権衡上、11条の地代等増額請求権とともに本条を設け、地代債権や借賃債権のために借地上の建物の上に先取特権を認め、借地権設定者の利益を保障したのである。この先取特権を付与することにより、借地権設定者は安心して借地権を設定するであろうから、このような借地権設定の奨励が住宅難の緩和につながり、結局のところ本条は借地権者保護の規定であると、旧法13条について説かれていた（薬師寺228以下）。

〔2〕　先取特権者は、借地権設定者である。すなわち、借地権が地上権である場合の土地所有者（地上権設定者）および借地権が土地の賃借権である場合の賃貸人である（さらに〔10〕参照）。

本条は、普通借地権については当然のことながら、定期借地権（22条）、事業用定期借地権等（23条）および建物譲渡特約付借地権（24条）についても適用される。なお、一時使用目的の借地権を設定した場合には、適用肯定説と否定説が対立していたが、本法では先取特権の成立を肯定した（25条参照）。

〔3〕「弁済期の到来した最後の2年分」の地代または借賃が担保される。かかる制限は、被担保債権額が無制限に大きくなり一般債権者の利益が害されるのを防ぐためであるから、民法375条と同趣旨である（茶谷・司研17-5-121、斉藤・不動産大系Ⅲ412）。それゆえ、他に債権者がいなければこの制限を受けず、全額について先取特権を行使することができる（我妻＝広瀬・法時13-9-46、広瀬・借地借家158、星野・借地借家225）。

最後の2年分の算定の基準時については、先取特権の実行としての競売による売却代金の配当等を実施する時を基準とすべきである（上原・基本コンメ住宅関係法137）。

民法375条１項ただし書は、最後の２年分以前の定期金についてもその登記をすることによって対抗力を生じさせるが、本条の先取特権にはこのような登記の方法は認められていないから、効力を拡張させることはできない（広瀬・借地借家158）。

〔４〕　本条の先取特権の客体は、借地権者が借地上に所有する建物である。建物の従物と認められるものは、「従物は、主物の処分に従う」（民87条２項）から、先取特権の範囲に属する（広瀬・借地借家159）。

〔５〕　地上権または賃借権の登記が必要である。このようにして借地権が登記されることを期待したのである（斉藤・不動産大系Ⅲ408以下）。民法上の不動産の先取特権とは異なり、先取特権そのものの登記（不登83条１項）をするのではないことに注意すべきである。

地上権の登記は不動産登記法78条によって、賃借権の登記は同法81条によって、それぞれ地代ないし賃料が登記されることにより公示される。

〔６〕「効力を保存する」とはどういう意味か。これについては民法上の不動産の先取特権と同様に争いがある。借地権の登記を先取特権の成立要件と解する説（薬師寺235、薄根198）もあるが、通説によれば、登記は単なる対抗要件である（広瀬・借地借家160、星野・借地借家226）。それゆえに登記がなくても競売権は行使しうる（民執181条１項）。もっとも、登記がなければいずれの説でも優先権は認められないのだから、両説の差異はそれほど重要ではない（我妻・担物98）。

〔７〕　他の権利との優劣　⑴　一般債権との関係　　１項の先取特権が対抗要件（登記）を具備する限り一般債権に優先するのは、先取特権が担保物権であることから当然である。一般の先取特権が１項の先取特権の対抗要件具備以前に成立していても、１項の先取特権が優先する。しかし、１項の先取特権が対抗要件を具備する以前に一般債権者による建物の差押えの登記がなされたときは、その後に１項の先取特権が対抗要件を具備しても、１項の先取特権は差押債権者には対抗できず、優先しえない（民執87条１項４号）。

⑵　一般の先取特権との関係　　一般の先取特権（民306条）は、原則として特別の先取特権に劣後する（民329条２項本文）が、例外として共益費用の先取特

権（民307条１項）は、その利益を受けた総債権者に対して優先する（民329条２項但書）。本条３項ただし書は、この点を確認したものである。

⑶　不動産保存および不動産工事の先取特権との関係　　不動産保存の先取特権（民326条）および不動産工事の先取特権（民327条）は抵当権にすら優先する（民339条）のだから、１項の先取特権がこれらに劣後するのは当然である。本条３項ただし書は、これを確認している。

不動産保存および不動産工事の先取特権は、その効力を保存するためそれぞれ所定の時期に登記することを要する（民337条、338条１項）が、この登記がある以上、たとえそれ以前に１項の先取特権が登記を経ていても、１項の先取特権は劣後する。

⑷　不動産売買の先取特権との関係　　１項の先取特権と不動産売買の先取特権との関係は、本条３項ただし書に規定されていない。この点につき不動産売買の先取特権の効力は抵当権に関する規定が準用される（民341条）から、売買契約と同時に（売買による所有権移転の登記とともに）いまだ代価またはその利息の弁済がない旨を登記することによって（民340条）、本条３項ただし書の「地上権又は土地の賃貸借の登記より前に登記された質権及び抵当権」に準じて１項の先取特権に優先すると解する説がある（薬師寺247以下、石田・不動産大系Ⅱ46）。しかし、本条３項ただし書が特に不動産保存および不動産工事の先取特権についてその優先的効力を規定したことから、少なくとも順位に関しては民法の規定を排斥しているものと解し、１項の先取特権が不動産売買の先取特権に優先すると考えられる（薄根204、広瀬・借地借家164）。

⑸　建物上の不動産質権・抵当権との関係　　１項の先取特権と同一建物上の不動産質権、抵当権との優劣は、一般原則（民177条）に従い、先取特権の対抗要件（借地権の登記）と不動産質権、抵当権の登記の先後によって決まる。不動産質権者、抵当権者に不測の損害を与えないためである。

⑹　留置権との関係　　建物の強制競売または競売がなされると建物の買受人は留置権者に被担保債権を弁済する責めを負うので（民執59条４項、188条）、留置権者は優先的地位に立つ。

〔８〕「優先する効力を有する」とは、１項の先取特権の目的物である建物の上に「他の権利」が競合したときは、１項の先取特権が優先して弁済を受けるこ

とができるという意味である。1項の先取特権は、その成立時期に関係なく、原則として「他の権利」に優先する（広瀬・借地借家161）。

〔9〕〔7〕で述べた理由によって、1項の先取特権は、共益費用の先取特権、不動産保存の先取特権、不動産工事の先取特権、地上権または土地の賃貸借の登記より前に登記された質権および抵当権には劣後する。したがって、この先取特権は優先的効力をもつといっても、それほど強い権利ではない。

〔10〕　転借地権者が借地上に所有する建物についても、前三項の規定は準用される。本条4項は、従来から解釈で認められていた規範を明文化した規定である。すなわち、借地権者が借地権設定者に地代等を支払わない場合に、借地権設定者が借地上の転借地権者所有の建物の上に先取特権を有するかという問題について、転借地権者は、民法613条1項あるいは民法266条2項によって借地権設定者に対して地代等の支払義務を負い、その担保として転借地権者所有の建物の上に先取特権が成立するのは当然であると解されてきたのである（鈴木＝生熊・新版注民⒂656）。転借地権者とは、建物の所有を目的とする土地の賃借権で借地権者が設定している転借地権を有する者である（2条4号、5号）。したがって、地上権者から土地を賃借している者や、適法な転貸人から土地を転借している者がそれに該当し、その借地上に所有する建物について、借地権設定者が先取特権を有することになるのである。

転借地権者が借地権者に賃料を支払わない場合には、借地権者が転借地権者所有の借地上の建物の上に先取特権を有することになるが、このことは、本条4項ではなく、本条1項から3項の適用によるものである（生熊・注釈借地借家873）。

（上原由起夫・宮﨑　淳）

（建物買取請求権）

第13条〔1〕　借地権の存続期間が満了した場合において、契約の更新がないとき〔2〕は、借地権者〔3〕は、借地権設定者〔4〕に対し、建物その他〔5〕借地権者が権原により土地に附属させた物〔6〕を時価〔7〕で買い取るべきことを請求することができる〔8〕。

2〔9〕　前項の場合において、建物が借地権の存続期間が満了する前に借地権設定者の承諾を得ないで残存期間を超えて存続すべきものとして新たに築造されたものであるときは、裁判所は、借地権設定者の請求により、代金の全部又は一部の支払につき相当の期限を許与することができる。〔10〕

〔11〕３　前二項の規定は、借地権の存続期間が満了した場合における転借地権者と借地権設定者との間について準用する。

〔１〕　本条の趣旨　⑴　借地権者が、借地上に建物を建築するなどして土地使用のために自己の費用を投下した場合に、建物等が借地権消滅時になお残存価値を有していても、民法上の制度によっては、この残存価値を回収できないことが多い。たとえば、民法608条２項は賃貸借終了の際に賃借人が賃貸人に対して有益費の償還を請求できる旨を定めているが、同項は借地権者の費用投下の成果が土地に付合（民242条）することを前提としているから、建物のように土地に付合しない場合には適合しない。結局、民法の規定によると、借地権者は建物等を取り壊して、土地を明け渡さなければならないことになる。そこで、本条は、借地権者が借地上に所有する建物等を借地権設定者に買い取らせることができることにし、⒜借地権者に残存価値を回収することを可能にし、⒝利用可能な建物等の取壊しを防ぎ、国民経済上の損失を回避しようとしている（ただし、買い取った借地権設定者により建物が取り壊されればそれまでであり、本条の目的として⒝をあまり強調すべきではないであろう）。

⑵　本条１項は、旧法４条２項の規定内容を基本的に受け継ぐものである。旧法が「借地権消滅ノ場合ニ於テ」「契約ノ更新ナキ場合」に買取請求権が認められると規定していたのが、本法では「借地権の存続期間が満了した場合において、契約の更新がないとき」と規定された。しかし、この表現変更も、合意解約や債務不履行の場合にも買取請求権を肯定する学説の存立余地を否定するものとまでは解されない（肯定説としては、１項の類推適用を主張することになろう）。したがって、旧法４条２項についての従来の解釈は、本条１項の解釈に際しても基本的に妥当するものと考えてよい。

⑶　これに対して、２項、３項は借地借家法制定の際の新設規定である。もっとも、学説はすでに旧法の解釈として、２項、３項の規定内容についても議論してきており、そこでの蓄積は本法の解釈に際しても利用可能である（詳しくは、

各項の説明を参照)。

(4)　もっぱら事業の用に供する建物の所有を目的とし、かつ、存続期間を10年以上30年未満として借地権を設定する場合には、この借地権設定契約が公正証書によってなされるものである限り、本条の規定は適用されない(23条2項、3項)。

〔2〕　本条所定の建物買取請求権が成立するのは、「借地権の存続期間が満了した場合において、契約の更新がないとき」である。

(1)　すなわち、主としては、借地権者が更新を請求(5条1項)したが、借地権設定者が更新を拒絶し、これに正当事由(6条)ありと認められた場合であるが、借地権者が更新請求権を行使せず、直ちに買取請求することも可能であると解される(鈴木＝生熊・新版注民(15)423。ただし、借地権設定者は更新を認める意思を表明して買取りを免れることができる)。また、借地期間満了後における借地権者の土地使用の継続に対して借地権設定者から有効な異議が述べられた結果契約の更新が生じなかった場合(5条2項)については、旧法上明文の規定が欠けていた(ただし、解釈により買取請求権が認められていた)が、1項は、規定の表現・位置からみてこの場合をもカバーしていると解される。

(2)　借地権設定者が借地権者の債務不履行を理由に契約を解除した場合に、買取請求権が認められるか。旧法4条2項の解釈としては、肯定(後藤250など)・否定(我妻・各論中一499など。鈴木・借地(上)499は、解除が認められるのは借地権者の不信義がはなはだしい場合のみであることを前提に、否定説に賛成する)の両説、さらに、肯定するが、買取価格を本来の期間満了時に有するであろう価格とし、弁済期も本来の期間満了時まで延期しうる等の修正を加える説(星野・借地借家210以下など)が主張されていたが、判例(最判昭35.2.9民集14-1-108)は買取請求権の成立を否定していた。この対立は、本法の下においても引き継がれよう(〔1〕(2))。

(3)　合意解約によって借地権が消滅する場合には、旧法下の多くの判例は、借地権者が地上建物の運命まで顧慮した上で合意をしたと考えられるから、特に建物買取りに関する合意が存しない限り、買取請求権の放棄・建物の収去が前提とされている、と解すべきだとしていた(大判昭14.2.6新聞4386-16、最判昭29.6.11判タ41-31)。

これに対して、学説上は、合意解約の場合にも買取請求権は成立し、ただ、合意解約と同時に買取請求権放棄の特約がなされた場合は別であると解する説（星野・借地借家209以下、鈴木・借地(上)499。16条を緩和する解釈〔16条〔３〕(2)〕が前提になっていることに注意）が有力に説かれていた。合意解約の場合と期間満了の場合とを区別する合理的理由はないから、この説に従い、１項の類推によって買取請求権が認められると解したい。

(4)　土地が譲渡され、借地権者が借地権を新地主に対抗できないため、借地権が消滅した場合には、買取請求権は認められない（鈴木＝生熊・新版注民(15)424）。

(5)　短期賃借権（民602条）について買取請求権を否定する理由はない（大阪高判昭29.9.3高民7-8-605、東京高判昭52.7.14判時866-129。学説としては、星野・借地借家208、鈴木・借地(上)500など）。なお、平成15年の民法改正前においては、短期賃借権は抵当権の後に対抗要件を備えたものであっても、抵当権者（したがって買受人）に対抗できることとされていた（民旧395条）から、土地抵当権におくれる短期賃貸借の期間が抵当権実行による差押えの効力を生じたのちに満了した場合に、借地権者は、土地買受人に対して買取請求権を行使できるかどうかが問題となり、判例はこれを否定していた（最判昭53.6.15民集32-4-729）。平成15年の民法改正により、短期賃借権の対抗を認める制度が廃止されたため、改正後に設定される賃借権については、この問題は生じないこととなった。

(6)　一時使用のための借地権については、買取請求権は認められない。これは、25条の明定するところである。

〔３〕(1)　買取請求権を行使できるのは「借地権者」である。その借地権者が地上建物等の所有者でなければならないことは、もちろんである。

(2)　借地権消滅後に、借地権者が地上建物を第三者に譲渡した場合には、この譲受人は建物買取りを請求しうるか。判例（大判昭16.6.20民集20-937）は、これを否定する。しかし、この判例に対しては学説の批判が強い（星野・借地借家213など）。借地権者は借地権消滅後に買取請求権を取得し、これが建物とともに第三者に譲渡されると考えれば、問題を否定的に解する理由はないといえよう（鈴木＝生熊・新版注民(15)429）。

(3)　借地権者の債権者、特に借地上建物の借家人が、借地権者の有する買取請求権を代位行使できるかについては、14条〔７〕(2)を見よ。

〔４〕(1)　買取請求の相手方は「借地権設定者」とされている。借地権消滅時

の借地権設定者という意味である。

⑵　借地権消滅後、借地権設定者が土地を第三者に譲渡した場合には、当該譲受人が所有権取得の対抗要件を具備した以上、買取請求の相手方は譲受人であると解すべきである（鈴木＝生熊・新版注民⒂430）。

〔５〕⑴　建物以外で買取請求の対象となる物件は、借地または借地上建物の使用について、普通に必要であるか、または、便益を与えるもので、客観性を有する物、たとえば下水設備・防火施設・門・塀などである。借地権者の個人的趣味や特殊の用途にのみ適するにすぎないものは、対象とならない（前掲大阪高判昭29.9.3、星野・借地借家212、鈴木＝生熊・新版注民⒂427など）。

⑵　借地上に建物がなく、借地権者に属する他の物件のみが存するときでも、そのような地上物件は買取請求の対象となりうる（星野・借地借家212、鈴木＝生熊・新版注民⒂427など）。

〔６〕⑴　買取請求の対象となるのは、借地権者が権原により土地に附属させた物である。ただし、その物が土地に付合してしまう場合には、買取請求権は問題にならず、民法608条２項による有益費償還請求の問題が残るのみである（鈴木＝生熊・新版注民⒂426など）。

⑵　地上物件は、買取請求する借地権者自身が設置したものでなくてもよい。つまり、すでに設置されていた地上物件を借地権者が譲り受けた場合でも、買取請求することができる（鈴木＝生熊・新版注民⒂425）。

⑶　地上物件は、借地権消滅当時、借地権者に属していることを要する。借地権消滅前に、借地権者が借地上の自己の地上物件を第三者に譲渡してしまったときは、本条の適用はない（鈴木＝生熊・新版注民⒂425）。

〔７〕　買取請求権の行使により借地権設定者の支払うべき買取代金は、建物等の地上物件の「時価」である。

建物の時価を算定する際には、場所的利益を顧慮すべきであるが、借地権価格を含めるべきではないとするのが判例である。判例の多くは14条の前身である旧法10条に関するものであるので、便宜上、14条〔９〕⑵で一括して扱う。

〔８〕⑴　買取請求権は形成権であり、これが行使されると、相手方との間に売買契約が成立したと同一の効果を生ずる。借地権者であった者は、同時履行の抗弁権または留置権により、相手方が建物の代金を支払うまで建物の引渡しを拒

絶でき、建物占有の必要上その敷地の占有もなしうる。ただ、敷地を占有使用することによって得る賃料相当額の利益は不当利得として相手方に返還しなければならない。

(2)　借地権者が、借地上の建物につき本条に基づく建物買取請求権を行使しないまま、期間満了により建物収去土地明渡しを命ずる判決を受け、同判決が確定した場合でも、賃借人は、その後に建物買取請求権を行使し、その効果を確定判決に対する請求異議の事由として主張することができる（最判平7.12.15民集49-10-3051。学説上の肯定説として、たとえば我妻・各論中一491、星野・借地借家214、362。否定説として、たとえば鈴木・借地(下)1317以下）。もとより、建物収去土地明渡請求認容判決確定後の建物買取請求権の行使が、事案の特別の事情に基づき、権利濫用に当たるとして否定される場合はありうるところである（その一例として、東京地判平13.11.26判タ1123-165）。

〔９〕　借地権の当初の存続期間中に建物が滅失しても、借地権者は建物を再築することができるが、借地権設定者が再築に異議を述べると、存続期間は延長されず、本来の期間がそのまま適用される（７条１項参照）。そして、その期間が満了して、契約の更新がなされない場合には、建物買取請求権が発生する。また、契約の更新後に建物が滅失し、借地権者が借地権設定者の承諾も裁判所の許可も得ないで、残存期間を超えて存続すべき建物を再築したときは、借地権設定者は借地関係を解消できる（８条２項、18条参照）が、借地権設定者がこの権利を行使せず、契約の存続をそのまま認めていた場合にも、残存期間が満了して借地契約が終了したときに、建物買取請求権が成立する。これらのことは、本条１項の規定から明らかである。

ただ、問題は、その場合の「時価」の定め方である。旧法下においては、類似の問題につき、旧建物が存在したならば有したであろう時価によるべしとの見解（後藤186以下、297など）と、新建物を基準として時価を定め、ただ、それによって予期せぬ多額の代金を支払わねばならないことになる借地権設定者の不利は、民法608条２項の類推適用により、新旧建物の時価の差額の範囲で、裁判所が借地権設定者に支払を猶予しうると解することによって、回避できるとする見解（星野・借地借家209など）とが主張されていた。本条２項は、基本的には後者の見解に沿う形で立法的解決を図ったものである。

〔10〕　代金の全部につき支払の猶予が与えられるのは、滅失した建物がほとんど価値がなかったような場合で、通常は、一部の支払につき期限が許与されるにとどまると解すべきである。

〔11〕　ＡがＢに借地権を設定しＢがＣに転貸した場合において、Ｂの借地権が存続しＣの転借地権が消滅するときは、ＣはＢに対し建物の買取りを請求することができる。このことは、本条１項および２条３号（借地権設定者は定義上転借地権設定者を含み、借地権者は転借地権者を含む）から明らかである。

これに対して、Ｂの借地権もＣの借地権もともに消滅する場合を扱うのが本条３項で、ＡとＣの間に１項、２項を準用し、ＣからＡに対する直接買取請求を可能にしている。本項のような規定がないと、ＣはＡに対して買取請求できず、また、ＢＣ間の借地契約が存続期間の満了によって終了したものでないとして、Ｂに対しても買取請求できなくなるおそれがあり、仮に、１項の類推によってＢに対し買取請求できると解しうるとしても、すでに借地権を失っているＢに建物を買い取らせることが妥当かという問題がある。もっとも、この点についても、すでに旧法の下で議論があり、通説はＣからＡに対する直接買取請求が認められると解していた（我妻・各論中一495、星野・借地借家213、鈴木＝生熊・新版注民⒂464以下）。本項は、このような解釈を明文化したものだということができる。

（山本　豊）

（第三者の建物買取請求権）

第14条〔1〕　第三者が賃借権〔2〕の目的である土地の上の建物その他〔3〕借地権者が権原によって土地に附属させた物〔4〕を取得した〔5〕場合において、借地権設定者が賃借権の譲渡又は転貸を承諾しないとき〔6〕は、その第三者〔7〕は、借地権設定者〔8〕に対し、建物その他借地権者が権原によって土地に附属させた物を時価〔9〕で買い取るべきことを請求することができる〔10〕。

〔１〕　本条の趣旨　　借地権者が地上建物を第三者に譲渡しようとする場合には、敷地の利用権原である借地権もともに譲渡・転貸することになるが、賃借権の譲渡・転貸は賃貸人の承諾（民612条）がないと、原則として賃貸人に対抗で

きない。賃貸人の承諾が得られないにもかかわらず建物とともに賃借権を譲渡すれば、建物譲受人は、賃貸人からの土地所有権に基づく建物収去・土地明渡請求に服さざるをえないことになる。これでは、(a)賃借人が建物を換金したいと思っても買受人が現われないため投下費用の回収ができず、また、(b)利用可能な建物があたら取り壊されてしまうことになる（国民経済上の損失）。そこで、本条は、建物譲受人が建物を賃貸人に買い取らせることができることにし、(a)(b)の結果を回避しようとしている。

もっとも、国民経済的損失の回避といっても、買い取った賃貸人によって建物が取り壊されることまで、本条による建物買取請求権制度が阻止しうるわけではないし、投下費用の回収といっても、建物買取価格に借地権価格が含まれない以上、賃借人の実際に投じた費用の大きな部分はこの制度によっては回収されえないことになる。投下費用の回収は、本来ならば土地賃借権の処分の自由の承認によって達せられるべきものであり、本条はこの自由が認められないことの埋合わせ（鈴木・借地㈦1294）としての意味を有するにすぎない。

昭和41年の借地法改正によって賃借権譲渡または転貸についての賃貸人の承諾に代わる許可の裁判の制度（旧法９条ノ２→本法19条）が導入されると、土地賃借権が無断譲渡・転貸され、賃貸借契約が解除される事態は少なくなり、本条の定める買取請求権制度の活躍の場も縮減されることになったが、これはこの間の事情を反映した結果である。いずれにせよ、現在では、土地賃借人が許可の裁判を申し立てず、または、申し立てたが棄却されたのに、賃借権譲渡・転貸を強行して、賃貸借契約を解除されたという例外的ケースにのみ、本条が適用されることになるのである（鈴木・借地㈦1296参照）。

なお、本条は、旧法10条の規定内容を口語化してそのまま受け継ぐものであり、改正に際して変更された点はない。

〔**2**〕（1）　本条が適用されるのは、借地権が賃借権である場合に限る。借地権が地上権である場合には譲渡・転貸が自由であるから、建物譲受人の敷地利用権原の欠如という要件を欠き、本条の適用はない。

（2）　一時使用の借地権には本条の適用を否定するのが旧法下の判例であり（大判昭5.3.3新聞3252-8、最判昭29.7.20民集8-7-1415、最判昭33.11.27民集12-15-3300）、これに対する学説は賛否両論に分かれていた（適用否定説：後藤321以下、広橋・

契約大系Ⅲ20以下、関口・契約大系Ⅲ332、伊藤・基本コンメ住宅関係法109など。適用肯定説：薄根155以下、広瀬・借地借家105以下、109以下、鈴木・借地㊦1298、星野・借地借家355など。折衷説：大塚・法協102-3-616以下）。本法25条は、13条の一時使用借地権への適用を明文で排除しながら、14条に言及していないが、それは旧法においてすでにそうであり（否定説は法文にもかかわらず、旧法4条2項＝本法13条との権衡論等から適用否定を導く）、見解の対立は本法においても引き継がれることになろう。

⑶　処分の能力または権原のない者が設定した短期賃貸借（民602条）については本条の適用を否定する理由はない（鈴木・借地㊦1298、星野・借地借家355など）。

〔3〕　建物以外のどのような物が買取請求の対象になるかについては、13条におけると同様に解すべきである（13条〔5〕）。

〔4〕　買取請求の対象になる「借地権者が権原によって土地に附属させた物」の解釈についても、13条の同様の文言についての説明がほぼそのまま妥当する（13条〔6〕）。

土地賃借権が無断譲渡された後に譲受人によって賃借地上に建築された建物は、本条の買取請求権の対象にはならない（最判昭47.12.7民集26-10-1829）。

また、土地賃借人から建物とともに賃借権を譲り受けた者が、賃借権譲受けにつき賃貸人の承諾を得られないまま、当該建物に増築・改築・修繕等の工事を施したときは、譲受け当時の原状に回復した上でなければ買取請求権を行使できない。なぜなら、賃借権譲受けについて賃貸人の承諾を得ず、したがって敷地使用の権原がないにもかかわらず地上建物の増改築等をする者は、その危険を自ら負担することを覚悟しているはずであり、反面、賃貸人は賃借権の譲渡を承諾しない以上、譲渡当時の建物を買い取る義務はあるが、その後予想しない価格の増加を賃貸人に負担させるのは不合理であるからである。もっとも、問題の工事が建物等の維持・保存に必要であるとき、または些細なものであって、建物等の価格を著しく増大させることなく賃貸人に予想外の出捐を余儀なくさせるものでないときは、制度の趣旨に鑑み、建物の現状における買取請求は否定されない。また、賃借権譲受人が、工事による増加価格を放棄し、建物の譲受け当時の状態における価格による買取請求をした場合も、その請求は認容される（最判昭42.9.29民集

21-7-2010、東京地判平18.7.18判時1961-68）。

買取請求によって建物の所有権は土地賃貸人に移転するのであるから、買取請求の対象となる建物は独立の所有権の客体となるに適するものであることを要する。それは、必ずしも一棟の建物であることを要しないが、その一部であるときは、区分所有権の対象となるものでなければならない。したがって、土地賃借人から建物とともに賃借権を譲り受けたが、その建物が他の所有者に属する土地にもまたがって存在している場合には、建物および賃借権の譲受人は、当該建物のうち賃貸人所有地上の部分を区分所有権の客体たるに適する状態にした後はじめて買取請求をすることができる（前掲最判昭42.9.29）。買取請求をする部分が区分所有権の対象とならない限り、これとともにその余の建物部分に対する所有権を賃貸人のために放棄する旨の意思表示をしても、買取請求できないという結論に影響を及ぼすものではない（最判昭50.3.25金判465-2）。

〔**5**〕⑴　取得の原因としては、売買が通常であろうが、他にも贈与・交換・代物弁済等種々の場合がありうる。第三者が相続によって建物等を取得した場合には買取請求権が認められないが、それは相続人が土地賃借権をも同時に相続し、土地賃貸人はこの取得を否定しえないからだと解される（鈴木・借地㈦1305）。

⑵　第三者が建物を取り壊して廃材等を利用するために取得したときには、買取請求権は認められない。建物を借地上に存置して利用する目的で、土地賃借人と第三者の間で賃借権の譲渡・転貸がなされたということが、本条適用の前提だからである。

⑶　建物取得者が本条の買取請求権を行使しうるためには、建物所有権移転の対抗要件を備えることを要する。仮登記を経由しただけでは足りないと解される。建物以外の物件については、引渡しが対抗要件になるが、それらの物件が建物とともに取得された場合には、建物所有権移転の登記がその他の物件についての対抗要件をも兼ねると解してよい（鈴木＝生熊・新版注民⒂578）。

⑷　本条による買取請求権が成立するためには、第三者が建物等を取得した時点において賃借権が存続していることを要する（ここでは、判例の立場の整理にとどめるが、判例に対する批判も含め、問題の全般的検討は鈴木・借地㈦1301以下、星野・借地借家355以下などに詳しい）。すなわち、判例によれば、本条は、土地賃借権の譲渡につき土地賃貸人の承諾があれば適法に賃借権を取得しうる地位にある

第三者が、賃貸人の不承諾のため賃借権者となることができない場合に、第三者に買取請求権を与えた規定である。したがって、本条の適用があるのは、賃貸人の承諾があるならば第三者において賃借権を取得しうる場合、いいかえれば、賃借権の存続中に第三者が建物等を取得した場合であることを要するのである（最判昭39.6.26民集18-5-910）。

ア）　それゆえ、地上建物および敷地賃借権が、土地賃借人の甲から乙→丙と順次譲渡された場合に、賃貸人が甲から乙への賃借権無断譲渡を理由として賃貸借契約をすでに解除した後に乙から地上建物等を取得した丙は、その建物の買取請求権を有しない（前掲最判昭39.6.26）。

イ）　これに対して、第三者による地上建物等の取得当時には敷地賃借権が存続していて、その後買取請求権が行使されるまでに消滅した場合には、判例は賃借権消滅の原因に応じて解決を異ならしめている。すなわち無断譲渡を理由とする解除や賃貸人と賃借人（地上建物等の譲渡人）との合意解除によって賃借権が消滅する場合には、それによって買取請求権が消滅することはない（無断譲渡解除につき大判昭14.8.24民集18-877、合意解除につき最判昭48.9.7民集27-8-907）。しかし、賃借人（地上建物等の譲渡人）の賃料不払いを理由とする契約解除によって賃借権が消滅する場合には、買取請求権は消滅する（最判昭33.4.8民集12-5-689）。ただし、従前賃料の不払いがなく、賃貸人が、賃借権の無断譲渡を理由として賃貸借契約を解除したときは、賃貸人はそれ以後の賃料を請求することができず、その後に賃料相当損害金の不払いが生じても、もはやこれを賃料の不払いと同視して賃貸借契約を解除する余地はないのであるから、その不払いを理由とする解除がなされたとしても、これによって買取請求権が消滅するものではない（最判昭53.9.7判時911-112）。

〔6〕　本条による買取請求権が発生するのは、土地賃借人と第三者の間で賃借権の譲渡・転貸がなされたが、これが土地賃貸人との関係では有効でないため、買取請求権を認めないと建物を収去して土地を明け渡さなければならなくなる場合である。したがって、土地賃貸人が賃借権譲渡・転貸に承諾を与え、または裁判所が賃貸人の承諾に代わる許可を与えた場合には、買取請求権は成立しない。また、土地賃貸人の承諾や裁判所の許可なくして土地賃借権の無断譲渡・転貸がなされたが、それが賃貸人に対する背信的行為と認めるに足りない特段の事情が

ある場合にも、賃貸人が賃貸借契約を解除することができないばかりでなく、賃借権譲渡・転貸が賃貸人に対して有効となると解されているから、やはり買取請求権は認められないことになる。

〔7〕 (1) 買取請求権を行使しうるのは、建物等を土地賃借人から譲り受けた者である。土地賃借人からの直接の譲受人でなく、転得者であっても、買取請求をなしうる（最判昭42.7.6民集21-6-1543）。

(2) 建物買取請求権も債権者代位権の対象となりうることは、一般論としては疑いがない。つまり、買取請求権者の金銭債権者は、買取請求権者が無資力であるにもかかわらず買取請求権を行使しない場合には、民法423条に基づきこれを代位行使することができる。

これに対し、借地上建物の借家人Ａが買取請求権者Ｂの有する買取請求権を、Ｂの無資力を前提とせずに代位行使できるかは、問題である。これが認められ、建物所有権をＢから地主Ｃへと移転させることができれば、Ａは自己の借家権を家屋の新所有者であるＣに対抗でき（31条１項）、Ａにとって好都合であるが、判例（最判昭38.4.23民集17-3-536、最判昭55.10.28判時986-36）はこれを否定的に解している。すなわち、債権者が債務者の権利を代位行使するには、その権利の行使により債務者が利益を享受し、その利益によって債権者の権利が保全されるという関係が存在することを要するところ、この場合に代位行使により債務者Ｂが受けるべき利益は建物代金債権であって、この利益によって債権者Ａの借家権が保全されるという関係にない（代位行使によりＢが建物所有権を失う反射として、結果として借家権が保護されることになるにすぎない）から、代位行使は認められないというのである。

学説においては、借家人保護の必要性という実際的見地から肯定説も有力に主張されている（鈴木・借地(下)1308以下）。実質的妥当性の点ではこの肯定説のほうが説得的である。問題は債権者代位権をこのような仕方で利用することが許されるかという理論面に存するが、転用の特異な一形態（特定物債権者にとって、権利の目的たる特定物が本来の債権者の所有に属するときよりも、その目的物が第三者の所有に帰するに至ったときのほうが有利になるという、本ケースの特殊状況〔鈴木・借地(下)1309以下〕に対応した特殊な転用形態）として許容されてよいと考える。なお、肯定説の内部でも、建物譲渡後に入居した借家人は除外されるかにつき見解の分かれが存する（除外されるとするのは、星野・借地借家361など）が、そのような借家人も代位行使でき、借家権の対抗力に関する31条１項等のルールに則り、Ｃに借家権を対抗できると解してよいであろう（天野・民商91-2-168以下）。

〔８〕　買取請求の相手方は、「借地権設定者」、すなわち請求時における土地賃貸人である。

〔９〕　買取請求権の行使により借地権設定者の支払うべき買取代金は、建物等の地上物件の「時価」である。

(1)　建物の時価は、少なくとも建物自体の価格であるべきで、建物を取り壊した材木としての価格にすぎないのではない。

(2)　建物の時価に借地権価格が含まれるかの問題については、判例はこれを否定し、他方において、時価の算定にあたって建物の存在する場所的環境を参酌すべきであるとしている（最判昭35.12.20民集14-14-3130、最判昭47.5.23判時673-42など。判例の詳細については、鈴木・借地(下)1325以下および澤野・基礎236以下を参照。旧法４条２項についての同旨の裁判例として東京地判昭37.9.21判タ169-192）。

学説上もまた、場所的利益の顧慮は実質的には借地権価格の一部の算入にほかならないとの理解を前提としながら、「本来の借地期間がまだ存続期間を残しているのに、借地権設定者は、借地権という負担を消滅せしめることができ、これに対する代償を支払う」必要がないというのは、不合理であること（鈴木・借地(下)1326。なお、旧法４条２項に関しては、鈴木・借地(上)507は「一般取引社会では、少なくとも借地上に建物が存する場合には、存続期間が満了しても、借地権価格がゼロになるとは、考えられていず、むしろ、若干の更新料が払われれば、十全な借地権が復元されうる、と考えられている」ことを論拠に、やはり場所的利益の顧慮を認める）、あるいは借地権が消滅しても借地権価格を構成する寄与配分利益部分は残存すること（澤野・基礎242以下）を論拠に、肯定説が有力に説かれている。

〔10〕(1)　買取請求権は形成権であり、これが行使されると、相手方との間に売買契約が成立したと同様の効果が生ずること等は、13条におけると同じである（13条〔８〕）。

(2)　建物等の譲受人が、建物につき本条に基づく建物買取請求権を行使しないまま、建物収去土地明渡しを命ずる判決を受け、同判決が確定した場合でも、譲受人は、その後に建物買取請求権を行使し、その効果を確定判決に対する請求異議の事由として主張することができる（旧法４条２項に関する最判平7.12.15民集49-10-3051を参照。学説上の肯定説として、たとえば我妻・各論中一491、星野・借地借家362。否定説として、たとえば鈴木・借地(下)1317以下）。

(3)　本条による買取請求権は、形成権であるが、一般の債権の消滅時効の規律に服する（最判昭42.7.20民集21-6-1601）。したがって、権利を行使することができることを知った時から５年、または権利を行使することができる時から10年の経過により、時効により消滅する（改正民166条１項）。

（山本　豊）

（自己借地権）

第15条〔1〕　借地権を設定する場合においては、他の者〔2〕と共に有することとなるとき〔3〕に限り、借地権設定者が自らその借地権を有すること〔4〕を妨げない。

２　借地権が借地権設定者に帰した場合〔5〕であっても、他の者と共にその借地権を有するときは、その借地権は、消滅しない〔6〕。

〔1〕　本条の趣旨　　土地所有者自らが借地権者となることは、混同の法理により原則的に不可能とされている（地上権につき民179条１項本文。賃借権につき民520条本文）。混同とは、併存させておく必要のない２個の法律上の地位が同一人に帰することである。債権および物権に共通した消滅原因であり、混同を生ずる法律上の原因（売買、相続など）の如何を問わない。土地所有者が借地権を取得した場合または借地権者が土地所有権を取得した場合には混同が生じ、借地権は消滅してしまう。そのために土地所有者が自己の所有地上に建物を建て、これを借地権付建物として譲渡しようとする場合には、自ら借地権者となれないことが法的な障害となってきた。特に借地権付区分所有建物を建築・分譲するに際し、土地所有者が土地の所有権を保有し続けたい意思がある場合には、この不都合を解消するために次のような方策がとられてきた。

すなわち、土地所有者が借地権付きで集合住宅（借地権を敷地利用権とする区分所有建物）を分譲しようとするときに、借地権の混同による消滅を避けるため別の法人格（関連会社など）を立てて、その者が形式的な借地権者となり集合住宅を建築して借地権付きで分譲するのである（借地権の準共有持分を買主に移転することになる）。分譲が短期間で完了する場合には、土地および集合住宅の所有者が建物の各区分に敷地利用権として借地権の準共有持分を設定して分譲することができるが、そうでない場合には実務上、形式的な借地権者を間に入れなければならないという支障があった。

もっとも、敷地利用権なしに集合住宅を分譲し完売した後に、全譲受人を共同借地権者として借地権を設定する方法もあるが、借地権設定までの土地利用関係が不明確であり、譲受人の地位が不安定であるという問題があった（濱崎・民研391-10以下）。

本条はこのような支障を解消するために設けられた規定である。しかし、一般的制度として自己借地権を容認したのではなく、他人とともに借地権者となる場合に限定して認めたのである。「試案」では、単独の土地所有者が自己を借地権者とする自己借地権の制度を創設すべきことを提案していたが、これは法定地上権制度（民388条）の不備を補い、法律関係をより明確にすることが考えられていたからである。しかし、この問題の検討は、担保制度の全面的な再検討の一環としてされるべきことから、平成3年の改正においては見送られ、自己借地権制度は制限的なものとなった。

自己借地権制度の創設により、借地権を敷地利用権とする区分所有建物を分譲する際に、最初に買主が現われた段階で、その買主と自己を借地権者として借地権を設定することができるようになった。この制度は、集合住宅の借地権付分譲を促進して住宅供給の増加に大いに寄与するし、自己の土地の上に他人と共同でビルを建設するという再開発事業においても利用することができる（寺田・ジュリ992-28）。政策的な性格が強い規定といえよう。

建物を所有するための土地利用権は一般には借地権であるから、権利としては借地権に限られるが、建物の所有を目的とする使用借権にも本条を類推適用すべきとする考え方がある（寺田・NBL494-29）。しかし使用借権には対抗力がなく、かかる権利について自己使用借権の設定を認める必要性はないから、否定すべきと解される（生熊・注釈借地借家881）。なお、無償の地上権については、本条の適用を認めてもよいであろう（広中＝佐藤・注釈借地借家826）。

〔2〕　自己借地権設定の要件として、「他の者と共に有する」ことが必要であ

る。「他の者」に限定はなく、自然人・法人を問わない。自己借地権の設定は、土地所有者（借地権設定者）と借地権設定者でない借地権者との合意で行う契約である。

〔3〕　他の者と借地権を準共有することになる。準共有とは2人以上で所有権以外の財産権を有することである（民264条）。「他の者と共に有することとなるときに限り」であるから、必ず他の者と借地権を準共有しなければならない。借地権が準共有されている場合には、相互に一種の負担が付されているものと観念することもできるので、このような例外を設けても問題はないといえよう（寺田・NBL494-28）。「改正要綱」では「第三者と共にする場合に限り」と規定していたが、「法案」では「他の者と共に有することとなるときに限り」に変更された。

自己借地権の設定が認められるのは、土地所有者すなわち借地権設定者が自己と自己以外の者をともに借地権者にする場合である。土地の共有者A・Bが借地権設定者となる場合において、A・BとCを借地権準共有者とする借地権が認められることはいうまでもないが、借地権設定者全員を借地権者とする必要はなく、A・Bが借地権設定者となる場合、AとCを借地権準共有者とするような借地権も認められる。これに対して、借地権者となる者に借地権設定者でない者がいない場合、たとえばA・Bが所有する土地をAだけが使用するような場合には、借地権の設定は認められない。この場合には、土地利用に関する共有者間の合意という形で占有権原が存在する（寺田・NBL494-29）。

関連問題として、A・B共有の土地についてAが単独で借地権設定者となり、A・Cを借地権準共有者とすることができるかという問題があるが、Bが不関知であればできないと解される。なぜなら、Aの土地所有権の共有持分の上に地上権や賃借権のような用益権を設定することはできないからである。

かつて、敷地所有者と、敷地所有者も含めた区分所有者全員との間に、区分所有に必要な範囲で共同の賃貸借契約を締結すれば、民法179条1項ただし書や520条ただし書を類推適用し、混同の例外として、敷地所有者は賃借権の準共有持分をもちうるとする説（浜田・不動産大系Ⅲ115）があったが、実務上は否定されていた（民事局長回答1732）。この問題が、平成3年法で解決されたことになる。

〔4〕　地上建物の存在を要件としていないから、建物の所有を目的とするなら

ば、更地のままで自己借地権を設定することができる。

自己借地権も借地権であるから、登記（地上権の登記または賃借権の登記）によって対抗要件を備える。不動産登記法81条６号は、土地の賃借権設定の目的が建物の所有であるときは、その旨を登記事項と定める。賃借権の登記は、本来、賃貸人の協力がなければできないが、自己賃借人は賃貸人と同一人であるから、登記することが容易である。自己借地権者はその借地権の内容（地代、借賃、存続期間等）を登記しておけば、第三者に対抗しうるから、底地を譲渡しても、借地権者として登記した内容で土地の利用を続けることができる。

自己借地権の登記がなくても、借地権に基づいてその土地上に借地権設定者と他の者とが共有ないし区分所有する建物の登記があれば、そこに設定された自己借地権の対抗要件が備わることになる（10条１項）。しかし、土地の上に土地所有者と他の者が共有する建物の登記がある場合であっても、本条の反対解釈により自己借地権の設定は任意であると解されるから、建物のための土地利用権として自己借地権が常に設定されていると考えてよいかについては判断しがたい。したがって、自己借地権の公示は本法10条によるとしたのでは十分ではないことから、借地権の公示の一貫性を維持するためには、建物が土地所有者と他の者との共有ないし区分所有の対象である場合には、土地所有者に関する土地利用権は自己借地権に限定するか、少なくともそれを推定する旨の規定が設けられるべきであったという指摘がある（村田・基本コンメ48）。

準共有である借地権の登記に関して、一部の借地権者がその持分についてのみ申請することは否定されるから、自己借地権の場合においても借地権設定者である借地権者が自己の持分についてのみ登記を申請することはできない（岩城・ジュリ1006-82）。

⑴　抵当権との関係　　ア）　自己借地権を法定地上権の代替手段として活用することが考えられる。区分所有建物でない通常の共有建物の場合に、土地または建物の共有持分の上に抵当権が設定された場合に、抵当権の実行により法定地上権（民388条）が生ずるかという議論があったが、自己借地権で処理することが可能である。

１）　Ａ所有の土地の上にＡ・Ｂ共有の建物が存在し、土地に抵当権が設定されている場合に、判例は法定地上権の成立を認める（最判昭46.12.21民集25-9-

1610)。したがって、この場合には、あえて自己借地権を設定しなくてもよいようだが、抵当権設定前に自己地上権を設定して、あらかじめＡ・Ｂに有利な内容にしておくことも可能である。

２）　Ａ所有の土地の上にＡ・Ｂ共有の建物が存在し、Ａの建物共有持分上に抵当権が設定された場合は、判例はないが、通説はＡがＢのために潜在的な地上権を設定したと解して法定地上権の成立を認める（我妻・担物362)。このような場合に、抵当権設定前に自己賃借権を設定しておけば、土地所有者Ａは抵当権が実行された時にＡの建物共有持分の買受人およびＢのために法定地上権が成立することを阻止できる（地代または土地の借賃、存続期間などをあらかじめ自己に有利に決めておくことができる)。建物共有持分を目的とする抵当権の効力は、従たる権利として自己借地権に及ぶ（最判昭40.5.4民集19-4-811)。

第三者が自己賃借権の目的である土地の上の建物を競売により取得した場合に、その第三者が賃借権を取得しても借地権設定者に不利となるおそれがないにもかかわらず、借地権設定者がその賃借権の譲渡を承諾しないときは（民612条参照)、承諾に代わる許可の裁判（20条）によるのであろうか。自己賃借権である以上、賃貸人と賃借人の一人は同一人であるから、抵当権を設定したからには黙示の承諾があったと解すべきであろう。自己借地権者となった以上、併存する借地権設定者としての立場での主張を許すべきではない。信義則（民１条２項）に反するからである。

イ）　自己借地権の創設に際しては、混同の法理との関係および法定地上権とのそれが問題となったが、本法では混同の法理との関係について「他の者と共に有する」場合という制約を付け限定的な自己借地権として位置づけた。

法定地上権との関係については、学説は大別して二つの立場に分かれる。第１に、制約のない自己借地権の導入により法定地上権制度を廃止すべきとする見解に立った上で（内田・民法Ⅲ419)、建物はその敷地の所有権ないし利用権と一緒でなければ処分できないとするとともに、建物のある土地は建物のために利用権を保留せずには処分できないとの考え方を提示する（小賀野・新基本コンメ94)。第２に、自己賃借権を義務づけない限り自己借地権の制度だけでは、建物の保存が確保されるわけではないから、居住権に対する最低限の保護としての法定地上権を廃止すべきことにはならないとして、法定地上権と自己借地権の両立を主張する説が示されている（加賀山・債権担保427）。

ウ）　自己借地権が、自己地上権の場合には、地上権の準共有持分上に抵当権を設定することができるので（民369条２項）、それに見合う融資を受けることが可能である（稲本〔座談会発言〕法時61-7-20以下に批判がある）。

⑵　定期自己借地権　　自己借地権が定期借地権として設定される場合が考えられる。たとえば、土地所有者が「他の者」と存続期間10年の事業用借地権（23条２項）を準共有し、10年後に取り壊しても引き合う程度の建物を建てて、10年後の取壊し時に終了する旨を定めた建物賃貸借契約を締結することによって（39条）、「事業用定期借家」を成立させることが可能である。存続期間50年以上の定期借地権（22条）でもこの方法により、建物賃借人の立退料請求を回避することができる。

建物譲渡特約付借地権（24条）の場合には、問題がある。この場合の建物譲渡契約の当事者は、借地権設定者（土地所有者）と借地権者である。区分所有建物の場合に借地権設定者が自己の専有部分について建物譲渡の特約を結ぶことは、自己の所有する建物を将来自ら譲り受けるという奇妙な法律関係になるから、自己所有の建物に所有権移転（または所有権移転請求権）の仮登記をすることはできないという指摘がある（澤野・定期借地59）。この説によると、土地所有者が普通借地権で自己借地権を設定して建物を建築した後、これを他に譲渡するに際して建物譲渡特約付（転）借地権を設定するのは可能ということになる。しかし、このようなことをしなくても、建物を建てた後に、建物譲渡特約付借地権を設定して建物を分譲し、自分は自己借地権者となる方法で対処できる。

〔**5**〕　１項が原始的自己借地権の規定であるのに対して、２項は後発的自己借地権について規定している。これは、従来、借地権付分譲マンションの何戸かを土地所有者が買い戻す場合に混同の例外として認められていたところであり（東京高判昭30.12.24高民8-10-739および民事局長回答1733）、その意味では２項は実務上の取扱いを明文化したにすぎない。本法施行前に設定された既存の借地権について、２項と同様の扱いがなされることは疑いがない。

借地権を借地権設定者に帰属させる方法については特に限定がない。売買、交換、贈与など法律行為によるほか、相続や取得時効によって借地権が帰属する場合であってもよい。

〔６〕 借地権が借地権設定者（土地所有者）に帰しても、他の者と準共有の状態にある場合に限り、この借地権は混同によって消滅しない。

したがって、借地権付分譲マンションの全戸を買い戻したり、売買契約が解除されることにより土地所有者がすべての区分所有権を取得するに至った場合には、「他の者」が存在しないので、自己借地権は混同で消滅してしまう。再び売却することを念頭に置くならば、２項については「他の者と共にその借地権を有するときは」という要件をはずしたほうが流通促進という観点からは望ましかった。自己借地権も１個の客観的財産として取得保有しうるものと認めるべきであろう（上原・法時64-6-42、岩城・ジュリ1006-82）。

なお、借地権設定者が建物譲渡特約付借地権の準共有持分権者として建物を利用していた場合には24条２項の適用は当然に排除されるとする説は、本条を24条２項の適用除外規定と解釈する（山野目・自正43-5-87）。

（上原由起夫・宮﨑　淳）

（強行規定）

第16条〔1〕 第10条〔2〕、第13条〔3〕及び第14条〔4〕の規定に反する特約で借地権者又は転借地権者に不利なもの〔5〕は、無効〔6〕とする。

〔１〕 本条の趣旨　　本条は、本法第２章第２節「借地権の効力」の諸規定の若干のものについて、それに反する特約で借地権者または転借地権者に不利なものを無効としている。それらの規定は、本条により片面的強行規定とされていることになる。ただし、10条１項、２項は、本条の文言から受ける印象にもかかわらず結局のところは通常の強行規定と解されるべきである（〔２〕）ので、注意が必要である。

この点とも関連するが、本条の立法趣旨は列挙されている各規定ごとに異なるので、それぞれの箇所で述べる。

本条と旧法との関係について述べると、まず、13条、14条を片面的強行規定とする部分は、旧法11条の規定内容の一部を受け継いだものであって、内容的な変更はない。次に、旧建物保護法に相当する本法10条の規定に反する特約の効力について定める部分は、旧法上その点に関する明文規定がなかったという意味では新たな規定であるが、内容的には、従来の法状況に変更を加えることを意図したものではない。このことはこの部分の解釈に際して生ずる若干の疑義を解決する際に（〔2〕）留意されてしかるべきである。

〔2〕 10条　10条は、旧建物保護法1条、2条を引き継ぎ、2項の新設規定により借地権の対抗力を若干拡張している。しかし、これが本条により片面的強行規定とされる趣旨は不明で、本条はこの限りでは立法技術上拙劣な条文と評さざるをえない。

(1) 1項　まず、10条1項は借地権の対抗力についての規定であって、借地契約の当事者以外の第三者の権利関係にも関連する規定（幾代・総則198）であるから、通常の強行規定とされるべきであって、片面的にのみ強行的な規定とされるべきではない。実際、「本件借地権は地上に登記された建物が存しなくても第三者に対抗することができる」との約定が借地権設定者と借地権者の間でなされたところで、この約定が借地権者に不利なものでないから有効で、借地権設定者から土地を譲り受けた第三者は借地権の対抗を受けるということになるとは思われない。10条1項を片面的強行規定とする本条は、この意味で不可解な規定といわざるをえない。解釈論としては、10条1項の規定に反する特約で借地権者または転借地権者に不利でないものは、本条によっては無効とされないが、上述した一般原則（当事者以外の第三者の権利関係にも関連する規定は強行規定である）に基づいて、結局のところは無効とされると解すべきであろう。

(2) 2項　10条2項についても同条1項についてと同様のことが妥当する。すなわち、本条は10条2項を片面的にのみ強行的な規定としているが、10条2項の規定に反する特約で借地権者または転借地権者に不利でないものも法の一般原則によって無効と解すべきである。

〔3〕 13条　(1) 13条は、借地期間満了によって借地権が消滅する場合の建物買取請求権について規定する。本条はこの13条を片面的強行規定としているから、13条所定の買取請求権を排除する特約は無効である。

その理由としては、(a)借地権設定者は一般に経済的力関係の上で借地権者に対して優位に立つため、当事者の契約を放任すると合理的な理由もなしに買取請求権が特約で排除されてしまい、経済的劣位にある借地権者が地上物件の残存価値を回収しえなくなって不都合であることと、(b)建物買取請求権制度は国民経済的損失の回避という公益にも根拠をもつ制度ゆえ当事者間の特約でほしいままに排除されるべきではないこととが考えられる（鈴木・借地(上)197参照）。借地権者といっても大企業の場合もあるので(a)のいわば弱者保護的な発想だけから特約禁止を説明しきることは難しく、(b)の理由が持ち出されるわけであるが、これとても、後に述べるように具体的に買取請求権が発生した後の排除特約を許容するなら説得力を減ずる（公益が理由ならそのような特約も無効とされるべきはずであるから）。

結局、13条が片面的強行規定とされている根拠には、なお不透明な点が残されているが、借地権設定者・借地権者間の力関係の如何を具体的に詮索して特約の許否を決めるというのでは法的安定が害されること、土地という希少な財貨の利用にかかわる契約ゆえ大企業たる借地権者も含めて一律に保護するとの政策的割切りが成り立ちやすいことによると理解すべきであろう。

(2)　これに対して、買取請求権排除が合意される客観的状況を考慮して、例外的に買取請求権排除特約が有効とされる場合を認める見解は、旧法11条の解釈論としてかなり有力に説かれている。借地権消滅後、またはこれに際してなされた買取請求権否定の約定は有効と認めてよいという説（星野・借地借家215）、すでに発生した買取請求権を行使しない旨の合意の効力は当然には否定されないとの説（鈴木・借地(上)198）などがそれである。

法文にない例外を認めるこれらの見解が主張されるのは、強行規定という硬質の法技術がここで採用されているのも法的安定等の要請からする割切りの所産にすぎず（上述）、規定内容自体をいかなる場面でも強行すべきだという要請に基づいているのではないという事情があるからであろう。買取請求権排除が合意される状況に着目した判断基準は客観的に明確で法的安定をさほど害しないから、このような基準で例外を認めるのは差支えないと考えられるのである。13条との関係での本条の解釈としても、このような見解に従うべきであろう。ただし、特約の認定に慎重を期すべきである（星野・借地借家215、鈴木・借地(上)198）のは、いうまでもない。

(3)　存続期間を50年以上として借地権を設定する際に、契約の更新および建物の築造による存続期間の延長がない旨の特約をする場合には、13条の買取請求権を排除する特約をすることが許される（22条〔**5**〕）。

〔**4**〕 14条　　14条は、借地上の建物等の譲渡に伴って土地賃借権の譲渡・転

貸がなされたが、借地権設定者との関係では、譲受人が賃借権を取得しえない場合の地上物件買取請求権について規定する。本条はこの14条を片面的強行規定としているから、14条所定の買取請求権を排除する特約は無効であるということになる。しかし、この買取請求権は建物等の譲受人が原始的に取得するもので、借地権設定者と借地権者間の合意でこれを排除することはもともとできないはずである。したがって、本条が14条を挙げているのは理論的にはおかしい（鈴木・借地(上)201、星野・借地借家368）。

〔5〕「借地権者又は転借地権者に不利な」特約かどうかの判断の仕方については、いわゆる分離判断説と総合判断説との対立がある。すなわち、分離判断説が、不利な特約か否かは、問題となっている契約条件それ自体について判断すべきであると主張する（森泉・契約大系Ⅲ85など）のに対し、総合判断説は、当該契約条件だけではなく、他の諸条件を斟酌して総合的に判断すべし（川添・不動産大系Ⅲ147など）と説く。

この問題は、主としては借地権の存続保障規定との関係で論ぜられてきた（9条〔3〕）が、本条が列挙している強行規定のうち13条との関係でも問題となりうる（これに対して、10条、14条との関係では、ことがらの性質上、借地権者に不利か否かということを問題にすべきでなく、したがって、分離判断か総合判断かという問題自体が成立しえないと考えられる）。

13条との関係に絞って述べれば、例外なき分離判断法を採用することは困難であると考えられる。けだし、13条の建物買取請求権を排除する特約と並んで借地権者に相応の利益が提供される特約が結ばれ、客観的価値の点でも、当事者の意思の点でも両者が見合いになっているような場合を考えると、他の契約条件が顧慮されて建物買取請求権排除条項が有効と判断されるべき場合が一切ないといいきることはできないからである。

他方、総合判断説も、契約条件すべてを一切合切天秤にかけて事を決するという印象を与える限りで、問題を含む。建物買取請求とは内容的に関連しない契約条件が借地権者に有利になっているとの理由で建物買取請求権排除特約が容易に正当化されるようなことがあってはならないであろう。

したがって、分離判断法を原則としつつ、例外的にどのような契約条件であれば建物買取請求権排除特約の不利益の埋め合わせとして十分なものと認められるかを精密に検討することを今後の課題とすべきであろう（判例としては、20年の借地期間の満了と同時に地上建物を借地権設定者に贈与する旨の特約――法定更新規定とともに建物買取請求権を排除する趣旨を含む――も、契約のはじめにおいて借地権設定者所有の建物を取り壊す代償としてなされたときには、借地権者に不利益なものとはいえないとした最判昭31.6.19民集10-6-665がある。ただし、学説の多く〔高島・民商35-1-72以下、川島・法協74-4-515、森泉・契約大系Ⅲ85、川添・不動産大系Ⅲ147〕は、主として法定更新規定の排除の点を念頭に置いてであるが、この判決の具体的結論に対して批判的ないし懐疑的である）。

〔6〕 本条に該当する特約は無効とされ、特約によって規律されるはずであった事項については、当該事項を規律する法律規定（10条、13条または14条）が適用される。特約が無効とされることによって、当該特約を除く残余の借地契約の効力は何ら影響を受けない。

（山本　豊）

第3節　借地条件の変更等

（借地条件の変更及び増改築の許可）

第17条[1]　建物の種類、構造、規模又は用途を制限する旨の借地条件[2]がある場合において、法令による土地利用の規制の変更[3]、付近の土地の利用状況の変化その他の事情の変更[4]により現に借地権を設定するにおいてはその借地条件と異なる建物の所有を目的とすることが相当であるにもかかわらず[5]、借地条件の変更につき当事者間に協議が調わないときは[6]、裁判所[7]は、当事者[8]の申立て[9]により、その借地条件を変更[10]することができる。

2　増改築[11]を制限する旨の借地条件[12]がある場合において、土地の通常の利用上相当とすべき増改築[13]につき当事者間に協議が調わないときは[14]、裁判所[15]は、借地権者の申立てにより[16]、その増改築についての借地権設定者の承諾に代わる許可[17]を与えることができる。

3　裁判所は、前二項の裁判をする場合において、当事者間の利益の衡平を図るため必要があるときは[18]、他の借地条件を変更し、財産上の給付を命じ、その他相当の処分をすることができる[19]。

4　裁判所は、前三項の裁判をするには、借地権の残存期間、土地の状況、借地に関する従前の経過その他一切の事情[20]を考慮しなければならない。

5　転借地権が設定されている場合において、必要があるときは、裁判所は、転借地権者の申立てにより、転借地権とともに借地権につき第1項から第3項までの裁判をすることができる[21]。

6　裁判所は、特に必要がないと認める場合を除き、第1項から第3項まで又は前項の裁判をする前に鑑定委員会の意見を聴かなければならない[22]。

〔１〕 本条の趣旨　⑴ 借地上にどのような建物を築造するかは借地権者の自由であるが、契約で建物の種類、構造、規模または用途を制限する旨の借地条件がある場合には、それに従うことになる。ただし、事情の変更があった場合には、借地条件の変更を裁判所に申し立てることが認められる。本条１項は、このことを規定する。本条１項による借地条件変更の裁判の申立てをしないで、借地条件と異なる建物を築造したときは、原則として、用法違背を理由とする借地契約の解除が認められる（最判昭39.6.19民集18-5-806）。

⑵ 増改築を制限する旨の借地条件（増改築禁止特約）がない場合には、契約で定めた建物の種類等を制限する借地条件に反しない限り、自由に増改築することができる。

増改築を制限する旨の借地条件がある場合で、増改築につき借地権設定者の承諾が得られないときには、借地権者は借地権設定者の承諾に代わる裁判所の許可を得なければならない。本条２項は、このことを規定する。なお、再築については、７条、８条および18条の適用がある。

⑶ 本条は、旧法８条ノ２（この規定は昭和41年に追加された）を受け継いだ規定であるが、本法では建物の堅固・非堅固の差異を廃止したことから、本条では、旧法８条ノ２第１項の堅固建物築造のための借地条件変更の裁判の制度を一般化して、その他の借地条件にも適用するものとした。なお、本条は、既存の借地権についても、変更の申立てが本法施行後である限り、適用される（附則10条）。また、定期借地においても、本条の適用がある。

〔２〕 借地契約においては、借地上に築造される建物について特約がなされることが多い。借地権者が借地上にどのような建物を建築しうるかによって地代の額が異なり、また、借地上に建築された建物によって契約終了時の建物買取額が異なりうる。このことから、借地上の建物がどのようなものであるかは、借地権設定者の利害に重大な影響を及ぼす。したがって、このような特約（借地条件）は原則として有効であると解され（「試案の説明」別冊 NBL21-26参照）、本条もそれを前提としている。

⑴ 建物の種類とは堅固建物、非堅固建物などのことであり、建物の構造とは鉄筋コンクリート造、木造などのことであり、規模とは建物の階数、床面積などのことであり、用途とは、居住用、店舗用、事務所用およびこれらの複合型など

である。

⑵　旧法８条ノ２第１項では、非堅固の建物の所有を目的とする借地条件を堅固の建物の所有を目的とする借地条件に変更する場合について規定していたが、本法では、堅固の建物の所有を目的とする借地権と非堅固の建物の所有を目的とする借地権との取扱いの区別を廃止したため、本条では、これをより一般化して、「建物の種類、構造、規模又は用途を制限する旨の借地条件」の変更の場合に改めた。

〔３〕　ここでの法令とは、都市計画法、建築基準法などの法律のほか、土地利用の規制に関する命令や条例なども含まれると解せられる。自治体の指導要綱は、本条の「その他の事情の変更」に含まれよう。

⑴　たとえば、都市計画法８条による防火地域に指定された場合、地域内の建築物は、原則として耐火建築物ないし簡易耐火建築物としなければならず（建基61条）、準防火地域に指定された場合も、防火上、建築物等にこれに準じた措置をとることが義務づけられている（建基62条）が、これらの指定を受けることが「法令による土地利用の規制の変更」である。

⑵　法令による土地利用の規制としては、上記以外に都市計画法上の用途地域・高度地区・高度利用地区・特定街区等の指定（都計８条）、市街地開発事業等予定区域の指定（都計12条の２以下）、市街地再開発促進区域の指定（都計10条の２第１項１号、都開７条１項）、指定容積率や建ぺい率の規制（建基52条、53条）などがある。

⑶　旧法８条ノ２第１項では、堅固建物築造への借地条件の変更が前提となっていたから、「防火地域ノ指定」のみが規定されていたが、本条では借地条件の変更を一般化したために「法令による土地利用の規制の変更」と改められた。

〔４〕「法令による土地利用の規制の変更」および「付近の土地の利用状況の変化」は、「事情の変更」の例示である。

⑴「付近の土地の利用状況の変化」とは、付近が事実上、住宅地区から商業地区に変化したり、木造低層建物が多かったのが中・高層のビルが多くなったことなどをいう。

⑵「その他の事情の変更」とは、たとえば隣地に中・高層建物が建ったため自己の建物の日照・通風の確保のために中・高層建物にする必要が生じた場合や、

近くに道路や鉄道が開設されたために騒音や振動を防ぐような構造の建物にする必要が生じた場合などを指す。

⑶　本条の「事情の変更」は、借地人の家族数の増加や営業の拡大といった主観的事情ではなく、客観的事情でなければならないと解されており、また、この事情の変更については、借地権設定当時に当事者が予見していなかったことを必要としないと解されている（星野・借地借家176など）。

⑷「事情の変更」により当然に借地条件の変更が認められるわけではなく、次の〔５〕に示すように、借地条件の変更の認否について相当性の判断がなされる。なお、裁判例として、後掲〔10〕の大阪地決平30.1.12を参照されたい。

〔５〕　仮に現時点で借地権を設定するならば、すでに設定した建物の種類、構造、規模または用途を制限する旨の借地条件とは異なる建物をその借地上に築造したほうが一般的に合理的、合目的的であるとみられる場合に、本項の借地条件の変更が認められる。一般的には「事情の変更」があった場合においては、「相当」とされるが、借地権の設定の際に当事者間でこのような「事情の変更」を予見した上で、あえて当該建物について制限をする旨の借地条件を設けた場合には、「相当」とはされないであろう。

〔６〕「協議が調わないとき」とは、借地条件の変更について、一方当事者が相手方に対して話し合うことを申し出たが、相手が話合いに応じなかった場合や、話合いはなされたが相手方が借地条件の変更に承諾しなかった場合である。本条の協議不調の要件は、比較的ゆるやかに解されるべきであり、はじめから協議することなく裁判所に借地条件の変更の申立てをした場合でも、相手方が争うのであれば協議不調としてその申立てを認めてもよいであろう（旧法下において学説の多くはこのように解していた。香川・曹時18-10-36、星野・借地借家184など参照）。

〔７〕　管轄裁判所は、借地権の目的である土地の所在地を管轄する地方裁判所であるが、当事者の合意のあるときは、その所在地を管轄する簡易裁判所である（41条）。

〔８〕　申立ての当事者は、借地権者と借地権設定者である。

⑴　借地権者による申立てが一般的であろうが、本条では、旧規定と同様に、借地権設定者も借地条件の変更が認められることにより当該貸地の経済上効率的な利用により地代の増額が可能となることから、借地権設定者も申立人とした。

(2)「試案の説明」は、借地権設定者による濫用のおそれに対する危惧について、借地権設定者からの申立ての場合は裁判所は借地条件変更の相当性について慎重に判断せざるをえないであろうとする（別冊 NBL21-26）。

〔9〕 借地条件変更の申立事件は、借地非訟事件であり、当事者の申立てによって手続が開始される（非訟事件については、〔10〕を見よ）。

(1) 借地条件変更の裁判の申立ての時期は、この裁判の目的が土地の合理的利用の促進とともに、紛争の事前予防であるから、建物の築造に着手する前になされるべきである。建物の築造後にこの申立てをすることは原則として許されない。すなわち、原則として、借地権の設定契約後、建物築造前か、または、最初の建物築造後、増改築・再築をする前にこの申立てをしなければならない。

(2) 借地条件と異なる建物を築造してしまった場合の借地人の事後的申立ても、借地権設定者に解除あるいは原状回復を求める意思がないことが明らかなときは、例外として、認容されてよいと解される（星野・借地借家182、鈴木＝生熊・新版注民⒂473など）。

(3) 借地権者が借地上建物を譲渡するにあたり、借地権譲渡許可の裁判（19条）と、本条の借地条件変更の裁判の申立てを併合して申し立てることができるか。このような併合申立ても、それぞれの申立ての要件を具備していれば、一括して認容されるとする決定例がある（東京地決昭45.5.28LEX/DB27480376）。

〔10〕 借地条件の変更の裁判は、借地非訟事件であり、非訟事件手続法に従ってなされる（本法41条、42条）。訴訟事件が対立当事者間の権利関係を裁判（判決）によって確定し民事法規を具体的に実現して私的紛争を解決するのが目的であるのに対して、非訟事件は、民事上の生活関係を助成し監督するために国家が直接に後見的作用を営むのが主目的であり、その裁判（決定）は、権利関係の確定を目的とせず、むしろ裁量的処分を主眼とするものである。裁判例として、土地を賃借して給油施設を設置して給油所を経営していた借地権者が、同施設を更新して自転車販売店舗を建築しようと借地権設定者に申し入れたが、応答がないため本条の申立てをした事案において、借地契約についていまだ相当の存続期間があること、ガソリンスタンドの廃業が相次いでいること、借地権設定者において近い将来自ら同土地を使用する必要がある等の正当事由があるとの指摘がないことを考慮して、土地の合理的利用の促進の観点から、借地条件変更に伴う承諾

料の支払など一定の条件の下で、借地権者の申立てを相当であるとの決定をしたものがある（大阪地決平30.1.12判タ1448-176）。

⑴　借地条件の変更の裁判は、決定によってなされる。決定には、認容決定、却下決定、棄却決定がある。認容決定は、当事者間の法律関係を変更形成する形成的裁判である。

⑵　借地条件変更の決定をするにあたっては、本条３項、４項、６項の各規定に従う。

〔11〕　増改築とは、増築（床面積の増加、附属建物の新築）および改築（建物の一部建直しのほか、完全な建替えすなわち再築も含むと解される）をいう。また、大修繕も解釈上、ここでの「増改築」に入ると解されている（星野・借地借家195など）。

〔12〕　借地権設定の際に、増改築を制限する旨の借地条件（増改築や再築には地主の承諾を要し、承諾なしに行った場合には地主は契約を解除できる旨の特約であることが多い）が付せられる場合が多くあり、本条は、この借地条件が有効であることを前提としている。

⑴　判例は、このような借地条件は原則としては有効だが、これに違反して増改築がなされた場合でも、信頼関係が破壊されるおそれがあると認めるに足りないときにはこのような特約（借地条件）に基づく解除権の行使は無効であるとしている（最判昭41.4.21民集20-4-720）。今日の学説は、基本的にこの立場（折衷説＝部分的有効説）を支持しており（高島・判例㊤110、森泉・契約大系Ⅲ91、広中・判例⑴46、星野・借地借家196など）、また、本条の借地非訟事件手続を経由しないことは、信頼関係破壊の判断において借地権者に不利な要素とはならないと解すべきであるとする（内田・案内60）。

⑵「増改築を制限する旨の借地条件がある場合」とは、申立人（借地権者）とその相手方（借地権設定者）の当事者双方がこのような借地条件の存在を認めている場合だけではなく、申立人はこのような借地条件は存在しないと考えるが、相手方がこれが存在すると主張して増改築を承諾しない場合も含むものと解される。申立人は、本条により、増改築を制限する旨の借地条件が存在する場合と同様の裁判を求めることができ、この場合において、申立人はこのような借地条件の存在を立証する必要はない（東京地決昭50.9.11下民26-9=12-774）。

〔13〕「土地の通常の利用上相当とすべき増改築」とは、当該増改築が関連法規、土地の位置、広狭、周囲の土地との関係等からみて客観的に相当である増改築をいう（星野・借地借家196など）。したがって、建築基準法に違反するような増改築は認められない。

〔14〕〔6〕を見よ。ここでも、本条1項の場合と同様で、当事者間の事前の協議不調は、増改築許可決定が認められるための厳格な意味での要件と解すべきではない。

〔15〕〔7〕を見よ。

〔16〕申立人は、借地権者に限られる。申立ての相手方は、借地権設定者である。

⑴　申立ては、増改築着手以前になされるべきであり、借地権者が増改築後にこの申立てをすることは原則として許されない（香川・曹時18-10-53、石外＝田山・基本コンメ59、鈴木＝生熊・新版注民⒂492など）。

⑵　一般的には、この申立ては増改築前の建物が存在する時になされるが、借地権者が建物を取り壊し、その建物と異なる種類、構造または規模の建物を再築する場合にも、増改築を制限する借地条件があるときは、本項の適用がある（「試案の説明」別冊NBL21-26参照）。

⑶　建物が取壊し以外の原因で滅失した場合において、増改築を制限する旨の借地条件が存するときに、種類、構造または規模が従前の建物と異なる建物を再築するについて、本項の適用があるかどうかが問題となる。肯定的に解すべきであろう。なお、「試案」では、このような場合に本項の適用がある旨を条文上明示するとしていたが（第一部、第一、四2）、結局、本項では、この点は明示されなかった。

〔17〕増改築についての借地権設定者の承諾に代わる許可の裁判は、借地非訟事件であり、非訟事件手続法（本法41条、42条）に従ってなされる。この点について、〔10〕を参照されたい。

⑴　増改築許可申立てに対して、裁判所がなす借地権設定者の承諾に代わる許可は、認容決定の形式をとる。許可が認められない場合は、却下決定、棄却決定がなされる。

⑵　本項の許可（認容決定）は、当該借地契約上の借地条件を変更するもので

はなく、具体的、個別的な増改築を適法にする権限を借地権者に与えるものにすぎない。この点で、本条１項の認容決定とは異なる。

⑶　決定をなすについては、本条３項、４項、６項の各規定に従う。

〔**18**〕　本条１項の借地条件変更の裁判および２項の増改築許可の裁判において、裁判所は、その認容決定の本裁判とともに附随裁判をすることができる。実際上、これがなされるのが通例である。認容決定がなされると借地権者は利益を得るが、借地権設定者は、借地権の存続期間が満了する場合において、そのために借地契約の更新請求が認められる可能性が増大し（５条、６条）、また、借地権者の建物買取請求権（13条）の行使の際には買取価額が上がる可能性があるという不利益を被るので、そのような当事者の利益・不利益を調節する必要が生じる。附随裁判をするか否かは、裁判所が職権で決定し、当事者の申立ては不要であり、また、これに拘束されない。

〔**19**〕　認容決定の本裁判とともにする附随裁判の内容は、「他の借地条件を変更」し、「財産上の給付」を命じ、「その他相当の処分」をすることである。これらのうち、いずれか一つをその内容としてもよいし、二つ以上をその内容としてもよい。

⑴　「他の借地条件を変更」とは、地代や存続期間の変更（一般的には地代の増額や存続期間の延長）であり、「財産上の給付」とは、承諾料（承認料）等の一時金の支払等、金銭上の給付であり、「その他相当の処分」とは、財産上の給付を借地条件の変更や増改築の許可の効力発生要件とすること等である。「財産上の給付」に関し、普通建物所有目的から堅固建物所有目的への条件変更に際しては、目的土地の価格の10パーセント相当額を申立人である借地権者が借地権設定者に支払うのが裁判実務の通例であるとされる（内田・案内59）。

⑵　「その他相当の処分」としては、借地条件変更の認容決定において、築造建物の位置等を一定の範囲に制限することや、増改築許可の認容決定において、増改築をなすについて具体的に指示を与えること等もこれに含まれる。後者についての決定例として、申立人が増改築をなすについて、増改築部分の軒先が私道にかからないように命じたものがある（東京地決昭47.10.27判タ289-354）。

⑶　定期借地の場合について、附随裁判において存続期間の変更（延長）ができるかどうかが問題となる。定期借地権においては、存続期間の定期性（一定

性）はその本質的部分であるから、裁判所は附随裁判としてその変更をなすには、普通の借地の場合と比べてより慎重に対処すべきことになろうが、本項および本法の関連規定（22条～24条）からは、当然に変更が不可能であることにはならない（都市開発研97は、原則として、変更が不可能であるとする）。

〔20〕　借地条件変更の本裁判、増改築許可の本裁判、およびこれらの附随裁判をするには、「借地権の残存期間」、「土地の状況」、「借地に関する従前の経過」その他一切の事情を考慮しなければならない。ここに掲げられた三つのものは、例示ではなく常に考慮されるべきものである（星野・借地借家179）。

⑴「借地権の残存期間」は、それがわずかである場合には、借地条件変更や増改築許可の申立てを否定する方向で働くことになろう。なお、判例には、旧法の適用下において借地権の残存期間がわずかな場合に借地条件変更の申立てをするには、条件変更の要件を具備するほか、契約更新の見込みが確実であること、および当該時点において申立てを認容するための緊急の必要がなければならないこととするものがある（東京高決平5.5.14判時1520-94）。

⑵「土地の状況」とは、当該土地の具体的状況、すなわち当該土地の物理的状況（土地の広さ、地盤の状況等）や社会的状況（周囲、隣地の状況等）を指す。

⑶「借地に関する従前の経過」とは、契約成立の事情、権利金や更新料の授受やその額など借地権設定者と借地権者との間に存在した現在までの種々の事情をいう。

⑷「その他一切の事情」とは、借地条件の変更や増改築についての借地権者の必要の程度や、他方、これらを認めることによる借地権設定者の不利益の程度、また、当該地方の慣習、社会的・公益的見地からの判断などが考えられる。

〔21〕　適法に転借地権が設定されており、原借地権・転借地権とも、本条１項または２項の借地条件（または双方の借地条件）がある場合には、転借地権者は、転借地権についてだけでなく、原借地権についても、借地条件の変更が認められたり増改築の許可がなされる必要がある（原借地権設定者が、転借地権の借地条件の変更や増改築の許可を条件に、原借地権者に対して借地条件変更や増改築の承諾を与えた場合は、この必要はない）。本条は、このような場合に、転借地権者が原借地権者および原借地権設定者を相手として申し立てることを認め、裁判所に本条１項から３項までの裁判をすることを認めたものである（星野・借地借家182）。

〔22〕　裁判所は、本裁判（１項、２項、５項）をする場合にも、附随裁判（３項、５項）をする場合にも、「特に必要がないと認める場合」（ある事項に関しては当事者間で一致があり、鑑定委員会の意見を聴く必要のない場合等）を除いて、裁判をする前に鑑定委員会（47条およびその注釈参照）の意見を聴かなければならない。

(1)　附随裁判は、特殊の知識を要するから、この意見を聴かなければならないが、本裁判については、必ずしも意見を聴く必要がないとする説が有力である（星野・借地借家184、鈴木＝生熊・新版注民(15)490など）。

(2)　鑑定委員会の意見はできるだけ尊重されるべきであるとするのが本項の趣旨であると解しうるが、裁判所は、その意見を必ずしも採用する必要はない（実際上は全面的ないし部分的に採用することがほとんどのようである。なお、石外＝田山・基本コンメ57以下参照）。

（鎌野邦樹）

（借地契約の更新後の建物の再築の許可）

第18条〔1〕　契約の更新の後〔2〕において、借地権者が残存期間を超えて存続すべき建物〔3〕を新たに築造することにつきやむを得ない事情〔4〕があるにもかかわらず、借地権設定者がその建物の築造を承諾しないとき〔5〕は、借地権設定者が地上権の消滅の請求又は土地の賃貸借の解約の申入れをすることができない旨を定めた場合を除き〔6〕、裁判所は、借地権者の申立てにより〔7〕、借地権設定者の承諾に代わる許可〔8〕を与えることができる。この場合において、当事者間の利益の衡平を図るため必要があるときは、延長すべき借地権の期間として第７条第１項の規定による期間と異なる期間を定め、他の借地条件を変更し、財産上の給付を命じ、その他相当の処分をすることができる〔9〕。

〔10〕２　裁判所〔11〕は、前項の裁判〔12〕をするには、建物の状況〔13〕、建物の滅失〔14〕があった場合には滅失に至った事情〔15〕、借地に関する従前の経過〔16〕、借地権設定者及び借地権者（転借地権者を含む。）が土地の使用を必要とする事情〔17〕その他一切の事情〔18〕を考慮しなければならない〔19〕。

３　前条第５項及び第６項の規定は、第１項の裁判をする場合に準用する。〔20〕

〔1〕　本条の趣旨　　契約の更新の後に建物が滅失した場合の借地権者による建物の再築（残存期間を超える建物の築造）については、借地権設定者の承諾を要することを原則とし、承諾があったときは、承諾のあった日または建物が築造されたときのいずれか早い日から20年間期間が延長（更新）する（７条１項）。これに対して、承諾なく再築されたときは、借地権設定者は契約を解除することができ（８条２項）、解約のあった日から３カ月を経過することにより借地権は消滅することとされている（同条３項）。しかし、借地権設定者の承諾がない限り、いかなる事情があっても建物を再築することができないというのは不都合であろう。旧法においても、借地権設定者の承諾を要する借地条件変更または増改築について、その承諾を得られないときは、裁判所に代諾許可の申立てをすることができるとされていたが（旧法８条ノ２）、平成３年法の更新後の建物の再築の承諾についてはそれに相当する条項が旧法にはなく、結局、本条において、代諾承諾の手続要件を定めることになった。

すなわち、契約の更新の後において、借地権者が残存期間を超えて存続すべき建物を再築することにつきやむをえない事情があるにもかかわらず、借地権設定者が承諾をしないときは、裁判所は、借地権者の申立てにより、借地権設定者の承諾に代わる許可を与えることができる。更新後の建物再築について、借地権設定者の承諾が得られない場合に、裁判所が合理的な調整を図ろうとする趣旨である。本条の裁判手続は、本法第４章の「借地条件の変更等の裁判手続」と同様に、非訟事件手続法（平成23年法律51号）ならびに借地非訟事件手続規則（昭和42年１月26日最高裁規則１号。平成24年７月17日全部改正）が適用され、いわゆる借地非訟事件として処理される（42条）。

〔2〕　本条１項の代諾許可の申立てができるのは、契約の更新の後に建物を再築する場合である。「更新」とは、合意更新、更新請求または使用継続による法定更新（５条）のほか、建物の再築につき承諾ある場合の法定更新（７条１項）も含まれる。ただし、再築による法定更新の場合は、当初の残存期間が満了すべき日の後に行われる再築の場合である（同条２項但書参照）。更新前の再築は原則として自由であり、借地権者は借地権設定者の承諾がなくても建物を再築するこ

とができる。ただし、その再築が、借地条件の変更または増改築を制限する特約に当たる場合には、借地権設定者の承諾またはこれに代わる裁判所の許可（17条）を受けるべきことになるが、それと本条の定めとは別問題である。

更新後の建物について定める７条および８条においては、更新後に「建物が滅失した」ことを要件としているが、本条はそのことを要件としてはいない。したがって、いまだ建物が滅失せず存在している場合であっても、更新後であれば本条の申立てをすることができる。たとえば、更新後において、建物が老朽化し、または建築関係法令の改正等によって建物を建て替える必要がある場合にも、本条の申立てをすることができる。その意味で、17条と本条の適用関係を次のように整理することができる。すなわち、17条１項の借地条件の変更は、当初の存続期間における建物の再築で借地条件（建物の種類、構造、規模または用途）の変更を伴う場合であり、更新後の再築は、借地条件の変更を伴う場合も、そうでない場合も本条によることになる。これに対し、再築に至らない増改築については、当初の存続期間はもちろん更新後であっても17条２項によることとなる（ただし、いずれも増改築制限の特約ある場合）。

〔３〕「残存期間を超えて存続すべき建物」とは、再築される建物の耐用年数が借地権の残存期間より長期であることである。建物の耐用年数は一律に定まるものではなく、同じ建築資材、工法を用いて同種同等の建物を建てても、建物が建てられた地域や土地の自然条件（地勢、地盤、気象条件など）、あるいは建物の利用、保全状況などにより相当の較差が生ずる。これを建築当初において正確に予測することは困難であるが、経験的に判断するほかない。また、この建物の耐用年数は、物理的耐用年数（建物の使用資材等が腐朽、損傷して建物が倒壊し、もしくは重大な損傷が生ずる状態）ではなく、社会的・経済的耐用年数（社会的ないし経済的にみて、建物としての効用が失われるに至った状態）をいうものと解すべきであろう。

したがって、本条の要件としての残存期間を超えて存続すべき建物とは、その建物の耐用年数が客観的に何年であるか確定する必要はなく、その耐用年数が残存期間より長いか、短いかという相対的な判断であれば足りる。といっても、期間30年で合意更新した直後に、従来の建物が災害で滅失したため、たとえば木造あるいは軽量鉄骨造の建物を再築する場合に、その建物の社会経済的耐用年数が残存期間より常に長期であると判断することはかなり困難なことである。

〔4〕　本条の申立てをするには、借地権者が残存期間を超えて存続すべき建物を再築するについて、「やむを得ない事情」が存することが必要である。この事情の存在を重要視すると更新後の建物の再築は困難となり、法定更新制度を認めた法の趣旨に反することになる。反対に、これをゆるやかに解すると、あえて再築する必要もないのに、従前の建物を取り壊し、新たに建物を築造することも認められることになり、期間が延長することにより、借地権設定者の更新拒絶権の行使が事実上困難となるおそれがある。したがって、この「やむを得ない事情」は、借地権者が建物を再築せざるをえない理由が、借地権設定者が再築の承諾をしない事情を超える場合でなければならない。結局、「やむを得ない事情」の有無は、建物の状況、建物の滅失があった場合には滅失に至った事情、借地に関する従前の経過、当事者双方が土地の使用を必要とする事情その他一切の事情を考慮して判断することになる（本条2項）。逆説的にいえば、やむをえない事情は、これらの事情のほか、再築が認められる場合の延長される期間の長短（裁判所は代諾許可にあたり、7条1項の規定による期間と異なる期間を定めることができる）、他の借地条件の変更、財産給付の額などにより、相対的に判断されるべきものと解される。結局、「やむを得ない事情」は、借地権者が建物を再築して土地の使用を継続する必要性について、諸事情を比較考量して決定することになろう。

〔5〕　建物の再築について、借地権設定者の承諾があるときは、更新後の期間であっても7条1項の適用があり、借地期間は20年間延長する。これに対し、更新後の建物再築について借地権設定者の承諾なしに建物が再築されると、8条2項の適用があり、借地権設定者は解約権を行使することができる。このように、更新後の建物再築についての承諾は、原則として禁止されている更新後の建物再築についての借地条件の解除（8条2項の解約権の放棄）を意味するものであり、したがって、借地権設定者の明確な意思表示が必要である。もっとも、借地権者または転借地権者が建物を再築することを理解してこれを承諾すれば足り、承諾をした場合の法的効果（7条1項）を知っている必要はない。更新後においては、借地権者が建物を再築する旨借地権設定者に通知したが何らの回答がなくても、借地権設定者が承諾したものとみなされない（7条2項但書）。

〔6〕　本条の規定は、更新後の建物再築について借地権設定者の承諾がない場

合に、借地権設定者に解除権（地上権の消滅請求または土地の賃貸借の解約の申入れ）を認めた８条２項の規定に対応するものである。したがって、借地権設定者がこの解約権を行使することができない旨の特約がなされている場合には、借地権設定者の承諾なしに建物を再築しても解約されることはないから、借地権者は本条の申立てをしないで建物を再築することができ、本条の申立ての利益はない。結局、本条の申立てについては、この解約権放棄の特約がないことが消極的要件となる。

〔７〕　本条の申立てをすることができる者は、借地権者または転借地権者である。借地権設定者には、本条の申立権はない。転借地権が設定されている場合において、転借地権者は借地権者に対し本条の申立てをすることができるのはもちろん、必要があるときは、借地権者とともに借地権設定者に対しても、本条の申立てをすることができるものと解される（本条３項、17条５項）。

〔８〕　借地権者の申立てにより、更新後に建物を再築するについてやむをえない事情が存すると認められる場合（その実質的要件の審理の内容については、本条２項参照）、裁判所は、借地権設定者の承諾に代わる許可の裁判をすることができる。この許可の裁判がなされると、借地権設定者の承諾があったものとみなされ、借地期間は裁判のあった日から20年間延長される。ただし、当事者間の利益の衡平を図るため必要があるときは、裁判所は、20年よりも長期または短期の期間を定めることができる。

〔９〕　裁判所が、更新後の建物の再築について許可の裁判をする場合、当事者の利益の衡平を図るため必要あるときは、７条１項の借地期間と異なる期間を定めることができるほか、他の借地条件（建物の種類、構造、規模または用途の変更、賃料の増減など）を変更し、財産上の給付（再築承諾料）を命じ、その他相当の処分（建物を再築するにあたっての留意事項、たとえば近隣との関係、建築の工法、道路の利用方法についての遵守など）をすることができる。

承諾料の額は、一切の事情を考慮して定めることになるが、期間が延長（更新）されること、借地権設定者にとって解約権（８条２項）の放棄となる点を考慮すると、従来の借地条件変更における承諾料に近いものになるものと思われる。

〔10〕　本項は、１項の借地契約の更新後の建物の再築の許可の裁判をする場合に考慮すべき事項を定めたものである。同様の規定は、借地条件の変更および増

改築の許可の裁判（17条3項）、土地の賃借権の譲渡または転貸の許可の裁判（19条2項）等にも存する。その規定の仕方は、共通の斟酌事由として「借地に関する従前の経過」および「その他一切の事情」が掲げられているほか、それぞれの場合に応じて書き分けられている。すなわち、借地条件の変更および増改築の許可については、「借地権の残存期間」および「土地の状況」が、また土地の賃借権の譲渡または転貸については、「賃借権の残存期間」および「賃借権の譲渡又は転貸を必要とする事情」が規定されている。

これに対して、本条の借地契約の更新後の建物の再築の許可については、「建物の状況」、「建物の滅失があった場合には滅失に至った事情」のほか、「借地権設定者及び借地権者（転借地権者を含む。）が土地の使用を必要とする事情」が規定されている。前二者については、他の場合と同様に、それぞれの許可の対象となるべき事情に応じた個別的考量事項と考えることができるが、後者は、これらとは本質的に異なった事項と考えることができる。すなわち、当事者が「土地の使用を必要とする事情」は、正当事由の考量事項であり、本項は契約更新後の建物の再築の許諾については、正当事由の一事由をも考慮することを表明した規定ということができる。

〔11〕　1項の契約更新後の建物の再築許可の申立てを受けた裁判所である。

〔12〕「前項の裁判」とは、借地権設定者の承諾に代わる許可に限らず、附随裁判も含まれる。したがって、延長すべき期間を7条1項の規定による期間とするか、それともこれと異なる期間を設定するか、また、他の借地条件の変更をするか否か、財産上の給付の有無およびその給付額の算定、その他相当の処分を定める際に、以下の諸事情が考慮される。

〔13〕「建物の状況」とは、建物の現況（建物の種類、構造、規模、用途あるいは、建物の腐朽の程度、耐震性の有無など）のほか、建物の利用状況（現実に使用されているか否か、第三者に賃貸されているかなど）も含まれるものと解される。

〔14〕　本項における「建物の滅失」とは、自然的な原因によって建物が倒壊もしくは損傷した建物としての効用が失われた場合のほか、人為的な取壊しも含まれる。

自然的な原因には、外部的なものと、内部的なものとが考えられる。外部的原因としては、地震、火災、水害、事故などが考えられる。これに対し、内部的原因とは、建物の建築資材等が自然の時の経過により腐朽、損傷し、建物としての社会的・経済的効用が失われた場合、すなわち朽廃がこれに当たる。

他方、人為的な取壊しについては、旧法７条の解釈をめぐり、これが滅失に含まれるか否か争いがあり、判例（最判昭38.5.21民集17-4-545ほか)、通説（星野・借地借家98ほか）はこれを肯定的に解していた。本法は、７条において、建物の滅失には、借地権者または転借地権者による取壊しを含む旨規定したので、この点の問題は解消された。したがって、本項の建物の滅失についても、借地権者または転借地権者による人為的な取壊しが含まれることになる。

いかなる状態になった場合に滅失といえるかは、具体的にはかなり困難な問題である。建物が倒壊、焼失、流失するなどして建物としての形骸が喪失したときは問題ない。これに対し、建物としての形をとどめているがすでに相当腐朽が進んでおり、建物としての効用が失われている場合、あるいは火災などで建物の約２分の１が焼失した場合などが問題である。これらを滅失とみるかどうかは、建物を全体として観察し、単に物理的側面のみならず、機能的側面から判断して、建物としての社会的・経済的効用が失われていないかどうかを総合的に判断するほかない。この建物の滅失の判断は、特に借地契約の更新後において重要である（８条２項参照)。

〔15〕「滅失に至った事情」とは、建物が滅失に至った原因およびその原因が生じた事情をいう。

滅失に至った原因とは、〔14〕において述べたように建物が滅失するに至った直接の理由、たとえば火災による焼失、人為的取壊し、あるいは朽廃などをいう。これに対し、その原因が生じた事情とは、火災の場合についていえば、他からの類焼であるか自らの失火であるか、失火の場合に過失の程度はどのくらいか、また人為的取壊しについては、土地区画整理あるいは土地収用の場合のように、法律上取り壊すことがやむをえないときもあれば、朽廃による借地権の消滅を防ぐために（旧法上の借地権の場合）建て替える場合もあろう。これらの滅失に至った事情は、特に本条１項のやむをえない事情の重要な認定資料となる。

〔16〕「借地に関する従前の経過」とは、契約締結の経緯・事情、借地契約の内容、借地権設定に際しての一時金の授受の有無・程度、地代の額および改定の経緯、契約更新の有無および更新料授受の有無・程度、借地期間中の建物の再築

もしくは増改築の有無および承諾料授受の有無・程度、借地に対する借地権者の寄与・貢献の有無、土地もしくは借地上建物の利用の状況、借地権者の契約違反の内容および程度等、借地権存続中に生じたあらゆる契約関係、事実関係をいう。

〔17〕「借地権設定者及び借地権者（転借地権者を含む。）が土地の使用を必要とする事情」とは、借地権設定者の借地契約の更新拒絶について正当事由の有無を判断する場合の比較考量事由である（6条参照）。

このように、正当事由の判断要素を更新後の建物の再築の許否の判断事由の一つとして規定したのは、更新後の建物再築について、借地権設定者の承諾がない場合に解約権を認めたこと（8条2項）と無関係ではない。本法の立法者は、借地権は一定の期間存続を保障されれば、なるべく早期に解消されることを期待し、それが合理的な借地関係であると考えていたようである。その是非はともかく、契約の更新後の建物の再築については、借地権設定者の承諾があれば期間の延長が認められるが（7条1項）、承諾がない場合には期間の延長はない。さらに、借地権設定者の承諾のない建物再築には解約権が認められた。また、借地権設定者の承諾が得られない場合の再築については、再築することにやむをえない事情がある場合に限り裁判所は再築の許可を与えることができ、しかも再築の許否の判断にあたっては、正当事由判断の一要素である土地の使用を必要とする事情をも考慮するという図式になっているわけである。

なお、「土地の使用を必要とする事情」については、6条〔5〕の注釈参照。

〔18〕「その他一切の事情」とは、本項に掲げられた事情以外で、更新後の建物再築に関する土地・建物の客観的状況、当事者の主観的事情のほか、借地または建物需給の過不足、地価の高低、借地権価格発生の有無・程度等の社会・経済情勢の動向、再築に関し借地権者が申し出た承諾料の額等の諸事情をいう。

〔19〕「考慮しなければならない」とは、更新後の建物再築の許否および附随裁判をする場合には、裁判所は、本項に規定する諸事情を必ず考慮すべきことを規定したものである。したがって、これらの諸事情が明確に認定できるにもかかわらず、これを考慮しないでなされた裁判は違法となる。

〔20〕　本項は、本条1項の借地権設定者の承諾に代わる許可の裁判およびこれに附随する裁判をする場合に、17条（借地条件の変更および増改築の許可の裁判）に定められている転借地権が設定されている場合ならびに裁判手続に関する規定

を準用する旨定められたものである。

すなわち、転借地権者が本条１項の申立てをする場合に、転借地権の申立てがあるときは、転借地権とともに借地権についても本条１項の裁判をすることができる。また、特に必要がないと認める場合を除いては、本条１項の裁判（転借地権者から申立てがある場合に借地権についてする裁判を含む）をする場合には、前もって鑑定委員会の意見（17条〔22〕参照）を聴かなければならない。

（澤野順彦）

（土地の賃借権の譲渡又は転貸の許可）

第19条〔1〕　借地権者が賃借権〔2〕の目的である土地の上の建物〔3〕を第三者に譲渡〔4〕しようとする場合において、その第三者が賃借権を取得し、又は転借をしても〔5〕借地権設定者に不利となるおそれがないにもかかわらず〔6〕、借地権設定者がその賃借権の譲渡又は転貸を承諾しないときは〔7〕、裁判所〔8〕は、借地権者の申立て〔9〕により、借地権設定者の承諾に代わる許可を与えることができる〔10〕。この場合において、当事者間の利益の衡平を図るため必要があるときは〔11〕、賃借権の譲渡若しくは転貸を条件とする借地条件の変更を命じ〔12〕、又はその許可を財産上の給付〔13〕に係らしめることができる。

2　裁判所は、前項の裁判をするには、賃借権の残存期間、借地に関する従前の経過、賃借権の譲渡又は転貸を必要とする事情その他一切の事情を考慮しなければならない〔14〕。

3　第１項の申立てがあった場合において、裁判所が定める期間内に借地権設定者が自ら建物の譲渡及び賃借権の譲渡又は転貸を受ける旨の申立てをしたときは〔15〕、裁判所は、同項の規定にかかわらず、相当の対価及び転貸の条件を定めて、これを命ずることができる〔16〕。この裁判においては、当事者双方に対し、その義務を同時に履行すべきことを命ずることができる〔17〕。

4　前項の申立ては、第１項の申立てが取り下げられたとき、又は不適法として却下されたときは、その効力を失う。[18]

5　第3項の裁判があった後は、第1項又は第3項の申立ては、当事者の合意がある場合でなければ取り下げることができない。[19]

6　裁判所は、特に必要がないと認める場合を除き、第1項又は第3項の裁判をする前に鑑定委員会の意見を聴かなければならない。[20]

7　前各項の規定は、転借地権が設定されている場合における転借地権者と借地権設定者との間について準用する。[21] ただし、借地権設定者が第3項の申立てをするには、借地権者の承諾を得なければならない。[22]

〔1〕 本条の趣旨　　民法612条によれば、賃借人は賃貸人の承諾なしに、賃借権を譲渡し、または賃借物を転貸（以下では、適宜、このことを「譲渡・転貸」という）することはできず、これに違反して第三者に賃借物の使用・収益をさせたときは、賃貸人は契約を解除することができる。しかし、建物の所有を目的とする土地の賃貸借の場合には、建物所有者である借地権者は、借地権の譲渡や借地の転貸が制限されると、事実上、自己の所有物である建物の譲渡が不可能になる。これは、所有権の自由（処分の自由）を制限することになる。他方、賃貸人にしても、譲渡・転貸が行われたからといって、それが必ずしも不利益になるわけではない。

そこで、判例・学説は、信義則などを根拠にして民法612条の解除権を制限するようになり、無断譲渡・無断転貸でも賃貸人に対する背信的行為と認めるに足りない特段の事情がある場合には契約の解除ができないという、信頼関係法理を形成した（最判昭28.9.25民集7-9-979等）。これをふまえて、立法上も昭和41年に借地法9条ノ2が追加され、借地権者が借地上の建物を第三者に譲渡しようとする場合において、賃貸人が借地権の譲渡ないし借地の転貸を承諾しないときでも、譲渡・転貸が賃貸人に不利益をもたらすおそれがないときは、裁判所が賃貸人の承諾に代わる許可を与えることとした。本条は、旧法9条ノ2と9条ノ4（本条7項）をほぼそのまま受け継いだものである。

〔2〕 本条の賃借権譲渡・転貸の許可の裁判の前提としては、土地賃借権が存

在しなければならず、しかも、建物の所有を目的とする土地賃借権（１条）でなければならない。

(1)　定期借地権（22条〜24条）および一時使用目的の借地権（25条）にも本条の適用がある。もっとも、一時使用目的の借地権の場合には、借地権の残存期間が短いことから申立てが認容されない場合が多いであろう。

(2)　本条では「賃借権」の目的である土地と規定するが、建物所有を目的とする地上権の場合に、本条は類推適用されるか。地上権は物権であるから本来は譲渡は自由であるが、地上権の設定の際に譲渡・転貸の禁止特約がなされた場合（このような特約は、第三者には対抗できないが当事者間では有効と解される）に問題となる。学説は、類推適用を肯定する説と否定する説に分かれている（鈴木＝生熊・新版注民(15)530参照。同書は肯定説）。本条の立法趣旨（〔１〕）からして、地上権の場合にも本条を類推適用すべきである。

〔**３**〕　本条は、借地権そのものの譲渡・転貸を認めるのではなく、「建物」の譲渡に伴っての借地権の譲渡ないし借地の転貸を認めるのであるから、建物の存在が不可欠である。

(1)　申立ての時点で建物が存在していなければならず、申立て後に建物が滅失したときは、申立ては却下される。

(2)　許可決定後、建物譲渡の実行前に建物が滅失した場合はどうか。これについては、従来、許可決定の効力が当然に失効するとする説（鈴木＝生熊・新版注民(15)531）と、６カ月以内に再築して譲渡を実行すれば（59条）その効力は失われないとする説（香川・曹時18-11-66、加藤＝吉田・基本コンメ214など）とが対立している。なお、後説による場合には、７条１項および２項の適用がある。

〔**４**〕　本条による許可の裁判の申立ては、「第三者」に対して建物を「譲渡」する場合にすることができる。

(1)「第三者」が誰であるかは、裁判所の許可の判断材料として重要であるから、申立ての際に氏名が特定されていなければならない。

(2)　建物の「譲渡」とは、当事者の行為により建物の所有権が移転することである。売買、贈与、特定遺贈、代物弁済、交換などがこれに当たる。包括遺贈や会社の合併による場合もこれに当たると解されている。取得時効や相続の場合は、当事者の意思とは無関係であるから「譲渡」には当たらない。

(3)　譲渡担保によって借地上の建物が譲渡される場合が問題となる。借地権者の建物に設定された譲渡担保権が実行され建物が移転するに伴ってその敷地の借地権も譲渡担保権者に移転するが、それについて借地権設定者の承諾が得られないときに、本条による許可の裁判の申立てをするのか、それとも20条によるのかが特に問題となる。大別して、本条（旧法9条ノ2）により担保権実行の時点で申立てをなすべきであるという見解（香川・曹時18-11-71）と、20条（旧法9条ノ3）によるべきであるという見解（星野・借地借家302、加藤＝吉田・基本コンメ68、鈴木＝生熊・新版注民⒂534）とに分かれている。この点に関する裁判例は、譲渡担保実行の際の債権者代位権に基づく旧法9条ノ2第1項の申立て、および旧法9条ノ3の規定の類推適用による申立てのいずれも否定している（大阪高決昭61.3.17判タ637-138。なお、澤野・担保法の判例Ⅱ56は同決定に批判的である）。

〔5〕　借地権者が第三者へ建物を譲渡するとともに、その敷地の賃借権を譲渡し（「第三者が賃借権を取得し」）、または、その敷地を転貸する場合である。

(1)　賃借権の譲渡の場合には、譲渡人である借地権者は賃貸借関係から離脱し、本条により裁判所の許可があれば、以後は第三者（譲受人）が借地権者になる。

(2)　転貸の場合は、借地権設定者と借地権者の間の賃貸借関係は依然として存続し、これとは別個に借地権者（転貸人）と第三者（転借人）との間に賃貸借関係が存在することになる。借地権設定者と第三者（転借人）との間には契約関係は生じないが、民法は、転借人は借地権設定者（賃貸人）に対して直接義務を負うと規定し、借地権設定者が転借人に対して直接賃料支払を請求することができることとした（民613条1項）。借地権設定者が転借人に対して賃料請求をしない場合には、借地権設定者は、当然、借地権者に対して賃料請求をすることができる（同条2項）。

〔6〕「借地権設定者に不利となるおそれ」は、一般的には、賃借権譲受人の資力（転借の場合には、〔5〕で述べたように借地権者が引き続き賃料支払義務を負うから転借人の資力は問題とならない）と、賃借権譲受人・転借人の人的信頼性とから判断される（東京地決昭51.9.24下民27-9=12-602）。

(1)　賃借権譲受人の資力については、附随裁判（本項の「財産上の給付」）により補うことができる場合もある。

(2)　賃借権譲受人・転借人の人的信頼性については、借地権設定者の主観的な感情によるものでなく、たとえば、譲受人・転借人が暴力団関係者であったり、風紀上好ましくない営業をしようとする者である場合のように、客観的な社会的信用の面から、これが判断されるべきであるとされる（星野・借地借家306）。

〔**7**〕　借地権設定者の承諾の不存在が本条による申立ての要件であるが、承諾の存在に争いがあるとき（東京高決昭53.9.5判時907-62は、賃借人が承諾の存在を主張し、賃貸人がそれを否定した場合につき申立てを適法とした）や承諾の存否が不明であるときにも、申立ては許されると解される。

〔**8**〕　管轄裁判所は、借地権の目的である土地の所在地を管轄する地方裁判所であるが、当事者の合意あるときは、簡易裁判所である（41条）。

〔**9**〕　申立人は、借地上の建物を譲渡しようとする借地権者であり、その相手方は借地権設定者である。

⑴　借地権者が、借地権設定者の承諾も、これに代わる許可の裁判も求めようとしないとき、建物譲受人が借地権者に代位（債権者代位権）して、本条による申立てができるかどうかが問題となる。決定例はこれを否定する（東京高決昭42.9.11判時492-59、東京地決昭43.9.2判タ227-208など）。学説は肯定する説（西村・実務民訴214）もあるが否定説が多い（加藤＝吉田・基本コンメ217、鈴木＝生熊・新版注民⒂526参照。これらは、これを認めると、一般的に建物譲受人からの申立てを肯定するのと結果的には変わらないから、否定すべきであろう、という）。次に述べるように、建物譲渡後になされた申立てもそれだけで却下されるべきものではないので、譲渡代金を支払った建物譲受人等に代位請求を認めるべき場合もあろう。

⑵　申立ての時期については、文理上は建物の譲渡前であるが、今日の多数説は、建物譲渡後になされた申立てもそれだけで却下されるべきものではなく、この点も、考慮されるべき「一切の事情」（本条２項）の一つとして、総合的見地から当該申立ての認否が決せられるべきであるとする（星野・借地借家308、加藤＝吉田・基本コンメ218、鈴木＝生熊・新版注民⒂529）。なお、遺贈のような場合について、建物の所有権移転登記または引渡し前にすればよいとする裁判例（東京高決昭55.2.13判時962-71）がある。

〔**10**〕　賃借権の譲渡・転貸の許可の裁判は、借地非訟事件であり、非訟事件手続法に従って行われる（41条、42条）。訴訟事件が裁判（判決）によって対立当事

者間の権利関係を確定し民事法規を具体的に実現して私的紛争を解決するのが目的であるのに対して、非訟事件は、民事上の生活関係を助成し監督するために国家が直接に後見的作用を営むのが主目的であり、その裁判（決定）は、権利関係の確定を目的とせず、むしろ裁量的処分を主眼とするものである。

⑴　賃借権の譲渡・転貸の許可の申立てに対しては、認容、却下、棄却の決定が行われる。認容決定（「借地権設定者の承諾に代わる許可」）があれば、賃借権の譲渡・転貸につき借地権設定者の承諾があったのと同様の効果が生ずる。

⑵　この裁判（認容決定）は、その効力が生じた後6カ月以内に借地権者が建物の譲渡をしないときは、その効力を失う（59条）。

〔11〕　裁判所は、賃貸借譲渡・転貸許可の認容の裁判をする場合に、「当事者間の利益の衡平を図るため必要があるときは」、附随裁判をすることができる。その判断および内容は、裁判所の職権事項であり、当事者の申立ては不要である。また、裁判所は当事者の申立てに拘束されない。実際には、このような附随裁判がなされることが多い。

〔12〕　賃借権の譲渡・転貸を条件とする「借地条件の変更」に当たるものとしては、地代の変更（増額）と存続期間の変更（期間の延長）が考えられる。

⑴　地代の変更を命じる附随裁判においては、当該裁判を機会に従来の近隣と比べて低い地代を標準的地代にまで増額するものが一般的である。

⑵　存続期間の変更（期間の延長）については、借地条件の変更や増改築許可の裁判の場合（17条3項）と異なり、裁判例も少なく、学説も消極的である（香川・曹時18-11-91、星野・借地借家310など）。

〔13〕　附随裁判で「財産上の給付」を命ずるのは、今日、都市部などにおいて借地権の譲渡・転貸にあたり、その承諾を得る代わりに名義書換料ないし転貸承諾料の支払がかなり一般化していることなどから、妥当とされ、裁判でも通例化している。なお、敷金の支払に関しては、20条〔8〕⑵を参照されたい。

⑴　ここでの「財産上の給付」の理論的根拠については、諸説がある（これについては、鈴木＝生熊・新版注民⒂545以下、加藤＝吉田・基本コンメ220以下参照）。

⑵「財産上の給付」額について、多くの決定例は、借地権価格を定めた上で、それに一定率（10パーセント前後が標準的）を乗じて決めているようである（東京地決昭44.2.12判タ232-207、東京地決昭56.5.13LEX/DB27481254など）。

〔**14**〕　裁判所は、本条１項の許可の本裁判および附随裁判において、「一切の事情」を考慮しなければならないが、本項の三つの列挙事項は常に考慮されなければならない。

(1)「賃借権の残存期間」については、これが短いときは、期間満了時における借地権設定者の更新拒絶の正当事由（６条）が従来の借地権者との関係および賃借権譲受人・転借人との関係において具備される可能性があるかどうかが、許可の裁判の認否に影響を与える（残存期間が長いときは、特別の考慮は必要ない。星野・借地借家307は、残存期間が２年間程度を目安とする）。借地権の残存期間が短いときは、いずれとの関係においても、正当事由の具備が予測されない場合にのみ（残存期間が短いときは、この予測も比較的容易である）、許可の裁判がなされるべきことになろう（鈴木＝生熊・新版注民⒂540）。

(2)「借地に関する従前の経過」とは、多額の権利金が支払われている場合、区分所有建物を建てるために借地権の設定がなされた場合、当事者間の特別な関係（雇用関係・親族関係など）のために特別に借地権の設定がなされたというような事情がある場合などが該当する。前二者は許可の裁判が肯定される方向に働き、後者は否定される方向に働く。

(3)「賃借権の譲渡又は転貸を必要とする事情」とは、これを必要とする事情が顕著な場合で、たとえば、個人がその営業を会社組織にすることにより、その営業建物を会社に譲渡するに伴いその敷地（の借地権）を譲渡・転貸する場合などである。

(4)「その他一切の事情」とは、建物の残存耐用期間や賃借権譲渡・転貸の承諾に関しての両者間の交渉の経緯（借地権者から承諾料の提供の申出があったこと等）などである。

〔**15**〕　借地権者が、本条１項により、第三者に対する建物譲渡と借地権譲渡・転貸の許可の申立てをしたときは、借地権設定者は、これを阻止して自己に優先して建物譲渡と借地権譲渡・転貸をするように譲受申立てをすることができる。

(1)　本制度は、第三者への借地権の譲渡・転貸を阻止するための借地権設定者の対抗手段であるとともに、借地権設定者に利用権を回復させ、他方、借地権者に、第三者への建物譲渡と借地権の譲渡・転貸の代わりに「相当の対価」を得させることで、建物への投資や借地権価格の回収をさせる制度である。

(2)　借地権設定者の譲受申立ての時期は、裁判所の定めた一定の期間内である（借非規12条によれば、この期間は借地権設定者に告知されるが、この期間の末日は借地権設定者が告知を受けた日から少なくとも14日以後としなければならない）。期間経過後の譲受申立ては却下される。

(3)　本項の譲受申立ては、1項の借地権者の申立てが賃借権の譲渡であれば、「賃借権の譲渡」を受ける旨の申立てとなり、また、1項の申立てが転貸であれば、「転貸」を受ける旨の申立てとなる。

(4)　借地権者の1項の申立ての棄却を解除条件として、借地権設定者が本項の譲受申立てをすることができるかどうかについては、争いがあるが、多数説は否定する（加藤＝吉田・基本コンメ222、鈴木＝生熊・新版注民⒂550など）。

(5)　借地権者が、賃借権の目的である土地と他の土地とにまたがって建築されている建物を第三者に譲渡するために、本条1項に基づき、賃借権の譲渡・転貸の承諾に代わる許可を求める旨の申立てをした場合（なお、前提として、借地権者が他の土地を所有しているか、または、他の土地の所有者たる借地権設定者が当該賃借権の譲渡・転貸を承諾したか承諾する事情がある場合）において、借地権設定者は、本項に基づき、自ら当該建物および賃借権の譲渡・転貸を受ける旨の申立てをすることが許されるか。この点について、学説および下級審判決は分かれていたが（判時1996-33および判タ1255-259の解説記事参照。たとえば、大阪高決平19.8.9判タ1255-259は、隣地所有者の承諾があれば、権利関係を複雑にするものでもないこと等から、借地権設定者の本項に基づく譲受申立てを不適法とすることはできないとした）、最高裁は、本項によって、「裁判所は、法律上、賃借権及びその目的である土地上の建物を借地権設定者へ譲渡することを命ずる権限を付与されているが、賃借権の目的外の土地上の建物部分やその敷地の利用権を譲渡することを命ずる権限など、それ以外の権限は付与されていないので、借地権設定者の上記申立ては、裁判所に権限のない事項を命ずることを求めるものといわざるを得ない」として、借地権設定者の本項に基づく譲受申立てを不適法として却下した（最決平19.12.4集民226-387、判時1996-37）。

〔16〕　形式的要件が満たされていれば、裁判所は、借地権設定者への譲渡・転貸を命ずるのが原則である。ただし、借地権者と1項での建物譲受人との間に特別な関係があるような場合で、仮に、そこでの譲渡・転貸が民法612条の解除原

因とはなりえないときには（たとえば、配偶者間の建物の譲渡であったり、個人での営業が会社組織になるのに伴って会社に建物が譲渡されるような場合）、本項の譲受申立てが棄却されると解されている（星野・借地借家312、鈴木＝生熊・新版注民⒂553など）。

⑴　譲受申立てを認容する裁判は、建物と借地権との「相当の対価」を定めて、建物と借地権を借地権設定者に譲渡せよと借地権者に命じ、または、建物の「相当の対価」と「転貸の条件」とを定めて、建物の譲渡と借地の転貸を借地権設定者にせよと借地権者に命じる。この結果、借地権譲渡の場合は賃貸借関係が終了するが、借地の転貸の場合は、以後は、当該土地について、借地権設定者が賃貸人であるとともに転借人の地位を取得し、借地権者が賃借人であるとともに転貸人の地位を取得する。

⑵「相当の対価」とは、建物譲渡代金であるが、借地権譲渡の場合は、それに借地権の対価を含めた額となる。

⑶「転貸の条件」とは、一般的には、転借地権の存続期間、転地代額等が考えられる。

〔17〕　譲受申立てを認容する裁判において（〔16〕参照）、裁判所は、借地権者の義務、すなわち、借地権設定者への建物および敷地の引渡し（ないし、建物所有権移転登記など）の義務と、借地権設定者の義務、すなわち、借地権者への「相当の対価」の支払義務とについて、同時に履行することを命じることができる。

〔18〕　本条３項の譲受申立ての前提としては、借地権者が本条１項の申立てを適法にしていることであり、譲受申立ては、この借地権者の申立ての対抗手段として認められるものである。したがって、借地権者の申立てが取り下げられたり、または不適法として却下されたときには、借地権設定者の譲受申立ても、その効力を失う。本条４項が譲受申立ての棄却されたときを除外していることとの関連で、借地権設定者が譲渡許可申立ての棄却を求め、予備的に優先買受けの申立てをすることが許されるかについて、裁判例は、このような申立ては、結局、賃借人の譲渡許可申立ての棄却を解除条件として賃貸人が優先買受けの申立てをするもの（申立てが認められないなら賃貸人も買い受けないとするもの）であって、賃貸人の恣意を許し、不当であるとして認められないとした（大阪高決平2.3.23判時

1356-93。賛成するものとして、沢井・法時62-10-94）。

〔19〕　本条1項の申立てが借地権者からなされ、その対抗手段として3項の譲受申立てが借地権設定者からなされて、その許可の裁判があった後は、借地権者はもはや単独では、1項の申立てを取り下げることはできない。譲受申立てに対する許可の裁判があった以上、借地権設定者は、建物取得および敷地の取得ないし転借についての権利を得ているからである。また、借地権設定者も、単独では3項の譲受申立てを取り下げることはできない。この取下げを認めると、借地権設定者は、もっぱら1項の申立てに対する裁判所の許可を封ずる（借地権者の譲渡・転貸を阻止する）ためにだけ譲受申立ての制度を濫用する危険があり、また、譲受申立てに対する許可の裁判があった以上、借地権者も「相当の対価」についての権利を得ているからである。もちろん、借地権者と借地権設定者の合意があれば、いずれの申立ての取下げも可能である。

〔20〕　裁判所は、特に必要がないと認める場合（ある事項に関しては当事者間で一致があり、鑑定委員会の意見を聴く必要のない場合など）を除き、1項の裁判をする場合にも、3項の裁判をする場合にも、その前に鑑定委員会（47条参照）の意見を聴かなければならない。特に、1項の「財産上の給付」および3項の「相当の対価」について、実際上、その必要性が高い。もっとも、裁判所はその意見どおりに決定する必要はないと解されている。

〔21〕　AがBに対して借地権を設定し、さらに借地権者BがCに対して建物を所有させる目的でその土地につき、適法に（民612条、本条1項参照）賃借権を設定した場合が前提となる（2条4号、5号参照）。そして、この場合に、転借人Cが土地上の建物をDに譲渡するにあたり、賃借地権（転借地権）の譲渡ないし賃借地の転貸について、BおよびAの承諾を必要とするが、これが得られないときが問題となる。この場合Cは、まずBの承諾を得る必要があるが、Bの承諾を得られないときは、Cは、本条1項によりBの承諾に代わる許可の裁判を申し立てることができる。さらに、Cは、Aの承諾も得なければならないが、Aの承諾が得られない場合には、本条1項による申立てはできない。なぜなら、本条1項は、「借地権設定者がその賃借権の譲渡又は転貸を承諾しないとき」と規定し、直接に借地権についての設定関係がないA・C間には適用されないからである。

そこで、本項により、本条１項の準用を認めて、ＣのＡを相手方とする裁判による許可の申立てを許し、また、そのこととの関連で本条２項～６項の準用を認めている（本項は、旧法９条ノ４を受け継いだ規定である）。なお、Ｃは、Ｂを相手方とする裁判（本条１項）と、Ａを相手方とする裁判（本項）とを、別々にすることもできるが、両者の申立てを併合させることも許されるし、むしろそのほうが妥当であろう。

〔22〕　本項本文（**〔21〕**参照）の場合において、Ｂだけでなく、Ａも転借権譲受けまたは再転貸の申立てをすることができる（本項による３項の準用）。本項ただし書は、この場合に、Ａは、Ｂの承諾を得たときにのみ、譲受申立てをなすことができる旨規定する（この点につき前掲大阪高決平19.8.9参照）。これは、ＡよりもＢを優先させる旨の規定であり、したがって、Ｂが譲受申立てをしない場合に限って、ＡはＢの承諾を得た上で、Ｃに対する譲受申立てが可能となる。なお、Ｂが譲受申立てをしないにもかかわらず、Ａの譲受申立てを承諾しないときは、ＡはＢの承諾なしにこれをなしうると解される（鈴木＝生熊・新版注民⒂568）。

（鎌野邦樹）

（建物競売等の場合における土地の賃借権の譲渡の許可）

第20条〔1〕　第三者が賃借権の目的である土地の上の建物を競売又は公売により取得した場合において〔2〕、その第三者が賃借権を取得しても借地権設定者に不利となるおそれがないにもかかわらず〔3〕、借地権設定者がその賃借権の譲渡を承諾しないときは〔4〕、裁判所は〔5〕、その第三者の申立てにより〔6〕、借地権設定者の承諾に代わる許可を与えることができる〔7〕。この場合において、当事者間の利益の衡平を図るため必要があるときは、借地条件を変更し、又は財産上の給付を命ずることができる〔8〕。

２　前条第２項から第６項までの規定は、前項の申立てがあった場合に準用する〔9〕。

３　第１項の申立ては、建物の代金を支払った後２月以内に限り、することができる〔10〕。

4　民事調停法（昭和26年法律第222号）第19条の規定は、同条に規定する期間内に第1項の申立てをした場合に準用する。〔11〕

5　前各項の規定は、転借地権者から競売又は公売により建物を取得した第三者と借地権設定者との間について準用する。〔12〕ただし、借地権設定者が第2項において準用する前条第3項の申立てをするには、借地権者の承諾を得なければならない。〔13〕

〔1〕　本条の趣旨　(1)　借地権者所有の建物が競売または公売によって第三者（競落人・買受人）の所有になったときは、第三者は建物の従たる権利として敷地賃借権も取得するが、ここでは、借地権者から第三者への敷地賃借権の譲渡の問題が生ずる。この賃借権の譲渡は借地権設定者の承諾を得ていないから、これを借地権設定者に主張することはできない。この場合、競売または公売による譲渡なので、その手続が終了するまでは競落人・買受人たる第三者が特定しない。そのため19条により借地権者が裁判による許可の申立てをすることはできない。そこで、本条は、競落人・買受人が、借地権設定者の承諾を得られない場合には、その承諾に代わる許可の裁判を申し立てることができるとした。本条は、昭和41年に旧法9条ノ2とともに創設された9条ノ3および9条ノ4（本条5項）を受け継ぐ規定である。本条による許可の裁判については、基本的には19条の場合と同様である。

(2)　本条では、土地賃借権の譲渡だけが問題となり、転貸は問題とならない。競売や公売の目的となる建物の従たる権利としての敷地賃借権にも、担保権ないし差押えの効力が及び、建物所有権の移転とともにこの賃借権も当然に移転すると考えられるから、転貸借の成立する余地はない（鈴木＝生熊・新版注民⒂560）。

(3)　本条との関連で、賃借権者が賃借地上の建物を借地権設定者に無断で抵当権等の担保の目的とすることができるかどうかが問題となる。建物は賃借権者の所有であるので、これを禁止する特約がない限り、これを自由になしうると解すべきであり、本条もこれを前提としている。けだし、この場合、建物に担保権が設定されると、担保権の効力は賃借権にも及ぶことになるが、この状態だけでは、賃借権の譲渡があったとはいえず、したがって、賃借権者は借地権設定者の承諾を得ることは不要であり、借地権設定者も、無断譲渡を理由に契約を解除（民612条）することはできない。この場合は、19条にいう賃借地上の建物の第三者への譲渡には該当せず、その後、さらに担保権が実行され、建物が競売され第三者がこれを取得した段階ではじめて賃借地権の譲渡が問題となる。この段階で、本条が適用される。なお、賃借地上の建物に（無断で）担保を設定してはならない旨の特約の有効性が問題となるが、一般には、本法21条に反せず有効と解されている（森泉・新版注民⒂622。判例として、東京地判昭44.3.27判時568-57参照。同判決は、このような特約が有効なことを前提として、特約違反の程度が軽微なものとはいえない場合には、賃貸借上の信頼関係が破壊され、これを理由に賃貸人の契約解除請求は認められるとする）。しかし、判例のなかには、借地人が地上建物に抵当権を設定したときは賃貸人は土地賃貸借契約を無催告で解除できる旨の特約は、金員を借入れしうるという借地人の利益をあらかじめ放棄させる意味を有するものであるから、旧借地法11条の趣旨により無効であるとして賃貸人の契約解除請求を否定したものもある（浦和地判昭60.9.30判時1179-103）。

〔２〕　本条は、賃借地上の建物の「競売」または「公売」によって、その建物を取得した場合が前提となる。

⑴　「競売」とは、民事執行法上の強制競売（同法45条以下）、担保権の実行としての競売（同法180条以下）および形式的競売（同法195条）である。

⑵　「公売」とは、国税徴収法や地方税法等に基づく滞納処分による公売およびそれらの滞納処分の例による公売である。

⑶　譲渡担保等の非典型担保の実行により建物の所有権が移転し、それに伴って敷地賃借権の譲渡が生ずる場合に、本条の適用があるかについては、学説が分かれている（19条〔４〕⑶参照）。

⑷　区分所有法63条４項に基づく売渡請求権の行使により、建物の区分所有権とともに敷地利用権である賃借権が移転した場合に、同請求権を行使した者は、本項でいう「競売又は公売」の場合と同様に、本条を類推して、裁判所の許可を求めることができるか。この場合は、譲渡人（建替えに参加しない売渡請求の相手方）の意思に関わりなく賃借権が譲渡される点において「競売又は公売」の場合と異なるところはなく、譲渡人は「競売又は公売」の場合と同様にあらかじめ譲渡の承諾を求める余地はなく、もし、このような場合に本条の類推適用を否定し

てしまうと、区分所有建物の建替えにおける売渡請求権の行使を認めた法の趣旨を没却することになることから、肯定すべきものと解せよう。同旨の裁判例として東京地決平17.7.19（判時1918-22）があり、同裁判例は、この場合において、本項の類推適用を認めるとともに、本条2項に基づく19条3項（借地権設定者による「譲受申立」）の準用も肯定する。

〔3〕「借地権設定者に不利となるおそれ」とは、主に、第三者（競落人・買受人）の賃料支払能力と人的信頼性とから判断される（19条〔6〕参照）。悪徳競売屋・執行屋などが第三者となることは、一般的には、「借地権設定者に不利となるおそれ」に該当すると解される（加藤＝吉田・基本コンメ224、鈴木＝生熊・新版注民⒂561）。

〔4〕　第三者（競落人・買受人）は、裁判所への申立ての前に、借地権設定者に対して敷地賃借権の譲渡を承諾するように求める必要があり、承諾が得られない場合に、本条により申立てをすることになる。

〔5〕　管轄裁判所は、賃借権の目的である土地の所在地を管轄する地方裁判所であるが、当事者の合意あるときは、簡易裁判所である（41条）。

〔6〕　申立人は、賃借地上の建物を競落・公売により取得した者である。

⑴　建物の前所有者（前借地権者）には申立権はない。建物取得者からの転得者は、申立てをすることはできず、建物取得者を代位（債権者代位権）することもできないと解されている（香川・曹時19-1-11、星野・借地借家316、鈴木＝生熊・新版注民⒂558）。この場合において、建物取得者（買受人）から当該建物を第三者（転得者）に借地権付きで譲渡しようとする場合には、建物取得者（買受人）から本項による土地賃借権譲受許可の申立てをし、その後または同時に、建物取得者（買受人）から第三者（転得者）への当該建物の譲渡前に、（上の許可がされる前は同許可を条件として）19条1項による土地賃借権譲渡の許可申立てをすべきであると解される。建物取得者（買受人）から第三者（転得者）への建物譲渡後に、19条1項による土地賃借権譲渡の許可申立てをすることは許されない（東京高決平12.10.27判時1733-35）。

競売手続において数人が共同して借地権付建物の買受人となったり、一人の買受人が死亡して共同相続が生じたりして、当該建物が共有となった場合には、共有者全員で本項の申立てをしなければならない。本項後段および本条2項が準用する19条3項に規定するところにおいて、共有者全員が当事者となっていることを要するからである。ところで、買受人が買受け後に当該建物の一部持分を他に譲渡し共有状態になった後においては、買受人を含む共有者全員によるときでも、本項に基づく申立ては、不適法なものとして許されない。持分の転得者は、上述のように、転得者として本項に基づく申立人適格を有せず、また、すでに建物の譲渡（持分譲渡）がなされているからである（前掲東京高決平12.10.27）。

(2)　申立ての相手方は、借地権設定者である。

(3)　申立ては、建物取得後になされる（民事執行法79条は、買受人が代金を納付した時に、買受人に所有権が移転すると規定する）。なお、本条3項（〔10〕）を参照されたい。

〔7〕　借地権設定者の承諾に代わる許可認容の裁判（19条〔10〕）があれば、賃借権の譲渡を借地権設定者から承諾されたと同じ効力が生ずる。したがって、建物の競売・公売による第三者への所有権の移転と同時に敷地賃借権の譲渡もすでに適法になされたことになる。19条1項の裁判とは異なり、一定期日までに譲渡しないと裁判が失効する（59条）ということにはならない。

〔8〕　この附随裁判は、19条1項の場合と同様、「借地条件を変更」（賃借権の存続期間の延長、地代の増額等）および「財産上の給付」からなる（19条〔11〕〔12〕〔13〕参照）。

(1)　本条では、「財産上の給付」をなす者は、賃借地権を取得した建物競落人・買受人であり、地代の支払人である。

(2)　借地権者が借地権設定者に対して敷金を交付していた場合に、裁判所は、本項で定める附随裁判において、この点を考慮して、競売等によって土地賃借権を取得し本項の申立てをした者に対して、「借地条件の変更」に関し相当額の敷金を差し入れるべき旨を定め、「財産上の給付」としてその交付を命ずることが許されるか。最高裁は、これを否定した原審を破棄し、敷金に関する旧賃借人の権利義務関係は、特段の事情のない限り、新賃借人に承継されるものではない（最判昭53.12.22民集32-9-1768）ため、第三者が競売等によって土地賃借権を取得すると、特段の事情のない限り、賃貸人は敷金による担保を失うことになることから、本項に定める附随裁判が当事者間の利益の衡平を図ること等を目的としていることに照らし、「裁判所は、旧賃借人が交付していた敷金の額、第三者の経済的信用、敷金に関する地域的な相場等の一切の事情を考慮した上で、法20条１項後段の付随的裁判の一つとして、当該事案に応じた相当な額の敷金を差入れるべき旨を定め、第三者に対してその交付を命ずることができるものと解するのが相当である」と判示した（最決平13.11.21民集55-6-1014）。

〔９〕　本条１項の申立てがあった場合には、19条２項～６項までが準用される。

(1)　19条２項の準用　　本条の裁判では、「賃借権の残存期間、借地に関する従前の経過、賃借権の譲渡を必要とする事情その他一切の事情」が考慮される（19条２項の準用）。ただし、「財産上の給付」にあたりその給付額の決定について、「借地に関する従前の経過」をあまり考慮すべきではない（鈴木＝生熊・新版注民(15)563、加藤＝吉田・基本コンメ224）。また、「賃借権の譲渡を必要とする事情」については、競売・公売は借地権者の意思とは無関係にすでになされたのであるから、考慮されることはない（星野・借地借家316)。「その他一切の事情」としては、本条では、どのような売却条件で競落人・買受人が建物を取得したかが特に考慮される（鈴木＝生熊・新版注民(15)561参照）。

(2)　19条３項の準用　　本条１項の申立てが競落人・買受人からあった場合において、「裁判所が定める期間内に借地権設定者が自ら建物の譲渡及び賃借権の譲渡を受ける旨の申立てをしたときは、裁判所は、同項の規定にかかわらず、相当の対価を定めて、これを命ずることができる。この裁判においては、当事者双方に対し、その義務を同時に履行すべきことを命ずることができる」（19条３項の準用）。本条の場合は、いったん競落人・買受人に帰属した建物および敷地賃借権が借地権設定者に移転し、建物および敷地賃借権の対価は、借地権設定者から建物競落人・買受人に支払われる。

ところで、賃借権の目的である土地と他の土地とにまたがって建築されている建物を競売により取得した第三者が、本条１項に基づき、賃借権の譲渡の承諾に代わる許可を求める旨の申立てをした場合（なお、前提として、借地権者が他の土地を所有しているか、または、他の土地の所有者たる借地権設定者が当該賃借権の譲渡を承諾したか承諾する事情がある場合）において、借地権設定者は、本条２項により準用される19条３項に基づき、自ら当該建物および賃借権の譲渡を受ける旨の申立てをすることが許されるか。判例は、「裁判所は、法律上、賃借権及びその目的である土地上の建物を借地権設定者へ譲渡することを命ずる権限を付与されているが（同法20条２項、19条３項）、賃借権の目的外の土地上の建物部分やその敷地の利用権を譲渡することを命ずる権限など、それ以外の権限は付与されていないので、借地権設定者の上記申立ては、裁判所に権限のない事項を命ずることを求めるものといわざるを得ない」との理由で、借地権設定者の本項に基づく「譲受申立」を不適法として却下した（最決平19.12.4民集61-9-3245、判時1996-32。なお、19条〔15〕(5)参照）。

(3)　その他、19条４項～６項が、本条１項の申立てがあった場合に準用される（19条〔18〕〔19〕〔20〕参照）。

〔10〕　本条１項の建物競落人・買受人がする申立ては、建物取得後になしうるが、これをいつまでもできるとすると、借地権設定者の地位を不安定にするから、建物代金納付後２カ月以内に限り、することができるとした。

(1)　この期間は伸長できないと解され、期間経過後の申立ては却下されることになる（加藤＝吉田・基本コンメ224）。裁判例として、同期間は当事者が任意に伸長したり猶予を与えたりすることはできないとしたものがある（東京地判平10.10.19判タ1010-267）。

(2)　この２カ月以内においても、競落人・買受人はいわば賃借権無断譲受人であるが、この期間内は、借地権設定者はこれを理由とする解除はなしえない。しかし、この期間を経過すると、単純な賃借権無断譲受人となり解除が可能となる（星野・借地借家317、鈴木＝生熊・新版注民(15)559参照。裁判例として東京高判平17.4.27判タ1210-173）。

〔11〕　借地権設定者が敷地賃借権の譲渡を承諾しない場合に、建物競落人・買受人は、建物代金納付後２カ月以内に調停の申立てをすることもできる。しかし、調停が不成立に終わったときは本条３項の２カ月を経過している場合が多いであろう。そこで本項では、民事調停法19条の規定（調停の申立人が調停不成立または決定失効の「通知を受けた日から２週間以内に調停の目的となった請求について訴えを提起したときは、調停の申立ての時に、その訴えの提起があったものとみなす」）は、同条の期間内（２週間以内）に本条１項の申立てをした場合に準用するとした。したがって、調停不成立の場合でも、その通知を受けた日から２週間以内に本条１項の申立てをすれば、調停申立ての時に本条１項の申立てがあったものとみなされる。

〔12〕　ＡがＢに対して借地権を設定した後、Ｂが同借地を適法にＣに転貸し、さらに、Ｃ所有の転借地上の建物が競売または公売されて、Ｄがこれを取得した場合、Ｄは、建物の敷地の転借権の譲渡について、ＢおよびＡの承諾が必要となる。Ｄは、Ｂの承諾が得られないときはＢを相手方として本条１項により、Ａの承諾が得られないときはＡを相手方として本項により、申立てをすることになる。本項本文は、ＤのＡを相手方とする申立てについて、本条１項～４項の規定が準用されるとする。なお、19条７項（19条〔21〕）を参照されたい。

〔13〕　本項本文の場合（〔12〕）において、Ｂだけでなく、Ａも、Ｄに対して転借権譲受の申立て（本条２項において準用する19条３項の申立て）をすることができる。本項ただし書は、この場合に、Ａは、Ｂの承諾を得たときにのみ、譲受申立てをなすことができるとする。なお、19条７項（19条〔22〕）を参照されたい。

（鎌野邦樹）

（強行規定）

第21条〔1〕　第17条から第19条までの規定〔2〕に反する特約〔3〕で借地権者又は転借地権者に不利なもの〔4〕は、無効とする〔5〕。

〔１〕　本条の趣旨　　借地契約においては、契約の自由に任せて当事者が契約の内容や条件を自由に定めうるとすると、実際上、経済的に優位に立つ借地権設定者の意思が優先し、借地権者はそれに従わざるをえない。そこで、契約の自由が貫かれる民法上の賃貸借とは別に、借地権者をより保護することで実質的な平等を達成するために旧借地法が制定された。そして、この精神は、旧借地法を全面改正した本法でも基本的に受け継がれている。旧借地法および本法は、それらの規定のなかでも特にこの精神をより貫徹させて当該条項を強行法規化させるための規定を設けた。本条は、この目的のために、借地契約に関して、旧法（借地法）11条を受け継いで、本法９条、16条とともに設けられた規定である。

〔２〕　本条は、事情変更による借地条件の変更および増改築の許可（17条）、借地契約更新後の建物の再築の許可（18条）、賃借地権の譲渡または転貸の許可（19条）の諸規定に反する特約で、借地権者・転借地権者に不利なものに適用される。20条の建物競売・公売に伴う賃借地権の譲渡の許可の場合については、そ

の申立人は競落人・買受人であって、特約の余地がないので、本条の適用はない。

〔**3**〕 17条から19条までの規定に反する特約について、以下では、17条の規定に反する特約を中心にして具体的に考察する。

(1) 17条の規定に反する特約としては、まず、事情変更があっても借地条件変更の許可申立てをしない旨の特約、増改築について許可申立てをしない旨の特約が考えられる。また、法令による土地利用の規制の変更の場合にだけ借地条件の変更の裁判の申立てができるとする旨の特約や、一定の場合に限って増改築の許可の裁判の申立てができるとする旨の特約も、これに該当する。これらの特約は、明らかに借地権者または転借地権者に不利となるから、当然に無効となろう。

17条の規定は、借地上の建物の種類、構造、規模または用途を制限する旨の特約や無断増改築禁止特約の存在を前提にしており（17条〔**2**〕〔**12**〕参照）、本条は、これらの特約自体の有効性は問題としていない。これについては、契約内容の一般的な有効性の問題として、公序良俗性（民90条）の点から判断すべきであろう（たとえば、合理的理由なく借地権設定者が建物の種類等について著しく制限をする場合などは、その点についての借地条件が無効となることもあろう）。

たとえば、借地条件の変更や増改築の際に借地権者は借地権設定者に対して一定の財産上の給付をなさなければならないとする特約をどう考えるべきか。これについては、「借地権者又は転借地権者に不利なもの」（〔**4**〕を見よ）となるかどうかの観点から有効・無効（または部分的無効）を判断すべきであろうが、一般的には、借地権者に不利なものとの推定が働き、特約を一応無効とし、借地権者は裁判上の許可の申立てができると解すべきである（裁判所での申立ての認否の決定および附随裁判において、特約の存在が考慮されることになる〔17条４項〕）。

(2) 18条の規定に反する特約とは、借地契約更新後に（残存期間を超えて存続すべき）建物の再築（の許可申立て）をしない旨の特約などであり、また、19条の規定に反する特約とは、賃借地権の譲渡・転貸について裁判所に承諾に代わる許可申立てをしない旨の特約などである。これらの特約は借地権者等に不利なものとして当然に無効とされるが、これら以外の特約については、17条について上で述べたところが当てはまることになろう。

〔**4**〕「借地権者又は転借地権者に不利なもの」であるかどうかを判断するにあたっての認定基準については、次の二つの見解が対立している。まず、当該規

定に反する特約が借地権者等に不利であるかどうかの認定基準を、当該違反事項自体に限定せず、特約以外の他の借地条件を考慮して総合的に判断すべきであるとする見解がある（後藤127、星野・借地借家215。判例として、最判昭31.6.19民集10-6-665〔法定更新を排除して最初に定めた期間の満了と同時に借地権者の建物を賃貸人に贈与する旨の特約についての事例〕参照）。これに対しては、借地権者・転借地権者を保護するために本法諸条項に強行性を付与しようとした本条の趣旨を没却してはならず、不利な特約の認定においては、諸般の事情を考慮して総合的に判断するといった、限界の不明確な方法をとるべきではなく、特約それ自体について判断すべきであるとする見解がある（川島・法協74-4-511、森泉・新版注民⒂614）。後者の見解が基本的に妥当であろう（特約それ自体から「借地権者又は転借地権者に不利なもの」と判断しうるものは無効とした上で、特約以外の他の借地条件は、本裁判および附随裁判において考慮されるべきであろう）。

〔５〕　17条から19条までの規定に反する特約で、借地権者または転借地権者に不利なものは、「無効」とする。すなわち、何ら特約は効力を生じないことになる。旧法11条では、「之ヲ定メサルモノト看做ス」と規定されていたが、同じ意味である。なお、本条によって、「無効」となるのは、当該特約のみであって、それを除いた借地権の設定自体は有効なものとして効力を生ずる。

（鎌野邦樹）

第４節　定期借地権等

（定期借地権）

第22条[1]　存続期間を50年以上として[2]借地権[3]を設定する[4]場合においては、第９条及び第16条の規定にかかわらず[5]、契約の更新[6]（更新の請求[7]及び土地の使用の継続によるもの[8]を含む。次条第１項において同じ。）及び建物の築造による存続期間の延長[9]がなく、並びに第13条の規定による買取りの請求[10]をしないこととする旨を定めることができる[11]。この場合においては、その特約は[12]、公正証書[13]による等書面[14]によってしなければならない[15]。

〔１〕　本条の趣旨　　存続期間を50年以上とする場合には、契約の更新、建物の再築による存続期間の延長および建物買取請求権を排除した借地権の設定を可能とする趣旨である。本条の見出しは、この借地権を「定期借地権」と名づけている。立法の過程においては、次二条の原案に当たるものも含め、およそ契約更新の排除が可能である借地権一般を定期借地権という呼称の下に一括してきた経緯がある。法律成立後も、学説上は、同様の広い意味で定期借地権の語が用いられることがあるから、広狭いずれの意味かを文脈ごとに見きわめなければならない。

〔２〕　法文からは必ずしも明らかでないが、存続期間の終期は確定期限で定めなければならないと解すべきである。存続期間を「60年以上」とか「永久」とする定めは、許されない。法律関係が不安定・不明確になるからである。たとえば存続期間を60年以上と定めた場合には、本条の特約は無効であり、かつ、60年経過後については正当事由の有無を判断することによって借地権の消長を決めるのが妥当であるから、特段の事情がない限り存続期間が60年ちょうどの普通借地権として扱われるべきである。また、存続期間を永久とする定めは、法律行為の内容不確定を理由に無効と解すべきであり、その場合の存続期間は３条本文に基づ

いて30年となる。

〔3〕　借地権には、2条1号の定義規定に基づき、地上権である場合と土地賃借権である場合とがある。本条の借地権は、このように法律上地上権として、設定することが可能であるが、そのことは、実際の事業遂行上も一定の意義を発揮するものであることが指摘されている（山野目・定期借地権論136-138）。なお、借地権が土地賃借権として設定されている場合について、本条は、民法604条の特則となる。

〔4〕　本条の借地権は、当事者の設定行為、すなわち、地上権設定契約または土地賃貸借契約に基づいて設定されるのが原則である。借地権が確定時期に消滅し、その際に建物を収去することを前提とする本条の借地権は、建物を築造する借地権者に高度の経済採算を強いるから、当事者の意思と無関係に成立させるのは適当でない。また、当事者の契約を必要とすることは、本条後段の「特約」という文言からも明らかである。

⑴　民法388条または民事執行法81条が成立を擬制する地上権は常に普通借地権である。これが、定期借地権である余地はない。

⑵　仮登記担保契約に関する法律10条に基づいて成立する土地賃貸借においては、裁判所が存続期間と借賃を定めることになるが、裁判所が当事者の意思にかかわらず決定することができる借地条件は、この二つに限られる。50年以上の存続期間を定めるのに随伴して本条の特約内容に相応する借地条件を裁判所が定めることは、許されない。

⑶　離婚の際に、家庭裁判所が、民法768条2項の「協議に代わる処分」において定期借地権の設定を命ずることは、許される。この処分は、当事者の協議に代わる性格のものであるから、当事者が協議で本条の特約をなしうる以上、これに代わる裁判所の処分においても、同様のことが可能であってよい。なるほど、このような処分が借地権者となる者の意思に反して行われることが適当か、という問題はあるが、民法768条3項が掲げる一切の事情を考慮した結果として財産分与の衡平を図る上で必要な場合には、やむをえないものと考えるべきである。

〔5〕　9条と16条は、この法律の一部の規定を片面的強行規定としている。したがって、それら強行規定に反する特約で借地権者に不利なものは無効とされるのが原則である。しかし、強行規定とされるもののいくつかは、本条が一定の特

約を許容する範囲では、適用が排除される。

(1)　9条関係（本法第2章第1節の各規定の適用関係）　契約の更新を前提とする4条、5条、6条および8条の適用はない。建物の再築による存続期間の延長を否定する特約が可能であるから、7条の適用もない（なお〔**9**〕(1)イ））。また、3条の反対解釈から普通借地権は30年以上の存続期間を約定しさえすれば（たとえば35年とか40年とかの約定であっても）有効であるが、定期借地権の存続期間は50年以上でなければならないから、本条は、3条の特則となる。

(2)　16条関係（本法第2章第2節の適用関係）　法文が「第16条の規定にかかわらず」とする意味は、13条の適用排除を明らかにする点にある。14条の適用が排除されないことは〔**10**〕(1)を見よ。10条の適用可能性は(3)で説明する。なお、強行規定とされない11条、12条および15条も、適用を否定しなければならない理由は見出しがたいから、本条の借地権への適用を肯定すべきである。

(3)　10条の適用可能性（附・登記は定期借地権の対抗要件か）　10条は定期借地権にも適用がある。同条の要件を満たすことにより、借地権は、その存在につき公示を備えたことになるが、当該借地権の権利内容は、一般には、普通借地権である場合もあれば、本条の特約を伴う借地権、すなわち定期借地権である場合も、ありうる。後者の場合、借地権設定者は、本条に基づく特約が存すること自体については、これを借地権の登記なくして第三者に主張することができると解すべきである。不動産登記法の78条3号と81条8号は、法律関係の明確を期して特約の公示を可能にするにとどまる（なお〔**15**〕(3))。特約の存在を主張するのに登記を必要とする趣旨ではない。従来においても、賃料の額のような賃貸借にとって本質的な要素が、登記可能な事項とされながら（不登81条1号）建物登記しかない場合に第三者に対し主張可能であったのであり、本条の特約も、これと同様の位置づけを受けることになる。ただし、普通借地権であると信じて借地権を譲り受ける者のためには、一定の配慮が必要である。この点は(4)で触れる（本条の特約を登記することの意義を検討する文献に、荒木・新講座2・126-128および仲田・不動産学会誌28-2-93がある）。

(4)　本法第2章第3節の適用関係　本条の借地権に17条の適用があることは明らかである。契約の更新を前提とする18条の適用はない。また、本条の借地権を譲渡したり抵当に供したりすることも可能であるから、19条と20条の適用は肯定される。なお、借地権を譲り受け、または担保に取る第三者が本条の特約の存在に気づかず、かつ、そのことについて借地権設定者の責めに帰するべき事由が認められる場合には、民法94条２項の類推適用に基づいて、当該第三者との関係では借地権を普通借地権として扱うことが相当である場合がありうると考えられる。

⑸　本法第３章の適用関係　　35条の借地権には本条の借地権を含む。39条１項の「契約」には本条に基づく特約を含む。

〔6〕　定期借地権の設定契約においては、存続期間満了の際に契約の更新がない旨を定めることができる。ここにいう契約の更新とは、４条の適用のある更新を指す。すなわち、必ず10年または20年以上の期間によるところの更新を排除することが可能であることを明らかにする点に本条の一つの意義がある。

⑴　当事者が４条所定の期間より短い期間の更新を特約で予定しておくことができるかは、〔11〕⑶で説明する。

⑵　契約の更新には、本条の括弧書から明らかなように、５条に基づいて更新を擬制すべき場合を含む（〔7〕〔8〕）。

⑶　更新排除の特約がある場合でも、民法619条に基づく更新の推定が働く余地は、肯認すべきである（詳しくは〔8〕を見よ）。

〔7〕　更新の請求による契約の更新とは、５条１項に基づく契約の更新を指す。すなわち、当事者は、存続期間満了の際の借地権者の更新請求権を特約で否定することができる。そして、このような特約がなされたときは、５条１項ただし書を前提とした規定である６条の適用もないから、借地権設定者は、正当の事由の有無を問う余地なく、存続期間の満了に伴う借地権の消滅を主張することができることになる。

〔8〕　土地の使用の継続による契約の更新とは、もっぱら、５条２項、３項に基づき擬制される契約の更新を指し、当事者は、これを特約で排除することができる。この概念には、民法619条１項に基づいて推定される契約の更新は、含まないと解すべきである（なお、この問題について、山野目・定期借地権論124参照）。

⑴　民法619条の適用を肯定すべき理由　　第１に、このように解しても、借地権設定者に重大な不利益をもたらすことにはならない。同人は、証拠を挙げて推定を覆すことができ、また何よりも、存続期間満了の際に異議を述べることに

よって、更新を阻止することができる。第２に、このように解さなければ、不当な結果が生ずる。存続期間満了ののちしばらくは土地の返還を請求しないでいた借地権設定者が、卒然と態度を変え、短時日のうちの建物の収去を求める場合に、借地権者が、これに応じなければならず、かつ、それまでの土地の使用が不法占拠として扱われることになるが、それは、妥当でない。第３は、文言上の理由である。「第９条……の規定にかかわらず」という一句は、民法619条ではなく５条２項、３項の適用排除にこそ本条の眼目があることをうかがわせる。

⑵　民法619条適用の効果・意義　　存続期間が満了しても借地権者が土地の使用を継続しており、かつ、これに借地権設定者が異議を述べなければ、当事者は、新しく土地の賃貸借を成立させたものと推定される。ただし、新しい賃貸借は、25条に基づく一時使用目的の賃貸借であって３条と４条の適用はなく、借地権設定者の解約申入れより１年を経て終了する（民617条１項１号）。この期間は、円滑な建物収去土地明渡しを準備するためのものという性格をもつことになるであろう。なお、民法619条は、地上権にも類推すべきである。

〔**9**〕　法文には「建物の築造」とあるが、これは、厳密には、建物の再築を指すと解すべきである。すなわち、定期借地権の存続期間が満了するより前に建物が滅失し、借地権者による新しい建物の築造が問題となる場面が、考察の対象となる。そのような場面においては、借地権者についていくつかの対応が考えられるが、それに従って次の３点が問題となる。

⑴　借地権者による建物再築の可否と存続期間延長の有無　　借地権者による新しい建物の築造は、法律上何ら妨げられない。

ア）　借地権設定者は、同人の異議を無視して借地権者が再築を敢行する場合にも、地上権消滅の請求や土地賃貸借の解約申入れをなしえない。普通借地権の更新後に無断再築があった場合に関する８条２項とは、扱いを異にする。

イ）　建物の再築があったことを理由とする存続期間の延長は、原則として否定される。ただし、何らかの延長を認める特約があるときは、別論である（〔11〕⑴)。また、建物再築の際に当事者間に成立する合意が存続期間の変更を含むと解釈すべき事例はありえようが、それは７条にいう意味での承諾とは異なる。

⑵　再築しない場合の借地権の消長に関する原則　　借地権者が、新しい建物を築造せず、借地利用の再開を断念する場合にも、借地権は当然には消滅せず、

借地権者は、地代・借賃の債務を負い続ける。

(3)　借地権者の側から借地権を消滅させうる可能性の有無　　借地権者は、建物が滅失した場合に、地上権を放棄し、または土地賃貸借の解約を申し入れることにより、借地契約関係から離脱することはできるか。これができるとすると、経済採算上、建物の再築が不適当であると認められる場合の借地権者が、地代・借賃債務を免れる途が開かれることになる。本条の借地権は、普通借地権と異なり、原則として存続期間の延長がないため、再築が経済採算に合しないこととなる場合が少なくないと予想されるから、この問題の検討は重要である。

ア）　まず、土地の賃貸借契約において借地権者が解約をなす権利を留保していた場合には、問題がない。この権利を借地権者が行使することによって、借地権は、解約申入後1年経過時に消滅する。民法618条の準用する617条1項1号が、その根拠である。

イ）　土地賃貸借契約における解約権の明示の留保がない場合の法律関係については、二つの考え方を検討してみる余地がある。一つは、8条1項を類推して、借地権者の解約権を認めるものである。しかし、8条1項の借地権者の権利は、同条2項が定める借地権設定者の権利との均衡において根拠づけられるものであり、他方、ここでは(1)ア)で指摘したように後者の権利が認められないから、8条1項のほうのみを類推することには、理論上問題があるといわざるをえない。もう一つの考え方は、なるべく民法618条に基づく解約権留保が黙示になされたものと認定して借地権者の保護を図るものである。そのような認定が常に可能であるとは限らず、また、認定の根拠を何に求めるかも問題であるが、第1の考え方よりは難点が小さいと考えられる。学説のなかには、定期借地権の設定契約では、特段の事情がない限り、建物再築が客観的に不合理であることを理由とする黙示の解約権留保を推認してよいとする見解もある（山野目・法時64-6-30)。

ウ）　借地権が地上権である場合にも、ア)およびイ)と同様に考えるべきである。なるほど、民法268条1項本文の反対解釈からは、存続期間の定めのある有償の地上権の半途における放棄を禁ずる解釈も、出てこないではない。しかし、そこの「いつでも」という文言に注目するならば、禁じられるのは、不時・無理由の放棄であるにすぎず、放棄の権能をあらかじめ留保している場合や再築を不合理とする事情のある場合の地上権放棄は妨げないものと解すべきである。有効な地上権の放棄があるときは、民法268条１項ただし書の類推適用によって、借地権は、１年後に消滅する。

〔10〕 借地権の当事者は、13条に基づく建物買取請求権を特約で排除することができる。

(1) 排除できるのは、13条に基づく建物買取請求権である。14条に基づくそれは排除することができない。

(2) 建物買取請求権を排除しない形態の定期借地権を認めうるかは、〔11〕(1)で説明する。

(3) 借地権設定者は、借地権消滅の際に建物の収去ではなく、むしろ、自己への譲渡を請求することができるか。建物の代金を支払った上での譲渡、つまり有償譲渡の請求は、地上権の場合に関する限り、普通借地権においても認められることが、民法269条１項ただし書より明らかである。これをさらに進めて、無償の建物譲渡請求を認める余地はないか、ということが、定期借地権における固有の論点となる。

この問題を考えるにあたっては、次の２点に留意すべきであると思われる。第１に、借地権者を建物収去の負担から免れしめ、建物を借地権設定者が引き続き利用することには、一般的な合理性が認められる。第２に、建物を賃借する者がいる場合に、建物の譲渡を認めれば、その者の利用継続が35条に依存することなく可能となる。これらの点をふまえるならば、無償譲渡の請求権を借地権設定者に与える旨の当事者間の合意がある場合において、そのような合意は有効であると解すべきである。

〔11〕 本条は、普通借地権の場合には認められる三つのことがら、つまり、契約の更新、建物の再築による存続期間の延長、建物買取請求権を排除する旨を定めることが「できる」としているから、当事者はまた、その旨を定めなくてもよいことは、もちろんである。そして、三つのことがらのいずれの排除も定めない場合に、当該の借地権は、普通借地権となる。では、三つのことがらのうちのある事項は排除し、別のある事項は排除しないという特約は許されるか。そのような形態の特約も、合理性がある限り、許されると解される。理由の第１は、そう解することが借地権者の保護に資することにある。第２は、文理上の理由であり、三つのことがらの不可分な排除を求めるのであれば、その趣旨を疑問の余地なく

表現するためには、法文が用いているような「及び」とか「並びに」という接続詞ではなく、「かつ」を用いるはずである。実際、23条は、存続期間と用途の限定の二つの要件が重畳的であることを表わすために「かつ」を用いている。

⑴　具体的には、建物買取請求権を排除しない形態の定期借地権の設定を許容すべきである。これを許容しない場合には、契約更新等を排除しつつ建物買取請求権の排除を欠く特約が全体として無効になり、当該借地権が存続期間50年以上の普通借地権として扱われる極端な結果を招くからである（吉田・ジュリ1006-53）。なお、登記実務が反対に解していることには、注意を要する。この点は〔15〕⑶ア）を見よ（論点の全体的検討として、五島・定期借地制度160-161参照）。

⑵　これに対して、建物買取請求権のみを排除し、契約の更新と建物再築による存続期間の延長を普通借地権と同様の仕組みに委ねる特約は、許されない。確定時期における終了を本質とする定期借地権の制度趣旨に反するからである。このような特約をなした場合には、借地権は、普通借地権となる。

⑶　なお、何らかの仕方での、契約更新や建物の再築による存続期間の延長を明確な要件の下で予定する特約は、許される。このことと⑵の点とを混同すべきではない。たとえば、存続期間満了時に借地権者の請求があるときは５年の延長が認められるという特約は、有効である。ここでは、４条や７条の規制は働かないし、生じうる紛争は、６条、８条、18条により処理されるのではなく、当事者意思の解釈によって解決すべきである。

〔12〕「その特約」とは、契約更新、建物の再築による存続期間の延長、建物買取請求権の三者を否定する借地条件の約定をいう。

⑴　三者を不可分に排除しなければならないかは、〔11〕を見よ。

⑵　存続期間の約定は、ここにいう特約に含まれない。存続期間が50年以上であることは、特約を有効とするための前提条件であるにとどまる。

⑶　特約は、借地権設定時に、成立させなければならないと解すべきである。理由は、第１に、存続期間の途中での普通借地権の定期借地権への転換を可能としておくことは、借地権者が経済的交渉力において劣る場合に、たとえば、借地権設定者が、地代・借賃の増額をしないことと引換えに定期借地権への転換を要求してくるといった駆け引きが行われるおそれがあり、そのような事態は、好ましくない。理由の第２は、文理にある。本条後段の「この場合」とは、前段冒頭

の「……借地権を設定する場合」を指すところ、もし後発的な特約の追加を認めるのであれば、ここは、「借地権を設定し、または設定していた場合」とすべきであるはずである。

〔13〕　公証人法26条以下に基づいて公証人が作成する証書をいう。本条の借地権は存続期間が50年以上であるから、本条所定の特約を記載した公正証書の原本が存続期間満了前に廃棄される事例もありうる（公証施規27条１項１号。なお、同条３項も見よ）が、その場合の扱いについては、〔14〕(4)を見よ。

〔14〕　本条の特約は、書面でしなければならない。その趣旨は、借地権者が、確定時期における建物の取壊しという重大な結果を十分に理解した上で、借地権設定契約の成立に臨むことを確保することにある。

(1)　したがって、書面には、本条に基づいて成立した特約を逐一具体的かつ明瞭に記載しなければならない。特に、建物買取請求権を排除する旨の文言を含まない場合は、借地権者は、借地契約終了時に、13条に基づく権利を行使できる（13条の適用排除を特約しない定期借地権の設定が認められることにつき、〔11〕(1)を見よ）。

(2)　書面は、公正証書である必要はなく、私署証書でもよい（澤野・定期借地89、小野瀬＝渡辺・民月47-7-32）。23条の場合とは異なる。

(3)　書面がない場合の効果は、〔15〕で説明する。

(4)　書面は、上述の趣旨から、借地権設定時に存在しなければならず、そして、それで十分である。借地権設定後に書面が消失した場合にも、当事者が設定時に書面を作成した事実とその内容を一般の証拠方法により証明しえたときは、書面の内容に応じた特約に基づく効力を認めてよい。ただし、これらの事実の裁判所による認定は、一般には、慎重であるべきである。書面が公正証書である場合（〔13〕参照）に、原本が廃棄されても、正本または謄本の存在により、原本の存在と内容を推認してよいことは、いうまでもない。

(5)　本条に基づく特約の存在を記入した借地権設定登記を申請する際には、不動産登記令の別表33の項添付情報欄イと同38の項添付情報欄イに基づき、原則として、ここにいう書面を添付しなければならない（なお〔15〕(3)）。

〔15〕　本条後段は、書面がない場合に本条の特約が無効になる趣旨を定めるものと解すべきである。また、本条後段に基づいて作成される書面は、不動産登記

手続との関係でも、一定の意味をもつ。

(1)　法文は、書面「によってしなければならない」と定めるのみで、書面を欠く場合の法的効果を指示していないが、これは、効力要件を定めるものと解すべきである。その理由の第1は、そのように解するのでなければ、本条後段を設ける意味を説明することができないことにある。たとえば、書面を作成しない行為に対する罰則や行政上の監督の定めがある場合には、書面を伴わない法律行為を私法上有効とし、公法上の制裁を課すにとどめる解釈を考える余地もないではない。割賦販売法の4条と53条3号、建設業法の19条と28条などは、こうした場合に当たる。これに対し、本法には、書面の不作成に対する公法上の制裁の定めがない。また、理由の第2は、立法経緯の参照から得られるものである。「試案」第三の一4は、長期型定期借地権の設定を「公正証書によってしなければ、その効力を生じないものとする」としていた。法務省は、その理由を、「当事者が普通借地権とは異なる法律効果を有する借地権であることを十分に認識し、理解」することの必要に基づくと説明していた。同様の事情は本条にも存在すると考えられる。

(2)　書面がない場合に無効となるのは、本条所定の特約である。借地権設定契約の全体が効力を否定されるのではない。本条後段の主語が、「特約は」となっているからである。その結果、別異に解釈すべき特段の事情が認められない限り、書面を欠く場合には、借地権は、本条の特約を伴わない借地権、つまり普通借地権として有効に成立し存続する。なお、このようにして成立する普通借地権の存続期間は、当事者が約定した50年以上の存続期間となる。本条後段の「特約」という文言は存続期間の約定を含まず（〔12〕(2)）、したがって、その約定は書面をもって行わなくても、3条ただし書により有効であるからである。ただし、実際上は、書面がないために当事者の約定した存続期間を確かめえないことが起こりえよう。その場合は、3条本文に基づき、30年が存続期間になると解さざるをえない。

(3)　不動産登記令別表33の項・38の項各添付情報欄イは、定期借地権の設定登記を申請する際に本条後段の書面を添付すべきものと定めている。その意味は、次のように考えるべきである。

ア）　登記の申請に際し提供する申請情報において、本条の定めがあることの表示を含む登記を求める趣旨が明らかであるにもかかわらず、申請人が書面を添付しない場合には、登記官は、不動産登記法25条９号に基づき、申請を却下すべきである。なお、登記事務上は、契約更新、建物再築による存続期間の延長、建物買取請求権の三つを不可分に排除することが必要であるとの解釈を前提に、これらのうちの一部のみを排除する旨の書面が添付された場合には、同様に申請を却下することとしている（小野瀬＝渡辺・民月47-7-30）が、前記〔**11**〕(1)で述べるように、建物買取請求権を排除しない本条の借地権は認められるべきであるから、その限りで上記の取扱いは正当でないと考えられる。

イ）　登記の申請に際し提供する申請情報からは定期借地権の設定登記の申請であることが明らかでない場合には、登記官は、普通借地権の設定登記を実行すべきである（結論同旨、小野瀬＝渡辺・民月47-7-14）。何らかの偶然の事情から実体は定期借地権である事実を窺知できたときにも、書面の添付がないことを理由に申請を却下してはならない。受働的で定型的な審査を基本とする登記官の役割からくる制約である。

ウ）　不動産登記令別表33の項・38の項各添付情報欄イ括弧書は、判決が登記原因証明情報である場合は書面の添付を要しないとする。これは、判決の主文から定期借地権の設定登記を命ずる趣旨が明らかであるときには、重ねて当事者間で作成した本条後段の書面の添付を求めるには及ばないという意味である。判決主文が上記趣旨を明示しないときは、普通借地権の登記申請として扱わざるをえない。これも、登記官の役割に対する制約に基づく。

〔施行前の法律関係への本条の適用可能性〕

本条は、新しい種類の借地権の制度を創設するものであるから、その適用は、遡及しない。

(1)　施行前に設定されていた借地権を、存続期間を通算する前提で本条の借地権に転換することは許されない。たとえば、堅固建物の所有を目的とし、存続期間を50年として1950年に設定された借地権の当事者が、1995年に、本条の特約を成立させ、2000年に契約の更新なく土地を返還する旨を約しても、無効である。これは、〔**12**〕(3)に示す解釈の適用の結果であるといってもよいし、あるいは、附則４条ただし書に基づき、借地権者は、2000年に行使することができるはずの更新請求権を失うことはないと理由づけることもできる。

⑵　既存借地権を合意で終了させ、あらためて本条の借地権を設定することは、許される。1950年に期間50年で設定した借地権を1995年に合意解除し、あらためて2045年までを存続期間とする借地権を設定するにあたり、書面によって本条の特約をすることは、可能である。

⑶　本条の特約を伴う借地権を施行後に設定する旨の予約は、本条施行前のものでも、有効である。ただし、予約完結の意思表示は施行後になされなければならず、また、本条後段を類推して、予約と予約完結の意思表示は書面でしなければならないと解すべきである。

〔本法施行後における制度の実際的運用・活用をめぐる諸論点〕

本法施行後において、本条の定める借地権を用いてする住宅供給などの事業を進める上においては、いくつかの論点が現われてきている。本条の借地権を土地賃借権として設定する場合と地上権として設定する場合のそれぞれにおいて解決するべき問題、いわゆる転貸方式と転売方式をめぐる諸論点、本条の借地権を設定する際に授受される権利金および保証金の性質や関連する若干の論点などが、それらである。これらについては、江口・新講座２、山岸・新講座２、稲本＝山岸＝山野目・定期借地住宅の契約実務、山野目・新講座２などが考察を施している。

定期借地権の活用により供給される住宅などをめぐる融資・担保・流通の諸問題については山野目・前掲新講座2-70以下、定期借地権の制度が都市整備との関係でもつ意義について同・76-77のほか、都市基盤整備公団ほか『一体的計画的まちづくりのための定期借地権活用の検討調査』(2000年３月)、定期借地権を敷地利用権とする区分所有建物の専有部分たる住宅の供給をめぐる事業上の課題について建設省住宅局＝財団法人土地総合研究所『定期借地権活用住宅研究会報告書』(1996年３月) を見よ。

(山野目章夫)

(事業用定期借地権等)

第23条〔1〕　専ら〔2〕事業の用に供する建物〔3〕(居住の用に供するものを除く〔4〕。次項において同じ。) の所有を目的とし〔5〕、かつ、存続期間を30年以上50年未満として〔6〕借地〔7〕権を設定する〔8〕場合においては、第９条及び第16条の規定にかかわらず〔9〕、契約の更〔10〕新及び建物の築造による存続期間の延長〔11〕がなく、並びに第13条の規定による買取りの請求〔12〕をしないこととする旨を定めることができる〔13〕。

２　専〔2〕ら事業の用に供する建物〔3〕の所有を目的とし〔5〕、かつ、存続期間を10年以上30年未満として〔14〕借地〔15〕権を設定する〔16〕場合には、第３条から第８条まで〔17〕、第13条〔18〕及び第18条〔19〕の規定〔20〕は、適用しない〔21〕。

３　前二項に規定する借地権の設定を目的とする契約〔22〕は、公正証書〔23〕によってしなければならない〔24〕。

〔1〕　本条の趣旨　　本条は、22条と同様に、正当事由制度による更新がない形態の借地権を定める規定であるという点において、広い意味における定期借地権の規定である。22条と異なるところは、「専ら事業の用に供する建物の所有を目的と」する借地権の制度を創設するものであるという点に見出される。

また、本条の性格を考察する上で、さらに留意を要することは、本条が、異なる二つの形態の借地権を定めているということにほかならない。

すなわち、本条１項が定める定期借地権は、一定の要件を充足する借地権を設定する場合において、契約の更新、建物の再築による存続期間の延長および建物買取請求権を排除した借地権の設定を可能とするものであるから、その基本的な法律構成は、22条が定める狭義の定期借地権と同じである。22条の定期借地権と比べ、「専ら事業の用に供する建物の所有を目的と」する借地権であることが求められる半面において、存続期間を30年以上50年未満のものとすることが許される点で異なる。本条の見出しには「事業用定期借地権」という言葉が見え、その定義を本法は掲げていないけれども、本条１項が定める借地権は、事業用に特化した定期借地権であるという意味において、そのように称するのにふさわしい。

これに対し本条２項が定める借地権は、22条および本条１項が定める定期借地権とは異なり、正当事由制度などを特約により排除するという法的構成を採らない。むしろ、事業の用に供する建物の所有を目的とし、かつ、存続期間が10年以上30年未満であることという二つの実体上の要件および公正証書によって設定契約をするという形式要件を充足する借地権においては、普通借地権について認められる借地権者の保護が当然に三つの点で否定される。三つの点とは、契約の更新、建物の再築による存続期間の延長、建物買取請求権である。これは、平成19年法律132号による本法改正の前にあって、本法の24条が定めていた事業用借地権そのものにほかならない。したがって、上記改正後も本条2項の借地権は、事業用借地権と称されることがふさわしい。本条は、上述のとおり、見出しを「事業用定期借地権等」とし、この「等」が何を意味するか明確には語らないけれども、この事業用借地権を“も”規定する趣旨であるものと理解することができる。

本条1項の借地権と本条2項のそれが共通する点は、実体要件として「専ら事業の用に供する建物の所有を目的と」する借地権であることが求められること、および本条3項により設定の形式要件として公正証書が求められることである。

このように本条1項の借地権と本条2項のそれとは、厳密にみるならば、法律的な性質を異にするものであり、したがって、一方の形態として設定された借地権について、その存続の途上において他方の形態の借地権に変更することは、できないものと解される（筒井・NBL886-42注5）。不動産登記の公示上も、本条1項の借地権は、その借地権である旨と定期借地権の特約の両者が登記事項であるとされるのに対し、本条2項の借地権は、その借地権である旨のみが登記されるとする仕組みが採られる（不登81条7号、8号）。

もっとも、社会経済的には、本条1項と本条2項は、一体となって、事業の用に供する建物の所有を目的とする10年以上の定期終了の借地権の設定を可能とする実質を帯びる。まさに、そのような政策目的の下に、本条は、平成19年法律132号により改正されたものである。同法律の成立経緯をみるならば、委員長提案の議員提案として成立したものであり、このような政策目的に広い支持があったことがうかがわれる。また、立法を促す契機の一つをなしたと目される基礎的研究として、『平成15年度定期借地権制度のあり方に関する調査検討業務』（平成15年度国土交通省委託調査、財団法人土地総合研究所〔2004年3月〕）があるが、この調査研究も、このような仕方で事業用借地権を改編することを提言していた。

〔**2**〕「専ら」という文言の意義　「専ら」という文言は、「試案」における短期型定期借地権の案文にはなかった。この言葉の追加は、2年後の法律案の閣

議決定までの間に高まった本条２項の借地権の濫用に対する懸念を背景におかなければ、その意義を正しく理解することが難しい。考えられる意義は二つある。第１は、本条の適用領域を厳格に限定して解釈するべき旨を訓示することであり、第２は、いわゆる併用住宅を築造するための本条の適用を否定するという、より具体的な意義である。後者について詳しくは〔３〕(3)イ）を見よ。

〔３〕「事業の用に供する建物」の概念　事業の用に供する建物という概念の外延を明らかにすることは、本条の最も重要な論点である。

(1)　考え方の基本方針　ア）　事業には、営利・収益を目的とする活動つまり営業のほか、公共的・公益的な目的をもつ活動を含む。理由の第１は、実質的な理由であり、土地所有者は他の借地権よりも本条のそれの設定を好むことが予想されるから、事業の概念を狭く解することは、公共的・公益的な活動に制約をもたらすおそれがある。第２は法令の用語法に着目した理由であり、たとえば特定非営利活動促進法３条のように、事業という言葉は、営業のそれより広い意味で用いられることが多い。

イ）　同様の理由から、事業の主体である借地権者は、法人でも自然人でもよい。法人とは、営利法人、一般社団法人、一般財団法人、特定非営利活動法人、公法人などのいずれであるを問わない。また、自然人には、商人と非商人を含む。

(2)　本条の借地権に基づいて築造することができると解すべき建物

ア）　一般の事務所と店舗のほか、次のものを含む。工場、作業場、機械室、倉庫、料理店、百貨店、銀行、映画館、劇場、発電所、変電所、給油所、公衆浴場、停車場、茶室、競馬場、遊技場、競技場、野球場、練習場、会館、公会堂、集会所、市場、火葬場。

イ）　農耕牧畜の用に供する建物、すなわち、納屋、温室、酪農舎、鶏舎、畜舎、蚕室を含む。

ウ）　駐車場法２条２号、20条、20条の２の施設で建物と認定することができるものを含む。

エ）　医療法１条の２第２項の医療提供施設である建物を含む。

オ）　学校教育法１条にいう学校の校舎、園舎、講堂のほか、同法の適用のない学習塾などの教習所、さらに、研究所、保育所、体育館を含む。

カ）　宗教法人法３条１号所掲の境内建物で建物と認定することができるもの

を含む。ただし庫裏を除く（⑶ウ）を見よ）。

キ）　人の起臥寝食に供される場所であっても、特定人が継続して専用するのではない建物は、本条に基づいて築造できる。保養所、旅館、ホテル、守衛所がこれに当たる（判断が微妙である会員制リゾートマンションなどに関する検討として、吉田・新講座2-165）。

ク）　別の建物の従物であるとみられる物置、車庫、便所は、主物である建物が事業の用に供するものと認められる場合には、本条に基づいて築造することができる。

⑶　本条の借地条件に違反すると解される建物　　ア）　居宅がこれに当たることは、いうまでもない。

イ）　本条１項に「専ら」という文言がある（〔２〕）ことから、１個の建物の一部を事業用に用い、別の一部を居住用に用いる建物は、築造することができない。不動産登記規則113条２項に基づいて「居宅・店舗」と表示されるものが、その典型である。

ウ）〔４〕に示す理由から、共同住宅と寄宿舎を本条に基づいて築造することはできない。宗教法人法３条１号の庫裏も、同様である。

⑷　借地権者が、事業の用に供するものとは認められない建物を築き、または当初は事業の用に供せられていた建物を非事業用に改装することは用法違反であり、借地権設定者は、借地契約を解除することができるのが原則である。ただし、借地権者の行為が借地権設定者との間の信頼関係を損なうものではないと認められる特段の事情があるときは、この限りではない。また、借地権設定者の明示または黙示の承諾があった場合には、むしろ普通借地権として扱うべき事例も皆無ではないと考えられる。

〔４〕「居住の用に供する」建物を除外する括弧書の意義　　建物の使用が事業の一環としてなされる場合であっても、使用の具体的形態が居住である建物を築造することは、本条の借地条件に反する。括弧書は、この趣旨を指示するものである。「試案」の案文は「居住のための賃貸を除く」となっていたが、成立した法律は本条のようになったから、共同住宅の賃貸のほか、雇用契約や委任契約に随伴して企業が従業員のために行う住宅の現物給付の場合なども含む。

〔５〕　建物を事業の用に供するという借地条件　　本条の借地権は、事業の用

に供する建物の所有を目的としなければならない。換言すれば、事業用借地権の設定契約は、建物の用途を事業用に制限する借地条件を必ず含む。そこでの制限の仕方は、事業用一般での利用を指定する抽象的な仕方でもよいし、たとえば、工場を築くために限るという、より狭い具体的な制限でもよい。問題は、これらの借地条件につき17条１項の変更の裁判をなしうるかである。以下に分説する。

(1)　ある特定の事業用途に限る旨の制限（たとえば工場のみを築けるという制限）を緩和したり（たとえば事務所も建ててよいとする）または他の事業用途への限定に改める（事務所のみ建ててよいことにする）ことは、許される。

(2)　居住用の建物も築造することができるように借地条件を変更する裁判は、行ってはならない。仮にそのような変更を許す場合に、存続期間をそのままにするのであれば、短い期間の定期借地権類似の借地権を居住用で認めることになり、これは、本法が前提とする基本的な考え方に反する。他方、存続期間を３条や22条に適合するよう改めるのであれば（17条３項参照）、土地を抵当に取っていた者を害する。債権者は、本条の借地権の負担に相応する小さな減価を前提に土地を評価していたはずであるからである。

(3)　本条の借地権の設定を受けたのちいまだ建物を築造していない借地権者は、目的土地が第一種低層住居専用地域など原則として事業用の建物を築造することができない地域となった場合には、前述のように居住用への借地条件の変更はなしえないから、次の三つの方途のいずれかを選ぶべきである。第１、建築基準法48条１項ただし書等の、いわゆる例外許可を求める。第２、例外的に建築可能な事業用の建物を築造する（たとえば建築基準法別表第二(い)４号以下参照)。第３、建物の築造を断念して賃貸借を解除し、または地上権を放棄する。最後に挙げた第３の手段は、明文の根拠に欠けるが、民法611条２項の類推適用に基づき、可能であると解すべきである。

(4)　事業用の建物を築造したのちに目的土地が第一種低層住居専用地域などとなった場合は、建築基準法３条２項に基づき、建物を収去しなくてよい。しかし、増改築はなしえないこととなる（同条３項３号・４号）から、そのことが、事業計画に重大な支障を及ぼすときは、同様に民法611条２項の類推適用を肯定すべきである。

〔**6**〕 事業用定期借地権の存続期間　　法文からは必ずしも明らかでないが、

存続期間の終期は確定期限で定めなければならないと解すべきである。存続期間を「30年以上」などとする定めは、許されない。法律関係が不安定・不明確になるからである。

〔7〕　事業用定期借地権における借地権の意義　　本条１項の借地権には、２条１号の定義規定に基づき、地上権である場合と土地賃借権である場合とがある。

〔8〕　本条の借地権の成立原因　　本条の借地権の成立原因は、22条の借地権についてのそれと異ならない（22条〔4〕）。

〔9〕　片面的強行規定　　「第９条及び第16条の規定にかかわらず」ということの趣旨は、22条におけるのと基本的に異ならない（22条〔5〕）。

〔10〕「契約の更新」の意義　　「契約の更新」の意義は、22条について説明するところと異ならない（22条〔6〕〔7〕〔8〕）。

〔11〕「建物の築造」の意義　　「建物の築造」の意義は、22条について説明するところと異ならない（22条〔9〕）。

〔12〕　事業用定期借地権における建物買取請求権の排除　　本条１項に基づき建物買取請求権を排除することができることの趣旨およびそのことに関連する問題の考え方は、22条について説明するところと異ならない（22条〔10〕）。

〔13〕　本条１項に基づく特約の内容構成　　本条１項により、普通借地権の場合には認められる三つのことがら、つまり、契約の更新、建物の再築による存続期間の延長、建物買取請求権を排除する旨を定めることができる。その際、これら三つのことがらを不可分に排除する特約としなければならないか、については、22条について考察するところの参照を求める（22条〔11〕）。

〔14〕　事業用借地権の存続期間　　存続期間の終期は、確定期限で定めなければならない。〔6〕に示すのと同じ理由による。そして、その存続期間は、10年以上30年未満でなければならない。このような存続期間の定めは、建物の用途を事業用に限る旨の借地条件を伴う場合にのみ効力が認められる（〔22〕(1)を見よ）。

〔15〕　事業用借地権における借地権の意義　　借地権には、２条１号に基づき地上権と土地賃借権の両方の場合があることは、普通借地権におけるのと変わらない。

〔16〕　事業用借地権の成立原因　　事業用借地権の設定契約は、当事者の設定行為、すなわち地上権設定契約または土地賃貸借契約により行われるのが原則で

ある。そのように考えるべき理由は22条〔４〕と同じである。

⑴　民法388条または民事執行法81条に基づいて成立する地上権は、普通借地権である。事業用借地権である余地はない。また、仮登記担保契約に関する法律10条後段に基づいて存続期間決定の申立てを受けた裁判所は、建物が現に事業用に用いられている場合でも、10年以上30年未満の存続期間を選ぶことはできない。

⑵　民法768条２項に基づく家庭裁判所の処分は、当事者の協議に代わるものであるから、これにより事業用借地権の設定を命ずることも可能であると解すべきである。

〔17〕　本条２項による適用排除の内容　　本法第２章第１節の強行規定は、いずれも、本条２項の借地権には適用がない。

⑴　本条２項の借地権は、存続期間を10年以上30年未満とするものであり、３条の内容は、これと矛盾するから、同条の適用は否定される。

⑵　本条２項の借地権には４条、５条、６条および８条の適用がないから、契約の更新は、原則としてありえない。当事者の特約により契約更新の可能性を開いておくことができるかは、〔21〕⑵で説明する。また、民法619条の適用は、これを肯定すべきことにつき、〔20〕⑹を見よ。

⑶　本条２項の借地権には７条の適用がないから、存続期間の満了前において建物が滅失した際に、借地権者が建物を再築しても、そのことを理由とする存続期間の延長は、原則としてありえない。当事者が特約によって延長の可能性を開いておくことができるかは、〔21〕⑶で説明する。また、原則として存続期間の延長がないことの結果、残存期間が短いために再築を断念せざるをえない借地権者が地代・借賃債務を負い続ける事態が生じうるが、こうした場合に、借地権者が、地上権の放棄または土地賃貸借の解約申入れをすることができるかは、22条におけるのと同様に考えるべきものであるから、同条の〔９〕⑶で説明する。

〔18〕　事業用借地権における建物買取請求権の排除　　本条２項の借地権には13条の適用がないから、借地権者は、存続期間満了時に建物の買取りを請求することができない。

⑴　当事者が特約で借地終了時の建物買取りを予定しておくことは、認めてよい。詳しくは〔21〕⑷で解説する。

⑵　14条の適用は排除されないから、土地賃借権の譲渡または転貸の際の同条

所定の買取請求は、可能である。

⑶　借地権設定者は、存続期間満了時に、建物の収去を請求することができる。収去ではなく自分への譲渡を請求することができるかは、22条の借地権についてと同様に考えるべきであるから、同条の〔10〕⑶を見よ。

⑷　本法第２章第２節の規定のうちで、13条、14条以外のものの適用があるかは、〔20〕で説明する。

〔19〕　18条の適用排除　　契約の更新がない本条２項の借地権は、18条を適用する前提を欠く。ここの文言は、そのことを念押しするものである。なお、本法第２章第３節のうちで18条以外の規定の適用があるかは、〔20〕で説明する。

〔20〕　適用が排除されない規定　　本条２項の借地権に適用が否定されるのは、３条から８条までと13条および18条に限られる。このほかの借地借家法の規定、および民法の地上権と賃貸借に関する規定は、適用が否定されない。注意すべき論点を含む規定の適用関係のみを以下に説明する。

⑴　10条に基づく対抗要件を備えるときは、借地権者は、借地権の登記を経ていなくても、当該借地権を第三者に対抗することができる。なお、これとはやや異なる問題であるが、借地権設定者が、その設定した借地権が事業用借地権であることを第三者に主張するためにも、登記は必要でないと解される。不動産登記法78条４号と81条７号は、事業用の建物の所有を目的とする旨の借地条件を登記する途を開いているが、これは、事業用借地権の対抗要件として登記を考える趣旨ではなく、権利関係の明確を期して公示を可能としておく意味をもつにとどまる。これらの点は22条の〔５〕⑶についてと同じであり、また、関連して問題となる借地権の譲受人などの保護についても22条〔５〕⑷と同様に考えるべきである。

⑵　15条に基づき事業用借地権である自己借地権を設定することも、許される。

⑶　17条も、原則として、本条２項の借地権に適用がある。ただし、建物の用途を制限する借地条件を変更する裁判については、特別の問題がある。〔５〕を見よ。

⑷　35条の「借地権」には本条２項の借地権を含み、39条１項の「契約」には本条２項の借地権設定契約を含む。

⑸　改正民法622条が準用する同法599条２項が土地賃借人に認める借地終了時の建物収去権は、借地権設定者が建物の無償譲渡を請求することができる場合

（〔18〕(3)参照）には、行使することができないこととなる。民法269条1項本文が地上権者に認める収去権も同じである。

(6)　民法619条の事業用借地権への適用は、肯定すべきである。その理由は第1に、同条の適用排除を本条が指示していないという文理に求められる。第2は実質的な理由であり、同条の適用がないとすると、たとえば存続期間満了後1年余も土地の返還請求をしないでいた借地権設定者が卒然と1カ月以内の建物収去を求めてくるような場合に、借地権者は収去に応じなければならず、かつ、それまでの土地使用が不法占拠として扱われるという不当な帰結を招く。したがって、借地権設定者が存続期間満了後の借地権者の利用継続に対し異議を述べないときは、当事者は、新しい賃貸借を成立させたものと推定すべきである。この賃貸借は、円滑な建物収去土地明渡しを準備することを目的とする一時使用の賃貸借（25条）であり、民法617条1項に基づき、土地賃貸人が解約申入れをしたのち1年間は有効・適法に存続する。地上権についても、民法619条を類推して以上と同様に解すべきである。

〔21〕　事業用借地権について許容される特約　　適用が排除される3条から8条までと13条および18条の規定内容に相応する事項を当事者があらためて特約で定めうるかは、各条ごとに検討すべきである。

(1)　最低存続期間保障を定める3条に適合する内容を当事者が特約することは、許されない。本条2項の借地権は、その存続期間が30年以上であることは、ありえない。

(2)　契約の更新に関する4条、5条および6条の適用は排除される。しかし、このことと、借地権再設定の予約が可能であることとは、別の問題である。当事者が本条2項の借地権の存続期間が満了する際に新しい借地権を設定するものとする予約をしておくことは、妨げられない。

(3)　建物の再築があった場合に何らかの態様の存続期間の延長を認める特約は、存続期間の上限に抵触しない限り、有効である。その内容は、7条、8条および18条の規制を受けない。

(4)　当事者が特約で建物買取請求の権利を伴う本条2項の借地権を設定することも可能である。その場合には、本条によりいったんは排除されるはずの13条の適用が、特約により実質上回復されるのに近い結果となる。

〔22〕　事業用借地権設定契約の要件　　「前二項に規定する借地権の設定を目的とする契約」のうち、事業用借地権の設定契約は、10年以上30年以下の期間を存続期間とすることと、事業の用に供する建物の所有に目的を限る借地条件の両方を含まなければならない。

⑴　存続期間が30年未満であるのに用途の限定を定めない借地権設定契約は、本条２項の借地権に該当せず、かつ、３条に反するから、９条に基づき無効である。もっとも、このようにして事業用借地権の設定が無効であると解された場合も、当事者間に普通借地権の設定があったと認められる事例は、ありうる。無効行為の転換の考え方に基づくものであり、詳細は〔24〕と同じであるから、同所を見よ。

⑵　用途を事業用に限りつつ30年以上の存続期間を定める借地権設定契約は、本条２項の借地権ではなく、事業用定期借地権・定期借地権・普通借地権のいずれかとして扱われる。

⑶　用途の事業用への限定を伴う普通借地権をその途中で本条２項に適合するよう存続期間を縮めることにより、事業用借地権とすることは、許されない。たとえば設定後７年を経た普通借地権を、３年後に消滅する事業用借地権とする旨の合意をしても、無効である。理由の第１は、定期借地権への同様の転換を否定する実質的理由と同じである。それについては22条〔12〕⑶を見よ。理由の第２は、文理上の理由であり、本条１項の「かつ」は、その前後に示される二つの借地条件を同時不可分に定めることを指示すると解される。

また、本条各項の借地権は、特約による借地権の普通準則の排除か法律規定による同準則の当然排除かという点において法律構成を異にし、それぞれ借地権の各別の構成であると考えられるから、これらを相互に転換することも、〔１〕で述べるとおり、許されない。

〔23〕　要式行為性　　事業用借地権は、公証人法26条以下に基づいて公証人が作成する証書をもって設定しなければならない。22条とは異なり、公正証書以外の書面によって設定することはできない。公正証書を欠く場合の法律関係および公正証書が不動産登記手続との関係で有する意義については、〔24〕を見よ。

〔24〕　要式違反の効果　　本条３項は、事業用借地権の設定契約を公正証書「によってしなければならない」とするが、公正証書を欠く場合の法律効果を明

定していない。しかし、公正証書によらない事業用借地権の設定契約は効力を有しないと考えるべきである。また、公正証書を添付しない本条の借地権の登記申請は、原則として却下される。

⑴　本条３項が効力要件を定めるものと解すべき根拠は、22条後段についてと同じである。同条の〔**15**〕⑴を見よ。

⑵　公正証書の作成がないために契約が無効であると解すべき場合にも、当事者が、普通借地権を設定したものと推認すべき場合はありうる。民法学でいう無効行為の転換の一例である。特に、現実の借地利用が開始・継続している場合には、このように解すべき事例が多いと思われる（吉田・ジュリ1006-56）。

⑶　登記の申請情報において建物の用途を事業用に限る旨の借地条件を表示しているにもかかわらず本条３項の公正証書の謄本を添付しない借地権設定登記の申請は、不動産登記法25条９号および不動産登記令別表33の項・38の項各添付情報欄ロに基づき、登記官において却下すべきである。ただし、判決が登記原因証明情報である場合は、この限りでない。また、用途に関する借地条件の記載がないのに存続期間を30年未満とする借地権の設定登記申請は、同令20条８号に基づき却下すべきである。

〔施行前の法律関係への本条の適用可能性〕

本法の原始規定24条に相当する現在の本条２項の規定は、新しい種類の借地権を創設する規定であるから、その適用は、遡及しない。また、平成19年法律132号による23条、24条の改正に伴い設けられた本条１項の規定も、その施行前に設定された借地権には遡及しない（同法律附則２条）。

本法制定の初発から存在する本条２項の借地権について問題となる局面の法律関係を具体的に示すならば、次のとおりである。

⑴　旧法の下で成立した借地権を、その存続期間を通算する前提の下、存続期間を縮めるとともに建物の用途を事業用に限る借地条件を附することで本条２項の借地権に転換することは、許されない。旧法２条と11条による存続保障を否定することになり、本法の附則４条ただし書に抵触するからである。たとえば、1990年に設定した堅固建物所有目的で存続期間30年の借地権を、本法施行後に、2010年に終了する事業用借地権に改めることは許されず、この借地権は少なくとも2020年まで存続する。

⑵　既存借地権の設定契約を合意解除し、あらためて本条2項の借地権を設定する契約は、有効と認めざるをえない。ただし、借地権者が法律関係を十分に正しく理解した上での合意解除であったかは、民法95条などの適用可能性を念頭に置きつつ、慎重に認定することが望まれる。例を示すと、⑴の例の既存借地権設定契約を1995年に合意解除し、直ちに2015年まで存続する本条2項の借地権を公正証書で設定する行為は、原則として有効である。

⑶　施行前に公正証書で行った本条2項の借地権の設定予約は有効である。ただし、予約完結の意思表示は、本条2項を類推して、施行後に公正証書をもってしなければならない。これに対し、公正証書を伴わない予約は無効であり、施行後、公正証書の作成に応じない一方当事者が、非難すべき落度があるときに、いわゆる契約締結上の過失による責任を負うにとどまる。

（山野目章夫）

（建物譲渡特約付借地権）

第24条〔1〕　借地権〔2〕を設定する場合（前条第2項に規定する借地権を設定する場合を除く。）においては〔3〕、第9条の規定にかかわらず〔4〕、借地権を消滅させるため、その設定後30年以上を経過した日〔5〕に借地権の目的である土地の上の建物〔6〕を借地権設定者〔7〕に相当の対価〔8〕で譲渡する旨を定めることができる〔9〕。

2　前項の特約により借地権が消滅した場合において、その借地権者〔10〕又は建物の賃借人〔11〕でその消滅後建物の使用を継続しているもの〔12〕が請求〔13〕をしたときは、請求の時に〔14〕その建物につきその借地権者又は建物の賃借人と借地権設定者との間で期間の定めのない賃貸借〔15〕（借地権者が請求をした場合において、借地権の残存期間があるときは、その残存期間を存続期間とする賃貸借〔16〕）がされたものとみなす〔17〕。この場合において、建物の借賃は、当事者の請求により、裁判所が定める〔18〕。

3〔19〕　第1項の特約がある場合において、借地権者又は建物の賃借人と借地権設定者との間でその建物につき第38条第1項の規定による賃貸借契約をしたときは、前項の規定にかかわらず、その定めに従う。

〔1〕 本条の趣旨　　本条は、設定時から一定期間経過後の建物譲渡により確定的に消滅することが予定された借地権、すなわち建物譲渡特約付借地権について、規定する。

(1) 建物譲渡特約付借地権は、定期における確定的消滅が予定されているという意味で、一般定期借地権（22条）や事業用定期借地権等（23条）と並んで、広い意味での定期借地権の一類型を成すと考えてよい。しかし、建物譲渡特約付借地権においては、存続期間の満了により借地権が消滅すると端的に構成されているわけではない。むしろ、建物譲渡特約付借地権において定期に借地権が消滅するのは、法定更新排除特約が許容される（一般定期借地権および23条1項所定の事業用定期借地権の場合）からでも、法定更新規定が不適用とされる（23条2項所定の事業用借地権の場合）からでもなく、借地上建物の所有権が借地権設定者に移転することにより借地期間満了時に法定更新の要件を欠く（借地権者所有の建物が存しない）ことになるか、または、建物所有権とともに借地権も借地権設定者に移転し混同により借地権が消滅することに基づく。したがって、建物所有権移転による借地権消滅という仕組みが予定どおりに機能しない場合（典型的には建物滅失の場合にそのおそれが生ずる）には、その借地権は通常の普通借地権または一般定期借地権としての扱いに服する。その意味では、建物譲渡特約付借地権の定期借地権性は相対的に不安定な基盤の上にあるということができる。

このような借地権は、本法立案の過程では、最低存続期間が20年とされ、建物買取特約が公正証書によるべきこととされるなど、普通借地権に対する関係で内容的独自性をもつものとして構想され（名称も建物買取型定期借地権とされ、独自の定期借地権類型であることが明示されていた）、また、建物再築の場合について法律上の手当がなされる等、定期における借地権消滅を法律上確保しようとする姿勢が示されていた（「試案」第一部、第三、三1、2）。これに対して、成立した法律では、最低存続期間が30年以上とされ、建物譲渡特約の有効要件として公正証書はおろか書面すら要求されず、また、定期における借地権消滅をいかに確保するかは当事者の特約に委ねられた。こうして、建物譲渡特約付借地権は、少なくとも法律の条文の上では、独自の定期借地権類型としての色彩を減じ、普通借地権または一般定期借地権に建物譲渡特約が付されただけのものという性格を相対的に強める形で立法されたということができる。

⑵　本条が建物譲渡特約付借地権として一括する借地権には、ディベロッパーが借地上に建物を建築して、建物を賃貸するか、借地権（または転借地権）付きで分譲する場合（旧法下で建物譲渡特約付借地権へのニーズを先取りして行われていた各種の土地利用方式につき、山本・東社42-4-226以下と同所引用の文献を参照）から、個人がたとえば40歳で借地して自宅を建て30年後に借家人になる場合まで、その社会的・経済的性格をかなり異にするものが含まれうる。本条はこの種の借地権に要求される最小限の内容を定めるものにすぎず、具体的紛争の解決にあたっては、各契約に盛り込まれる特約の内容や裁判所による契約の解釈がしばしば決定的な意味をもつであろうことに注意する必要がある。

〔**2**〕　建物譲渡特約が付される借地権は、通常は普通借地権（3条以下）であろうが、一般定期借地権（22条）である場合も考えられる。また、30年以上50年未満の存続期間を定める事業用定期借地権（23条1項）に建物譲渡特約を付することも、理論上は排除されない。

これに対し、10年以上30年未満の存続期間を定める事業用借地権（23条2項）は本条の適用対象ではない。ここでの建物譲渡特約とは、借地権設定後30年以上を経過した日に借地上建物を譲渡するという内容のものであるから、存続期間を10年以上30年未満とする事業用借地権には適合しないのである。なお、もっぱら事業の用に供する建物の所有を目的とし、かつ、存続期間を10年以上30年未満として借地権を設定する場合において、当事者が借地関係終了時における建物譲渡を約するときには、23条2項所定の事業用借地権に建物譲渡特約を付したものとして、有効とみるべきである（換言すれば、本条の30年の最短期間を潜脱するものとみるべきではない)。この場合、本条2項は適用されない。

〔**3**〕　⑴　建物譲渡特約は、借地権を設定する際に行われなければならない。すなわち、1項の「借地権を設定する場合においては」とは「借地権設定の際に」の趣旨だと解すべきである（寺田・民月47-1-100、澤野・定期借地105、吉田・ジュリ1006-54)。ただし、借地権設定の時点では建物が完成していないことを考

えると、借地権設定契約と同時に建物譲渡特約のすべての内容を確定しなければならないとするのは非現実的である。借地権設定の時点では建物譲渡特約の概要だけを定め、後の建物完成を待って内容を確定するのでも足りると解すべきである（寺田・民月47-1-100、吉田・ジュリ1006-54）。

借地権設定に際して建物譲渡特約を付けないと、後にそのような特約を結んでも、すでに普通借地権、一般定期借地権または23条１項所定の事業用定期借地権としての効力を生じているから、建物譲渡特約付借地権としては扱われない（吉田・ジュリ1006-54参照）。換言すれば、普通借地権、一般定期借地権または23条１項所定の事業用定期借地権の建物譲渡特約付借地権への転換は認められない（なお、建物譲渡特約付普通借地権の普通借地権への転換、建物譲渡特約付一般定期借地権の一般定期借地権への転換および建物譲渡特約付事業用定期借地権の事業用定期借地権〔23条１項所定のそれ〕への転換は建物譲渡特約を合意解除することによって可能となる。これに対し、建物譲渡特約付普通借地権の一般定期借地権への転換は、建物譲渡特約がない普通借地権の一般定期借地権への転換が認められないのと同様の理由〔22条〔12〕〕によって許容されない）。

(2)　しかし、借地権の存続期間中に建物譲渡特約を結ぶことが、本条とは独立に可能とされる余地がまったくないかは別の問題である。このような特約は合意解約プラス建物譲渡契約としての実質をもつから、合意解約が法的に許容される以上、これを頭から否定する理由はないからである。しかし、合意解約と建物譲渡契約の組合わせを期限付きで、あるいは予約の形で行うことは、そのような合意をすることに客観的に合理的な理由があると認められる場合に限って、きわめて例外的にのみ許容されるべきである。そうでないと、建物譲渡特約を借地権設定に際してなすべしとの本条の要求は、容易に潜脱されてしまうであろうからである。

〔**4**〕　９条は、本法３条から８条までの諸規定に反する特約で借地権者に不利なものを無効としている。１項が「第９条の規定にかかわらず」と規定するのは、建物譲渡特約を付することにより本法第２章第１節の存続保護規定に反する結果が生じても、それは許容されるという趣旨を述べるものにすぎない。建物譲渡特約付借地権においては本法第２章第１節の諸規定に反する特約で借地権者に不利なものも一般的に無効視されない趣旨と誤解されてはならない。したがって、建

物譲渡特約が付されたのが普通借地権である場合には3条、7条、8条の規定の適用があり、これに反する特約で借地権者に不利なものは無効とされる（ただし、たとえば期間40年の借地で35年目に建物所有権を借地権設定者に移転させて借地権消滅の結果を生じさせることは、3条但書、9条の規定にかかわらず許容される）。建物譲渡特約にもかかわらず――予約完結権の不行使、建物譲渡契約解除等で――建物譲渡がなされなかった場合には、4条から6条までの諸規定についても同様である。すなわち、建物譲渡特約をしつつ、同時に建物譲渡の結果が生じなかった場合について法定更新に関する規定を排除する特約をしても、後者は無効である。

〔**5**〕(1)　建物所有権が移転するのは、借地権設定後30年以上を経過した日であることを要する。たとえば、借地権設定から20年を経過した日に建物所有権が移転すべき旨の特約は無効であるから、その場合の借地権は建物譲渡特約なしの普通借地権、一般定期借地権または23条1項所定の事業用定期借地権としての扱いを受けることになる。

(2)　ア）　建物所有権が移転する時期については、以上のほかは法律上何らの制約がなく、契約で自由に定めることができる。したがって、建物所有権移転時をあらかじめ確定しておくこともできるし、不確定のままにしておき、借地権設定者の意思表示または一定の事実の発生にかからしめることもできる（30年の経過かまたは借地権者およびその配偶者の死亡のいずれか遅い時期を建物譲渡時とする旨の契約も可能と解される）。

イ）　また、建物所有権移転時を借地期間満了時と一致させる必要はなく、たとえば期間50年の借地において特約により35年目以降に建物所有権を借地権設定者に移転させて借地権を終了させるとの約定も有効である（寺田・民月47-1-98以下）。「試案」の段階では、借地権の存続期間満了日に効力を生ずる建物売買契約を許容することが考えられていたが、存続期間を70年としつつ、20年経過後は借地権設定者が建物の買取りを請求できるとしていた旧住宅都市整備公団の「特別借地方式賃貸住宅制度」の例があったことをふまえて、特約の許容範囲を広げたものである。しかし、そのために厄介な問題が生ずる可能性を開いてしまったことも否定できない（たとえば、〔**6**〕(2)）。

〔**6**〕(1)　借地上の建物が借地期間中に滅失した場合、当事者間の法律関係はどのようになるか。

ア）　まず、建物が滅失しても借地権は消滅せず、普通借地権、一般定期借地権または23条１項所定の事業用定期借地権として存続していくことは、当然である。問題は建物譲渡による借地権の消滅という仕組みがなお働くかということである。

イ）　借地権者が建物を再築した場合に、その再築建物にも譲渡特約の効力が及ぶかは、具体的契約の解釈によって決定されるべき問題である。この点につき、「試案」の段階では、再築建物につき売買契約をしたものとみなし、裁判所は地主の請求により、代金の全部または一部につき相当の期限を許与することができるものとする旨の方針が示されていた（「試案」第一部、第三、三２㈡）が、成立した法律にはこのような規定は盛り込まれなかったのである。したがって、再築建物をも譲渡の対象とする旨の明示または黙示の特約が認定されないと、建物譲渡による借地権消滅の効果が生じないことになり、借地権は建物譲渡特約なき普通借地権、一般定期借地権または23条１項所定の事業用定期借地権として扱われる（寺田・民月47-1-104以下参照）。

なお、再築建物譲渡の特約としては、当初の借地権設定の際になされるものと後の再築の段階でなされるものとが考えられるが、後者は本条１項に反し無効と解されるおそれがある（〔**3**〕。この場合は、建物滅失までは建物譲渡特約付借地権であったのであるから、後の再築建物譲渡特約でそれと同じ法律関係を継続することは、本条１項の例外として有効と解する余地がないではあるまいが）。したがって、借地権者としては前者の特約を結んでおくのが安全である。

ウ）　再築建物について譲渡特約が結ばれていても、譲渡契約上の請求権を保全するための仮登記をあらためてなす前に再築建物が借地権者から他に譲渡されたという場合には、借地権設定者にとって厄介な問題が生じうることは、一般の場合と同様である（〔**9**〕）。

エ）　どのような建物を再築するかは原則として借地権者の自由であるから、再築建物の譲渡価格が当初建物の価格より高くなることも当然に予想される。借地権設定者としては、その点を考慮して対価の支払期限の猶予についても特約しておくのが賢明であろう。

オ）　建物譲渡特約が付されているのが普通借地権である場合に、借地権者が借地権設定者の承諾を得て残存期間を超えて存続すべき建物を再築すると、７条所定の仕方で借地期間が延長されることになる。再築建物についても譲渡特約がなされている場合に、７条による借地権延長により建物譲渡および借地権消滅の時期も変更されることになるかが問題となるが、変更されないと解すべきであろう（澤野・定期借地111）。

なお、建物譲渡特約が付されているのが一般定期借地権または23条１項所定の事業用定期借地権である場合には、再築により借地期間が延長されることはないから、このような問題はそもそも生じない。

(2)　建物の譲渡がなされるべき時に借地上に建物が存在しない場合には、借地権は消滅するか。

ア）　建物所有権が移転すべきものとされた時期が借地期間満了時と一致するときは、建物の不存在により更新が生じないという理由から借地権が消滅する（５条）ので、問題はない。

イ）　これに対して、建物所有権が移転すべき時点を超えて借地期間が設定された場合（たとえば、存続期間を50年とし、30年経過後は借地権設定者が予約完結権を行使して建物を譲り受けることができると約した場合）には、この時点（予約完結権行使時）において建物が存在しないため建物所有権の借地権設定者への移転が生じえない。このような場合には、借地権は消滅しないと解さざるをえない。これは、建物譲渡特約付借地権の法的構成、および上記のような存続期間の設定をしたこと（建物譲渡特約だけを重視して、存続期間を50年と約した点を無視するわけにはいかないこと）から、やむをえないところと考える（ただし、澤野・Q&A148以下は、建物譲渡特約付借地権の定期借地権性を強調し、建物譲渡は借地権を消滅させる方便にすぎないとして、建物の譲渡がなされるべき時に借地権が消滅すると主張する）。もっとも、具体的契約内容に照らして、借地権者が地上建物を築造または再築しないまま放置しておくこと、場合により建物を滅失せしめたこと自体が、契約違反と評価されるべき場合に、借地契約の解約告知が認められうることは、別論である。

〔７〕　借地権設定者が建物譲渡特約付借地権が設定されている土地を第三者に譲渡した場合に、土地譲受人は、建物譲受人たる地位も当然に取得するわけではない。当事者間の契約により建物譲受人たる地位が譲渡されない場合には、借地権設定者の地位と建物譲受人の地位が別人に分属することとなる結果、建物譲渡

による借地権消滅の仕組みは機能しないことになる（寺田・民月47-1-106参照）。

借地権設定者が建物譲受人の地位を土地譲受人に譲渡する場合に、この地位移転を借地権者に対抗するためには、借地権者の承諾が必要である。借地権設定者としては、借地権者に承諾の義務を負わせ、承諾を拒絶する場合には借地契約を解約できる旨をあらかじめ特約しておく必要があろう（寺田・民月47-1-106）。なお、建物に所有権移転（またはその請求権保全）の仮登記がなされている場合には、承諾に代えて仮登記に権利移転の付記登記をすれば足りると解される（澤野・定期借地113）。

〔**8**〕 ⑴　建物譲渡特約における建物譲渡の対価は相当のものでなければならない。「相当の対価」とは、13条所定の建物買取請求権の場合の建物の「時価」と同様の概念であり、ただ時価との多少の誤差は許されるという趣旨で、「相当の対価」という表現が採用されたもののようである（寺田・民月47-1-99）。判例は、建物買取請求権について、建物の存在する場所的環境を参酌して建物の時価を算定すべしとしている（14条〔**9**〕）が、この判例の立場を前提とする限り、建物譲渡特約付借地終了の際の「相当の対価」についてもそれと別異に解する理由はないことになろう。

⑵　当事者が建物譲渡特約においてあらかじめ定めた対価が「相当」と認められないときには、原則として、建物譲渡特約自体が無効となるのではなく、客観的に相当な対価で建物譲渡の効力が生ずると解すべきであろう（吉田・ジュリ1006-55）。

⑶　30年以上先の状況を予測して確定額で「相当の対価」を定めるのは至難の業であるので、現実問題としては、相当の対価の算定基準、決定方法（鑑定機関の指定等）をあらかじめ約定することが考えられる。しかし、それらの約定をしても、譲渡の時点で実際に算定された対価が相当でないときは、当事者がこれを争って裁判所の判断を仰ぐことは妨げられない。

〔**9**〕 ⑴　建物譲渡特約には、期限付売買、売買予約、期限付交換、交換予約、期限付代物弁済、代物弁済予約など種々の契約形態が含まれる。贈与は、「相当の対価」の要件を必然的に欠くことになるから、ここには含まれない。

⑵　予約の形式をとる場合には、通常は、借地権設定者が予約完結権を有する旨を定めることになろう。建物譲渡によって借地権が消滅するかが借地権者の意

思次第というのでは、定期借地権としての機能を果たしえないからである。借地権の存続期間を50年とし、30年以降は借地権設定者が建物売買の予約完結権を有すると定めた場合に、借地権設定者が完結権を行使しないと、借地権は普通借地権として存続する（山野目・法時64-6-32)。その借地権が更新された後でも、予約完結権を行使して建物を譲り受け、借地権を消滅させることは可能である（澤野・Q&A150、吉田・ジュリ1006-61)。

(3)　ア）　借地権設定者は建物譲渡に関する自己の順位を保全するために仮登記を経由しておくことになろう。これを怠って、借地権者から第三者に建物が譲渡されて登記され、借地権も第三者に移転すると、その借地権は建物譲渡特約の付かない普通借地権、一般定期借地権または23条1項所定の事業用定期借地権として扱われることになる。もっとも、その借地権が地上権ではなく賃借権である場合には、借地権設定者は賃借権譲渡への承諾を与えなければよいし、また、19条により借地権者が承諾に代わる許可の裁判を求めても、「借地権設定者に不利となるおそれ」のある場合であるとして、許可がされないことが予想されるから、借地権設定者の実害は大きくないといえるかもしれない（ただ、14条により予定より早期に建物を買い取らなければならなくなるという不利益は残るのであり、仮登記をしておくに越したことはないであろう)。

なお、借地権者として、建物および借地権の第三者への譲渡をスムーズに運ぶためには、借地権とともに建物譲渡人たる地位も当該第三者に譲渡することが必要になろう。その場合には、借地権設定者が仮登記を経由しているか否かにかかわらず、借地権設定者は後日予約完結権を行使してその第三者から建物を買い取り、借地権を消滅させることができるから、借地権設定者の承諾またはこれに代わる裁判所の許可を得やすくなるであろう。

イ）　借地権設定者が建物の仮登記を経由しないうちに、建物に抵当権が設定され、登記されると、後に建物を譲り受けても混同の法理の例外（民179条1項但書、520条但書）に当たるとされて、借地権が予定どおりに消滅しないことになりかねないことにも注意すべきである（寺田・民月47-1-106)。なお、借地期間満了時と建物所有権移転時とが一致するタイプの契約においては、期間満了時に借地上に借地権者所有の建物が存在しないという別の理由から借地権が消滅し、借地権上の抵当権も消滅するから、この問題は生じない。その場合には、建物の上の抵当権は消えずに存続することになるが、後にその抵当権を実行しても敷地利用権原は付かないため、実際には廃材並みの価格でしか売却できないことになろう（山野目・自正43-5-89）。

⑷　建物譲渡特約は公正証書によって合意することを要しない。書面によることすら不要である。しかし、後日の紛争回避のためには、書面によって合意しておくのが賢明であろう。

〔**10**〕　建物が譲渡されて借地権が消滅すると、従来その建物を使用してきた借地権者（適法な土地転借人を含む）は、建物使用権原を失うから、そのままでは建物から退去しなければならないことになる。しかし、それでは建物の利用関係の安定が図られないことになり、建物譲渡特約付借地権なる制度を創設することの妥当性が疑われることにもなりかねない。そこで、本条２項は、建物所有権が借地権設定者に移転した後も借地権者が引き続きその建物を使用することを可能にしている。

〔**11**〕⑴　建物譲渡により建物所有権が借地権者から借地権設定者に移転しても、借家人は対抗要件を備えている限り、借家権を新家主たる借地権設定者に対抗できる。もっとも、通常は建物完成を待って所有権移転（またはその請求権保全）の仮登記がなされるであろうから、その後に登場すべき借家人が土地所有者に従前の借家権を対抗しうる場合は例外にとどまる。そこで、本項は、借地権設定者にその借家権を対抗しえない借家人にも、期間の定めのない法定借家権を認めて一定の保護を与えることにしている。このような本項の趣旨に鑑みると、本項にいう「建物の賃借人」という文言は、借地権設定者に借家権を対抗できない借家人と限定して理解すべきである（吉田・ジュリ1006-62、澤野・定期借地123）。したがって、借地権設定者に借家権を対抗できる借家人は、本項にもかかわらず従前どおりの内容の借家権を主張することができるのである。

⑵　なお、法定借家関係は従前の借家関係を承継するものでない以上、別段の合意がない限り、従前の借家人が差し入れていた敷金は建物譲渡の段階でいったん清算され、法定借家関係には承継されないものと解さざるをえない（澤野・Q&A155）。

⑶　家屋が転貸されていた場合は、本項による借家権の設定を請求できるのは、転借家人であると解すべきである。本項は建物の現実の利用者の保護を目的とし

たものであり、また、原借家人が借家権設定請求権者だと解すると、原借家人が請求権を行使しない場合の転借家人の保護をどうするかとか、原借家人と借地権設定者との間に形成されるべき法定借家関係と転借家関係との調整をどうするかといった複雑な問題が生ずることが予想されるからである。そこで上記のように解すると、原借家人は建物をめぐる法律関係から離脱して、以後は新家主＝借地権設定者と転借家人との間の借家関係が発生することになる。ただし、原借家人が原借家権を新家主に対抗できるときは、従前の原借家関係が借地権設定者と借家人との間に承継され、転借家関係もそのまま存続する。

〔12〕　借地権者および新家主に対抗できない借家人に本項の借家権設定請求権が認められるのは、彼らが借地権消滅前に建物を使用しており、借地権消滅後も引き続き建物の使用を行っている限りにおいてである（寺田・民月47-1-103）。

〔13〕　(1)　本項所定の法定借家権は建物譲渡とともに自動的に成立するのではなく、それを成立させるためには建物使用者からの請求が必要である。たとえば建物売買代金を得て老人ホームに移ろうとする場合など使用者がそれを望まない場合にまで、建物の使用関係を維持する必要はないからだとされている（寺田・民月47-1-103参照）。

(2)　借家権設定請求権は形成権であり、これが行使されると、借地権設定者との間に借家契約関係が発生する（寺田・民月47-1-104）。

〔14〕　法定借家権が成立するのは建物使用者からの請求の時点である。したがって、建物所有権移転後請求がなされるまでの間、建物使用者は権原なくして建物を占有使用することになり、不当利得として家賃相当額を借地権設定者に返還しなければならない（寺田・民月47-1-104）。

〔15〕　法定借家権は、借家人が請求する場合は常に、また、借地権者が請求する場合には借地期間満了時と建物所有権移転時とが一致するときに、期間の定めのない賃貸借となる。これらの場合、建物賃貸人は正当事由が備わればいつでも解約申入れをして、借家関係を終了させることができる（民617条、本法28条）。

解約申入れの際の正当事由の判断においては、建物譲渡特約付借地権終了によって生じた法定借家権であることを、正当事由肯定の方向に働くファクターとしてことさら重視すべきではないであろう。一般定期借地権や事業用定期借地権等の場合とは異なり、建物譲渡特約付借地権の場合には、借地権設定者は建物付き借家人付きでしか土地が返ってこないことを承知しているのであり、法定借家関係への転換後も、一般の借家より容易にその借家関係の解消を求めうると期待すべきではないからである。

〔16〕 借地期間満了時と建物所有権移転時とが一致しないタイプの契約において借地権者だった者に認められる法定借家権の期間は、借地権の残存期間である。たとえば、期間60年の借地において特約により30年目以降に建物所有権を借地権設定者に移転させて借地権を終了させるとの約定がなされ、35年目に建物所有権の移転が生じ、借地権者が直ちに借家権設定の請求をしたとすれば、借地権者に認められる法定借家権の期間は25年ということになる。

〔17〕 借地契約当事者間で法定借家権の成立を排除する特約をしても、それは無効である。このことは文言上は必ずしも明らかではないが、本項の定めるような建物利用者の保護を前提としてはじめて、建物譲渡特約を付して借地権を一定時期に消滅させることが認められるという本条の趣旨から、そのように解すべきである（寺田・民月47-1-103、澤野・定期借地125）。

〔18〕 法定借家権の家賃については、当事者間の協議により、当事者間の協議が調わない場合は、当事者の請求により裁判所がこれを定める。その際、借家人について法定借家権が発生した場合には、従前の支払賃料を考慮した、いわゆる継続賃料に準じて家賃を定め、借地権者について法定借家権が発生した場合には、新規賃料によって家賃を定めるべきであると説かれている（澤野・Q＆A156以下）。

〔19〕 平成11年改正法により定期借家権制度が導入された。本条３項は、それに伴って新たに追加された規定であり、借地上の建物が借地権設定者に譲渡されることにより建物譲渡特約付借地権が消滅する場合でも、借地権者または建物の賃借人と借地権設定者との間で、借地権が消滅した後の借家関係は定期建物賃貸借契約（38条１項）による旨の合意をしたときは、その合意は有効とされる旨を定める。つまり、その場合には、本条２項が規定するように、期間の定めがないか、または借地権の残存期間を存続期間とする普通建物賃貸借がされたものとみなされる（いずれについても、正当事由制度の適用がある）のではなく、正当事由制度の適用のない定期建物賃貸借契約が成立することになるのである（研究会・新しい借地借家112以下、山口・ジュリ1178-9）。

３項が適用されるべき場面としては、借地権者または建物の賃借人が法定借家権設定請求（本条2項）をする前に定期建物賃貸借契約を結んだ場合であるとの説明（研究会・新しい借地借家112以下）と、借地権者または建物の賃借人が法定借家権設定請求をして、いったん法定借家権が発生した後に、2項と異なる定めをした場合（たとえば、期間を定め、かつ契約の更新がないことを定めた場合）であるとの説明（澤野・基本コンメ89）がされている。後者の見解においても、請求前に定期建物賃貸借契約を結んだ場合にその合意が尊重されるべきことに変わりはないが、それは一般原則上当然のことであって、3項の適用の結果そうなるのではないというのである。思うに、定期借家権というものが一般的に法認された以上、法定借家権設定請求の前後を問わず、定期建物賃貸借契約が適法に締結されれば（請求後においては、普通建物賃貸借契約の合意解約とあわせてということになろう）、その合意に沿って当事者間の法律関係が律せられることにならざるをえない。3項は、定期建物賃貸借契約締結後、仮に法定借家権設定請求がされるようなことがあったとしても、2項により期間の定めのない普通建物賃貸借契約（または借地権の残存期間を存続期間とする普通建物賃貸借契約）が成立するものではないことを確認するとともに、法定借家権設定請求がされた後、定期建物賃貸借契約が結ばれれば、当該契約の内容に従うべきことを明らかにした規定と解すべきではなかろうか。

〔施行前の法律関係への本条の適用可能性〕

本条の定めるような建物譲渡特約を付することにより将来において借地権を確定的に消滅させることは、本法により新たに認められた規律というべきであるから、本条は本法施行前に設定された借地権に遡及的に適用されることはない（附則の前注〔1〕(2)ウ））。

(1)　将来における建物所有権移転によって借地関係を確定的に終了させようという約定は、本法施行前に結ばれたものである限り、旧法11条、4条に反して無効であり、いわば紳士協定の意味をもつにとどまる。そのことは本法の施行によっても変わらない。

ちなみに、20年の借地期間の満了と同時に建物を贈与する旨の特約を有効と認めた判例（最判昭31.6.19民集10-6-665）があるが、これはその特約が借地契約のはじめにおいて借地権設定者の建物を取り壊すという通例では困難と思われる条件の代償としてなされたもので、旧法11条にいわゆる借地権者に不利な特約に当たらないとした判決であり、先例としての射程距離は狭いと考えられる（16条〔**5**〕）。したがって、これを一般化して、旧法下においても建物譲渡特約による法定更新排除が有効視されていたと論ずることはできないことに注意すべきである。

⑵　本法施行後に既存の借地権に建物譲渡特約を付することによって、当該借地権の将来における確定的消滅を図ること（存続期間を通算する形での、既存借地権の建物譲渡特約付借地権への転換）は許容されない。すでに旧法に則って生じている借地権の存続保障をそのような特約で削減することはできないからである。あるいは、本法施行後に設定された普通借地権についても存続期間の中途で建物譲渡特約を付して建物譲渡特約付借地権に転換することはできない（〔**3**〕）のだから、いわんや既存借地権についてもそのような転換はできないと説明することもできよう。

⑶　これに対し、既存の借地権を合意解約し、新たに建物譲渡特約付の借地権を設定することは可能といわざるをえない。しかし、このような仕方での建物譲渡特約付借地権への転換は合理的理由がある場合にのみ例外的に認められるべきであるが、通常は転換についての合理的理由は存在しないと解される（吉田・ジュリ1006-57）。

（山本　豊）

（一時使用目的の借地権）

第25条〔1〕　第３条から第８条まで、第13条、第17条、第18条及び第22条から前条までの規定〔2〕は、臨時設備の設置その他一時使用のために借地権を設定したことが明らかな場合〔3〕には、適用しない。

〔**1**〕　本条の趣旨　　本条は、旧法９条を踏襲した規定である。旧法下においては普通借地権の唯一の例外とされていたが、平成３年法では定期借地権が認められたため、普通借地権と一時使用目的の借地権、さらに定期借地権と一時使用の借地権の関係が問題となる。

〔**2**〕　本法３条から８条まで、13条、17条、18条および22条から24条までの規

定は、本条の借地権には適用がない。

⑴　3条の30年という借地権の存続期間は適用されない。したがって、30年未満の期間を定めた一時使用目的の借地契約はもちろんのこと、期間の定めのない一時使用目的の借地契約もありうる（東海林・講座1-283、望月＝篠塚・新版注民⒂520、東京高判昭57.12.22判時1068-63）。期間の設定について、短期間であることが一時使用の借地権と認められる一要素とされる（星野・借地借家28）が、最高裁の判例では7年（最判昭32.11.15民集11-12-1978）、8年（最判昭33.11.27民集12-15-3300）、10年（最判昭36.7.6民集15-7-1777）という比較的長い期間を定めた契約であっても、その他の諸事情を考慮した結果、一時使用目的の借地契約として認めている。したがって、一時使用目的の借地であるためには必ずしも短期でなければならないとは限らないが、期間を20年とする土地の賃貸借は裁判所の和解によって成立したものでも一時使用目的の賃貸借とはいえない（最判昭45.7.21民集24-7-1091）。「一時使用」という文理上の制約から、10年程度が限界と考えられる（星野・借地借家28、望月＝篠塚・新版注民⒂519）。ただし、2年ごとに更新が繰り返されて25年間継続した場合（東京地判平3.3.27判時1392-104）や同じく2年ごとの更新が20年継続した場合（東京地判平5.9.24判時1496-105）、1年ごとの更新が20年以上継続した場合（東京地判平6.7.6判時1534-65）でも、一時使用目的の借地権と認めた下級審判決がある。他方、短期の明渡期間であっても、一時使用ではなく単なる地代据置期間とされることがある（名古屋高判昭29.6.2高民7-5-423）。なお、存続期間を「区画整理実施の時まで」とする不確定期限を付した一時使用の借地権も認められる（最判昭32.2.7民集11-2-240）。

⑵　更新についての保障は存在しない。更新に関する4条（借地権の更新後の期間）、5条（借地契約の更新請求等）、6条（借地契約の更新拒絶の要件）、8条（借地契約の更新後の建物の滅失による解約等）の適用が排除される。ただし、期間満了後賃借人が使用を継続する場合で賃貸人がこれを知って異議を述べなかった場合には、民法619条によって黙示の更新が認められる（名古屋高判昭45.4.27高民23-3-289）。更新されたときは期間の定めのない一時使用の賃貸借となり、1年の告知期間を置いていつでも解約申入れをすることができる（前掲東京高判昭57.12.22）。

7条の適用も排除される。借地権の期間満了前に建物が滅失し借地権設定者の承諾を得て再築をしたとしても、期間の延長は認められない。

(3)　13条の適用はなく、借地権者の建物買取請求権は認められない（大判昭15.6.13判決全集7-22-11、大阪地判昭25.9.19下民1-9-1513）。本条において14条の適用が排除されていないため、第三者の建物買取請求権は認められることになるのかが問題になろう。旧法下においても借地法９条で同法10条の適用が排除されていなかったため、同じ問題が存在した。大審院は旧法４条２項が適用を排除されていることとの権衡上旧法10条の適用を否定すると判示し（大判昭5.3.3新聞3252-8）、以後それが判例となった（大判昭7.6.21民集11-1198、大判昭11.3.19法学5-8-1231、大判昭17.1.27法学11-9-965）。最高裁も一時使用目的のための借地は普通の借地と異なる性質のものであるとの理由で適用を否定している（最判昭29.7.20民集8-7-1415、前掲最判昭33.11.27）。これに対して、学説の多くは判例の立場に反対する（我妻・各論中一497、戒能96）。本条はこの対立に明確な解決を与えなかった。旧法の規定の仕方を踏襲し、問題の解決を先送りしたきらいがある。

(4)　17条（借地条件の変更及び増改築の許可）および18条（借地契約の更新後の建物の再築の許可）は適用されず、平成３年法により創設された特殊な借地類型である定期借地権（22条）、事業用定期借地権等（23条）および建物譲渡特約付借地権（24条）の規定も適用されない。22条の定期借地権は存続期間が50年以上であり、24条の建物譲渡特約付借地権は30年以上であるので、そもそも期間の点で本条とは接点をもちえない。しかし、23条の事業用定期借地権は目的が「専ら事業の用に供する建物」の所有であり、存続期間は10年以上50年未満であるため、本条が適用されるケースでも選択的に利用できることになる。したがって、本法の下では本条の適用事例が縮小することが予想されるという見方もできるが（月岡＝田山・基本コンメ90）、近時は「現代的経済事情のもと、短期間に限った土地の有効利用とそれによる投下資本の回収をめざすといった要請は強く、一時使用目的の借家権は、かつてのそれとは異なった重要性を帯びてきている」（中村・新裁判実務大系128）といわれる。10年未満の短期の借地に対する需要に応えることができ、事業用ではなく住宅や居住併用建物の所有を目的とする場合には一時使用目的の借地権を利用せざるをえないからである（秋山・新基本コンメ150）。

(5)　2013（平成25）年に公布・施行された「大規模な災害の被災地における借地借家に関する特別措置法」７条では、被災地短期借地権の制度が設けられた。

被災地においては、公正証書等の書面により、存続期間を５年以下とし、かつ契約の更新および建物の築造による存続期間の延長がない借地権を設定することができる。被災地における暫定的な土地利用のニーズに応えるための立法であり、同条２項では本法25条の規定は適用しないと定めている。

(6)　適用が排除される以上の規定に対して、１条（趣旨）、２条（定義）、９条（強行規定）、10条（借地権の対抗力等）、11条（地代等増減請求権）、12条（借地権設定者の先取特権）、14条（第三者の建物買取請求権）、15条（自己借地権）、16条（強行規定）、19条（土地の賃借権の譲渡又は転貸の許可）、20条（建物競売等の場合における土地の賃借権の譲渡の許可）、および21条（強行規定）は一時使用のための借地契約に適用される。

〔３〕　本条では１条と２条の適用を排除していないので、建物所有を目的とする借地であることを当然の前提とする。したがって、「建物を築造し、所有しようとする場合であっても、それが借地使用の主たる目的ではなく、その従たる目的にすぎないとき」はそもそも本法の適用はない（最判昭42.12.5民集21-10-2545では、10年の土地賃貸借を一時使用目的とする主張が認められなかった。１条〔２〕参照）。さらに、借地の目的は「一時使用のため」でなければならない。借地契約が一時使用を目的として締結されたものであるかどうかは、契約書の字句、内容だけで決められるものではなく、契約書の作成を含めて契約締結に至る経緯、地上建物の使用目的、その構造・規模、契約内容の変更の有無等の諸事情を考慮して判断すべきである（東京高判昭61.10.30判時1214-70）。

本条で一時使用目的として例示されている「臨時設備」設置のための借地としては、博覧会場、祭典式場、一時的な興行場、建設飯場などが挙げられる。判例は、仮設建築物（バラック）の所有を目的とする場合にしばしば一時使用のための借地と認めてきた（最判昭32.7.30民集11-7-1386、最判昭36.7.6民集15-7-1777、最判昭37.2.6民集16-2-233など）。

一時使用目的の借地権を設定したことが明らかでなければならないが、契約書に「一時使用」の文言が使用されていても、一時使用目的と認められるとは限らない（東京高判昭40.2.23東高民時報16-2-31、東京地判昭58.2.16判タ498-121）。一時使用であるといえるためには、「その目的とされた土地の利用目的、地上建物の種類、設備、構造、賃貸期間等、諸般の事情を考慮し、賃貸借当事者間に短期間にかぎり賃貸借を存続させる合意が成立したと認められる客観的合理的な理由が存在する場合にかぎ」る（最判昭43.3.28民集22-3-692。同旨、最判昭45.7.21民集24-7-1091）。すなわち、短期間の合意がなければならず、その合意の成立に客観的合理的な理由がなければならないというのが最高裁の判示する一般的基準である。具体的には、①裁判上の和解や調停によって短期の賃貸借契約が成立したり（最判昭33.11.27民集12-15-3300、前掲最判昭43.3.28など）、②賃貸人において近い将来当該土地を利用する計画をもっていたり（前掲最判昭37.2.6）、③建物が仮設的建築物で容易に撤去が可能であったり（東京地判平3.3.27判時1392-104）する場合である。④敷金や権利金授受がなかったり（東京地判平1.5.25判時1349-87）、長期間賃料が据え置かれていたり（前掲最判昭32.7.30）する場合も、他の事情とあわせて一時使用目的を判断する補助的事実となる（中村・新裁判実務大系130）が、権利金、敷金の授受のなかったことは、賃貸借の一時使用性を裏づけるものではない（東京高判昭56.10.26判時1028-51）。⑤土地利用者が利用権原を有しておらず、土地の明渡しをめぐる紛争の結果、一定期間を限って明渡しが猶予された場合にも一時借地と認められることがある（前掲最判昭36.7.6、前掲最判昭43.3.28）。

なお、一時使用目的の借地権は借地権設定登記にあたり設定目的を「臨時建物所有」と記載して登記をすることができる（民事局長通達平4.7.7民３第3930号、第３の３）。この場合には、借地権が一時使用の目的で設定されたことを証する書面を添付する必要はなく、借地権の設定の目的にその旨の記載がされていれば足りる（小野瀬＝渡辺・民月47-7-35）。

（五島京子）

第3章　借　　家

第1節　建物賃貸借契約の更新等

（建物賃貸借契約の更新等）

第26条[1]　建物の賃貸借[2]について期間の定めがある場合[3]において、当事者が期間の満了[4]の1年前から6月前までの間[5]に相手方に対して[6]更新をしない旨の通知[7]又は条件を変更しなければ更新をしない旨の通知[8]をしなかったときは、従前の契約と同一の条件[9]で契約を更新したものとみなす[10]。ただし、その期間は、定めがないものとする[11]。

2　前項の通知をした場合[12]であっても、建物の賃貸借の期間が満了した後[13]建物の賃借人が使用を継続する場合[14]において、建物の賃貸人が遅滞なく異議を述べなかったとき[15]も、同項と同様とする[16]。

3　建物の転貸借がされている場合[17]においては、建物の転借人がする建物の使用の継続を建物の賃借人がする建物の使用の継続とみなして[18]、建物の賃借人と賃貸人との間について[19]前項の規定を適用する[20]。

〔1〕　本条の趣旨　⑴　本法第3章「借家」は本条から始まる。まず第1節「建物賃貸借契約の更新等」（借家期間の保障）、そして第2節「建物賃貸借の効力」（借家権の保護）、第3節「定期建物賃貸借等」（更新のない借家）と続く。以上の3節構成であり、借地と異なり、総則規定（定義規定）がない（その理由については2条〔1〕を見よ）。そこで、本条に託して、建物賃貸借（借家）に通有する

ことを若干前書きする。

ア）　民法でも本法でも、法文上は「建物賃貸借」といい、「借家」という用語を使わない。また、賃貸人、賃借人、賃借権といい、大家、借家人、借家権という用語も使わない。しかし、ここでは、時にわかりやすい用語を併用する。

イ）　建物賃貸借（借家）には、大別して、普通建物賃貸借（普通借家）と定期建物賃貸借（定期借家）がある。普通借家は、定期借家と異なり、公正証書等の書面で契約する必要はない。また、契約当事者は自由に借家期間を設定できるし、期間を定めずに契約してもよい。

ウ）　借家人は本法によって、民法より厚く保護されるが、それでも、いずれ契約終了の時を迎える。その際、普通借家は、定期借家と異なり、契約を更新することもできる。契約更新には、大別して、「合意更新」（当事者の合意による更新）と「法定更新」（一定の要件の下で自動的な更新）がある。

⑵　さて、本条は、以上の借家関係のうち、「期間の定めがある」「普通の建物賃貸借」における「法定更新」に関する規定である。本条の趣旨は、要するに、建物賃借人（借家人）を保護するため、契約更新の可能性を広く認め、存続期間の長期保障を図ろうとする点にある。以下、本条の趣旨を分説する。

ア）　民法上、「期間の定めがある」建物賃貸借は、期間満了とともに契約終了するのが原則であるが（改正前民616条、改正民622条、597条１項準用）、期間満了後に賃借人が建物の使用または収益を継続し、その事実を賃貸人が知りながら異議を述べないときは、従前の賃貸借と同一の条件でさらに賃貸借をしたものと推定される（民619条１項）。これを「黙示の更新」推定制度という。

イ）　民法619条１項では法定更新を「推定する」にとどめているが（賃貸人が反証を挙げて更新を否定する余地がある）、大正10年の旧借家法（旧法）２条は、民法619条の更新推定規定を修正し、期間満了後の賃貸借は更新拒絶の通知がない限り法律上当然に更新されるものとみなし（同条１項）、また、更新拒絶の通知がなされた後に賃借人が建物の使用を継続するときにも賃貸人から遅滞なく異議が述べられない限り法定更新の効果が生ずるものとみなして（同条２項）、賃借人の保護を強めた。本条は基本的にこの旧法２条の趣旨を踏襲するものである。

ウ）　しかし、旧法には、法定更新後の建物賃貸借の期間についての明文規定がなく、また、転借人の保護に関して１カ条（旧法４条）を設けるだけであり、立法上十分な配慮がなされていなかった。そこで、平成3年改正の現行26条は、旧法に加えて、法定更新後の建物賃貸借は「期間は、定めがないものとする」ことを明文で定め（1項但書）、また、建物の転貸借がなされている場合に、転借人が建物の使用を継続しているときにも「原賃貸借が法定更新される」旨を明文化することによって、転借人の保護を明確にした（3項）。

もっとも、この二つの新設規定は旧法下の判例理論に従ったものであり、旧法と実質的な差異はない。しかし、従来解釈に委ねられていた問題点につき立法上の解決を図り、転借人の保護を明確にしたことの意義は大きい。

エ）　本条の実質は旧法2条と異ならないのだが、平成3年法によって1項ただし書および3項が新設されたため、法形式的には旧法2条と異なることになる。したがって、旧法の下での既存の建物賃貸借および転貸借には遡及適用されない（附則4条但書、12条）。

〔2〕　建物の賃貸借　　本条は普通の建物賃貸借に適用される。この「建物賃貸借」は、本条の適用対象であるだけでなく、総じて第3章「借家」全体の適用対象でもある。

第3章「借家」の適用対象となる建物賃貸借かどうかは、本法全体の趣旨から総合的に判断して決めることになるが、この点、旧法下での「建物賃貸借」の定義（解釈）と基本的に異ならない（建物賃貸借の定義については1条〔6〕、31条〔2〕も見よ）。

(1)　建物　　ア）　建物は構造上・経済上・利用上独立していなければならない。賃借部分が構造上・経済上・利用上独立している限りは、一棟の建物全部の賃貸借のほか、建物の一部の賃貸借にも本条が適用されてよい（最判昭42.6.2民集21-6-1433）。鉄道高架下の一部分の賃貸借に適用される場合もある（最判平4.2.6判時1443-56）。建物の一隅を借りた営業出店契約については、結論は一律ではなく、当該部分の独立性があるかどうかが問題となるが、判例は一般に否定的である。たとえば、駅ビル構内の建物の一角部分につき、「建物としての独立排他性を有する営業施設であるとは認められない」として、建物賃貸借性を否定した判例がある（東京地判平20.6.30判時2020-86。その他の裁判例につき石黒・判タ852-73）。

なお、建物の独立性を判断するにあたり、登記の可能性は問わない（大判昭

10.10.1民集14-1671)。たとえば、養鰻用のビニールハウスについて、登記が可能な建物ではないとしても、「風雨を凌ぎ室内を外部と遮断する上で支障はない」として、建物賃貸借性を認めた例がある（東京高判平9.1.30判時1600-100、松尾・借地借家の裁判例55)。本法の適用を認めて安定した契約関係を保障するために、目的論的解釈がなされた一例である。

イ）　建物であれば、その種類・構造・用途を問わない。高架橋下の倉庫も建物と解される（大判昭12.5.4民集16-533)。また、居住用建物の賃貸借だけでなく、事業用建物の賃貸借にも適用される。この点、平成３年改正法当時の「試案」の段階では、居住用建物と事業用建物を区別して借家権終了の法理（特に正当事由制度）を規定すべきであるとの考え方があったが（「試案の説明」別冊 NBL21-49参照)、「改正要綱」には取り入れられず、結局、平成３年法では旧法と同様に、建物の用途を問わない法制となった。

ウ）　建物のほか附属設備や得意先をも含めた営業全体の賃貸借にも、本条が適用されてよい場合がある。判例は、営業収益を考慮して賃料を定めるという内容の浴場用建物の賃貸借に借家法の適用を肯定したが（最判昭31.5.15民集10-5-496)、立体駐車場設備については借家法の適用を否定した（東京地判昭61.1.30判時1222-83)。営業全体の賃貸借に本法が適用されるか否かの判断基準の一つは「建物使用が契約の主な目的といえるか」である。この点、立体駐車場事例（地上10階建ての立体駐車場設備一式に加え、１階の管理室等の建物も賃貸借した）では、裁判所は、賃貸借の主な対象は立体駐車場設備であり、建物の使用は立体駐車場設備の効用を発揮するためであるから、建物賃貸借には当たらないとして、借家法の適用を否定した。なお、本事例の借主は、付近に自社ビル駐車場を所有しており、本件立体駐車場と相互補完的、一体的に利用していたという特殊事情もあった。そうした特殊事情も判決に影響を与えたものと思われる。

(2)　賃貸借　　ア）　本条の適用対象は賃貸借であり、使用貸借には適用されない。賃貸借と使用貸借の区別は、実質的な賃料相当額の授受があったかどうかである。社宅の利用関係が賃貸借か使用貸借かについては議論がある（30条〔**3**〕(2)エ）を見よ)。

イ）　賃貸借であれば、賃貸人ないし建物所有者が誰かを問わない。したがって、公営住宅や公団住宅、あるいは国有（公有）建物の賃貸借にも、特別の定めのない限り、本条が適用される。ただし、公務員宿舎は例外である（国家公務員宿舎法18条。なお東川・講座2-313、月岡・講座2-339)。付言すれば、国家公務員宿舎にも、①公邸、②無料宿舎、③有料宿舎の３種がある（同法３条)。このうち、公邸と無料宿舎は、公務の遂行と関連性が強く、無料なので、借家関係法の適用がないことに異論ない。しかし、「有料宿舎」は、公務との直接関連性が弱く、しかも「使用料」（家賃）の授受を伴うので、その使用関係について借家関係法の適用（類推適用）を配慮する余地がある。しかし、特別法で職員の離職・転任から原則20日以内の明渡しが義務づけられていることから（同法18条)、一般に借家関係法の適用はないと説かれている。

ウ）　営業委託か営業財産の賃貸借か　　借家関係法が適用されるか（借家といえるか）の判断が難しいケースはほかにもある。営業委託に仮託した営業財産の賃貸借もその一例である。本来、営業委託とは、営業・経営を外部者に委託する契約をいい、営業財産の賃貸借とは、営業に必要な店舗・物品・設備一式を一括して貸借し、借主の名義で営業を行い、収益も借主に帰属する関係をいう（つまり、最初から最後まで借主が営業主体である)。この営業財産の賃貸借（実質）を営業委託（形式）に仮装する契約が時として見受けられる。借家関係法の適用を潜脱するためである。

このような潜脱ケースでは、契約の実質に着目した法的処理を図るべきであり、その判断基準としては、１）客観的要因（建物の独立性＋営業の独立性)、２）主観的要因（契約の主要部分）の組合せ（総合判断）が重用されている（八重洲映画館事件――東京地判昭58.9.30判時1108-102)。

〔３〕　本条の要件――期間の定めがある建物賃貸借　　⑴　本条の適用対象となる建物賃貸借は、正当事由制度（28条）の下で契約更新の可能性が保障されている「普通の建物賃貸借」である。換言すれば、特約または法律によって契約更新の可能性が排除されている「特別な建物賃貸借」には本条は適用されない。すなわち、①旧法以来の「一時使用目的の建物の賃貸借」(40条)、②平成３年改正法当時に新設された「期限付建物賃貸借」(旧38条、39条)、③平成11年改正法で新設された一般的な「定期建物賃貸借」(定期借家。改正38条)、④平成13年制定の特別法（高齢者の居住の安定確保に関する法律）52条以下に創設された「終身建物賃貸借」には、本条は適用されない。

⑵　本条は、存続期間の定めがある「普通の建物賃貸借」のうち、特に１年以上の期間の定めがある場合に限定して適用される。期間を１年未満とする普通の建物賃貸借は、期間の定めがない賃貸借とみなされるからである（29条）。存続期間の定めは、当事者の合意による場合だけでなく、裁判上の和解や調停による場合でもよい（仙台地判昭30.8.10下民6-8-1611）。

⑶　本条の適用対象となる建物賃貸借の存続期間の上限については、特に制限がない。この点、平成11年以前の建物賃貸借は、改正前民法604条の「賃貸借の期間は、20年を超えることができない」という規定により、存続期間の上限は20年となっていたが、平成11年改正法によって、本法29条の２項に「民法第604条の規定は、建物の賃貸借については、適用しない」という規定が追加され、建物賃貸借についても、土地賃貸借（借地）と同様に、20年を超える期間の定めをすることができるようになった。なお、改正民法604条は賃貸借一般の存続期間の上限を20年から50年に引き上げたが、建物賃貸借については、この50年という上限規制も適用されない（詳しくは29条〔**4**〕を見よ）。

〔**4**〕　本条の要件――期間満了により終了する建物賃貸借　　本条は、文理上、「期間の満了」によって建物賃貸借が終了する場合の法定更新を規定する。この点、合意解約や債務不履行解除による終了の場合には原則として本条は適用されないが、若干の議論がある。

⑴　合意解約の場合　　建物賃貸借が合意解約された場合、判例・多数説は、期限の到来によって賃貸借は当然に終了し、更新の余地を生じないと解する（最判昭28.5.7民集7-5-510、星野・借地借家497）。しかし、学説には本条２項の類推適用を認めるものがある（広瀬・借地借家217、薄根234）。この学説によれば、本条１項と２項は別個の更新を定めたものであり、合意解約の場合や借家権放棄の場合でも、１項はともかく２項の更新制度を類推適用して、賃借人の使用継続に対して賃貸人が遅滞なく異議を述べないときは、法定更新が成立すると解する余地がある（〔**13**〕を見よ）。

⑵　債務不履行解除の場合　　建物賃借人の債務不履行によって契約解除された場合には、賃貸借継続の前提条件を欠いており、賃借人の不当な建物使用の継続によって契約解除制度の実効性を失わせることは不都合なので、本条による法定更新は認められない（東京地判昭41.10.12下民17-9=10-956）。

⑶　抵当権設定に後れた建物賃貸借の場合　　抵当権設定登記前から存在する対抗力ある建物賃貸借の場合には、抵当権実行の前後を問わず、法定更新をもって抵当権者や競落人に対抗できるが（広島高岡山支判昭50.2.24高民28-1-39）、抵当権の設定に後れた建物賃貸借は原則として抵当権実行による競落人に対抗できない。したがって、抵当権実行により建物賃貸借が終了した場合、本条の法定更新制度は適用されない。

この点、従来は「短期賃貸借」保護の制度（民旧395条）と本条との関係を議論する余地があった（詳細は新田・基本コンメ住宅関係法94、290参照）。しかし、平成15年の民法改正でこの「短期賃貸借」保護制度が廃止された結果、抵当権設定に後れた建物賃貸借は、期間の長短にかかわらず抵当権実行の競落人に対抗できないこととなった。

例外として、登記した建物賃貸借は、これに優先するすべての抵当権者が同意し、その同意について登記がされたときは、当該抵当権者および競落人に対抗できる措置を講じた（民387条）。この場合には、当該建物賃貸借の期間満了に際して、本条の下での法定更新が認められる。

〔5〕　更新拒絶の通知――通知すべき期間　　更新拒絶または条件変更の通知をすべき期間は、期間満了の1年前から6カ月前までである。この期間は、賃借人にあらかじめ賃貸借の終了を予告し、変更条件を検討して賃貸借の諾否を決めるための準備期間である。この期間を経過した後に更新拒絶の通知をしても無効であるが、法定更新後の賃貸借（期間の定めがない賃貸借となる）に対する解約申入れの意思表示としての効力は生じさせてよい（無効行為の転換）。また、期間満了の1年以上前にした更新拒絶の通知も無効であるが、期間満了前における合意解約の意思表示としては有効と解されている（27条〔4〕⑴も見よ）。

なお、賃貸人からの通知期間を短くする旨の特約は賃借人に不利なので無効であるが、賃借人からの通知期間を短くする旨の特約は有効である（30条〔3〕）。

〔6〕　更新拒絶の通知――通知の仕方　　更新拒絶または条件変更の通知は賃貸借契約の相手方に対してなすことを要する。

賃貸人が賃借人に対して通知する場合には、その通知内容に正当事由を必要とする。この正当事由がない場合には、更新拒絶または条件変更は認められず、当該賃貸借契約は法定更新される（28条〔2〕）。他方、賃借人が賃貸人に対して通知する場合には、正当事由の存在は不要である。

なお、転借人がいる場合には、賃貸人は、賃借人に対する通知とは別に、転借人に対して賃貸借が終了する旨の通知をしなければ、転借人に対抗することができない（34条〔4〕）。

〔7〕　更新拒絶の通知とは、賃貸借契約の継続を欲しない旨の意思の通知である。通知の効果は、意思表示一般の原則に従って、相手方に到達した時に生じる（民97条）。この点は、条件変更の通知も同様である。通知の形式は問わない。一般に、「期間が満了したら明け渡してくれ」という意思表示は更新拒絶の通知と認められる。また、明示的でなくても、期間満了後は賃貸しない旨の表示がされていればよく、期間満了や契約解除を理由とする建物明渡請求の訴えも、更新拒絶の通知に相当するものと認めてよい。

〔8〕　条件変更の通知とは、賃貸借の条件を変更しなければ契約更新しない旨の通知である。この場合には、変更される条件の内容が具体的に示されていなければならないと解されている。したがって「新たな条件は期間満了後協議して決める」という通知は、条件変更の通知とみることができない。ただし、更新しない旨が付記されている必要はない。

賃借人が賃貸人から提示された一定の変更条件に対して明確に拒絶することなく、単に沈黙していたにすぎない場合には、変更に同意したものとして、その提示した条件で賃貸借が更新されると解される。賃借人が条件変更に同意すれば、正当事由の存否にかかわりなく、当然に賃貸借は更新されることになるが、その場合は合意更新と解し、したがって、更新後の期間は従前の賃貸借期間と同一と解すべきである。

〔9〕　法定更新の効果――従前と同一の条件　　本条による法定更新の効果として、「従前の契約と同一の条件」での法定更新が認められる。更新された賃貸借と従前の賃貸借との同一性は、具体的には期間、賃料、担保などの事項について問題となるが、このうち、期間については、平成3年法で本条1項にただし書が新設され、「その期間は、定めがないものとする」ことを立法上明らかにした（〔11〕を見よ）。

⑴　賃料額　　法定更新が生じた場合には、前賃貸借の賃料額がそのまま更新後の賃貸借に引き継がれる。更新後に当事者の合意で賃料額を変更することはで

きるが、賃料について当事者双方の協議が成立しない場合には、更新前の賃料を更新後の賃料とせざるをえない（東京地判昭41.5.19判時460-57）。

⑵　更新前に提供された担保　　前賃貸借のために提供された担保はどうか。民法619条2項によれば、「その担保は、期間の満了によって消滅する」と規定する（その趣旨は、従前の賃貸借と更新後の推定される賃貸借は別の契約であるから、担保関係が継続しない）。しかし、そのような明文規定のない本条において、前賃貸借のために賃借人または第三者が提供した担保（物的担保または人的担保）の効力が更新後の賃貸借に及ぶか否かにつき見解が分かれる。

特約のない限り更新後の賃貸借には担保の効力が及ばないとする否定説（三宅・注民⒂498）、賃借人の提供した担保には効力が及ぶが、第三者の提供した担保や保証人については効力を及ぼすべきでないとする折衷説（薄根240）、原則として第三者の提供した担保や保証人も更新後の賃貸借にまで効力が及ぶとする肯定説（広瀬・借地借家215、星野・借地借家68、70）がある。

思うに、619条2項の解釈論としては、債権消滅（更改）に関する一般規定（518条）を類推して、その債務自体が変更されない限り担保関係も存続すると解すべきである。この点、本条の法定更新（法による強制）は、前後の賃貸借の間に継続性・同一性があり、債務自体は変更していない場合といえるので、肯定説（従前の担保関係は更新後も引き継がれる）が妥当であろう。

近時の判例も原則として肯定説に従っている。すなわち、合意更新後の保証人の責任に関する事案について、「信義則に反すると認められる場合を除き、更新後の賃貸借から生ずる賃借人の債務についても保証の責めを免れない」と判示している（最判平9.11.13判時1633-81。判例・学説の検討については、小川・判タ964-11）。

⑶　敷金関係　　敷金関係は期間の満了によっても消滅しない（民619条2項但書）。従前の敷金関係は更新後に引き継がれる。この点、判例・学説とも異論はない。従来、敷金に関しては、個別の規定あるのみで（民316条、619条2項参照）、明確な定義規定がなかった。この点、平成29年民法改正によって、敷金の担保性が明確に定義され、敷金の返還義務が定められるに至った（改正民622条の2新設）。もっとも、この立法措置は、従来の判例準則（の一部）を明文化したにすぎないので、実務に大きな影響は生じない。

(4)　更新前の調停、和解、公正証書の効力　　判例は、更新前の調停、和解、公正証書の効力は更新後の賃貸借に及ばないと解している（広島地判昭41.6.6下民17-5=6-484、大阪地判昭46.2.26判時644-74）。学説には、判例と同様、否定説に立つものが多い（広瀬・借地借家216、221、三宅・注民⒂498、星野・借地借家83、502など）。

〔10〕　法定更新の効果――契約更新とみなす　　従前の賃貸借と同一条件で契約更新したものとみなされる。本条の契約更新は、法律上当然になされるものであり、賃借人の回答を必要としない（東京高判昭30.1.21判タ47-53）。また、賃貸人が賃貸借をする意思がなかったという反証を挙げて、更新の効果を覆すことはできない。この点、民法619条1項では、賃貸借をなしたものと「推定する」と規定していたので、賃貸人は反証を挙げて更新を否定する余地もあったが、本条では、旧法2条同様、「みなす」と規定し、賃貸人からの更新否定の余地をなくしている。

〔11〕　法定更新後の期間　　法定更新後の賃貸借は、期間の定めがない賃貸借となる。

(1)　旧法では、法定更新後の建物賃貸借の期間につき明文規定がなかったために、民法619条1項後段（更新後は期間の定めのないものとなり、いつでも解約の申入れができる旨の規定）が適用されるかどうか、解釈上の問題があった。

旧法下の学説はほぼ三つに分かれていた。すなわち、民法619条の適用を否定して、法定更新後の期間は更新前の期間と同一であると解する説（広瀬・借地借家220）、法定更新後の賃貸借は期間の定めがないものとなると解する説（三宅・新版注民⒂730）、更新拒絶が認められなかったり更新後に解約申入れができる特約のある場合は期間の定めのないものとなるが、更新拒絶の意思表示をしなかった場合は前賃貸借の期間と同一になると解する説（星野・借地借家501）である。

これに対して、最高裁判例は、旧法2条は民法619条1項前段の特別規定であって後段に対する特別規定ではないから後段の規定を排斥する理由はない旨を判示して、更新後の賃貸借については期間の定めのないものになると解していた（最判昭27.1.18民集6-1-1、最判昭28.3.6民集7-4-267）。平成3年法は、この最高裁判例に従って立法上の解決を図ったことになる。

(2)　法定更新後は、期間の定めがない賃貸借となるので、本条の適用を受けない。すなわち、当事者はいつでも解約の申入れをすることによって賃貸借を終了させることができることになる（民617条1項）。ただし、賃貸人からの解約の申入れには正当事由の存在を必要とし（28条）、解約申入れの日から6カ月の告知期間を必要とする（27条1項）。

なお、賃借人からの解約申入れには正当事由による制限はなく、解約申入れの日から3カ月を経過すると賃貸借は終了する（民617条1項）。

〔12〕　建物継続使用による法定更新（2項）　　本条2項にいう「前項の通知」とは、1年以上の期間の定めがある建物賃貸借において、当事者が法定更新を拒むために相手方に対して行う「更新拒絶の通知」または「条件変更の通知」を意味する（〔7〕〔8〕を見よ）。

〔13〕　本条2項は、文言上、1項と同様、法定更新が生じる場合を期間満了に限定している。この点、期間満了以外の終了事由への適用の是非をめぐって学説は分かれている。

まず、本条の1項と2項は別個の更新制度を定めたものと解する説は、合意解約や借家権放棄の場合、本条1項は適用されないが、本条2項の適用があるとする（広瀬・借地借家217、薄根234）。その理由としては、合意解約や放棄により賃貸借を終了させる意思表示がなされても、終了後も以前の賃貸借関係が継続している限り、当事者は契約終了の意思を撤回したとみるのが本条2項の趣旨からみて妥当であること、また解約申入れによって賃貸借が終了した場合（27条）にも本条2項が適用されることを挙げている。

他方、本条を全体として一つの法定更新制度とみる説は、本条は期間満了の場合にのみ適用され、合意解約や放棄の場合には適用されないと解する（星野・借地借家497）。この説に従えば、合意解約や放棄後も建物使用を継続している賃借人に対しては遅滞のない異議がなくても明渡しを求めることができる。また、賃借人の建物使用継続に基づく賃貸借の更新は、民法619条によることになる。もっとも、この説でも、合意解約や放棄後も賃借人が建物使用を継続している場合に賃貸人が異議を述べなければ、合意解約の撤回、放棄の撤回とその承認があったものと解する余地のあることを指摘している。したがって、両説とも結果はほとんど変わらないが、賃借人保護の視点からは前説が優れている。

〔14〕　建物使用の継続　　賃借人が建物の使用または収益を継続する場合とは、

賃借人が現に建物を占有していたり、賃貸人の承諾を得て他人に転貸していたりする場合などをいう。なお、賃借建物につき債務名義に基づく強制執行がなされたために賃借人が建物を占有していないとしても、賃貸人の更新拒絶の通知がないために、従前の賃貸借が更新されたことを認めた判例がある（最判昭34.6.2民集13-6-631）。

〔15〕　遅滞のない異議　　本条２項は、賃貸人が遅滞なく異議を述べなかったときを問題とする。

⑴　異議とは、建物の使用収益を継続することを欲しない旨の意思表示であり、賃貸人としては、賃貸借が終了したことおよび賃借人が建物の使用を継続していることを必ずしも知っている必要はない。また、異議の形式は問わず、その趣旨が賃借人に理解できるものであればよい。したがって、期間満了を理由とする明渡請求も本条２項の異議に該当する。債務不履行を理由とする明渡請求についても同様である。賃貸人がこの異議を怠ると、法定更新が生じる。

異議を述べるに際しては、正当事由の存在を必要としない。更新拒絶または条件変更の通知に際しては正当事由を必要としたのであるから、異議についてまでことさらに正当事由を要求することに意味がないからである。

⑵　異議は遅滞なく述べられることを要する。この場合、「遅滞なく」の基準は個別具体的に判断する以外にない。判例によれば、期間満了後に賃貸人が賃借人から金銭を受領し、家賃受取証を発行していた場合には、損害金の授受とはいえず、その後に異議を述べても、遅滞のない異議とは認められない（大判昭2.9.25裁判例⑵民94）。他方、明渡交渉を重ねたうえで期間満了後66日目になした建物明渡請求の提訴について、訴訟提起の準備などを考えれば、遅滞なく異議を述べたものと認められるとした判例がある（最判昭25.5.2民集4-5-161）。

〔16〕　２項法定更新の効果　　本条２項の法定更新が成立する場合には、本条１項と同様、従前の契約と同一の条件で更新したものとみなされる。新旧賃貸借の同一性については〔**9**〕を見よ。

〔17〕　転借人がいる場合の法定更新（３項）　　本条３項は、建物転貸借がなされている場合の法定更新について定める。この３項は平成３年法の新設規定であるが、従来の判例・学説の考え方を明文化したものである（我妻・判例コンメ149、広瀬・諸問題234など）。旧法では、転借人の保護に関しては４条に規定を置

くのみで、その他はもっぱら解釈に委ねられていた。その点、平成3年改正法では、旧法4条に相当する34条のほか、本条3項、27条2項、28条、33条2項にも転借人保護の規定を設けるに至った。

(1)　本条3項の保護を受ける「転貸借」は、賃貸人の承諾を得た適法なものでなければならない。賃貸人の承諾は、必ずしも明示でなくとも、黙示の承諾でもよい。また、転借人による再転貸借（又貸し）にも、賃貸人の承諾のある限り、本条が適用されてよい。

(2)　契約解除原因となる無断転貸借の場合には、本条3項は適用されない（民612条）。ところで、同じく無断転貸借であっても、信義則や信頼関係法理などを理由に賃貸人の解除権が否定される場合については議論がある。旧法4条（現行34条）に関してであるが、判例には、背信行為とは認められない程度の無断転貸であっても、賃貸人の承諾を得たものではないことを理由に旧法4条の適用を否定し、賃借人側としては転借人に対する通知のないことをもって賃貸人に対抗できないとしたものがある（東京地判昭32.7.18判時129-30）。これに対して、学説には、解除権が否定されるような無断転貸借も総じて保護の対象となると解する説がある（篠塚・注民(15)502）。本条3項の趣旨が転借人の立場を強化することにある以上、背信行為に当たらない程度の無断転貸借についても、本条3項の適用範囲に含めて差支えないと思われる。

〔18〕　転借人による建物継続使用　　本条3項の法定更新は、2項と同様に、転借人（再転借人を含む）が現に建物使用を継続している事実のあることを要する。転借人が現に使用を継続している場合には、賃借人が建物使用を継続しているものとみなされる。すなわち、原賃貸借契約の存続期間が満了しても、転借人が建物の使用を継続していれば、原賃貸借契約自体の法定更新の効果が生じるのである。期間満了時における転借人の地位を強化する趣旨である。

〔19〕　法定更新の当事者　　転貸借の当事者は転貸人（賃借人）と転借人であるが、原賃貸借の当事者はあくまでも賃貸人と賃借人である。したがって、転借人の建物使用の継続につき遅滞なく異議を述べなかったために法定更新が生じるのは、原賃貸借関係についてである。本条3項はこの点を明確に規定した。

〔20〕　3項法定更新の効果　　建物の転貸借がなされている場合にも、本条2項を適用する。

(1)　本条3項で2項の規定を適用する結果、転借人が建物使用を継続している場合に、賃貸人が賃借人（転貸人）に対して遅滞なく異議を述べなければ法定更新が生じ、従前の賃貸借と同一の条件で賃貸借が更新されたものとみなされる。賃貸人が遅滞なく異議を述べるべき相手方は「賃借人」である。なお、転借人に対して異議を述べるのでもよいとする見解もある（広中・注民⒂980）。旧法下では、賃貸借が確定的に終了すると、合意解約の場合を除いて、賃貸借の存在を前提とする転貸借も原則として終了し、たとえ転借人が継続して建物を使用していても、明渡しを余儀なくされることとなり、転借人はきわめて不安定な立場に置かれていた。この点、平成3年法によって転借人保護の趣旨が強化された。

(2)　本条3項は、法形式上、平成3年法の施行前になされた建物の転貸借については遡及適用されない（附則12条）。しかし、実務的には、転借人の使用継続という事実は、建物賃貸人の更新拒絶または解約申入れの前提条件であるから、附則4条の適用により、旧法下の借家関係について平成3年法施行後にされた更新拒絶の通知または解約申入れにも、本条3項が適用されるべきであると解するのが妥当であろう（澤野・新借地借家121）。

（石川　信）

（解約による建物賃貸借の終了）

第27条〔1〕　建物の賃貸人〔2〕が賃貸借〔3〕の解約の申入れ〔4〕をした場合においては、建物の賃貸借は、解約の申入れの日から6月を経過〔5〕することによって終了する〔6〕。

2　前条第2項及び第3項の規定〔7〕は、建物の賃貸借が解約の申入れによって終了した場合に準用する〔8〕。

〔1〕　本条の趣旨　　本条は、民法617条の特則として、契約で存続期間を定めなかった場合の建物賃貸借について、賃貸人からの解約申入れによって建物賃貸借を終了させる場合の解約申入期間を伸長する旨の規定である。

本条は、旧法3条とその趣旨を同じくする。すなわち、期間の定めがない建物賃貸借は、各当事者からいつでも解約の申入れをすることができる（ただし、賃貸人からの解約申入れには正当事由を要する）が、その場合の解約申入期間（解約を申入れてから契約終了するまでの期間）については、民法617条では「３箇月」と規定している。この点、本条１項ではこの解約申入期間を「６月」と伸長した上で、さらに本条２項では、26条を準用して、解約の申入れによって賃貸借が終了する場合にも法定更新の余地を認めている。

本条は、旧法３条と実質的な差異はないので、本条の解釈に際しては旧法下の議論の多くが参考になる。ただし、本条には26条３項（平成３年法による新設規定）が準用されるので、法形式的に旧法３条と異なることになり、旧法下の既存の建物賃貸借には遡及適用されない（附則12条）。

〔２〕　本条の適用要件――賃貸人からの解約申入れ　　本条は建物賃貸人からの解約申入れの場合に適用される。ここでいう建物賃貸人には、前賃貸人から家屋を譲り受けた新所有者も含まれる。もっとも、新所有者は所有権取得の登記を経由しないと賃借人に対して有効な解約申入れをすることができない（名古屋高金沢支判昭28.11.4下民4-11-1583）。この点については、学説に異論はない。

他方、建物賃借人からの解約申入れの場合には本条は適用されない。賃借人からの解約申入れについては、民法617条１項に従い、３カ月の解約申入期間で足りる。

〔３〕　本条の適用要件――期間の定めがない普通の建物賃貸借　　本条は、「期間の定めがない」普通の建物賃貸借に適用される（民617条）。本条の適用につき以下のような議論がある。

⑴　期間の定めがない賃貸借　　ア）　期間の定めがない賃貸借は、当事者の合意による場合のほか、法定更新後の賃貸借の場合（26条１項但書）、１年未満の期間を定めた普通の建物賃貸借の場合（29条により期間の定めがないものとみなされる）に生じる。

イ）「永久貸与」という契約文言の場合も、判例によれば、長期間の賃貸借という趣旨であって、期間の定めがない賃貸借と解されている（最判昭27.12.11民集6-11-1139）。地上権に関する事例であるが、登記簿上に記載された「無期限とする」という文言について、「期間の定めなき地上権」とした判例がある（大判昭15.6.26民集19-1033）。

思うに、永久貸与とは、『長く暫くの貸し借り』という合意を意味するのであって、存続期間の具体的な合意ではないだろう。したがって、一般論としては、判例のように「期間の定めがないもの」と解した上で、正当事由の判断にあたって合意の真意・趣旨を斟酌するのが妥当であろう（山城・新基本コンメ181）。

旧法下の学説は、①判例に賛成する説（我妻・各論中一512）のほか、②建物の存続期間内という趣旨に解する説（石川(利)・契約大系Ⅲ61）、③民法604条に定める最長期間である20年（改正民604条では50年に引き上げられた）と解する説（星野・借地借家495）に分かれていた。この点、当事者意思を推測すれば、「建物が存在している間は、賃借人に債務不履行がない限り、賃貸借関係を続ける」と解するのがふつうであり、したがって「建物の存続期間内」説が最も妥当なように思う。なお、学説のうち、「法定最長期間限定」説は、平成11年改正法によって建物賃貸借の存続期間の上限が撤廃されたので（29条2項）、今日ではその根拠を失っている。

⑵　期間の定めがある賃貸借　　ア）　解約権留保特約付の場合　　期間の定めがある場合でも、当事者の一方が期間内に解約する権利を留保しているときは、解約申入れによって終了する賃貸借となり（民618条）、本条が適用される。ところで、この問題の前提として、借地借家法の下でも解約権留保特約の有効性が認められるのか、30条に反するのではないか、という論点がある。通説によれば、解約権留保特約に基づく解約申入れの場合にも正当事由の存在を必要とするから、必ずしも賃借人に不利にならないとして、特約の有効性を認める（広瀬・判例コンメ208、223、星野・借地借家493）。下級審判例には、特約を無効とするもの（東京地判昭27.2.13下民3-2-191）もあったが、その後は学説と同様に有効とする立場を採っている（東京地判昭36.5.10下民12-5-1065、東京地判昭55.2.12判時965-85）。

イ）　賃借人が破産した場合　　平成16年の民法改正（現代語化）の前は、期間の定めがある場合でも、賃借人が破産宣告を受けたときは、賃貸人または破産管財人から解約の申入れがなされることがあった（民旧621条）。このような場合について、判例は、賃貸人側の解約申入権は法律が特に認めたものであるから、借家法によっても制限されず、本条の解約申入れの手続は排除され、民法621条のみが適用されると解していた（最判昭45.5.19判時598-60）。しかしこの点、従来からも批判が多かったように、賃借権には財産的な価値があり、賃借人の破産を理由に賃貸人側に解約権を付与することには合理性がない。

そこで、2004（平成16）年の新破産法は、賃借権その他の権利を設定する契約について、相手方が登記・登録その他の第三者対抗要件を備えている場合、破産管財人は、双務契約に関する一般規定による解除ができない旨を規定した（破56条）。新破産法の制定に伴う整備によって、民法旧621条は削除されるに至った。したがって今日では、賃借人が破産した場合でも（逆に賃貸人が破産した場合でも）、破産手続との関係にかかわらず、賃借人保護のために、原則として本法の適用を認めてよい。

(3)　定期建物賃貸借など　　本条が適用されるのは、「普通の建物賃貸借」のうち「期間の定めがない」場合である。換言すれば、本法第３章第３節「定期建物賃貸借等」に規定する、定期建物賃貸借（38条）、取壊し予定の建物賃貸借（39条）、一時使用目的の建物賃貸借（40条）の場合は、各々、一定の要件の下で契約更新を排除する特約を結ぶことが認められているので、法定更新に関する26条と本条は適用されない。しかも、これらの特別な建物賃貸借の場合は、１年未満の期間を定めることも有効であり、本法29条によって「期間の定めがない建物の賃貸借」となるわけでもない。ただし、39条（取壊し予定の建物賃貸借）については、微妙な解釈問題が残されている。すなわち、39条は確定期限付のみならず不確定期限付をも認める趣旨であるから、契約締結の状況によっては期間の定めがない賃貸借となる余地があり、その場合には、本条が適用されると解する説がある（五島・法時64-6-52）。詳しくは39条〔４〕を見よ。

〔４〕　解約申入れの仕方　　解約の申入れは、将来に向かって賃貸借を終了させる意思表示である。その方式については何らの制限はなく、また必ずしも明示的でなくとも、黙示的であってもよい。ただし、賃貸人からの解約申入れには、正当事由を必要とする（28条）。

(1)　解約の申入れは、その趣旨を具体的に明示する必要まではなく、賃貸借を将来に向けて終了させる意思表示がなされたものと認められれば足りる（最判昭32.6.11新聞61-4）。

ア）　裁判上の請求　　賃貸借に基づく建物明渡請求訴訟（準備書面の送達）には、正当事由を備える限り、解約申入れの効力が認められる（最判昭26.11.27民集5-12-748、最判昭28.4.9民集7-4-295）。建物明渡しの調停申立てにも、相手方が出頭した時点で、解約申入れの効力を認めてよい（前掲最判昭27.12.11）。なお、当初は正当事由がなくても、訴訟継続中に正当事由を備えれば、その時点で解約申入れの効力が認められる（最判昭41.11.10民集20-9-1712)。

賃貸借に基づく訴えではなく、所有権に基づく家屋明渡請求訴訟でも、訴状に賃貸借が終了した経緯が記載され、所有者の意思（賃貸借の存続を望まない）が明確に推測できるときは、解約の意思表示を含むと解される（最判昭28.10.23民集7-10-1114)。

イ）　裁判外の請求　　無断改築や無断転貸を理由とする契約解除の意思表示にも黙示的な解約申入れの効力が認められる（東京高判昭41.6.17判タ196-159)。さらに更新拒絶をなすべき期間外にした更新拒絶であっても、更新されて期間の定めのないものとなった賃貸借について、解約申入れとしての効力を認めた例がある（名古屋高金沢支判昭31.3.5下民7-3-512)。

(2)　賃貸人からの解約の申入れは、正当事由が備わらなければ効力を生じない(28条)。この正当事由はいつの時点で存在していなければならないか。すなわち、解約申入れの時期と正当事由の存在時期との関係が問題となる（なお、28条〔13〕を見よ)。

ア）　判例は、正当事由の存在は解約申入れの要件であるから、解約申入れ時に正当事由が存在していれば足り、解約申入れ後の事情の変動によって、正当事由が存在しなくなったとしても、いったん有効になされた解約申入れの正当性は失われず（最判昭28.4.9民集7-4-295)、判決確定後に正当事由が消滅しても、従前の賃貸借が当然に復活したり、明渡請求権が当然に消滅するものではないとする(最判昭33.1.23民集12-1-96)。

また、(1)ア）で前述したように、判例は、解約申入れ時には正当事由が存在しなくとも、明渡請求訴訟を提起した時に正当事由が存在していた場合、訴訟継続中に正当事由が備わり口頭弁論終結時まで６カ月経過した場合などにも、黙示的継続的な解約申入れの意思表示として、その効力を認めている（最判昭29.3.9民集8-3-657、前掲最判昭41.11.10)。

解約申入れ後に立退料の提供またはその増額を申し出た場合にも、その提供または増額をもって当初の解約申入れの正当事由を判断することができるとする判例がある（最判平3.3.22民集45-3-293。なお、借地について最判平6.10.25民集48-7-1303)。

イ）　総じて、判例は解約申入れに伴う正当事由の存在時期について、賃貸人側に有利な判断をしている。しかし、この点、借地と借家とで判断を異にするだろうが、借家ケースについて学説は判例に批判的である。多数説は、解約申入れ時から口頭弁論終結時まで正当事由が存続しなければならず、口頭弁論終結前に正当事由が消滅すれば解約申入れの効力がなくなると解する（我妻・各論中一515、三宅・新版注民⒂726）。なお、ほかには、判決執行時までの存続を必要とし、明渡判決確定後に正当事由が消滅すれば請求異議の訴えを提起して執行力の排除を求めることができると解する説（乾・民商30-2-66）、解約申入れ時から6カ月存続すれば足りるとする説（田中・契約大系III351）、賃貸人の信義則違反を判断基準とすべきであるとする説（吉田・判タ778-45、内田・法教175-77）などがある。

⑶　解約申入れの手続を排除する特約は一般に無効であるが（30条）、賃借人の義務違反を理由とする解約申入特約の場合は、有効と解する余地がある（30条〔3〕⑵を見よ）。また、賃借人にとって不利益とはならない特約を解約申入れの条件に付することはかまわない。たとえば、解約の申入れをする場合には賃借人が被る損害をあらかじめ賠償するという特約は有効である。したがって、その特約にもかかわらず、損害賠償の提供をしないでした賃貸人の解約申入れは無効である（東京高判昭27.6.3下民3-6-763）。

〔5〕　解約申入れの時期　　⑴　解約の申入れは、建物賃貸借を終了させる6カ月前までになさなければならない。民法617条の期間に比べて、解約申入期間が2倍に伸長されている。ただし、本条は賃貸人が解約申入れをする場合の規定である。他方、賃借人からの解約の申入れには、本条の適用はなく、民法617条1項により、3カ月の解約申入期間で足りる。したがって、賃貸人からの解約申入れと賃借人からの解約申入れとが交叉した場合には、いずれかの解約申入期間が経過した時点で、賃貸借が消滅する。

⑵　解約申入期間を短縮する特約は無効である（30条）。また、賃貸人が解約申入れに際して、「3カ月の予告期間」を付した場合でも、その3カ月という文言には何の効力も認められない。しかし、本条違反の予告期間を付したからといって、解約申入れ自体の効力を失わせる必要はない。

〔6〕　解約申入れの効果――賃貸借の終了　　賃貸人から正当事由ある解約申入れがなされた場合、解約申入日以後6カ月経過した時点で、その賃貸借は将来

に向かって終了する。ただし、この解約申入れによる賃貸借の終了も、さらに本条2項の法定更新（26条2項、3項の準用）によって制約される（〔7〕を見よ）。

ところで、旧法3条1項では、賃貸人のする解約申入れについて「6月前ニ之ヲ為スコトヲ要ス」と規定していたが、最高裁は、解約申入れに際して6カ月の猶予期間をつける必要があるという意味ではなく、解約申入れ後6カ月経過すれば解約の効力を生じるものと解していた（最判昭25.2.14民集4-2-29）。そこで、本条は「解約の申入れの日から6月を経過することによって終了する」と規定して、この点を文言上明確にした。

〔7〕 解約申入れの場合の法定更新　(1) 本条1項の解約申入れによる賃貸借の終了は、さらに本条2項により法定更新の制約を受ける。

本条2項は、26条2項および26条3項を準用している。このうち、26条2項は、期間満了による賃貸借終了後も賃借人が建物の使用収益を継続する場合の法定更新に関する規定である。また、26条3項は、適法な建物転貸借がされている場合に、原賃貸借契約が期間満了により終了しても、転借人が建物の使用を継続しているときは、これを賃借人がする建物の使用とみなして、原賃貸借契約自体の法定更新を認め、転借人の地位を強化しようとする規定である（26条〔12〕～〔20〕を見よ）。

〔8〕 本条2項法定更新の効果　(1) 期間の定めがない賃貸借における解約申入れ後の法定更新については、26条2項および3項（期間の定めがある賃貸借の終了後の法定更新に関する規定）が準用される。

(2) 26条2項および3項が準用される結果は次のとおりである。すなわち、解約申入れによって建物賃貸借が終了した場合（本条1項）であっても、なお賃借人が建物の使用・収益を継続するとき（26条2項）、または転借人がその建物の使用・収益を継続するとき（26条3項）は、賃貸人が遅滞なく異議を述べない限り、前賃貸借と同一の条件で契約を更新したものとみなされることになる（26条1項）。なお、本条2項による法定更新がなされると、その後の建物賃貸借は期間の定めがないものとなる（26条1項但書参照）。

(3) 26条が賃借人からの通知によって期間の定めのある賃貸借を終了させた場合にも適用されると解するならば、本条2項についても、賃借人からの解約申入れの場合にも適用されてよい。すなわち、賃借人から解約の申入れをしたにもかかわらず、なお賃借人が建物の使用・収益を継続し、それに対して賃貸人が遅滞なく異議を述べないときは、その建物賃貸借は法定更新されると解される。

(4)　なお、本条は平成３年法によって新設された26条３項を準用しているため、法形式上、旧法下の既存の借家関係には遡及適用されない（附則12条）。しかし、実務的には、転借人の使用継続という事実が建物賃貸人の解約申入れの前提条件であると考えれば、附則４条の適用により、旧法下の借家関係について平成３年法施行後にされた解約申入れの判断にあたっても、本条３項が適用される余地があると解するのが妥当であろう（澤野・新借地借家121）。この点、26条〔20〕(2)と同旨である。

（石川　信）

（建物賃貸借契約の更新拒絶等の要件）

第28条〔1〕　建物の賃貸人による第26条第１項の通知〔2〕又は建物の賃貸借の解約の申入れ〔3〕は、建物の賃貸人及び賃借人（転借人を含む〔4〕。以下この条において同じ。）が建物の使用を必要とする事情〔5〕のほか〔6〕、建物の賃貸借に関する従前の経過〔7〕、建物の利用状況〔8〕及び建物の現況〔9〕並びに建物の賃貸人が建物の明渡し〔10〕の条件として又は建物の明渡しと引換え〔11〕に建物の賃借人に対して財産上の給付〔12〕をする旨の申出をした場合〔13〕におけるその申出を考慮して〔14〕、正当の事由がある〔15〕と認められる場合でなければ、することができない。

〔１〕(1)　本条は、賃貸借契約の終了事由として正当事由制度を維持するとともに、正当事由の判断基準として「賃貸人及び賃借人（転借人を含む）が建物の使用を必要とする事情」「賃貸借に関する従前の経過」等の判断基準を列挙することによって、正当事由の有無の判断を容易にしようとしたものである。すなわち、正当事由の有無は、「当事者双方の使用の必要性」を主たる判断基準とした上で、「賃貸借に関する従前の経過」、「建物の利用状況」、「建物の現況」、立退料等の「財産上の給付」を総合的に考慮して決定されるのである。賃貸人に自己使

用の必要性があるからといって直ちに正当事由が肯定されるわけではない。

その意味で、本条は借地に関する6条と同様に一般条項である。もちろん、立法者としては、たとえば「借家人の不使用」というような具体的な正当事由を列挙する方法も考えないではなかったし、現に「問題点」は、地主・家主等からの改正要求を踏まえて、「土地の有効利用」等の絶対的正当事由を具体化する考え方の当否を問うていた。確かに、すでに6条の注釈において指摘したように、正当事由の具体化・明確化は、当事者に明渡しの有無についての予測を可能にし、また裁判所における迅速な紛争解決にも寄与するというメリットをもっている。

しかし、他方で、それは多種多様な利益状態に即応した柔軟な解決を妨げるという決定的なデメリットをもあわせもっている。正当事由の有無は、これまでの裁判例をみてもわかるように、多種多様なファクターの総合的な判断によって決定されるものであり、また、そのことによって借家人の居住・営業の利益が正当な形で保護されてきたのである。正当事由の具体化・明確化は、それが存在するということだけで正当事由を認定するという処理に傾くことが予想され、借家人の立場を相対的に弱めることにつながる。平成3年法は、このような立場に立って、これまで積み上げられてきた旧法下の裁判規範を踏襲する態度を示した。ただ、平成3年法は、正当事由の有無の判断が一般人にもわかりやすくなるように、正当事由判断にあたり考慮すべき諸ファクターを列挙したにすぎないのである。本条では、このような当事者双方の諸事情を総合的に判断するというこれまでの裁判例の枠組みを逸脱しないよういくつかの配慮をしたことがうかがわれる。

第1は、「双方の使用の必要性」とその他の判断基準との間に、「のほか」という文言を挿入したことである。あくまでも「双方の使用の必要性」が考慮されるべき主たる事情で、その他の基準は従たる要素にとどまることを明確にしたものである。これは、正当事由の判断基準相互の優劣を何ら定めなかったことによって生じる弊害を回避するためである。したがって、たとえば、賃貸人の自己使用の必要性が低い場合であっても、高額の立退料が提供されただけで正当事由が具備されることがあったり、あるいは使用の必要性を考慮することなく、「従前の経過」や「土地の利用状況」のみの判断で正当事由があるとされる余地は、これにより否定される。

第2に、各界からの批判をふまえて、建物の有効利用を理由とする明渡請求に傾きがちな「建物の存する地域の状況」というファクターを削除した。

第３に、「その他一切の事情」を削除したことである。これも、本条で列挙された判断基準はいずれもこれまで判例で認められてきた代表的なものの例示にすぎないということ、時代の変遷とともに正当事由の判断基準も変わりうるということ等を考慮するならば、「その他一切の事情」という文言を置くことには、本来重要な意味があるものと考える。だが、立法者は、土地の高度利用を理由とする明渡しに道を開くとして「地域の状況」を正当事由の判断基準から削除したことと関連して、「その他の事情」が「地域の状況」を意味するようになっていくことを回避したかったものと考えられる。「その他の事情」の削除は、平成３年の改正が決して正当事由の緩和につながらないとする立法者の強い意思を示すものである。なお、本条が遡及適用されないこと（附則12条参照）もその一つの現われである。

(2)　事業者間のサブリース契約も、その性質は建物賃貸借であり、本条が適用される（札幌地判平21.4.21未登載）。

〔２〕「第26条第１項の通知」とは、期間の定めのある賃貸借において、当事者が期間満了の１年前から６カ月前までの間に相手方に対して行う、更新をしない旨の通知または条件を変更しなければ更新をしない旨の通知をいう。この通知をしなかったときは、以後は期間の定めのない賃貸借として従前の契約と同一の条件で更新されたものとみなされる（26条１項）。

〔３〕　期間の定めのない賃貸借（平成３年法29条により１年未満の期間の定めのあるものを含む）については、解約の申入れは27条１項の規定により行われる（27条は民法617条の特則となる）。この場合には、建物賃貸借は、解約申入れの日から６カ月を経過すると終了する。なお、賃貸人はこの場合にも正当事由を備えていることが必要である。

〔４〕　本条は、借家契約終了の際の正当事由の判断に転借人の事情を斟酌すべきことを定める。このことは、26条３項が転借人による建物の使用の継続を借家人による建物使用の継続とみなすと定めたことと軌を一にする。旧法下では、これについて明文の規定はなかったが、判例は、転借人の事情を正当事由の判断にあたって斟酌していた。

(1)　まず、適法な転借人のいる場合に、転借人の事情を考慮して正当事由を否定したものがある（千葉地判昭25.10.5下民1-10-1590、東京地判昭34.7.16判時196-19)。その理由は、第１に、旧法が適法な賃貸借を保護していたこと（旧法４条)、第２に、転借人のいる場合には、賃借人は通常自ら使用する必要性のない場合であろうから転借人の使用の必要性を考慮しなければ正当事由が容易に認められてしまうということであった。

⑵　しかし、無断転貸の場合には、特段の事由がない限り、転借人の事情は正当事由の有無の判断にあたって考慮されないとする（たとえば、東京高判昭58.7.26判タ512-132)。

⑶　さらに、転借人の事情は、賃貸人の明渡請求が賃借人の事由の如何を問わず認められる性質の場合（たとえば、建物朽廃を理由とする場合に、それが朽廃に瀕しているようなとき）には、正当事由の判断にあたって斟酌されない（東京高判昭38.3.27判例総覧24-357)。

〔**5**〕「建物の使用を必要とする事情」は、正当事由の有無を左右する重要な判断基準である。これには、賃貸人・賃借人双方とも、生活の本拠として使用するという居住の必要性にはじまり、営業の必要性や家族の事情（息子が結婚するのでそこに住まわせたい）に至るまで、多種多様なものがある。いずれにしても、貸主・借主双方の事情の軽重を斟酌しながら正当事由の有無を判断していかなければならない。その意味で、このファクターは、旧法の「自己使用の必要性」と異なるものではない。

⑴　居住の必要性　　居住の必要性は、家屋明渡しを求める際に家主に有利な第１のファクターである。しかし、住宅事情が緩和された昭和40年代以降は、家主側の居住の必要性が賃借人側の居住の必要性をかなり上回っている場合を除いて、この事由だけを理由に正当事由が認められることは比較的少なくなった。

ア）　まず、賃貸人が老齢で生活がきわめて切迫しており、このままでは生活の基礎を失うというのに対して、賃借人は当該建物を明け渡しても直ちには生活に困らない等の場合に双方の必要性を比較しただけで正当事由が認められている。

イ）　これに対して、当事者双方の必要性に差のない場合には、契約締結時の事情や立退料の提供等の事情が考慮されて正当事由の有無が判断されている。たとえば、賃貸人側の居住状態がきわめて手狭である一方、賃借人側も病人がいてきわめて苦しい生活状態であるという双方の居住の必要性が同程度に高い場合に、立退料120万円の提供を決め手として正当事由が認められている（福岡地判昭47.4.21判時680-66）。

ウ）　さらに、賃借人の必要性が賃貸人の必要性に比べてかなり高い場合には、立退料の提供があっても正当事由が認められていない。たとえば、賃借人が営業上の投資をしていたり、営業継続の必要性が高く、明渡しが賃借人の生計に大きな打撃を与える場合には、立退料あるいは代替家屋の提供をしても正当事由が認められない（東京高判昭50.8.5判タ333-197）。

⑵　営業の必要性　　家主が当該家屋で営業することの必要性は、正当事由の有無の判断に際して考慮されるべき重要なファクターの一つである。もっとも、営業の必要性といっても、各種の態様（開業・継続・拡張）、原因（たとえば、賃貸人が病気等）があり、これを一概に論ずることはできないが、一般論としていえば、必要性の程度に差異がある場合には、その他の事情を考慮することなく正当事由の有無が判断されるという点で居住の必要性の場合と異ならない。たとえば、賃貸人は6畳一間に家族4人ないし5人で起居し、しかも自らは左眼失明のため一人前の働きができず、頼りとする長男に牛乳店を開業させる必要があるのに対して、賃借人は、当該家屋をもっぱら倉庫としてしか使用していない場合に、使用の必要性の比較だけで正当事由を認めている（東京高判昭41.6.17判タ196-159）。

さて、営業の必要性といっても、最近では当該建物をビルに建て替えて有効利用したいという理由で明渡しを求める新しいタイプのものが多くなっている。これについては、それだけの理由では正当事由が肯定されることは少ないが、仮に正当事由が肯定されるケースであっても、かなり高額の立退料の提供が必要とされている（たとえば、大阪地判昭63.10.31判時1308-134、東京高判平1.3.30判時1306-38）。

なお、営業の必要性は、居住の必要性よりも判断要素としては弱く斟酌されている（賃貸人側に居住の必要性があるとして正当事由を肯定したものとして、東京地判平3.9.6判タ785-177、賃借人側に居住の必要性があるとして正当事由を否定したものとして、東京地判平3.5.13判時1396-82がある）。

⑶　第三者の使用の必要性　　結婚する息子を住まわせるためとか年老いた親と同居するために借家の明渡しを求めるというように、賃貸人と何らかの関係の

ある第三者（親族あるいは従業員など賃貸人と経済関係にある者）の使用の必要性も正当事由認定の一ファクターとなりうる。ただ、これらのファクターは、それ自体が正当事由の認定ファクターとなるわけではなく、賃貸人側の居住・営業の必要性として考慮されるにすぎない。

(4)　建物売却の必要性　　賃貸人が賃貸中の建物を有利に売却するために明渡しを求めることは、原則として正当事由にはならないが（東京高判昭26.1.29高民4-3-39)、それが生計維持のための唯一の方策である場合（たとえば、相続税・固定資産税等の納税を理由とする場合と経済的困窮を理由とする場合が考えられる）には、例外として正当事由が認められる。この場合には、立退料の提供が必要となることがほとんどである（最判昭38.3.1民集17-2-290、大阪地判昭39.5.30下民15-5-1283)。

この傾向は、現在でも変わらない。最近のものとしては、賃貸人は借入金の返済のため建物とその敷地の賃借権を売却する必要があり、他方賃借人は当該賃借建物で清涼飲料水等の販売店を行っているという事例で、立退料600万円の支払と引換えに正当事由を認めた（東京高判平12.12.14判タ1084-309)。

(5)　借地明渡しの必要性　　判例は、借地上に建物を建てて賃貸していた賃貸人が地主から６条にいう正当事由ありとして土地の明渡しを求められた場合であっても、この事実をもって賃借人に対する解約申入れに正当事由があるとはいえないとしている（東京地判平8.1.23判タ922-224)。ただ、そのように解すると、建物賃貸人（借地人）は、借地上の建物を収去する義務を有するにもかかわらずそれを履行できないことになる。したがって、この場合は、建物賃貸人が地主から受領するであろう立退料を建物賃借人に配分するか否かで、正当事由の認否が分かれよう。

(6)　その他建物使用の必要性に関連する附随的要素　　賃借人側の利用計画が具体化されていない場合には、建物使用の必要性がないとして正当事由が否定されている（東京高判平5.12.27金法1397-44)。また、賃貸人側に代替物件があることは、正当事由を否定するファクターの一つとして考慮されている（東京地判平3.11.26判時1443-128)。

〔６〕「建物使用の必要性」が正当事由の主たる判断要素であり、それ以外の事由は、正当事由の補完事由にすぎないことを明らかにしたものである。これにより、貸主が自らは使用する必要性がほとんどないにもかかわらず、「建物の現

況」(建物の老朽化）や立退料の提供のみで正当事由を具備できるという可能性を否定する。

〔７〕「賃貸借に関する従前の経過」で考慮されるファクターとしては、ア)借家関係設定の事情・基礎（好意貸借かどうか、特別の関係すなわち雇用関係、親族関係、友人関係、取引関係等に基づくものかどうか)、イ)その基礎たる事情の変更、ウ)賃料額の相当性、エ)当事者間の信頼関係の存否（賃貸人への嫌がらせや軽度の賃料延滞、用法違反等)、その他、オ)契約当初の権利金や更新料の授受の有無や額、カ)設定以来の期間の長短、を挙げることができる。

(1)　このように、「従前の経過」のなかで考慮される事情は数多く、これまでの裁判例においても正当事由認定の有力なファクターとして考慮されているものもある。これらのファクターがどの程度正当事由の認定にあたって重要な役割を果たすかは、基本的にはケース・バイ・ケースであるが、以下では、個々のファクターごとにこれまでの裁判所の判断を概観してみたい。

ア)　借家関係設定の事情は、正当事由の有無について決定的なファクターになることが多い。たとえば、借家契約が当初他のビルが完成するまでの一時的な使用のために締結され、その後なし崩し的に通常の賃貸借に変更された場合（東京高判昭60.10.24判タ590-59）や取り壊して新築する具体的な予定のあることを知って賃借した場合（東京地判昭61.2.28判時1215-69）には正当事由が認められている。また、賃借人が長期間本件建物に住み続けることを前提に本件賃貸借契約が締結され、賃借人が長年にわたり、居住し続けているだけではなく、賃貸人がいったんは４、５年の使用継続に同意したという事例で、賃貸人の使用の必要性もなくはないが、賃貸人から立退料の支払の意思表示がないことを考慮すると、賃貸人の更新拒絶には正当事由が存しないとするものがある（仙台高判平19.3.30LEX/DB28132159、第一審は福島地判平18.11.30LEX/DB28132158)。

イ)　契約締結時に存した基礎的な事情が変更した場合（たとえば、地方転勤中に限って賃貸したが、その後数回も更新された）には、他のファクター（たとえば、２年間の明渡猶予とか賃料免除等）がなければ正当事由が認められないという意味で賃貸人の不利になる（東京高判昭51.3.13判タ339-269)。

ウ)　賃料額の相当性は、たとえば、渡米する間だけ貸すので賃料も低くてよいというように契約設定時の事情になる場合が多く、賃貸人に有利なファクターになる（東京地判昭60.2.8判時1186-81）。

エ） 契約期間中に賃貸人・賃借人が信頼関係に違背する行為を行った場合には、それぞれに不利なファクターとして考慮される。

1） 借家人に賃料不払い、無断転貸、劣悪な保安管理（否定事例ではあるが、東京地判平4.9.14判時1474-101）等の不信行為があった場合には、賃貸人にかなり有利なファクターになる。

2） 借家人による無断増改築については、その経緯、態様、規模等を斟酌して正当事由の有無が決せられる。増改築が軽微でなく、賃貸人の意思を無視して行われたようなときには正当事由が認められる（東京地判平1.8.28判タ726-178）。

3） 借家人の営業活動に伴う近隣妨害行為は、その他の諸事情と総合的に考慮されて借家人に不利なファクターの一つとなることがある（否定事例ではあるが、東京地判平5.1.22判時1473-77）。

4） 借家人が家主の賃貸人としての地位を争うことは一般に正当事由になるとされる（最判昭26.4.24民集5-5-301）。

5） 賃貸人の不信行為が悪質である場合には、正当事由否定の強いファクターになる（誠実な借家人を事実上の営業廃止に追い込む悪質な妨害行為があった事例として、東京地判昭52.9.27判タ365-287）。

6） 被告が宗教団体アレフの信者であることによって原告らが抱く不安感をもって、本件借家契約の期間満了または解約申入れの正当事由の根拠とすることはできない（岐阜地判平13.11.28判タ1107-242）。

(2) その他、設定以来の期間の長さは、借家人に有利な事情の一つになるが、権利金や更新料の授受などは、借家に関していえば、存続期間の法定されている借地とは異なり、正当事由の有無を決定するファクターとしてはあまり考慮されていないようである。

〔8〕「建物の利用状況」とは、厳密な意味では、賃借人が契約目的に従って建物を適法かつ有効に使用収益しているかどうか、借家人が他に建物を所有ないし賃借していて当該建物をあまり利用していないかどうかをいう。この点については争いはないであろう。ただ、このような事情は、双方当事者の使用の必要性のなかに含まれるものであり、これだけでは、これを正当事由の独立の判断基準として規定した意味がないであろう。

それでは、「建物の利用状況」にどのような意味をもたせるべきであろうか。実は、この点がかなり曖昧である。立法者も、この点について「『土地の利用状況』に対応する要素である」（寺田・民月47-1-123）という以上の明確な説明をしていない。それゆえ、すでに平成3年法の解説においてもかなり多義的に解釈されている。たとえば、アパート、マンションにおける近隣に対する迷惑行為（犬を飼育する等）がこれに該当するとするものがある（飯原・ジュリ1006-47）。しかし、このような事情は、これまでの裁判例をみても、むしろ「従前の経過」のなかで十分に考慮しうるファクターである。

そうすると、ここでは、本来借地について問題となるはずである、ア）建物の種類・用途（住居用か事業用か）、イ）構造・規模（高層か低層か）、その他建物の容積率等の土地利用の程度、ウ）建築基準法等の規制に適合しているか、エ）建物としての効用が十分に維持されているかどうかが、このファクターのなかで斟酌される可能性がある。建物賃貸借は土地の事実上の利用を伴うものであり、建物の利用は、本来は当該土地あるいは周辺土地との密接な関係のなかで維持されていくべきだからである。

そうすると、「建物の利用状況」とは、建物の利用の仕方が当該建物の構造・規模等から考えて効率的でないまたは収益性が低いという場合も含むと解することができる。たとえば、ア）防火という見地から堅固な建物にする必要性などがこれに該当すると思われる。また、イ）4戸続きの建物の中央2戸に倒壊の危険性がある場合に、それ自体では倒壊の危険性のない賃借建物についても、連鎖倒壊するおそれがあるという場合、ウ）賃借建物が格式ある神社の境内にあるが、鉄板張りでみすぼらしい、エ）棟割り長屋式の1棟（4軒続き）の両端部分で、他の居住者はほとんど明渡し合意済みである、オ）駅前の一等地で公租公課が高額なのに比して、木造平屋一階建てで、賃料が著しく低廉である等の場合が考えられる。裁判例としては、賃借人の建物利用が効率性を欠いているなどの事情を考慮して、土地の有効利用を正当事由とする明渡請求が立退料と引換えに認められた事例（名古屋地判平14.2.22LEX/DB28071781）がある。

しかし、イ）は、「建物の現況」として捉えることができるし、ア）やオ）は、賃借人による建物の利用の仕方とは直接関係しない外在的要因を理由として建物利用の非効率性等を問題とするものである。だが、老朽化を理由とすれば正当事由がないという事例について、建物の社会・経済的効用の喪失を理由とすれば正当事由が肯定されるというのは妥当ではない。「建物の利用状況」をこのように建物の収益性や周辺の状況等との関連で捉えるならば、土地の有効利用を正当事由の一要素とすることとの限界づけはきわめて困難なものになる。

あるべき解釈の姿としては、ここに平成３年法で削除された「地域の状況」的要素を含めることは厳に慎むべきである。「地域の状況」は、他のファクターとはまったく次元の異なるものであり、これを正当事由の判断基準の一つに入れることは、私法としての借家法の枠を超えるものである。結局ウ)、エ)の場合だけが残るが、これだけでは「建物の利用状況」を正当事由の一判断基準とした意味はほとんどないと思われる。その意味では、「建物の利用状況」という基準は、立法当初からかなり曖昧な性格をもつものであることを否定しきれない。

〔**9**〕「建物の現況」とは、建物自体の物理的状況、すなわち、建替えの必要性が生ずるに至っていることをいう。具体的には、建物が老朽化しているという状況（建物を近い将来取り壊さないと危険であるかどうか、あるいは大修繕をするためにどの程度の費用を要するか等）はもとより、社会的・経済的効用を失っている場合も含まれる。また、建物が土地の利用関係から存立を続けられなくなるという事情もこれに含まれる（寺田・民月47-1-123）。

そして、建替えの必要性をめぐっては、次のような裁判規範が形成されている。

⑴　建物が朽廃に迫っているときには、倒壊の危険、衛生の悪さ等の事情があれば、賃貸人に自己使用の必要性がなくても直ちに正当事由が認められる（たとえば、東京地判昭36.7.8判時273-21、大阪地判昭28.2.25下民4-2-305、東京地判平3.11.26判時1443-128、東京高判平3.7.16判タ779-272等）。もっとも、老朽化に至った原因が、賃貸人の管理運営の不十分さにある場合には、正当事由が否定される（東京地判平4.9.25判タ825-258）。

⑵　単に朽廃に近いという場合には、借家人側の使用の必要性やその他の事情（家屋の耐用年数がきていること等）が斟酌される。遅くとも数年後には朽廃に至り、取壊しを免れない状況に達することが予想される建物について、賃貸人が本件建物を取り壊した上、新建物を有効利用する意思を有するときには立退料の補完によって正当事由が具備される（東京地判平20.4.23判タ1284-229）。一方、老朽化している建物の状況に照らし、改装のために本件賃貸借契約を解除することが

合理性ないし社会的相当性を欠くということまではできないが、賃借人の本件各建物使用の必要性は賃貸人のそれより大きいとして解約申入れの正当事由は認められない（名古屋地判平14.1.30LEX/DB28071134）。

(3)　朽廃にやや遠いという場合のうち、当事者間に再利用契約のある場合には、正当事由が認められている。ここでは、賃借人が営業をしていた場合などに、その間の営業利益の喪失を立退料で補完できるかということが問題になる。

(4)　これに対して、再利用契約のない場合には、賃貸人は、取壊し・新築の必要性のほかに自己使用の必要性を主張・立証しなければならない。賃貸人の正当事由が認められるのは、賃貸人の使用の必要性が優越する場合、あるいは賃貸人の使用の必要性がそれ自体では賃借人の使用の必要性に劣る場合であっても、その他の事情（立退料の提供がある場合が典型であるが、新築についての具体的計画や資金の見通しなども考慮される）の存在する場合である（たとえば、東京地判昭56.10.12判タ466-143は、朽廃の程度が著しくない建物の賃貸借について、金1700万円の移転料の支払を明渡条件として正当事由を認めた）。

(5)　ア）　最後に、最近の裁判例は、建物の高度再利用を目的とするもの（たとえば、賃貸人が事業の拡張のためにビル建築を理由にさほど朽廃していない建物の明渡しを求めてきた場合）については、高額の立退料提供を補強条件として正当事由を広く認容する方向にある（たとえば、前掲大阪地判昭63.10.31、東京高判平1.3.30判時1306-38、東京地判平2.9.10判時1387-91、東京地判平3.7.25判時1416-98等がある。また、立退料の提供なく正当事由が認められた事例として、東京地判平2.3.8判時1372-110がある）。もっとも、建替計画があっても、これを実現する能力が賃貸人になければ、正当事由は認められない（東京地判平9.2.24判タ968-261）。

なお、以上(1)～(5)について、詳しくは、本田・正当事由81以下を参照されたい。

イ）　耐震強度不足と正当事由　　2011年東日本大震災を契機として、老朽化した建物はもちろんのこと（①東京地判平23.8.10判例集未登載〔ウエストロージャパン参照〕）、老朽化しているとはいえない建物についても（②東京地立川支判平25.3.28判例集未登載〔ウエストロージャパン参照〕）、その耐震強度不足を正当事由とする事例がみられるようになった。

裁判例①は、耐震性不足の事例について、建物の老朽化を認定できる事例において、従来の老朽化を理由とする明渡しの正当事由というスキームで処理を図ったものである。

これに対して、裁判例②は、必ずしも老朽化していない賃貸住宅について、耐震強度不足を理由として取壊し・建替えが主張された事例で、明渡しの正当事由が認められたという点で画期的な判決である。判決は、「本件号棟［建物］は、耐震改修をしない限り耐震性に問題のあるところ、かかる場合に、どのような方法で耐震改修を行うべきかは、基本的に建物の所有者である賃貸人（原告）が決定すべき事項であり、その結果、耐震改修が経済合理性に反するとの結論に至り、耐震改修を断念したとしても、その判断過程に著しい誤謬や裁量の逸脱がなく、賃借人に対する相応の代償措置が取られている限りは、賃貸人の判断が尊重されてしかるべきである」と判示した。肯定例としては、ほかに、③東京地判平25.1.23（LEX/DB25510615）、④東京地判平24.11.1（LEX/DB25497266）、⑤東京地判平24.6.18（未登載）がある。

一方、正当事由を否定する裁判例としては、裁判例⑥東京地判平22.3.17（判例集未登載〔ウエストロージャパン参照〕）、裁判例⑦東京地判平25.2.13（LEX/DB25510907）があり、この二つの判決は、耐震補強工事が安価で容易であるような場合には、正当事由が認められないという裁判例準則を示している（これらと比べ、裁判例②は補強工事に莫大な金額がかかるという理由で正当事由を認めている）。同様のものとして、裁判例⑧東京地判平24.9.27（LEX/DB25497159）がある。

以上、これらの裁判例の検討から、耐震性不足は、取壊し・建替えの必要性の一類型と位置づけられており、耐震性不足を理由とする正当事由訴訟の解決には、そこでの判例準則（当事者双方に存する使用の必要性をはじめとする諸事情を総合的に判断して正当事由を決する）が適用されてよい。その際、将来建物が倒壊し、賃借人はもとより第三者にも損害を及ぼす可能性があるという耐震性不足の特徴も考慮すると、耐震性不足は、朽廃そのものではないが、それに近いものとして判断されている。前述した裁判例も、このような観点から、賃貸人に建替えを実行するだけの資力がない場合（たとえば、取り壊して売却するというだけでは、賃貸人に困窮などの事情がない限りは、正当事由とならない）あるいは建替えの具体的計画がない場合を除いて、基本的には財産的給付の支払と引換えに正当事由を認容している。

その際、留意しなければならないことは、新耐震基準をクリヤーしない住宅について、それを根拠に明渡請求をするというような濫用的な明渡請求を回避することである。したがって、耐震性不足を理由とする明渡しに正当事由が認められるためには、それにふさわしい要件が満たされていなければならない。

(6)「建物の現況」のなかに、近隣と比較して土地が有効に利用されていないため、収益がきわめて低い場合（近隣はビルが建ち並んでいるのに、当該建物は木造二階建てで賃料も相当に低い）を含める見解（澤野・Q&A217）もあるが、「地域の状況」を判断基準から削除した趣旨からして疑問である。

〔10〕　本条が「建物の明渡し」という表現を用い、借家権の消滅という文言を使わなかったのは、借家権の消滅を条件またはそれと引換えにとすると、賃貸人による立退料等の提供後明渡しまでの間の借家人の占有が不法占拠になってしまうという不都合を回避するためである。

〔11〕「建物の明渡しの条件」とは、立退料が明渡しに優先して提供されなくてはならないということであり、執行法上は立退料の提供が執行文付与の要件となるということを意味する。また、「建物の明渡しと引換えに」とは、立退料を受け取ることと家屋明渡しが同時履行の関係にあるということであり、執行法上は財産上の給付の提供（立退料の提供）が執行開始の要件となるということである（民執31条）。前者では、立退料または代替家屋の提供が先になるので、受け取った立退料を他の家屋取得または賃借費用等に充てることが可能となり、あるいは提供された代替家屋に居住することができるが、後者では明渡しと立退料の提供等が同時履行となるので、それまでに自己の負担で移転先の取得費用あるいは賃料・敷金等を支払わなければならない。

〔12〕「財産上の給付」には、代替家屋の提供も含まれるが、通常は金銭（立退料）であることが多い。立退料の内容としては、移転経費、借家権価格、営業補償などが含まれる。

(1)　移転経費とは、引越しに要する費用および移転通知費用などの実費をいう。

(2)　借家権価格とは、地価の高騰等に伴う建物の資産価値の増加分について、借家人に配分されるべきものをいう。借家権価格という発想は、資産価値の増加が賃貸人側の努力のみによるものではなく、借家人の貢献によることも少なくないとして両者で適正に配分するのが合理的であるという考え方に基づくものである。

(3)　営業補償とは、借家からの移転により営業を廃止あるいは一時的に停止せざるをえなくなることによる営業利益の損失を補償するものである。

(4)　その他、借家人が移転によって長年培ってきた地縁的なつながりを失うことによる精神的な苦痛も損失として考慮されうる。

(5)　立退料の額については、当事者間に合意があればそれにより、合意のない場合には、双方の必要性の程度等を斟酌しながらケース・バイ・ケースで決めていくこととなる。一般論としていうならば、賃貸人への明渡しの必要性が高ければ高いほど立退料の額は低くなるし、借家人が当該建物を営業用として利用している場合には、営業利益の喪失分が含まれるので提供される立退料の額も高くなるということができる。

〔**13**〕　本条は、申出の時期および方法については何も定めていない。これについては、これまでの判例の取扱いを踏襲するものである。

(1)　立退料等の提供の申出は、裁判上なされなければならない（もっとも、裁判外の和解がなされる等の場合には、裁判外の申出でもかまわない）。

(2)　正当事由の有無の判断の基準時について、判例は、解約申入れ・更新拒絶の時から６カ月間必要であり、それで足りるとする（最判昭28.4.9民集7-4-295、最判昭32.7.25民集11-7-1359）。

(3)　それゆえ、立退料等の提供の申出が解約申入れ・更新拒絶と同時になされ、６カ月が経過した場合には、裁判所は、立退料の提供を含めて正当事由の有無の判断をすればよいこととなる。

(4)　これに対して、立退料等の提供が訴訟提起後になされた場合には、判例は、解約申入れ・更新拒絶時に正当事由が具備されていなくても、訴訟が継続していく場合には、解約申入れ等の意思が黙示的に継続しているとみなして、その間に正当事由が具備されさえすれば、６カ月の経過により賃貸借は終了するとする。

(5)　なお、申出の時期については、６条〔**13**〕の注釈を参照されたい。

〔**14**〕 (1)　裁判所は、賃貸人の申出額に拘束されずに、その申出額を超える立退料の提供を命ずることができるとするのがこれまでの判例（最判昭46.11.25民集25-8-1343）である。原告の申し出たものより小さな範囲で判決することは民事訴訟法246条（処分権主義）に反しないからである。この点についても、平成３年法での取扱いは変わらない。ただし、このことは、あくまでも賃貸人が申出額も

しくはこれと格段に相違のない範囲内で裁判所認定の立退料を支払う旨の意思表示をし、これと引換えに建物の明渡しを求めている場合に認められるのであって、裁判所による立退料認定額と賃貸人の申出額との間に格段の相違がある場合には、賃借人の賃貸人に対する立退料支払請求は認められない（福岡地判平8.5.17判タ929-228）。このような場合にまで賃貸人の支払義務を認めると、引換給付を命じる判決に非訟的な機能を認めることになるからである。

(2)　これに対して、申出額を減額することは、原告の申し出たものよりもより大きなものを判決で認めることとなるので民事訴訟法246条に抵触する。

(3)　賃貸人が立退料の提供等を申し出なかった場合、裁判所が判決で立退料の提供と引換えに正当事由を認めることは許されない。

〔15〕　貸主の土地使用の必要性が借主のそれに比べて必ずしも高いとはいえないときに、これらの財産上の給付を提供することによって正当事由を補完しようとするものである。すなわち、財産上の給付は、それ自体で独立の正当事由となるわけではなく、他の事情のみでは正当事由が認められないとする場合に、それを補完する一要素として他のファクターとともに考慮されるのである。

(1)　正当事由の有無は、裁判官が当事者の主張する事実をもとにして双方の使用の必要性等を総合的に斟酌しながら判断する。

(2)　正当事由があるということは、賃貸人が借家契約を終了させ、賃借人に対して建物の明渡しを請求できるということを意味する。

(3)　正当事由の有無に関する第一審裁判所の判断についての不服申立て（控訴）は、第一審で認定された事実についてそれが経験則に反すること、または証拠評価を誤っているということを理由としてなされる。

（本田純一）

（建物賃貸借の期間）

第29条〔1〕　期間を1年未満とする建物の賃貸借〔2〕は、期間の定めがない建物の賃貸借とみなす〔3〕。

2　民法〔**（明治29年法律第89号）**〕第604条の規定〔4〕は、建物の賃貸借については、適用しない〔5〕。

〔１〕 本条の趣旨　　本条は、建物賃貸借（借家）の約定期間に関する規定である。その趣旨は、短期の約定期間を規制し、長期の存続期間を法律で保障することによって、建物利用の安定および建物賃借人の保護を図ろうとする点にある。

(1) 本条１項では、普通の建物賃貸借において、当事者の合意でその存続期間を定める場合は、１年以上を約定しなければならず、１年未満の期間を定めたときは「期間の定めがない建物の賃貸借」とみなすことにした。また、本条２項では、民法604条に規定する賃貸借期間の上限（改正前民604条では20年、改正民604条では50年）を撤廃して、それより長期の建物賃貸借を結ぶこともできることとした。この２項は、平成11年改正法によって、定期建物賃貸借制度とともに新設された規定であり、普通借家と定期借家を問わず、すべての建物賃貸借に適用される。

(2) 本条１項は、旧法３条ノ２を踏襲した規定である。その内容は旧法３条ノ２と同一であるから、新規の借家関係だけでなく、既存の借家関係にも適用されてよい（附則４条)。また、本条２項は平成11年改正法による新設規定ではあるが、建物賃借人にとって不利ではない（期間の伸長は賃借人に有利である）ので、30条にも抵触せず、既存の借家関係（合意更新後の存続期間）にも適用されてよい。

〔２〕 本条１項の適用要件――約定期間が１年未満の建物賃貸借　　本条１項によって期間の定めがない賃貸借となるのは、１年未満の期間を約定した普通の建物賃貸借である。本条の例外として、定期建物賃貸借（38条)、取壊し予定の建物賃貸借（39条)、および一時使用目的の建物賃貸借（40条）がある。以下、分説する。

(1) 本条１項が「１年未満」と規定した趣旨は、立法審議の過程をみても、必ずしも明らかではない。大正10年の借家法３条２項では「６月未満」と規定されていたが（解約申入期間も６カ月とされていた)、昭和16年の法改正の際に、更新拒絶等の通知期間を６カ月ないし１年内と改めることとした（旧法２条１項）のに合わせて、旧来のように６カ月未満のままでは困るから、法文上の整合性を保つために、旧法３条ノ２を設けて期間を「１年未満」と規定したと説明されている（星野・借地借家494)。

(2) 本条１項が普通の建物賃貸借の最短期間を１年と法定する趣旨なのかどうかも、本法27条との関係を考えると必ずしも明らかではない。すなわち、27条によれば、期間の定めがない建物賃貸借は、解約申入れ後６カ月で終了することになるので、１年未満の期間を約定した場合には実質６カ月しか期間保障されないという事態が起こりうる。本条１項が「無意味な規定」と批判される理由でもある（星野・借地借家492）。

この点、旧法下の学説には、ア）旧借家法は借家権の最短期間について何ら制限を設けなかったとする説（広瀬・借地借家226）、イ）契約で期間を１年未満と定めても法律上効力がないという意味で、やはり最短期間の制限があるとする説（住宅公団232）のほか、ウ）旧借家法は、明確に最短期間を定めている旧借地法とは異なるが、当事者が契約で期間の定めをする場合には一定の期間より短いものではありえないという意味に解する限りにおいて、最短期間を定めているものと理解すれば足りるのであって、この種の議論は「最短期間」の定めがあるということの意味をどう理解するかの相違にすぎないとする説（星野・借地借家492）がある。現行法の下でも同様の議論が生じよう。

⑶　ともあれ、本条１項によれば、期間の定めは１年以上のものでなければ有効とならないが、この点、次のような若干の議論がある。

ア）　契約期間中の合意　　建物賃貸借の途中で、新たに将来の期間を１年未満と定めた場合はどうか。下級審判決には、かなり長期にわたって継続されてきた期間の定めのない賃貸借について、従前の賃貸借内容の変更として新たに存続期間を５カ月と定めた場合には、旧法３条ノ２により「期間の定めのない建物賃貸借」とみなして、正当事由のないことを理由に明渡請求を棄却したものがある（仙台高判昭27.2.29下民3-2-290）。

これに対して、学説には、すでに経過した期間と約定の期間とを通算してもなお１年未満であれば、本条を潜脱する契約として無効と解し、通算した期間が１年以上になるならば、契約期間中に合意した１年未満の期間設定を有効と解してよいとする説が多い（薄根99、星野・借地借家491）。もっとも、いずれの見解によっても、賃貸借契約を終了させるには正当事由が必要なのだから結論に大差はないと思われる（山城・新基本コンメ179）。

イ）　また、下級審判決には、期間を７カ月余と定めた賃貸借において、期間満了前に賃貸人が明渡請求したのに対して、賃借人が６カ月の延期を願い出て賃貸人が承諾した場合に、７カ月余の賃貸借は期間の定めのないものとみなすが、続く６カ月限りで明け渡すという合意を賃貸借の合意解約として認定したものがある（東京高判昭31.5.12東高民時報7-5-96）。もっとも、本件は、一時使用目的の賃貸借として処理されるべきだったのではないかと批判する見解がある（新田・基本コンメ住宅関係法189）。

⑷　本条１項は、定期建物賃貸借（38条）と取壊し予定の建物賃貸借（39条）には適用されない。

ア）　定期建物賃貸借（定期借家）の契約期間については、その上限と下限ともに格別の制限がなく、当事者（特に賃貸人）は自由に契約期間を定めることができる。この点、38条１項後段は、定期借家の場合には「第29条第１項の規定を適用しない」との規定を置いて、１年未満の定期借家も有効であることを明らかにしている。また、本条２項を新設することによって、民法604条の上限を超える定期借家期間を定めることもできるようにした。なお、平成３年法によって創設された「賃貸人の不在期間の建物賃貸借」（旧38条）は、一般的な定期借家制度（現行38条）に吸収されることとなったが、平成３年当時から本条の適用を排除することが明文で規定されており、１年未満の期間の定めも有効であった（旧38条参照）。

イ）　取壊し予定の建物賃貸借については、一定期間経過後に建物を取り壊すべきことが明らかであるが、その期間を経過した後、実際に取り壊すこととなる不確定な時期まで賃貸借関係は存続する。その意味で、不確定期限付の賃貸借である。取壊し予定の建物賃貸借を規定する39条は、解約申入制度の適用を排除する特約を有効とするために、明文で30条の適用を排除しているが、上記の38条（一般定期借家）と異なり、本条の適用排除に関する規定がない。その趣旨は、不確定期限の賃貸借だからであり、確定期限に関する本条適用の余地のないことが明白だからである（39条〔**4**〕〔**7**〕を見よ）。

⑸　本条は、一時使用を目的とする賃貸借（一時賃貸借）には適用されない（40条）。一時賃貸借は、建物の利用目的が臨時的なので、賃借人の使用継続を特別に保障する必要はなく、その契約内容は当事者の合意ないし民法の規定に従えば足りる。したがって、存続期間についても本条の適用は排除されてよい。

しかし、本条の規定の潜脱を許すことはできないから、一時賃貸借の認定は厳格になされるべきである。一時賃貸借かどうかは、「一時使用」との契約文言だけから判断されるわけでもなく、約定期間の長短を基準にするわけでもない。判例によれば、「必ずしもその期間の長短だけを標準として決せられるべきものではなく、賃貸借の目的、動機、その他諸般の事情から、該賃貸借契約を短期間内に限り存続させる趣旨のものであることが、客観的に判断される」必要がある（最判昭36.10.10民集15-9-2294。その具体的な判断につき東京地判平1.8.28判タ726-178参照）。従来、賃貸人側の事情で一定の短期間だけ賃貸借する場合にも拡張的に一時賃貸借とされることがあったが、定期建物賃貸借（定期借家）制度の新設により、今後は一時賃貸借はあくまでも賃借人側の事情による短期的な使用目的の場合に限定して適用されることになろう。

したがって、当事者の合意で、一時賃貸借として、その期間を１年未満と定めた場合でも、一時賃貸借とは認められず、本条が適用されて、期間の定めのない賃貸借とされることもありうる。たとえば、期間満了時に賃貸借の更新あるいは更新の協議をすることができる旨の約定があるときは、一時賃貸借とはいえないであろう（40条〔３〕〔４〕を見よ）。

〔３〕　本条１項の効果――期間の定めのない建物賃貸借　　当事者の合意で１年未満の期間を定めた建物賃貸借は、本条によって期間の定めのない賃貸借とみなされる。一定の期間が保障されるのではない。この点、借地権が30年の法定存続期間を保障されるのとは異なる（３条参照）。

⑴　期間の定めがない賃貸借となる結果、賃貸人は解約申入れによって契約を終了させることができ、また、解約申入れによるのでなければ終了させることができない。解約申入れ後６カ月が経過した時に賃貸借は将来に向かって終了する。この解約申入れが正当事由を備えなければならないことはいうまでもない。また賃貸借終了後も賃借人が建物の使用収益を継続する場合には、賃貸人が遅滞なく異議を述べない限り、前賃貸借と同一の条件でさらに賃貸借をしたものとみなされる（27条２項、26条２項）。

⑵　本条の効果を排除する趣旨の特約は無効である（30条）。なお、１年の借家契約であるとして反証を挙げたときは、未満とは１年を含まないから、１年の賃貸借期間として有効である。

⑶　期間の定めがない賃貸借とみなされる結果、１年未満の存続期間の定めの部分のみが無効となるのであって、建物賃貸借自体は有効に成立する。したがっ

て、賃貸人としては短期間であることを重視して契約した場合でも、民法95条を根拠にして、賃貸借契約全体の錯誤無効（改正民95条では錯誤取消し）を主張することはできないと解すべきである（薄根100、山城・新基本コンメ180）。

(4)　本条を形式的に考えれば、6カ月より長く1年未満の期間を定めた賃貸借については、解約申入れによって終了することとなり、たとえば借家契約を結んだ後すぐに解約申入れをするならば（実際には容易に正当事由が認められないであろうが）、借家権は6カ月しか保障されず、かえって法定の保障期間が短くなる場合のあることは否定できない（星野・借地借家492）。そこで、1年未満の契約の場合は、少なくとも1年の期間のあるものと解すべきであるとの説がある（住宅公団233、篠塚・常識(下)286）。しかし、本条では、期間の定めがない賃貸借とみなされるのであって、解釈上この見解は認められないであろう。

〔**4**〕　民法604条の規定　　本条2項は、「民法第604条の規定は、建物の賃貸借については、適用しない」と規定する。

(1)　民法604条は、賃貸借一般における存続期間の最長期間を制限する規定である。改正前民法では、賃貸借の最長期間は「20年」であったが、これは永小作権の最短期間である「20年」（民278条1項）に合わせたものである（速記録4巻337）。

賃借権の最長期間が物権的利用権（地上権や永小作権）より短い理由は必ずしも定かではないが、民法起草者（梅謙次郎）は「もし賃貸借の期間が短期であれば、貸主が物を改良してより高い価値で賃貸しようと努力するのに対し、賃貸借の期間が長すぎると、物が劣化・毀損しても誰も気にかけないこととなり、不経済な事態が生じる」と述懐している（梅・要義三635）。

もっとも、この「20年」という期間は、土地賃貸借（借地）を念頭に置いてのことであり、動産・建物の賃貸借については、「5年若クハ10年ノ期間ヲ以テスルモノスラ殆ド聞カザル所」（梅・要義三637）と述懐しているように、最長期間を規律することには実益がないと考えていたようである。

それでも、民法604条が土地・建物・動産を区別せずに、一律の最長期間を定めた趣旨については、①細かい区分を避けること、②印刷機械のような動産については比較的長期の賃貸借契約を結ぶ意味があること、が指摘されている（速記録4巻339。以上の解説は、山城・新基本コンメ178を参照）。

⑵　民法604条は、2017（平成29）年の民法改正（2020年4月1日施行）により、賃貸借の最長期間を「20年」から「50年」に伸長した。その趣旨は、①現代社会では20年を超える賃貸借のニーズがある（たとえば、ゴルフ場の敷地である山林の賃貸借）、②不動産賃借権の物権化（存続期間の長期保障）の時流にある、③永小作権の存続期間は上限50年（民278条1項）、農地または採草放牧地の賃貸借も上限50年（農地法19条）である、などであろう。

⑶　なお、本条2項は、平成29年民法改正に関連する法改正によって、引用法令である「民法」に法令番号「（明治29年法律第89号）」が付記されることになった（冒頭の条文の〔　〕内を参照）。形式的な法文改正にすぎない。改正条文は、改正民法と同様、2020年4月1日から施行されるが、改正内容（民法の法令番号）はすでに本文折込済みである。以下、法令番号の付記について付言する。

わが国の立法慣例として、一つの法令のなかで他の法令を引用する場合、初出の条文箇所に当該法令題名に続けて、法令番号を付記することになっている。本法（借地借家法）に関していえば、従来、10条3項（借地権の対抗力）で民法を引用し法令番号を付記していたが、民法改正の関係で10条3項が削除され、その結果、本条（29条2項）が民法引用の初出条文となり、民法の法令番号を転記したという次第である。

⑷　建物賃貸借については、最長期間と最短期間の双方について特則を設けているので、改正前民法604条だけでなく、改正民法604条も適用されない。最短期間の規制は大正10年の借家法制定によるものであり、その趣旨は借家人の居住の安定を図る点にある。最長期間の上限撤廃は平成11年改正によって導入されたものであり、その趣旨は契約自由の積極的な見直しである。

〔5〕　上限期間の撤廃　　すでに本条の趣旨その他でも述べたように、本条2項は、平成11年改正法によって、「定期建物賃貸借」制度とともに新設された規定であり、契約で建物賃貸借の存続期間を定める場合、民法604条所定の上限を超えて、それより長期の建物賃貸借を結ぶこともできるようになっている。

⑴　本条2項が追加されるまでは、建物賃貸借の長期の存続期間については、改正前民法604条に20年を超えることができず、これより長期の期間を定めても20年に短縮するという趣旨の規定が存在するだけで、旧法にも、平成3年法にも、明文による長期存続期間の制限ないし保障規定はなかった（借地関係については、

すでに旧借地法以来、民法604条の制限を超える「最低存続期間」の保障制度が設けられており、平成3年法では当初の借地契約について30年以上を法定保障している。なお、本法3条参照)。そこで、従来、建物賃貸借の長期存続と民法604条の関係について、次のような議論があった。

ア)　多数説は、一般法である民法604条が適用されると解していた（薄根233、望月＝水本・新版注民⒂180)。もっとも、この場合でも、期間満了時には借家法上の法定更新制度の適用があると考えられていた。他方、少数ながら、借家関係には民法604条の適用はないとするものもあった（田山・法時45-14-88)。

イ)　これに対して、場合を分けて実質的に考察する必要性を指摘する説があった（星野・借地借家494)。参考までに分説すれば、まず、20年以上の確定期間の定めがなされた場合（実際には稀であろうが）には、借家関係の存続保障としては十分な期間であり、期間満了時の更新制度も適用されるのだから、民法604条を適用して20年に縮減してよい。次に「永久貸与」と定められた場合は、契約解釈の問題であり場合によって異なるが、民法604条の制約があるので、原則として20年と解する。さらに、期間の定めのない借家契約のまま20年以上経過した場合には、正当事由があればいつでも終了させうるのだから、実際に20年経過しても当然には終了しないなどと解していた。なお、旧法下の下級審判例には、期間の定めなき建物賃貸借につき、更新強制によって事実上20年を超えて存続することになっても民法604条の趣旨に反しないとするものがある（東京地判昭36.7.8判時273-21)。

⑵　この点、平成11年改正法は、本条に2項を追加し、民法604条所定の上限（改正前民法では20年）を撤廃することによって、結果として上記の議論を収束させた。この立法的配慮は、借家関係の安定と借家人の保護に資することになるので異論はないのだが、なぜこの期に（平成3年の全面改正当時ではなくて）改正したのか、その実質的な立法趣旨は必ずしも明らかではない。たしかに、「契約期間の上限を法的に制限する合理的な理由がない以上、契約自由の原則が適用されて当然である」（玉田・不動産学会誌16-1-49）とはいえても、この改正によって普通の建物賃貸借（普通借家）の場合に20年を超えるような長期契約が多くなるとは思えない。比較的長期の借家契約が考えられるのは、定期建物賃貸借（定期借家）であろう（定期借家でも、20年を超える長期の約定期間はそれほど多く設定され

るとは思えないが)。だとすると、実質的な立法趣旨は、38条１項後段（１年未満の定期借家契約も有効とする）とあわせて、期間の点で（短期でも、長期でも）柔軟性のある、自由な「定期借家」制度を創設しようとした点にあるといえよう。

⑶　本条２項は、普通の建物賃貸借（普通借家）と定期建物賃貸借（定期借家）を問わず、すべての建物賃貸借に適用される。また、本条２項は平成11年の新設規定であるが、借家人に不利ではないので、既存の借家関係（合意更新後の約定期間の定め）にも適用されてよい。なお、賃借人が遡及適用を望まない場合は、従来どおり民法604条１項の制限を受ける。裁判例には公有財産（本件では病院用建物）の貸付契約も賃貸借である限り、約定で30年間と定めても、民法604条１項により、存続期間20年に短縮され、契約から20年を経過する以前に、借地借家法29条２項が施行されたとしても、当該規定には経過規定の定めがないので、その適用はないとしたものがある（東京地判平26.9.17金判1455-48)。

⑷　なお、本条の文言上、１項の「建物の賃貸借」には定期借家など特殊な借家契約（38条１項、39条、40条）は含まれないが、本条２項の「建物の賃貸借」には普通借家のほか、定期借家など特殊な借家契約も含まれる点に注意したい。

（石川　信）

（強行規定）

第30条〔1〕　この節の規定に反する特約〔2〕で建物の賃借人に不利なもの〔3〕は、無効とする〔4〕。

〔１〕　本条の趣旨　　本法（借地借家法）は、建物賃借人を保護し、建物利用の安定を図るため、民法上の賃貸借の規定を排除する一連の特則規定を定めている。それらの特則規定が当事者の特約によって任意に排除することができるとすれば、本法による賃借人の保護はその実効性を大きく欠くことになりかねない。この点、すでに旧法６条は、旧法下の一部条項について賃借人に不利な特約の効力を否定し、その強行法規性を明確にして、契約自由の原則に大きな修正を加えた。本条は、この旧法６条の趣旨を踏襲するものである。

しかし、本条は、旧法６条と比べて次の点で異なる。第１に、適用対象を存続保障に関するものと賃貸借の効力に関するものとに分け、本条では前者の「存続保障」に関する強行法規性を定め、37条では後者の「賃貸借の効力」に関する強行法規性を定めた。第２に、平成３年法以来、期限付建物賃貸借とそれを一般化した定期建物賃貸借が新設され、本条の適用を排除する特約の効力が明文で認められた。第３に、文言上、旧法では「之ヲ為サザルモノト看做ス」というのを「無効とする」と改めた。

〔２〕　本条の適用対象となる特約　　本条は、この節の規定に反する特約に適用される。

⑴　本条によって無効とされる特約は、建物賃貸借の「存続保障」に関するものに限定される。すなわち、建物賃貸借の更新（26条）、解約による建物賃貸借の終了（27条）、建物賃貸借の更新拒絶等の要件（正当事由。28条）、建物賃貸借の期間（29条）に関する規定にかかわる特約である。これに対して、建物賃貸借の対抗力（31条）、建物賃貸借終了の場合における転借人の保護（34条）、借地上の建物の賃借人の保護（35条）に関する規定にかかわる特約については、本条とは別に37条の対象である。なお、平成３年法では、造作買取請求権に関する規定（33条）を任意規定とし、造作買取請求権を排除する特約の有効性を認めた。

⑵　本条は、定期建物賃貸借（38条）、取壊し予定の建物賃貸借（39条）、一時使用目的の建物賃貸借（40条）には適用されない。各々、明文で本条の適用が排されている。

⑶　本条は、建物賃貸借と同時になされた特約だけでなく、建物賃貸借の存続中になされた特約にも適用される。また、裁判上の和解や調停でなされた特約は、強い拘束力が認められるとはいえ、本条の適用を免れるものではない（和解における更新排除特約につき松山地判昭36.9.14下民12-9-2292、調停における期限付合意解約につき東京高判昭40.7.8下民16-7-1193）。なお、本条は、建物賃貸借終了後に締結された特約には適用されない。契約終了後においては、当事者の立場の対等性は回復していると評価してよいからである。

〔３〕　借家人に不利な特約　　本条は建物賃借人（以下、判決文等の引用を除き、平明に「借家人」という）に不利な特約を問題とする。借家人にとって不利とはいえない特約は有効である（片面的強行法規）。借家人に不利な特約であることの判断基準について、その特約自体を観察して個別的になされるべきか（個別判断説）、それとも契約の諸条件を考慮して総合的になされるべきか（総合判断説）につい

て、以下の議論がある。

(1)　不利な特約の判断基準　　ア)　判例は、古くは「個別判断説」をとっていたが（東京地判昭11.10.27評論26諸法291）、その後は「総合判断説」をとるに至っている。すなわち、「特約が賃借人に不利なものかどうかの判断にあたっては、特約自体を形式的に観察するにとどまらず特約をした当事者の実質的な目的をも考察することが、まったく許されないものと解すべきではな」いと判示している（最判昭44.10.7判時575-33）。

学説も、従来は「個別判断説」をとるものが多数あったが、近時の通説は「総合判断説」である（川添・不動産大系Ⅲ151、星野・借地借家95、伊東(孝)・講座2-295）。確かに、借家人に不利かどうかは一つの価値判断であるから、正当事由の判断と同様にすべての事情を考慮して総合的に判断するほうが柔軟性があり妥当といえよう。その場合、一般的な判断基準としては、①客観的な事情（要因）と②主観的な事情（要因）を精査比較することになるのだろう。いずれにしても、総合判断するにあたっては、借家人の利益が不当に害されないよう、本条の趣旨に従って慎重になされなければならない（吉井・不動産大系Ⅲ474）。

イ)　ところで、本条は借家人の保護を目的とするのであるから、借家人に不利というべき特約の場合でも、借家人が有効を主張している限りは、特約の効力を認めてよい。前掲ア)の最判昭44年も、一般的には借家人に不利といえる解除条件付借家契約について、特約の効力を認めたほうがかえって借家人の利益に合致するという特殊事情を考慮し、総合判断の結果、本条の趣旨からその特約を有効と認めたものである（前掲最判昭44.10.7）。

(2)　借家人に不利といえる特約の具体例　　以下、本条の下で借家人に不利な特約かどうかが問題とされてきた事例を検討する（判例の紹介については、澤野・特約の効力177以下、木崎・新講座3-172以下、田山・新基本コンメ182以下が詳しい。その他、旧法下の特約の効力については森泉・新版注民⒂787以下参照）。諸事情を総合的に判断する以上、結論（有効か無効か）は必ずしも一律ではない。

ア)　更新拒絶・解約申入れを無条件で認める特約　　判例で無効とされた特約には次のようなものがある。賃貸人（大家）の要求があれば即時に家屋を明け渡す旨の特約（神戸地判昭31.10.3下民7-10-2806、東京地判昭55.2.12判時965-85）、期間満了と同時に借家契約が当然に終了する旨の特約（前掲松山地判昭36.9.14）、きわめて短期の解約申入れでいつでも解約できる旨の特約（大阪高判昭31.5.21高民9-4-267）、期間満了後建物を明け渡さないときは違約金を支払う旨の特約（佐賀地判昭28.3.7下民4-3-348）、借家人が差押えまたは破産宣告（現在は破産手続開始決定）を受けた場合は直ちに契約解除する旨の特約（最判昭43.11.21民集22-12-2726）、賃借建物の敷地の一部を請求あり次第明け渡す旨の特約（最判昭47.3.30民集26-2-294）などである。

この点、現在では、判例法上、無催告解除特約ないし当然解除特約（失権約款）の有効性を認めた上で、「正当事由制度」や「信頼関係破壊の法理」によって、更新拒絶や契約解除の効力発生を制限するという法的処理の仕方が定着しており、上記の特約条項を一律に無効と結論づけるのは適切ではないという指摘がある（山城・新基本コンメ179）。この点、次項(3)で具体的に検討する。

イ）　期限付合意解約の特約　　一般に賃貸借の合意解約は契約自由の原則の下で許されるが、賃貸借契約と同時になされた期限付合意解約の特約は契約のはじめから期限の到来により賃貸借を当然に終了させようとするものであり、26条、28条の脱法行為として濫用されるおそれがあるので、無効とされている（長野地判昭38.5.8判時340-43）。では、賃貸借契約の存続期間中になされた場合はどうか。やはり法定更新の道を閉ざすことになるから、原則としては無効であるが、判例・学説ともに、事情によっては有効とすることがある。すなわち、借家人が解約の意思を有していると認めるに足りる合理的客観的事由があり他に合意を不当とする事情がない場合には、有効性を認めている（最判昭44.5.20民集23-6-974、吉井・不動産大系Ⅲ470、伊東(孝)・講座2-299）。

ウ）　条件付・不確定期限付明渡特約　　賃貸人（大家）の長男が帰還したら建物を明け渡す旨の特約（東京地判昭24.12.23新判例体系民法(7)540-52）、実弟が復員するまでの間、賃貸する旨の特約（名古屋地判昭25.5.4下民1-5-678）、賃貸人が病気療養中に限り建物を賃貸借する旨の特約（東京高判昭29.12.25東高民時報5-13-309）などがある。これらの特約は、いずれも賃貸借終了の時期が不明確であり、条件成就・期限の到来がもっぱら賃貸人の事情にかかっていて、借家人に不利というべきものであり、いずれも無効である。

なお、条件の成就を借家人の事情にかからしめる場合には、有効とされることもある。たとえば、借家人が賃貸人を雇用している間に限り賃借する旨の特約は有効である（最判昭35.5.19民集14-7-1145）。しかし、その場合でも、本条の趣旨に照らして、借家人に不利と判断されるときは無効である。たとえば、一定期間内に借家人が借家を買わなければ契約終了する旨の停止条件付合意解約特約（京都地判昭46.1.28判時637-80）、借家人が差押えまたは破産宣告（現在は破産手続開始決定）を受けた場合は直ちに解除できる旨の特約（前掲最判昭43.11.21）は無効である。

エ）　社宅の明渡特約　　従業員資格を失ったときは社宅を明け渡す旨の特約については、社宅に本法全体が適用されるかどうかとも絡んで、難しい問題である。判例は、社宅料を維持費の一部にすぎないとして、特約を有効とするもの（最判昭29.11.16民集8-11-2047）、家賃につき使用の対価と認められるとして、特約を無効とするもの（最判昭31.11.16民集10-11-1453）に分かれている。

他方、学説によれば、「業務用社宅」（会社経営に直接関係する仕事をする場）の場合は、従業員の職責と深く関係しており、社宅の使用関係も労働契約に吸収され、たとえ従業員が社宅の使用料を払っているときでも本条の適用はなく、社宅の使用関係は労働契約の終了とともに消滅すると解し、「居住用社宅」（従業員の日常生活の基盤）の場合は、社宅の使用料の徴収の有無によって、使用貸借か賃貸借かを区別し、特約の有効性を決めるべきであると解するのが通説である（島田23、本多542など）。これに対して、社宅は住宅手当に代わる現物給与だから、使用料を徴収すべきでなく、もし使用料を徴収しているときは実質的に賃貸借であり、特約は無効と解するべきであるとの説もある（月岡・講座2-319）。もっとも、明渡特約も無効と解したとしても借家関係終了の際の正当事由判断において、賃借人の退職・解雇という事情が賃貸人に有利に働くだろうから、実際上は大差はない。

オ）　公団・公営住宅の明渡特約　　公団・公営住宅の使用関係は、貸主である公団や公共団体が特殊な法人ではあるが、その法的性質は私法上の賃貸借である（最判昭55.5.30判時971-48）。したがって、本法が適用される。公団・公営住宅の使用条件として、「知事が管理上必要があると認めたときは入居許可を取消すことができる」などの一方的な契約終了事由が定められている場合、判例は本法に優先して適用されるとして、それらの使用条件に関する規定の効力を認めている（東京地判昭40.6.15下民16-6-1005）。

カ）　期間に関する特約　　29条によれば、契約当初に存続期間を1年未満とする特約は無効（期間の定めがない賃貸借とみなされる）である。では、契約期間中に期間を短縮する特約はどうか。すでに経過した期間と約定された残存期間との合計が1年未満である場合には、29条に反するもので無効であるが、合計が1年以上の場合には、有効とする説がある（薄根99、星野・借地借家491）。しかし、契約期間中に期間を短縮する特約は、残存期間が経過すれば契約終了との趣旨と解されるから、その約定が期限付合意解約として有効と認められない限り、原則として本条に違反し無効というべきである（伊東(孝)・講座2-304）。

キ）　本条の趣旨に反する特約　　本条の適用対象となる各規定（26条〜29条）には具体的に違反しなくとも、本条の趣旨に反して無効とされることがある。たとえば、これから借家契約を締結しようとする当事者間において、現在すでに賃借人の不法占拠をめぐる紛争があるかのごとく仮装し、仮装の不法占拠に基づく数年以内の明渡しおよび損害賠償を和解条項とする即決和解調書を作成したような場合である。これは、形式的には期限付合意契約ないし明渡猶予期間特約のようにみえるが、実質的には賃貸借契約の終了に関する強行法規を潜脱する目的で、裁判上の和解（とりわけ即決和解）を利用したものであり、本条の趣旨に反し無効である（灘簡決昭39.12.4下民15-12-2875、千葉地判平1.8.25判時1361-106）。

(3)　借家人に不利ではない特約の例　　本条が問題となる特約（借家の存続保障ないし契約解消に関する特約）のなかには、①有効と積極評価すべきもの、②無効と断言できないもの、③一応有効と評価した上で、以後の法律関係（契約解消の適否）を柔軟に処理するのが得策といえるもの（その説得は、正当事由、信頼関係、信義則、権利濫用などの一般法理）がある。以下、例示する。

ア）　家賃不払いを理由とする無催告解除特約　　たとえば「家賃を3カ月分以上滞納したときは、無催告で解除する」旨の特約は、賃借人の主要な義務の違反を理由とするので、30条（旧法6条）の適用対象外であり、原則有効である（大判昭8.7.12民集12-1860。最判昭37.4.5民集16-4-679）。

しかし、たとえば「1カ月たりとも家賃を遅滞したときは無催告で解除する」という特約は、基準が厳しく、大いに問題である。無効とする判例があり（東京地判昭28.11.24下民4-11-1744）、有効とする判例もある（最判昭45.9.18判時612-57）。事情次第なのであろう。この点、「単に賃料支払の確実を期するほか他意はない」（仙台高判昭27.2.29下民3-2-290）などと例文解釈して、さしあたりの有効性を認めることがある。

イ）　無断転貸禁止特約　　借家の無断転貸禁止特約は、民法上の義務（民612条）を確認するものであり、原則有効である。しかし、特約違反すなわち契約解除・明渡請求可となるのではなく「信頼関係法理」を通して解除・明渡しの適否が判断される。今日では、そのような判断枠組み（処理の仕方）が定着している（信頼関係法理については、原田・新講座1-352）。

ウ）　無断増改築禁止特約、利用方法制限特約　　借家人は、借家を「契約又はその目的物の性質によって定まった用法」に従って使用し（改正民616条、594条1項準用）、家屋を返還するまで「善管注意義務」を負う（民400条）。借家の増改築・構造変更・模様替などは、無断でなされれば、用法義務違反（または保管義務違反）である。したがって、その禁止特約は原則有効である。

なお、その後の法的処理はさまざまである。たとえば、特約違反として解除を認めた判例（最判昭29.12.21民集8-12-2199）、信頼関係を破壊する著しい不信行為に当たるとして解除を認めた判例（最判昭38.9.27民集17-8-1069）、逆に背信行為ではないとして解除を認めなかった判例（最判昭36.7.21民集15-7-1939）、信義則違反または権利濫用を理由に解除を制限した判例（東京高判昭40.5.18判タ180-126）などがある（借家の用法違反については、澤野・無断譲渡122、同・特約の効力248）。

エ）　家族生活の自由を規制する特約　　たとえば、「結婚したら借家契約を解除する」、「子供が生まれたら借家を立ち退く」などの特約は有効か。これらの特約は、一種の条件付きの解除・明渡特約であり、主に家主側の都合・思惑で結ばれることが多く、本条に違反して原則無効である。また、借家人の私生活の自由を制約するという点では、公序良俗（民90条）に違反して原則無効である。しかし他方、建物の構造や周囲の環境その他の条件が多様な家族生活に適していない場合もある（たとえば独身専用アパート）。

一般論としては、例文解釈（子供が生まれても、気を配って部屋を使います）により、特約自体の有効性を認めた上で、その後の処理を妥当に配慮する柔軟性が求められる。目に余る事情が加味されれば、特約違反を理由に（法令上の義務違反も付記して）契約解除を認める場合もありうる。判例にも、借家人の息子3人が室内で野球をし、建具を燃料にし、マンホールを便所代わりにした等の用法違反で、契約解除を認めたものがある（最判昭27.4.25民集6-4-451)。

(4)　一時金に関する特約の有効性　　最近、特に平成年間に入って、借家の当事者間で授受される「一時金」（特に敷金、更新料、保証金など）の返還に関する裁判例が注目を集めている。しかし、定説が示されたとはいえない状況にあり、今後、民法、本法のほか、消費者契約法（特に同法10条）の適用もあわせて、議論を深化させていくべきである。

ア）　敷金に関する特約　　敷金は、賃借人に債務不履行がなければ、契約終了後に返還されるべき性質のものである（改正民622条の２新設)。しかし、実務ではさまざまな趣旨に基づく敷金不返還特約が結ばれている。

１）　敷金一切不返還特約（敷金を一切返還しないという特約）は、敷金の趣旨に反し、公序良俗に違反し、原則無効である（大阪地判昭52.11.29判時884-88〔火災等で目的物が滅失した場合の敷金不返還特約について〕)。

２）　敷引特約（契約終了時に何割かを控除して、残額を返還するという特約）が特に関西地方で見受けられる。敷引の趣旨は多様である（賃貸借御礼、低額賃料代償、家屋補修、空室損料など)。このうち、特に自然損耗分の家屋補修費負担（家屋修繕を賃借人が負担する）としての敷引特約の有効性が議論されてきた。従来、敷引特約は必ずしも無効ではないと解されてきたが、その有効性要件（修繕費の負担基準の明確化）は、厳しく判断され、借り手の負担範囲が契約に具体的に明記されているか、口頭の説明により借り手が明確に認識していなければ、借り手に特別の負担は課せないとの判決が出ている（最判平17.12.16判時1921-61)。

さらに近年、「敷引特約」について、注目すべき最高裁判決が立て続けに出て話題を集めた（最判平23.3.24民集65-2-903、最判平23.7.12判時2128-43)。最高裁判決の要旨は、要するに、①賃借人が敷引特約を明確に認識したうえで、賃貸借契約の締結に至ったのであれば、経済的合理性を有する行為であり、賃借人の利益を一方的に害するものではない。②通常損耗の補修費費用負担特約としての敷引特約は、敷引金額が大幅に過ぎる場合には、消費者契約法10条により無効となる。③しかし、本件事例における当該敷引金額は、無効と評価するほど過大な額ではない、というにある。なお、前掲最判平23.7.12には、岡部裁判官の反対意見があり、学説の多くは岡部反対意見に傾倒支持している。

イ）　更新料の支払特約　　更新料特約については、民法にも本法にも明文の規定がない。学説には、更新料特約を一般に無効と解する説（星野・借地借家495など）が多いが、合意更新について有効、法定更新について無効と分けて解する説（宮川・判タ913-79、木崎・講座3-186など）もある。従来の下級審判断も分かれている。近年の下級審は、「法人が賃貸人である建物賃貸借契約の更新料支払特約」について、消費者契約法10条に反して無効とする旨の一連の判決を出した（京都地判平21.7.23判時2051-119、大阪高判平21.8.27判時2062-40）。しかし、その後の最高裁では、更新料支払特約を原則有効とする判決を下して、一連の紛争を決着させた（最判平23.7.15民集65-5-2269）。判断の難しい問題ではあるが、借家人保護の立場からは後退した判決であり、私見としては最高裁判決に否定的である（詳しくは、石川・白鷗20-1-67参照）。

ウ）　権利金の返還　　借家契約の締結に際して権利金が授受されることもある。この権利金についても、民法、本法に規定はなく、その趣旨は不明である（概ね三つの趣旨——①賃料の一部前払い、②場所的利益の対価、③借家権の対価）。

一般に、権利金は、約定期間を賃借した場合、あるいは法定解除した場合は、返還されない。判例も、非債弁済（民705条）の法理により、権利金の返還を否定している（最判昭32.11.15民集11-12-1962）。しかし、中途解約や合意解除の場合には、残存期間に応じて（事情に応じて）、一部返還されてしかるべきであろう（浦和地判昭57.4.15判時1060-123参照）。判例・学説には定説がない。権利金の趣旨および特約の効力は今後の研究課題である。

エ）　保証金の返還　　保証金という名の一時金の授受も見受けられる。保証金の趣旨も多様であるが、①敷金・権利金の意味、②新築建物の建設協力金、③礼金・更新料の塡補などが説かれているが、複合的である。したがって、保証金の趣旨は、個別具体的に判断するよりない。

一般に、保証金は、賃貸借終了時に無利息で返還される。しかし、例に漏れず保証金についても、不返還特約とか減額返還特約が存在する。その場合、返還される部分は敷金・建設協力金的に扱い、返還されない部分は権利金・更新料的・違約金的に扱うのだろう。

下級審判決には、傍論ながら保証金不返還特約を無効としたもの（前掲大阪地判昭52.11.29）、一定期間経過後に返還すべきとしたもの（東京地判昭60.4.25判時

1176-110）がある。他方、営業用建物の賃貸借において、保証金の不返還特約を有効としたもの（浦和地判昭59.1.31判時1124-202)、保証金を20パーセント償却したもの（浦和地判昭60.11.12判タ576-70）がある。近年では、破産会社の破産管財人は、賃貸借契約を解除して、保証金返還を請求できる（東京地判平23.7.27判時2144-99)、30年を存続期間とする建物賃貸借契約において、期間前に契約を終了させた場合、保証金返還請求権は信義則に反しないとしたものがある（東京地判平26.9.17金判1455-48)。保証金に関する特約の有効性も今後の研究課題である。

〔４〕 特約の無効性　　26条から29条までの規定に反する特約で、建物賃借人に不利なものは、法律上無効となる。この点、文言上、旧法では「之ヲ為ササルモノト看做ス」と規定していたのを、平成３年法で「無効とする」に改めた。本条によって失効するのは問題となる契約条件のみであって、建物賃貸借契約自体の効力は何の影響も受けない。

（石川　信）

第２節　建物賃貸借の効力

（建物賃貸借の対抗力等）

第31条[1]　建物の賃貸借[2]は、その登記[3]がなくても、建物の引渡し[4]があったとき[5]は、その後その建物について物権を取得した者[6]に対し、その効力を生ずる[7]。

２　民法第566条第１項及び第３項の規定[8]は、前項の規定により効力を有する賃貸借の目的である建物が売買の目的物である場合[9]に準用する[10]。

３　民法第533条の規定は、前項の場合に準用する[11]。

> （建物賃貸借の対抗力）
>
> **第31条**　建物の賃貸借は、その登記がなくても、建物の引渡しがあったときは、その後その建物について物権を取得した者に対し、その効力を生ずる。
>
> 〔民法改正整備法〕
>
> **第26条**　〔略〕
>
> ２　施行日前に旧借地借家法第31条第１項の規定により効力を有する賃貸借の目的である建物の売買契約が締結された場合におけるその契約に係る契約の解除及び損害賠償の請求については、なお従前の例による。

〔１〕　本条の趣旨　　本条は、建物の賃借権については、賃貸借自体についての登記（民605条）がなくても建物の引渡しがあれば、以後建物について物権を取得した第三者に対抗することができることを定めたものである。２項、３項は、賃借権が設定された建物を善意で取得した買主を保護するために、担保責任および同時履行の抗弁権に関する規定を準用している。

〔２〕　本法の適用を受けるためには、賃貸借の目的が「建物」として認められるものでなければならない。

⑴　ここでいう「建物」とは、屋根および周壁またはこれらに類するものを有し、土地に定着した建造物であって、「その目的とする用途に供し得る状態」にあるものでなければならないと定義することができる（大判昭10.10.1民集14-1671、不登規111条）。具体的には、本法の規定の趣旨と社会通念によって判断する以外にない。したがって、社会通念上建物とされているものであれば、その種類・構造を問わず、たとえば高架橋の下を利用した倉庫、事務所などであっても建物とされている（大判昭12.5.4民集16-533、東京高判平1.7.6判時1319-104）。

⑵　建物の一部についての賃貸借には問題が多い。建物の区分所有権の対象となる部分については問題がないが、構造上独立していない木造家屋の１室または数室の間借りなどの場合である。賃借人の一人が１階の６畳の居間と土間の店舗を、他の一人が２階６畳と８畳の居間を賃借している事案について、建物の一部であっても障壁などによって他の部分と区画され、独占的排他的支配が可能な構造・規模を有するものは、本条にいう建物に当たるとしている（最判昭42.6.2民集21-6-1433）。

⑶　建物の一部を店舗として賃借している場合についても、問題が多い。マーケット式出店契約については、貸主からの経営に対する支配監督がほとんどなく、各店舗が独立し特定性をもち、対外的にも営業の独立性・責任性を具備している場合には、旧借家法が適用されるとされた（名古屋地判昭28.12.23下民4-12-1945）。デパートが商品陳列箱を貸与して借主に営業をさせ、売上歩合の支払を受けるいわゆる「ケース貸」については、場所的占有の独立性がないという理由で旧借家法の適用を否定している（最判昭30.2.18民集9-2-179、判時48-18）。

⑷　建物のほかに附属設備や得意先なども含めた営業の賃貸借がなされた場合でも、本条にいう建物の賃貸借に当たるか。最高裁は、浴場用建物の賃貸借で、営業用利益の分配契約があっても建物の賃貸借が主たる目的になっている場合には、旧借家法の適用があると判示した（最判昭31.5.15民集10-5-496）。

⑸　建物の地下１階部分を賃借して店舗を営む者が、建物の所有者の承諾の下に１階部分の外壁などに看板等を設置していた場合において、建物の譲受人が賃借人に対して当該看板等の撤去を求めることができるかが争われた事件で、賃借人における看板の必要性と撤去した場合の営業の困難性、譲受人の看板が存在することによる建物所有に具体的支障が生じていないこと等の事情を較量して、譲

受人の主張は権利の濫用に当たると判示した（最判平25.4.9判時2187-26）。本判決の前提となっているのは、一般に、テナントの建物賃貸借契約と建物の外壁等に設置する看板設置契約とは、別個の契約になっており、看板の設置箇所は、通常建物の外壁等の一部にすぎず、看板の設置自体は本条の「建物」には含まれないとして、看板設置権原には対抗力がないと結論づけている。その上で、隣接する２筆の借地権のうち、一方には借地権対抗力がない場合、両地を買い受けた新土地所有者が対抗力のない土地の明渡しを請求しても権利の濫用として認めなかった判例（最判平9.7.1民集51-6-2251、10条〔**3**〕）等を視野に入れて、本件建物譲受人が賃借人に対し看板等の撤去を求めることは権利濫用の一事例であると判断したものと思われる。

しかし、結論はともかく、本件のように権利濫用法理で判決を構成したことには批判が多い。すなわち、「多数のテナントが入っているビル等において、……共用部分〔に〕……各店舗の看板が設置されているような場合には、それら看板への表示は、当該建物賃貸借契約に明示されていなくても、同賃貸借契約の内容をなしているものということができる。従って借家人が借地借家法31条により第三取得者に対して、借家権を対抗できる場合には、看板等に表示する権利も当然に対抗することができる」（田原裁判官の本判決の補足意見）。また、本件第一審判決が、看板等の設置個所の利用権原が、本件建物部分の賃貸借に付随する従たる権利として、建物所有権を取得した者に対して対抗することができる（東京地判平24.1.19LEX/DB25491403）との立場も、さらに、「本件における『建物部分』の賃貸借は飲食店の営業を目的としており、上記個所に看板等を設置することも、その目的に不可欠なものとして、またその限りで建物所有者によって認められたものである」（高橋・ジュリ1466-69）として、上記２説と同様の結論を採る説がある。筆者も同説に賛同する。

ただし、「本件の看板等の設置個所の利用権原については、建物売買契約中にその存在を前提とした記載があること等から、Y（建物賃借人）はA（建物譲渡人）の承諾を得ていたと認められるが、このような場合にはたして建物部分を賃借したYは看板等の設置個所をも一括して賃借したという認識を有していたとみるべきであろうか」あるいは「対抗力の及ぶ範囲の判断においては常にそのように言いうるわけではなく、そのように解することができるかは、さらに建物の構造や看板等の位置（……）などから見た、看板等設置権原に対する、『第三者の認識可能性』の観点からの判断が必要である」との重要な指摘がなされている（笠井・リマークス49-6）。最高裁の判断は、建物部分の賃借権の対抗力がその賃借権の一部である看板等の設置権原にも及ぶとまでは解することはできないから、権利濫用の問題として処理をしたのであろう。そうすると、建物の賃貸借契約に看板等が附随している場合には、看板等の設置権原について契約の解釈が大きな意味をもち、また、賃貸建物が譲渡されたときには、建物部分の賃借権の対抗力が看板等にも及ぶのかについても、契約の解釈が雌雄を決することになろう。

そうすると、このような場合には、改正民法で新たに追加された605条の２第１項「前条、借地借家法（……）第10条又は第31条その他の法令の規定による賃貸借の対抗要件を備えた場合において、その不動産が譲渡されたときは、その不動産の賃貸人たる地位は、その譲受人に移転する。」の規定、とりわけ「不動産の賃貸人たる地位」の文言の意味、内容、範囲の明確化が判例の集積によってなされることが期待される。

〔**3**〕「その登記」とは、本来の建物賃貸借の登記を指す。本条は、不動産賃借権の対抗要件（民605条）に対する例外規定を定めたもので、借家関係における対抗力取得方法を非常に簡易なものとした。

〔**4**〕 建物の引渡しは、「現実の引渡し」はもちろん、「簡易の引渡し」や「指図による占有移転」であってもよい。「占有改定」については、議論がある。

⑴ 「現実の引渡し」は、占有物の引渡しによってなされる占有権の譲渡であり、不動産の場合には、その利用や管理が移されるのを常とする。したがって、建物については、鍵の受領や電気・ガスのメーターの新規の供給契約、家具等の搬入の事実があれば現実の引渡しがあったものと解される。

⑵ 「簡易の引渡し」は賃借人となる者の下にすでに占有の基礎となる事実的支配関係が存在しているため、引渡物件を物理的に動かすことなく、占有移転の合意のみにより移転の効果を生ぜしめる制度である。すなわち、賃借人が賃貸人から建物を買って引渡しを受けたが、その後に売買契約が合意解除されたので引き続き建物を賃借したという場合には、賃借人への簡易の引渡しがあり、したがって本条の引渡しの要件を満たすこととなる（東京高判昭33.4.23東高民時報9-4-64、判時153-22）。

⑶「指図による占有移転」とは、譲渡人がすでに占有代理人によって占有しており、譲受人も譲受け後引き続き同一人を占有代理人として占有するとき、代理占有関係が存続するものとして、引渡物件を動かさず合意のみで占有を移転させる制度である。たとえば、転貸建物について賃借権を譲渡する場合に、賃借人が占有代理人である転借人に対して以後は賃借権譲受人のために占有すべき旨を命じ、転借人がそれを承諾したときに引渡しを受けたことになる。

⑷「占有改定」については、一般には本条の引渡しに当たると解されている。たとえば、家主が従前どおりの現実占有を続けていながら、借家人に引き渡したことにして、しばらくの間家主が借家人のために預かっている場合には、本条の引渡しに当たると解する説（我妻・各論中一517）と、そのような場合に、少なくとも借家人の表札を変えて、家主は借家人の占有代理人であることが外部からも判然とする場合に限って、占有改定を認めるべきものとする説（好美・一法2-292注19）がある。

〔５〕本条による対抗要件はいつまでにこれを具備する必要があるか。本条による建物の引渡しは、賃借権を対抗しようとする第三者が出現する以前に、すなわち、これら第三者がその権利の対抗要件を具備する以前に行われていなければならないことは対抗問題の一般理論どおりである。したがって、賃借建物につき物権を取得した者が対抗要件を具備するまでに建物の引渡しを受ければ、建物賃借権を対抗することができる（最判昭42.5.2判時491-53）。

〔６〕その建物について物権を取得した者とは、第一義的には建物所有権を取得した者である。

⑴　売買・贈与などの法律行為による場合はもちろん、競落であっても（大判昭4.3.1民集8-152）、国税徴収法の滞納処分による公売処分（大判昭18.5.17民集22-373）であってもよい。旧借地法10条の建物買取請求権の行使によって建物所有権が借地人から敷地所有者に移転した場合も含まれる（大判昭14.8.24民集18-877）。

⑵　民法605条に基づく登記のほかに本条に基づく登記代用的な対抗要件が認められているため、対抗問題といっても、所有権の二重譲渡の場合とは異なり、同一建物の所有者からそれぞれ有効に設定された複数の賃貸借が別々に対抗要件を備えるという場合がありうる。同一建物について、Ａは賃借権登記を、Ｂは本条による引渡しを受けたという場合に、Ｂへの引渡しが賃借権の登記よりも先で

あればＢはＡに対して自己の賃借権を対抗することができることとなる（東京地判大15.11.25新聞2632-6、札幌高判昭45.12.21判時621-43）。

⑶　物権取得者として抵当権者との関係が問題となりうる。すなわち、抵当権の設定登記前に本条による対抗要件を具備した建物賃借人は、賃借権を抵当権者および競落人に対抗することができ、対抗力ある借家権が抵当権設定後に合意更新された場合でも、賃借人は更新後の賃借権を抵当権者、競落人に対抗できる（広島高岡山支判昭50.2.24高民28-1-39）。これに対して、抵当権の設定登記後に対抗要件を具備した借家人は、抵当権者・競落人に対抗しえない（大判昭14.9.28民集18-1121）。

〔**7**〕　その効力を生ずるとは、以下のように整理することができる。

⑴　たとえば、建物引渡し後に建物所有権を取得した新所有者は、旧所有者と賃借人との間の建物賃貸借関係を法律上当然に承継し、賃借人に対して賃貸借契約から生ずる賃貸人の債務を履行する義務を負うことであり、他方、旧所有者は賃貸借関係から離脱すると、一般的にいうことができる。そして、具体的には次のような事例が現れた。土地建物の賃貸借契約において賃借人の賃貸人に対する建築協力金などの償還に係る償還金と、賃料の一部とを対等額で相殺する旨の相殺契約がなされた場合に、本件相殺契約が、実質的には賃料の金額ないし支払方法に関して本件賃貸借と同時にされた合意の性格を有し、本件賃貸借契約書に一条項として記載されて本件賃貸借と一体となってその内容になっているというべきときには、賃貸人の地位を承継したものに対しても当然に効力を有し、新所有権者は本件相殺契約により制約された賃料債権を取得した者と言うべきであるから、賃借人は、新所有者が賃貸人の地位を承継したのちの賃料についても、本件の相殺契約に基づく相殺を主張することができる（仙台高判平25.2.13判タ1391-211、金判1428-48）。

建設協力金としての性質を有する保証金返還債務については、保証金が賃貸借とは別個の消費貸借を目的として差し入れられたことを根拠として、承継を否定している判例（最判昭51.3.4民集30-2-25）もあるなかで、本件では、本件相殺契約は本件賃貸借契約と同時に締結されたこと、相殺される金額、それによる賃料額の減額が賃貸借契約書に明示されていることなどから、本件相殺契約は具体的には賃料額あるいは支払方法に関する特約として本件賃貸借契約の一内容になっていたと解したうえで、賃借人は本件相殺契約を新所有者に対抗できると結論づけたものである。なお、敷金返還義務、造作買取義務、費用償還義務、転貸許容特約義務等の承継を綿密に分析したうえで、本判決の結論、構成に賛同する判例研究がある（新井・ジュリ1472-107）。

(2)　賃貸人たる地位の承継は法律上当然に生じ、所有権移転登記があれば借家人に対し地位の承継を通知する必要はない（最判昭33.9.18民集12-13-2040）が、所有権移転登記未了の場合は賃料の請求はできないとするのが判例（大判昭16.8.20民集20-1092）である。この趣旨に賛成する学説（ただし賃貸地の事例、我妻＝有泉・物権159）もあるが、これは対抗問題ではなく、登記は必要ではないとの説（舟橋・物権法189）も有力である。また、承継には賃借人の承諾を必要としない。

以上は改正民法以前の学説、判例による法解釈の説明であったが、改正民法は（不動産の賃貸人たる地位の移転）と題して新たに605条の２～605条の４を加えた。605条の２第１項では、「前条、借地借家法（……）第10条又は第31条その他の法令の規定による賃貸借の対抗要件を備えた場合において」と規定したことにより、それまで、民法上は不動産賃借権登記に限り対抗力を認めてきたものを、本条のような建物の引渡しにも民法の明文上「対抗力」を認めるようになったことである。また、「その不動産が譲渡されたときは、その不動産の賃貸人たる地位は、その譲受人に移転する」（同項）と規定して、従来解釈上議論されてきたことが明文化された。

また、同条１項、２項による賃貸人たる地位の移転は、賃貸物である不動産について所有権の移転の登記をしなければ、賃借人に対抗することができない（同条３項）と規定して、上述の所有権移転の登記未了で賃料請求できるかについて明文で結論を示した。

さらに、「不動産の譲渡人が賃貸人であるときは、その賃貸人たる地位は、賃借人の承諾を要しないで、譲渡人と譲受人との合意により、譲受人に移転させることができる。」（改正民605条の３前段）として、従来の解釈上の結論を明文化した。

このように「不動産の賃貸人たる地位の移転」と題して、改正民法は新たな条文を付け加えたが、基本的には従来の解釈を踏襲するものということができる。

このことは、今回の民法改正の目的が大きく二つに分かれ、①社会・経済の変化への対応と、②国民一般にわかりやすいものとする観点からの改正であり、②の改正は確立された判例や一般的な解釈を適切に明文化することにより、法律の専門家でない国民一般にも民法のルールが見えるようにするものであり、実質的なルールを変更しようとするものではない（筒井・ジュリ1511-20）。不動産の賃貸人たる地位の移転に係る民法の改正は②の項目の流れに沿うものである。

〔8〕　本条2項は、前項によって第三者に対抗しうる借家権が付着した建物が売買された場合には、民法566条の用益的権利による制限がある場合の売主の担保責任の規定を準用した。

建物の引渡しという簡易な公示方法によって建物賃借権に対抗力を認めたため、建物の売買において買主は賃借権の存否および内容を予知する十分な手段をもたない。したがって、賃借権が付着した建物の善意の買主を保護するため、売主の担保責任の規定を準用することとした。買主は、賃借権の存在について善意であることを要する（改正前民566条1項）が、善意であれば足り、過失の有無は問題とされない。

〔9〕　本条により保護を受けるのは、売買によって建物所有権を取得した買主に限られ、競売の場合の買受人を含まない。買受人は、執行官による不動産の現況調査に基づく物件明細書の閲覧により対抗される借家権の有無を確認できるからである（民執57条、62条）。

〔10〕　買主は、建物に対抗力のある賃借権が存在していたため売買契約をした目的を達成することができないときは、売主の担保責任を理由として売買契約を解除することができる（改正前民566条1項本文）。買主が自ら使用するために建物を購入したが、すでに引渡しを受けた賃借人が存在しているため建物の使用を妨げられたという場合に、買主は売買契約を解除して代金支払債務を免れることができる。すでに代金が支払われている場合には、その返還を請求することができる。買主は、契約の解除とあわせて、目的不達成によって被った損害の賠償を請求することができる。

買主が対抗要件を備えた賃借人に金銭を給付して明渡しを受け自己使用の目的を達したという場合には、買主は、賃借人の立退きのために支払を余儀なくされた金銭相当額を損害額として売主に対してその賠償の請求をすることができる

（改正前民566条1項後段）。ただし、買主は売主に対して代金減額の請求をすることはできないと解されている（改正前民566条1項と563条との比較）。

契約解除権または損害賠償請求権は、買主が対抗力ある建物賃借権の存在を知ったときから1年以内に行使しなければならない（改正前民566条3項）。

〔11〕　契約の解除または損害賠償請求によって売主買主双方が互いに債務を負担するに至る場合には、同時履行の抗弁権の関係が成立する。たとえば、代金の授受および登記の移転が行われている場合には、買主が解除権を行使することによって売主の代金返済債務と買主の目的物返還ないし登記抹消債務が発生し同時履行の関係に立つ。当事者のいずれも、自己の債務の履行を提供しなければ相手方の債務の履行を請求することができない。

〔民法の改正（平29法44号）に伴う借地借家法の改正〕

改正民法は、本条の見出しを「（建物賃借権の対抗力）」に改め、本条の2項および3項を削除した。本条2項は、1項の適用によって第三者に対抗しうる借家権が存在する建物が売買された場合に、改正前民法566条の用益的権利による制限がある場合の売主の担保責任の規定を準用したものであった（〔8〕）。登記の対抗力が本条1項によって付与される場合を民法は想定していなかったので、本条2項は、民法566条を準用するものとしたのである。

本条2項の準用規定が改正民法との関係で不要になったことにつき、10条の〔後注〕を参照されたい。

〔借地借家法の一部改正に伴う経過措置〕

改正民法によって、本条2項、3項は削除されたが、施行前に本条1項により、第三者に対抗できる建物賃借権の目的である建物の売買契約が締結された場合、その契約の解除および損害賠償の請求については、なお従前の例によるとした（民法改正整備法26条2項）。

〔改正民法施行後の影響〕

改正民法施行後の本条1項の適用による建物賃借権の目的である建物が売買された場合、改正民法605条の2に基づき、改正民法566条、533条が適用されることになるが、今回の民法の改正（平29法44号）は、売主の担保責任の規定に広範囲な変更をもたらした。

したがって、これら民法改正がもたらす結果は、民法のコンメンタールの内容となるが、本条とのかかわりについては、10条と同様となるので、10条の〔後注〕を参照されたい。

（東川始比古）

（借賃増減請求権）

第32条〔1〕　建物の借賃〔2〕が、土地若しくは建物に対する租税その他の負担の増減により〔3〕、土地若しくは建物の価格の上昇若しくは低下その他の経済事情の変動により〔4〕、又は近傍同種の建物の借賃に比較して〔5〕不相当となったとき〔6〕は、契約の条件にかかわらず〔7〕、当事者は、将来に向かって建物の借賃の額の増減を請求することができる〔8〕。ただし、一定の期間建物の借賃を増額しない旨の特約〔9〕がある場合には、その定めに従う。

2　建物の借賃の増額について当事者間に協議が調わないときは、その請求を受けた者は、増額を正当とする裁判が確定するまでは、相当と認める額の建物の借賃を支払うことをもって足りる〔10〕。ただし、その裁判が確定した場合において、既に支払った額に不足があるときは、その不足額に年1割の割合による支払期後の利息を付してこれを支払わなければならない〔11〕。

3　建物の借賃の減額について当事者間に協議が調わないときは、その請求を受けた者は、減額を正当とする裁判が確定するまでは、相当と認める額の建物の借賃の支払を請求することができる。ただし、その裁判が確定した場合において、既に支払を受けた額が正当とされた建物の借賃の額を超えるときは、その超過額に年1割の割合による受領の時からの利息を付してこれを返還しなければならない〔12〕。

〔1〕　本条の趣旨　　本条は家賃改定をめぐる当事者間の権利義務関係および改定決着までのルールを定めている（旧法7条と基本的に同旨であり、また地代改定に関する本法11条に対応するものである）。賃料改定に関しては本条に加えて民事

調停法24条の２、同法24条の３の両条（民事調停法の一部改正により新設）が重要である。そこにおいては、家賃改定について当事者間の協議が不調のため改定を求める訴えを提起するには、あらかじめ調停の申立てを要すること等が新たに定められている。賃料改定紛争を調停手続において迅速に解決することがその目的である。なお、かつて地代家賃の額を統制していた地代家賃統制令（昭和21年勅令443号）は、昭和61年12月末日をもって廃止されている。また、平成11年の借地借家法一部改正により導入された定期建物賃貸借において賃料改定特約がある場合に、本条の適用が排除される余地があることに関し、38条７項の注釈（〔36〕）を参照されたい。

〔２〕　本法では、賃借物の使用の対価を「借賃」と呼び、かつては民法上もそのように呼ばれていた（民法原規定609条ほか）。平成16年のいわゆる民法の現代語化の改正により「賃料」とされている。ここでは建物賃貸借であることから、一般の用語に従い「家賃」と呼ぶことにする。

〔３〕　土地または建物に対する租税その他の負担の増減とは、必要諸経費の増減をいう。必要経費としては、建物にかかる減価償却費、維持修繕費、公租公課（固定資産税・都市計画税）および損害保険料、土地にかかる公租公課（固定資産税、都市計画税など。ただし、敷地が借地の場合には地代相当額がこれに代わる）、賃貸借そのものにかかる管理費（見回り点検、家賃の徴収に要する費用等）があるほか、貸倒れ準備費、空室等損失相当額も必要経費に計上されることが多い。

なおマンション等の集合住宅においては、家賃とは別に、「管理費」「共益費」の名目の金銭が賃借人との合意の上で徴収される。これには、賃貸建物の管理に必要な費用、たとえば、貯水槽、防犯設備、街灯その他の共用部分の維持管理費、管理人の賃金等が含まれるが、これらの費用に変動があった場合に特約があればそれによることになるし、特約のない場合には、実質的に家賃と同じ性格のものとして本条の類推適用を考えるべきである。

〔４〕　土地または建物の価格の上昇・低下が家賃に反映するのは、家賃が純賃料（土地および建物価格に期待利回りを乗じたもの）に必要諸経費を加えたものから構成されるため、土地・建物の価格の変動は当然純賃料に影響することによる。

「その他の経済事情の変動」は平成３年の改正に際して新しく追加されたもので、建物価格・地価の騰落以外の経済的な状況の変動ということである。具体的には物価指数、国民所得、通貨供給量、賃金指数などの指標が考えられる。もっとも、これらは旧法７条の解釈として、裁判実務上すでに「不相当性」の判断の際考慮されており、平成３年法はこのような従来の実務を法文上も明確にしたもので、従来の状況との間に実質的変更はない。

〔５〕 近傍同種の建物の家賃水準との比較とは、近隣地域および同一需給圏内の類似地域における賃貸借事例の家賃との比較を指し、いわば近隣の「相場」を参照するということである。ただ、比較の前提として、参照した事例が当該事例と契約条件や物件の状況等の点でかなりの程度共通性のあることが必要とされ、契約の始期、期間、目的物の位置、建物の状況、権利金の有無ないし金額等の要因について計量的な補正を要する。

〔６〕 家賃増減請求権が認められる理由および要件　(1) 借家契約においても期間が長期にわたる場合には、契約当初に定められた家賃が以後の経済事情や社会の変動により不相当になることが考えられる。この場合に、当事者間で家賃の改定が円満に合意されることが望ましいが、現実には改定の要否、あるいは、具体的な改定額をめぐり合意がまとまらないことも多い。その結果として家賃額が不相当な水準のまま放置されるという不都合を回避するため、本条１項は、約定家賃が諸般の事情の変更により不相当になったときに、公平の観念から、改定を求める当事者の一方的意思表示により、従前の家賃を将来に向かって客観的に相当な金額に改定できる家賃増減請求権を定めている。

ところで、かつては現実に生じる家賃改定紛争のほとんどが賃貸人からの増額請求によるものであった。しかし、近年はいわゆるバブル崩壊以降の経済不況による空室率の増大、家賃水準の低下により、賃借人からの減額請求紛争も少なくない。なかでも、いわゆるサブリース契約（不動産業者が第三者に転貸することを目的としてオフィス等の建物を所有者から一括して長期間賃借する賃貸借契約）において、賃借人（転貸人）がビル所有者たる賃貸人との間で合意した賃料の最低額の保証や増額の保証の条項の存在にもかかわらず、テナント収入の激減等を理由に本条の減額請求権を主張し、その適否をめぐる紛争が首都圏を中心に頻発していた（後掲〔12〕(3)以下の注釈参照）。

(2) 家賃増減請求権の要件は、家賃が諸事情の変化により客観的に不相当になったことと、家賃を増額しない特約がないこと（これについては、後掲〔９〕で注釈する）の二つである。

ア）　家賃が「不相当」となったか否かを判断する要素として、法文は、土地または建物に対する租税その他の負担の増減、土地または建物の価格の上昇・低下その他の経済事情の変動、および近傍同種の建物の家賃水準との比較を掲げている（それぞれ〔3〕ないし〔5〕で説明した）。ただし、これらはいずれも不相当性判断の要素の例示にすぎず、後述のイ）およびウ）のようにこれら以外の要素が考慮されることもあるし、また、法文に例示されたこれらの要素に変動があってもそのことのみで直ちに増減額請求権が発生するわけではない。最近の判例上は、後述のサブリース契約への本条1項の適用の有無に関する最判平15.10.21（民集57-9-1213）以降、サブリースに限らず、同項所定の経済事情だけでなく、当事者が賃料額決定の要素とした事情を綜合考慮し、増減額請求の当否および相当賃料額を判断すべきであるとする（後掲〔7〕(3)以下参照）。

イ）　現行の家賃が定められてから相当期間が経過したことは、不相当性の判断に際して考慮される。ただ、相当期間の経過は増減請求権発生の独立の要件ではなく、あくまで一要素と考えられ（最判平3.11.29判時1443-52、星野・借地借家238）、経済事情などの激変によって家賃が不相当な状態に至った場合には、たとえ前回の家賃決定からそれほど期間が経過していないときでも増減請求権は発生するものと解される。

ウ）　当事者間の主観的個人的な事情の変化、あるいは、賃貸借契約当時の当事者間の特殊事情の解消等も考慮される。この点につき、本条の適用を客観的な経済事情の変動がある場合に限定し、個人的事情の変動は含まないとの立場（山下＝上田＝土井＝森里・判タ1289-30）もあるが、本条の目的が従前賃料が不相当となった場合に公平の見地からの改定を認めるものであることから、主観的事情を排除する必要は乏しい（星野・借地借家237）。たとえば、当事者間の情誼や人的関係等から当初の家賃が相場よりも低かったが、時の経過や世代交代によりそのような特殊事情が消滅した場合、あるいは、賃貸借契約当時、テナント側の経営事情に配慮して相場よりも家賃が低く設定されたが、その後軌道に乗ったような場合（大阪高判平20.4.30判タ1287-234）には、一般的な水準までの増額を認めるのが適当であろう（その他裁判例について、11条〔6〕(2)ウ）の注釈参照）。ただし、一挙に高額な増額となるときは、増額の幅を考慮する等配慮すべきである（東京高判平18.11.30判タ1257-314は、適正賃料と現行賃料との中庸値を相当とした原審を支持）。

エ）「不相当性」は、上に述べたように、法文所定の経済事情の変動のほか、当事者が賃料額決定の要素とした事情を含め、当事者間の具体的な事情を総合的に考慮して、従来の家賃を維持することが公平か否かという見地から判断される。租税等の必要経費の増大で賃貸人の純益が著しく減少した場合（〔**3**〕参照）や家賃の額が近隣の同種事例に比べて均衡を失しているような場合（〔**5**〕参照）は、不相当になったものと解して妨げない。反対に、明らかに賃借人が経済変動リスクを引き受けているサブリースにおいては、従前家賃の不相当性（減額請求の相当性）の判断には、慎重さが求められよう（吉田・銀行法務1629-8）。なお、従来の家賃が不相当になったことの立証責任は改定を求める当事者にある。

〔**7**〕　従前の家賃が不相当となったこと、および、不増額の特約がないことの二つの要件が備わっている場合には、「契約の条件にかかわらず」増減請求権が発生する。

⑴　その意味で本条１項は強行規定の性格をもつ（旧借地法12条１項に関するものとして最判昭56.4.20民集35-3-656、我妻・各論中一507）。ただし、その趣旨は、37条により片面的強行規定とされている諸規定とは違って、家賃の改定・増減について賃借人に不利な特約をすれば直ちにそれが無効とされるわけではなく、家賃改定は基本的に当事者の合意に委ねられているが、増額しない旨の本項ただし書以外の定めをしても増減請求権の行使が妨げられないとの趣旨である（寺田・NBL494-33）。この点につき後掲⑸⑹の最判平15.10.21（民集57-9-1213）、11条に関するものとして最判平15.6.12（民集57-6-595）が重要である。

⑵　増減額は当事者の協議により決定するという特約（協議特約と呼ばれる）が存する場合、賃貸人が協議をしないで、または協議を尽くさず増減額請求をすることができるかについては、判例は、そのような特約は、できる限り訴訟によらないで解決しようという合意にすぎず、当事者間に協議が成立しない限り賃料の増減を許さないとする趣旨ではないとして、協議を経ない増減額請求も有効であるとした（前掲最判昭56.4.20）。

⑶　公租公課の変動や物価指数等に応じて家賃を自動的に改定する特約（自動改定特約。たとえば、家賃は消費者物価指数の変動にスライドするとの条項、△年ごと

に□パーセント増額するとの条項など）が、家賃改定をめぐる協議の煩わしさやトラブルを未然に防止するために、しばしば利用されている（裁判例の状況について、升田・判時1475-3、1477-3）。このような賃料自動改定特約の効力と本条1項との関係について、従来の下級審裁判例では、本条1項が前述した意味での強行法規の実質をもつことを考慮しつつ、個々の特約の内容が本条1項の趣旨に反し、経済的事情の変更がなくても賃料の増額をするとか、その増額が経済的事情の変更の程度と著しくかけ離れた不合理なものとなるときは無効とすると解し「改定基準の相当性」を要求し、それに加えて、その特約の適用によって定まる「改定後の金額の相当性」が具体的に判断され、当該事案における特約の最終的な効力が決定されていた（杉原・ジュリ1256-183）。

他方、学説上は、まず基準の相当性による特約の効力が判断され、有効と認められるときは、その限りで法定の増減請求権は排除されるが、特約に基づく賃料額が不相当となり特約が無効と認められる（その論拠としては、事情変更の原則、当事者の意思解釈、信義則などが挙げられた）ときは増減請求権の行使が許されると解されていた。

⑷　もっとも、こうした下級審裁判例による説明については、改定基準としていったんは有効とされた特約がその後の事情変化を考慮した判断により、その効果・適用を否定されうることの論拠がなお明確でないとの批判があり、学説についても、特約に基づく賃料額が不相当となり特約が無効となる根拠が明確でなかった。これらに対して、有力学説は、裁判例の分析から、前掲の判断枠組みのうち、改定基準の相当性・合理性の判断はきわめて形式的で基本的に改定特約は有効とされていること、特約の無効・失効の理由とされる事情変更の原則は固有の意味での同法理の適用ではなく賃料増減請求権規定における不相当性判断と同一であることを指摘した。それによれば、当事者間の賃料決定に関する合意の有効性（拘束力）を前提としつつも、かつ、強行法規の実質をもつ増減請求権の制約には服することから出発し、当事者がその特約の基礎としていた事情がその後の経済事情の変更により失われるに至ったときは、特約に基づく賃料額が賃料増減請求権規定の趣旨に照らして不相当になった（要件充足）結果として、合意の拘束力の基盤が失われ当事者は賃料増減請求権が行使できることになると把握すべきである、と指摘していた（原田・判タ901-58以下）。

(5)　こうした状況の下で、最高裁は、地代自動改定特約（いわゆるバブル経済の崩壊の前に結ばれた３年ごとに地代を10パーセント増額する条項）について、上記の有力説に近接した判断を示した。最判平15.6.12（民集57-6-595）は、一方で11条１項が強行法規の実質をもつこと、他方で当事者間の賃料決定合意の自由から地代改定協議の煩わしさを回避するための地代自動増額特約も原則有効であることを前提としつつ、「地代等自動改定特約は、その地代等改定基準が借地借家法11条１項の規定する経済事情の変動等を示す指標に基づく相当なものである場合には、その効力を認めることができる。しかし、当初は効力が認められるべきであった地代等自動改定特約であっても、その地代等改定基準を定めるに当たって基礎となっていた事情が失われることにより、同特約によって地代等の額を定めることが借地借家法11条１項の規定の趣旨に照らして不相当なものとなった場合には、同特約の適用を争う当事者はもはや同特約に拘束されず、これを適用して地代等改定の効果が生ずるとすることはできない」し、「当事者は同項に基づく地代等減額請求権の行使を同特約によって妨げられるものではない」とした（具体的には、バブル経済下では本件特約もその効力を否定されないが、地価動向が下落に転じた後の時点では、本件増額特約により地代を定めることは本条１項に照らし不相当となったとした）。

なお、特約が同条１項に照らして不相当となった場合の効果に関して、強行法規の実質をもつのは、増減請求権の行使を妨げることができないという点だけである。不相当となった時点以降でも、賃借人が増額特約の適用を争うことなく、増額された賃料を支払っていた場合、増額賃料の支払を受けたことが賃貸人の不当利得になるわけではない（杉原・ジュリ1256-184）。

これに対して、賃借人が増額特約の効力を争って特約どおりの増額賃料を支払わず従前賃料あるいは自己の相当と認める額の賃料だけの支払・供託を続けていたが、後に特約が有効と認められた場合に、どのように解決すべきか。形式的には債務不履行解除の余地がありうるが、裁判例では、本条２項の適用を認めて解除を封じたり（札幌高判昭54.10.15下民30-9＝12-528）、あるいは、２項の適用は認めないが、有効とされた賃料改定特約に従わなかったことに信頼関係を破壊しない特段の事情ありとして解除を否定している（東京地判平6.11.28判時1544-73）。学説上も、２項の類推適用や信頼関係破壊法理など、特約の不遵守を解除に直結させない方向が指摘されていた（吉田・注釈借地借家868)。これらに対して、前掲の有力学説（原田・判タ901-60）は、特約の有効・無効という形式の下で争われているのは実質的には当事者の合意（特約）に基づいて決定・算定された賃料額の相当性そのものであり、賃料増減請求権の行使の場合と異ならないから、こうした紛争の場合にも本条２項が適用されるべきと指摘していた。前掲最判平15.6.12は、この点を直接扱うものではないが、同判決の前述の基本枠組みからすれば、同様に解すべき余地があるように思われる。

(6)　ところで、注意すべきは、この最判平15.6.12が11条に関して示した判例法理とは別に、サブリース契約への本条適用をめぐって提示された判例法理の存在である。バブル経済の頃に盛んに行われた建物のいわゆるサブリース契約に賃料減額請求権の規定（本条）が適用されるかについては、後述のように（〔12〕(3))、最高裁の判決が示されている（最判平15.10.21民集57-9-1213ほか)。その骨子は、サブリース契約は建物の賃貸借契約に当たり、本条が適用されること、本条は強行法規であるから賃料自動増減特約があってもその適用を排除できず、当事者は増減額請求権の行使を妨げられないこと、本条１項に基づく「賃料減額請求の当否（賃料増減額請求権行使の要件の充足の有無）および相当賃料額」を判断するにあたっては、公平の見地に照らし、賃貸借契約の当事者が賃料額決定の要素とした事情その他諸般の事情を総合的に考慮すべきである、ことが明示されている。

最高裁は、これらが、単に建物サブリースにおける賃料改定特約のみならず、サブリース以外の借家契約（オーダーリース）あるいは借地契約における賃料増減請求においても妥当する一般枠組みとして把握する姿勢をみせている。すなわち、最判平16.6.29（判時1868-52）は、建物所有を目的とする借地契約において、賃料は３年ごとに消費者物価指数の変動率を乗じ、公租公課の増減額を加算・控除した額とするが、物価指数が下落しても減額はしないとの賃料改定特約があった事例につき、サブリース判決と同様の論理が当てはまるものとしている。ただ、このように、借地に関する上述の前掲最判平15.6.12の判断枠組みと上記サブリース判決が示した判断枠組みとを一元的に理解する見方に対しては、異論もある。前掲最判平15.6.12は賃料増減額請求権の通常適用であるのに対して、前掲最判平15.10.21が示した法理はサブリース契約の場面への修正適用であり、契約締結以前の事情の総合的考慮という新たな規範創造と理解する（この立場からは、前掲最判平15.6.12の事例では賃借人が賃貸借契約において経済変動のリスクを引き受けていなかったのに対し、前掲最判平16.6.29の借地契約の事例は、リスクの引き受けがなされていた点でサブリースと共通性があるとする〔吉田・判タ1173-112〕)。

〔**8**〕 増減請求権の行使の方法および効果　(1) 行使の方法　増減請求権の行使は、相手方に対する意思表示によって行う。口頭でも書面でもよいが、後にこの意思表示がなされたかどうかが争われることを想定して、配達証明付きの内容証明郵便ですることが多い。書面による場合も、記載内容が増減請求の意思表示であることがわかればよく、特別の様式を必要としない。また改定の根拠を示すことや、金額を明示することも必要ではない（東京地判昭42.4.14判タ208-186)。もっとも、裁判上増減請求の意思表示をする場合には、請求の上限を画する必要から、訴状において金額を明示しなければならない（貼付する印紙の金額の算定という意味もある)。

(2) 行使の効果　ア) 家賃増減請求権は、形成権の性質を有し、増額請求の場合賃貸人が増額の意思表示をすれば（その際に具体的に改定金額を提示するのが通例である)、賃借人がそれを承諾するか否かにかかわらず、その意思表示がなされた時（厳密にいうとその意思表示が賃借人に到達した時）から将来に向かって客観的に「相当」な額に増額されたことになる。

イ)「相当」な額をめぐって当事者間に争いがないとき、たとえば、賃貸人の提示額に賃借人も異存がない場合には、その金額が改定家賃となる。しかし、「相当額」をめぐって当事者間に争いがある場合には、調停または裁判において決定されることになる。なお民事調停法の改正によって、賃料改定を求める訴えを提起するにはまず調停を申し立てなければならず、調停申立てをしないで訴えを提起した場合には原則として調停に回されることになった（本書民調24条の２の注釈を見よ)。裁判により決定された改定の効果は、前述のように増減請求の意思表示の時点に遡って生じる。裁判所の判決は、増減請求権という形成権の行使によりすでにその意思表示の時点で生じている改定金額を確認するにすぎないと説明されている。

賃料増減額確認請求訴訟においては、その前提である賃料増減額請求の当否および相当賃料額の審理判断がなされるが、その審理判断にあたっては、賃料自動改定特約が付されていた場合でも、当事者が現実に合意した賃料のうち直近のものを基にして、その合意がなされた日から当該賃料増減額確認請求訴訟に係る賃料増減請求の日までの経済事情の変動等を総合的に考慮すべきものとされる（最判平20.2.29判時2003-51）。

さらに、賃料増減額請求により増減された賃料額の確認を求める訴訟の訴訟物および既判力の範囲について、従来いわゆる期間説（賃料増減額請求発効の日から当該訴訟の事実審口頭弁論終結時までの期間の賃料額と解する）と時点説（特定の期間と解する必然性はなく、増減額請求発効日時点の賃料額と解する）との対立があったが、近時最高裁は、原則として後者の立場を明らかにした（借家につき最判平26.9.25民集68-7-661）。すなわち、その既判力は、原告が特定の期間の賃料額について確認を求めていると認められる特段の事情がない限り、前提である賃料増減額請求の効果の生じた時点の賃料額に係る判断について生ずるものとした。両説は、賃料増減額確認訴訟係属中に新たな賃料増減請求がされた場合の訴訟運営面での対応等で相違が生じえたところ、実務上一定の方向が示されたものといえる（詳細につき、伊藤・最判解353以下）。

ウ）　相当家賃の算定つまり継続家賃の改定額の算定については、以下のようなさまざまな方式がある。

１）　利回り法　　建物とその敷地価格に期待利回りを乗じて得た純賃料に必要経費（減価償却費、修繕費、維持管理費、公租公課等）を加算するもの（〔6〕の説明も参照）

２）　スライド法　　従前の家賃を基準として、その後の経済変動の指数（たとえば物価指数、家賃地代の変動指数等）を乗ずるもの（厳密には、既定の家賃中の純賃料に変動率を乗じたものに改定時点の必要経費を加える）

３）　差額配分法　　当該建物および敷地の経済価値に即応した適正な家賃と実際の支払家賃との差額について、契約内容、契約締結の経緯等を総合的に勘案して当該差額のうち貸主に帰属すべきものと判断される部分・額を従前の支払家賃に加算するもの

４）　賃貸事例比較法　　近隣の同種同等の賃貸事例における家賃の相場と比較し個別要因による補正を施して求めるもの（〔5〕の説明も参照）

これらの方式のいずれによるべきかについては、判例は、どれが原則であるとはいえず、いずれにも合理性がありケース・バイ・ケースで決めるべきであると

している（最判昭40.11.30判時430-27、最判昭43.7.5判時529-49）。したがって、具体的な事案において、どの方式あるいは組み合わせによって算定するかはもちろん、各方式においても個別的にどのような数値を適用するか、たとえば１)の利回り法で期待利回りを何パーセントにするか、２)のスライド法で変動指数としてなにを利用するか、３)の差額配分法で貸主に帰属すべき割合をどれだけとするかなどに関しては、専門的な知識を必要とする。通常は不動産鑑定士に適正家賃の鑑定を依頼し（当事者が依頼する場合もあれば、裁判所が依頼する場合もある）、その結果を証拠として利用することになる。近年の裁判例あるいは鑑定実務においては、以上の方式のうちの複数の方式により試算された金額を総合的に調整・比較考量して最終的な金額を決定する仕方（総合方式と呼ばれる）が一般化している（「不動産鑑定評価基準」〔平成14年７月３日。総論第７章第２節、各論第２章、直近の改正は平成26年５月１日〕も、継続家賃の鑑定評価手法としてこれら四つの方式を規定している。本条をめぐる最近の100件余の裁判例を対象に、各方式のウェイトづけも含め整理したものとして、渡辺・解説382以下が詳しい）。

〔９〕 一定期間家賃を増額しない特約（たとえば家賃を３年間据え置くという特約）が存在する場合には、従前の家賃が「不相当」な状態になったとしても、増額請求権は認められない（本条１項但書）。ただし、この不増額特約の期間がかなり長期にわたり、その間に経済的事情の激変があり、その激変が特約当時の当事者の予測を大きく超えたものであって、特約の拘束力をそのまま認めると著しく公平に反する結果となるときは、「事情変更の原則」の適用によって、本条の増額請求権が認められることがある（横浜地判昭39.11.28判タ172-212〔借地の事案〕）。

〔10〕 本条２項は、増額請求の意思表示がなされたが相当額をめぐって当事者間で協議がまとまらない場合に、後に裁判等で金額が確定するまでの間、賃借人が支払うべき暫定的な金額および増額確定後の清算のルールを定める。

⑴ まず増額請求を受けた賃借人は、裁判が確定するまでは、自らが「相当と認める」家賃（客観的な適正額を意味しない）を支払えばよい。たとえば、賃貸人が現行の家賃５万円を７万円に増額請求してきた場合、賃借人は５万5000円が相当だと考えれば、その金額だけ支払えばよく、また従来どおり５万円が相当だと考えれば従来どおりの金額を支払えばよい。

従来の家賃額より低額であってはならない（従前額よりも低い４万5000円が相当

であると考える場合、減額請求をなすことは可能であるが、それについては(3)の注釈を参照せよ）。後に6万円への改定が裁判所により認められた場合でも、〔11〕に述べる形で不足分の清算をすれば不足を理由とする解除はできない（本条2項の前身である旧借家法7条2項は、旧借地法12条2項と同様、昭和41年の改正により追加された。それ以前は、この不足額の不払いを理由とする契約解除、明渡請求という紛争が相次ぎ問題となっていたが、41年改正によって解除が絡むトラブルの余地を封じた）。

もっとも、賃借人が主観的に相当と判断すれば、いかに低額であっても本項が適用され解除の余地はないかについては、最判平8.7.12（民集50-7-1876）は、地代についてであるが、賃借人による支払額が、賃借人が主観的に相当と認めていたとしても、賃貸人が負担すべき目的物の公租公課の額を下回り、そのことを賃借人が知っていたときは、特段の事情のない限り、債務の本旨に従った履行をしたとはいえず解除の余地があるとする（最判平8.7.12判時1579-82は、賃貸人が自己所有地と第三者所有地とをあわせて賃貸した事例で、その地代が前者の公租公課と後者の原賃貸借の地代の合計額を下回っていた事案につき、同旨の判断をした。これら最判につき、学説上も同旨のものとして、内田・リマークス15-55、山野目・判タ933-70）。

なお、改定をめぐるトラブルの際に、賃貸人側が増額家賃でなければ受け取らないとして受領を拒絶することがしばしばみられる。その場合には、賃借人は供託（民494条以下）をなすべきであり、受け取らないからといって供託もせず放置すれば家賃不払いを理由に契約を解除されるおそれがある。

(2)　以上のような暫定的取扱いは、「増額を正当とする裁判」が確定するまでのものである。ここにいう裁判とは、改定家賃を確認する判決、改定後の家賃の支払を命ずる給付判決を指すが、賃料額が裁判上の和解により確定され、それが調書に記載された場合（東京高判昭54.5.22判時934-55）、また調停において賃料改定の調停が成立し調書に記載された場合も含まれる（荒木・実務解説201、290。もっとも裁判上の和解や調停の場合には、通常その条項のなかで改定額、時期、清算の仕方等の詳細が定められており、本条2項が適用されることはあまりないであろう）。

(3)　賃貸人の増額請求に対して賃借人側が減額請求で対抗した場合（前掲(1)の例でいえば、5万円から7万円への増額請求に対して賃借人が4万5000円への減額請求をした場合）でも、賃貸人側は、自己が相当と考える額（従前額も可）の請求ができるから（本条3項。後述〔12〕参照）、結局、減額請求をしても裁判が確定するまで、賃借人は、従前額は支払う必要がある。

〔11〕　増額を認める裁判が確定した場合には、係争期間中賃借人が支払ってきた、または供託してきた金額が裁判により確定された金額より低いときには、賃借人は、その差額に年１割の利息を加えて賃貸人に支払わなければならない。賃借人が支払ってきた額が裁判所が認めた額を上回る場合の取扱い（その前に、そもそも賃借人が暫定的に支払った金額を下回る金額を裁判所は相当額と判定できるか、という問題もありうる）については、地代増減請求権に関する11条〔11〕の注釈を見よ。

〔12〕　減額請求の意思表示がなされ「相当家賃」について当事者の協議がまとまらない場合の取扱いは、増額請求の場合と基本的に同様である（本条３項の前身である旧法７条３項も、２項と同様に昭和41年改正により追加された）。

⑴　減額請求の場合には、金額が確定するまでの係争期間中、賃貸人は自身が相当と考える金額（従来どおり７万円でよい）を請求することができるのであって、賃借人は暫定的にせよその額は支払わなければならない。それを怠り賃貸人の請求額を下回り自己の主張する額の支払を継続した賃借人に対しては、家賃不払いによる解除が認められる（解除肯定例として、東京地判平6.10.20判時1559-61、東京地判平10.5.28判時1663-112）。なお、減額を正当とする裁判が確定するまでの「賃貸人が相当と認める額」の賃料支払請求権は、賃貸人の請求等の意思表示により発生する形成権ではなく、賃借人の減額請求の意思表示の到達時に当然に発生し、また、「賃貸人が相当と認める額」は、特段の事情のない限り、従前家賃額と同額と推定されるとする事例がある（東京地判平10.5.29判タ997-221）。結果的に、たとえば、６万5000円への減額が裁判上認められたとすると、係争期間中７万円を支払ってきた賃借人に対して、賃貸人はその超過額（各月5000円）について年１割の利息を付して返還しなければならない。

なお、この年１割の利息は、上のような超過分について付されるものであり、賃貸人が自身で相当と考える額を請求したのに対し、賃借人がそれに応じず、その支払った金額が後に裁判で正当とされた額に足りない場合には、債務不履行となることはあっても、その不足額につき１割の利息の請求が認められるわけではない（東京高判平10.1.20判タ989-114）。

⑵　減額請求に対抗して賃貸人が従前額よりも高い金額を相当額として増額請

求をした場合の関係は、前掲〔10〕(3)で述べたのといわば裏返しとなる。すなわち、減額請求があっても、確定までは、賃貸人は従来どおりの家賃を請求できるが、一方で増額請求があっても、賃借人としては従前の家賃を支払えば債務不履行の責任を問われないから、結局、裁判が決着するまでは、賃借人は従前額を支払うことを要し、また賃貸人は従前額を超えて請求することはできない（要するに、確定までは従来どおりの法律関係が維持される）。

(3)　いわゆるサブリース契約において、本条の減額請求権規定が適用されるか。サブリース契約とは、不動産会社が土地所有者の建築した建物で転貸事業を行うため、あらかじめ、両者間で賃貸期間、当初賃料額およびその改定等についての協議を調え、土地所有者がその協議の結果を前提とした収支予測の下に敷金の預託や金融機関からの融資を受けて建物を建築した上で締結された、不動産会社が土地所有者から建物を一括して賃借することを内容とする契約である（松並・最高裁時の判例Ⅴ161）。90年代以降裁判例に登場したこうした建物サブリース契約では、建物の転貸を予定した賃貸借という形式が採られ、土地所有者による建物建築のための借入金の返済原資たる賃料につき、当時の地価高騰、賃料相場の上昇傾向を反映して、最低賃料額保証特約や賃料自動増額特約が多用された。ところが、バブル経済の崩壊以後は、賃料相場の下落の結果、転貸料がそうした特約による基本賃貸借の賃料をときに下回る結果となることもあり、上記特約どおりの賃料支払による大幅な損失（差損ないし逆鞘）を抱えた不動産会社（賃借人）が建物所有者（賃貸人）に対し本条1項により減額請求を求める紛争が相次ぐこととなった（この問題を扱う文献はおびただしい数に上るが、裁判例・学説につき後掲の最高裁判決を含めて鳥瞰的に理解できるものとして、松岡・論叢154-4～6-131以下）。

従来の下級審裁判例の大勢は、サブリースが賃貸借であることを前提として本条の減額請求権規定の適用を肯定した上で、相当賃料の算定に際してサブリース契約の特殊性や当該契約締結時等の事情を考慮して減額幅を圧縮しようとしていた（修正適用説）。これに対して、裁判例の一部には、サブリース契約の共同事業契約としての実質を重視して賃貸借ではないことを理由に、本条の適用はない（「賃料」改定特約の効力が肯定される）とするものがみられ（適用否定説）、最高裁の判断が待たれていた（下級審の状況につき、松岡・論叢154-4～6-136）。また、学説上も、修正適用説、適用否定説（サブリースが賃貸借ではないことを理由とする立場、賃貸借ではあるが一定の場合〔たとえば当事者間で経済変動リスクの引受けがあった場合〕には本条の適用がないとする立場を含む)、単純適用説（本条に関する従来の基準を適用して判断し、サブリース契約であることは考慮しないとする）に大きく分かれていた（学説の詳細についても、松岡・論叢154-4～6-144以下)。

こうしたなかで、最高裁は、最判平15.10.21（民集57-9-1213〔センチュリータワー事件判決〕）を皮切りに、サブリース契約につき重要な判断をした（最判平15.10.21判時1844-50〔横浜倉庫事件判決〕、最判平15.10.23判時1844-54〔三井不動産販売事件判決〕、さらに最判平16.11.8判時1883-52〔長谷工事件判決〕も同旨の判断を述べている)。それによれば、第１に、サブリース契約でもオーナーが不動産業者に対して建物を使用収益させ、不動産業者がオーナーにその対価として賃料を支払うとされている以上、建物の賃貸借契約に当たり、ゆえに本条が適用される。第２に、本条１項は強行法規であるがゆえに、賃料自動増減特約があってもその適用を排除することはできず、当事者は増減額請求権の行使を妨げられない。第３に、本条１項に基づく「賃料減額請求の当否（同項所定の賃料増減額請求権行使の要件の充足の有無）および相当賃料額」を判断するにあたっては、公平の見地に照らし、賃貸借契約の当事者が賃料額決定の要素とした事情その他諸般の事情を総合的に考慮すべきである、とする。

センチュリータワー事件判決では、その際の考慮要素として、当該契約において賃料額が決定されるに至った経緯や賃料自動増額特約が付されるに至った事情、とりわけ、当該約定賃料額と当時の近傍同種の建物の賃料相場との関係（賃料相場との乖離の有無、程度等)、不動産業者の転貸事業における収支予測にかかわる事情（賃料の転貸収入に占める割合の推移の見通しについての当事者の認識等)、敷金および銀行借入金の返済の予定にかかわる事情等をも十分に考慮すべきであるとされている。また、三井不動産販売事件判決では、賃料保証条項があっても減額請求は否定されず、賃料減額請求の当否や相当賃料額の判断に際して、賃料保証特約の存在や保証賃料額が決定された事情を考慮すべきとする。

サブリース契約に関して示された上記の最高裁の考え方は、その後、借地契約における賃料自動増額特約の事例やサブリース以外の借家契約にも同様に妥当するものと解されている。前者につき、最判平16.6.29（判時1868-52）は、センチュリータワー判決を引用し同旨を述べ、また後者につき、いわゆるオーダーリースないしオーダーメイド賃貸と呼ばれる借家契約（借主が借りる建物の仕様を指定して汎用性がない建物を貸主に建てさせた上で長期間借りるというもので、建物を建てるときに賃貸人は資金を借り入れ、最低賃料保証による安定した賃料収入を前提に返済計画を立てていることがあるから、サブリースのような転貸を予定しないが、当事者間の利益状況はきわめて類似する）の事案に、最判平17.3.10（判時1894-14）も同様の判示をしている。また、最高裁は、上記の本条1項の判断枠組みがサブリースに特有のものでなく、借地も含む賃料改定特約にも通じる一般的なものと解しているが、この点に関しては、11条〔7〕(6)の注釈を見よ。

今後のサブリース紛争の解決の方向性は前記最高裁判決の理解や射程により異なりうる。本条との関係でいえば、最高裁はサブリースが賃貸借でないから本条適用なしとの論理は否定し、適用自体は肯定した。とはいえ、本条の減額請求権の要件である減額請求の当否自体や相当賃料の判断にあたり、賃料保証特約等の存在のような賃料に関する約定とそれがなされた背景事情を十分考慮すべしとされていることは、適用否定説の主張を本条の枠組みに取り込む可能性を開いたものと評価する見方も有力である（松岡・論叢154-4～6-205）。

また、判例は、自動改定特約のある場合の賃料減額請求の当否および相当額賃料の判断の方法に関して（前掲の法理が賃料増減請求権一般に適用されることを前提とした上で）、減額請求の直近の現実に合意された賃料を基礎として経済事情の変動等諸般の事情を考慮すべきであり、自動増額特約により増額された賃料を基礎とすべきではないとする（最判平20.2.29判時2003-51。当事者が現実に合意した賃料のうち直近のものを基にする点につき、最判平26.9.25民集68-7-661）。

（副田隆重）

（造作買取請求権）

第33条〔1〕　建物の賃貸人の同意〔2〕を得て建物に付加〔3〕した畳、建具その他の造作〔4〕がある場合には、建物の賃借人〔5〕は、建物の賃貸借が期間の満了又は解約の申入れによって終了するとき〔6〕に、建物の賃貸人〔7〕に対し、その造作を時価〔8〕で買い取るべきことを請求することができる〔9〕。建物の賃貸人から買い受けた〔10〕造作についても、同様とする〔11〕。

〔12〕
2　前項の規定は、建物の賃貸借が期間の満了又は解約の申入れによって終了する場合における建物の転借人と賃貸人との間について準用する。

〔1〕 本条の趣旨　　建物の賃借人が建物利用のために自己の費用を投下して建物に造作を付加した場合に、その造作が賃貸借の終了時になお残存価値を有していても、民法の用意している制度によっては、この残存価値を回収することが困難である。民法608条2項の有益費償還請求権制度は、賃借人の費用投下の結果が建物の構成部分となり、建物所有権に吸収されてしまう場合にしか適用されないものと解されている（判例・伝統的学説。ただし、近時の有力説は造作買取請求権と有益費償還請求権を峻別する見方には批判的）から、建物とは独立に所有権の対象となる造作の場合には役に立たない。結局、民法の規定によると、賃借人は建物の明渡しの際に造作を収去しなければならないことになる。

そのため、賃貸人のなかには、造作を安値で買い取った上で（収去すれば価値を減ずる物が多いので、賃借人も買取りに応ずることが多い）、新賃借人に高く売りつける者も現われた。そこで、旧法5条は、このような弊害を防ぐべく、造作を賃貸人に時価で買い取らせる権利を賃借人に与えた。

ところで、立法の直接の契機を離れてより一般的に述べれば、この規定は、(a)建物賃借人に残存価値を回収することを可能にし、(b)造作を建物から取り去ることにより造作も建物も社会経済的価値を減ずるのを防ぐことを目的としているということができる（ただし、賃貸人が造作を買い取った上で除去することは自由だから、(b)は二次的な意義をもつにとどまる）。

本条1項はこの旧法5条を受け継ぐ規定である。ただし、旧規定では「賃貸借終了ノ場合ニ於テ」とされていたのが、本条では「建物の賃貸借が期間の満了又は解約の申入れによって終了するときに」と限定的な表現になった。この表現変更はさしたる論議も経ずに目立たぬ仕方で行われたようであり、問題を含むが、ここでは、この表現変更は実質的改正に当たらないということだけを指摘しておく（具体的には、債務不履行による解除等の場合にも本条が適用されるかという問題とかかわるので、それとあわせて後述する→〔6〕(2)(3)）。

本条2項は、借地借家法制定の際に新設された規定である。しかし、旧法5条の解釈として学説上の有力説が説いてきたところを明文化したものであり、まったくの新機軸というわけではない。この点は、借地の場合の建物買取請求権に関する13条３項と事情を同じくする（13条〔１〕）。

このように本条の内容自体は概ね旧規定の踏襲といえるものであるが、平成３年の改正で別の面で重要な変更が加えられた。すなわち、旧法５条は同法６条により片面的強行規定とされていたのに対して、本条は任意規定とされたのである（旧法６条を受け継ぐ本法37条は本条を挙げていない）。任意規定化の理由については、後述する（〔11〕）。

〔２〕　本項に基づき買取りを請求することができる造作は、賃貸人の同意を得て付加したものである。

⑴　同意は造作を付加する前のものでも後のものでも差支えない。また、明示たると黙示たるとを問わない（渡辺＝原田・新版注民⒂760など）。

⑵　契約または目的物の性質によって定まる用法に従った建物使用のために客観的に必要不可欠である造作は、すでに契約締結のなかに、その付加に対する同意が含まれているとみてよい（星野・借地借家628、渡辺＝原田・新版注民⒂760など）。

それ以外の造作については、賃貸人が造作の付加を知りながらあえて異議を述べなかったならば、黙示の同意ないし事後承諾を認めてよい（星野・借地借家629、渡辺＝原田・新版注民⒂760など）。

⑶　賃貸人は、造作の付加が特に不利益になるような事情もない場合には同意を拒否することはできない。ことに、本法では造作買取請求権が任意規定化されたから、造作を買い取りたくないとの理由で造作付加への同意を拒むということは一層正当視されえなくなった。その場合には、造作付加は許しつつ、買取請求権を特約で排除すればよいからである。

⑷　同意は、買取請求する賃借人自身が得たのでなくてもよい。たとえば、前賃借人が賃貸人の同意を得て付加した造作を買い取った新賃借人も買取請求権を有する（渡辺＝原田・新版注民⒂761など）。

〔３〕　判例・通説は、本条による買取請求の対象となるのは建物自体に付加されたものであり、別棟の建増家屋とその附属物件・門・囲障・庭木庭石などは、それに含まれないとするが、学説においては異論（渡辺＝原田・新版注民⒂756）

もある。

〔４〕 買取請求の対象となるのは、賃借人が賃貸人の同意を得て建物に付加した造作である。

(1) 造作とは、判例によれば、「建物に附加せられた物件で、賃借人の所有に属し、かつ建物の使用に客観的便益を与えるもの」である（最判昭29.3.11民集8-3-672、最判昭33.10.14民集12-14-3078）。裁判例に登場した実例としては、廊下のドアの仕切、台所や応接室等のガス設備、配電設備、水洗便所、シャワー設備（東京高判昭31.3.22下民7-3-721）、レストラン用店舗の調理台・レンジ・食器棚・空調・ボイラー・ダクト等設備一式（新潟地判昭62.5.26判タ667-151）などがある。法文が「畳、建具」を例示するのは旧規定の踏襲にすぎず、実情に合うとはいえない（それらは、今日当然標準備付けとされている）。

(2) 家具、什器のように独立性が高く、容易に取払可能で、取り払っても価値を減じないものは、造作ではない。逆に、その物が建物に付合してしまう場合には、「賃借人の所有に属」さないから、買取請求権は問題にならず、民法608条２項による有益費償還請求の問題が残るのみであるとするのが、判例・伝統的学説である（これに対して、渡辺＝原田・新版注民⒂755以下は、所有権の帰属に概念的にとらわれることなく、買取請求権と有益費償還請求権を選択的に行使することを、賃借人に認めるべきだと主張する）。したがって、造作は両者の中間にあるもので、借家人が収去できるが、建物に附属することによってその効用を全うし、収去するとその利用価値を減ずるもの、と解されている。

(3) 賃借人の個人的趣味や特殊の用途にのみ適するにすぎないものは、「建物の使用に客観的便益を与えるもの」ではないので、買取請求の対象とはならない。

(4) 場所的利益、のれん、得意先などのいわゆる無形造作は、本条の造作に含まれるか。判例は一貫してこれを否定する（大判大15.1.29民集5-38、大判昭15.11.27新聞4646-13、前掲最判昭29.3.11など）。学説は肯否両論あるが、別個に処理したほうが合理的なもの（たとえば、営業的利益・のれんなどに対し支払われた権利金）は本条の造作には含ませず、有形造作と一体として扱うほうが合理的なものは本条の造作に含ませて処理するとの説（渡辺＝原田・新版注民⒂758、星野・借地借家631など）が有力である。

〔５〕 買取請求権者は、賃貸借終了の際における「建物の賃借人」である。

〔6〕 本条の造作買取請求権が成立するのは、「建物の賃貸借が期間の満了又は解約の申入れによって終了するとき」である。

(1) すなわち、賃貸人が更新拒絶（26条1項）または解約申入れ（27条1項）をなし、これに正当事由（28条）ありと認められた場合、また、賃貸借終了後に賃借人が建物使用を継続するのに対して賃貸人から有効な異議が述べられた結果契約の更新が生じなかった場合（26条2項参照）において、買取請求権が認められることには問題がない。

(2) 合意解約によって借家権が消滅する場合にも買取請求権が認められることは、旧法下の学説上疑われていなかった（我妻・各論中一521、星野・借地借家627、渡辺＝原田・新版注民(15)763など。この点、本項と類似の制度である旧借地法4条2項の建物買取請求権について、説が分れていたのと異なる→13条〔2〕(3))。ところが、本項は、旧法5条における「賃貸借終了ノ場合ニ於テ」との表現を変更し、「建物の賃貸借が期間の満了又は解約の申入れによって終了するときに」と限定的な表現としたため、合意解約の場合に買取請求権が否定されるのかが問題となる。しかし、(1)の場合と合意解約の場合とを区別する合理的理由はないので、従来どおり合意解約の場合にも本項の適用があり（ただし、今後は類推適用というべきことになろう)、ただ、合意解約と同時に買取請求権放棄の特約がなされたと認められる特段の事情があるときは別だということになろう。

(3) 賃貸人が賃借人の債務不履行を理由に契約を解除した場合に、買取請求権が認められるか。旧法5条の解釈としては、判例は一貫して否定説に立ち（大判昭12.8.7法学6-11-1454、大判昭12.11.26法学7-3-382、大判昭13.3.1民集17-318、最判昭31.4.6民集10-4-356、最判昭33.3.13民集12-3-524など)、他方、学説においては肯定説（我妻・各論中一521、広瀬・借地借家242、薄根239以下、星野・借地借家627、渡辺＝原田・新版注民(15)764以下など）が否定説を圧していた（旧借地法4条2項の建物買取請求権制度については、否定説も有力だったのとやや異なる)。(2)でも述べた表現変更はこの否定説の立場に適合的なものと理解されるが、この変更はさしたる論議もないまま実行されたようであり、これによって肯定説の存立余地が消失したとまで解することはできない（法文上は、肯定説は、今後は本条1項の類推適用を主張することになろう)。したがって、上記の対立は、平成3年法の下にも持ち越されることになろう（〔1〕)。

(4)　建物が賃貸借終了と同時に収去されるべきときは、賃貸人が造作の付加による建物の利用価値の増加を享受できないから、本条の適用はないと解されている（東京地判昭27.8.7下民3-8-1097、高島・判例(下)904。渡辺＝原田・新版注民⒂762は反対）。

(5)　短期賃借権（民602条）については、買取請求権を否定する理由はない（星野・借地借家626、渡辺＝原田・新版注民⒂762など）。

(6)　一時使用のための借家権については、買取請求権は認められない。これは、40条の明定するところである。

〔７〕　買取請求の相手方は、賃貸借終了時の賃貸人である。

〔８〕　買取請求権の行使により賃貸人の支払うべき買取代金は、造作の「時価」である。時価とは、造作を建物に付加したままの状態において造作自体の本来有する価格である（大判大15.1.29民集5-38など）。

造作の時価を算定する際には、借家権価格は含まれない。

〔９〕　買取請求権は形成権であり、これが行使されると、相手方との間に売買契約が成立したと同一の効果を生ずる。借家人であった者は、同時履行の抗弁権または留置権により、相手方が造作の代金を支払うまで造作の引渡しを拒絶できることになるが、造作代金の未払いを理由として建物を留置し、または造作代金の提供がないことを理由として同時履行の抗弁権により建物の明渡しを拒むことはできないというのが、――大多数の学説の批判（たとえば、我妻・各論中一522、広瀬・借地借家250、星野・借地借家634、渡辺＝原田・新版注民⒂777以下）にもかかわらず――判例（大判昭6.1.17民集10-6、大判昭7.9.30民集11-1859、最判昭29.7.22民集8-7-1425）の採る立場である。

〔10〕　賃借人が賃貸人から買い受けた造作については、建物の客観的使用価値を増すかどうかを吟味する必要もなく、買取請求が認められる（我妻・各論中一520、渡辺＝原田・新版注民⒂762など通説）。

〔11〕　以上の内容をもつ造作買取請求権規定は、旧借家法時代とは異なり任意規定とされた（37条参照）。任意規定化の理由としては、(a)現在では、畳・建具は互換性を失っている一方、当然標準備付けとされているから、対象となるのは、大型冷暖房機など一部にすぎなくなっていること、(b)造作買取請求権制度が強行法とされているため、造作を取り付けるについての同意が賃貸人から得られにく

くなるという不便な結果が生じていること、(c)事業用の造作には特殊なものが多いから、その買取りを賃貸人に強いるのは酷であるとの批判もあること、(d)有益費償還請求権についての民法608条2項は任意規定であり、本条を強行規定とすると不均衡であることが挙げられている（寺田・民月47-1-129以下）。これらの論拠は疑問の余地のないものではない（本田・ジュリ1006-98以下を参照）が、ともかく、当事者は特約によって本条の規定の適用を排除することが原則として許されることになる。

〔12〕　2項は、借地の建物買取請求権に関する13条3項とほぼ同様の趣旨の規定である。

AがBに建物を賃貸し、BがCに転貸した場合において、Bの借家権が存続しCの転借家権が消滅するときは、CはBに対し造作の買取りを請求することができる。これは、本条1項（建物賃貸人は建物転貸人を含み、建物賃借人は転借人を含む）から帰結される結論である。

これに対し、Bの借家権もCの借家権もともに消滅する場合を扱うのが本項であり、AとCの間に1項を準用し、CからAに対する直接買取請求を可能にしている。本項のような規定がないと、CはAに買取請求できず、また、B・C間の借家契約が存続期間の満了または解約の申入れによって終了したものでないとして、Bにも買取請求できなくなるおそれがあり、仮に、1項の類推によりCがBに対し買取請求できると解しうるとしても、すでに賃借権を失っているBに造作を買い取らせることが妥当かという問題がある。もっとも、この点についても、すでに旧法の下で議論があり、通説は、AがBに対して造作取付けの同意を与え、その範囲内でBがCに取付けを許した造作であれば、CからAへの直接買取請求が認められると解していた（星野・借地借家632、渡辺＝原田・新版注民(15)766）。本項は、こうした見解を明文化したものだということができる。なお、AがCに対して直接同意を与えていた場合も、本項の造作買取請求権が認められるべきは当然であるが、Aは同意を与えず、BがCに同意していただけの場合には、直接請求は認められないと解される。

（山本　豊）

（建物賃貸借終了の場合における転借人の保護）

第34条〔1〕　建物の転貸借〔2〕がされている場合において、建物の賃貸借が期間の満了又は解約の申入れによって終了するとき〔3〕は、建物の賃貸人は、建物の転借人にその旨の通知〔4〕をしなければ、その終了を建物の転借人に対抗することができない〔5〕。

2　建物の賃貸人が前項の通知をしたときは、建物の転貸借は、その通知がされた日から６月を経過することによって終了する〔6〕。

〔1〕　本条の趣旨　　本条は、建物の転借人を保護する規定であり、旧法４条と同一である。

〔2〕　建物の転貸借とは、建物の賃借人が建物を又貸しすることである。転借人が又貸しする再転貸借の場合は、賃借人（転貸人）も本条でいう賃貸人になる（篠塚・新版注民⒂737）。

適法な転貸借でなければならない。すなわち、賃貸人の承諾を得た転貸借でなければならない（民612条参照）。承諾は黙示の承諾でもよい（大阪高判昭29.7.20高民7-8-587）。信義則その他によって賃貸人の解除権が否定される無断転貸借も含まれるとする説があるが（篠塚・新版注民⒂737、原田・注釈借地借家954）、賃貸人の承諾を得たものでないから本条の保護は与えられないという判決がある（東京地判昭32.7.18判時129-30）。

転貸借が一時使用目的の場合または賃貸借が一時使用目的の場合、いずれも本条の適用はない（40条）。しかし、賃貸借が38条の定期建物賃貸借または39条の取壊し予定の建物の賃貸借である場合には、原則として本条の適用があると解される。

本条は転貸借の保護を目的とするものだから、使用貸借はこれに含まれない（新田・基本コンメ住宅関係法190、東京地判昭26.6.2下民2-6-729）。無償の借主でも、居住権または営業権として社会立法の保護を受ける生活関係は、すべて本条の適用があるとする反対説があるが、これは立法論に属する（篠塚・新版注民⒂737）。判例は、留守番としての管理報酬と転借料を相殺したとしても、労務の提供は賃料の支払とはいえないとして本条の適用を否定する（最判昭26.3.29民集5-5-177）。

建物の内部を特定しないで、賃借人に従属して使用する同居人は、有償でも本条の転借人には含まれない（東京高判昭29.10.23東高民時報5-10-247）。

〔3〕　賃貸借の終了原因　　(1)　期間満了　　転貸借の終了につき特約があれば、それによって終了する。特約の例としては、転借権が賃借権の終了とともに終了するとか、賃借権の存続期間内に限るとか、賃借権の存続期間内に転借期間が終了し更新されなかった場合が挙げられる（金山・契約大系Ⅶ3）。転貸借の期間が賃貸借の期間満了に先立つことわずかにして終了する場合、転貸借の期間満了前にあらかじめ転貸人が転貸借契約の更新につき異議を述べることなく期間を経過したときは、転貸借は賃貸借の期間満了まで従前と同一条件をもって継続し、賃貸借契約が更新されなければ、転貸借は賃貸借の期間満了と同時に当然消滅するという判例がある（大判昭16.12.13新聞4753-7）。

特約ないし特別の事情のないときは賃貸借の期間満了により賃貸借は終了し、転貸の基礎が失われるから、転借人は賃貸人に対抗できなくなる（大判昭10.9.30新聞3898-7）。

賃貸借契約の期間満了に際して賃借人が更新を拒絶した場合には、いかに解すべきか。更新拒絶は転借人の立場を不利にするため実質的には合意解約と異ならないから、合意解約に準じて取り扱うべきとする見解がある（篠塚・新版注民⒂739）。判例は、いわゆるサブリース契約が賃借人の更新拒絶によって終了した場合には、賃貸人は、信義則上、転借人に対抗できないとする。すなわち、転貸により収益を得ることを当初から予定して締結された事業用ビルの賃貸借契約が賃借人の更新拒絶・期間の満了により終了した場合において、再転貸借は賃貸借の存在を前提とするが、それが賃貸借に際し予定され、賃借人も再転貸借を承諾したにとどまらず再転貸借契約の締結に加功した等の事情がある場合には、賃貸人は、信義則上、賃貸借の終了をもって再転借人に対抗することはできないと解するのである（最判平14.3.28民集56-3-662）。

賃貸借の終了が転借人に対抗できないと解する場合の法律関係については、転借人との関係では転借権を存立させるのに必要な範囲で賃貸借が存続すると解する学説（我妻・各論中一464）も有力ではあるが、現在では、賃貸人が賃借人の地位を引き継ぐとする見解（星野・借地借家377、鈴木・借地㊤〔改訂版〕1199、原田・新版注民⒂〔増補版〕959）が多数説といえよう。下級審裁判例では、多数説を採用するものも少なくない（東京高判昭38.4.19下民14-4-755、地上権につき東京高判昭58.1.31判時1071-65）。

全部転貸の場合、賃借人には使用権が残されていないから、賃貸人と賃借人の間だけを比較衡量すると、賃貸人に28条の「正当事由」が認容される傾向となる。しかし、転借人の地位を賃借人のそれに含めて賃貸人の利益と比較すれば、賃貸人に「正当事由」が容易に認められないことになる。転借人の地位を含めて考える立場に立ち「正当事由」が簡単には認容されないことになると、賃貸人は転貸借の承諾に消極的になり、承諾を与えるときには、賃貸借の期間の満了日を終期とする転貸借としておくか、または賃借人に命じてあらかじめ賃貸借の期間内に限定した転貸借としておくか、どちらかの手段をとることになろう。このように考えると転借人の実質的な生活利益が便宜的に損なわれてしまうから、賃貸人が転貸借の承諾に終期またはそれに準ずる解除条件をつけることは許されないという説がある（篠塚・新版注民⒂738以下）。しかし、借家において転貸の承諾をするか否かは自由であるから、承諾の条件として自己に対抗しうる転貸期間を限ることも自由といわざるをえない（星野・借地借家376以下）。

⑵　解約申入れ　　賃貸借が賃貸人の解約申入れによって終了する場合にも、転借人の地位を賃借人のそれに含めて「正当事由」の判定をしなければならないとすると（福岡高判昭27.11.27高民5-11-557）、賃貸人の解約申入れに対し、賃借人が無条件で応諾の態度を示すときは、合意解約に準じて転借人に対抗できないと解することになる（篠塚・新版注民⒂740）。

⑶　合意解約　　賃貸借の合意解約は、信義則上、転借人に対抗できない（最判昭37.2.1集民58-441、最判昭62.3.24判時1258-61）。すなわち、賃貸人と賃借人の間でなされた賃貸借の合意解約は、転借人の地位に影響を与えないのである。しかし、賃借人の債務不履行により賃貸人が賃貸借契約を解除することができるという状況の下で両者が合意解約した場合には、その効果を転借人に対抗することができる（前掲最判昭62.3.24）。改正民法613条３項の本文とただし書は、このような判例法理を明文化したものである。これに関し判例は、次の場合にも転借人に対抗できるとしている。

ア）　転借人自身が合意解約に立ち会ってそれを了承した場合　　転借人が株式会社で、賃借人がその代表取締役である場合には了承の事実がはっきり確認されているからである（最判昭38.4.12民集17-3-460）。

イ）　賃貸借の終了が近づいたことが予想される時期に当該賃貸借の終了を解除条件として転貸の承諾がなされていた場合（最判昭31.4.5民集10-4-330）　明渡しを認めてよい特段の事情のある例外的場合と解されるが（星野・借地借家374）、合意解約の成立前にこの解約を解除条件とするのは濫用されるおそれもあり、期間満了・解約申入れの場合と権衡を失ってしまうとする反対説もある（篠塚・新版注民⒂743）。

⑷　債務不履行　　賃借人の債務不履行によって賃貸借が解除され終了すると転借人の占有が無権原のものになり、賃貸人の所有権に基づく返還請求に対抗できない（大判昭9.11.6民集13-2122）。もっとも、賃借人が賃料を延滞したときは転借人が支払うといっておいたのに賃貸人が転借人に通知せずに解除した場合には、この解除を転借人に主張できない（東京地判昭33.2.21下民9-2-266）。

改正民法613条１項は、転借人は賃貸借に基づく賃借人の債務の範囲を限度として、賃貸人に対して転貸借に基づく債務を直接履行する義務を負うとする。したがって、賃料につき賃借人が不払いならば、転借人が支払うことによって解除を免れることができる。これに関し判例は、適法な転貸借関係がある場合、賃貸人が賃料の不払いを理由として賃貸借契約を解除するには賃借人に対して催告すれば足り、転借人に通知等をして賃料の代払いの機会を与えなければならないものではないとする（賃料延滞につき最判昭37.3.29民集16-3-662、借地の賃料不払いにつき最判平6.7.18判時1540-38）。

この判例理論には反対説があり、立法論として、転借人が代わって弁済をなすことができ、またはなす利益を有するものについては、転借人に通知等の方法で弁済の機会を与えるべきであるとする学説がある（川島・判民昭8-129事件）。解釈論としても、転借人に弁済の機会を与え、転借人の地位を維持・継続させるのは正義公平の原則上当然であるとする見解（篠塚・新版注民⒂744、星野・借地借家376）がみうけられる。

本条は、賃借人の債務不履行による解除の場合には適用されない（大判昭8.7.12民集12-1860、最判昭39.3.31判タ164-70）。賃貸借契約が賃借人の債務不履行を理由とする解除により終了した場合には、賃貸人が転借人に対して目的物の返還を請求した時に、賃借人の転借人に対する債務の履行不能により転貸借が終了するとした判例がある（最判平9.2.25民集51-2-398）。しかし、債務不履行責任を負う者は賃借人であって、転借人はこれに全然関知しないにもかかわらず、転借人にもその責任が転嫁され無権原者として取り扱われ、何らの猶予も与えられずに転借建物を賃貸人に返還しなければならないのは酷であるから、本条を類推適用して、転借人の地位の形成に協力した賃貸人の主張を制限するのが妥当であるとの説がある（広瀬・借地借家228）。合意解約は転借人に対抗できないとする以上、解除についてもそうしないと、均衡を失し徒らに紛争を増加させるから、賃貸人は転借人に対しても履行の催告をすべきであり、これに対して履行がなされなかった場合には、賃貸人はその解除を転借人に対抗できると解するのが相当である（星野・借地借家376）。

近時、サブリースにおける建物転借人の保護が問題となっている。サブリースでは、賃借人（賃貸業者）が前もって数カ月、数年分の家賃を転借人より徴収しておきながら、賃貸人への支払を怠っている場合も少なくなく、かかる場合には賃貸人が転借人に対して催告をしても、再度の支払は容易ではないことを考えると、賃借人の債務不履行による解除の場合にも本条を類推適用すべきとしたとしても、転借人は十分な保護を受けられないことになる。適切な立法措置を視野に入れた検討が必要であろう（澤野・裁判実務大系430）。

〔４〕 通知は、賃貸人から転借人に対してしなければならない。賃借人が転借人に対して通知をしても、賃貸人はこれに便乗して本条による利益を受けることができない（広瀬・借地借家231）。通知はいわゆる観念の通知であり、改正民法97条が適用される。

通知の方式については、何らの制限もない。通知の時期についても制限がないため、期間満了前に通知しても問題はない。そうすると、賃貸人は本条適用による不利益を回避するために、賃貸借契約が終了する６カ月前までに当該契約が終了する旨を転借人にあらかじめ通知することになろう。この場合には、賃貸借契約終了時に転貸借契約も終了することになる。しかしながら、賃貸借契約が終了する６カ月前までに通知されなかった場合には、賃貸借契約が終了しても通知がなされた日から６カ月を経過するまでは、転借人は建物の明渡しを拒むことができる。

通知は実質的な更新拒絶や解約申入れとしての性格を強めているから、なるべく賃借人に対する更新拒絶や解約申入れの通知と同時にすることが望ましい。それによって転借人の地位を賃借人のそれに含めて「正当事由」の判定をすることが、手続上、容易となるからである（篠塚・新版注民⒂739以下）。

〔5〕　転貸借の前提である賃借人の建物使用権原が賃貸借契約の終了によって消滅する場合であっても、賃貸人が転借人に対して賃貸借契約の終了を通知しなければ、その終了を転借人に対抗することができない。「転借人に対抗することができない」とは、賃貸人は転借人に対し賃貸借の消滅に伴う法律上の効果（転借人を無権原者として建物明渡請求と賃料相当額の損害賠償請求をすること）を主張することができないという意味である。

賃借人の責めに帰すべき事由がある場合には債務不履行となり、転借人は解除権を行使して（民541条）、損害の賠償を請求することができる（民545条4項。篠塚・新版注民⒂747）。

〔6〕　賃貸人が賃貸借の終了の通知をしたときでも、直ちに転借人が建物の使用権原を失うのではなく、本通知がなされた日から6カ月を経過することによりその使用権原を喪失することになる。すなわち、賃貸人と転借人の間に生じる法律効果は、通知をしてから6カ月を経過した後でなければ主張できないから、この6カ月の間、転貸借は消滅しないのである。

賃貸借契約の終了時から本条2項でいう6カ月が経過するまでの期間における賃貸人、賃借人、転借人の三者の法律関係については、議論がある。第1に、通知から6カ月が経過するまでの期間は、賃貸借関係と転貸借関係の双方およびそれを前提とした当事者の地位全般が存続すると解する考え方である（新田・基本コンメ305参照）。第2に、賃借人と転借人の転貸借関係は存続するが、賃貸借は転貸借の効力を保持する範囲でのみ存続すると捉えられ、賃貸人と賃借人の利害調整は不当利得返還請求または不法行為に基づく損害賠償請求で行うとする見解である（篠塚・新版注民⒂748）。第3に、転借人との関係で賃貸借が存続するものとして扱うことは法律関係を複雑にするとして、賃貸借関係は完全に消滅し、賃貸人が賃借人（転貸人）の地位を引き継ぐとする立場である（広瀬・借地借家234、星野・借地借家377、近藤・現代裁判法体系367）。第3の学説は、転貸借関係は賃貸人と転借人の間に移行するという理論構成であるため、法律関係は簡明に捉えることができるが、転借人が支払うべき賃料額について従来の転貸料の額かそれとも賃貸料の額なのかが問題になるとともに、転貸人の敷金返還義務について賃貸人がそれを承継するかについても疑問の余地があると指摘されている（澤野(和)・新基本コンメ214)。

（上原由起夫・宮﨑　淳）

（借地上の建物の賃借人の保護）

第35条〔1〕　借地権の目的である土地の上の建物につき賃貸借がされている場合〔2〕において、借地権の存続期間の満了〔3〕によって建物の賃借人が土地を明け渡すべきとき〔4〕は、建物の賃借人が借地権の存続期間が満了することをその1年前までに〔5〕知らなかった場合〔6〕に限り、裁判所〔7〕は、建物の賃借人の請求により〔8〕、建物の賃借人がこれを知った日〔9〕から1年を超えない範囲内〔10〕において、土地の明渡し〔11〕につき相当の期限を許与する〔12〕ことができる。

2　前項の規定により裁判所が期限の許与をしたときは、建物の賃貸借は、その期限が到来する〔13〕ことによって終了する〔14〕。

〔1〕 本条の趣旨　　借地の上に建てられた建物が賃貸されている場合、その建物の賃借人は建物を利用するだけでなく、その建物の敷地も利用することになる。この場合、建物賃借人は土地所有者と土地利用に関する契約を直接締結しているのではなく、借地権者すなわち建物賃貸人の有する借地権に基づいて土地を利用しているのである。したがって借地権が消滅した場合には、建物賃借人も土地を利用する権原を失い、土地所有者に土地を明け渡さなければならない。もっとも建物の賃借人は、通常、その建物の敷地利用権を調査することはあまりないので、知らないうちに借地権が消滅して、ある日突然、土地所有者から土地の明渡しを求められることになりかねない。そこで、建物賃借人を保護する必要が生じるのである。

また、本法の制定に際して導入された定期借地権（22条）、事業用定期借地権（23条1項）および事業用借地権（同条2項）については、期間満了によって正当事由の有無にかかわらず借地権が消滅するとともに、建物買取請求権が否定され（23条）または特約により同請求権を排除することができる（22条）から、建物賃借人が明渡請求される場面が生じやすくなった。そのため、建物賃借人の保護の要請が一層高まっている。

本条は、借地契約の期間が満了して借地権が消滅し、建物賃借人が土地を明け渡さなければならなくなっても、建物賃借人が借地契約の期間満了を1年前までに知らなかった場合には、それを知った日から1年の範囲内で土地の明渡しの猶予を裁判所に求めることができると規定する。つまり本条は、借地契約が存続期間の満了によって終了し更新されない場合に限って、建物賃借人を保護するのである。

これは、旧法にはなかった新設の規定である。なお、借地上の建物賃借人の保護に関する経過措置として、附則14条がある。それによると、本条は本法施行前に成立した借地借家関係にも適用されるが、本法施行前にまたは施行後1年以内に借地契約の期間が満了する場合には、適用されない。

借地上に築造された建物は、借地権を基礎に存立している。したがって、その建物の賃貸借もまた、建物の敷地の利用権原を前提に成立しているといえる。このような建物賃借人が有する敷地利用に関する権原の性質について、判例・学説は大別して二つの立場に分けられる。

第1に、建物賃貸人と建物賃借人の間には建物賃貸借契約と同時に、敷地に関する独立別個の利用契約が締結されているとする見解である（鈴木・借地㈦〔改訂版〕1095）。第2に、建物賃借人の敷地利用は独立別個の土地利用契約の効果ではなく、建物賃貸人と建物賃借人における建物賃貸借契約の一内容にすぎないと解する考え方である。判例・学説の多くは後者の立場を採用している（七戸・理論と実務387）。

〔2〕　賃貸借の客体となる建物は、本法2条1号にいう「借地権」に基づいて建てられていなければならない。つまり、借地権を基礎にして建物が存在し、それにつき賃貸借が成立している必要がある。

本条の適用を受ける借地権は、普通借地権、一般定期借地権（22条）、事業用定期借地権（23条1項）、事業用借地権（同条2項）および一時使用目的の借地権（25条）である。このように借地権の種類を問わず本条を適用させる通説に対し、定期借地権のみに本条を適用させる学説がある。この見解は、建物の賃借人が「土地を明け渡すべきとき」との条文の文言を重視するとともに（篠塚ほか・借地借家233)、本条はそもそも定期借地権における利益状況を想定した規定であり、その適用領域を定期借地権に限定することによって、普通借地権に関して自由な解釈の余地を残すべきであると論じる（七戸・理論と実務400)。

使用貸借契約による使用借権に基づき建物が建てられている場合には、本条の適用から除外される。対価を取得していない土地所有者に対し、期限許与の負担を負わせることは妥当ではないと解されるからである（小野瀬・ジュリ1006-104)。

普通借地権の場合は、存続期間の満了に伴い土地所有者が更新を拒絶しその正当事由が認められるときでも（６条)、借地権者が建物買取請求権を行使することによって（13条)、土地所有者は建物の賃貸人の地位を承継する。この場合、建物賃借人がその建物賃借権の対抗要件を具備しているときには、建物の新所有者（土地所有者）に対抗しうるから（31条)、建物賃借人は建物の使用収益を継続することが可能となる。したがって、借地権者が建物買取請求権を行使しない場合に、本条が適用されるのである。

建物買取請求権に関しては、借地権者が行使しない場合に建物賃借人がそれを代位行使できるかについて問題となる。建物賃借人は借地権者の有する建物買取請求権を代位行使することはできないとするのが判例の立場である（最判昭38.4.23民集17-3-536、最判昭55.10.28判時986-36)。しかし、建物賃借人による同請求権の代位行使が容認されても建物所有者である借地権者にはほとんど不利益はなく、他方、代位行使が否定されると建物賃借人の利益が著しく害されるから、建物賃借人による同請求権の代位行使は認められるべきであろう（良永・新基本コンメ219)。

〔**3**〕　借地権の存続期間の満了によって借地権が消滅し、建物賃借人が土地を明け渡すべき場合であることが必要である。普通借地権については、土地所有者（借地権設定者）がその更新を拒絶しそれに正当事由が認められる場合に借地権は消滅する。一般定期借地権（22条)、事業用定期借地権（23条１項)、事業用借地権（同条２項）および一時使用目的の借地権（25条）については、その存続期間の満了によって当然に借地権が消滅する。

債務不履行に基づく解除、賃借権の無断譲渡および建物の無断転貸に基づく解除（民612条２項)、借地権者の破産の場合の破産管財人からの解除（破53条)、本法８条２項による解約申入れによって、借地権が消滅する場合には、本条は適用されない。これらの場合には、借地権設定者（土地所有者）の側で事前にその適用を避けるための措置をとる手立てがないので、これらを適用対象とするのは相当ではないと考えられたからである（寺田・判タ785-21）。

一般定期借地権（22条）、事業用定期借地権（23条１項）および事業用借地権（同条２項）については、原則として存続期間の満了時に建物は収去される。もっとも建物の収去＝取り壊すべきことが明らかな場合には、取り壊すこととなる時に建物の賃貸借が終了する旨の特約をすることができ（39条）、この特約がなされた場合には、建物賃借人は期間満了につき善意ではなくなるから、本条は適用されなくなる。

建物譲渡特約付借地権において建物賃借人が24条２項の請求を行った場合には、土地所有者と建物賃借人との間で期間の定めのない賃貸借がなされたものとみなされるから、本条の適用はない。したがって、建物賃借人は、建物の使用収益を継続することができる。

〔4〕　借地契約の合意解除は建物賃借人に対抗できないから、土地を明け渡す必要はない。判例は、「建物賃借人は、当該建物の使用に必要な範囲において、その敷地の使用収益をなす権利を有するとともに、この権利を土地賃貸人に対し主張し得るものというべく、右権利は土地賃借人がその有する借地権を抛棄することによって勝手に消滅せしめ得ないものと解するのを相当とする」という（最判昭38.2.21民集17-1-219）。なお、立法論的評価において問題のある35条の適用領域は、右判例法理との関係に注意を払いながら、慎重に考えるべきであろうとの指摘がある（山野目・法時64-6-31）。

借地契約が債務不履行によって解除された場合には、定期借地であっても建物賃借人は保護されず、即時明け渡さなければならないから、本条の適用はない。

〔5〕　明渡しの猶予期間が認められるには、建物賃借人が存続期間の満了をその１年前までに知らなかったことが必要である。土地所有者の側からいうと、あらかじめ期間満了の１年前までに建物賃借人に通知しておけば、満了時に直ちに土地の明渡しの請求が可能である。取壊し予定の建物の賃貸借（39条）の場合には、建物賃借人は契約で借地権の存続期間の満了を知りうるから、本条の適用はない。

建物賃借人が不測の損害を被ることを防ぐために、宅地建物取引業者は、建物が定期借地権等の借地権に基づいて建てられていることを顧客に告知すべきこととする方策もあるが、宅地建物取引業者が、建物賃貸借の媒介にあたり、常に土地についての権原を調査することを求めるのは難しいので、宅地建物取引業者の告知については、法律上の手当てはされなかった（小野瀬・ジュリ1006-104）。

しかし、借地権付建物の賃貸借の代理または媒介に際し、当該建物が借地権付建物である旨および借地権の内容について、宅地建物取引業者が、故意に事実を告げず、または不実の告知をした場合には、宅地建物取引業法47条１号違反になることがある（平成３・12・７建設省経動発第89号）。

〔6〕「知らなかった場合」とは、建物賃借人が借地権の存続期間の満了をその１年前までに知らなかった場合である。つまり、建物賃借人が善意でなければならない。知らないことにつき過失がないことは必要とされない。「借地権の存続期間が満了することをその１年前までに知らなかった」ことについての立証責任は建物賃借人にあるが、居住目的の賃借人については、その善意を事実上推定すべきである。賃借人が事情を知った時期が明確に認定できない場合には、概ね賃借人が期限許与を裁判所に申し立てた時の直前に知ったと推認するのが妥当であろう。たとえ不動産登記法78条・81条に基づく借地権の登記がなされていた場合でも、居住用建物の賃借人には通常、土地登記簿の照覧を期待できず、また期待すべきでもないからである。

普通借地権の場合には、借地契約を終了させるためには正当事由が必要であるが、そのような事情があるかどうかについてまで知ることは必要でない（法務省・新しい借地借家205）。

〔7〕　管轄裁判所は、借地権の目的である土地の所在地を管轄する地方裁判所または簡易裁判所である（民訴５条12号）。訴訟の目的の価額が140万円を超えない請求は簡易裁判所であるが（裁33条１項１号）、当事者の合意で決めることもできる（民訴11条）。

〔8〕　建物の賃借人が裁判所に申立てをする必要がある。実際には、土地所有者から建物賃借人に対して明渡訴訟が提起されたときに、建物賃借人が申立てをする場合が多いであろう。明渡猶予の肯認は、明渡請求の一部認容と考えられる。

〔9〕　建物の賃借人が借地権の存続期間の満了を知った日である。土地所有者が建物賃借人に借地契約の期間が満了することを通知すれば、その通知が到達し

た日が「これを知った日」となる（改正民97条）。

〔10〕 明渡しの猶予期間は、建物賃借人が借地契約の存続期間が満了することを知った日から最大限１年である。期間の満了時から起算するのではないことに注意しなければならない。たとえば、期間満了時の１カ月前に土地所有者が通知をしたときは、期間満了後11カ月の範囲内で明渡しの猶予が認められることになる。

建物賃借人の保護を最大限１年の明渡猶予に限ったことは、「貸しても必ず期間満了時には地主のもとに土地が返ってくる」という定期借地権、事業用定期借地権などを新規に導入した改正法の趣旨に沿うものといえる（ビジネスガイド397-83）。しかしながら、１年という期間は、存続期間満了後の明渡交渉、裁判所への期限許与の申立手続などを考えると事実上ほとんど意味がないとの理由から、平成15年民法改正前の短期賃貸借の保護に関する規定（民602条〔旧395条も同じ〕）に準じ、３年程度にすべきであるとの批判がある（澤野・裁判実務大系428）。

〔11〕「土地の明渡し」の強制執行は、執行官が債務者の目的物に対する占有を解いて債権者にその占有を取得させる方法により行う（民執168条１項）。「明渡し」とは、目的物中に債務者らが居住し、物品を置いて占有している場合に、居住している者を立ち退かせその物品を撤去した上で、債権者に完全な直接的支配を与える態様の引渡しをいう（三ケ月409）。

〔12〕 裁判所は、諸般の事情を総合的に考慮して、具体的に相当な猶予期間を決定することができるが、明渡しの猶予期間は、最大限１年であるからその範囲内で明渡しを猶予するか、猶予するとすればいつまでとするかを判断することになる。

〔13〕 猶予してもらった期日が到来することである。借家契約の効力はその時に消滅する（民135条２項）。

〔14〕 明渡しの猶予が認められると、猶予された期限まで借家契約は終了しない。これに関し、借地権者と土地所有者の法律関係が問題となる。借地権それ自体は許与期限の到来を待たずに存続期間の満了時に消滅すると解し、本条適用の効果により、借地権者は期限の到来まで建物収去・土地明渡義務の履行が猶予されるとする説がある（原田・注釈借地借家969）。しかし、建物所有者の土地利用を不法占拠とみると、災害で地盛が必要になった際の費用を土地所有者に「直ち

に」は償還請求できず（民608条１項）、留置権も主張できない（民295条２項の類推適用）ことになる。そのために建物所有者が敷地の維持・管理に投げやりな態度をとるようなことがあるとすると、建物賃借人の保護は実質上動揺するに至る。こうした事態を避けるには、借地権も建物賃貸借の終了時まで延長して存続すると解するのが妥当である（山野目・法時64-6-31）。

（上原由起夫・宮﨑　淳）

（居住用建物の賃貸借の承継）

第36条〔1〕　居住の用に供する建物の賃借人〔2〕が相続人なしに死亡した場合〔3〕において、その当時婚姻又は縁組の届出をしていないが、建物の賃借人と事実上夫婦又は養親子と同様の関係にあった同居者〔4〕があるときは、その同居者は、建物の賃借人の権利義務を承継する〔5〕。ただし、相続人なしに死亡したことを知った後１月以内に建物の賃貸人に反対の意思を表示したときは、この限りでない〔6〕。

２　前項本文の場合においては、建物の賃貸借関係に基づき生じた債権又は債務〔7〕は、同項の規定により建物の賃借人の権利義務を承継した者に帰属する〔8〕。

〔１〕　本条の趣旨　　本条については、「試案」の段階では改正案が示されていたが、立法が見送られ旧法どおりの規定にとどまった。明文で相続性が否定される使用貸借（改正民597条３項）とは異なり、賃借権は財産権である以上相続の対象となる。ところが、内縁配偶者や事実上の養子の場合には、相続人でないために賃借人である同居者の死亡と同時に住み慣れた家屋を明け渡さなければならないという問題が生ずる。この問題は戦後の住宅事情の極端な悪化や共同均分相続制の採用によってクローズアップされ、判例・学説ともに同居者の居住を保護すべくその理論構成に苦心してきた。

立法化の動きは昭和30年代にはじまる。まず、「1957年問題点」で「相続人と同居者（配偶者および二親等内の親族に限る。内縁によるものを含む。）との協議」によって承継人を定めるものとし（第二、九)、「1960年改正要綱案」では同居の「配偶者又は二親等内の親族（賃借人との内縁によりこれらの者と同様の関係にある者を含む。)」が共同して賃借権を承継するとした（第四二)。いずれも、相続人以外の同居者が相続人に優先しもしくは相続人と共同して借家権を承継すると考えていた点が注目される。

これに対して「昭和39年改正案要綱」では、借家人が相続人なしに死亡した場合に限り、「死亡の当時その建物に賃借人と生計を一にする者」が同居していたときは借家権を承継するとされた（第二、二)。相続人以外の同居者が借家権を承継できるのは相続人のいない場合に限るとされたことによって、「1960年改正要綱案」より一歩後退したこととなる。昭和41年に成立した改正法はこれに従い、相続人がいない場合に限って内縁配偶者または事実上の養子に借家権の承継を認めたのである（旧法7条ノ2)。平成3年法は旧法の規定を現代文に書き改めたにすぎない。

なお、平成13年8月に「高齢者の居住の安定確保に関する法律」が成立し施行された。この法律により、60歳以上の高齢者は認可事業者との間に期間を定めずに生存する限り居住しうるとする契約を締結できる終身建物賃貸借制度が導入された（平成23年の改正により同法52条以下)。期間を限定して死亡時終了の定期借家とする期間付死亡時終了建物賃貸借も同時に認められた（平成23年の改正により同法57条)。いずれも死亡時に建物賃貸借は終了し、相続されない。本来は相続性のある借家権に対して、法律の定めにより特別に一身専属性（民896条但書）を付与したものと評価されている（本田・不動産学会誌16-1-88)。同法は借地借家法の特別法として位置づけられるが、相続されないといっても本条のように借家人死亡後一定範囲の者が継続居住することが認められている（同法62条)。ただし、継続居住できるのは死亡時に同居している配偶者（内縁を含む）または親族である60歳以上の高齢者に限られ、その者が死亡するまでの終身限りである。

〔2〕 同居の内縁配偶者または事実上の養子が承継することができるのは、居住用建物の賃借権に限られる。平成3年の改正の過程において、居住の用に供することを目的とする賃貸借とそれ以外の賃貸借を区別する考え方が提起され、事業用借家については正当事由がなくても更新拒絶および解約の申入れができるとされていたが（「問題点」第二、二、1注⑴、「試案」第二部、第一、二)、本条と同

様に立法化されるには至らなかった。したがって、建物賃貸借契約の締結の際に居住用かそれ以外の目的のためのものかを区別する必要はないが、本条は利用形態に着目した上で居住用の建物に限って適用される。本条はあくまでも同居者の居住の継続を保護するために立法されたものであるから、居住以外の目的とみられる建物賃貸借に適用されないのは当然であろう。ただし、賃借家屋が営業と居住の双方に併用されているときは本条が適用されうると考えられる（野村・ジュリ1006-116）。

〔３〕　本条によって内縁の配偶者および事実上の養子に借家権の承継が認められるのは、相続人がいない場合に限られる。

⑴　上述のように（〔１〕）、昭和30年代の「1957年問題点」、「1960年試案」および「1960年改正要綱案」までは、相続人以外の同居者も相続人に優先し、または相続人と共同して借家権を承継することができるとしていた。また、平成３年の改正でも、「問題点」および「試案」の段階までは、一定範囲の同居者がいる場合には相続は行われずこれらの者がいない場合に相続による承継を認めるとして、原則と例外を逆転させていた。しかし、相続人のいる場合まで相続人以外の同居者に直接借家権を承継させることを認めると相続法に対する重大な例外を認めることになり、他の相続法の諸規定との調整が必要となるという理由で立法も見送られた。

⑵　一方、判例は大審院時代に、譲渡性があり一身専属性がないとの理由で借家権が相続の対象となることを認めていた（大判大13.3.13新聞2247-21）。相続人でない同居者の居住の継続を争う判例が現われるのは戦後である。ただし、下級審裁判例は同居非相続人の居住の継続を認めるための理論構成において分かれていた。あるものは相続人の賃借権を援用するとの理由で賃借人の弟（京都地判昭25.5.31下民1-5-850）や内縁の妻（大阪地判昭31.8.27下民7-8-2296）に対する家主の家屋明渡請求を棄却し、あるものは相続性を否定し「一般に共同生活者のうち代表的立場に在る者（……）が死亡した賃借人の地位を承継する」として内縁の妻に居住権を認め（大阪地判昭26.10.5下民2-10-1163）、あるものは相続権のないことを理由として明渡しを請求することは権利の濫用であるとして内縁の妻に対する明渡請求を棄却した（東京地判昭33.8.19家月10-10-64、判時163-16）。

これらの判例の不統一をまとめ、相続人の有する賃借権を援用するという法理に確定したのが、昭和37年の最高裁判決である（最判昭37.12.25民集16-12-2455）。この判決では、賃借人の生前は家族共同体の一員として賃借権を援用できたのであり、このことは賃借人の死亡後相続人等が賃借権を承継した以後も変わりがないとして、事実上の養子の継続居住を認めた。以後、判例はこの援用法理によって相続人以外の同居者の保護を図ることとなった。

しかし、援用すべき賃借権を相続する者がいない場合についてはこの法理では救済できないので（京都地判昭38.6.4判時348-32）、昭和41年の法改正によって相続人のいない場合に直接内縁配偶者と事実上の養子に借家権を承継させる旨の規定を追加して、一応の解決をみたのである。この立法後も、相続人がいる場合には、判例は援用理論により内縁の夫（最判昭42.4.28民集21-3-780）、内縁の妻と事実上の養子（東京地判昭53.5.29下民29-5=8-321）に賃借権の援用を認めている。もっとも、援用理論によって同居者が保護されるとはいっても、同居者に賃借権の譲渡または転貸がなされたわけでもなく、同居者が賃借権を取得するわけでもない（最判昭42.2.21民集21-1-155）。賃借権は相続人が承継することになるので、相続人の賃料延滞により賃貸人のなした解除の意思表示は有効であり（前掲最判昭42.2.21）、正当事由ある場合には家主による解約の申入れや更新拒絶を免れることはない（最判昭48.7.19民集27-7-845）。また、同居者が相続人に対し建物の占有権原を主張することもできないので、同居者は相続人に対し不法行為に基づく賃料相当額の損害賠償義務および不当利得返還義務を負うことになる（和根崎・新裁判実務大系226）。

〔4〕　本条によって保護される同居者は、建物賃借人の内縁配偶者と事実上の養子に限られる。本条が立法化される以前に、判例では援用法理によって同居者である弟（京都地判昭25.5.31下民1-5-850）や姪（東京高判昭27.11.26下民3-11-1656）にも居住の継続を認めていた。これらの者は相続人がいれば判例の援用法理によって住み慣れた家屋に居住し続けることが認められるが、相続人のいないときには本条の対象にならないので借家権は承継されないことになる。

昭和60年に公表された「試案」では、「賃借人の二親等内の親族（配偶者も含む。以下同じ。）又は届出をしていないが賃借人と事実上二親等内の親族と同様の関係にある者でその死亡の当時その建物に同居していた者」（第二部第四）が相続人に優先して借家権を承継するものとされていた。具体的には、〔内縁〕配偶者、子、父母、孫、祖父母、兄弟姉妹、子・父母・孫・祖父母・兄弟姉妹の〔内縁〕配偶者、〔内縁〕配偶者の連れ子・父母・連れ子の子・祖父母・兄弟姉妹、未認知の子、事実上の養子、事実上の養父母ということになろう。

従来の非相続人の借家権の承継に関する判例をみると、同居者として居住の継続を主張した者は圧倒的に内縁配偶者が多く、次に事実上の養子（最判昭37.12.25民集16-12-2455、京都地判昭38.6.4判時348-32、東京地判昭53.5.29下民29-5=8-321）、弟（前掲京都地判昭25.5.31、大阪地判昭28.1.14下民4-1-20）、姪（前掲東京高判昭27.11.26）、内縁の妻の連れ子（京都地判昭40.4.22判時414-44）となる。また、賃借人の遠縁に当たる73歳の男性と内縁の妻の実兄（大阪地判昭26.10.5下民2-10-1163）が内縁の妻の承継した賃借権を援用して居住権を主張しうるとされた事案もある。以上のうちで、「試案」の定義からはずれるのは姪と遠縁の者である。上記判例では、地方に住む姪の父（賃借人の弟で共同相続人のうちの一人）の相続した借家権の下に「居住し居るもの」として、姪の継続居住を認めている。

〔5〕 建物の賃借人が承継する権利義務とは、まず第１に当該家屋の使用収益をなす権利であり、これより生ずる修繕請求権、費用償還請求権および敷金返還請求権も含まれる。また、立退料を収受する権利もこれに含まれる。建物の賃貸借関係に基づき生じた債務には、家屋を契約および用途に従って使用収益しなければならない義務および家賃支払義務が含まれる。

〔6〕 同居の内縁の妻または事実上の養子が、賃借人が相続人なしに死亡したことを知った後１カ月以内に建物の賃貸人に借家権を承継しない旨の意思を表示したときは、借家権は承継されない。旧法７条ノ２をそのまま承継したこのただし書は、相続放棄に準じた制度と解されている（篠塚・新版注民⑮805）。本条の適用を受ける同居者が一人であるときは、この意思表示をすることにより当該借家権は消滅すると解される。相続人が存在しないときに借家権を相続財産に組み入れる実益はないと考えられ、また、同居者以外の特別縁故者がいたとしても、この者に借家権を承継させることに合理性は見出せないと考えられるからである。これに対して、本条の適用を受ける同居者が２人以上いる場合にはこの「反対の意思表示」は各別になしてもよいと解され、その場合、意思表示をしなかった同居者にのみ賃借権は承継される（篠塚・新版注民⑮805）。２人以上の同居者がいずれも意思表示をしなかったときには、賃借権の共同相続をした場合に準じて解

決することになろう（民898条、899条。篠塚・新版注民⒂805）。

１カ月を超える期間経過後に「反対の意思を表示」しても無効と解さざるをえない。この場合には、いったん同居の内縁の妻または事実上の養子に借家権は承継され、しかる後に当該借家権の承継人が賃貸人と借家契約の合意解除をするという手続をふむことになる。

〔７〕　建物の賃貸借関係に基づき生じた債権とは、承継前に生じた修繕請求権、費用償還請求権であり、債務には延滞賃料が含まれる。

〔８〕　承継前に生じた債権債務も賃借権を承継した同居者が承継する。借家権の承継者は居住の利益、債務不履行による解約を阻止する利益および敷金を収受する利益を受けるので、延滞賃料の負担はやむをえないと考えるからである。「1960年改正要綱案」では、賃借人死亡前の借賃および敷金に関する権利義務を含むと明示されていた（第四二）。

（五島京子）

（強行規定）

第37条〔1〕　第31条、第34条及び第35条の規定に反する特約〔2〕〔3〕で建物の賃借人又は転借人に不利なもの〔4〕は、無効とする〔5〕。

〔１〕　本条の趣旨　　建物の賃借人または転借人を保護し、その社会生活関係を保障することを目的として、第３章第２節（建物賃貸借の効力）の規定の一部が強行規定であることを明らかにするものである（借地に関しては、９条、16条、21条参照）。すなわち、30条と同趣旨の規定である。建物の賃借人または転借人に不利な特約のみを無効とするのだから片面的強行規定である。旧法６条と同様であるが、新たに転借人についても規定した。

〔２〕　⑴　31条は、建物賃貸借の対抗力の規定である。民法605条の例外規定として、建物の引渡しによって建物賃借権に対抗力を付与するものである。この規定に反する不利な特約として、家屋の所有権が移転しても、賃借関係は当初の当事者間にのみ存続するという特約が無効とされた（大判昭6.5.23新聞3290-17）。また、賃借期間内に建物が競落されて所有権が他人に帰属した場合は賃貸借は終了するとの特約も、借家権の対抗力を排除する建物賃借人に不利な特約であるか

ら無効とされた（最判昭41.4.5集民83-27）。

(2) 34条は、建物賃貸借終了の場合における転借人の保護の規定である。すなわち、建物の賃貸借が期間の満了または解約の申入れによって終了するときは、建物の賃貸人は、建物の転借人にその旨の通知をしなければ終了を対抗できないのである。通知不要の特約や通知をしても６カ月未満で終了するような特約は、建物の転借人に不利な特約として無効になると考えられる。

(3) 35条は、借地上の建物の賃借人を保護する規定である。すなわち、建物の賃借人が借地権の存続期間の満了を１年前までに知らなかった場合に限り、裁判所は、建物賃借人の請求により、建物賃借人がこれを知った日から１年を超えない範囲内において、土地の明渡しにつき相当の期限を許与することができるのである。裁判所に請求しないという特約などは、建物賃借人に不利な特約として無効になろう。

〔**3**〕 反対に、借賃増減請求権に関する特約（32条）、造作買取請求権に関する特約（33条）、居住用建物の賃貸借の承継に関する特約（36条）は、本条の適用から除外される。すなわち、これらは任意規定である。

造作買取請求権を定めた33条の規定は、旧法（５条）では強行規定であったが、本法で任意規定となった。以前は、畳・建具などが造作の代表であったが、建物賃貸人が収去を強制し、安く買い取って、新しい賃借人に高く売りつけることをしたため、その規制として強行規定とされていた。しかし、現在では、造作が限られ経済的価値も相対的に下がってきたため、建物賃貸人は、買い取る価値を見出せず、造作の付加の同意を渋るようになった。このような弊害を避けるために本法はこれを任意規定にして、特約を定めることにより建物賃貸人は買い取らなくてもよいとしたのである（法務省・新しい借地借家198）。なお、33条〔**11**〕の注釈を参照されたい。

〔**4**〕 建物の賃借人または転借人に不利な特約かどうかは、当該契約自体について個別的に判断すべきであって、他の諸条件を斟酌して総合的に決定すべきものではない（森泉・新版注民⒂787）と解されてきたが、旧借地法11条に関して反対の判例がある（最判昭31.6.19民集10-6-665）。この判決の理論は、契約条件が不利であるか否かの認定基準について、従来の判例理論を否認し、当該契約条件自体に限定することなく、たとえ特約そのものが借地権者に不利であっても、その

他諸条件を斟酌し比較衡量して総合的に判断すべきであるという（森泉・新版注民⒂613）。本判決以来、不利な特約の認定基準について争いが生じ、旧法6条に関しても、「特約が賃借人に不利なものかどうかの判断にあたっては、特約自体を形式的に観察するにとどまらず特約をした当事者の実質的な目的をも考察することが、まったく許されないものと解すべきではな」いとする判例がある（最判昭44.10.7判時575-33）。

本条にいう不利な特約に関しては、公租公課等の増減に応じて家賃を変動させる自動改定特約および貸ビルの賃貸事業受託方式のサブリース（転貸権付建物賃貸借）における賃料自動増額特約が問題となる。

前者について、家賃を鉄道運賃の増減に比例して変化させる特約につきその効力を否定した裁判例（東京地判昭45.2.13判時613-77）、毎年の契約更新の際に賃貸人が年1割以内の増額請求をしたときには借家人は異議なく承諾する旨の特約につき旧法7条に違反して無効であるとした判決（大阪地判昭50.8.13判タ332-303）などがある。その後も、賃料を3年ごとに15パーセント増額する旨の賃料自動改定特約の効力が争われたケースで、本件賃料自動改定特約は十分に合理性があり有効であるとした判決がある（東京高判平11.10.6金判1079-26）。このように特約を有効とする裁判例の流れを見出すことができる（田山・新基本コンメ223）。

サブリース契約の賃料自動改定特約について、「一定の合理性のある合意であるから、それ自体は賃借人に一方的に不利なものとして直ちに無効なものと解すべきではなく、当該特約を適用することがその後の経済事情の変動の程度や近隣の賃料水準との比較において著しくかけ離れた不合理な結果になるような場合には、事情変更の原則により、右特約は適用されないものと解する」とした判決がある（東京地判平8.6.13判時1595-87）。最高裁は、サブリース契約にも32条1項が適用されるから、同項に基づく減額請求の当否および相当賃料額を判断するに際しては、賃貸借契約の当事者が賃料額決定の要素とした事情その他諸般の事情を総合的に考慮すべきであると判示した（最判平15.10.21民集57-9-1213）。このような判例理論は、賃料額の特約があっても適用されると考えられる（田山・新基本コンメ224）。

〔5〕　旧法6条では、借家法の強行規定に反する契約条件で借家人に不利なものは、法律上「之ヲ為ササルモノ」、すなわち、何ら合意がなかったことになる

としていたが、本条では単に「無効とする」とした。

本条によって無効となるのは当該契約条件のみであって、建物の賃貸借契約自体は影響を受けない（一部無効）。

なお、建物の賃借人または転借人に不利な特約が、31条、34条および35条の規定に直接に反しなくても、その規定の精神・目的に反する場合には無効となることに注意すべきである（森泉・新版注民⒂786以下）。

（上原由起夫・宮﨑　淳）

第３節　定期建物賃貸借等

（定期建物賃貸借）

第38条[1]　期間の定めがある[2]建物の賃貸借[3]をする場合においては[4]、公正証書[5]による等書面[6]によって契約をするときに限り[7]、第30条の規定にかかわらず[8]、契約の更新がないこととする旨を定めることができる[9]。この場合には、第29条第１項の規定を適用しない[10]。

2　前項の規定による建物の賃貸借をしようとするときは、建物の賃貸人は[11]、あらかじめ[12]、建物の賃借人に対し[13]、同項の規定による建物の賃貸借は契約の更新がなく、期間の満了により当該建物の賃貸借は終了することについて[14]、その旨を記載した書面[15]を交付して[16]説明しなければならない[17]。

3　建物の賃貸人が前項の規定による説明をしなかったときは、契約の更新がないこととする旨の定めは、無効とする[18]。

4　第１項の規定による建物の賃貸借において、期間が１年以上である場合には[19]、建物の賃貸人は、期間の満了の１年前から６月前までの間（以下この項において「通知期間」という[20]。）に建物の賃借人に対し[21]期間の満了により建物の賃貸借が終了する旨の通知をしなければ[22]、その終了を建物の賃借人に対抗することができない[23]。ただし、建物の賃貸人が通知期間の経過後[24]建物の賃借人に対しその旨の通知をした場合においては[25]、その通知の日から６月を経過した後は、この限りでない[26]。

5[27]　第１項の規定による居住の用に供する建物の賃貸借[28]（床面積（建物の一部分を賃貸借の目的とする場合にあっては、当該一部分の床面積）が200平方メートル未満の建物に係るものに限る[29]。）において、転勤、療養、親族の介護その他のやむを得ない事情により[30]、建物の賃借人が建物を自己の生活の本拠として使用することが困難となったときは[31]、建物の賃借人[32]は、建物の賃貸借の解約の申入れをすることができる[33]。この場合においては、建物の賃貸借は、解約の申入れの日から1月を経過することによって終了する[34]。

6　前二項の規定に反する特約で建物の賃借人に不利なものは、無効とする[35]。

7　第32条の規定は、第1項の規定による建物の賃貸借において、借賃の改定に係る特約がある場合には、適用しない[36]。

〔1〕 本条の趣旨　　本条は、平成3年の借地借家法改正によって導入された「賃貸人の不在期間の建物賃貸借」を改正して、新たに「定期建物賃貸借」(一般には「定期借家」と称せられる。以下、この用法に従う場合が多い) を導入するものである。定期建物賃貸借の導入は、平成11年12月に成立した「良質な賃貸住宅等の供給の促進に関する特別措置法」(法律153号) によってなされたものである(同法5条)。

定期建物賃貸借は、改正前の賃貸人不在期間の建物賃貸借とは、期間の満了によって終了する点では共通性を有するが、他方、後者は賃貸人が転勤等やむを得ない事由により自宅を生活の本拠として使用できない場合にだけすることができる賃貸借であったが、前者は、その事由の如何を問わず契約をすることができる点では大きく異なる。

(1) 立法の経緯　　従来、経済学者は、正当事由制度によって借家権の存続が保障されていることによって借家の供給が阻害されているから、借地借家法における正当事由制度を廃止して、契約自由に委ねるべきだと主張していた。1990年代後半における折からの規制緩和論にのってこの主張は勢いを得て (この間の経緯については、阿部＝野村＝福井・定期借家権3以下〔ただし、かなりバイアスのかかった記述となっている〕、山口・ジュリ1178-8参照)、平成10年に当時の連立与党四党 (自民、社民、さきがけ、自由) の議員提案により「借地借家法の一部を改正する法律案」が衆議院に提出されたが、法務委員会で一度も審議されることなく審議未了で平成10年8月に廃案となった。しかし、定期借家制度の導入論者は、その導入をあきらめたわけではなく、平成11年７月末に当時の与党三党（自民、自由、公明）の議員提案で「良質な賃貸住宅等の供給の促進に関する特別措置法案」を衆議院に提出し、これが平成11年12月に成立した（立法の過程に関しては、原田・法時72-2-1以下および滝川・定期借家権Ｑ＆Ａ18以下参照）。

この特別措置法によって、38条の改正として「定期建物賃貸借」制度が借地借家法に導入されることになったのである。

⑵　本条の借地借家法における位置づけ　　さて、本条を借地借家法においてどのように位置づけるべきか。すなわち、①「定期建物賃貸借」（＝定期借家）は、正当事由によって更新の保障されたいわゆる「普通借家」と併存するものと位置づける考え方（小粥・みんけん599-7）と、②「普通借家」が借家の原則的形態であって、「定期借家」はその特別形態と位置づける考え方とがある。

②説が妥当である。まず、本法における規定の位置がそれを根拠づける。すなわち、正当事由制度に関する28条が本条よりも先に置かれているからである。法の規定の仕方として、原則として一般規定が先に置かれそれに対する例外を定める特別規定が後に置かれるからである。また、本条１項は、「第30条の規定にかかわらず」として、原則として更新や正当事由制度を排除する特約は無効であるが、例外的に本条に定める要件を満たす場合には、更新のない建物賃貸借を認めると規定しているからである。さらに、このことは、本条７項が32条の例外として賃料増減額請求権排除特約を認めようとしていることからも明らかとなろう。最後に、定期借家権推進論者も正当事由制度の適用される借家権を「普通借家権」と称していることからも、おのずからどちらが借地借家法における原則形態かは理解されるはずである（同旨、木村＝田山・基本コンメ113、加藤・金判1417-9）。

〔**2**〕「期間」とは、ある時点からある時点までの継続した時間の区分であるが、定期建物賃貸借では、必ず存続期間を定めていなければならない。この期間は、確定したものでなければならない。賃借人の死亡した時を終期とするような不確定期限付の賃貸借は、定期建物賃貸借とはなりえないものと解される（福井＝久米＝阿部・注釈定期借家78、研究会・新しい借地借家188、澤野・理論と実務166、木村＝田山・基本コンメ114、上原・国士舘法学33-7）。

期間の最長期について改正民法604条は50年に制限しているが、平成11年の改正で建物賃貸借には民法604条が適用されないこととなっている（29条２項）から、定期建物賃貸借においても最長期の制限はないこととなり、50年を超える期間も約定することができる。契約自由の原則および建物賃貸借契約の存続保護の観点からこの規定は設けられたものと説明される（福井＝久米＝阿部・注釈定期借家34）。また、１年未満の期間を定めて定期建物賃貸借をすることができることとなった（詳しくは〔10〕参照）。

〔３〕 建物の賃貸借について本条は適用されるが、建物の種類を問わない（建物の意義については、26条の注釈を見よ）。外国の立法例では、居住用建物賃貸借と非居住用建物賃貸借を区別しており（水本＝内田＝東川＝藤井・NBL362、364、367、369、373、375、380、381参照）、また平成元年の「試案」第二部・第一・二において正当事由の適用に際して居住用と非居住用建物を区別すべきかが検討され、結局見送られた経緯がある（研究会・新しい借地借家185以下）。

本項でも、定期建物賃貸借契約についても建物の種類は問わないこととなった。ただし、５項による賃借人の法定中途解約権について、居住用・非居住用の区別がなされることとなっている（〔29〕参照）。

〔４〕 定期建物賃貸借は、当事者間の契約によって、すなわち賃貸借契約の締結によってなされる。定期建物賃貸借契約は、そもそも建物賃貸借契約を契約自由の原則に委ねようとする、すなわち当事者の意思決定を尊重するものとして立法されたものだからである。したがって、法定の建物賃貸借は、論理的に定期建物賃貸借にはなりえないこととなる。たとえば、24条２項の定める法定建物賃貸借は、定期建物賃貸借にはなりえないはずである。

しかし、平成11年の改正で、24条の建物譲渡特約付借地権を設定した場合に、借地権者または建物の賃借人と借地権設定者との間で、定期建物賃貸借契約をしていた場合には、法定建物賃貸借が発生しない旨の特則が設けられている（24条３項）。

〔５〕「公正証書」とは、公証人法26条以下に基づいて公証人が作成する証書である。本項では、「公正証書による等書面」で契約しなければならないとしているので、この「公正証書」は例示にすぎず、単なる書面でも契約をすることができる。後に述べるように（〔６〕）、定期建物賃貸借は更新の保障がある普通借家と比較すると、期間満了により確定的に終了することとなって、その効果において大きな差異が生じる。賃借人が定期建物賃貸借であることを十分認識して、

契約締結に至ったことを明確にするために書面による契約を義務づけたのであり、また当事者の意思の確認が最も厳重かつ確実に行われると思われる公正証書を書面として例示したとされる（福井＝久米＝阿部・注釈定期借家36）。

〔６〕　定期建物賃貸借は、正当事由制度によって更新が保障されている普通建物賃貸借と比較すると、存続期間の満了によって確定的に賃貸借が終了することになり、その効果において大きな相違が存する。そのため口頭による契約も有効とすると、賃借人が定期建物賃貸借の内容を十分に理解しないまま契約して不測の損害を被ることになりかねないから、賃借人が定期建物賃貸借であることを十分に認識して合意するに至ったことを明確にする必要があるために、書面による契約を義務づけたのである（福井＝久米＝阿部・注釈定期借家36、研究会・新しい借地借家190）。

公正証書は、その例示であるから（〔５〕）、書面は、必ずしも公正証書である必要はなく、私署証書でもよい（福井＝久米＝阿部・注釈定期借家36、澤野・理論と実務55）。

〔７〕「書面によって契約をするときに限り」と定めているので、定期建物賃貸借では、契約の更新がない旨の特約だけでなく、契約全体を書面でしなければならないと解される（木村＝田山・基本コンメ114）。すなわち、たとえば22条の定期借地権については「その特約は、公正証書による等書面によってしなければならない」と規定しており、また旧38条または39条では「前項の特約は、……書面によってしなければならない」と定めて、特約だけを書面にすればよいことが明確にされていた。これに対して、本条では「書面によって契約をするとき」と定めており、更新排除特約だけを書面にすればよいという限定がなされていないからである。

さて、それではどこまでの範囲の約定を書面化すればよいのかが問題となる。定期建物賃貸借契約の基本的要素が記載されていれば、定期建物賃貸借契約書として有効となると解される。基本的要素としては、次のものが挙げられる（澤野・実務と理論49によると、以下に掲げる①～④は「必要的記載事項」であり、⑤は「絶対的記載事項」である）。

①　期間の定め

②　建物賃貸借である旨の定め

③　賃貸借の当事者

④　賃貸借の目的となる建物の表示

⑤　契約の更新がなく、期間の満了により当該建物の賃貸借が終了する旨の定め

以上の事項が、契約書に記載されていない限り、定期建物賃貸借契約は成立しない。特に、⑤の特約は定期建物賃貸借契約書における絶対的記載事項であるが、他の事項も、一部でも口頭でなされた場合には、定期建物賃貸借は成立しない。ただし、その場合に建物賃貸借契約がまったく成立しないわけではなく、正当事由の適用のあるいわゆる普通建物賃貸借が成立するものと解する（木村＝田山・基本コンメ114）。もっとも、当事者が、定期建物賃貸借でなければ契約をしない意思を明確に有している場合には、契約不成立と解される場合もあるであろう。

これ以外の特約、たとえば、⑥礼金、敷金、権利金、保証金等一時金に関する特約、⑦賃料改定に関する特約、⑧中途解約に関する特約、⑨契約解除に関する特約、⑩賃借権の譲渡・転貸に関する特約等は、それが契約書に記載されたときに、定期建物賃貸借の内容となり、強行規定に反しない限り（たとえば、中途解約に関する特約は、賃借人に不利なものは無効となる〔本条6項〕）、拘束力を有するようになる。口頭での特約は、定期建物賃貸借の特約としては効力を有しないものと解する。

〔**8**〕　30条は、26条から28条による建物賃貸借の存続保障に関する規定を片面的強行規定としており、これらの規定に反する賃借人に不利な規定を無効とする。本条で「第30条の規定にかかわらず」と定めることによって、定期建物賃貸借には、26条および28条の規定が適用されないことを明確にした。

〔**9**〕　定期建物賃貸借契約では、存続期間満了に際して更新がない旨を定めることができる。「更新がないこととする旨を定める」の解釈については、二つの解釈が可能である。その①は、民法および借地借家法による更新の規定すべてが排除される、すなわち借地借家法26条による更新だけではなく民法619条による黙示の更新までが排除されるとする解釈である（福井＝久米＝阿部・注釈定期借家37、研究会・新しい借地借家193、太田・ジュリ1178-14、東京地判平21.3.19判時2054-98）。その②は、借地借家法26条による更新だけが排除されるとする解釈である（澤野・実務と理論79）。

②説が妥当であると解する。すなわち、ここでいう更新は、26条による更新を指すと解すべきである。なぜならば、「契約の更新がないこととする旨を定めることができる」という法文は、「第30条の規定にかかわらず」という法文を受けているのであり、30条は26条が片面的強行規定であることを規定しているから、ここで排除されるのは26条による更新ということになる。

さらに、①説は、定期借家契約は期間満了により賃貸借が終了するものであって、その性質上、当初の契約関係を維持存続させる更新はないから、民法619条の適用も排除されるとする（福井＝久米＝阿部・注釈定期借家37、木村＝田山・基本コンメ113）。しかし、26条では「更新したものとみなす」と定められているが、民法619条１項は「更に賃貸借をしたものと推定する」と定めており、法文上「更新」という文言は用いられていない。しかも、民法典の起草者である梅謙次郎は、本条は「黙示ノ再賃貸借」を規定したものだとしている（梅674）。また、借地法・借家法制定前の更新の保障のない賃貸借においては、民法619条によって「成立セル再度ノ賃貸借ト従来ノ賃貸借トハ全然別個ノ契約タルニ過ギザル」と解釈されていたのである（末弘645）。

つまり、更新とは、継続的契約関係が期間満了後終了しないで継続することであると説明されるが（我妻・各論中一439）、このような解釈は借地法・借家法の正当事由制度を導入して存続保護制度を確立した後のものであると理解する。定期建物賃貸借は、正当事由制度の適用を排除するのであるから、正当事由制度導入前の建物賃貸借が契約自由の原則に委ねられていた時代の解釈に戻るべきであろう。そうすると、民法619条は、更新に関する規定ではなく、「再賃貸借」に関する規定であると解すべきことになるから、「更新」排除の特約をしても、再賃貸借は排除されないと解されるのである。再賃貸借があった後の関係については〔24〕を見よ。

〔10〕　29条１項は、１年未満の期間の建物賃貸借は、期間の定めのないものとみなしている。すなわち、普通建物賃貸借では、１年未満の期間を定めた場合には、期間の定めのないものとして、賃貸人はいつでも解約の申入れができ（民617条）、その解約申入れに正当事由が備わっていれば、６カ月後に賃貸借は終了する（27条１項）。すなわち、普通建物賃貸借においては、結果として６カ月の最短存続期間が保障されているのである。

本項後段は、29条１項の適用を排除することによって、定期建物賃貸借では１年未満の期間を定めることができるようにしたのである。すなわち、月単位、週単位、日単位でも賃貸することができるのである。したがって、普通建物賃貸借と異なり６カ月の事実上の最短存続期間の保障もないことになる。この規定の理由は、長期出張や長期休暇中の借家等、数週間、数カ月といった単位の借家の供給や需要も予想されるからだとされる（福井＝久米＝阿部・注釈定期借家37)。

〔11〕 建物の賃貸人は、賃借人に建物を使用収益させるべき者である。定期建物賃貸借をしようとする場合には、賃貸人は、賃借人に対して当該賃貸借は期間満了によって終了するものであることを説明すべき義務を負う。

一般に建物賃貸借では、宅地建物取引業者等が賃貸人と賃借人を仲介する場合が多いが、説明義務は賃貸人が負っているので、不動産仲介者が仲介者の立場で説明を行っても、説明義務が履行されたことにはならない。不動産仲介業者に、賃貸人が説明義務履行の代理権を授与して、仲介業者が代理人として賃借人に説明する場合には、賃貸人の説明義務が履行されたことになる（福井＝久米＝阿部・注釈定期借家39、澤野・実務と理論56、山口・ジュリ1178-10、木村＝田山・基本コンメ116、上原・国士舘法学33-11)。

下級審判決には、宅建業者等が代理権を有しているかを問題にせず、説明があったと認めるものがあるが（東京地判平26.3.20LEX/DB25518421、東京地判平27.1.29LEX/DB25524454)、代理権の有無を審理すべきである。

〔12〕「あらかじめ」とは、定期建物賃貸借契約締結よりも時間的に先立っていることである。したがって、定期建物賃貸借契約の締結に先立って書面の交付および説明がなされなければならない。

〔13〕 賃借人とは、当該建物の使用収益をする権利を有し、その対価としての賃料を支払う義務を負う者である。賃貸人は、賃借人に対して説明すべき義務を負っているが、賃借人から定期建物賃貸借契約をする代理権を授与された代理人に対して説明をした場合には、直接賃借人に説明していないが、説明義務を履行したことになる。

〔14〕 賃貸人が、定期建物賃貸借である旨を説明するために、賃借人に交付する書面に記載すべき事項である。記載すべき事項として、①当該建物賃貸借は、本条１項の規定によりなされる定期建物賃貸借であって、②契約の更新がないと

する特約をすること、③期間満了によって賃貸借が終了することが定められていることである。

どこまでの事項を記載すれば説明書としての効力を有するであろうか。①は、必要的記載事項であることについては異論がないであろう。②と③については、選択的にいずれかを記載すればよいと解することもできそうであるが、しかし更新が排除される結果として、当該賃貸借は期間満了により終了するのであるから、②および③も必要的記載事項であり、いずれかが欠けても説明書としての効力を有しないものと解する（澤野・実務と理論169）。

〔15〕　賃貸人が賃借人に交付すべき書面は、賃貸借契約書と別個のものでなければならないであろうか。それとも更新が排除され、期間満了によって賃貸借が終了する旨を記載した契約書を交付することで足りるであろうかが、問題となる。

本項が、賃貸人に書面を交付した上で説明義務を課したのは、賃借人が定期建物賃貸借をするという意思決定をするための情報を十分に提供し、賃借人が定期建物賃貸借であることを十分に認識した上で契約するようにするためである（福井＝久米＝阿部・注釈定期借家38）。

したがって、定期建物賃貸借であることが賃借人に十分理解できるような書面が交付されればよいのであるから、必ずしも契約書と別個の書面であることを要せず、契約書を交付して説明した場合にも、本項の「書面を交付」するという要件を満たしていると解する説があり（澤野・実務と理論169、小澤・ガイダンス35）、下級審判決にはこれに従うものも現われた（東京地判平19.11.29判タ1275-206）。他方、本項は契約の更新がないという定期建物賃貸借制度の一般的説明と当該建物の賃貸借が定期建物賃貸借であり、期間満了によって終了することをそれぞれ説明すべきであり、そのためには契約書とは別個の書面を交付すべきだとする説がある（木村＝田山・基本コンメ115、藤井・本書第3版293、吉田・新基本コンメ229）。

判例は、「書面は、賃借人が、当該契約に係る賃貸借は契約の更新がなく、期間の満了により終了すると認識しているか否かにかかわらず、契約書とは別個独立の書面であることを要するというべきである。」とする（最判平24.9.13民集66-9-3263）。すなわち、契約書と別個独立の書面を交付して説明することを要求する趣旨は、賃借人に当該賃貸借が定期建物賃貸借であることを認識させるとともに、「契約の更新の有無に関する紛争の発生を未然に防止する」ことにあるとされ、さらに「紛争の発生を未然に防止しようとする同項〔筆者注：38条２項〕の趣旨を考慮すると、上記書面の交付を要するか否かについては、当該契約の締結に至る経緯、当該契約の内容についての賃借人の認識の有無及び程度等といった個別具体的事情を考慮することなく、形式的、画一的に取り扱うのが相当である。」とされるのである。

すでに、旧建設省が作成した「定期賃貸住宅標準契約書」では、「定期賃貸住宅についての説明」と題する契約書とは別個の説明用の雛型書面が用意されており、これを用意した理由として「借主がこの説明を受けたことの証として、借主に記名捺印してもらい、貸主が保管しておくことが重要です。」と述べ、説明をしたことの証明として重要であることが、指摘されていたのである（住宅契約研究会・Q & A46、太田・ジュリ1178-16）。判例がこのように判断したのは、定期建物賃貸借制度が建物賃貸借制度における特別形態であり、そうであるならば契約書とは別個の説明書面を交付して説明することを要求する、すなわち契約の効力を発生させるために一定の手続を要求する要式契約性があることに合理性があると解されるからである（加藤・金商1417-12、副田・南山38-2-80）。

宅地建物取引業者が建物賃貸借を仲介する場合には、重要事項説明書を交付して、取引主任者をして説明させなければならないが（宅建業法35条）、建物仲介業者が賃貸人から代理権を授与されている場合には、重要事項説明書が本項の要件を満たしている限りは、これをもって、本項の書面と認めることができると解する説がある（三好・ジュリ1178-25）。

この見解に従う判決もある（東京地判平25.1.23LEX/DB25510615。ただし、本件では、賃貸人の代理人として説明を行う旨の記載がないから、「説明書面」に該当しないとされた）。筆者も、本書第３版では、これに賛成していた。

しかし、筆者は、説明書面は重要事項説明書とは別個の書面でなければならない、と見解を改める。すなわち、重要事項説明は、宅建業法35条１項が仲介業務を行う宅建業者に課している義務であり、重要事項説明書は同法37条に基づく重要事項を説明する際に賃貸借の当事者に交付される書面であって、本条２項が要求する契約不更新の特約の効力を発生させるための書面ではない。また、重要事項説明書が交付されなかった場合にも、行政処分が課されるだけであって（宅建業法83条１項２号）、賃貸借の効力に影響を及ぼすものではない。これに対して、本条２項に定める書面は不更新の特約の効力要件であって、賃貸借契約という法律行為の生成過程においてなされるべきものであり、しかも、説明主体は、契約当事者たる賃貸人でなければならず、前述したように（〔11〕）、宅建業者は賃貸人から代理権を授与された場合にのみ説明をすることができるのであるから、宅建業者が説明するときも、重要事項とは別個の説明書面をもって説明しなければならない（澤野・新裁判実務大系260、同・論点174、藤井・新判例Watch13-73、吉田・新基本コンメ229、上原・成蹊法学84-179、加藤・金商1417-13）。

〔16〕　書面の交付とは、本項に定める書面を説明に先立って賃借人に現実に引き渡すことである（澤野・実務と理論169）。したがって、定期建物賃貸借公正証書には、説明書面の交付があったことを確認する旨の条項があり、賃借人がこの公正証書の内容を承認した旨の記載があっても、現実に説明書面を交付したとする証拠がないときは、賃借人が公正証書の内容を承認していることのみから、説明書面での交付があったと認定するのは、経験則または採証法則に反するとされる（最判平22.7.16判時2094-58）。

〔17〕「説明」とは、書面を交付した上での口頭の説明をいうとされるが（福井＝久米＝阿部・注釈定期借家39）、書面による説明もありうると解することができないわけではない（澤野・実務と理論170は、このように解する）。しかし、本項では、「書面を交付して説明」すると定められているのであるから、書面を交付しただけでは説明義務を尽くしたとはいえないであろう（東京地判平18.1.23LEX/DB25500094は、書面を送付しただけでは説明したことにならないとする）。したがって、定期建物賃貸借制度と当該建物の賃貸借が更新のない定期建物賃貸借であることを賃借人に十分に理解させるためには、書面を交付した上で、さらに、賃貸人は、口頭で説明することを要するとする前説が妥当である。ただし、書面を読み上げただけでは説明したことにならない。賃借人に、定期建物賃貸借が何たるか、すなわち契約更新がなく、期間満了によって終了することがどのようなことかをわかりやすく伝えなければ、説明したことにはならない（澤野・実務と理論170、木村＝田山・基本コンメ116、上原・国士舘法学33-12）。

下級審判決には、「説明書面を交付して行うべき説明は、締結される建物賃貸借契約が、一般的な建物賃貸借契約とは異なる類型の定期建物賃貸借契約であること、その特殊性は、同法26条所定の法定更新の制度及び同法28条所定の更新拒絶に正当事由を求める制度が排除されることにあるといった定期建物賃貸借という制度の少なくとも概要の説明と、その結果、当該賃貸借契約所定の契約期間の満了によって確定的に同契約が終了することについて、相手方たる賃借人が理解してしかるべき程度の説明を行うことを要すると解され」、単に38条2項による定期建物賃貸と誤った記載をした書面を交付して、「説明書の条項の読み上げにとどまり、条項の中身を説明するものではなく、仮に条項内の条文の内容を尋ねられたとしても、六法全書を読んで下さいといった対応をする程度のものであった」ときは、説明があったとは認めないものがある（東京地判平24.3.23判時2152-52）。これに対して、書面を交付して読み聞かせただけでも、建物賃貸借契約が期間満了により終了し、更新されないことを賃借人が十分に理解していると認められるときは、説明があったと認定している判決もある（東京地判平25.12.18LEX/DB25516792）。

説明の程度について、どの程度のものを基準とすべきであろうか。①平均的一般人を基準とするという解釈と、②具体的に各賃借人の理解能力を基準とするという解釈ができるであろう。賃借人のなかには、老齢者や心身に障害をもつ者も少なからず存し、また本項の説明義務は当該賃借人が定期建物賃貸借を十分に理解して締結することを目的とするから、当該賃借人が理解できたか否かが重要な指標となるので、②説が妥当である（澤野・実務と理論170、同・論点176）。説明義務を負うのは、賃貸人であり、不動産仲介業者が仲介に際して行う重要事項の説明は本項の「説明」に当たらないことについては、〔11〕を見よ。

〔18〕　本項は、次のような理由から設けられた。すなわち、①賃借人が契約の更新のないこと等を十分に理解しないままで定期建物賃貸借契約を締結するおそれがあること、②説明義務を懈怠した場合には、更新排除特約が無効となるという効果を設けて賃貸人の説明義務励行を促すことで、意思決定のための十分な情報が提供されること、③賃借人が十分納得した上で契約を締結するので定期建物賃貸借の特約の有無に関する紛争の回避に資することである（福井＝久米＝阿部・注釈定期借家40）。

賃貸人が、2項に定める説明義務を履行しなかったときは、賃貸借契約中の更新排除特約の部分だけが無効とされるのであって、契約全体が無効となるわけではない。この場合には、建物賃貸借契約は、普通建物賃貸借として有効に成立する（木村＝田山・基本コンメ116）。したがって、1年以上の期間を定めた場合には、その約定期間の賃貸借が、また1年未満の期間の場合には、期間の定めのない賃貸借が成立することになる（29条）。法定更新（26条）、6カ月の解約期間（27条）および正当事由（28条）の規定が適用されることになる。また、本条5項による賃借人の法定中途解約権も発生しない。さらに、本条7項によると、定期建物賃貸借では、32条の賃料増減額請求権排除特約ないし賃料改定特約も有効とされるが、本項により更新排除特約が無効とされる場合には、定期建物賃貸借が成立しなかったことになるのであるから、賃料増減額請求権排除特約や賃料改定特約も無効となり、当事者は賃料増減額請求権を有することになる（澤野・実務と理論170）。

〔**19**〕　存続期間が1年以上の場合には、賃貸人は通知期間（期間満了の1年から6カ月前）内に期間満了により賃貸借が終了する旨を通知しなければ、終了を賃借人に対抗することができない。期間が長期である場合には、賃借人が期間の満了を失念し、突然賃貸人から明渡しを求められたときは、代替の借家を見つけるのが困難であり、賃借人にとって酷な事態が生じうる。そこで、本項では、終了に関する通知義務を賃貸人に課し、通知を怠った場合には、終了を賃借人に対抗できないとして、賃借人に対する不意打ち的明渡請求を防止し、賃借人の保護を図ったのである（福井＝久米＝阿部・注釈定期借家41）。

期間が1年未満の場合に、通知義務を免除しているのは、期間満了が近い将来のことであり、あらためて注意を喚起しなければ借家人が期間満了を失念するというおそれは小さく、通知義務の必要性は乏しいと考えられたからである。したがって、1年未満の期間の場合には、通知をしなくても、賃貸人は期間満了による終了を賃借人に対抗することができる。

〔**20**〕　通知期間は、期間満了の1年前から6カ月前である。この期間は、賃借人に期間満了に対する注意を喚起し、再契約のための交渉や代替建物を探すための必要な期間として6カ月が相当と考えられたからであり、また通知を期間満了から相当早期にすると賃借人に注意を喚起するという趣旨を没却しかねないので、期間満了の1年前から6カ月前を通知期間とした（26条および34条参照）。6カ月を経過した後の通知の効力については〔**24**〕～〔**26**〕を見よ。

〔**21**〕　終了する旨の通知は、終了時の賃借人に対してしなければならない。通

知は賃借人に代替建物を探したり、再契約の交渉の機会を与えるためのものだからである。したがって、通知のあった後に賃借権が譲渡された場合には、あらためて譲受人に対して通知しなければならない。

建物が転貸されている場合には、賃借人に対して通知しただけでは、転借人に対しては終了を対抗することができない。賃貸人は、転借人に対しては、34条による通知をしなければならず、通知をしたときは、通知の日から6カ月経過することによって転貸借は終了することになる。したがって、賃貸人の通知は、通知期間内になされても、転借人に対する通知が遅れた場合には、賃貸人は期間満了によって賃貸借が終了したことを転借人に対抗できず、通知の日から6カ月を経過した後に終了を対抗することができることになる（詳細は、34条の注釈を見よ）。

〔22〕 期間満了によって賃貸借が終了する旨の通知は、特に書面方式を要求されていない。したがって、口頭で行うこともできる。しかし、終了の通知をしたことは賃貸人の側で主張・立証しなければならないので、書面、特に内容証明郵便によるのが望ましい（木村＝田山・基本コンメ117）。この通知には、期間の終期を明示する必要があると解する。すなわち、「期間の満了により建物の賃貸借が終了する旨の通知」が必要なのであるから、その終了時点も明示されるべきである。旧建設省が作成した「終了の通知」書の雛型では、期間満了によって定期建物賃貸借が終了する日が明示されるとともに、契約期間の始期および終期を別の欄で明示するようになっている（住宅契約研究会・Q & A14）。

〔23〕「対抗することができない」とは、実体法上の効力が生じているが、当該権利を主張する手続的要件に欠けている状態をいう。すなわち、定期建物賃貸借は期間満了によって実体的には終了しているのであるが、賃貸人は、本項の賃貸借終了の通知をしなければ、期間満了により賃貸借が終了したことを賃借人に主張することができなくなり、賃借人に対して明渡しを請求することができなくなる。したがって、この「終了の通知」は、賃貸人が賃借人に対して契約終了に基づいて建物明渡請求等権利を行使するための要件（権利行使要件）と解される。

期間満了による賃貸借の終了という効果は、契約自体に基づいて生じるから、この通知は意思表示ではなく観念の通知と解される（木村＝田山・基本コンメ117）。他方、賃借人は通知がなくても期間満了によって契約は終了したと主張することができ、賃貸借関係から離脱することができる（研究会・新しい借地借家193、福

井＝久米＝阿部・注釈定期借家42、澤野・実務と理論171）。

賃貸人が通知をせず、また賃借人も賃貸借の終了を主張しない場合における建物利用継続の法律関係をどう説明すべきか。①「従前の賃貸借契約が継続している状態」になるものとする説（山口・ジュリ1178-10、研究会・新しい借地借家193、福井＝久米＝阿部・注釈定期借家43）と、②期間満了後は、普通建物賃貸借の関係になるとする説（澤野・実務と理論171、藤井・歴史213以下）が対立している。

下級審判決には、「賃貸借契約自体は期間満了により確定的に終了し、ただ契約終了時に係る具体的な効果（明渡請求、明渡遅滞に係る約定損害金請求等）を賃借人に主張することができないにとどまる」とし、従前の賃貸借契約が継続すると考えるのは、契約の自動更新を認めたに等しく、更新を認めない定期建物賃貸借制度の根幹に反するとして、賃借人は建物を権原なく占有すると判示するものもある（東京地判平25.1.22LEX/DB25510283）。この判決に賛成する見解もあり（吉田・新基本コンメ231）、この説は賃借人は無権限で建物を占有しているから、不法行為による損害賠償も賃貸人は請求できるとする。しかし、本判決では賃借人の占有は明渡猶予によって適法化されるとしているから、不法行為責任は問えないと考える（藤井・早稲田239）。

この判決によれば、期間満了後、建物賃借人は無権原で建物を占有していることになるから、占有している期間の建物使用分の不当利得を返還しなければならず、または賃貸人に修繕請求をすることができず、必要費・有益費の償還請求は民法196条によることとなる。

①説のように、従前の賃貸借が継続しているのと同じ状態のものとして扱うとすれば、賃借人が期間満了後支出した必要費・有益費の償還についても民法608条によって償還請求することができるようになる（福井＝久米＝阿部・注釈定期借家43）。②説による場合も①説と同様である。

期間満了後も賃貸人は終了の通知をせず、賃借人も建物の使用を継続しており、賃料を賃貸人が受領していた場合には、前掲東京地判平21.3.19は、「期間満了後、賃貸人から何らの通知ないし異議もないまま、賃借人が建物を長期にわたって使用継続しているような場合には、黙示的に新たな普通建物賃貸借契約が締結されたものと解」することができるとする。これに対して、長期間にわたってというのはいい過ぎで「事情によっては、短期の使用継続、さらには１回だけの賃料授受を伴う使用が」あれば、普通借家契約の締結を認めることができよう（吉田・判批617-19）。

〔24〕 賃貸人が通知期間を失念していて、通知期間経過後に通知した場合の通知の効力を規定している。このような規定が置かれた理由について、次のような説明がなされる。通知義務の趣旨は賃借人に賃貸借終了に関する注意を喚起するとともに、再契約のための交渉や代替建物を探すための期間を保障するための猶予期間を最低６カ月確保することにある。したがって、期間満了６カ月前に通知をしなかったとしても、賃貸人がその後に通知をすれば、注意は喚起され、その後６カ月の猶予期間を付与すれば賃借人保護に十分であるからだと説明される（福井＝久米＝阿部・注釈定期借家42）。

この通知は賃貸借期間満了後も可能であろうか。法文上は、何らの制限もない。したがって、期間満了後も、いつでも、終了の通知をすることができ、通知の日から６カ月経過すると契約の終了を賃借人に対抗することができると解することもできる（住宅契約研究会・Q&A49、宮川編・Q&A299。同旨、上原・国士舘法学33-14、東京地判平21.3.19判時2054-98、東京地判平26.1.31LEX/DB25517493）。

しかし、期間満了後でも、終了の通知をすることができると解するのは、おかしいといわざるをえない。すなわち、定期建物賃貸借は、一定の期間の満了によって終了するものであるから、満了後は期間の定めのないものとなり、いつでも終了の通知ができるとするのは、一定の期間を定め、終了時の予測可能性を確保しようとする定期建物賃貸借制度にとって背理である。特に、期間満了後も賃借人が使用を継続し、賃貸人も異議なく賃料を受領していた場合には、新たな賃貸借関係が発生したと解すべきである（〔９〕および〔23〕を見よ）。

さらに、本項本文の法文は「賃貸借が終了する旨」を通知すべきだとするのは、将来の終了を期間満了前に通知することを前提としているのであり、期間満了後の通知を前提とするものではない（澤野・実務と理論78、171、同・論点177）。ただし書においても「その旨の通知」と定めているのであるから、本文におけると同一の通知であることになる。また、通知は、定期建物賃貸借という借地借家法上の例外的借家形態において賃貸借関係を期間どおりに終了させるために賃貸人に課せられた義務であるから、期間満了までに通知をすべき義務があるのであって、それを懈怠した場合には、新たな賃貸借がなされたと推定されてもやむをえないものと考える。

〔25〕　賃借人に通知をしなければならないが、この賃借人は、賃貸借終了時の賃借人である。通知後賃借権が賃貸借終了前に譲渡された場合には、あらためて譲受人に通知しなければならない。また、建物が転貸されている場合には、賃借人に通知しただけでは、転借人に賃貸借の終了を対抗することができない。対抗するためには、転借人に対しても通知しなければならない（34条）。

〔26〕　本項本文が定める通知期間を徒過した後に通知した場合であっても、通知の日から6カ月を経過した後は、賃貸人は、賃借人に契約の終了を対抗することができ、明渡しを求めることができる。もっとも、筆者は、この通知は、〔24〕で述べたように、遅くとも期間満了までにしなければならないと解する。期間満了までに通知がない場合には、期間満了後は新たな賃貸借がなされたものと推定される（民619条）。期間満了後の通知は、新賃貸借の解約申入れとみなすことができるであろうが、それに正当事由が備わっているときは（28条）、通知から6カ月経過すると賃貸借は終了する（27条）。

〔27〕　期間の定めのある賃貸借では、当事者の合意で中途解約権を留保しない限り、期間満了前に一方的に契約を解約することができないのが原則である（民618条参照）。しかし、契約後、事情が変更して賃借人が建物に居住し続けることができなくなったときでも、賃借人に期間満了まで賃料の支払義務を負担させ続けるのは苛酷である。そこで、本項は、床面積200平方メートル未満の居住用建物に限り、転勤、療養、親族の介護その他やむをえない事情により、賃借人が建物を自己の生活の本拠として使用することが困難となったときに限り、中途解約権を認めることにした（福井＝久米＝阿部・注釈定期借家44）。

〔28〕　⑴　居住の用に供する建物　「居住の用に供する建物」とは、もっぱら事業の用に供する建物以外の建物をいう。ここで問題となるのは、住居と店舗が併設されているいわゆる店舗併用住宅が、「居住の用に供する建物」に含まれるかである。上のように定義すると、店舗併用住宅も含まれることになる。この定義は、事業用定期借地権に関する23条1項の規定では「専ら事業の用に供する建物（居住の用に供するものを除く。）」としていることの対比から、導き出される（山口・ジュリ1178-11）。

⑵　居住の用に供さない建物　居住用ではない建物の賃貸借の場合には、本

項による解約権は認められない。したがって、その場合、当事者間の合意であらかじめ解約権を留保する特約をしておかなければ、存続期間の中途で契約を解約することができないのが原則である（民618条）。しかし、この原則を貫くと、契約後、賃借人の経済状態が悪化するなどの事情の変更によって建物の使用を継続することができなくなったとしても、賃借人は契約に拘束されることになる。したがって、中途で解約するためには、賃貸人との合意による解約をすることになる。この場合には、残存期間の賃料の支払に関する合意がなされるであろう。

しかし、合意が成立せず、賃借人が期間満了前にやむをえず勝手に退去してしまった場合には、契約関係は終了していないから、賃貸人は残存期間分の賃料請求をすることができることになる。ただし、その後、賃貸人が空き家となった同一建物を第三者に新たに賃貸し引き渡した場合には、新賃貸借に対抗要件が備わることになり（31条）、結果として従前の賃貸借は履行不能となり、当然に終了すると解されるから、新賃借人に対する賃料以外に、従前の賃借人に対して二重に賃料を請求することはできない（山口・ジュリ1178-11、研究会・新しい借地借家194、宮川編・Q & A259）。

〔29〕 居住の用に供する建物であっても、床面積が200平方メートル未満のものでなければ、本項に定める中途解約権は認められない。床面積は、一戸建ての建物全部を賃借している場合には、全床面積をもって算定する。建物の一部を賃借している場合には、当該一部の床面積をもって算定される。たとえばマンションやアパートの一室などを賃貸借している場合には、いわゆる専有部分の床面積だけ算定すべきであり、共用部分を含めるべきではない（澤野・実務と理論172）。すなわち、賃貸人が賃貸に供しているのは専有部分だけだからである。また、店舗併用住宅の場合に、居住の用に供されていない部分も含めて、200平方メートル未満か否かを判断すべきだとされる（福井＝久米＝阿部・注釈定期借家45、木村＝田山・基本コンメ120）。しかし、住居部分が区分所有権の対象となりうるほどに独立性を有する場合には、居住の用に供されている部分の面積だけで判断されるべきである。すなわち、居住用部分が200平方メートル未満の場合には、居住用部分についてだけ解約申入れをすることができると解することができないであろうか。

面積200平方メートル以上の居住の用に供される建物および居住の用に供され

ない建物の賃貸借の場合には、民法618条の原則に戻って、当事者の合意で解約権が留保されていない限り、中途解約はできないことになる。

〔30〕　やむをえない事情がある場合に、中途解約権を認めることにした。「やむを得ない事情」とは、契約締結時に的確に予測して契約期間を定めることを賃借人に期待することが困難または不可能な事情であり、賃借人にリスクを全面的に負担させせることが適切でない事情をいう（福井＝久米＝阿部・注釈定期借家45、山口・ジュリ1178-11）。

本項は、転勤、療養、親族の介護を例示として挙げている。その他やむをえない事情の例としては、海外留学（福井＝久米＝阿部・注釈定期借家45）、勤務先の倒産、解雇等によって賃料を支払うのが困難となった場合、リストラ等に伴う転職によってやむをえず転居せざるをえない場合等の客観的事情以外に、賃借建物の他の部屋で殺人や自殺があったことや、暴力団が入室して安心して居住できないという主観的事情が挙げられている（澤野・実務と理論172、山口・ジュリ1178-11、宮川編・Q & A252）。

〔31〕　やむをえない事情により、賃借人が、自己の生活の本拠として使用することが困難となったことが、中途解約権付与の要件とされる。やむをえない事情が生じても生活の本拠として使用することが困難にならない場合には、中途解約をすることができないという趣旨であろうが、そのような事態にならないと賃借人は解約申入れをしないであろうから、意味のある規定とはいえないとされる（澤野・実務と理論172）。また、別荘のような生活の本拠として使用する目的以外の居住用建物については、中途解約権は認められないという趣旨であろうが、実際上はほとんど意味がないとされる（澤野・実務と理論172）。

「転勤、療養、親族の介護その他のやむを得ない事情により、……建物を自己の生活の本拠として使用することが困難となったとき」という法文は、改正前の賃貸人不在期間の建物賃貸借（旧38条１項）の規定をそのまま使用したものであるが、旧規定では期限付建物賃貸借をしようとするときの賃貸人側の要件であったのが、改正後は中途解約における賃借人側の要件にしたものである。賃貸人側の要件を転用して賃借人側の要件としようとしたところに、立法上の無理があったといえる（澤野・実務と理論173、木村＝田山・基本コンメ120）。

〔32〕　存続期間の中途において、本項の定める要件が満たされた場合に、定期

建物賃貸借の解約を申し入れることができるのは、賃借人である。

〔33〕 解約は、賃借人が賃貸人にその旨の意思表示を行うことによってなされる。意思表示の方式については、制限がないから、必ずしも書面である必要はなく、口頭によっても行うことができる。解約の申入れに対する、賃貸人の承諾は不要であるから、中途解約権の法的性質は、形成権である。

〔34〕 本項により賃借人が解約申入れを行った場合には、その日より１カ月経過すると、建物賃貸借は終了する。民法上の解約申入制度では、申入れの日から３カ月経過しないと終了しないことになっているが（民617条１項２号)、この期間を本項は短縮している。

〔35〕 本条４項および５項は、片面的強行規定であることを定める。したがって、以下に述べるように、これらの規定に反する特約で賃借人に不利なものは、無効とされる。

⑴ ４項　　ア） 本文　　①通知期間を１年より早期にする特約（たとえば、期間満了の１年６カ月前から６カ月前とする特約）は、「通知を期間満了から相当早期にさせると、借家人に契約終了に関する注意を喚起するという趣旨を没却することになりかねない」（福井＝久米＝阿部・注釈定期借家41）から、賃借人に不利な特約である。

② 通知期間を６カ月より短期にする特約（たとえば、期間満了の１年前から３カ月前とする特約）は、６カ月の期間が、賃借人が再契約のための交渉や代替建物を探すために必要な期間を確保するために定められているのであるから、やはり賃借人に不利な特約である（澤野・実務と理論173)。

①と②の複合した特約（たとえば、期間満了の１年６カ月前から３カ月前とする特約）もいうまでもなく、賃借人に不利な特約である。

イ） ただし書　　通知期間徒過後、期間満了前に終了の通知をした場合に、通知の日から６カ月よりも短期間（たとえば、３カ月）が経過することによって賃貸借が終了することを対抗できるとする特約は、賃借人に不利な特約である。これに対して、６カ月よりも長い期間（たとえば、９カ月）を定める特約は、有効である。

⑵ ５項　　ア） 次のような特約は、賃借人に不利な特約であって、無効である。200平方メートル未満の居住用建物およびいわゆる店舗・住居併用の建物

の定期建物賃貸借について、①賃借人にいかなる場合も中途解約権を認めないとする特約、または②中途解約の要件であるやむをえない事情を５項に定める事情よりもより厳格にする特約、③賃借人が中途解約した場合に、残存期間分の賃料や違約金を支払うべき旨の特約、④解約申入れ後、１カ月を超える期間が経過しないと賃貸借が終了しない旨の特約である。

イ）　他方、次のような特約は、賃借人に不利なものではなく、有効である。①賃借人に、いかなる場合でも中途解約権を認める特約（たとえば、旧建設省作成の「定期賃貸住宅標準契約書」10条の特約）や②非居住用建物賃貸借においても、５項に定めるやむをえない事情が生じた場合には、中途解約をすることができる旨の特約、③賃借人が、中途解約を申し入れると即時に契約が終了する旨の特約である。

ウ）　賃貸人はいつでも解約することができる旨の中途解約権留保特約は、有効であろうか。

普通借家においては、賃貸人に中途解約権を留保させる特約も有効と解されるが、解約権を行使するときは、賃貸人は正当事由を具備していなければならないと解されている（東京地判昭36.5.10下民12-5-1065、東京地判昭55.2.12判時965-85、星野・493、27条の注釈〔３〕(2)ア）（石川）、吉田・新基本コンメ233）。

これに対して、定期建物賃貸借の場合については、下級審判決は「定期建物賃貸借契約である本件契約において、賃貸人に中途解約権の留保を認める旨の特約を付しても、その特約は無効と解される（借地借家法30条）。」としている（東京地判平25.8.20LEX/DB25514340）。

ところが中途解約権留保特約を有効と認め、本条１項によって30条の適用が排除されているから、賃貸人に正当事由が具備されていなくても中途解約権を行使でき、解約申入れが賃借人に到達した時から３カ月が経過すると賃貸借は終了するとする見解もある（吉田・新基本コンメ233）。しかし、本条１項は、「第30条の規定にかかわらず、契約の更新がないこととする旨を定めることができる。」と規定している。すなわち、期間の定めがあって、期間が満了したときは、賃貸人側の正当事由具備の有無を問わず、期間満了によって賃貸借が終了する旨を定めているだけであって、中途解約権行使の場合についてまでは規定していない。むしろ、本項によって、賃貸人の中途解約権留保特約は賃借人に不利な本項に反する特約として無効と解すべきである（藤井・早稲田234。筆者は、定期建物賃貸借について基本的に解約権を排除する制度と解する）。

〔**36**〕 本項は、定期建物賃貸借における賃料改定特約の効力を定めたものである。

32条によれば、賃料不増額特約以外の賃料改定特約は、賃料増減額請求権を排除することができないのが原則である（詳細は、32条の注釈を見よ）。

本項では、定期建物賃貸借は、契約自由を基本とするから、賃料の改定についても当事者の合意を優先させ、賃料の改定をめぐる訴訟を回避させる趣旨で、賃料増減額請求権を排除する賃料改定特約も有効としたのである。

賃料改定特約は、賃料を客観的に定めるものであって、32条の規定を排除するに足りる合意でなければならない。たとえば、①賃貸借期間中は賃料の改定を行わない旨の特約、②一定の期間経過ごとに一定の割合で賃料を増額する旨の特約、③一定の期間経過ごとに特定の指数（たとえば、消費者物価指数）の変動に応じて賃料を改定する旨の特約などは、賃料を客観的に定める特約といえる（澤野・実務と理論174）。これに対して、当事者「協議の上、賃料を改定することができる」とする特約（たとえば、旧建設省・前掲契約書４条３項）は、単に賃料の決め方を定めただけであって、賃料改定方式を客観的に定めるものではないから、賃料増減額請求権を排除するに足る特約ではない（福井＝久米＝阿部・注釈定期借家49、太田・ジュリ1178-15、木村＝田山・基本コンメ120）。

しかし、32条の適用を排除する賃料改定特約がなされたとしても、民法の一般条項の適用までは排除できないであろうから、契約締結当時予見することができなかった著しい経済事情の変動などがあった場合には、事情変更の原則や信義則の適用によってなお賃料増減額を請求することができる場合もあると解する（東京地判平27.6.9LEX/DB25530454、澤野・実務と理論174）。

（藤井俊二）

（取壊し予定の建物の賃貸借）

第39条 法[1]令[2]又は契[3]約により一定の期間を経過した後[4]に建[5]物を取り壊すべきことが明らかな場[6]合において、建物の賃貸借をするときは、第30条の規定にかかわら[7]ず、建物を取り壊すこととなる時に賃貸借が終了する旨を定める[8]ことができる。

２　前項の特約は、同項の建物を取り壊すべき事由を記載した書面[9]によってしなければならない。

〔１〕　本条の趣旨　　本条は、旧38条（賃貸人の不在期間の建物賃貸借）とともに平成３年の法改正によって新設された。都市計画法などの法令により建物を取り壊さなければならない場合、または本条と同時期に新設された定期借地契約（22条）により借地期間満了時に建物を取り壊さなければならない場合に、取壊し時を期限として当該建物の賃貸借をすることができるようにしたのである。

従来、区画整理事業の実施が確定的になっている戦災地上にバラックを建設し、事業の実施までを条件として１年の期間を定めた賃貸借を一時使用の借家とし（東京地判昭31.6.14新聞9-10）、市街地改造法による建物収去を終了事由とする一時使用の借家として借家法の適用を受けないとする判例もあったが（東京地判昭43.5.31判時534-58）、平成３年法施行後はこのような場合に本条を利用することができるようになった。本法第３章全規定の適用が排除される一時使用の借家（40条）とは異なり（40条〔４〕参照）、31条、32条、33条、34条、36条が適用されるので、一時使用の借家に比べれば借家人の保護は厚いといえる。

本条は立法当初旧38条とあわせて更新の認められない特別な借家契約と理解され、濫用を防ぐために厳格な解釈がなされるべきと考えられていた。しかし、38条が定期建物賃貸借制度に改正された現在、取壊し予定という不明瞭な部分での争いを避けて、本条が該当するケースにおいても定期建物賃貸借契約が締結されるであろうことが予想される。現在の38条立法前には本条も廃止されるべきことが議論されていたが、38条を確定期限付に限定することにした結果、不確定期限付も認められる本条が残されたといわれる（上原・国士舘法学34-164）。

〔２〕　本条の借家権が適用される場合の第１は、法令により一定の期間を経過した後に建物を取り壊すべきことが明らかな場合である。

法令による建物取壊しの予定には、土地収用法に基づくその建物敷地の収用または使用（同法２条、102条）、都市計画法に基づく都市計画事業の施行によるその建物敷地の移転（同法67条以下）、土地区画整理法に基づく仮換地に伴う建物の除却（同法77条）および換地処分による敷地所有権の移転（同法104条)、都市再開発法に基づく権利変換処分による敷地所有権の移転（同法87条)、などがこれに含まれる（永田・ジュリ1006-109)。

〔3〕 本条の規定が適用される場合の第2は、契約により一定期間を経過した後に建物を取り壊すべきことが明らかな場合である。本条による借家契約をいかなる場合に締結できるかにつき改正の経緯をみると、平成元年に公表された「試案」では、「定期借地権（三の建物買取型のものを除く。）に基づき築造されている建物の賃貸借」の場合とされ（第二部第一、三2(一))、平成3年の「改正要綱」では「第一部第三の一（長期借地権）の特約がある借地権又は第三の三（事業目的）の借地権が設定された土地の上に存する建物の賃貸借をする場合」および「一定の期間が経過した後に建物の賃貸人が建物を取り壊すべき法令又は契約による義務を負う場合」とされていた（第三部第一、二2(一)(二))。これによって、本条には定期借地権の創設にあわせて準備されたという側面があることがうかがわれる。しかし、平成3年法では定期借地契約に限ることをしなかった。したがって、いかなる契約が本条の適用を受けるかが問題となる。以下に分説する。

(1) 定期借地契約および事業用定期借地契約により一定期間経過後土地を明け渡さなければならない場合　　新設された3種の定期借地権のうち、建物譲渡特約付借地権（24条）は借地期間満了後も建物は取り壊されることなく借地権設定者に譲渡されるので、本条の適用は問題とならない。これに対して、定期借地権(22条）および事業用定期借地権（23条）の場合は、期間の満了によって更新されうることなく借地権が満了し、借地権者は建物を収去して土地を明け渡さなければならないことが原則となるので、両者の場合に本条が適用されることになる。

定期借地上または事業用定期借地上の建物を賃貸することによって借地利用を図る場合、普通借家契約によることもできないわけではない。しかし、定期借地権の存続期間が満了し借地権が消滅すると借家人は土地の占有権原を失うと解され、土地所有者に対して土地を明け渡さなければならなくなる（小野瀬・ジュリ1006-103)。平成3年法は、借地上の建物の賃貸借について、借地権の存続期間の満了によって建物の賃借人が土地を明け渡すべきときであっても、建物の賃借人は借地権の存続期間が満了することをその1年前までに知らなかった場合に限り、裁判所に対して1年を超えない範囲内における期限の許与を求めることができるものとした（35条）。この規定によって定期借地上の建物であることを知らずに普通借家契約を締結した借家人の保護は図られてはいるが、期限が許与されるという事態が生ずることは、借家人にとっても借地権設定者にとっても本来望ましいことではない（小野瀬・ジュリ1006-104）。そこで、本条が新設されたのである。定期借地権の場合も事業用定期借地権の場合も、借地権の消滅時期は確定期限で定めなければならないと解されるので（山野目・法時64-6-29、34）、それらの借地上の建物を本条によって賃貸借する場合も確定期限付でなされなければならない（〔4〕参照）。

⑵　借地契約の合意解約または債務不履行に基づく契約解除により一定期間経過後土地を明け渡す旨の合意がある場合　　従来最高裁は、土地賃貸人と土地賃借人との間で借地契約を合意解約しても、土地賃貸人は特段の事情がない限りその効果を借地上の建物賃借人に対抗できないと判示して、借家人の保護を図っていた（最判昭38.2.21民集17-1-219）。しかし、この判決は借家契約成立後に借地契約が合意解除によって消滅した事例であり、本判決によっても合意解除の存在を知って借家契約をした借家人には解除の効果を対抗できることは疑いの余地がない。そこで、この場合の土地明渡しを円滑にするために、合意解除による土地の明渡しまで時間的余裕のある場合には、建物取壊しまでの期間を限って本条による借家契約が適用できると考えられる。

これに対して、債務不履行による借地契約の法定解除については、判例の見解は異なり学説が強く批判しているが（広中・判例⑵204）、すでに借地契約が解除された後に事情を知って借家契約を締結した借家人に建物収去の効果が及ぶことについては異論がないであろう。そこで、この場合にも建物の取壊しまで一定期間の猶予があるときは、取壊しまでの期間建物を賃貸することを可能としかつ土地の明渡しを確実にするために本条の適用が認められることは問題がないと思われる。

⑶　一定期間経過後土地を明け渡す旨の附款のある土地の売買契約または売買契約の予約がある場合　　土地の売買契約または売買契約の予約を締結しても、土地の明渡しまで一定期間の余裕がある場合には、建物を取り壊すまでの間当該建物の賃貸を希望する売主もいるだろう。この場合にも本条は適用できる。

⑷　裁判所の判決・決定・審判・調停もしくは裁判上の和解により、または和

解契約により一定期間経過後土地の明渡しをしなければならない場合　　裁判所の判決等による場合は契約ではないが、私人間の契約以上に拘束力が強いので、土地明渡しまで一定の期間がある場合には本条は適用できると考えられる（寺田・登記31-12-16）。和解契約により土地明渡しを約した場合も適用できると考えて問題ない（寺田・ひろば45-3-26）。

(5)　その他の建物を取り壊す契約がある場合　　以上の事例はいずれも建物賃貸人が契約に基づいて一定期間経過後土地の占有権原を失うためこれによって当該土地上の建物を取り壊さなければならない場合であり、これらの場合に本条が適用されることについては異論がない（寺田・ひろば45-3-26、永田・ジュリ1006-110）。

これに対して、建物賃貸人の土地占有権原が建物取壊し後も存続する場合、すなわち建設業者との建替え建築契約や解体業者との解体契約がある場合には、説が分かれる。平成３年立法当時の参事官寺田逸郎氏は、本制度は「建物所有者の第三者に対する義務の履行を円滑ならしめるためのもの」（寺田・ひろば45-3-26）であるから、建物所有者と建設業者との間で締結した建物取壊し契約は本条にいう契約には当たらないと解している（同旨、永田・ジュリ1006-110、木村＝田山・基本コンメ122）。また、本条にいう「契約」は、建物の賃貸人が当該建物の所在する土地を第三者に明け渡すために建物を取り壊す場合に限定すべきであり、建替え予定のように建物取壊し後も建物所有者の土地占有権原に変化がない場合は含まれないとする見解もある（小倉・裁判実務大系445）。条文上「契約」について何ら限定されていないが、「法令上または契約上の義務がある場合」と規定したいところ「建物収去義務を負う場合でも取壊しまで法律的に義務づけられるわけではないので」、本条のような表現になったというのである（寺田・登記31-12-16）。濫用を防ぐ趣旨であることは理解できるが、真に建物取壊しを予定しており建設業者や解体業者と契約を具体的に締結しかつその旨を書面に記載しているときは本条を適用してもよいと考える（同旨、藤井・展望547、阿部・新講座3-253）。要するに、建物を取り壊すことが客観的にみてどの程度明らかであるかにかかっていると思われる（阿部・新講座3-253では、取り壊す原因ごとに類型化することにして、39条を限定的に解しなくてもよいとする）。

旧法下の判例のなかには、契約書中に建替えまでの期間を一時貸すとの文言があっても具体的計画や建築資金の準備がないときは一時使用の借家とは認めないというものや（東京高判昭55.10.29判タ433-102）、単に賃貸期間を限定するための方便として建築計画がある旨を契約時に明らかにしても、一時借家とは認めないものがある（東京地判昭53.2.20判時904-78）。建替えまでの期間建物を賃貸したいという要請は少なからず存在すると思われるが、本条の適用がないとすると従来どおり一時使用の借家契約（40条）の適用が問題となろう。あるいは、建替え予定があっても、38条による定期建物賃貸借契約が利用されることになろう。目的も期間の長短も問われることのない定期建物賃貸借が、本条適用の場面において、とりわけ本条の限定的解釈においては適用を否定されるような場合に利用されるであろうことは想像に難くない。定期建物賃貸借新設後の本条の意義は小さくなったといわざるをえないだろう。

〔4〕　建物の取壊しは、一定期間の経過後行われることが明らかでなければならない。「一定の期間」は必ずしも確定している必要はないが、法令または契約を参照して、客観的に相当と認められる程度の（寺田・ひろば45-3-26）おおよその期間を示さなければならない。たとえば、「2～3年後に予定されている建物取壊しまでの間」という契約でもよい。この場合、最低期間である2年間は明渡請求が認められず、居住の継続は保障されると解される。

38条では「期間」を定めなければならず不確定期限付の定期建物賃貸借は認められないが（38条〔2〕）、本条によると賃貸借契約終了時は期間満了時ではなく「建物を取り壊すこととなる時」となっているので、不確定期限付の借家契約も認められる（小野瀬＝渡辺・民月47-7-42）。したがって、定期借地上の建物の賃貸借のように期限が確定していることもあろうが、建物を取り壊す時期が確定していないときであっても取壊し時を期限として本条による借家契約を締結できるのである（同旨、寺田・ひろば45-3-26）。おおよその最低期間が明示されていれば借家人に期間の伸長が認められるだけで借家人にとって不利になるおそれはなく、家主にとっても取り壊すまでの中途半端な期間を継続して貸すことができるので不利になるとも思えない。

〔5〕　旧38条では「自己の生活の本拠」として使用されている建物に限定されて期限付建物賃貸借が認められていたが、本条には何ら建物についての限定がないので、すべての建物の賃貸借について適用される。居住用・非居住用を問わな

い。

〔６〕 法令または契約によって建物を取り壊すべきことが明らかになっていなければならない。したがって、建物取壊しという事実が必ず発生することは確定していなければならず、建物取壊しを条件とすることはできない。

〔７〕 30条で強行規定である旨が定められているにもかかわらず、本条の適用を受ける借家契約ではあらかじめ合意により更新排除の特約をしたことになり、26条と28条の更新に関する規定の適用を受けないものとすることができる。ただし、必ず期間を確定し期間満了と同時に借家契約が終了する38条の場合とは異なり、本条における特約は最終的には建物取壊しの時に借家契約が終了することになる。したがって、建物取壊し時までの期間を確定して期間満了後は更新できないとすることもできれば、取壊し予定時までの一定の期間を借家契約の存続期間とし、これをさらにいくつかの賃貸借契約期間で分割して、取壊しまでの一定の期間が満了するまでは個々の契約期間満了時に更新拒絶することは許されないと考えることもできよう（小野瀬＝渡辺・民月47-7-42参照）。いずれの場合も一定の期間満了時に建物が取り壊されないときは、借家人は取壊しまでの期間の伸長を請求できるものと考える（同旨、小倉・裁判実務大系448）。

なお、本条では29条の適用が排除されていないが、１年未満の定めも有効である（29条〔２〕(3)参照。同旨、小野瀬＝渡辺・民月47-7-42）。この場合、29条が適用されて期間の定めのない賃貸借になると解する説もあるが（阿部・新講座3-253）、１年未満の建物取壊しを契約終了時とする本条特約に27条による６カ月前の解約申入れを重ねて要求することは疑問なしとしない。

〔８〕 38条は一定の期間満了時が借家契約終了時であるが、本条では建物取壊し時が終了時である。したがって、取壊し予定が延びた場合には、現実に建物が取り壊されるまで借家人は期間の伸長を請求することができると考える（同旨、木村＝田山・基本コンメ124、岡本・新基本コンメ239）。本条の場合は期間の伸長を認めても家主に負担をかけることにはならないと考えられるからである。

〔９〕 本条の特約は、建物を取り壊すべき事由を記載した書面によってしなければならない。「試案」では公正証書によるとされていたが、平成３年法では単なる書面で足りるとされたことについては旧38条と同様であった（現在の38条では「公正証書による等書面によって契約をするときに限り」と公正証書が例示されてい

ることにつき38条〔５〕参照）。この書面によらない場合には特約としては無効となり、普通借家契約となる。あらかじめ更新拒絶の特約をしておきたいために本条を濫用する危険性を避けるため、法令による場合には事業計画書の写し、契約による場合には契約書や判決文の写しなどの添付を必要と解することができよう。

なお、本条による賃借権を登記する場合には、38条と同様に特約も登記しなければならず、登記申請の際には「建物を取り壊すべき事情を記載した書面」を添付しなければならない（不登81条８号、不登令別表38項添付情報欄ニ）。

（五島京子）

（一時使用目的の建物の賃貸借）

第40条〔1〕　この章の規定は、一時使用のため〔2〕に建物の賃貸借をしたことが明らかな場合〔3〕には、適用しない〔4〕。

〔１〕　本条の趣旨　　本条は旧法８条を踏襲した規定である。建物賃貸借契約に関する本法26条から39条すべての規定の適用が排除され、対抗力に関する31条すら適用されない。この点において、一部の規定は適用される一時使用目的の借地とは異なる（25条〔２〕(5)参照）。本法の規定が適用されないので、一時使用のための借家契約については、民法601条以下の一般賃貸借法が適用される。平成３年法においては、賃貸人の不在期間の建物賃貸借（旧38条）と取壊し予定の建物の賃貸借（39条）が新設されため、これらの特別な建物賃貸借契約が要件不備などのため無効であった場合にも本条が適用されうる余地が出てきた。さらに平成11年に38条が改正され、賃貸人の不在期間に限らない一般的な定期建物賃貸借制度が創設されたが、これによっても要件不備で38条による契約としては無効な契約が一時使用目的の建物賃貸借の要件を満たすとして、本条が適用される場合がありうる。ただし、現在の38条の定期建物賃貸借は目的も建物の用途も一切限定しない上に期間の長短についても何ら制限を設けていないため、本条適用の場面はかつてよりも縮小されることになろう。

〔２〕　賃貸借契約は「一時使用のため」に締結されなければならない。

(1)　一時使用のための借家とされるには、賃貸借契約締結の動機、目的建物の種類、構造、賃借人の賃借目的および契約後の使用状況、賃料その他の対価の多寡、期間その他の契約条件等の諸要素を総合的に勘案し、長期継続が予期される通常の借家契約をなしたものでないと認めるに足りる合理的な事情が客観的に認定されなければならない（東京地判昭54.9.18判時955-99）。

⑵　期間について、１年未満でなければならないものではないが（最判昭36.10.10民集15-9-2294）、短い期間で限定する趣旨が明らかでなければならない。従来の判例では、一時使用の借家として認められた場合の最長期間は５年であった（最判昭43.1.25判時509-34、東京地判昭50.9.22判時812-82）。５年の期間を定めた場合でも更新を３回にわたって行い借家期間が通算20年になった場合には、一時使用とは認められない（東京地判平1.8.28判タ726-178）。ただし、一時使用のため建物の賃貸借契約が締結され、その後賃貸借の期間が事実上延長を重ねてその間家賃の改定も行われ、結果的には約28年間という長期間を経過した場合について、当該賃貸借は依然として一時使用のためのものであって通常の賃貸借に変容したとはいえないとした判例がある（東京高判昭60.10.30判時1172-66）。あまりにも長期間にわたる場合には「一時使用」という概念からかけ離れてしまうので、５年程度を上限として考えるべきであろう（同旨、塩崎・新裁判実務大系243）。

⑶　旧法の下では、区画整理・市街地改造・都市再開発実施が確実となっている場合や（東京地判昭43.5.31判時534-58）、転勤が終わって帰ってくるまで自宅を賃貸する場合（最判昭41.10.27判時467-36）も一時使用の借家と認められていたが、現在では38条あるいは39条の適用の有無がまず問題とされよう。もっとも38条では、書面要件に加えて賃貸人の書面交付と説明義務という厳格な要件が要求されている。これらの要件不備の場合には普通借家契約とみるべきであり、一時使用の借家の要件は従来に比して厳格に解釈されるべきであると思われる。38条と39条は一時使用の借家のように借家に関する第３章の規定の適用が全面的に排除されるわけではなく、適用される規定もかなりある。つまり、一時使用の借家の場合よりは借家人の保護がいくぶん厚いといえる。そこで、一時使用の適用範囲を拡げることは、38条と39条潜脱の目的を助長することになると考えられるのである。

したがって、居住用建物の賃貸借の場合には、家主の事情で一時的に建物を賃貸するときは38条と39条によるものとし、本条による契約はあくまでも借家人の事情で家を借りるときに限ると解すべきである（121参院会議録5-18）。たとえば、選挙事務所や別荘、あるいは簡易宿泊所（東京高判昭52.4.7判時856-42）などがその例として考えられる。ただし、居住用以外の建物の賃貸借の場合はこのような区別は無用であろう。すなわち、旧法下で一時使用の借家であることが認められた駅構内の建物を賃借した上、売店営業をなす契約（東京地判昭31.3.14下民7-3-596）や区民会館内の施設の一つとして設置されたサロンを使用させることにした場合の建物使用関係（東京地判昭38.7.26判タ148-95）は、本法下においても一時使用の借家と解することができると考える。現在の38条は居住用建物に限定しない一般的な定期建物賃貸借を認めているので、厳格な要件を家主に要求することによって定期建物賃貸借契約を締結することはむろん可能であるが、借家人の事情で一時的に借家をしたい場合には一時使用の借家を選択しうることになろう。

〔3〕　一時使用の目的で建物賃貸借をしたことが明らかでなければならないが、「一時使用」という文言が契約中にあるからといって、直ちに一時使用の借家と解されるわけではない（東京地判昭33.2.21判時151-26）。逆に、契約書自体に「一時使用」という文言が明記されていなくても、一時使用目的の借家と判断されることもある（前掲東京地判昭38.7.26）。本条は借家契約を締結する際の一類型として利用しうることはいうまでもないが、「一時使用目的の借家の成否は賃貸人にとって明渡しを主張する理由の一つにすぎないことが多い」（升田・判時1478-5）という面も看過できない。学説では当事者の合意と客観的な事情をあわせて考慮して一時使用目的の借家か否かを判断すべきと解する説が有力であり（本田・講座2-186、塩崎・新裁判実務大系244）、判例にも合意の立証では足りず客観的事情から一時使用目的であることが立証される必要があると判示するものがある（大阪地判平3.12.10判タ785-166）。

〔4〕　一時使用の借家であることが認められると、第3章のすべての規定の適用が排除されるが、実質的に判断して一部の規定は適用すべきであるとする立場も有力である（星野・借地借家475、高島・借地借家192）。更新に関する規定の適用が排除されることについては異論がなく、更新排除の特約が可能であるので（26条、30条）、更新拒絶の要件を定める28条も適用されない。賃貸人からする解約の申入れも6カ月前である必要がなくなり（27条）、賃貸借期間は1年未満でもよい（29条）。借家権の対抗力すら認められない（31条、37条）が、これについて

は適用されるとする反対説がある（高島・借地借家192）。借賃増減請求権（32条）についても類推適用を認めてよいとする説があり（篠塚・新版注民⒂794）、造作買取請求権（33条）についても明示または黙示の買取請求の特約を認める説がある（星野・借地借家626）。旧法当時の２種類しか借家契約が存在しなかった時代におけるこれらの類推適用説は、従来一時使用の借家として更新排除が認められた一類型が賃貸人不在期間の建物賃貸借（旧38条）として規定され、それがさらに一般的な定期建物賃貸借（現38条）に拡大された今日でもそのままあてはまるのか疑問が残る。これらの類推適用で保護しようとしていた利益は、定期建物賃貸借契約を締結することによってほとんどカバーできると考えられるからである（月岡＝田山・基本コンメ125では、第３章のいくつかの規定を類推適用する必要は少なくなかろうと指摘する）。

このほか、借家契約終了後も転借人は保護されず（34条、37条）、借地上の建物の賃借人であっても明渡しにつき期限の許与はなされない（35条、37条）。借家権も承継されない（36条）。確定期限を定めて更新排除の特約を付しても38条の適用はなく、取壊し予定の建物の賃貸借であっても39条の適用は受けない。

（五島京子）

第４章　借地条件の変更等の裁判手続

〔借地非訟事件手続〕

昭和41年の借地法の一部改正において、借地条件の変更および増改築許可（旧法８条ノ２第１項）、土地賃借権の譲渡・転貸の許可（旧法９条ノ２第１項、９条ノ４）、建物競売等の場合における土地賃借権の譲渡の許可（旧法９条ノ３第１項、９条ノ４）の裁判手続が創設され、これらの裁判手続に関しては借地非訟事件として、原則として旧非訟事件手続法（明治31年法律14号）第１編の規定を準用することとされていた（旧法14条ノ３第１項）。平成４年８月１日に施行された借地借家法は新たに、借地契約の更新後の建物の再築の許可の裁判（18条）を借地非訟事件に追加するとともに、「第４章　借地条件の変更等の裁判手続」において、管轄裁判所等に関し特則を定め、それ以外については原則として旧非訟事件手続法第１編の規定を準用する旨定めていた（旧42条１項）。

平成23年５月19日に新たに非訟事件手続法（平成23年法律51号）が制定（平成25年１月１日施行）され、同時にこれに伴う借地借家法等の関係法律の整備等を内容とする「非訟事件手続法及び家事事件手続法の施行に伴う関係法律の整備等に関する法律」（整備法。平成23年法律53号）が制定された。

この非訟事件手続の一連の改正により、借地借家法第４章借地条件の変更等の裁判手続の規定も抜本的に改正された。その改正の概要は、次のとおりである。

まず、改正前の借地借家法旧42条は、借地非訟事件については、原則として旧非訟事件手続法が「準用」される旨規定していたが、借地非訟事件は非訟事件であることが明らかであることから、非訟事件手続法を「適用」する旨明確にした上、借地非訟事件には性質上適用されない規定を除外する旨定めた（42条）。

また、非訟事件手続法が整備されたことにより、借地借家法の規定で特則性が失われた規定（改正前の43条、46条、48条１項、52条、54条）が削除され、これらについては非訟事件手続法等の規定が直接適用されることになった。さらに、従来、借地非訟事件手続規則に定められていた借地非訟事件に係る、特則的規定（改正前の借非規５条、６条、７条、12条、18条、19条、26条、33条１項、２項）が借地借家法第４章に規定された。

なお、借地非訟事件およびその手続に関する規定の旧借地法および借地借家法における借地非訟手続関係条項の非訟事件手続法の平成23年改正前後の関係は、概ね後記の表のとおりである。

（澤野順彦）

（管轄裁判所）

第41条〔1〕　第17条第１項、第２項若しくは第５項（第18条第３項において準用する場合を含む。）、第18条第１項、第19条第１項（同条第７項において準用する場合を含む。）若しくは第３項（同条第７項及び第20条第２項（同条第５項において準用する場合を含む。）において準用する場合を含む。）又は第20条第１項（同条第５項において準用する場合を含む。）に規定する事件〔2〕は、借地権の目的である土地の所在地を管轄する地方裁判所が管轄する〔3〕。ただし、当事者の合意があるときは、その所在地を管轄する簡易裁判所が管轄することを妨げない〔4〕〔5〕。

〔1〕　本条の趣旨　　本条は、借地借家法が定める借地条件変更等のいわゆる借地非訟事件に係る裁判管轄について、原則として、借地権の目的である土地の所在地を管轄する地方裁判所が管轄し、当事者の合意がある場合には、目的土地の所在地を管轄する簡易裁判所にも管轄があることを規定したものである。

〔2〕　借地非訟事件　　本法が定める借地非訟事件としては、

①　借地条件の変更および増改築の許可（17条１項）

②　借地契約の更新後の建物の再築の許可（18条１項、同条３項で準用する17条５項）

③　土地の賃借権の譲渡または転貸の許可（19条１項、３項、同条７項において

借地非訟事件手続の系譜

	旧借地法	借地借家法	借地非訟事件手続規則	平成23年改正後
借地条件の変更・増改築許可	８ノ２①②⑤	17①②⑤（18③）		左に同じ
土地の賃借権の譲渡・転貸の許可	９ノ２①③ （９ノ４）	19①③ （19⑦、20②⑤）		左に同じ
建物競売等の場合の賃借権譲渡許可	９ノ３① （９ノ４）	20①（20⑤）		左に同じ
借地契約の更新後の建物の再築の許可	—	18①		左に同じ

〔手続規定〕

管轄裁判所	14ノ２	41		41
手続規定	14ノ３	42		42（改正）
裁判所の職員の除斥、忌避等	14ノ４	43		削除 →非訟11～15
鑑定委員会	14ノ５	44		47
審問期日	14ノ６	45		51
事実の探知および証拠調べ	14ノ７	46		削除 →非訟49、53
審理の終結	14ノ８	47		54
即時抗告	14ノ９	48		削除 →非訟66、67
裁判の効力の及ぶ者の範囲	14ノ10	49		57
給付を命ずる裁判の効力	14ノ11	50		58
譲渡または転貸の許可の裁判の失効	14ノ12	51		59
和解および調停	14ノ13	52		削除 →非訟65、民調20④、民訴
事件の記録の閲覧等	14ノ14	53		46
費用の裁判の特例	14ノ15	54		削除 →非訟28、29
強制参加			旧７	43
手続代理人の資格			旧５	44
手続代理人の代理権の範囲			旧６	45
手続の中止			旧12	48
不適法な申立ての却下			旧18	49
申立書の送達			旧19	50
呼出費用の予納がない場合の申立ての却下			—	52
事実の調査の通知			旧26	53
裁判書の送達および効力の発生			旧33②	55
理由の付記			旧33①	56
第一審の手続の規定の準用			—	60

※○付き数字は、項数を表す。

準用する同条１項、３項）

④　建物競売等の場合における土地の賃借権の譲渡の許可（20条１項、５項、同条２項〔５項において準用する場合を含む〕において準用する19条３項）

が定められており、これらの事件には、非訟事件手続法（平成23年法律51号）が適用される（42条参照）。

なお、平成23年改正前の本条規定のうち、19条３項の準用関係の規定ぶりが変更されているが、20条５項は、同条各項を準用する規定で、19条３項が直接準用されるものではないことから改められたもので、内容に変更はない。

〔３〕 裁判管轄　　裁判管轄については、民事訴訟法および裁判所法に規定があり、借地事件に関していえば、被告の住所地もしくは主たる事務所の所在地の管轄裁判所が原則であり（民訴４条。普通裁判籍）、特別裁判籍として、義務履行地（民訴５条１号）、不動産所在地の裁判籍（同条12号）などの規定がなされている。他方、第一審の管轄裁判所である地方裁判所と簡易裁判所の事物管轄については、訴訟の目的の価額が140万円を超えない請求については簡易裁判所が管轄するのが原則であるが（裁33条１項１号）、不動産に関する訴訟については、140万円を超えない請求でも地方裁判所を管轄裁判所とすることができることとされている（裁24条１号）。

これに対し、本条は、借地非訟事件の第一審の裁判管轄は、原則として、借地権の目的である土地の所在地を管轄する地方裁判所に属することを定めた。地方裁判所に支部が設置されている場合に、借地権の目的である土地が支部の管轄区域内にあるときは、当該支部が管轄裁判所となる（植垣・実務33参照）。

また、非訟事件には応訴管轄（民訴12条）の制度がないから、目的土地の所在地を管轄する裁判所に申し立てられ、相手方が管轄違いを主張しないで本案の陳述をしても、管轄を生ずることはない。

このように、借地非訟事件の裁判管轄について、借地権の目的である土地の所在地を専属管轄としたのは、借地非訟事件の裁判手続を進める上で、当該土地を実見する必要があり（特に鑑定意見の聴取に際し）、また、審理を行う上での土地に関する各種の情報が入手しやすいことなどがその理由と思われる。

〔４〕 合意管轄　　非訟事件手続に関しては、一般の民事事件のように合意管轄の規定がないが（民訴11条、非訟第２章第１節「管轄」参照）、本条は、借地非訟

事件については事物管轄に限り当事者の合意で定めることができる旨定めた。これは、借地非訟事件は生活に密着する事件であり、当事者の裁判所選択の便宜をも考慮したものと思われる。

この簡易裁判所を管轄裁判所とする合意は、民事訴訟と異なり、書面または電磁的記録によることは必要ない（借非規２条１項）。ただし、簡易裁判所に申立てがなされた場合において、管轄の合意書面が提出されず、かつ、この合意を証する電磁的記録に記録された情報が電磁的方法により提出されないときは、裁判所は、速やかに当事者の陳述を聴き、合意の有無を確かめなければならない（同条２項）。なお、簡易裁判所を管轄裁判所とする合意がある場合において、簡易裁判所が申立てを受けても、相当と認めるときは、申立てまたは職権により、事件を当該簡易裁判所の所在地を管轄する地方裁判所に移送することができる（非訟10条１項、民訴18条）。

〔５〕 借地非訟事件の申立て　　借地非訟事件の申立てに関しては、借地非訟事件手続規則ならびに非訟事件手続法および非訟事件手続規則に詳細な定めがある。

まず、借地非訟事件の申立ては、次に掲げる事項を記載した申立書を裁判所に提出しなければならない（非訟43条１項）。

① 当事者および法定代理人（非訟43条２項１号）
② 申立ての趣旨および原因（同項２号）
③ 申立てを理由づける事実（借非規10条１項本文）
④ 借地契約の内容（同条１項１号）
⑤ 申立て前にした当事者間の協議の概要（同項２号）
⑥ ⅰ当事者および利害関係参加人の氏名または名称および住所ならびに代理人の氏名および住所、ⅱ当事者および利害関係参加人または代理人の郵便番号および電話番号（ファクシミリの番号を含む）、ⅲ事件の表示、ⅳ附属書類の表示、ⅴ年月日、ⅵ裁判所の表示（非訟規１条１項１号〜６号）

なお、建物競売等の場合における土地の賃借権の譲渡の許可の申立て（20条１項、同条５項において準用する場合を含む）をするときは、建物を競売または公売によって買い受けた事実および建物の代金を支払った日を証する書面を申立書に添付しなければならない（借非規10条２項）。また、借地契約書その他の証拠書類があるときは、その写しを申立書に添付しなければならない（同条３項）。

申立書には、申立書を相手方に送達するため、副本を添付しなければならない（50条、借非規11条）。

（澤野順彦）

（非訟事件手続法の適用除外及び最高裁判所規則）

第42条〔1〕　前条の事件については、非訟事件手続法（平成23年法律第51号）第27条、第40条及び第63条第１項後段の規定は〔2〕、適用しない。

２　この法律に定めるもののほか〔3〕、前条の事件に関し必要な事項は、最高裁判所規則で定める〔4〕。

〔１〕　本条の趣旨　　本条１項は、借地借家法に規定する借地非訟事件の裁判手続については、非訟事件手続法（平成23年法律51号）が適用されることを前提として、同法のうち、性質上、借地非訟事件に適用することが妥当でないと思われる規定の適用を除外する旨定めたものである。平成23年改正前の42条においては、特別の定めがある場合を除き、借地非訟事件については、改正前の非訟事件手続法（明治31年法律14号）第１編の規定を「準用」する旨定められていたが、非訟事件手続法は、裁判所の管轄に属する非訟事件に「適用」されるべきものと解されることから、本条において、借地非訟事件について、非訟事件手続法が適用されることを明らかにしたものである。そして、本条２項は、本法に定めるもののほか、借地非訟事件に関し必要な事項は最高裁判所が定めることとされ、この委任に基づき、借地非訟事件手続規則（昭和42年１月26日最高裁規則１号）および鑑定委員規則（昭和42年３月23日最高裁規則４号）が定められている。

〔２〕　非訟事件手続法適用除外規定　　(1)　手続費用の立替え（非訟27条）　非訟事件手続法27条は、事実の調査、証拠調べ、呼出し、告知その他の非訟事件手続に必要な行為に要する費用は、国庫において立て替えることができる旨定めるが、借地非訟事件は争訟性、利益性が高いことから、手続に要する費用は当事者に予納させるのが合理的であり、国庫で立て替えることは相当でないことから、借地非訟事件においては、その適用を除外することとした。

(2)　検察官の関与（非訟40条）　非訟事件手続法40条は、検察官は非訟事件について意見を述べ、その手続の期日に立ち会うことができる旨（同条１項）、また、裁判所は、非訟事件が係属したことおよびその手続の期日を検察官に通知する旨（同条２項）定められているが、借地非訟事件については、その性質上、同条を適用する必要性は認められないことから、同条の適用を排除することとした。

(3)　非訟事件の申立ての取下げ（非訟63条１項後段）　非訟事件手続法63条１項は、原則として、非訟事件の申立人は、終局決定が確定するまでは、申立ての全部または一部を取り下げることができる旨規定するとともに、その後段において、終局決定があった後は、裁判所の許可を得なければならない旨定めている。これは、非訟事件とされる事件は、もともと、裁判所が合目的的かつ後見的立場から裁量権を行使して審理判断するものであるから、裁判所が終局決定をした以上、申立人の意思により、自由にその効力を失わせることができるとすることは相当でないという判断によるものである。これに対し、借地非訟事件は争訟性が高く、当事者の私益を解決するものであることから、終局決定がなされた後も確定するまでは、裁判所の許可なく自由に申立てを取り下げることができるとすることが妥当であろう。このようなことから、非訟事件手続法63条１項後段の規定の適用除外が定められたものである。もっとも、19条３項に基づく借地権設定者の優先買受け申立てについて決定があった後は、１項の土地賃借権の譲渡・転貸許可の申立ておよび３項の優先買受申立ては、当事者の合意がないと取り下げることができない旨の規定がある（同条５項）。

〔３〕　その他の規定　(1)　本法に定めのある規定　本条１項により除外されていない規定であっても、本法上、非訟事件手続に関し特則が定められている場合には、当該規定が非訟事件手続法の規定に優先して適用される。

ア）　手続代理人の資格（44条）　非訟事件手続法では、弁護士でない者であっても、裁判所の許可があれば、第一審の手続代理人となることができるとされているが（非訟22条１項但書）、借地非訟事件において、弁護士でない者が手続代理人となることができるのは簡易裁判所に限られる（44条１項但書）。

イ）　事件の記録の閲覧等（46条）　非訟事件の記録の閲覧、謄写等は、裁判所の許可が必要であるが、借地非訟事件の閲覧、謄写等は、裁判所書記官に対し、請求すれば足りる（同条１項）。

ウ）　事実の調査の通知（53条）　　裁判所が事実の調査をした場合、非訟事件手続法上は、その結果が当事者による非訟事件の手続の追行に重要な変更を生じうるものと認めるときは、当事者および利害関係人に通知しなければならないとされているが（非訟52条）、借地非訟事件手続においては、特に必要ないと認める場合を除き、当事者らに通知しなければならないとされている（53条）。

エ）　裁判書の記載内容（56条）　　非訟事件手続法では、終局決定は裁判書を作成し、その裁判書には理由の要旨を記載すれば足りるが（非訟57条２項２号）、借地非訟事件の裁判には理由を付さなければならない旨定められており（56条）、裁判書自体により当事者および利害関係参加人が裁判書の終局決定を理解できるよう配慮されている。これは、借地非訟事件の裁判は、その決定主文のみならず、決定に至った事情等の判断が事件の解決に欠かすことができないことによるものである。

オ）　即時抗告に対する準用規定（60条）　　終局決定に対する即時抗告に関する手続規定として、非訟事件手続法において、第一審の手続についての準用について定めがあるが、借地非訟事件の裁判に対する即時抗告の手続については、不適法な申立ての却下（49条）、申立書の送達ができない場合（50条）、呼出費用の予納がない場合の申立ての却下（52条）の規定を準用することとされている（60条）。

⑵　借地非訟事件については適用できない規定　　非訟事件手続法に規定があっても、借地非訟事件について適用することが考えられない規定は、当然に、適用除外となる。

ア）　管轄が住所地により定まる場合の管轄裁判所（非訟５条）　　借地非訟事件は、目的土地の所在地を管轄する地方裁判所または簡易裁判所であり、適用の余地はない。

イ）　他の申立権者による受継（非訟37条）　　同条は、非訟事件の申立人が死亡するなどしてその手続を続行することができない場合において、法令により手続を続行する資格のある者がないときは、当該非訟事件の申立てをすることができる者は、その手続を受け継ぐことができる旨規定するが、借地非訟事件において、このような場合を想定することは困難である。

ウ）　検察官に対する通知（非訟41条）　　同条は、職務上検察官の申立てにより非訟事件の裁判をすべき場合を前提とした規定であるが、検察官の申立てにより裁判すべき借地非訟事件は存在しないから、その適用は当然除外されることになる。

エ）　原裁判の執行停止（非訟72条）　　同条は、非訟事件について終局決定があった場合には、即時抗告がなされても、原則として、執行停止の効力は生じない旨規定しているが、借地非訟事件の裁判は、確定しなければ効力を生じないことになっているので（55条2項）、執行停止を観念する余地はない。

〔4〕　最高裁判所規則　　借地非訟事件に関し定められた最高裁判所規則としては、借地非訟事件手続規則（昭和42年最高裁規則1号。平成25年7月31日最終改正〔最高裁規則3号〕）および鑑定委員規則（昭和42年最高裁規則4号。平成25年7月31日最終改正〔最高裁規則3号〕）がある。

（澤野順彦）

（強制参加）

第43条〔1〕　裁判所は、当事者の申立てにより、当事者となる資格を有する者〔2〕を第41条の事件の手続に参加させることができる。

2　前項の申立ては、その趣旨及び理由を記載した書面でしなければならない〔3〕。

3　第1項の申立てを却下する裁判に対しては、即時抗告をすることができる〔4〕〔5〕。

〔1〕　本条の趣旨　　本条は、借地非訟事件手続規則旧7条2項、3項、5項に相当する規定であり、本条1項は、当事者の申立てにより、当事者となる資格を有する者を借地非訟事件の手続に強制的に参加させることができる旨、本条2項は、強制参加の申立ての方式について、本条3項は1項の申立てを却下する裁判に対する不服申立てについて規定したものである。

これは、平成23年の改正で、非訟事件手続法に参加の制度が取り込まれたことに伴い、借地非訟事件における参加について規定していた借地非訟事件手続規則旧７条のうち、１項の任意参加については非訟事件手続法20条によることとし、同規則２項の強制参加について、本条に規定したものである。なお、非訟事件の参加制度としては上記の任意参加のほか、裁判を受ける者となるべき者および裁判を受ける者となるべき者以外の者であっても、裁判の結果により直接の影響を受ける者または当事者となる資格を有するものは裁判所の許可を受けて、非訟事件の手続に参加できる規定（利害関係参加）が新設されており（非訟21条）、借地非訟事件についても適用されることになる。

〔２〕　強制参加の対象となる者　　係属中の借地非訟事件の手続に強制的に参加させることができる者は、当事者となる資格を有する者である。「当事者となる資格」とは、民事訴訟における当事者適格に相当するものであり、それぞれの借地非訟事件において、申立人およびその相手方となるべき者で、当該紛争解決のための裁判の名宛人となるべき者である。たとえば、賃借権の譲渡許可の申立てをした後、当該土地が第三者に売却された場合の買受人や借地権設定者が共有である場合にその一部の者に対して申立てがなされたときに他の共有者の参加を求める場合などがこれに当たる。

借地非訟事件における強制参加は、家事事件と異なり（家事事件41条２項参照）職権による参加手続は認められておらず、当事者の申立てがある場合に限り認められる。強制参加の申立権者は、文言上、申立人でも相手方でもよいように解されなくもないが、相手方が申立人となる資格を有する者を強制参加させることを求める申立ては許されないと解すべきであろう（植垣・実務62）。

〔３〕　強制参加の申立て　　強制参加の申立ては、申立ての趣旨および理由を記載した書面でしなければならない（本条２項。非訟20条２項、21条３項参照）。申立ての趣旨は、参加の裁判を受ける者となるべき者を特定するとともに、申立人として参加させるのか、相手方として参加させるのかを明記すべきである。また、申立ての理由として、被申立人が当該事件の当事者となる資格を有する理由を当該事件との関係で具体的に記載すべきである。なお、この書面には、当事者および利害関係参加人の数に応じた当該書面の写しならびに被申立人が当事者となる資格を有するものであることを明らかにする資料を添付しなければならない（借非規３条４項）。

〔４〕　強制参加申立てに対する裁判　　強制参加の申立てがあった場合には、

裁判所は、必要な事実の調査および証拠調べを行い、かつ、被申立人の陳述を聴いて、被申立人を手続に参加させるか否かの裁判をする。強制参加の申立てを認める裁判の効力が生じると被申立人は当事者となる。この参加申立てを認める裁判に対しては、不服の申立てをすることはできないが（非訟79条参照）、強制参加の申立てを却下する裁判に対しては、即時抗告をすることができる（本条３項）。

〔５〕　借地非訟事件における参加　　借地非訟事件における参加の方式としては、当事者参加および利害関係参加に分けられる。当事者参加は、当事者となる資格を有する者が参加人となることができ、これには任意で参加する場合（非訟20条１項）と強制的に参加させられる場合（本条１項）があり、それぞれ参加の手続要件が定められている（非訟20条２項、本条２項）。

これに対し、利害関係参加可能であるのは、①裁判を受ける者となるべき者（非訟21条１項）および②裁判を受ける者となるべき者以外の者であって、裁判の結果により直接の影響を受けるものまたは当事者となる資格を有するもの（同条２項）であり、①の者は当然に、②の者は裁判所の許可を受けて、非訟事件の手続に参加することができる。

裁判の結果により直接の影響を受けるものとしては、賃借権譲渡許可事件における建物および賃借権の譲受予定者が考えられ、実務上の意義は大きい。利害関係参加人は、申立人について本来的に認められている申立ての取下げ、変更等の行為を除き、原則として、当事者がすることができる手続行為をすることができる。

当事者参加の申出（非訟20条１項）および利害関係参加の申出（非訟21条１項）を却下する裁判については即時抗告をすることができるが（非訟20条３項、21条４項）、裁判の結果により直接の影響を受けるものによる利害関係参加の許可の申立てを却下する裁判については、即時抗告をすることができない（非訟21条４項参照）。

（澤野順彦）

（手続代理人の資格）

第44条〔1〕　法令により裁判上の行為をすることができる代理人〔2〕のほか、弁護士でなければ手続代理人となることができない。ただし、簡易裁判所に

おいては、その許可を得て、弁護士でない者を手続代理人とすることができる。〔3〕

２　前項ただし書の許可は、いつでも取り消すことができる。〔4〕

〔１〕　本条の趣旨　　本条は、借地非訟事件の手続代理人となることができる資格を原則として弁護士に限り、裁判所の許可を得た場合には、簡易裁判所においては弁護士以外の者を手続代理人とすることができる旨定めたものである。本条１項本文は、非訟事件手続法22条１項本文と同様であるが、一般の非訟事件では、第一審裁判所では、裁判所の許可を得て、弁護士でない者も手続代理人の資格を有するが（非訟22条１項但書）、借地非訟事件では一般の非訟事件に比較し、当事者争訟性が高いと考えられることなどから、第一審裁判所でも簡易裁判所に限って、弁護士でない者も手続代理人となることができる旨定められたものである（本条１項但書）。

本条は、借地非訟事件手続規則旧５条に相当する規定であり、平成23年改正により、手続代理人の規定が非訟事件手続法に規定されたことに伴い、法律事項として、本法に定められたものである。

〔２〕　法令により裁判上の行為をすることができる代理人　　法令により裁判上の行為をすることができる代理人は、弁護士でなくても、借地非訟事件の代理人となることができる。「法令により裁判上の行為をすることができる代理人」とは、法令により、本人の一定範囲の業務について、一切の裁判上の行為をする権限を有する者をいい、たとえば、支配人（商21条１項）、船舶管理人（商700条１項）、船長（商713条１項）等がこれに当たるとされており（金子・非訟86）、法定代理人はここには含まれない（金子・一問一答15）。親権者や後見人などの法定代理人は、民事訴訟と同様に、借地非訟事件においても手続行為についても当然に代理権を有する（民訴28条、民824条本文、859条１項等）。

〔３〕　弁護士代理の原則とその例外　　借地非訟事件の手続代理人となることができるのは、当事者から委任を受けた弁護士であることが原則であるが、これは、事件屋の介入の阻止、当事者の権利・利益の擁護等の要請によるものであり、民事訴訟法54条１項、非訟事件手続法20条１項と同趣旨である。ただし、借地非

訟事件においては、その事件が日常生活に密接していることも考慮し、当事者の便宜にも配慮して、当事者間で合意があれば、目的土地の所在地を管轄する簡易裁判所を第一審の管轄とすることができることとされている（41条）。そこで、当事者間で管轄の合意ができるような状況であれば、弁護士以外の者を手続代理人とすることも当事者の便宜になると考え、裁判所の許可を条件として弁護士以外の者を手続代理人とすることができることとしたものである（本条1項但書）。

この場合の裁判所の許可は、事件屋の介入の排除、また、近年においては借地権者および借地権設定者の高齢化による認知障害の程度等を考慮し、当事者の権利、利益が十分に擁護されるかなどを考慮し、その許否を決定すべきことになる。弁護士以外の者を手続代理人とする旨の申立てに対する許否の裁判に対しては、不服を申し立てることはできない（非訟79条参照）。

〔4〕　弁護士でない手続代理人の許可の取消し　　弁護士でない手続代理人は、許可をした後においても、いつでも裁判所は許可を取り消すことができる。これは、裁判所が弁護士でない者を代理人として許可した後において、手続代理人がその当事者にとって明らかに不利と思われるような行為をするなど手続代理人としての責務を十分に果たしていないと認められる場合や弁護士法による非弁行為に当たると判断される場合には、裁判所は後見的配慮に基づき取り消すべきことになる。

（澤野順彦）

（手続代理人の代理権の範囲）

第45条〔1〕　手続代理人は、委任を受けた事件について、非訟事件手続法第23条第1項に定める事項のほか、第19条第3項（同条第7項及び第20条第2項（同条第5項において準用する場合を含む。）において準用する場合を含む。次項において同じ。）の申立てに関する手続行為（次項に規定するものを除く〔2〕。）をすることができる。

2　手続代理人は、非訟事件手続法第23条第2項各号に掲げる事項のほか、第19条第3項の申立てについては、特別の委任〔3〕を受けなければならない。

〔１〕　本条の趣旨　　本条は、借地非訟事件に関し、委任を受けた代理人の代理権の範囲を包括的・画一的に定めるとともに（本条１項）、本人の意思を尊重する必要性の高い事項について、特別の委任を要すること（本条２項）を規定したものであり、平成23年改正により非訟事件手続法23条に手続代理人の代理権の範囲が規定されたことに伴い、借地非訟事件における特則を定めたものである。本条は、借地非訟事件手続規則旧６条１項および２項に相当する規定である。

本条は、委託を受けた代理人に関する規定で、法令による代理人には適用されない（非訟23条４項）。法令による代理人の代理権の範囲は、それぞれの法令の定めるところによる。

〔２〕　代理権の法定範囲　　(1)　委任を受けた代理人は、次の行為をすることができる。

ア）　非訟事件手続法23条１項に定める事項

①　参加に関する行為　　借地非訟事件に参加し、もしくは他の者が事件に参加した場合にこれに対応する手続行為をすることができる。

②　強制執行に関する行為　　当該事件において、財産給付の決定がなされた場合にその強制執行に関する行為をすることができる。

③　保全処分に関する行為　　当該事件の追行上必要な保全処分の申立てなどの行為をすることができる。

イ）　非訟事件手続法19条３項（同条７項および20条２項〔同条５項において準用する場合を含む〕において準用する場合を含む）の申立てに関する手続行為

(2)　賃借権譲渡・転貸の許可の申立てがあった場合において、借地権設定者からの優先譲渡の申立て（介入権の行使）がなされた場合に、これに対応する手続。借地権設定者からこの介入権行為の申立てをするには、特別の授権が必要である。

(3)　本条１項の代理権の範囲は例示であり、手続代理人はこれ以外の行為についても、本条２項特別授権事項を除き、事件追行上必要であり、かつ、委任の趣旨に反しない手続行為については、原則として代理権を有するものと解され、代理人が弁護士の場合には、本人が代理権の範囲を制限しても、手続の効果に影響はない（非訟23条３項。弁護士でない手続代理人の代理権の範囲を制限することはできる）。

〔３〕　特別授権事項　　(1)　手続代理人は、次の事項に関しては、本人の特別

の授権が必要である。

ア）　非訟事件手続法23条2項各号に掲げる事項

①　非訟事件の申立ての取下げまたは和解（1号）

②　終局決定に対する抗告もしくは異議または非訟事件手続法77条2項（許可抗告）の申立て（2号）

③　2号の抗告、異議または申立ての取下げ（3号）

④　代理人の選任（4号）

イ）　19条3項の申立て　　19条3項は、賃借権の譲渡・転貸の許可の申立てがあった場合に、借地権設定者は自らその建物および借地権の譲渡を受ける申立て（介入権）の行使を認めた規定であり、これは本人に多額の負担が発生する手続に関するものであることから、特に本人の意思を尊重する必要性が高いものとして設けられた規定である。

なお、介入権行使の申立てに関して、19条3項の裁判があった後、同条1項または3項の申立ての取下げをする場合の当事者の合意について、代理人が代理権を行使する場合には特別の授権が必要である。このことは、19条3項の裁判があった後に、同項の申立てが取り下げられた場合の借地権者の取下げ合意の代理権も特別授権を要するものと解する。借地権者の事実上の利益を保護する必要性が高いものと考えられるからである（反対、岡山＝石渡・新基本コンメ251）。

ウ）　借地非訟事件手続規則4条の規定による脱退　　以上のア）、イ）のほか、借地非訟事件手続に参加した者がある場合において、その事件から脱退する場合については、本人の特別授権が必要である（借非規4条2項）。

⑵　特別授権事項については、書面により証明されなければならない（非訟規16条1項）。

（澤野順彦）

（事件の記録の閲覧等）

第46条〔1〕　当事者及び利害関係を疎明した第三者は、裁判所書記官に対し、第41条の事件の記録の閲覧若しくは謄写、その正本、謄本若しくは抄本の交付又は同条の事件に関する事項の証明書の交付を請求することがで

きる。[〔2〕]

2　民事訴訟法（平成８年法律第109号）第91条第４項及び第５項の規定は、前項の記録について準用する。[〔3〕]

〔1〕　本条の趣旨　　本条は、借地非訟事件における事件記録の閲覧等の請求について、非訟事件手続法における閲覧等請求の特則を定めたものである。民事訴訟においては、口頭弁論の公開主義の観点から、何人も訴訟記録の閲覧を請求することができるのが原則であるが（民訴91条１項）、非訟事件については、事件の性質上、当事者または利害関係を疎明した第三者に限り、裁判所の許可を得て記録の閲覧等を請求できるものとしている（非訟32条１項）。

これに対し、借地非訟事件は、訴訟性が高く、攻撃防御の機会を保障する必要性があることから、当事者および利害関係を疎明した第三者について、裁判所の許可を要しないで、記録の閲覧等の請求を認めたものである。本条は、平成23年改正前の53条に相当する規定である。

〔2〕　事件の記録の閲覧等の手続　　⑴　事件の記録の閲覧等の対象となるのは、41条の事件（借地条件の変更および増改築の許可、借地契約更新後の建物の再築の許可、土地の賃借権の譲渡または転貸の許可、建物競売等の場合における土地の賃借権の譲渡の許可）の記録について、閲覧、謄写、その正本、謄本もしくは抄本の交付、または事件に関する証明書の交付である。

⑵　閲覧等の請求を行う場合は、請求者は当事者であることまたは当該事件に利害関係を有することを疎明して、裁判所書記官に申請しなければならない。この申請については、所定の手数料を支払わなければならない（民訴費７条別表二）。

⑶　閲覧等の請求を書記官が拒んだときは、請求者はその処分に対し異議を申し立てることができる（非訟39条）。

〔3〕　閲覧等の内容　　本条の記録の閲覧等請求については、民事訴訟法91条４項および５項の規定が準用されるから（本条２項）、本件記録中に録音テープやビデオテープがある場合には、その複製を請求することとなり、また、記録の閲覧、謄写および複製の請求は、本件記録の保存または裁判所の執務に影響がある場合には、請求することができない。

（澤野順彦）

（鑑定委員会）

第47条[1]　鑑定委員会は、３人以上の委員で組織する。[2]

２　鑑定委員は、次に掲げる者の中から、事件ごとに、裁判所が指定する。ただし、特に必要があるときは、それ以外の者の中から指定することを妨げない。[3]

一　地方裁判所が特別の知識経験を有する者その他適当な者の中から毎年あらかじめ選任した者

二　当事者が合意によって選定した者

３　鑑定委員には、最高裁判所規則で定める旅費、日当及び宿泊料を支給する。[4]

〔１〕　本条の趣旨　　17条６項は、裁判所が借地条件の変更および増改築の許可（他の借地条件の変更、財産上の給付、その他相当の処分を含む）裁判をする場合には、特に必要がないと認める場合を除き、これらの裁判をする前に鑑定委員会の意見を聴かなければならない旨規定している。同様の規定は、借地契約の更新後の建物の再築の許可（18条３項）、土地の賃借権の譲渡・転貸の許可（19条６項）、建物競売等の場合における土地の賃借権の譲渡の許可（20条２項）にも規定されている。

本条は、これらの裁判をする場合にあらかじめ意見を聴くこととされている鑑定委員会の組織、鑑定委員の選定方法等について定めたものであり、平成23年改正前の44条に相当する規定である。

〔２〕　鑑定委員会の組織等　　鑑定委員会は、３人以上の委員で組織され、委員の互選により、１人の主任鑑定委員を指名しなければならず、主任鑑定委員が鑑定委員会の手続を主宰する（借非規５条）。鑑定委員会の決議は、委員の過半数の意見によるものとし、その評議は秘密とされている（借非規７条）。鑑定委員会は、意見がまとまると、主文および理由を記載した書面（鑑定意見書）を裁判所に提出しなければならないが、裁判所は相当と認めるときは、口頭で意見を述べることを許すことができ、また、鑑定委員会の意見について説明を求めることが

できる（借非規8条1項、2項）。

また、裁判所は、必要があると認めるときは、審問または証拠調べに鑑定委員を立ち会わせることができるとして（借非規6条）、事件の解決に、より即した鑑定意見が出される機会を提供している。

裁判所が鑑定委員会から鑑定意見書の提出を受けたときは、当事者および利害関係参加人にその旨通知して、この意見に対する陳述を聴かなければならない（借非規8条3項）。

なお、鑑定委員会に対し意見を求めた事項および鑑定委員会の口頭による意見については、裁判所書記官は、これを記録上明らかにしておかなければならない（借非規9条）。

〔3〕 鑑定委員の選任および指定　(1) 鑑定委員は、各事件ごとに、あらかじめ裁判所が鑑定委員となるべき者と選任した者、または当事者が合意により選任した者から指定される。1号の特別の知識経験ある者その他適当な者とは、借地非訟事件が法律紛争の一種であることから法律の専門家として弁護士が、また、土地価格や承諾料その他経済的な側面も重要な問題となることから、その専門家である不動産鑑定士が、さらに建築の専門家、地元の精通者、調停委員等がこれに当たり、これらの者のなかから、裁判所は毎年、鑑定委員となるべき者を選任する。2号の当事者が合意により選定した者とは、当該事件の当事者が合意の上鑑定委員として選定した者で、裁判所はその者が鑑定委員として適当と認められる場合に、その者を鑑定委員として指定することができる。

なお、鑑定委員は、非常勤の裁判所職員と考えられ、個別の事件で指定を受け鑑定委員会の委員として職務を行う場合は、国家公務員としての職責があることになる。したがって、裁判所職員臨時措置法によって準用される国家公務員法が適用され、職務に関する秘密遵守義務があることになる。

(2) 鑑定委員は、借地非訟事件に関し、裁判官の知識、経験を補助するものであるから、その職務を公正に行うことのできる者でなければならず、さらに、その経歴や行状の点においても、世間から信頼される者でなければならない。このような意味から、次のような事由に該当する者は鑑定委員としては不適格として、選任することができないものとされている（鑑定規2条）。

① 禁固以上の刑に処せられた者

② 公務員として免職の懲戒処分を受け、当該処分の日から２年を経過しない者

③ 弁護士、不動産鑑定士もしくは不動産鑑定士補または建築士として除名、登録の消除または免許の取消しの懲戒処分を受け、当該処分に係る欠格事由に該当する者

また、鑑定委員となるべき者に鑑定委員としてはふさわしくない行為があったときは、裁判所はその選任を取り消さなければならず（鑑定規３条）、これにより取り消された者が鑑定委員である場合にはその指定を取り消さなければならないこととされている（鑑定規５条２項）。このほか、事件を処理するために特に必要があると認めるときは、裁判所は、その選任を取り消すことができる（同条１項）。

〔４〕 鑑定委員の旅費、日当　　鑑定委員には、その職務を行うに必要な費用として、裁判所から旅費、日当および宿泊料が支払われることとされており、その支給基準等については、鑑定委員規則６条ないし８条に定めがある。

（澤野順彦）

（手続の中止）

第48条〔1〕 裁判所は、借地権の目的である土地に関する権利関係について訴訟その他の事件が係属するときは〔2〕、その事件が終了するまで、第41条の事件の手続を中止する〔3〕ことができる。

〔１〕 本条の趣旨　　本条は、41条の借地非訟事件が申し立てられた場合において、その事件処理の前提となる借地権の存否等の実体法上の紛争に関し、訴訟その他の事件が係属するときは、当該借地非訟事件の手続を中止することができる旨定めた規定である。本条は、借地非訟事件手続規則旧12条１項の規定に相当するものであるが、手続中止については、非訟事件手続法において法律事項として規定された（非訟38条）ことに伴い、平成23年改正により本法に定められたものである。

〔２〕 訴訟その他の事件の係属と手続中止　　訴訟その他の事件とは、訴訟、

調停（ただし、借地非訟事件自体の調停事件が係属する場合は、民事調停法20条の３第２項により処理される）、訴え提起前の和解事件等がこれに当たる。このほか、非訟事件手続法38条で準用する民事訴訟法130条および131条により、天災その他の事由により裁判所が職務を行えないときはその事由が消滅するまで手続は中止され、また、当事者が不定期間の故障により手続を続行できないときは、裁判所が決定で手続の中止を命じ、もしくは取り消すことができる。

〔３〕 手続中止の裁判　　手続の中止は、職権により、決定により行われる（もっとも、手続中止の申入れは、事情をよく知る当事者からの申立てにより、職権の発動を促すのが実際である）。手続の中止は、訴訟その他の事件が終了するまでであるが、中止の原因となった実体的権利関係等について、ある程度明確になり、借地非訟手続を併行して進めても問題が少ないような場合には、手続の中止決定を取り消すことができるものと解される。この手続の中止および中止決定を取り消す裁判に対しては、不服の申立てをすることができない（非訟79条参照）。

（澤野順彦）

（不適法な申立ての却下）

第49条〔1〕 申立てが不適法〔2〕でその不備を補正することができないときは〔3〕、裁判所は、審問期日を経ないで、申立てを却下することができる。

〔１〕 本条の趣旨　　本条は、借地非訟事件に係る申立てが不適法で、その不備を補正することができない場合には、審問期日を経ることなく、裁判所は直ちに申立てを却下することができることを定めたものである。本条は、借地非訟事件手続規則旧18条に相当する規定であり、平成23年改正により、非訟事件手続法において申立書却下の制度（非訟43条５項）等が設けられたことに伴い、本条が本法に定められたものである。

〔２〕 申立てが不適法な場合　　⑴ 申立期間の徒過　　土地賃借権の譲渡・転貸の許可の事件において、借地権設定者が介入権の行使を希望する場合に、裁判所は介入権行使の期間を設定するが（19条３項）、この期間を徒過して申し立てられた介入権の行使は不適法ということになる。

⑵　当事者となる資格の不存在　　申立書の記載自体から当事者となる資格を有しないことが明らかな場合、たとえば、賃借権の譲渡・転貸の申立てにおいて、建物所有者または借地権者でないことが申立書に添付された登記事項証明書や借地契約書等により明らかな場合などがこれに当たる。もっとも、この場合においても、審問期日を開き、当事者の陳述を聴くのが相当と思われる。

⑶　手続行為能力や手続代理権等の不存在　　申立人が未成年者、成年被後見人の場合は、原則として手続行為能力を欠くものと解されるから、その法定代理人から申立てがなされなければならないが、その点の疎明がない場合や、法人の申立てであるが代表者として表示されている者が代表権を有していることを商業登記上証明できない場合、あるいは手続代理人に手続代理権が認められない場合などがこれに当たる。

⑷　なお、申立書に必要的記載事項（非訟43条２項）の記載がない場合、申立手数料の納付（同条４項）がない場合、申立書の送達ができない場合（50条２項）は、裁判長は相当な期間を定めて補正を命じ、申立人が不備を補正しない場合の申立書の却下は本条ではなく、非訟事件手続法43条５項または本法50条２項により、裁判長が申立書を却下することになる。

〔３〕　不備を補正することができないときの意味　　補正がもともと不可能である場合は、補正を命ずることなく、直ちに却下すべきこととなるが、補正が可能な場合において、申立人または申立手続代理人が補正に応じない場合が本条の問題となる。

（澤野順彦）

（申立書の送達）

第50条〔1〕　裁判所は、前条の場合を除き、第41条の事件の申立書を相手方に送達しなければならない。〔2〕

２　非訟事件手続法第43条第４項から第６項までの規定は、申立書の送達をすることができない場合〔3〕（申立書の送達に必要な費用を予納しない場合を含む。）について準用する。

〔1〕 本条の趣旨　　本条は、借地非訟事件においては、一般の非訟事件とは異なり、申立書は原則として相手方に送達しなければならないこと（本条1項）および申立書を送達することができない場合（申立書の送達に必要な費用を予納しない場合を含む）の申立書の却下（本条2項）について定めたものである。

本条1項は、借地非訟事件手続規則旧19条1項に相当する規定であり、2項は同規則19条2項の規定上、裁判所が却下することになっていたものを、平成23年改正で非訟事件手続法において申立書却下の制度が設けられ、裁判長が申立書を却下することになったことに伴い、本法に定められたものである。

〔2〕 申立書の送達　　借地非訟事件は、争訟性が高く、相手方の攻撃防御権を保障するために、申立書を相手方に送達するのを原則としているが、この申立書の送達は、申立人から提出された副本を相手方に送達して行うこととされている（借非規11条）。借地非訟事件における送達に関しては、民事訴訟法第1編第5章第4節および民事訴訟規則第1編第5章第4節がそれぞれ準用される（非訟38条、非訟規35条）。

〔3〕 申立書の送達をすることができない場合　　送達の方法としては、非訟事件手続法38条により準用する民事訴訟法第1編第5章第4節に詳細な規定があり、相手方が受領拒否をしたり、不在であったり、所在が不明であったりする場合にも、最終的には公示送達によることができる。したがって、本条にいう送達をすることができない場合とは、相手方がもともと存在しなかったり、また、相手方の住所が誤っている場合がこれに当たる。この場合には、非訟事件手続法43条4項に基づき、裁判長は相当の期間を定めて申立人に対して補正を命じ、補正期間内に申立人が不備（相手方の送達先）を補正しないときは、申立書を却下することになる（同条5項）。なお、この申立書の却下命令に対しては、即時抗告をすることができる（同条6項）。申立書の送達に必要な費用の予納がない場合も同様である。

（澤野順彦）

（審問期日）

第51条〔1〕 裁判所は、審問期日を開き〔2〕、当事者の陳述を聴かなければならない。

２　当事者は、他の当事者の審問に立ち会うことができる。〔3〕

〔１〕 本条の趣旨　本条は、借地非訟事件について、必要的審問および当事者立会権について定めたものである。審問とは、当事者が出頭し、その口頭による陳述を聴取することで、借地非訟事件においては必ず審問期日を開かなければならない。また、当事者は他の審問期日に立ち会う権利を有することとされている。これは、借地非訟事件が争訟的性格が強いことから、訴訟と同様に対審構造および当事者公開主義を採用し、当事者に攻撃防御方法を尽くさせようというものである。

本条は、平成23年改正前の45条の規定に相当するものであり、一般の非訟事件に対する特則としての性格を有する。

〔２〕 必要的審問　借地非訟事件の審理にあたって、裁判所は、必ず審問期日を開き、当事者の陳述を聴かなければならない。通常は、借地非訟事件の申立てがあると審問期日を定めて当事者双方を呼び出し、当事者双方の陳述を聴き、争点および証拠を整理し、和解の可能性を打診し、和解の見込みがなければ、鑑定委員会の意見を聴くべき手続をとる。この審問期日は、裁判所が開けばよく、当事者が出頭しなくても、また出頭して陳述しなくても、裁判所は職権により事実を探知し、また証拠調べの結果に基づき裁判をすることができる。なお、当事者の陳述は口頭に限らず書面でもよい（借非規17条１項）。

〔３〕 当事者の立会権　当事者は、審問期日において他の当事者の審問に立ち会うことができる。これを担保するため、裁判所が当事者の陳述を聴くため審問期日を定めたときは、他の当事者にも審問期日が告知される（借非規15条）。審問に立ち会った当事者は相手方当事者の陳述を聴くことができ、またこれに対し反対陳述をすることができるが、相手方当事者に直接審問することはできない。なお、立会権を与えられればそれで十分であり、出頭がなくても他方当事者の立会いなしに陳述を聴取することはできる。

（澤野順彦）

（呼出費用の予納がない場合の申立ての却下）

第52条　裁判所は、民事訴訟費用等に関する法律（昭和46年法律第40号）の規定に従い当事者に対する期日の呼出しに必要な費用の予納を相当の期間を定めて申立人に命じた場合において、その予納がないときは、申立てを却下することができる〔1〕。

〔1〕 (1)　借地非訟事件は、相手方を呼び出して審問期日を開き、相手方の陳述を聴くことが必要である。しかし、申立人が相手方を期日に呼び出すのに必要な費用を予納しなければ、審問期日を開くことができない。このことから、本条は、裁判所が相当な期間を定めて、期日の呼出しに必要な費用の予納を命じたのに、その予納がないときは、裁判所は申立てを却下することができる旨定めたもので、平成23年改正で新設されたものである。

(2)　この申立てを却下する場合には、事の性質上、49条と同様に審問期日を経る必要はないものと解される（民訴141条と異なり、相手方の異議がないことは要件とされていない）。

本条の却下は、49条の場合と異なり、裁判所による申立ての却下であることから、この決定に対して申立人は即時抗告をすることができる（非訟66条２項）。

（澤野順彦）

（事実の調査の通知）

第53条〔1〕　裁判所は、事実の調査〔2〕をしたときは、特に必要がないと認める場合〔3〕を除き、その旨を当事者及び利害関係参加人に通知〔4〕しなければならない。

〔1〕　本条の趣旨　　非訟事件については、当事者の申立てがなくても、職権で事実の調査をし（非訟49条１項）、事実の調査をした場合において、その結果が当事者による非訟事件の追行に重要な変更を生じうると認める場合には、これを当事者および利害関係参加人に通知しなければならないとされている（非訟52

条)。本条はこのことを前提として、借地非訟事件において、裁判所が事実の調査をしたときは、特に必要がないと認める場合を除き、当事者および利害関係参加人に通知しなければならないことを定めたものである。本条は、借地非訟事件手続規則旧26条に相当する規定であるが、同条の「事実の探知」は「事実の調査」に、「告知」は「通知」にそれぞれ改められた。

〔２〕 事実の調査　　事実の調査とは、証拠調べの手続によらないで行われる裁判資料の収集活動をいい、事件に必要な資料を官公署から収集し、当事者から提出された陳述書や契約書、図面等を確認し、現地に臨んで借地もしくは建物の状況を見分することなどがこれに当たる。この事実調査は、裁判所が自ら行うことなく、相当と認めるときは、裁判所書記官に命じて行わせることができる（借非規19条２項)。

〔３〕 特に必要がないと認める場合　　一般の非訟事件手続において事実調査が行われた場合には、その結果が事件の追行に重要な変更が生じると認められる場合に、当事者等に通知すればよいことになっているが（非訟52条)、これと対比すると借地非訟事件の場合は通知の原則と例外が明確になっている。これは、借地非訟事件においては、争訟性が高く、当事者に攻撃防御の機会を十分に与える必要があるとの配慮に基づくものであり、ここでいう「特に必要がないと認める場合」とは、事実調査の結果が事件の追行上、まったく関係のない場合に限られ、事件に関係ないか否かの判断は、むしろ当事者に委ねて、事実調査が行われた場合には、なるべく当事者等に通知すべきであろう。

〔４〕 通知方法等　　事実調査の通知は、当事者らが攻撃防御の準備をするのに十分な時間と方法を考慮して行うべきであろう。通知方式については制限がないから、相当と認める方法によりなされればよいが、通知をしたときは裁判所書記官は、その旨および方法を記録上明らかにしておく必要がある（非訟規４条において準用する民訴規４条１項、２項)。

（澤野順彦）

（審理の終結）

第54条　裁判所は、審理を終結するときは、審問期日においてその旨を宣言しなければならない。〔1〕

〔1〕　本条は、借地非訟事件について、裁判所が審理を終結する場合には、審問期日においてその旨を宣言すべきことを定めたものである。

審理の終結の日を明確にする意味の一つは、当事者双方に攻撃防御の最終の時期を知らせるとともに、最終の日までに収集された資料に基づき裁判を行わなければならないという点にある。その意味で、この審理の最終宣言の日は民事訴訟における最終口頭弁論期日に相当する。その二は、借地非訟事件の裁判は、当事者のほか、最終の審問期日の後、裁判の確定前の承継人に対してもその効力を有するから（57条）、最終審問期日は、これらの裁判の効力が及ぶ主観的範囲を定める場合の基準日でもあることにある。

本条は、平成23年改正前の47条の規定に相当するものである。

（澤野順彦）

（裁判書の送達及び効力の発生）

第55条〔1〕　第17条第１項から第３項まで若しくは第５項（第18条第３項において準用する場合を含む。）、第18条第１項、第19条第１項（同条第７項において準用する場合を含む。）若しくは第３項（同条第７項及び第20条第２項（同条第５項において準用する場合を含む。）において準用する場合を含む。）又は第20条第１項（同条第５項において準用する場合を含む。）の規定による裁判があったときは、その裁判書を当事者に送達しなければならない。

２　前項の裁判は、確定〔2〕しなければその効力を生じない。

〔1〕　本条の趣旨　　本条は、借地非訟事件について裁判（17条３項の裁判を含む）がなされたときは裁判書を当事者に送達すべきこと（本条１項）および同裁判は確定しなければその効力を生じない（本条２項）ことを定めたものであり、本条１項は借地非訟事件手続規則旧33条の規定と同様であり、平成23年改正で非訟事件手続法に終局決定の告知に関する規定（非訟56条１項）が設けられたことに伴い、法律事項とされたものである。また、本条２項は、平成23年改正前の48

条2項と同様の規定であるが、一般の非訟事件においては、終局決定は告知により効力を生じることとされている（非訟56条2項）のに対し、本条1項の裁判は、当事者間の法律関係を変更・形成し、当事者の権利義務に重大な影響を及ぼすことから、確定しなければ効力を生じないとしたものである。

本条1項の裁判には、申立てを認容し、もしくは棄却する裁判のほか、申立てを不適法として却下する裁判も含まれる。

〔2〕 裁判の効力発生時期　　一般の非訟事件の裁判は、告知によってその効力を生ずる（56条2項）が、借地非訟事件については確定しなければ効力を生じないとされている。その理由は、借地非訟事件が法律関係の変更、形成をするものであることから、不服申立てによりその裁判が変更されない状態（確定）になったときに効力を生ずるとしたほうが適当であるからである。すなわち、この裁判は、即時抗告期間が徒過するか、あるいは、即時抗告に対して却下または棄却の裁判がなされたときに確定する。

（澤野順彦）

（理由の付記）

第56条　前条第1項の裁判には、理由を付さなければならない。〔1〕

〔1〕 本条は、55条1項の裁判には理由を付さなければならないことを定めたものであり、借地非訟事件手続規則旧33条1項に相当する規定である。借地非訟事件に係る裁判は、当事者間の法律関係の変更、形成を内容とし、当事者の権利義務に重大な影響を及ぼすものが少なくないことから、これらの裁判書については、主文のみならず、その結論に至った内容・経緯等について、証拠または職権により知りえた事実を指摘し、当事者およびこれに関係する第三者が明らかに理解できるよう、理論的な説明を求めたものである。これにより、当事者は裁判に対する即時抗告の可否を判断することになる。

（澤野順彦）

（裁判の効力が及ぶ者の範囲）

第57条〔1〕　第55条第1項の裁判は、当事者又は最終の審問期日の後裁判の確定前の承継人〔2〕に対し、その効力を有する。

〔1〕　本条の趣旨　　本条は、借地非訟事件についての裁判（55条1項の裁判）の効力が及ぶ主観的範囲を定めたものである。借地非訟事件の最終審問期日の前後、または裁判確定の前後において、当事者が異なる場合がある。たとえば、借地権者または借地権設定者の一方もしくは双方が、相続（一般承継）や売買（特定承継）などにより交代する場合がある。このような当事者の交代が発生した場合に、借地非訟事件の裁判の効力が誰に及ぶかが主観的範囲の問題である。本条は、借地非訟事件の裁判は、最終の審問期日（54条参照）の後、裁判の確定（55条2項参照）前の承継人に対して及ぶとしたものである。

〔2〕　裁判の効力の及ぶ承継人　　借地非訟事件における裁判の効力が及ぶのは、最終の審問期日後裁判確定前の承継人である。承継は、一般承継でも特定承継でもよいが、後者の場合には、承継人がその相手方に借地関係の承継を主張もしくは対抗できることが必要である。たとえば、第三者が土地を取得し、借地権設定者の地位を承継したことを主張するには土地所有者の登記が必要であり、逆に借地権者がこの承継した第三者に対抗するには、地上権または賃借権の登記、もしくは地上建物の登記がなされている必要がある。他方、借地権者側に承継があったときは、借地権が地上権の場合は地上権取得の登記、賃借権の場合は借地権設定者の承諾が必要である。

最終審問期日前に承継が生じたときは、裁判の効力は当然にはその承継人に及ばないから、参加の手続（非訟20条1項、本法43条）をとり、当事者とする必要がある。この場合、参加前の当事者は相手方の承諾を得て手続から脱退することができる（借非規4条）。

これに対し、裁判確定後に承継が生じた場合については、何ら規定がないから、裁判の効力が及ばないと解すべきこととなる。ただし、実態的には、たとえば借地条件変更の裁判が確定した後、その借地権が借地権設定者の承諾を得て第三者に譲渡された場合に、その借地権の内容として、借地条件変更の裁判の内容である堅固建物所有の目的や賃料の改定などについて、借地権者の地位を承継した第三者が承継することがあることは別問題である。もっとも、この場合には、その裁判において附随処分として命ぜられた裁判上の給付についての権利義務は承継されない。

（澤野順彦）

（給付を命ずる裁判の効力）

第58条　第17条第３項若しくは第５項（第18条第３項において準用する場合を含む。）、第18条第１項、第19条第３項（同条第７項及び第20条第２項（同条第５項において準用する場合を含む。）において準用する場合を含む。）又は第20条第１項（同条第５項において準用する場合を含む。）の規定による裁判で給付を命ずるものは、強制執行に関しては、裁判上の和解と同一の効力を有する。〔1〕

〔1〕　本条は、借地非訟事件において、財産上の給付を命ずる裁判については、強制執行に関し、裁判上の和解と同一の効力を有することを定めたものである。すなわち、上記の給付を命ずる裁判は、裁判上の和解と同一の効力を有することから、これらの裁判は確定判決と同一の効力を有し（民訴267条）、民事執行法22条７号により債務名義とされ、執行文の付与（同法26条１項）を受けて、強制執行することができることになる。

執行力が認められる場合としては、17条３項もしくは５項により借地条件の変更または増改築の許可に附随してなされる承諾料の支払、18条１項に基づく借地契約更新後の再築の許可に附随する承諾料の支払、19条３項に基づく借地権設定者の優先譲渡・転貸の申出につき許可がなされた場合に同時履行とされる借地権者の建物所有権移転登記義務と借地権設定者の建物および借地権の対価の支払義務について、また、20条１項に基づく競売による賃借権譲渡・転貸許可に附随する承諾料の支払がこれに当たる。

（澤野順彦）

（譲渡又は転貸の許可の裁判の失効）

第59条　第19条第１項（同条第７項において準用する場合を含む。）の規定による裁判は、その効力を生じた後６月以内に借地権者が建物の譲渡をしないときは、その効力を失う。ただし、この期間は、その裁判において伸長し、又は短縮することができる。〔1〕

〔1〕　本条は、19条１項の規定により、賃借権の譲渡・転貸の許可の裁判がなされた場合において、その裁判の効力が生じた後６カ月以内に借地権者が建物の譲渡をしないときは、裁判の効力が失われる旨規定したものである。

賃借権譲渡・転貸の許可の裁判があっても、借地権者が何らかの事情で建物の譲渡をしないで、いつまでも放置しておくことによる借地関係の不安定をなるべく早期に解消しようとする趣旨に基づくものである。建物が譲渡されたことを借地権設定者に主張し、裁判の効力の失効を防ぐには、裁判確定後６カ月以内に建物の所有権移転登記がなされる必要があるが、借地権設定者側からは、建物所有権移転登記がなされていなくても、実体法上所有権が移転されているときは、これを認めて附随裁判による債務（たとえば、承諾料の支払、賃料の増額など）について、賃借権の譲受人に請求することはできるものと解される。なお、６カ月の期間は裁判所が裁量により伸長または短縮することができる。

（澤野順彦）

（第一審の手続の規定の準用）

第60条〔1〕　第49条、第50条及び第52条の規定は、第55条第１項の裁判に対する即時抗告があった場合について準用する。〔2〕

〔1〕　本条の趣旨　　本条は、55条１項の裁判に対する即時抗告があった場合について、不適法な申立ての却下（49条）、申立書の送達（50条）および呼出費用の予納がない場合の申立ての却下（52条）の規定を準用する旨定めたもので、平成23年改正により新設された規定である。

非訟事件の裁判に対する不服申立てについては、非訟事件手続法第２編第４章に定めがあるが、本法42条（非訟事件手続法の適用除外および最高裁判所規則）において、その適用を除外していないことから、借地非訟事件の裁判に対する不服申立てについても、原則として同章の規定が適用されることになる。

〔2〕　準用することの趣旨　　⑴　即時抗告があった場合に49条の規定を準用するとは、即時抗告があった場合において、その申立てが不適法でその不備を補正をすることができない場合には、審問期日を経ないで申立てを却下することができるとするもので、借地非訟事件手続規則旧34条において、本法49条に相当する同規則18条を即時抗告があった場合の手続に準用することとしていたのと同趣旨である。

⑵　即時抗告の申立てがなされた場合、裁判の結果が変更されるなど、当事者の権利義務に重大な影響を及ぼすことが考えられることから、抗告状についても事件の申立書と同様に相手方に送付する必要がある。一般の非訟事件について即時抗告があった場合の送達については、非訟事件手続法に規定が存するが、本条は借地非訟事件についての特則として、50条の規定の準用を定めたものである。

⑶　呼出費用の予納がない場合の申立ての却下の趣旨は、事件の申立ての却下の場合と同様であり、借地非訟事件の裁判に対する即時抗告についても、52条の規定を準用するとしたものである。

（澤野順彦）

附　　則[1]

〔前　注〕

〔1〕　立法に際して法律に附せられる附則は、一般には、当該法律の効力および法律の制定に伴ってなされるべき関連法律の一部改正について定めるものである。後者は、関連法律の改正自体を目的とするものではなく、当該法律を引照するための記述や表記方法の変更および当該法律の適用上必要となる対応規定の整備を行うもので、関連法律との技術的調整を目的とするものに限られる。

(1)　前者すなわち当該法律の効力に関する附則の定めは、借地借家法がそのよい例であるが、既存の法律を改廃して定められるものであるときはしばしば複雑な内容を有する。附則で定める効力規定は、次のようなものからなる。

ア）　効力の発生時期すなわち法律の施行の日を定めるもの（附則1条）　施行の日を直接に定めるか、それを政令等によって定める旨を定める。附則の効力発生時期は、特別の規定がない限り、法律の効力発生時期と同一である。

イ）　当該法律による従前の法律の廃止を定めるもの（附則2条）　従前の法律に置き換えて新しい法律を定める場合に、従前の法律が廃止される旨を定める。廃止の日は上に述べたところから、借地借家法の施行の日となる。従前の法律が廃止されると、以後それを法律として適用することができない。これに対して、借地借家法の施行後も効力を有する関連法律において従前の法律の規定が引照され、かつ、借地借家法に同旨の規定がないため同法を引照することができない場合には、従前の法律の当該規定に引き続き実定法としての効力を付与することが例外的に必要となる。特に、借地借家法の施行後に設定される借地権について当該関連法律が適用される場合には、後述のような「なお従前の例による」とすることができないので、附則の上でも特別の取扱いをしなければならない（附則3条）。

ウ）　当該法律が従前の法律を廃止する場合に、従前の法律の下で設定された権利およびその権利の効力に影響を及ぼす諸事項について借地借家法の規定をどのように適用するかを定めるもの（附則４条）　従前の法律の下で設定された権利およびその権利の効力に影響を及ぼす諸事項に新法の規定を適用することを、遡及適用という。民事の法律については刑事の法律（憲39条参照）と異なり、遡及適用は一般的には禁止されていないが、新法の遡及適用によって従前の法律の下で保障されていた権利ないし利益に重大な変更が生ずることは、私法秩序の安定の観点からみて望ましくない。そのため、附則では、形式上は遡及適用の原則を承認した上で、その例外（遡及適用の除外）を広く認めることが多い。そのための規定の置き方は、本法の附則では、次のようである。

１）　新法施行前に生じた事項については、附則に特別の定めがある場合にはそれによる。特別の定めがない場合には新法を適用する（附則４条本文）。「施行前に生じた事項」とは、さきに述べたように〈従前の法律の下で設定された権利およびその権利の効力に影響を及ぼす諸事項〉と解すべきである。

２）　附則に特別の定めがない場合でも、廃止前の法律によって生じた効力が優先し、新法の規定はその効力を変更することができないものとする（附則４条但書）。

３）　新法の規定の適用を従前の法律の下で設定された権利について全面的に排除する必要があるときは、「……に関しては、なお従前の例による」ものとする（附則５条、６条、７条１項、10条、12条）。従前の法律は廃止されているので、イ）で述べたような特別の取扱いをしない限り、適用すべき実定法規定は存在しないこととなるので、「従前の例による」という表現で従前の法律が適用されるのと同一の取扱いをすることとしたものである。このような取扱いが許されるのは、対象となる借地権等が本法施行前に設定されたものに限られ、したがって本法施行時にすべて特定されているからである。

このような定めがある新法の規定は、借地権等の設定が新法施行前である限り、施行後に生じた事項についても適用がない。附則５条等は附則４条本文を受けた規定ではあるが、附則４条本文だけではこの部分（施行後に生じた事項）が空白となり、新法適用の可能性が生じるので、別個に定める必要がある。

４）　旧法の制度の変更ではなく新法によって新たに設けられた制度（以下、新設制度という）の多くは、従前の借地権等に適用するに適しない。それらのうち、新たに創設された権利態様に関するものは遡及適用の余地がないので附則において定める必要がない（自己借地権に関する法15条、定期借地権等に関する法22条〜24条、建物賃貸借の期間に関する法29条２項、定期建物賃貸借等に関する法38条、39条）。これに対して、新設制度ではあるが施行前に設定された借地権等に適用されないことが法律構成上も事実関係上も自明でないものについては、「適用しない」旨の明文の規定を個別に置く必要がある（附則７条２項、８条、９条、11条、13条、14条）。なお、新設の制度であっても、一定の条件の下で施行前に設定された借地権等に適用されてよいものについては、その旨を明確にした規定を置く必要がある（附則14条）。

⑵　新法の規定が施行前に設定された借地権等または施行後に生じた事項に適用されるか否かは、本法の附則によって上記のように明確にされることになる。これを新法の規定の側からみて、概括的な整理をしておこう。

ア）「従前の例による」ものとして施行前に設定された借地権等に適用されないもの（⑴ウ）３））　　法３条〜７条、26条〜28条

　同じく、施行前にした申立てに係る借地条件の変更の事件に適用されないもの　　法17条１項、41条以下

イ）　新設の制度であって、施行前に設定された借地権等に適用がないことが明文で定められているもの　　法８条、10条２項、13条２項、３項、18条、33条２項

　施行前に設定された借地権等に一定の条件の下に適用がないことが明文で定められているもの　　法35条

ウ）　新たに創設された借地権等の態様に関する規定で遡及適用の前提を欠くため附則では触れられていないもの　　法15条、22条、23条、24条、29条２項、38条、39条

エ）　諸規定に共通する効力等を定めた規定でそれぞれの規定について遡及適用の有無が定められているため附則において触れられていないもの　　法９条、16条、21条、30条、37条

オ）　上掲の規定以外の新法の規定は、施行前に設定された借地権等について適用されることとなる。

遡及適用されるのは、10条１項、11条、12条、13条１項、14条、17条２項、19条、20条、25条、29条１項、31条、32条、33条１項、34条、36条、40条、41条以

下。

なお、一時使用目的の借地権等に関する適用除外を定める25条と40条は、遡及適用される。その結果、新法の一定の規定が施行前に設定された一時使用目的の借地権等に適用されなくなるのであって、従前の例によって旧法の一部の規定が適用されなくなるのではない。

(3)　(2)オ)に従って新法の遡及適用を認めることの是非、認める場合の条件、法文上の整合性などについては、当該条項および附則の関連条項の注釈を見よ。

（稲本洋之助・藤井俊二）

（施行期日）

第１条[1]　この法律は、公布の日[2]から起算して１年を超えない範囲内において政令で定める日[3]から施行する[4]。

〔１〕　本条の趣旨　　本法の施行の日を定める仕方を定める。法律に別段の定めがない場合には、公布の日から起算して20日を経て施行される（法適用２条）が、多くの場合には、法律に附せられた「附則」において施行の日が別個に定められる。その定め方も、特定の日を定めるものと、のちの政令にゆずるものとがある。施行のために必要な準備、特に政省令の整備のためにかなりの時間を必要とし、その期間をあらかじめ確知することができない場合に、本法のように政令に委任する方法をとる。本法においては、現実に多くの借地契約、借家契約が行われている状況の下で強行法規の性質をもつ借地法、借家法を改正するものであるため、新旧両法の適用関係が争われ、混乱が生ずることが予想される。そのような場合には、新法の内容についての普及・啓蒙がある程度進んだ段階で施行することが望ましく、施行の日を別に政令で定めるという方式がとられることが少なくない。

〔２〕　公布の日　　公布は、天皇が憲法改正、法律、政令、条約に効力を付与するために内閣の助言と承認を得て行う国事行為である（憲７条１号）。法律の場合には、最後に議決した議院の議長が内閣を経由して天皇に奏上してから30日以内に行うべきものとされている（国会65条１項、66条）。

〔３〕　政令で定める日　　本法の施行の日は、平成４年２月21日の政令25号によって平成４年８月１日と定められた。

〔4〕 施行　法律の効力を具体の法律関係に適用すべきものとして生じさせることをいうが、一般的には、それによって効力の発生時が定まる時点として施行（の日）が理解されている。

施行される法律が改正法であって、改正前の法律の下で設定された契約等がある場合には、既得の権利を保護するために遡及効を否定し、施行の日を境として旧法と新法の適用を分けることが少なくない。この場合には1日の違いがもたらす差異が本法のようにきわめて大きいことから、施行の日の決定が重要な意味をもつこととなる。

本法の場合には特に、附則の各条で適用関係を定める基準として施行の日が定められることとなる。

（稲本洋之助・藤井俊二）

（建物保護に関する法律等の廃止）

第2条〔1〕 次に掲げる法律は、廃止する〔2〕。

一　建物保護に関する法律（明治42年法律第40号〔3〕）

二　借地法（大正10年法律第49号〔4〕）

三　借家法（大正10年法律第50号〔5〕）

〔1〕 本条の趣旨　借地・借家関係に関する民法の特別法として定められた法令のうち本条列挙の法律については、それに代わる規定を本法に置いたので廃止する旨を定める。ここに列挙されない法律たとえば地上権ニ関スル法律（明治33年法律72号）、接収不動産に関する借地借家臨時処理法（昭和31年法律138号）などは本法の施行後も引き続き効力を有する。

〔2〕 法律の廃止　1号から3号に掲げる法律は、本法施行の日に廃止される。廃止によって法律としての効力を失い、法律として存在しないこととなる。附則の前注において述べたように、附則の諸条項において「なお従前の例による」「廃止前の……の規定により生じた効力を妨げない」とされていても、それは当該法律が例外的に効力を保持していることを何ら意味しない。「なお従前の例による」とは法律の廃止前の取扱いと同一の取扱いをするというにとどまる。

また、「廃止前の……の規定により生じた効力を妨げない」とは特定の事項について生じた効力が保存されることを意味するにとどまる。なお、法律の廃止に関する唯一の例外が附則3条に規定されている。附則前注および附則3条の注釈を見よ。

〔3〕 建物保護法　借地上の建物の登記をもって借地権の対抗要件を備えるものとした法律。民法上の土地の賃貸借はその登記を経ることによってその後に土地について権利を取得した第三者に対抗することができる（改正前民605条）が、賃借人には土地所有者＝賃貸人に対して賃貸借の登記を請求する権利（登記請求権）がなく、したがって賃借人が土地所有者の同意なくして改正前民法605条の対抗要件を備えることはできなかった。

民法の立法者は、建物を所有するための土地利用権としては多くの場合に地上権が用いられるものと想定し、地上権に認められる物権としての保護（とりわけ登記請求権による対抗力の具備）に借地関係の安定を期待していたとみられるが、民法の施行後ほどなく、日露戦争前後の大都市への人口集中に伴って借家の需要が急増し、東京を中心として借家経営のための借地需要が増大したため、状況に変化が生じた。借地の市場はいわゆる「貸し手市場」となり、借地人は地上権に比べて法的保護に欠ける賃貸借によって借地をすることを余儀なくされた。

このような法律と実態との齟齬の結果、一部の貸主においては地代の増額や一時金の給付を目的として第三者に土地所有権を移転しその者を介して借地人に立退きを求めるという手段に出ることがみられた。このことは当時社会的問題として意識され、「地震売買」の悪弊として批判されたが、その根源は法律の不備にあったことになる。

この法律の不備を補うため、明治42年（1909年）に「建物保護ニ関スル法律」が制定された。2カ条からなる同法律は、建物の所有を目的とする地上権または土地の賃借権によってその土地の上に登記した建物を有するときはそれをもって地上権または土地の賃借権を第三者に対抗することができるとして（1条1項）、借地人が土地所有者の協力を得られなくても借地権の対抗要件を具備することを可能とした。このような手当は前述のように賃貸借による借地について必要とされたものであったが、建物の登記だけで賃貸借が対抗要件を備えるとした場合に地上権との逆差が生じることから、土地の賃貸借と地上権とを同一の取扱いに服せしめることとした。このような同一取扱いは借地法にも承継され、本法に受け継がれている。

建物保護法はこのほか、建物が借地権の期間満了前に滅失または朽廃したときは、その後の期間をもって第三者に対抗することができないという制限規定（1条2項）と、用益的権利による制限がある場合の売主の担保責任に関する改正前民法566条および担保責任と同時履行の抗弁権の関係について定める改正前民法571条を建物保護法によって対抗要件を備えた地上権または土地賃借権がある場合に準用すること等を定めた規定（2条）を置いたが、前者（1条2項）は、昭和41年の民法、借地法および借家法の一部改正の際に削除された。

建物保護法が規定した借地権の対抗力等に関する制度は、本法10条に承継され、補充されている。

〔**4**〕 借地法　　借地契約当事者の「契約の自由」を制限して借地権の存続期間を法定することを中心に、借地権の安定＝建物の保護を図ることを目的として大正10年（1921年）に定められた民法の特別法。

⑴ 改正前民法においては、賃貸借の存続期間についてはその上限を20年に制限する規定（改正前民604条）があるだけで建物所有を目的とする土地の賃貸借であっても存続期間の下限を定める規定は存在しなかった。そのため、借地契約の多くは期間の定めがなく解約申入れにより1年の告知期間（民617条1項1号）を置いて終了させることができた。さらに「貸し手市場」のインパクトの下に、土地所有者は、契約にあたって5年、10年などの短期の特約を要求したので、土地の賃貸借は建物所有のための土地利用権としてはきわめて不安定なものとなった。

このような状況は、民法の賃貸借法が当事者の法律関係を「契約の自由」に全面的に委ねていることの結果でもあった。そのため、建物所有のための土地利用を保護するにあたっては、民法の任意規定に代わる強行規定を特別法によって定めることが必要となる。

⑵ 大正10年の借地法は、14カ条と附則からなる。主要な事項は次の四つである（鈴木・発達史83以下）。

ア） 存続期間　　堅固の建物の所有を目的とする借地権については60年、その他の建物の所有を目的とする場合には30年と法定し、当事者の特約でそれを下回る期間を定める場合の下限をそれぞれ30年、20年としてこれに反する特約を無効とした（2条)。

イ）　更新拒絶の場合の建物買取請求権　　法定または約定の期間が満了するとき土地所有者は契約の更新を拒絶して借地権を終了させることができるが、借地人が請求する場合には、借地上の建物を買い取らなければならないものとした（4条2項)。

ウ）　譲渡・転貸不承諾の場合の買取請求権　　借地上の建物を譲り受けるに際して土地所有者が承諾を与えない場合には、譲受人は土地所有者に建物の買取りを請求することができるものとした（10条)。

エ）　地代等増減額請求権　　公租公課の増減、地価の昂低、比隣の土地の地代等との不均衡等の事情の変更があった場合に契約の条件にかかわらず地代等の増減を請求することができるものとした（12条)。

(3)　借地法は、大正10年5月15日に、東京市とその隣接区域、京都市、大阪市とその隣接区域、横浜市、神戸市に限定して施行された（大正10年勅令207号)。その後施行地区は数次にわたって拡大され（大正13年勅令173号、大正14年勅令125号、昭和14年勅令864号)、昭和16年の改正によって同年3月10日から全国に適用されることとなった（昭和16年勅令201号)。

(4)　借地法の制定から20年を経過する昭和16年に同法が改正され、土地所有者が存続期間の満了時に更新を拒絶することができるのは「土地所有者カ自ラ土地ヲ使用スルコトヲ必要トスル場合其ノ他正当ノ事由」がある場合に限られることとなった（4条1項、6条2項)。自己使用の必要またはそれに準ずる正当事由を要求し、かつ、それを存続期間満了の際に満たす場合に限って更新拒絶を認めるという改正法は、借地権の性格を大きく変え、社会的経済的条件次第では土地所有権に準じた半永久的な土地支配権となる可能性を生み出した。

(5)　昭和30年代に借地法の改正事業が開始され、昭和35年に「借地借家法改正要綱案」が作成されたが、改正事項の大半は見送りとなり、昭和41年に部分的な改正が実現したにとどまった。

昭和41年改正の主要な点は、ア）事情変更による借地条件の変更の裁判および増改築禁止の特約がある場合の土地所有者の承諾に代わる許可の裁判（8条ノ2)、賃借権の譲渡・転貸の承諾に代わる許可の裁判（9条ノ2）および競売・公売の場合の賃借権譲渡の承諾に代わる許可の裁判の制度（9条ノ3）を創設し、そのための非訟事件手続の特例規定（14条ノ２以下）を設けたこと、イ）地代等増減請求の制度を改善し、裁判によって額が確定するまで相当と認める額を支払い、または請求した上で、後に確定する額との差額について10パーセントの利息を附して精算するものとしたこと（12条２項、３項）である。

〔５〕 借家法　当事者間の関係および第三者との関係の両面において賃借人の建物利用の安定＝居住の保護を図る方向で大正10年（1921年）に定められた民法の特別法。

(1) 民法においては、建物賃貸借の存続期間の定めを当事者の合意に委ねているので、期間の定めがない借家契約が広範に行われることとなった。期間の定めがない借家契約は、当事者の一方による解約申入れから３カ月を経て終了する（民617条１項２号）。他方、建物賃借権はその登記を経ればその後に建物について権利を取得した第三者に対抗することができる（改正前民605条）が、登記には賃貸人の協力が不可欠であったので、第三者対抗力を備えることはまれであった。

(2) 借家法は、建物賃借権の安定を図るため、以下の事項を主要な内容として規定された（鈴木・発達史95以下）。

ア） 特別の対抗要件の創設　賃借人は自己への建物の引渡し（占有の移転）をもって建物賃貸借を第三者に対抗することができるものとした（１条）。

イ） 解約申入期間の延長　民法上の３カ月の告知期間を、賃貸人が解約申入れをする場合に限って６カ月に改めた（３条１項）。

ウ） 造作買取請求権　賃借人が賃貸人の同意を得て建物に附加した畳、建具等の造作を賃貸借の終了時に買い取ることを賃貸人に請求することができるものとした（５条）。

(3) 借家法は、大正10年５月15日に、東京市とその隣接区域、京都市、大阪市とその隣接区域、横浜市、神戸市に限定して施行された（大正10年勅令207号）。その後施行地区は数次にわたって拡大され（大正13年勅令173号、大正14年勅令125号、昭和14年勅令864号、昭和15年勅令621号）、昭和16年の改正によって同年３月10日から全国に適用されることとなった（昭和16年勅令201号）。

(4) 昭和16年に同法が改正され、正当事由条項が追加された。存続期間の定めがある借家契約にあっては賃貸人がその満了時に契約の更新を拒絶するにあたって、また存続期間の定めのない借家契約にあっては解約の申入れをするにあたって、建物の賃貸人が「自ラ使用スルコトヲ必要トスル場合其ノ他正当ノ事由」があることが要求されることとなった（1条ノ2）。この改正は、戦時下における住宅問題に対処してなされたものであるが、戦後の住宅事情の下で重要な意味をもった。

(5) 昭和30年代に借地法とともに借家法の改正事業が進められ、昭和35年に「借地借家法改正要綱案」が作成されたが、借家法についても改正事項の大半は見送りとなり、昭和41年に部分的な改正が実現したにとどまった。

その主要な点は、ア)家賃増減請求の制度を改善し、裁判によって額が確定するまで相当と認める額を支払い、または請求した上で、後に確定する額との差額について10パーセントの利息を附して精算するものとしたこと（7条2項、3項）、イ)居住用の建物について、賃借人が相続人なくして死亡した場合に、内縁の配偶者または事実上の養子等の同居者があれば、その者が賃借権を承継するものとしたこと（7条ノ2）である。

（稲本洋之助・藤井俊二）

（旧借地法の効力に関する経過措置）

第3条〔1〕 接収不動産に関する借地借家臨時処理法（昭和31年法律第138号）第9条第2項の規定〔2〕の適用については、前条の規定による廃止前の借地法は、この法律の施行後も、なおその効力を有する〔3〕。

〔1〕 本条の趣旨　接収不動産に関する借地借家臨時処理法（以下「接収不動産法」と呼ぶ。〔2〕参照）は、わが国に駐留する米軍等に接収された土地または建物について、接収解除後における借地借家関係を調整するための措置を規定している。同法によって、接収された土地の借地権は、正規の対抗要件を具備しなくても対抗力を与えられている。同法9条2項では、接収地の借地上建物が滅失した場合の契約更新についてその根拠を明確にしたものであるが、本法施行後もなおこれら旧法の規定が効力を有するとの特別の取扱いを附則上でなしたものである（附則〔前注〕〔1〕(1)イ）参照）。

〔2〕 借地権が存在する土地が旧連合国占領軍または駐留軍によって接収され、

軍の使用に供せられているため、借地人がその土地を利用することができない場合がある。そのような場合にも借地期間は進行し、借地権者が使用していないがために借地期間満了時に借地権が更新されなかったり、借地権に対抗力を付与させることができないために、第三者の登場によって借地権が消滅してしまうことがある。このような接収地の借地関係当事者間の不均衡を是正するのが接収不動産法の目的である。主な規定は次のようなものである。

(1) 当事者間の不均衡を是正するため、接収がなかったならば自己の借地権が消滅しなかったはずの接収地旧借地権者に、優先賃借申出権を与えた（同法3条）。

(2) 接収された土地の借地権者で、自己が有する登記した建物が接収中に滅失したため借地権を第三者に対抗できない者は、借地権の登記および土地上の建物登記がなくても、同法施行の日（公布日と同日、それ以後に接収解除があったときは、接収解除の公告の日）から1年以内にその土地について権利を取得した第三者に対抗することができるものとした（同法8条）。

(3) 接収地の借地権の契約更新について、「土地が接収された当時から引き続きその土地に借地権を有する者で、その土地にある当該借地権者の所有に属する建物が接収中に滅失した者については、その者がこの法律施行の日以後1年以内に建物を築造した場合においては、借地法第4条（更新の請求）の規定を準用し、同法第7条（建物の滅失の場合の法定更新）の規定は、適用がないものとする」と規定している（同法9条2項）。

したがって、接収土地の借地上建物の滅失により対抗力を失った借地権者も、同法施行の日から1年以内に権利を取得した第三者に対抗力を有するが、借地権者が施行日以後1年以内に建物を築造した場合には、旧借地法7条によって新たな存続期間が付与されるのではなく、当初の借地期間満了時において法定更新および正当事由制度に関する規定（旧法4条）が適用されることになる。本法施行によってこの点に変わりがないことを本条で規定している。

すなわち、接収中の建物滅失は、築造に際し建物の「滅失」として取り扱わず、あくまで建物が存在している場合の借地権消滅時の更新請求および正当事由制度を適用するとの趣旨である。

〔**3**〕 附則では本法施行前に生じた事項にも本法を適用し、その例外として廃

止前の建物保護法、旧借地法、旧借家法の規定により生じた効力を妨げないことを経過措置の原則としている（附則4条）。そして、5条以下で、個々の事項について従前法律の効力の有無について特別の規定を置くという形式を採った。附則2条は、本法成立に伴って建物保護法、旧借地法、旧借家法が廃止されると規定する。しかし、本法の施行後も効力を有する関係法律（接収不動産法）において従前の法律の規定が引照され、かつ、本法に同旨の規定がないため本法を引照することができない場合には、従前の法律の当該規定に引き続き実定法としての効力を付与することが必要となる（附則〔前注〕〔1〕(1)イ））。本条はこの旨を規定したものである。

（東川始比古）

（経過措置の原則）

第4条[1]　この法律の規定[2]は、この附則に特別の定めがある場合[3]を除き、この法律の施行[4]前に生じた事項にも適用する[5]。ただし、附則第2条の規定による廃止前の建物保護に関する法律[6]、借地法[7]及び借家法[8]の規定により生じた効力を妨げない。

〔1〕 本条の趣旨　　本条は、施行前に生じた法律関係への本法の適用関係に関する原則を定めるものである。

本文とただし書の関係をみると、本条は、本法の遡及適用を原則としているようにみえるが、実質は、大きく異なる。第1に、本条以外の附則の規定には、本法の規定の遡及適用を否定し、または制限するものが多い。第2に、本条ただし書の解釈から導かれる遡及適用の制限も無視できない。本条は、むしろ、既存借地権と既存建物賃貸借への本法の適用が限定的でなければならないという基本指針に適合するような解釈を与えられるべきである。

〔2〕 本法の規定は、遡及適用が全面的に肯定されるもの（〔5〕）と、遡及適用が否定されるか、または一定の要件の下でのみ認められるものとに分かれる。後者には、さらに、遡及適用の否定、制限の根拠を附則の特別の定めに求めうるもの（〔3〕）と、本条ただし書の解釈の結果として遡及適用がないこととなるも

のとがある（〔7〕〔8〕）。なお、本法の次の規定は、その性質上、それら自体としての遡及適用の肯否を問題とする意味がない。1条、2条、9条、16条、21条、30条、37条。

〔3〕 附則が遡及適用の例外を設けている場合は、さらに次の(1)と(2)に分かれる。以下では根拠となる附則の規定を括弧書で添える。それらのうち、（ ）で示すのは、本法のある規定の遡及適用を明示に否定し、または一定の要件の下でのみ遡及適用を認める附則の規定である。また、〔 〕は、ある事項について「なお従前の例による」という表現などを用いることにより、本法の特定の規定の適用を排除して、附則2条により廃止される従前の法律を適用するのと同一の扱いとする旨を明らかにする附則の規定を示す。

(1) 遡及適用が全面的に否定される本法の規定には、4条、5条、6条〔附則6条〕、7条〔附則7条1項〕、8条（附則7条2項）、13条2項（附則9条1項）、13条3項（附則9条2項）、18条（附則11条）、26条、27条、28条〔附則12条〕、および33条2項（附則13条）がある。また、借地条件の変更等に関する裁判手続を定める41条以下までの規定は、18条の裁判をなすにあたっての手続を定める規定としては、遡及適用の前提を欠く〔附則11条〕。

(2) 一定の要件を充足する場合にのみ既存借地権または既存建物賃貸借への適用が認められる本法の規定には、10条2項（附則8条）、17条〔附則10条〕、および35条（附則14条）がある。これらの規定の遡及適用を認めうる具体的な要件は、それぞれ附則8条、10条、14条の注釈を見よ。また、10条の3項と4項は、同条2項に基づく借地権の対抗力が問題となる場合には、施行後に建物の滅失があったときにのみ適用される〔附則8条〕。なお、借地条件の変更等に関する裁判手続を定める41条以下の規定は、17条1項の裁判をなす際の手続を定める規定としては、施行以後に申立てのあった事件にのみ、適用される〔附則10条〕。

〔4〕 施行の日については、附則1条の注釈を見よ。

〔5〕 特段の制約なしに既存借地権または既存建物賃貸借にも適用が認められる本法の規定には、10条1項、11条、12条、13条1項、14条、15条2項、19条、20条、25条、29条、31条、32条、33条1項、34条、36条、40条、51条、および54条がある（29条2項について、同条の注釈も参照）。10条の3項と4項は、同条1項に基づく借地権の対抗力が問題となる場合には、遡及して適用される。また、あ

る一定の要件を満たす場合に限り既存借地権または既存建物賃貸借への適用が認められる本法の規定については、〔3〕(2)を見よ。なお、借地条件の変更等に関する裁判手続を定める41条以下の規定は、17条2項、19条または20条の裁判をなす手続を定める規定としては、施行前に申立てがあった事件にも、遡って適用される。

〔6〕　旧建物保護ニ関スル法律1条に基づいて生じた借地権の対抗力は、本法の施行により失われることはない。また、同法2条に基づいて成立した法律関係は、本法の施行により影響を受けない。これらの結果は、本法10条1項、3項、4項の遡及適用を肯定するところ（〔5〕）から導かれる結果にほかならないが、本条ただし書は、なお注意的に、借地法および借家法に並べて建物保護ニ関スル法律を掲げ、それらに基づいて生じた効力が影響を受けない旨を明らかにしている。

〔7〕　旧借地法により生じた効力を妨げないということの意味は、具体的には、施行前に設定された借地権の存続期間が本法の施行により変更を受けることがない、という意味である。すなわち、既存借地権は、旧法2条、5条、および7条に基づいて定まった存続期間を短縮されることがなく、また、それが伸長されることもない。たとえば、堅固の建物の所有を目的とする借地権につき当事者が期間を定めなかった場合に、旧借地法2条1項により定まった60年という存続期間が変更を受けることはないし、また、非堅固の建物の所有を目的とする借地権につき存続期間を25年と定める当事者間の合意は、同法2条2項により有効であり、30年より短いが、その効力を維持する。これらの結果、本法の3条は、既存借地権に適用される余地を失う。なお、正当の事由の有無の判断基準など契約の更新に関する法律上の扱いも従前の例によるべきであるが、それは、附則6条に基づく効果であり、本条から導かれるのではない。

〔8〕　旧借家法に基づいて生じた効力としては、存続保障にかかわるものと造作買取請求権にかかわるものがある。

(1)　施行前に成立した建物賃貸借については、賃借人が、旧法に基づいて取得した存続保障上の地位を失うことがあってはならない。期間の定めのない場合は、正当の事由がない限り解約申入れを受けないし、期間の定めがある場合には、期間満了時に、正当の事由がない限り更新を拒絶されない。これらのことの帰結として、既存の建物賃貸借につき施行後に38条または39条の特約を附加することはできないと解すべきである。なお、正当事由の有無の存在についての判断基準も従前の例によるべきであって28条を適用すべきではないが、これは、附則12条に基づく効果であって、本条ただし書から導かれるのではない。

(2) 既存の賃貸借が造作買取請求権を排除する特約を伴っていた場合には、この特約は、旧法5条に反し、かつ、借家人にとって不利なものであるから、同法6条により無効である。この特約が無効であることは、旧法に基づいて生じた法律効果にほかならず、これが本法の施行により変更を受けることはない。上記の特約は、本法施行後においても、依然として無効である。ただし、施行後に当事者があらためて本法33条1項の適用を排除する特約を成立させることは、37条が33条を強行規定としていないところから、可能であると解される。

(山野目章夫)

(借地上の建物の朽廃に関する経過措置)

第5条〔1〕 この法律の施行前に設定された借地権〔2〕について、その借地権の目的である土地の上の建物の朽廃による消滅〔3〕に関しては、なお従前の例による〔4〕。

〔1〕 本条の趣旨　附則2条によれば、旧借地法は廃止され、さらに附則4条の「経過措置の原則」によれば、附則に特別の定めがない場合には、本法施行前に設定された借地権(既存借地権)にも本法が遡及適用される。本条は、附則4条にいう「特別の定め」に当たるものであり、建物朽廃による借地権の消滅の制度については、3条および4条の規定を遡及適用しないこととしている。本法3条および4条は、旧法における法定存続期間の仕組みを根本的に変更するものであり、建物が朽廃した場合についてその遡及適用を認めると既存借地権に大きな影響を与えることから避けるべきものと考えられたのである(「試案の説明」参照)。

〔2〕 本法施行前に設定された借地権の意義　「この法律の施行前に設定された借地権」とは、平成4年7月31日までに設定された借地権である。8月1日

前に設定予約がなされ、予約完結が８月１日以後である借地権は、借地権設定の本契約は８月１日以後に成立したことになるから、本法の適用がある。８月１日前に停止条件付きで締結された借地権設定契約の条件が８月１日以後に成就した場合には、条件成就の効果は特約がない限り、原則として遡及しない。すなわち条件成就の時から効力を生じるから（民127条１項）、契約の効力が契約締結時に遡及して生じるとする特約がない限り、本法の適用がある。また、８月１日前に８月１日以後を始期とする借地権設定契約が締結された場合にも、その期限が到来した時に借地権設定契約の効力が発生するから（民135条１項）、本法の適用があることになる。

〔３〕　建物朽廃による借地権の消滅　　⑴　旧法２条１項によると、借地権の存続期間を当事者が定めなかった場合には、堅固建物の所有を目的とするときは60年、非堅固建物のときは30年とそれぞれ法定されるが、これらの存続期間満了前に建物が朽廃したときは、その時点で借地権は消滅するとされていた。また、借地契約更新後においても、存続期間が当事者間の約定で定められていない場合には、堅固建物につき30年、非堅固建物につき20年が法定期間とされたが、この場合にも法定存続期間満了前に建物が朽廃したときは、それによって借地権は消滅するものとされていた（旧法５条１項後段）。

⑵　朽廃とは、自然的腐食状態によって、社会通念に照らして、建物としての社会経済的効用を失うに至るほどに腐朽損壊することである。朽廃は、自然的腐食によってもたらされるものであって（大判昭9.10.15民集13-1901）、天災・火災のような事変や改築のための取壊しのような人為的な原因から生じる滅失と区別される。当該建物が朽廃したか否かの判断は、建物全体を観察して決せられるものであって、部分的に柱、桁等の一部に腐食箇所があるだけでは、朽廃とは認められない（最判昭33.10.17民集12-14-3124）。また、新築したほうが修理するより有利だという経済的理由のみから判断すべきではなく、建物全体を観察し、建物としての効用を失っているか否かによって判断すべきである（最判昭35.3.22民集14-4-491）。

⑶　借地権者が、借地上建物を修繕したために、朽廃が遅れた場合には、借地権は、修繕をしなかったならば朽廃したであろう時期に消滅するのか、修繕された建物が現実に朽廃する時期まで存続するのであろうかという問題がある。

判例は、修繕の程度が建物の保存上当然なされる通常の修繕の場合には、修繕された建物が実際に朽廃すべき時期であるとする（大判大8.12.25民録25-2385）。通常の修繕の程度を超える大修繕の場合には、その大修繕がなかったならば、朽廃すべかりし時期に借地権は消滅するとしている（前掲大判昭9.10.15、最判昭42.9.21民集21-7-1852）。

学説のなかで、判例に賛成するものは、大修繕がなされた場合にも建物が実際に朽廃しない限り借地権が消滅しないとすることは、借地権設定者の期待を裏切り、借地権者を保護し過ぎるとされる（薄根100、星野・借地借家53、水本・読本36〔改説〕など）。

これに対して、多数説は、借地法は建物が存続する限り借地権を存続させようとするのがその趣旨であるから建物の同一性が失われない限り修繕の程度は問題とされず、実際に建物が朽廃する時期に借地権は消滅すると解している（広瀬・借地借家43、我妻・各論中一487、水本・民商43-3-81〔旧説〕、石川・契約大系Ⅲ51、鈴木・借地(上)357、望月・注民(15)291、浜田＝田山・基本コンメ168など）。多数説は、建物の同一性を失わせるような大修繕は改築に当たり旧法7条が適用されるとした。大修繕を建物滅失・再築の場合より借地権者に不利に扱うのは合理的ではなく、また借地権者の合理的な建物利用を促すためにも、旧法7条が適用されるべきである。

さて、旧法7条適用説に立つと、既存借地権設定土地上の建物が新法施行以後に大修繕された場合には、新法の建物滅失・再築に関する規定である新法7条または8条が適用されるべきであろうかという問題が生じる。附則7条では、既存借地権については、建物の滅失・再築による存続期間の延長に関してはなお従前の例によるものとされているから、大修繕の場合には、旧法7条の取扱いに従うべきである。

〔**4**〕「従前の例による」　附則2条によって、旧法は、廃止されることになる。したがって、新法の施行後は旧法を法律として適用できなくなり、本法施行前に設定された借地権にも新法が遡及適用されるのが原則とされる（附則4条）。しかし、新法の遡及適用によって旧法の下で保障されていた権利ないし利益に重大な変更が生じることは、私法秩序の安定の観点から望ましくない。そのために、附則では、多くの遡及適用の例外を認めているが、本条もその一つである。

新法では存続期間の定めなき場合における建物朽廃による借地権消滅の制度を廃止するという存続期間に関する規定の構造に根本的な変更を加えた。新法が適用されると、旧法の下で借地権の設定を受けた者が有していた建物朽廃まで借地権が存続するという期待が害されることになる。したがって、この借地権については新法の適用を全面的に排除する必要がある。しかし、附則２条によって旧法は廃止されているので、本条は、建物朽廃による借地権の消滅に関しては「なお従前の例による」として、本法施行前に設定された借地権には、廃止された従前の借地法によって規律されていると同一の取扱いをすることになったのである。実質的には、旧借地法は、廃止されたにもかかわらず、「生きておるような扱いを受ける」(附則６条について、清水湛法務省民事局長の説明・120国会衆議院会議録11-29)。したがって、既存借地権は、当事者が借地権の存続期間を定めていなかった場合には、法定存続期間満了前に建物が朽廃したときは、借地権は消滅することになる（旧法２条１項)。

（藤井俊二）

（借地契約の更新に関する経過措置）

第６条〔1〕　この法律の施行前に設定された借地権〔2〕に係る契約の更新に関しては〔3〕、なお従前の例による〔4〕。

〔1〕　本条の趣旨　　附則２条では、旧借地法を廃止すると規定しており、さらに附則４条の「経過措置の原則」によれば、本法は附則に「特別の定めがある場合を除き」、原則として、本法施行前に設定された借地権にも遡及適用されると規定されている。本条は、この「特別の定め」に当たる。「契約の更新に関しては」本法を遡及適用しないことを明らかにした。本法４条、５条および６条は、旧法における契約更新の仕組みを大きく変更するものであり、これを遡及して適用すれば既存の借地権に重大な影響を与えると考えられるからである。

〔2〕「この法律の施行前に設定された借地権」(以下、既存借地権と呼ぶ）とは、平成４年７月31日までに、建物の所有を目的として設定された地上権または土地の賃借権である。

ただし、８月１日前に設定予約がなされ、８月１日以後に予約完結され、本契約の効力が生じた場合には、本法が適用されることになる。また、8月1日前に停止条件付きで借地権設定契約が締結され、8月1日以後にその条件が成就した場合には、特約がない限り原則として条件成就の効果は遡及しない（民127条1項）。すなわち条件成就の時から借地権設定契約の効力は発生するから、遡及して効力が発生するとの特約がない限り、本法の適用があることになる。さらに、8月1日前に8月1日以後を始期とする借地権設定契約が締結された場合にも、その期限が到来した時から借地権設定契約の効力は発生するから（民135条2項）、本法の適用がある。

〔**3**〕 本条は、契約の更新に関してはなお従前の例によると規定するが、ここでいう「契約の更新に関しては」とは、借地契約の更新の要件と契約更新の効果に関する事項についてである。具体的には、⑴更新後の期間（本法4条→旧法5条、4条3項）、⑵借地契約の更新請求（本法5条1項→旧法4条）、⑶借地契約の法定更新（本法5条2項→旧法6条）および⑷更新拒絶の要件（本法6条→旧法4条1項但書、6条2項）に関して、旧法に従った取扱いがなされることになる。

〔**4**〕「従前の例による」の意義および従前の例によるとされる具体的事項

⑴ 更新に関する規定、とりわけ更新拒絶の要件に関する規定を既存借地権にも遡及して適用すべきか否かは、正当事由の一つとして土地の有効利用の必要性および相当性を認めるかという問題ともかかわって、大きな議論があった。

ア）「問題点」では、正当事由の内容を法律上明確にすべきかという問題を提出し、正当事由に関する本法の規定は遡及適用しても既存の借地関係に過大な影響を与えないとして（「問題点の説明」）、遡及適用するものとしていた。

イ）「試案」第二、一、3においても、正当事由に関する規定は、遡及適用されるものとされていた。「試案」は正当事由判断にあたって斟酌されるべき諸要素を例示したが、それは判例上正当事由判断に際して考慮されるべき主要な事項とされていたものにほかならない。つまり、旧法下の実務と「構造的に大きな隔たりがあるものではないから、既存の借地権についても改正内容を適用することとして差し支えない」ということであった（「試案の説明」）。

ウ）「試案」に対する各界の意見照会の結果では、この遡及適用について、貸主団体は賛成するものが多かったが、借主団体、商工関係団体のすべてが反対し、借地関係における貸主と借主の利害対立の激しさが最も鮮明に現われたところであった（「試案に対する各界意見の分析」別冊 NBL21-99）。

エ）　遡及適用に対する反対意見も強かったのであるが、「改正要綱」第五部「経過措置関係」一において、既存借地権については、「契約の更新およびその更新後の法律関係に関しては、正当の事由に関する事項を除き、なお従前の例によるものとするとの考え方が望ましい」として、正当事由に関する規定だけは遡及適用するものとしていた。

オ）　法案起草の段階で、更新関係の規定を既存借地権に適用することとすると借主の不安が生じることを考慮して、既存借地権には正当事由に関する条項を含めて遡及適用しないこととした（平成３年４月26日衆議院法務委員会における左藤法務大臣の「借地借家法案」の趣旨説明〔120国会衆院会議録11-3〕。寺田・NBL492-30参照。さらに、平成３年９月10日の衆議院法務委員会の附帯決議および平成３年９月26日の参議院法務委員会の附帯決議で、既存借地権に本法の更新に関する規定が遡及適用されないことを国民に対し周知徹底させるべきものとされている）。

(2)　本条が「従前の例による」と規定するのは、新たな規定が旧規定と交替する場合だからである。附則２条によって旧法は廃止されたので、本法の施行後は旧法を法律として適用することができず、本法施行前に設定された借地権にも本法が適用されるのが原則である（附則４条）。しかし、本法の遡及適用によって旧法の下で保障されていた権利ないし利益に重大な変更が生じることは、私法秩序の安定の観点から望ましくない。そのために、附則では、遡及適用の例外を広く認めた。本条もその一つとして、本法施行前に設定された借地権の更新に関しては、廃止された従前の借地法によって規律されると同一の取扱いをするものとした。つまり、既存借地権の更新に関する「限りにおいて実質的には従前の関係法規というのは生きておるような扱いを受ける」（清水湛発言・120国会衆院会議録11-29）ことになる。具体的には、次のようである。

ア）　既存借地権が本法施行後に更新される場合の存続期間は、堅固建物所有を目的とする場合は30年であり、非堅固建物については20年とされ、ただしこれより長い期間が定められたときはそれによることになる（旧法５条１項）。

イ）　更新請求については、旧法の解釈でも旧法４条の「借地権消滅ノ場合」は、期間満了の意味であると解していたから（５条の注釈を見よ）、本法の規定と旧法の規定で大きな相違は生じない。

ウ） 法定更新については、本法では借地上に建物が存することが要件となっているが、旧法では建物が存しなくても法定更新が生じる点は本法と異なる。ただし、土地所有権者が異議を述べた場合には、建物がないときは、正当事由がなくても法定更新は生じないから（旧法6条2項）、実質的には、本法と旧法で大きな相違はない。

エ） 本条で特に問題とされるのは、更新拒絶の要件に関する規定（6条）である。この規定は正当事由に関して「判例でいっていることを、ちゃんと条文の上に表わそうという意味で」（加藤・エコノミスト2839-12。同旨、星野・法教136-17）あり、「ということは、現行法〔筆者注：旧借地法の意〕と変わっていないのです」（星野・法教136-17）と説明される。

旧法と本法の規定に実質的相違がないのであれば、遡及適用を認めても大きな違いはなかったはずだという考え方がある。しかし、それは、旧法下の判例理論を本法下で適用することを否定すべきではないという意味にとどまり、本法の判断基準によって既存借地権の存続の適否を判断することを認めることにはならない。本法6条の規定は、本法の全体的な方向から考えると、裁判所の解釈・運用次第で正当事由緩和につながることもありうること、また立退料が「独立の正当事由として独り歩きをする」可能性があることなどが指摘されている（本田・法時64-6-26。同旨、大西・自正43-5-72以下）。

この点に関する借主側の不安は、根拠のないものではなく、本条で不遡及を明確にしたことは大きな意義を有する。「法案」を国会に提出するに際して、法務大臣が更新に関する事項は遡及適用しないことを強調する異例の談話を発表し、また上記したように衆・参両院の法務委員会でも遡及適用がないことを国民に周知徹底させるべきとの附帯決議がなされているわけであるから、裁判所も既存借地権の正当事由判断に際してはこのことに留意し、旧法下の判例に従って裁判を行うべきである（本田・法時64-6-26）。

オ） 更新後の建物滅失・再築に際しての存続期間の延長については、附則7条2項の注釈、また更新が拒絶された場合における借地権者の建物買取請求権については、附則9条1項の注釈を見よ。

（藤井俊二）

（建物の再築による借地権の期間の延長に関する経過措置）

第7条〔1〕　この法律の施行前に設定された借地権について、その借地権の目的である土地の上の建物の滅失後の建物の築造による借地権の期間の延長に関しては、なお、従前の例による。〔2〕

2　第8条の規定は、この法律の施行前に設定された借地権については、適用しない。〔3〕

〔1〕　本条の趣旨　　本条は、建物滅失後の再築による期間の延長（7条）および更新後の建物の滅失による解約等（8条）の規定に関し、法施行前の借地権についての適用関係を規定したものである。

〔2〕　まず、借地上の建物が滅失した場合において建物を再築した場合の適用関係である。7条は、建物の再築について借地権設定者の承諾あるときは、承諾があった日または建物が築造された日のいずれか早い日から20年間期間は延長するものとし（同条1項）、また最初の存続期間中においては、借地権者が建物を再築することについて借地権設定者に通知をした場合において、借地権設定者が通知を受けた後2カ月以内に異議を述べないと承諾があったとみなされる（同条2項）。また、転借地権が設定されている場合には、転借地権者がする建物の再築は借地権者がしたものとみなされ、借地権者と借地権設定者との間で20年間期間が延長される（同条3項）。

この7条の規定は、法施行後に設定される借地権についてのみ適用され、本法施行前に設定された借地権については適用されず、従前の例によるものとされた。したがって、法施行前に設定された借地権については、旧法7条により処理され、契約の更新の前後を問わず、借地権者の建物再築に対し、借地権設定者が遅滞なく異議を述べないときは、建物が滅失した日から起算し、再築された建物が堅固の場合は30年、非堅固の場合は20年の法定更新となる。

〔3〕　次に、8条の規定は、契約の更新後に建物の滅失があった場合には、借地権者は地上権の放棄または土地の賃貸借の解約の申入れをすることができ（同条1項）、他方、契約更新後において、借地権者が借地権設定者の承諾なく建物を再築したときは、借地権設定者は地上権の消滅請求または土地の賃貸借の解約

の申入れをすることができる（同条2項）。そして、この地上権の放棄もしくは消滅請求、または土地の賃貸借の解約の申入れがあった日から3カ月経過することにより借地権は消滅するとされる（同条3項）。これらの規定は、転借地関係にも適用される（同条5項）。かかる規定は、旧借地法には存在せず、新設の規定であり、かつ、全体としては借地権者に不利な規定と解されることから、8条の規定は、本法施行前に設定された借地権には適用しないこととした。

（澤野順彦）

（借地権の対抗力に関する経過措置）

第8条 第10条第2項の規定〔1〕は、この法律の施行前に借地権の目的である土地〔2〕の上の建物の滅失〔3〕があった場合には、適用しない〔4〕。

〔1〕 借地権の対抗要件は民法上は登記（地上権または土地賃借権の登記）であるが、本法10条1項は旧建物保護法に従い、借地上の建物について所有権の登記を経由することにより借地権の対抗要件が具備されることを定める。これによって借地権者は土地所有者の協力なしに借地権の対抗力を具備することができるが、建物が滅失すれば建物所有権の登記があっても——建物自体が滅失しているのであるから——その登記に何ら効力はなく、建物を再築し、新たに登記をするまでは借地権の対抗力は失われる。

10条2項では、借地上の登記された建物が滅失した場合でも、借地権者が所定の掲示をしたときは、第三者に暫定的に借地権を対抗できる制度を設けた。

〔2〕 借地権の目的である土地とは、建物所有を目的とする地上権および賃借権が設定された土地を指す（本法1条参照）。

〔3〕 本条で問題となるのは、本法施行前に借地上の建物の朽廃があった場合の対抗力に関する新制度適用の有無である。

(1) 本法は、旧法における建物の朽廃の概念を廃止し、建物の「朽廃」は「滅失」の一態様として「滅失」に吸収することにした。しかし、本法施行前に借地上建物が朽廃した場合には、なお従前の例によることになる（附則5条）ので、本条の「建物の滅失」には朽廃は含まれないことになる。

(2) 従前の「建物の滅失」には火災による焼失、地震による倒壊等の自然的滅失のほかに、建替えのための借地権者の任意の取壊しによる人工的滅失も含むと解されていた（最判昭38.5.21民集17-4-545）。本法における「滅失」はこのような最高裁の判例を取り入れ、借地権者または転借地人による取壊しを含むとの明文規定が置かれた（本法７条１項）。

〔４〕　建物滅失があった場合の対抗力に関する新制度は、借地権の属性にかかわるものではないから、既存の借地権についても改正内容を適用して差支えないとの考えの下に、本法の施行前に設定された借地権についても適用する意向はすでに「試案」のなかで明らかにされていた（「試案の説明」第一部、第六２）。

しかし、本法が施行される前に建物が滅失した場合にまで施行後の新制度による掲示の効力を第三者にまで対抗させることは適切ではない。本条では本法が創設した「掲示」の規定は法施行前に借地上建物の滅失があった場合には適用しないものとした。

したがって、本法は建物がこの法施行前に滅失した場合に限って本法の適用がないことを意味し、既存の借地関係でも、建物が本法施行後に滅失した場合には、借地人は、掲示をすることによって借地権を第三者に対抗することができることになる。

（東川始比古）

（建物買取請求権に関する経過措置）

第９条〔1〕　第13条第２項の規定は、この法律の施行前に設定された借地権については、適用しない〔2〕。

２　第13条第３項の規定は、この法律の施行前に設定された転借地権〔4〕については、適用しない〔3〕。

〔１〕　本条は、借地期間の満了に伴う建物買取請求に関する法13条の定めのうち２項および３項について、それらが既存借地権には適用されないことを定めるものである。すなわち、これらの規定は借地借家法によって新設された規定ではあるが、施行前に設定された借地権に適用されないことが自明であるとはいえないので、本条を設けて、適用されない旨を明規しているのである（附則〔前注〕

〔1〕(1)ウ)d))。

もっとも、新設規定とはいっても、それは旧法に明文の規定がなかったということにすぎず、旧法の解釈として法13条2項、3項とほぼ同旨の見解は学説上有力に主張されていた。そこで、本条が法13条2項、3項の既存借地権への適用を否定したことは、既存借地につきそれらの見解に沿った解決をすることをも否定したことになるかという解釈上の疑義が生ずる（詳しくは、〔2〕〔3〕)。

〔2〕 法13条2項は、借地権設定者の承諾なく残存借地期間を超えて存続する建物が再築された場合の建物買取請求につき、裁判所が代金支払につき期限の猶予を与えることができる旨を定めた規定である（詳しくは、13条〔9〕)。本項はこの法13条2項の規定が既存借地権には適用されないことを明らかにしている。

もっとも、旧法下でも法13条2項とほぼ同旨の解釈は学説上有力に主張されていた（13条〔9〕）ので、次のような問題が生ずる。すなわち、本項が法13条2項の既存借地権への適用を否定したことは、既存借地権についてそのような解釈を採ることを否定し、法13条2項と同様の処理を行う可能性を排除したことになるかという問題である。

思うに、旧法4条2項による建物買取請求に関し「なお従前の例による」とする規定はない（附則6条がそれに当たるとする解釈には無理がある）こと、法12条4項のように、その規定内容が旧法下でも解釈上認められていたとして既存借地権への適用が承認されている条文もあることを考えると、附則の解釈としては、既存借地権につき上記の解釈による解決を行うことはできないと解さざるをえないであろう。しかし、そうだとすると既存借地については、再築建物の代金支払につき期限の猶予は認められないか、あるいは再築前の旧建物が存在したならば有したであろう時価を基準として建物代金を定めるかのいずれかの処理によらざるをえなくなり、不都合である（これらの処理が不都合だからこそ、本法は13条2項を設けたのである)。そこで、本項は既存借地について本項と同様の解決をする可能性を直接的・積極的に否定する趣旨までは含んでおらず、実際に該当の事案が登場すれば、民法608条2項の類推適用により再築建物の代金の全部または一部につき支払期限の猶予をする可能性は排除されていないと解すべきではあるまいか。これは、法13条2項の適用を認めたのと実質的に同じ結果であるが、法適用上はあくまでも民法608条2項の類推適用によると考えるべきである。

〔3〕　法13条3項は、原借地権が期間満了で終了した際の転借地権者から原借地権設定者への直接の建物買取請求を認めた規定である（詳しくは、13条〔11〕)。本項は、この法13条3項の規定が既存転借地権には適用されないことを明らかにしている。

もっとも、旧法下でも法13条3項と同旨の解釈は学説上有力に主張されていた（13条〔11〕）ので、本項によってそのような解釈の余地が排除され、既存借地で該当の事案が出てきた際に、転借地権者から原借地権設定者への直接の建物買取請求は否定されざるをえないのかが、問題となる（稲葉・ジュリ1006-18参照)。この結論は不都合ではあるが、附則上ここでの建物買取請求権の問題に関し「なお従前の例による」とする規定がない（附則6条がそれに当たるとする解釈には無理がある）以上、そう解さざるをえない。立法論としては、旧法の解釈として上記の直接的買取請求が認められる余地を残しておくべきだったと考えられるのであり、このような附則の定め方には疑問を禁じえない。

〔4〕　法13条3項の規定が適用されないのは、本法施行前に設定された転借地権に対してである。原借地権は本法施行前に設定されたが、転借地権は本法施行後である場合には、法13条3項の適用は否定されない。

（山本　豊）

（借地条件の変更の裁判に関する経過措置）

第10条〔1〕　この法律の施行前にした申立てに係る借地条件の変更の事件については、なお従前の例による〔2〕。

〔1〕　本条の趣旨　　本条は、借地条件の変更の事件について、それが本法施行前にした申立てに係る事件である場合は、「従前の例による」ものとして本法の規定（17条1項）が適用されない旨を定めたものである（附則〔前注〕〔1〕(1)ウ）3）および(2)ア）を見よ)。

〔2〕　本法によれば建物の種類、構造、規模または用途を制限する旨の借地条件についてその変更を裁判所に申し立てることができるが（17条1項)、旧法8条ノ2第1項では非堅固建物の所有を目的とする借地条件を堅固建物の所有を目的とする借地条件に変更する申立てのみが認められていた。本法附則4条本文で

は、平成３年法施行前に生じた事項については、附則に特別の定めがある場合を除き、平成３年法を適用すると規定する。そこで、本条で特別の定めを置いて、本法施行（平成４年８月１日）前に旧規定に基づいて借地条件の変更を申し立てて裁判所に係属した事件については、現在の17条１項が適用されるのではなく、「従前の例による」とした。

⑴　本条では、借地権の設定ではなく、借地条件の変更の申立てを基準に適用されるべき規定を分けた（附則〔前注〕〔１〕⑵ア）を見よ）。したがって、平成３年法施行前に設定された借地権でも、その借地条件の変更の申立てが平成３年法施行後である場合は、平成３年法が適用されることになる。

⑵　堅固建物の所有を目的とする借地条件への変更に関する旧法の場合と平成３年法の借地条件の変更の場合とは、裁判にあたっての実質的要件である「事情の変更」の内容が異なっていることから（平成３年法では「法令による土地利用の規制の変更」と規定するのに対して、旧法では「防火地域ノ指定」と規定する）、旧法下で申し立てられた事件には旧法が定めていたところに従って裁判が行われるとした。

⑶　本条によると次のようになる。

ア）　本法施行前に非堅固建物の所有を目的とする借地条件がある場合において、これを堅固建物の所有を目的とする借地条件に変更する旨の申立てが施行前になされたときは、「従前の例による」。すなわち、旧法が定めていたところに従って裁判が行われる。

イ）　本法施行前にア）以外の点について建物の種類、構造、規模または用途を制限する旨の借地条件がある場合において、これをその借地条件と異なる建物の所有を目的とする借地条件に変更する旨の申立てが施行前になされたときは、「従前の例による」。すなわち、旧法では、そもそもこのような申立ては認めていないから、申立てが却下される。

ウ）　本法施行前に非堅固建物の所有を目的とする借地条件がある場合において、これを堅固建物の所有を目的とする借地条件に変更する旨の申立てが施行後になされたときは、本条で直接的には規定していないので、若干問題が生じる。附則４条ただし書は旧法の規定により生じた効力を妨げないとしているので、「非堅固建物の所有を目的とする借地条件」は、それ自体として効力を維持し、その変更も平成３年法の施行・旧法の廃止によって影響されないようにも解される。しかし、非堅固建物の所有を目的とする借地条件を堅固建物の所有を目的とする借地条件に変更することも、建物の種類・構造等を制限する借地条件の変更の一種であるし、また、この場合について「従前の例による」とすることの実質的理由もないことから、平成３年法の規定が適用されると解すべきであろう（法務省・新しい借地借家153、21、および升田・判時1419-14も同旨）。

エ）　本法施行前にウ）以外の点について建物の種類、構造、規模または用途を制限する旨の借地条件がある場合において、これをその借地条件と異なる建物の所有を目的とする借地条件に変更する旨の申立てが施行後になされたときは、平成３年法が適用される。

オ）　本法施行後に建物の種類、構造、規模または用途を制限する旨の借地条件がある場合において、これをその借地条件と異なる建物の所有を目的とする借地条件に変更する旨の申立てがなされたときは、平成３年法が適用される。

(4)　借地条件の変更の裁判（17条１項）に対して、増改築許可の裁判（同条２項）等の借地非訟事件（41条参照）については、平成３年法が適用される。すなわち、本法17条２項、５項、19条１項、３項、20条１項に規定する事件（41条参照）については、これと同内容の規定が旧法にも存在し、旧規定と新規定の内容が同一であるために、たとえ、これらの事件が本法施行前に旧規定に基づいて申し立てられたとしても、平成３年法施行後は、平成３年法（上記の各規定）および借地非訟事件手続規則（昭和42年１月26日最高裁規則１号、平成25年７月31日最終改正〔最高裁規則３号〕）等によって裁判を行うことになる（附則４条参照）。

（鎌野邦樹）

（借地契約の更新後の建物の再築の許可の裁判に関する経過措置）

第11条〔1〕　第18条の規定は、この法律の施行前に設定された借地権については、適用しない。

〔1〕　本条は、更新後の建物の再築の許可について規定した18条の規定は、本法施行前に設定された借地権については適用しない旨定めたものである。すなわち、18条は、契約更新後において、借地権者が残存期間を超えて存続すべき建物

を再築使用とすることにつきやむをえない事情があるにもかかわらず、借地権設定者がこれを承諾しないときは、裁判所は借地権者の申立てにより借地権設定者の承諾に代わる許可を与えることができる（同条1項）というものである。しかし、本法施行前に設定された借地権の建物の再築については、7条および8条の適用はなく、本法施行後における契約更新後の再築についても旧借地法が事実上適用されることになる。したがって、8条の適用を前提とした18条の規定は、本法施行前に設定された借地権には適用されず、本法施行後において、施行前に設定された借地権が更新された場合においても、借地権者は自由に建物を再築することができる。

（澤野順彦）

（建物賃貸借契約の更新拒絶等に関する経過措置）

第12条〔1〕 この法律の施行前にされた建物の賃貸借契約〔2〕の更新の拒絶の通知及び解約の申入れに関しては、なお従前の例による〔3〕。

〔1〕 本条は、建物賃貸借における正当事由規定（28条）が既存の建物賃貸借関係に遡及適用されないことを定めている（附則6条が借地の正当事由について「なお従前の例による」と定めるのと同趣旨の規定である。寺田・金法1285-8、寺田・ジュリ992-27）。

「問題点」（1985年11月）から平成3年法に至る過程において、既存の建物賃貸借契約に平成3年法の更新に関する規定を適用すべきかが重要な問題となった。「問題点」は、「敷地の有効利用」等の具体的な正当事由を列挙し、その当否を各界に問うとともに、この規定を既存の借家関係に遡及適用する方向を打ち出した。

しかし、このような正当事由の具体化は、それが存在するということによって明渡しが可能になるということを意味するものであり、多種多様な利益状態に応じた柔軟な処理を不可能にし、ひいては借家権の脆弱化をもたらすという難点を有していた。そこで、「試案」（1989年3月）は、具体的な正当事由を列挙する方式を採らず、その代わり正当事由の判断にあたり考慮されるべき諸事情を列挙する方式を採用した。

その際、遡及適用については、この方式がこれまでの裁判規範（判例）を明文化したものであるという理由から、これを肯定する考え方が維持された。だが、このような考え方に対しては、各方面から批判が加えられた。学界や借手側には平成３年の改正の経緯からして、正当事由の中身が実質的には相当変わってしまうのではないか（「問題点」のいう「敷地の有効利用」がかなり考慮されてくるのではないか）という根強い危惧が示された。

そこで、法制審は、これらの批判をふまえて、当初の答申において、既存の借家関係について遡及適用することを避けるのが望ましいが、法施行後２回目の更新からは適用を認めるとすることを示唆していた。だが、平成３年法によって、これまでの借家秩序が覆されてしまうのではないかという危惧が借家人層には根強く、政府も、法案起草の段階（1991年３月19日）では、各界あるいは野党への配慮を優先して、借地・借家いずれの場合にも正当事由規定を不遡及とした。これは借手にいたずらに不安を与えないようにするとの配慮に基づくものである。そして、このような配慮は、平成３年法が成立する際に、衆議院と参議院の両法務委員会においてそれぞれ正当事由の規定を不遡及とする旨の付帯決議がなされていることからもうかがうことができる。このような経緯からして、本条のもつ意味合いはかなり重要なものである。裁判官は、正当事由の有無の判断にあたってこのことを常に念頭に置く必要がある。

〔**2**〕「この法律の施行前にされた建物の賃貸借契約」とは、平成４年７月31日までに成立した建物賃貸借をいう。この建物賃貸借については、更新拒絶および解約申入れが平成３年法施行後になされたとしても旧法１条ノ２による。借家関係は、期間が長期にわたって存続するものが多く、そこには多くの慣行や利害関係が発生していることから、借手の立場を害さないようにあえてこの規定を置いたのである。したがって、平成３年法が適用されるのは、平成４年８月１日以降に成立した借家契約についてである。その際、平成４年７月31日以前に設定予約があったかどうかは問わない。

〔**3**〕「なお従前の例による」とは、平成３年法施行前に設定された建物賃貸借には平成３年法28条ではなく、旧法下の取扱いと同様の取扱いを受けることをいう。

（本田純一）

（造作買取請求権に関する経過措置）

第13条〔1〕 第33条第２項の規定は、この法律の施行前にされた建物の転貸借〔2〕については、適用しない。

〔１〕 法33条２項は、原借家権が期間満了または解約申入れで終了した際の転借家人から家主への直接の造作買取請求権を認めた規定である（詳しくは、33条〔12〕）。本条は、この法33条２項の規定が既存の建物転貸借には適用されないと定めている。すなわち、この規定は借地借家法によって新設された規定ではあるが、施行前に設定された借家権に適用されないことが自明であるとはいえないので、本条を設けて、適用されない旨を明規しているのである（附則〔前注〕〔１〕(1)ウ)d))。

もっとも、新設規定とはいっても、それは旧借家法に明文の規定がなかったということにすぎず、旧借家法の解釈として法33条２項とほぼ同旨の見解は学説上有力に主張されていた（33条〔12〕）。そこで、本条によってそのような解釈の余地が排除され、既存借家で該当の事案が出てきた際に、転借家人から家主への直接の造作買取請求は否定されざるをえないのかという問題が生ずる（稲葉・ジュリ1006-20参照）。このように解することは不都合ではあるが、附則上ここでの造作買取請求権の問題に関し「なお従前の例による」とする規定がない以上、やむをえない。立法論的には疑問の残る措置といわざるをえない。この点、法13条２項、３項に関する附則９条１項、２項と事情は同じである。

〔２〕 法33条２項の規定が適用されないのは、本法施行前にされた建物転貸借に対してである。原借家権は本法施行前に設定されたが、転貸借は本法施行後である場合には、法33条２項の適用は否定されない。

〔造作買取請求権規定の任意規定化の既存借家への適用可能性〕

法33条２項の既存借家権への適用が本条で否定されているのに対し、法33条１項および法37条より明らかになる造作買取請求権規定の任意規定化については、既存借家権への適用を否定した規定がない。したがって、附則４条本文に定める経過措置の原則に従い、既存借家関係においても造作買取請求権を本法施行後の特約で排除することが許されることになる。ただし、すでに賃貸人の同意を得て付加されている造作について買取りをしない旨の特約がなされた場合には、それが借家人の真意に基づいてされたものかどうか慎重な検討が必要になると指摘されている（寺田・民月47-1-130）。なお、本法施行前にした特約（旧法6条によって無効とされる特約）が有効とされるわけではない（附則4条但書）ことに、注意が必要である。

（山本　豊）

（借地上の建物の賃借人の保護に関する経過措置）

第14条〔1〕　第35条の規定〔2〕は、この法律の施行前に又は施行後1年以内〔3〕に借地権の存続期間が満了する場合には、適用しない〔4〕。

〔1〕　本条の趣旨　　借地上の建物の賃借人の保護規定（35条）を既存の借地借家関係に適用する際に、その適用を排除する場合を定めている。新設の規定であるが、遡及適用されるので、その条件を定める必要がある。

〔2〕　35条の規定は、借地権が借地契約の存続期間の満了によって消滅し、建物の賃借人が土地を明け渡さなければならなくなったときでも、その賃借人が借地契約の存続期間の満了をその1年前までに知らなかった場合には、建物の賃借人はそのことを知った日から1年を超えない範囲内で土地の明渡しにつき相当の期限を許与するよう、裁判所に求めることができるとしている。

〔3〕　借地上の建物の賃借人の保護に関する35条の規定は、本法施行前に成立した借地借家関係にも適用される。

しかし、借地契約の期間が本法の施行前にまたは施行後1年以内に満了する場合に35条を適用すると、土地所有者は、借地契約の満了時の1年前までに建物の賃借人に期間が満了することを通知して、借地権消滅時に土地の明渡しを求めるという手段をとる機会が与えられないことになってしまう。そこで、本条により、本法施行前にまたは施行後1年以内に借地契約の期間が満了する場合には、35条の規定を適用しないことにしたのである。

〔4〕　本法の施行期日は平成4年8月1日であるから、この日より前に満了する借地契約と、平成5年7月31日までに満了する借地契約には、35条の規定は適用されないことになる。もっとも既存の借地権の場合は、存続期間が満了して土

地所有者が更新を拒絶し、それにつき正当事由が認められる場合であっても、借地権者の大部分は建物買取請求権を行使するから、35条が適用されるような、同請求権が行使されない場合はそれほど多くはないと考えられる。

（上原由起夫・宮﨑　淳）

平成11年改正附則（抄）

（施行期日）

第1条　この法律〔1〕は、公布の日〔2〕から施行する。ただし、第5条〔3〕、次条及び附則第3条の規定は、平成12年3月1日から施行する〔4〕。

〔1〕　借地借家法の改正を含む「良質な賃貸住宅等の供給の促進に関する特別措置法」（以下「特措法」という）である。

〔2〕　特措法は、平成11年12月9日に一部修正の上国会で可決成立し、同月15日に公布され（平成11年法律153号）、本条ただし書に列挙されている条項を除いて、周知期間を設ける必要がないとして、即日施行された（福井＝久米＝阿部・注釈定期借家50）。

〔3〕　特措法中、借地借家法の一部改正に係る部分に関する規定である。すなわち、借地借家法23条（ただし、本条は、平成19年の改正〔法律第132号〕により、24条に繰り下げられた）、29条2項および38条の改正に関する規定である。

〔4〕　特措法中借地借家法改正に関する部分と附則2条および3条については周知期間を要するので、平成12年3月1日より施行されることとなった。

（藤井俊二）

（借地借家法の一部改正に伴う経過措置）

第2条　第5条の規定の施行前にされた建物の賃貸借契約〔1〕の更新に関しては、なお従前の例による〔2〕。

2　第5条の規定の施行前にされた建物の賃貸借契約であって同条の規定

による改正前の借地借家法（以下「旧法」という。）第38条第１項の定めがあるものについての賃借権の設定又は賃借物の転貸の登記に関しては、なお従前の例による。〔3〕

〔１〕 特措法５条は平成12年３月１日に施行されているから、その施行より前に、すなわち平成12年２月29日までに締結された建物賃貸借契約である。ただし、３月１日前に賃貸借の予約をし、３月１日以後に本契約をした場合には、施行前にされた建物賃貸借に当たらない。

〔２〕 平成12年３月１日前にされた建物賃貸借契約については、正当事由制度の適用があることを前提として締結されているのであるから、更新に関して従来どおり取り扱われるのが当然であり、このことを「なお従前の例による」として確認したとされる（福井＝久米＝阿部・注釈定期借家50)。しかし、平成11年の改正法施行後も建物賃貸借は、定期建物賃貸借の特約をしない限り、従来どおり更新があり、正当事由が適用されるのであり、また改正前の38条は元来更新がないのであるから、更新の問題は生じない。したがって、「更新に関しては、なお従前の例による」とする規定は単なる確認以上の意味を有しない。ただ、特措法施行前になされた賃貸借において、更新がない旨の特約があった場合に、その特約が特措法施行によっても有効になるのではなく、30条により無効であることを確認したという点では意味があるであろう（澤野・実務と理論174)。

〔３〕 不動産登記法は、賃借権の設定または賃借物の転貸の登記を申請する場合には、申請書に借地借家法38条１項前段の定めがあるときはその旨を記載しなければならないと定める（不登81条８号)。38条は、平成11年の改正によって賃貸人の不在期間の建物賃貸借から定期建物賃貸借の規定に改正された。そのために、改正法施行前（平成12年３月１日）に賃貸人の不在期間の建物賃貸借をしたが、特措法５条の施行後に登記を申請する場合でも、本条にいう旧法38条の規定による賃借権である旨を申請書に明記できなければならない。そこで、旧法38条による賃借権の登記については、特措法施行後であっても、旧法38条１項による特約を記載すべき旨を定めたのである。

（藤井俊二）

第3条〔1〕 第5条の規定の施行前にされた居住の用に供する建物の賃貸借〔2〕（旧法第38条第1項の規定による賃貸借を除く。）の当事者が〔3〕、その賃貸借を合意により終了させ〔4〕、引き続き新たに同一の建物を目的とする賃貸借をする場合には〔5〕、当分の間〔6〕、第5条の規定による改正後の借地借家法第38条の規定は、適用しない〔7〕。

〔**1**〕 定期建物賃貸借の立法の是非を議論するなかで最も問題とされたのは、特措法施行前に設定された建物賃貸借（以下「既存借家権」という）を合意で解約して終了させ、新たに定期建物賃貸借へ変更することや更改によって既存借家権を消滅させて、定期建物賃貸借に切り替えることが認められるべきかであった。本条は、居住用建物賃貸借について、当分の間、このような切り替えができないとし、非居住用建物賃貸借については切り替え可能とした。

居住用建物について定期建物賃貸借への切り替えを認めない理由は、賃借人が定期建物賃貸借の内容を理解しないまま切り替えに応じてしまい、期間満了時に予定外の明渡しを迫られることとなる危険があるので、生活基盤としての住居の重要性に鑑み、当分の間、居住用建物賃貸借についての切り替えを認めないことにした（福井＝久米＝阿部・注釈定期借家52）。

〔**2**〕 ⑴ 特措法5条の施行前にされた居住用建物賃貸借　　平成12年3月1日前に締結された居住用建物賃貸借契約である。平成12年3月1日以後に締結された居住用建物賃貸借契約には、本条の規定の適用はない。

⑵ 居住用建物　　居住の用に供する建物とは、38条5項と同様に、もっぱら事業の用に供する建物以外の建物をいう。したがって、居住と事業と両方の用途に供される建物、いわゆる店舗併用住宅などは居住の用に供する建物に含まれる（木村＝田山・基本コンメ119。詳細については、38条〔**28**〕の注釈参照）。なお、38条5項とは異なり、床面積が200平方メートル未満という制限は存しないから、床面積200平方メートル以上の居住用建物にも本条の適用があることになる。

〔**3**〕 平成12年3月1日前に締結された居住用建物賃貸借契約の当事者である。たとえば、改正法施行後、賃貸人が賃貸建物を譲渡した場合には、譲渡によって特措法施行前に契約を締結した賃貸人の地位も承継されるので、譲受人が当事者

となる。また、賃借権が譲渡された場合にも、施行前に契約を締結した賃借人の地位が譲受人に承継されるので、賃借権の譲受人が当事者となる。

〔4〕 建物賃貸借を合意により終了させるものとしては、当事者の合意による賃貸借の解約と既存賃貸借契約を終了させて新たに定期建物賃貸借をする更改契約が考えられる。

〔5〕 既存賃貸借契約を合意解約または更改契約によって消滅させて、引き続いて同一建物について新たな賃貸借契約を締結することである。

〔6〕「当分の間」とは改正法附則4条が、「施行後4年を目途として」居住用建物賃貸借のあり方を見直すとしており、その際に居住用建物賃貸借を定期建物賃貸借に切り替えることを認めることの是非も検討されるから、4年程度とされている（福井＝久米＝阿部・注釈定期借家53、澤野・実務と理論175）。筆者は、本書第2版において、「しかし、4年後の政治情勢は予測がつかないので、4年と言い切ってよいかは、疑問である」と述べたが、すでに18年が経過しても見直しはなされていない。「当分の間」とは次の改正がなされるまでということを意味するものでしかないこととなったと解すべきである。

〔7〕 上記〔4〕〔5〕に述べた方法により平成12年3月1日前に成立した建物賃貸借契約を消滅させて、同一建物について新たに38条による定期建物賃貸借の特約をしても、定期建物賃貸借契約は、成立しない。すなわち、新たにした賃貸借契約全体が無効になるのではなく、「更新がない」とする特約部分およびそれに伴う賃料改定特約部分が無効となるのである。したがって、新たになされた建物賃貸借契約は、正当事由制度の適用のある期間の定めのある普通建物賃貸借契約としての効力が認められることになる（研究会・新しい借地借家197）。

下級審判決には、70年間継続してきた建物賃貸借の合意解約を認め、従前の建物賃貸借は定期建物賃貸借に転換したとして期間満了により賃貸借の終了を認めて、賃貸人の明渡請求を認めた裁判例がある（東京地判平27.3.27LEX/DB25525277）。この判決は、本附則を無視する判決であり、不当なものと考える（藤井・早稲田245以下）。

（藤井俊二）

平成19年改正附則（抄）

（施行期日）

第1条 この法律[1]は、平成20年1月1日から施行する[2]。

〔1〕「借地借家法の一部を改正する法律」として、平成19年12月21日に法律132号として成立した。

〔2〕 本法は、平成19年12月7日に議員提出法案として衆議院に付託され、平成19年12月11日衆議院を通過し、平成19年12月14日に参議院で可決成立したものである。

法律の公布は、平成19年12月21日であり、施行日は平成20年1月1日と短期間での施行であったが、これは本改正が、既存の借地権に影響を与えない（本附則2条参照）からだと解されている（寺田・基本コンメ137）。

（藤井俊二）

（経過措置）

第2条[1] この法律の施行前に設定された借地権（転借地権を含む。）については[2]、なお従前の例による[3]。

〔1〕 本条の趣旨は、本改正法の施行日（平成20年1月1日）前に設定された借地権の更新ほかすべての法律関係について、改正法は影響を及ぼさない旨を定めたことにある（寺田・基本コンメ137）。

〔2〕 本改正法施行前、すなわち平成20年1月1日前に設定された普通借地権、定期借地権（22条）、建物譲渡特約付借地権（改正前23条）および事業用借地権（改正前24条）である。これらのいわゆる既存借地権には、本改正法は適用されない。

本改正法施行前に設定が予約され、施行後に本契約が締結された借地権および本改正法施行前に設定された停止条件付借地契約で施行後に条件が成就して効力が生じたものについては、本改正法が適用される（条件については、民127条1項、

３項参照)。

〔３〕 本改正法施行前に設定された借地権には、本改正法は適用されない。たとえば、平成20年１月１日前に、事業用建物所有を目的として期間を30年で、更新はしない旨の特約をして公正証書によって借地契約を締結していたとしても、30年の期間満了によって借地権は当然には消滅せず、この借地権は期間満了時に正当事由制度による更新の問題が生じる普通借地権とされる（３条、５条、６条参照)。

改正法施行前に設定された普通借地権や定期借地権を、施行後にいったん合意解約をして、あらためて事業用定期借地権契約を締結することは、認められるであろうか（事業用定期借地権への切り替え)。本附則には、平成11年改正法附則３条のような規定が設けられていないから、既存の借地権の事業用定期借地権への切り替えは認められると解される（寺田・基本コンメ137)。平成11年改正法附則３条は、居住用の建物賃貸借が問題となっており、定期建物賃貸借への切り替えを認めると賃借人の居住に大きな影響を与えることが危惧されたが、本改正では事業用建物所有を目的としたものであって、借地権者も事業者であり、居住用建物所有を目的とする場合と異なり、契約締結交渉において対等な力関係、情報力を有するであろうことも考慮されたものと思われる。

したがって、たとえば、改正法施行前に期間30年で締結された普通借地権が、15年経過したときに、改正法が施行され、その後この普通借地権設定契約を合意で解約し、あらためて15年の事業用借地権を設定する契約を公正証書ですることは認められる。ただし、合意解約をする場合に、それが借地権者の真意ではなかったとか、借地権者の合理的意思に反するとか、借地権者の意思表示に瑕疵があるとされて、合意解約の効力が否定される場合があるから、既存の普通借地権や定期借地権を事業用定期借地権等に切り替える契約は借地権者に十分な情報を提供し、解約する意思を確認して、その上で、事業用定期借地権等設定契約を締結することを説明して、慎重に行われるべきである。

（藤井俊二）

民事調停法

（地代借賃増減請求事件の調停の前置）

第24条の２〔1〕 借地借家法（平成３年法律第90号）第11条の地代若しくは土地の借賃の額の増減の請求又は同法第32条の建物の借賃の額の増減の請求に関する事件〔2〕について訴えを提起しようとする者は、まず調停〔6〕の申立てをしなければならない〔3〕。

２ 前項の事件について調停の申立てをすることなく訴えを提起した場合には、受訴裁判所は、その事件を調停に付さなければならない〔4〕。ただし、受訴裁判所が事件を調停に付することを適当でないと認めるとき〔5〕は、この限りでない。

〔１〕 本条の趣旨　　本条は、借地借家法における賃料改定事件につき調停前置主義を規定するもので、平成３年の借地借家法制定と同時に行われた民事調停法の一部改正において追加されたものである。賃料改定をめぐり当事者間の合意がまとまらないときは、前記改正前は訴訟によらざるをえなかったが、争いとなる額に比較して費用と時間がかかり経済的に釣り合わないという問題が指摘されてきた。そこで、先の借地借家法改正の際の議論においては、賃料改定紛争の簡易迅速な処理という観点から、賃料改定事件の非訟化、いわゆる第三者機関の創設、および、調停制度の拡充・強化という三つの対策が検討され、その結果、調停制度の活用により簡易迅速かつ適正な紛争解決をめざすこととなった（前二者は引き続き検討課題とされた。その他本条新設に至る経過の概要について、石川＝梶村345以下参照）。

(1) 調停とは、「当事者の互譲により、条理にかない実情に即した解決を図る」

（民調１条）ことを目的とする制度で、具体的には、原則として裁判官と民間人である調停委員２名以上で構成する調停委員会が当事者間の紛争に専門的知識経験を有する第三者として関与し当事者間の合意による解決を仲介し、そのようにして合意が成立しそれを調書に記載すると、その記載が確定判決と同一の効力を認められるというものである（調停手続の概要に関しては〔６〕参照）。

(2)　本条は、賃料改定を求める訴訟を提起する者は原則として調停を経なければならない旨を規定するが、このような調停前置主義は、すでに家事事件において採用されている（旧家審18条、家事事件257条）。前記の平成３年改正において、賃料改定事件に調停前置主義を採用した理由は、時間・費用の点で負担の大きい訴訟手続に比べてより簡易で迅速な解決が期待できること、賃貸借は継続的な関係であるから、できるだけ当事者の話し合いにより解決されることが望ましく、その際専門家（調停委員としての不動産鑑定士等）の助言があれば、当事者間で具体的に妥当な解決が促進されることである。

(3)　なお本条は既存の借地借家関係に対しても適用があり、改正法の施行（平成４年８月１日）後に訴えの提起をする場合には、契約が施行前になされたものであるか否かを問わず、本条に従い、調停前置とする（民事調停法の一部を改正する法律・附則２項）。ただし、改正法の施行時にすでに訴えが提起され裁判所に係属している事件については、従前のとおりとし、調停を経る必要はない。

〔２〕　本条１項により調停前置とされる事件は、賃料改定事件、すなわち、借地借家法11条あるいは32条の賃料増減請求権の行使を理由として、新賃料の確認を求める事件、新賃料の給付を求める事件、または賃料増減請求に対抗して相手方がする増額後の賃料債務不存在確認あるいは減額前の従前賃料の確認を求める事件である（いずれも賃料改定そのものを紛争の対象とする）。

これに対して、賃料をめぐるトラブルであっても、単に未払賃料の支払請求事件は本条による調停前置の対象とならず、また改定が絡む場合にも、同法11条または32条に基づくものでなく当事者の合意（改定特約）による改定額の支払を求める事件も、合意の有無・内容を争点とするから、本条の調停前置の対象ではない、と解されている（橋本・ジュリ1006-120）。ただ、いわゆる賃料改定特約（自動改定特約）に基づく改定賃料の支払請求や確認請求は、確かに特約を根拠とするもので前記両条に基づくものではないが、当事者の合理的な意思解釈からして、改定を希望する当事者はとりあえず特約があるのでそれに基づく請求をするのが通常であり、原告側のその訴え提起や改定額通知には、当該特約が無効な場合には前記両条の増減請求権を行使する意思表示が含まれているものと解すべき余地がある（橋本・ジュリ1006-125）。さらに、紛争の実質が賃料改定をめぐるものであっても、賃料不払いによる契約解除を理由とする明渡請求事件も、解除の効力の有無を争うもので本条の対象外である（福田・判タ785-28）。

このように、賃料ないし賃料改定をめぐるトラブルでも本条の調停前置とされる事件はかなり限定的に解するのが一般であるが、より広げて本条の対象に含める余地ありとの指摘もある（石川＝梶村354）。もっとも、本条により調停前置の対象とならない場合でも、受訴裁判所は、民事調停法20条１項に基づき裁量により調停に付することができる。

〔３〕 本条により調停前置とされる場合、申立ては、問題となっている宅地または建物の所在地を管轄する簡易裁判所、または、当事者が合意で定めるその所在地を管轄する地方裁判所に対して行わなければならない（民調24条）。調停一般の場合の管轄については、同法３条の規定があるが、賃料改定調停は宅地建物調停として前掲24条の定める管轄による。

〔４〕 本条１項により調停の申立てを要する場合において、それをなすことなく訴えが提起されたときは、受訴裁判所は、その事件を調停に付さなければならない。どの裁判所に付すかに関しては、前掲〔３〕に述べたところが当てはまるが、受訴裁判所が適当であると認めるときは、自庁で調停をすることができると解される（民調20条１項）。

〔５〕 調停の申立てをすることなく訴えが提起された場合であっても、受訴裁判所が「事件を調停に付することを適当でないと認めるとき」（裁判所の裁量に任される）は、調停に付さないものとすることができる（そのまま訴訟手続を進めてよい）。具体的に、調停に付すのが適当でないとされる場合の例として、相手方が行方不明で合意がおよそ成立する余地がないという場合、相手方が調停に付することを頑強に拒否して、およそ最初から調停には出ないと明言しているような場合、すでに多くの年度の地代・家賃の紛争について調停を試みたものの不調に終わっている場合、公団住宅の家賃のように、行政的な審査を受け、画一的な基準に基づき家賃が定められ、個別の賃借人との合意によって定めるのが困難であ

るとみられるような場合（石川＝梶村358）、賃貸借契約の当事者や過去の賃料額のような前提事実に争いがあって証拠に基づく微妙な事実認定が必要とされる場合などが考えられる（山下＝上田＝土井＝森里・判タ1290-57）。

〔6〕　調停のしくみ　　⑴　当事者の調停申立てあるいは受訴裁判所により調停に付され、調停手続が開始されると、まず裁判官1名（調停主任という）と2名以上の民事調停委員から構成される（民調6条）調停委員会が組織される（例外的に調停委員会が組織されず裁判官のみが調停の主体となることがある。民調5条1項但書）。

ア）　民事調停委員は、事件ごとに裁判所が指定する。調停委員は、社会経験豊かな徳望良識を備えた民間人から選ばれ、その経験や良識あるいは専門的知識を事件解決に反映させることが調停手続の狙いであるが、賃料改定調停においては、不動産鑑定士等の専門的知識経験をもつ者が当該事件の調停委員に指定されることが望ましいし、大都市の裁判所では現実にそうした運用がなされている例もみられる（時期は異なるが賃料紛争を含む東京地裁および大阪地裁における調停の状況につき、高木ほか・自正46-7-9、18、東京地裁民事調停実務研究会・判タ932-113。また、東京簡裁における賃料増減調停事件の処理状況につき、堀田・新裁判実務大系6-289。近時の東京地裁調停専門部〔民事22部〕における状況につき、大久保・専門訴訟講座728）。ただ、専門的知識を有する調停委員の数には当然限りがあるから、当該の賃料改定調停に専門知識のある調停委員を当初から指定することが無理な場合には、必要が生じたときにそうした調停委員を追加指定する方法、あるいは当該調停事件の調停委員会を構成していない専門家委員に必要に応じて意見を述べてもらうという方法（民調8条1項、民調規14条）も利用できる。

イ）　平成3年の借地法、借家法、民事調停法改正の際においても、調停の活用にあたり専門家たる不動産鑑定士の役割が重要視されており、それゆえに不動産鑑定士の資格をもつ民事調停委員の裁判所への配置の問題、鑑定士自体の地域的な偏在の問題が議論され、立法者側もその適正な配置のために配慮が必要であることや、賃料にかかわる不動産鑑定のマニュアル的なものを用意して調停委員ら担当者の執務能力向上のための用に供するなどの工夫が必要であるとしていた。そして、その一例として、一部地域において、調停委員らのための定型的な手控えとしての「調停事件解明表」や、調停手続における賃料算定の一応の基準が示され、参考に供されている。

⑵　ついで調停期日を指定して事件関係人を呼び出し、合意成立に向けて調停手続を進行する。

ア）　呼出しを受けた当事者は原則として自ら出頭しなければならない（本人出頭主義）。その趣旨は、双方の当事者本人から直接に事情を聴くことにより、事案の実情を容易に知ることができ、かつ、紛争の対象である法律関係について処分権を有する当事者本人が出頭して話し合うことが、調停成立の機会を最も多くできるというものである（最高裁民事局編・解説162頁）。

イ）　調停手続は非公開で行われるが、調停期日（第１回の調停期日だけで調停が終了しなければ続行期日）においては、まず当事者からの事情の聴取をはじめとする事実の調査が行われる。これは調停委員会の職権によるものであるが、証拠調べのような厳格な方式をとるものではなく（必要があれば、職権で証拠調べを行うこともできる）、要するに、調停をするために必要な資料を自由な方式により収集することである。そのなかで、調停委員会が相当と認めるときは、当該調停委員会を組織する調停委員に対して事実の調査をさせることができる（たとえば、不動産鑑定士である調停委員に賃料改定が問題となっている不動産を検分させ賃料算定の基礎事実を調査させる等。民調規13条１項）。また、調停委員会が必要ありと認めるときは、当該調停委員会を組織していない民事調停委員の専門的な意見を聴取することができ（民調規18条１項）、たとえば、当該調停委員会に不動産鑑定士等の専門家が含まれていないときでも、専門家を活用することができる。

ウ）　このような事実の調査により紛争の事実関係が掌握された後、調停委員会は評議を行い、調停委員会としての調停案を作成することになろう。その際、賃料改定調停においては、一応のガイドラインの設定のほか、やはり専門家たる不動産鑑定士の意見が重要となろう。そして、調停委員会は、両当事者の歩み寄りを促し、時機をみて調停案を示して説得することになる。

⑶　当事者間で合意が成立し、それを調書に記載したときは、調停成立となり、その記載は裁判上の和解と同一の効力を有する（民調16条）。

ア）　調停委員会の説得にもかかわらず合意成立には至らないものの、当事者が調停委員会が決めるならばそれに従う意向をもっている場合には、後述のいわゆる調停条項の裁定の手続により決着させることができる（詳細は24条の３の注釈を参照)。

イ)　当事者の主張に大きな隔たりがあり合意成立の見込みがない場合には、調停委員会は、調停不成立として事件を終了させることになる(民調14条)。

ウ)　調停において合意が成立する見込みがない場合においても、裁判所は、相当と認めるときは、当該調停委員会を組織する民事調停委員の意見を聴き、当事者双方のために衡平に考慮し、一切の事情をみて、職権で、当事者双方の申立ての趣旨に反しない限度で、事件の解決のために必要な決定をすることができ、この決定において、金銭の支払、物の引渡しその他の財産上の給付を命ずることができる(民調17条。「調停に代わる決定」という)。この調停に代わる決定という制度は、紛争の実情の把握が十分になされ当事者の主張の差も僅少であるのに当事者が自己の主張に固執する等の理由で合意が成立しないような場合に、調停不成立としてこれまでの調停委員会の手続・努力を徒労に終わらせるのは不適当であるから、ともかく裁判所の判断を示し、それを機縁として当事者が終局的な紛争解決に至ることを促す制度である。この決定に対して、当事者または利害関係人は、2週間以内に異議の申立てをすることができ、異議申立てによりこの決定は失効するが、異議の申立てがないときは、決定は裁判上の和解と同一の効力を有する(民調18条)。

エ)　従来、この調停に代わる決定は、異議が出れば失効すること等から前記の民事調停法の改正以前は、ごく一部を除き、十分に利用されてはこなかった。しかし、前記の借地借家法、民事調停法改正をめぐる論議のなかで、この決定制度を強化する方向――調停不調の場合、裁判所は原則としてこの決定を行い、当事者がこれに対して異議申立てをした場合には、訴えの提起があったものとする――が示された(「試案」第一部、第五、三、3、第二部、第三)。ただ、異議により訴訟へ移行することに伴う技術的な問題点や決定の原則化は運用によりある程度可能である等の配慮から、結局この決定制度の強化の改正は見送られたが、一部の裁判所においては、調停成立の見込みがない場合でも積極的に調停に代わる決定を行うという運用がなされ、一定の成果をあげている(東京地裁および大阪地裁における実情について、高木ほか・自正46-7-11、21、東京地裁民事調停実務研究会・判タ932-114、東京簡裁における状況について、堀田・新裁判実務大系6-291)。

この調停に代わる決定がなされることは少なくないといわれている(荒木・実

務解説205)。

(4) 当事者間に成立した合意が調書に記載された場合、決定に対して異議が出されなかった場合、それらは裁判上の和解と同一の効力が認められるため、確定判決と同一の効力をもつことになる(民訴267条)。その結果、債務名義として執行力をもつ(民執22条7号)。

ア) 調停に既判力が認められるかどうかについては、調停の性格を当事者の合意とみるか、裁判と同様公権的な紛争解決手続とみるかとも関連して、議論の存するところである。判例は、調停と同様に解すべき裁判上の和解につき、それが私法上の和解契約であるとともに訴訟手続上の合意であるという両面をもつとの立場から、実体法上の無効・取消原因が存する場合に、和解の当然無効あるいは取消しを肯定し、調停についても同様に解すべきであるとし、また、民事調停に手続法上の瑕疵がある場合には、それぞれの規定の趣旨により無効・取消原因となることがあると解している(制限的既判力説と呼ばれる)。

イ) たとえば、調停主任裁判官を欠き調停委員のみで組織された調停委員会において成立した調停調書は、無効であり、実在しない者を当事者とする調停も無効である。また調停条項の文言上、その内容が不明・不定・不能の場合、調停は無効である。調停条項の内容が公序良俗違反(民90条)の場合、強行法規違反の場合も同様である。さらに、調停における当事者の意思形成に瑕疵がある場合(意思能力の欠如、通謀虚偽表示、錯誤、詐欺・強迫)も同様であるが、ただ、錯誤の場合については、和解契約として民法696条の適用があること、詐欺・強迫については、取消しの意思表示を要する。民法(債権関係)改正施行後は錯誤も同様とされ(民95条)、取消しの意思表示を要する。また、手続法上の瑕疵を原因として調停が無効とされる例として、代理人の出頭により成立した調停において、調停の成立までに代理権限を証する書面を提出せず追認もないとき等がある(詳細は、梶村=深沢587以下)。

これらの場合に、調停が実体法上の理由により無効であるときは、当該調停の無効確認の訴えを提起し、あるいは、請求異議の訴えにより、その無効を主張できる。また、調停手続は終了していないとして、調停手続の再開を求める申立てが可能であろう。さらに、調停手続に、民訴法上の再審事由(民訴338条1項1号、2号)に該当するような手続上の瑕疵がある場合には、民事調停法上の規定はないが、再審に準じた訴えが認められる（梶村＝深沢593以下）。

（副田隆重）

（地代借賃増減調停事件について調停委員会が定める調停条項）

第24条の3[1]　前条第1項の請求に係る調停事件については、調停委員会は、当事者間に合意が成立する見込みがない場合又は成立した合意が相当でないと認める場合[2]において、当事者間に調停委員会の定める調停条項に服する旨の書面による合意（当該調停事件に係る調停の申立ての後にされたものに限る。）があるとき[3]は、申立て[4]により、事件の解決のために適当な[6]調停条項を定めることができる[5]。

2　前項の調停条項を調書に記載したときは、調停が成立したものとみなし、その記載は、裁判上の和解と同一の効力を有する[7]。

〔1〕　本条の趣旨　　本条は、賃料改定調停にいわゆる調停条項の裁定制度を導入するものである（ただ、制度導入後実際の利用がほとんどないこと、ならびに、その背景について、堀田・新裁判実務大系6-292。荒木・実務解説205）。

⑴　調停条項の裁定制度は、当事者間において合意には至らないものの、当事者双方が調停委員会を信頼し、調停委員会が決めるならばそれに従うという意向をもっている場合に、調停委員会が事件解決のため調停条項を定め、それにより決着させるという一種の仲裁類似の制度である。従来この制度は、商事事件および鉱害事件に限り認められていたが（民調旧31条、33条）、専門家の助言を前提に合理的な計算・妥協になじむという点で、不動産鑑定士などの専門的知識・経験を活用することを前提とした賃料改定事件への拡大が適当であるとの考慮から、平成3年の改正により導入されることとなった。したがって、本条は、今日の賃料改定訴訟がますます不動産鑑定への依存を強めつつあることを前提として、賃料改定調停においても調停委員としての鑑定士を活用して簡易迅速な紛争解決をめざすものといえる。

⑵　なお本条は、既存の借地借家関係にも適用される。

〔2〕 調停条項の裁定を行うためには、三つの要件――当事者間に合意が成立する見込みがない場合または成立した合意が相当でないと認められる場合であること、当事者間に調停委員会の定める調停条項に服する旨の書面による合意（当該調停事件に係る調停の申立ての後にされたものに限る）があること（〔3〕を見よ）、および、当事者からの申立てがあること（〔4〕を見よ）――が必要である。後に詳述するように、書面による合意が調停申立て後のものに限るとされた点を除いては、従前の規定（民調旧31条、33条）当時の解釈が当てはまると考えてよい。

(1) 「当事者間に合意が成立する見込みがない場合」とは、調停委員会の説得にもかかわらず当事者が譲歩せずその態度が強固であって続行期日を重ねても合意成立の見込みがない場合、数回開かれた調停期日に当事者の双方または一方が出頭せず話し合いによる解決の余地がない場合などが挙げられる（なお、石川＝梶村369以下も参照）。

(2) 「当事者間に成立した合意が相当でないと認める場合」とは、当事者間に成立した合意が法律上許されない違法なものであったり、正義に反し著しく妥当性を欠くなど、調停委員会がこれを承認しえない場合をいう。調停は当事者の合意を基礎とするとはいうものの、調停も裁判所が関与する司法的な紛争解決手続であり、かつ、成立した調停調書には執行力が付与されることから、合意の内容に関してもそれが妥当であることが要請されるからである。もっとも、賃料改定調停事件では、そのような場合はめったに起こりえないであろう（石川＝梶村370）。

〔3〕 当事者間に調停委員会の定める調停条項に服する旨の書面による合意（当該調停事件に係る調停の申立ての後にされたものに限る）があることが必要である。

(1) この調停条項の裁定制度は一種の仲裁であることから、当事者が前掲調停条項に服する旨の合意は必須であり、この合意の存在が、調停条項の調書記載に裁判上の和解と同一の効力を付与する実質的根拠である。したがって、慎重確実を期するために書面による合意が要求され、同様の趣旨から、口頭の合意があったことを調停手続調書に記載しただけでは、書面による合意があったと解することはできないとされている。また、この合意に条件を付することは（たとえば調停委員会の定める調停条項が、賃料○○円以上である場合にのみ、それに服する）、当事者が確定的に合意しているものか疑問の生ずる危険があり、裁定の効力に影響を与えるおそれがあることから、許されないものと解されている（石川＝梶村351）。ただ、同意書のなかに双方の希望を記載することは差支えない（それらの希望は調停委員会を拘束しないが、尊重されよう）。

⑵　注意を要する点は、従前の規定においては、この書面による合意の成立時期は調停申立ての前後を問わないと一般に解されていたのに対して、平成３年改正により法文にあるとおり、書面による合意は調停申立て後のものに限るとされたことである。

この点は、前記改正に際して最も議論の的となった箇所であり、調停申立て後に限る旨の括弧書は衆議院における修正により挿入されたものである。すなわち、政府原案は、従前の規定と同様書面による合意の成立時期に関しては特に限定を設けていなかった。これに対しては、契約書等にあらかじめ裁定に服する旨の文言が入れられている場合には、当事者が調停委員会の裁定を望んでいない場合にもそれに拘束され、不服申立てもできない危険があるとの批判（「押しつけ調停」）が強かった。一方、政府側は、形式的に書面による合意があるとしても、調停委員会が裁定をなすのはそれによる解決にふさわしい状況がある場合であるし、民事調停規則（旧34条参照）により裁定をなすために必要とされる当事者の審尋手続のなかで当事者の真意を確認できるから、調停申立て後の合意に限定しなくても現実的には問題はないとの立場を採っていたが、結局、そのような懸念に配慮して、前述のような修正が行われた。

⑶　なお、商事調停、鉱害調停についても、同様に、書面による合意は調停申立て後のものに限ることになった（民調31条、33条は本条を準用）。

〔４〕　調停条項の裁定は、当事者の申立てが必要であり、職権では行うことができない。ただ、いずれか一方の申立てで足り、また口頭の申立ても認められる。

〔５〕　調停条項の裁定に関して、前述の三つの要件が備わっている場合、調停委員会は、「事件の解決のために適当な」（この点については〔６〕参照）調停条項を定めることができる。前記の要件が備わる場合に必ず裁定を行わなければならないというものではない。ただ、後述するように、裁定を行うときは、それに先立ち当事者を審尋することを要する（民調規27条）。

⑴　まず裁定を行うことができるのは、調停委員会であり、裁判官のみで調停

を行う場合（民調５条１項但書）の裁判官には本条の裁定をなす権限は認められない。専門家たる不動産鑑定士等が構成員として関与した調停委員会の判断を尊重するというのが、本制度の趣旨だからである。

(2) 次に、いかなる段階・時期において裁定を行うべきかに関して、法文の上では調停申立て後であれば、裁定に服する旨の当事者の書面による合意を取り付けて裁定を行うことができる。しかし、現実に申立て後の早い時期において、裁定による旨の当事者の合意がとれる場合は少なく（調停委員会に任せるためには委員会に対する当事者の信頼が必須であるが、手続開始早々にそのような信頼が得られるとは限らないし、また裁定には不服申立てが認められないことを考慮すれば早期に当事者から裁定による旨の合意をとるのは難しい)、また、紛争解決を急ぐあまり、調停委員会が早い段階から当事者に裁定への合意を急かすようなことがあってはならない。結局、一般に裁定を行うべき時期は、調停の最終段階、すなわち、調停手続がかなり進行し当事者の主張も尽くされ、当事者双方が主張する金額の隔たりも僅少となった段階において、なお両者に合意は成立しないものの、当事者は裁判によらず調停手続の枠内での事件の解決を望んでいるような場合と考えられる。

(3) 調停委員会が調停条項の裁定を行うには、あらかじめ当事者を審尋しなければならない（民調規27条)。

ア） この趣旨は、当事者に陳述の機会を与えることにより実質的な当事者権を保障し、かつ、そのことにより調停委員会の権限が適正妥当に行使されることを保障することにある。したがって、審尋すべき事項は、(a)当事者間の「書面による合意」や「申立て」の存否とその趣旨、(b)裁定すべき調停条項に対する意見や希望、(c)調停中には明らかにできなかった紛争の事実関係等が中心となる。

前掲〔３〕(2)に述べたように、平成３年の借地借家法改正の際における賃料改定事件への調停条項の裁定制度の導入をめぐって、政府原案は、「書面による合意」は、仮にそれが調停申立て前のものでも、この審尋のなかでその審尋の時点でなお裁定に服する意思をもっているか否かが確認できるから、調停申立ての前後を問わないと解していたが、前述のような懸念から調停申立て後の合意に限る旨にその後修正された。

イ） なお、調停申立て後のある時期において裁定に服する旨の書面による合意ができたものの、その後審尋の時点でその裁定に服する旨の意思をもっていない場合には、その合意は撤回できると解すべきである（この場合には、裁定はできないものと解される）。

ウ）　また、審尋の結果、調停条項の裁定をするのは相当ではないと調停委員会が判断したときは、裁定をなさず、民事調停法14条による調停不成立の措置または同法13条による調停をしない措置をとることができると解すべきである。

〔6〕「事件の解決のために適当な」調停条項の具体的な内容については、調停委員会の裁量に委ねられているが、一般的にいえば、当事者双方の主張を十分に聴いて事実ならびに紛争の実質を正確に把握した上、一切の事情を考慮し、当事者双方のために衡平な調停条項であることを要する。合意書あるいは審尋のなかに表われた当事者の希望に配慮を要するのは当然であるが、調停に代わる決定（民調17条）の場合のような制限はない（同条は「当事者双方の申立ての趣旨に反しない限度で」と規定する。その他、調停に代わる決定については、24条の2〔6〕(3)ウ）の注釈を参照）。また、不動産鑑定士などの専門家が調停委員として加わっている場合には、やはりその専門的視点からの判断が重視されよう。

〔7〕　調停条項の裁定の効力　　(1)　前項の裁定が調書に記載された場合には、調停が成立したものとみなされる。すなわち、調停委員会が定めた調停条項を内容とする合意が当事者間において成立したことが擬制される。そして、この調書の記載は、裁判上の和解と同一の効力が認められ（民調16条参照）、それゆえ確定判決と同一の効力があるものとされる（民訴267条）。なお、この調停条項の裁定については不服申立てはできない（調停に代わる決定については異議申立てが認められ、異議申立てにより決定は失効する。民調18条4項）。このように調停条項の裁定には確定判決と同様の効力が付与されている結果、調停調書が特定の給付義務を含むとき（たとえば、「増額賃料○○円を支払う」という条項があるとき）は、債務名義として執行力を有する（民執22条7号）。

(2)　調停に手続上の瑕疵がある場合、あるいは、調停における合意の意思表示に瑕疵がある場合（錯誤、詐欺・強迫など）の取扱いに関しては、調停に既判力があるか否かとして議論が存する（24条の2〔6〕(4)の注釈参照）が、少なくとも裁定については調停委員会が内容を決定するため、意思表示の瑕疵は考えにくい。他方で、手続上の瑕疵として裁定に特有のものとして、たとえば、調停条項に服する旨の合意がないのに裁定をした場合、あるいは、裁定に先立って当事者を審尋せず調停条項により事件を解決したいかどうかの意向の確認を欠いたまま、裁定が行われた場合などが想定されよう。このような場合においては、違法な仲裁について、仲裁判断取消し（旧民訴801条、現行仲裁44条）による救済が認められていることから、当事者は調停無効確認の訴えまたは（調停調書に基づく強制執行に対する）請求異議の訴えにより、調停の効力を争うことができるものと解すべきである（福田・判タ785-31、石川＝梶村374)。

（副田隆重）

サブリース概説

サブリースと賃貸経営の一括引受け

〔1〕 定義　サブリース（sub-lease）とは転貸を意味する。また、賃貸経営の一括引受けは、業者が、建物所有者より賃貸目的物である建物を一括賃借することによりなされる。サブリースと賃貸経営の一括引受けは同義ではないが、それらは、組み合わされて一つの事業としてなされている場合が多い。ここでは、業者がこのサブリースを行うことを前提として建物所有者から賃貸経営の一括引受けをする契約をサブリース契約というものとする。ただし、サブリース契約とは別に、賃貸経営の一括引受けをする事案において、賃料減額請求が問題となったもの（〔10〕参照。後掲最判平17.3.10で扱っているオーダーメイド賃貸事案、後掲最判平20.2.29で扱っているオーダーメイド賃貸類似事案が該当することになろう）もあり、そこには、サブリース契約に適用された法理が適用されている。

なお、サブリース契約の定義として、土地所有者が金融機関より融資を受けて建物を建築することを加える見解（山下＝上田＝土井＝森里・判タ1290-46、三浦・消費者14-133）があるが、既存建物の賃貸経営を一括引受けする場合も含むものとして、「賃借人が業として転貸することを賃貸人である建物所有者が予め許諾し、建物を賃借人に一括して賃貸すること」と定義するもの（松岡・課題と展望362）もあり、見解により異なる。

〔2〕 サブリース契約は、1980年代後半のバブル経済の時期に登場し、その最盛期に急速に普及した。その理由は、土地所有者にあっては、高騰を続ける土地を手放さずに資産活用ができ、業者は、自ら土地を購入し建物を建てるよりもはるかに少ない投資で管理委託手数料以上の収入を見込むことができ、双方の利益の一致があったからだとされている（松岡・課題と展望362）。なお、高い転貸収入を得ることができる遊休土地には業者が競ってより有利な契約条件を提案するなどして、契約獲得競争は熾烈を極めた。賃貸人は一定額の賃料を確保するだけ

ではなく、改定時にはその増額を望むことから、賃料相場の急激な上昇もあって、業者は最低賃料保証特約のみならず、賃料自動増額改定特約等も締結するようになった。

〔3〕 バブル経済の崩壊により地価の大幅な下落とともに市場の賃料水準も大幅に低下した。業者は一括借り上げ賃料額の支払を維持できなくなったことから、32条1項による家賃減額請求をする事例が頻発した。そこでは、このような共同事業的性格の強いサブリース契約に、本法の規定が適用されるのかが主要な争点となった。この点につき、平成15年から16年にかけて判断された、サブリースに関する一連の最高裁判決に至る前における下級審裁判例をみてみると、多くはサブリース契約の本質は賃貸借契約であるとして、本法の適用を認めるが、否定する裁判例もみられ、判断の統一には至っていない（東京地判平10.8.28民集57-9-1328は、サブリース契約は、賃借人が賃貸人に比して弱い立場に置かれるという本法が想定する借家契約とは異質であるとし、その控訴審である東京高判平12.1.25民集57-9-1351は、明確に借家契約とは異なる事業委託無名契約であるとして、当然に全面的に本法の適用はないとする。特約との関係で適用を否定するものとして、東京地判平10.10.30判時1660-65は、当事者は最低賃料保証の合意に縛られ、合意の効力の存する間は、本法の適用が排除されるとし、東京高判平12.11.2金判1118-34は、サブリース契約は家賃保証が絶対条件であるとして、本法の適用を排除する）。また、適用を認める裁判例は、32条1項による家賃減額請求については単純適用ではなく、相当賃料算出に際して、サブリース契約の特殊性、当該契約締結時の事情をも考慮して、減額幅の圧縮をするといった修正適用的判断を行っていた。学説にあっては、修正適用説、適用否定説（総合受託〔用地確保、建物建築、建物賃貸借の管理まで一貫してディベロッパー等に委託される〕方式と賃貸事業受託〔用地の確保、建物の建築は貸主側で行い、借主側はその完成した建物を一括して借り上げ、ビルの賃貸事業についてのノウハウを提供し、最低家賃を保証する〕方式については、契約的正義と建物賃借人の保護の必要性とのバランスの下で決せられるべきであるとし、本法はこれらには適用されない〔澤野・NBL554-38など〕）、単純適用説（賃貸借の要素を「建物の使用・収益」と「それに対する対価の支払い」と解し、このような事業受託契約にもこれらの要素がある以上、当然に本法が適用される〔道垣内・NBL580-27以下〕、基本契約たる事業受託契約あるいは下部の契約の規定が民法の任意規定の適用を排除していない限り、

民法の規定が適用されるとともに、本法の規定も当然に適用される〔加藤・NBL568-23など〕）が対立していた（学説の詳細については、松岡・論叢154-4～6-144以下）。この問題に対し、サブリースに関する一連の最高裁判決（最判平15.10.21民集57-9-1213〔センチュリータワー事件判決〕、最判平15.10.21判時1844-50〔横浜倉庫事件判決〕、最判平15.10.23判時1844-54〔三井不動産販売事件判決〕、最判平16.11.8判時1883-52〔三和リール事件判決〕）は次のように判断した。すなわち、①サブリース契約の内容は、建物所有者が業者に対して建物を使用収益させ、業者が建物所有者に対してその対価として賃料を支払うというものである以上、借家契約であり、本法が適用される、②32条1項は強行法規であることから、家賃自動増額特約等の合意によってもその適用を排除できない、③家賃減額請求の当否および相当家賃額を判断するにあたっては、32条1項に規定された事情だけではなく、当事者間の衡平の見地に照らして、賃貸借契約の当事者が賃料額決定の要素とした事情その他諸般の事情を総合的に考慮すべき、である（以下、賃料額決定の要素とした事情その他諸般の事情を「賃料額決定事情」という）。

〔4〕　賃料額決定事情は、事案によって異なるものの、具体的には、①契約において家賃額が決定されるに至った経緯、②家賃自動増額特約が付されるに至った事情、③当初の約定家賃額と当時の近傍同種の建物の家賃相場との関係（家賃相場との乖離の有無、程度等）、④転貸事業における収支予測にかかわる事情（家賃の転貸収入に占める割合の推移の見通しについての当事者の認識等）、⑤敷金の返済の予定にかかわる事情、⑥銀行借入金の返済の予定にかかわる事情（以上、センチュリータワー事件判決）、⑦家賃保証特約の存在・保証家賃額が決定された事情（三井不動産販売事件判決）、が挙げられている。

〔5〕　サブリースに関する一連の最高裁判決は、サブリース契約への本法の適用につき、一貫して肯定説に立っており、家賃減額請求の当否および相当家賃額を判断するにあたっては、通常の家賃増減請求の当否等の判断とは異なり、当事者間の衡平の見地に照らして、賃貸借契約の当事者が賃料額決定の要素とした事情その他諸般の事情の総合考慮を要求している。この点については条文文言（32条1項）に規定はなく、〔4〕に列挙された総合考慮すべき事情は、いずれも賃貸借契約締結前における事情であるとの指摘がなされている（吉田・民法学335）。この主張からすれば、サブリースに関する一連の最高裁判決は、契約締結前事情

が本質的重要性を有するものであるから、その総合考慮を、はじめて判断したものということになる（吉田・民法学334-336）。

〔6〕　サブリースに関する一連の最高裁判決の考え方の適用により、どのような結果を生じることになるかについては、三井不動産販売事件判決の差戻控訴審の判断が参考になる。差戻控訴審（東京高判平16.12.22判タ1170-122）は、適正家賃額が従前家賃額の約6割程度に下落している点、賃貸人の公租公課の負担や銀行借入れの金利負担が減少している点という事情のみならず、家賃保証特約の存在や保証家賃額が決定された事情、当事者間の交渉経緯などの事情をも考慮した上で、家賃減額請求権行使の要件充足を認め、相当家賃額を月額940万円と認定した。これは、一審（東京地判平13.6.20判時1774-63）における鑑定人の鑑定結果たる適正賃料額月額603万5000円に比し約1.6倍高いものとなっている。なお、当初の月額家賃額1064万840円から940万円までの減額幅を構成するのは、賃貸人の公租公課の負担減および銀行借入れの金利負担減に相当する額であり、差戻控訴審は、賃貸人の予測した収支内容を損なわず、賃貸人の資金返済計画に大きな支障を生じないようにするなどの配慮を衡平の見地から行い、サブリース契約内容を実質的に維持する形で判断したものと捉えることもできる（吉田・判タ1173-115）。

〔7〕　サブリースに関する一連の最高裁判決の考え方は、サブリース以外の借家契約や借地契約に妥当するものと解されている（松並・最判解579、同・ジュリ1277-122、金山・判タ1144-77、山本・民法法理159、吉田・民法学307-308、松岡・課題と展望367、小山・司書506-15）。最判平16.6.29（判時1868-52）は、建物賃貸事業を行うために事業者が賃貸建物を建てる土地を借地する事案につき、センチュリータワー事件判決を引用し同旨を述べている。

〔8〕　なお、サブリースに関する一連の最高裁判決よりも前に、借地事案である最判平15.6.12（民集57-6-595）が、当初は有効であった地代自動増額特約であっても、当該特約の改定基準を決定した基礎事情が喪失された場合には、当事者は当該特約に拘束されず、地代減額請求（11条1項）が可能になるとの判断を示していた。前掲最判平15.6.12は、「物価の変動、土地、建物に対する公租公課の増減、その他経済状態の変化により甲・乙が別途協議するものとする。」との別途協議条項を有する事案であり、しかもサブリース契約に関する一連の最高裁判

決は前掲最判平15.6.12を先例として引用していないことから、賃料自動増額特約のある賃貸借契約であっても、別途協議条項がある事案にはサブリース法理の射程が及ばないとする二元的理解（吉田・判タ1173-113。二元的理解の詳細については升永・金法1681-1以下）が示される一方、前掲最判平15.6.12は一般賃貸借ルールを示し、サブリースに関する一連の最高裁判決は、その一般賃貸借ルール内での個別事情として考慮されるものであるとする一元的理解（松並・ジュリ1277-122、平田・判評543-175以下、清水・NBL777-51）も示されていた。

〔9〕 ところが、借地事案である前掲最判平16.6.29は、借地契約には、3年ごとに行う地代の改定は消費者物価指数の変動率を乗ずるが、消費者物価指数が下降してもそれに応じて地代を減額しないとする地代不減額特約が付されているものの、別途協議条項は存しない事案につき、センチュリータワー事件判決だけではなく、前掲最判平15.6.12も先例として引用している。このことから、別途協議条項を有する事案であっても、サブリースに関する一連の最高裁判決の考え方は妥当するものといえる。

〔10〕 サブリースに関する一連の最高裁判決の考え方は、サブリース契約や借地契約以外の賃貸経営の一括引受け契約にも適用されている。

最高裁判決では、オーダーメイド賃貸事案（最判平17.3.10判時1894-14。この事案は、賃貸人が賃借人の要望に沿った建物を建築し、それを賃貸するものである）、オーダーメイド賃貸類似事案（最判平20.2.29判時2003-51。この事案は、賃借人が指定した仕様に基づく建物、施設および駐車場を賃貸人が建設し、当該建物を賃借人が賃借するとともにレジャー、スポーツおよびリゾートを中心とした継続事業を展開するものである）で確認できる。

下級審判決では、次の裁判例で確認できる。東京高判平18.10.12（金判1265-46）（「不動産変換ローン方式」の一環として締結された百貨店の店舗用建物の賃貸借に係る契約が締結された事案）、横浜地判平19.3.30（金判1273-44）（転貸借を伴う事案ではないが、特殊な「賃料の仕組み」を有する百貨店の店舗用建物の賃貸借に係る契約に関する事案）、東京地判平24.12.18（LEX/DB25499402）（賃借人の仕様に合う自動車関連の配送センター等を賃貸人が建築し、賃借人に賃貸した事案）、転貸借すなわちサブリースも絡む事案である、千葉地判平20.5.26（LEX/DB28141730）および東京地判平22.2.15（判タ1333-174）（いずれも住宅供給公社が入居者への転貸を前提として賃貸人から特定優良賃貸住宅を借り上げた事案)、東京地判平25.10.9（判時2232-40）（共有者が他の共有者に自己の共有持分を賃貸し、当該他の共有者が自身の共有持分も含めて、ホテルに転貸借等する事案)、東京地判平27.1.26（判時2256-60）（信託の依頼を受けた信託銀行が、建築したホテルを賃貸し、当該賃借人がホテル業者に転貸した事案)、賃貸経営の一括引受けとは異なるが、東京地判平27.9.29（LEX/DB25531511）（賃借人が2部屋を転貸借を目的として賃借し、それらを転貸借している事案）など。

これら事案はいずれも賃借人が賃貸人の協力の下あるいは賃貸人とともに賃貸借契約を含む内容の「共同事業」を実施しているものと判断される事案であり、事案によっては、事業収支予測に基づき、賃料自動増額改定特約等を付すなどして、その度合いは異なるものの賃借人が賃料変動リスクを引き受けるといった事情が存在する。

〔11〕 サブリース契約の「共同事業」性については、民法上の「賃貸借」・「転貸借」を基本構造とする契約であり、厳密な意味での「共同事業」性を否定する見解が主張されている（近江・講義Ⅴ229)。この見解は、「共同事業」とは、「収益と損失」に関する「分配」の取り決めがされなければならないが、サブリース契約は、テナントへの転貸を前提として「賃料」の支払を長期的に保証する仕組みにすぎず、収益・損失の分配原則と捉えるには、あまりにも乖離が激しいと指摘する（近江・講義Ⅴ229)。

しかし、サブリース契約については、サブリースに関する一連の最高裁判決前にあっては、前掲東京地判平10.8.28、前掲東京地判平10.10.30、東京地判平11.7.26（判タ1018-267)、東京高判平11.10.27（判時1697-59)、東京高判平11.12.21（判タ1023-194)、前掲東京高判平12.1.25、東京地判平15.3.31（判タ1149-307）などが共同事業的側面を認めており、サブリースに関する一連の最高裁判決後にあっては、札幌地判平21.4.22（判タ1317-194）（建物のサブリース契約と28条における正当事由との関係を判断した）が認めている。また、サブリース契約以外の事案で、サブリースに関する一連の最高裁判決の考え方を採る裁判例にあっては、前掲横浜地判平19.3.30、前掲東京地判平27.1.26が、建物賃貸借契約について共同事業的側面を認めている。

サブリース契約の「共同事業」性を否定する見解が用いる「共同事業」性とは、

その法的性質を賃貸借契約と解するか、それ以外の非典型契約と解するかを判断するにあたって用いられるものであり、厳格な意味での「共同事業」性であるのに対して、上記のサブリース契約事案等に関する裁判例が示す「共同事業」性とは、次のものであることが主張されている。すなわち、賃貸借契約であることを前提とするものの、通常の賃貸借契約とは異なり、サブリース業者たる賃借人による転貸借を前提とする建物一括借り上げ等を絡めた収益計画が賃貸人に提案され、賃貸人も収益を享受するために当該計画に参画する。そして、計画内容を実現するための契約には、賃貸人への賃料を固定するなどして、賃貸人は管理の煩瑣を回避しながら、一定の収益を賃料として享受でき、サブリース業者たる賃借人は、管理手数料を得るよりもより大きな収益を享受できるという、いわば、賃貸人と賃借人の双方がともに利益を享受できるという一種の共同事業的要素が含まれているということが意味されているにすぎない（亀田・深化124-125)。

〔12〕 サブリースに関する一連の最高裁判決の考え方は、〔11〕に示すような「共同事業」性を有しない通常の借家および借地契約事案にも適用されている。それは、賃料増減額請求の当否および相当賃料額の判断につき、賃貸借契約の当事者が賃料額決定の要素とした事情その他諸般の事情を総合的に考慮すべきとして、通常の借家事案である東京地判平25.8.29（LEX/DB25514584)、東京地判平28.3.30（LEX/DB25534467）が、センチュリータワー事件判決、三井不動産販売事件判決およびオーダーメイド賃貸類似事案である前掲最判平20.2.29を引用していることからもわかる。また、通常の借地事案である京都地宮津支判平27.8.28（判時2283-84）は、単に、諸般の事情を総合考慮すべきとして、センチュリータワー事件判決とオーダーメイド賃貸事案である前掲最判平17.3.10を引用し、通常の借家事案である東京地判平24.8.31（LEX/DB25496191)、東京地判平24.10.11（LEX/DB25498640)、東京地判平25.4.26（LEX/DB25512686)、東京地判平26.7.25（LEX/DB25520490）など、通常の借地事案である東京地判平25.9.27（LEX/DB25514812)、東京地判平25.10.29（LEX/DB25515559）などは、諸般の事情を総合考慮すべきとして、前掲最判平20.2.29を引用している。

これら事案判決において考慮された事情は次のとおりである。すなわち、転借人の収支予測に基づき賃料額が決定されたが、収支予測が大幅にはずれ、大きな減収になってしまったという事情（前掲東京地判平24.8.31)、賃借人の出店は競合他社との契約条件を争う状況であり、他社より有利になるべく賃料額を他者よりも高めに提示したことにより賃貸借契約が締結でき、賃料額も提示額に決定されたという事情（前掲東京地判平25.8.29）、契約締結前になされていた旧契約の特約事項の存否（前掲東京地判平26.7.25）、旧契約の締結等の経緯（前掲京都地宮津支判平27.8.28）などである。いずれも当事者間の個人的な事情であるが、最判平5.11.26（集民170-679）が、「（旧法12条1項〔11条1項〕が明示する）一般的な経済的事情にとどまらず、当事者間の個人的な事情であっても、当事者が当初の賃料額決定の際にこれを考慮し、賃料額決定の重要な要素となったものであれば、これを含むものと解するのが相当である」としており、この判断にも基づいている（前掲東京地判平26.7.25は前掲最判平5.11.26も引用する）。

〔13〕 サブリースに関する一連の最高裁判決の考えは、当事者間の衡平を重視するものであることから、サブリース契約における賃貸人からの解約申入れについても衡平性が重視され、「正当事由の存否」（28条）を総合判断した上で、明渡請求を認める判決が下される可能性が強いとの指摘がなされている（下森・金判1192-2。吉田・民法学352-353も同旨）。すなわち、正当事由の具備判断において、衡平の見地から、要件の緩和がなされているかという問題である。

(1) サブリース契約で、賃貸人からの解約申入れや更新拒絶で正当事由が問題となった裁判例（東京地判平19.12.7平成18年(ワ)第17742号 Lexis Nexis JP、東京地判平20.4.22平成19年(ワ)第8074号 Lexis Nexis JP、東京地判平20.8.29平成19年(ワ)第15341号 Lexis Nexis JP、札幌地判平21.4.22判タ1317-194、東京地判平24.1.20判時2153-49、東京地判平25.3.21LEX/DB25511874、東京地判平25.12.11LEX/DB25516492、東京地判平27.2.6LEX/DB25524121、東京地判平27.8.5判時2291-79など）は、サブリース契約にも本法が適用され、当然に28条の適用もあるとしている（詳しくは28条の注釈を見よ）。

(2) 前掲東京地判平19.12.7は、転借人の使用が賃借人の自己使用である（26条3項）として、賃貸人が転借人との転貸借関係を承継することも考慮し、前掲東京地判平20.8.29、前掲札幌地判平21.4.22、前掲東京地判平24.1.20、前掲東京地判平27.2.6、前掲東京地判平27.8.5は、サブリース事業により収益を上げることが賃借人の自己使用であるとして、賃貸人の正当事由の具備を否定している（前掲東京地判平24.1.20では、賃貸人が転借人との転貸借関係を承継することをも考慮している)。また、前掲札幌地判平21.4.22、前掲東京地判平24.1.20は、賃借人自らの企業努力によってテナントを確保し、本件建物賃貸部分の転貸を企業の主要な収入源としている点を考慮して賃貸人の正当事由の具備を否定している。

(3) 前掲東京地判平25.3.21と前掲東京地判平27.8.5は、賃貸人からの更新拒絶につき、賃貸人の正当事由の具備を判断している。前掲東京地判平25.3.21は、多額の投下資本を回収したい賃貸人にとっては、できるだけ転借人の満足を得るなどして業績を上げられる事業者を選定することが必要であり、そのような必要性も保護に値するとし、前掲東京地判平27.8.5は、賃貸中の建物を売却することの必要性として、賃貸人の居住する自宅補修改築のためにまとまった資金を捻出すべく本件建物を可能な限り高額で売却する必要があるとする。なお、賃貸目的物の売却については、東京高判昭26.1.29(高民4-3-39)が、賃貸人が賃貸中の建物を有利に売却するために明渡しを求めることにつき、正当事由が具備されたと判断するためには、賃貸人の生計維持を不可能にするといった賃貸人の生活をかなりの程度おびやかす事由を必要とするとし、最判昭27.3.18(民集6-3-342)は、借金の弁済、学業費および家計費の調達等のため、賃貸家屋を売却するのが唯一の方法であるとし、最判昭38.3.1(民集17-2-290)は、賃貸人が経営不振から借財返済のため賃貸家屋の売却が必要であるなど、賃貸家屋の売却につき、かなりの程度の必要性が認められなければならない。これらからすれば、前掲東京地判平27.8.5は、必要性の程度が比較的低くても賃貸人の正当事由の具備判断をしているものといえる。

〔14〕 不動産鑑定評価基準(以下「鑑定基準」という)の改正が平成26年5月1日になされ、継続賃料評価の一般的留意事項として、サブリースに関する一連の最高裁判決が取り入れられた。すなわち、「継続賃料の鑑定評価額は、……賃貸借等の契約の経緯、賃料改定の経緯及び契約内容を総合的に勘案し、契約当事者間の公平に留意の上決定するものである」(鑑定基準・総論・第7章・第2節Ⅰ4)。継続賃料に関する鑑定基準の改正にあっては、平成15年以降における、賃料減額請求権に関する8件の最高裁判例(センチュリータワー事件判決、横浜倉庫事件判決、三井不動産販売事件判決、三和リール事件判決、前掲最判平15.6.12、前掲最判平16.6.29、オーダーメイド賃貸事案である前掲最判平17.3.10、オーダーメイド賃貸類似事案である前掲最判平20.2.29)が土台になっている。これら最高裁判例は相当賃

料に関する統一的な考え方を判示しており、相当賃料は鑑定基準でいうところの継続賃料であるから、改正にあたってはこの相当賃料の考え方を取り入れる必要があった（鑑定評価委員会・実務指針213)。なお、サブリースに関する一連の最高裁判決が取り入れられたのが、継続賃料評価の一般的留意事項であるということは、その対象は、サブリース契約に限定されるものではなく、継続賃料評価を必要とするすべての賃貸借契約ということになる。

〔15〕　近年、サブリース契約は、不動産業者が、遊休地の所有者に対し、賃貸住宅等の建築を勧めるための勧誘と一体で締結されることが多くなっている（三浦・金財3050-30)。

(1)　ところが、デフレ経済の下での賃料の下落傾向や空室率の上昇（空室率は年々上昇し、2013年は13.5％になっている。また、空き家の数は1993年に約448万戸だったが、2013年では約820万戸〔うち、賃貸住宅は約471万戸〕と、この20年間で1.8倍になっている。資料は、総務省「平成25年住宅・土地統計調査」）等で、業者収益がかなり圧迫されてきていることから、業者から、かなりの額の家賃減額請求がなされたり、賃料保証期間の中途で、業者がサブリース契約自体を解約してしまう事案が多くみられるようになり、社会問題へと発展した。なかには転借人全員を当該業者の管理する他の賃貸住宅に転居させるといった事案もあった。業者は賃借人であるから、業者からの更新拒絶・解約にあっては、正当事由を要しないため、容易に解約できてしまうのである（更新拒絶については26条１項に基づき、期間満了の１年前から６月前までの間に賃貸人に対して更新拒絶の通知をすることになり、解約については、民法617条１項に基づき、解約の申入れの日から３月経過することによって終了することになる）。

衆議院予算委員会で、この問題が取り上げられた。そこでは、消費者庁と国土交通省とで連携をとって対処することが結論づけられた（第183回国会衆議院予算委員会第一分科会第２号会議録〔2013年４月15日〕〔http://www.shugiin.go.jp/internet/itdb_kaigiroku.nsf/html/kaigiroku/003118320130415002.htm〕）。

(2)　賃貸住宅の管理業務の適正化を図るために、国土交通省の告示による賃貸住宅管理業の登録制度が創設された（平成23年９月30日告示交付、同年12月11日施行)。これは、サブリース契約そのものを対象とするものではないが、サブリース契約も含めた、賃貸住宅管理業務に関して一定のルールを設けることで、賃借人と賃貸人の利益保護を図り、登録業者を公表することにより、消費者が、管理会社や物件選択の判断材料として活用することができることを目的としている。なお、登録は任意である。

(3) 近時のサブリース契約の内容をみると、賃料増額特約や長期間の固定賃料保証などの特約をやめ、2年ごとの更新時に賃料額の見直しをするという内容も散見されるようになっている（三浦・国民生活25-2)。

(4) また、賃借人から中途解約をすることができるとする中途解約条項が定められているのが通常であり（長井・国民生活25-10、太田・課題217)、国土交通省が提示する「サブリース住宅原賃貸借標準契約書」でも、その18条で「乙（賃借人）は、甲（賃貸人）に対して少なくとも6月前に解約の申入れを行うことにより、本契約を解約することができる。ただし、本契約の契約期間の始期から起算して頭書(7)に記載する期間が経過するまでは解約することができない。」と定められている（http://www.mlit.go.jp/common/001230367.pdf)。なお、このような賃借人からの更新拒絶・解約に違約金等の条項を契約書に盛り込んでいる事案もある。

(5) サブリース契約では、サブリース業者たる賃借人との契約終了の際、転借人の居住等の安定を図るため、ほとんどの事案で「原賃貸借契約（サブリース原契約）が終了したときは、転貸借契約の貸主（管理業者）の地位を賃貸不動産所有者が承継する」旨が定められている（長井・国民生活25-10、太田・課題219)。国土交通省が提示する「サブリース住宅原賃貸借標準契約書」でも、その21条1項で「本契約が終了した場合（第19条の規定に基づき本契約が終了した場合を除く。）には、甲（賃貸人）は、転貸借契約における乙（賃借人）の転貸人の地位を当然に承継する。」と定められている。

（松田佳久）

借地借家法改正関係文献目録

▶**1985年**11月

法務省民事局参事官室『借地・借家法改正に関する問題点』

法務省民事局参事官室『「借地・借家法改正に関する問題点」の説明』

▷1985年12月

特集「〈シンポジウム〉現代都市問題と借地・借家」(林道三郎・長場信夫・田中一行・岩城謙二・望月礼二郎・稲本洋之助)日本不動産学会誌1巻3号

現代都市問題と借地・借家(稲本)／不動産利用権の法理と財産的価値(澤野順彦)／土地利用の意識変化と借地・借家法(佐藤一雄)

▶**1986年**1月

水本浩編『借地・借家の変貌と法理:現代的課題と改正への方向』(金融財政事情研究会)

▷1986年2月

石川利夫「戦争と高度経済成長と借地借家法」金融法務事情1114号

▷1986年4月

特集「借地・借家法改正の問題点」法律時報58巻5号(通巻708号)

〈対談〉借地・借家法改正問題の現状と問題点(稲本洋之助・水本浩)／借地・借家法改正の前提問題:保護法益と適用対象(吉田克己)／借地権の存続保障(1):存続期間(田山輝明)／借地権の存続保障(2):正当事由(大西泰博)／地代・家賃改訂問題(副田隆重)／敷金・権利金・更新料・承諾料(稲本)／借地権の担保(原田純孝)／建物利用者の保護(本田純一)／借地借家法改正をどう考えるか(両当事者の主張:東借連 vs 地主家主協会)

稲本洋之助『借地制度の再検討』(日本評論社)

▷1986年6月

法務省民事局参事官室『「借地・借家法改正に関する問題点」に対する意見集』

(社)日本不動産鑑定協会監修『借地・借家の現状と法改正への提起:借地・借家法改正はどうあるべきか』別冊不動産鑑定(住宅新報社)

▷1986年8月

特集「借地借家法改正問題」研究借地借家10(東京借地借家借間人組合連合会)

借地借家法改正問題懇談会／〈資料〉「借地借家法改正に関する問題点」につ

いての意見

▶**1987年** 2月

浜崎恭生・須藤純正『「借地・借家法改正に関する問題点」に対する各界意見の分析』別冊 NBL17号

▷1987年 3月

池田恒男「借地・借家法『改正』問題の動向と都市・住宅政策」大阪市立大學法學雜誌（大阪市立大学法学会）33巻 4号

▷1987年 4月

稲本洋之助・広渡清吾・内田勝一・望月礼二郎編『借地・借家制度の比較研究』（東京大学出版会）

借地・借家制度比較概要（稲本）／フランスの借地・借家制度（稲本）／西ドイツの借地・借家制度（広渡）／イギリスの借地・借家制度（内田）／アメリカの借地・借家制度（望月）／日本の借地・借家制度（稲本・高橋寿一・藤井俊二・東川始比古・本田純一・青嶋敏・鎌野邦樹）

▷1987年 9月

特集「借地・借家法改正問題を考える」法と民主主義220号

借地借家法改正問題の争点（稲本洋之助）／借地法と都市開発（田山輝明）／借地権・借家権消滅時の利害調整（澤野順彦）／住宅政策からみた借地・借家法改正（吉田克己）／借地借家法改正論批判（田中英雄）／借地借家人の実態と運動（笹子幸男）

▶**1988年** 1月

村田博史「借地法改正論議の視点：土地問題への対応に向けて」法律時報60巻 1号（通巻730号）

▷1988年 6月

「〈テーマ〉借地・借家制度の再検討」土地住宅問題165号

わが国の借地借家制度のあゆみ／借地権流通管理システム（桜井誠三他）／地代家賃の適正額を決定する機構の改善を早く（水本浩）／再開発における権利関係（田中福勇）／借地・借家法改正と都市再開発（水本）／「借地・借家法改正に関する問題点」と説明（法務省参事官室）／借地・借家法改正についての問題点（梨本幸男）／〈シンポジウム〉借地・借家法改正問題をめぐって（稲本洋之助・林道三郎・藤沢今朝彦・吉田克己・澤野順彦・戒能通厚・佐藤一雄・岩城謙二）／借地・借家法改正に関する問題点と意見（不動産協会・東京借地借家借間人組合連合会・日本不動産鑑定協会）／不動産賃借権の譲渡性（藤井俊二）／土地の合理的利用と借地権（大西泰博）／賃料改定の合理化とその方策（澤野）／借地法制顚末概要（稲本）／土地信託と定期借地権制度（本田

純一）／都市的土地利用の変化に対応する借家契約終了の処理を巡って（林）
▷1988年７月
水本浩『転換期の借地・借家法』（日本評論社）
▷1988年９月
木崎安和「借地の期間満了と借地上建物賃借人の地位：定期借地権の検討」熊本法学（熊本大学法学会）57号
▷1988年10月
稲葉威雄『借地・借家法改正の方向：新しい法秩序を求めて』別冊 NBL20号
▶1989年３月
法務省民事局参事官室『借地法・借家法改正要綱試案』
法務省民事局参事官室『「借地法・借家法改正要綱試案」の説明』
澤野順彦「借地・借家法の改正」ジュリスト929号
▷1989年４月
資料「借地法・借家法改正要綱試案について」ジュリスト932号
加藤一郎「〈インタビュー〉改正で借地・借家の供給は促進される」エコノミスト2839号
▷1989年５月
寺田逸郎「借地借家法の見直し作業と『借地法・借家法改正要綱試案』の公表」民事月報㊤44巻５号・㊦44巻６号（７月）
尾関郁「〈投稿〉地上げを合法化し生存権を奪う借地・借家法見直し」住民と自治313号
小野瀬厚「借地法・借家法改正要綱試案の概要」法律のひろば42巻５号
赤井士郎「借家法の地域性」不動産鑑定26巻５号
借地借家制度調査会『借地・借家制度の研究：制度の現状と在り方に関する調査研究報告〈第３編経済的実態〉』（日本住宅総合センター）
▷1989年６月
稲本洋之助「借地法・借家法改正要綱試案の意味するもの」法律時報61巻７号（通巻749号）
特集「借地・借家法改正問題の論点」法律時報61巻７号（通巻749号）
〈座談会〉借地・借家法改正問題の論点：借地法・借家法改正要綱試案の問題点（水本浩・甲斐道太郎・稲本洋之助・内田勝一）／普通借地権の存続期間・存続保障（田山輝明）／定期借地権創設の問題点（永田真三郎）／地代・家賃の改定：とくに調停制度の活用強化策について（池田恒男）／借地契約終了時の

利害調整（木崎安和）／借家法改正の問題点（吉田克己）／〈資料〉借地法・借家法改正要綱試案

借地借家制度調査会『借地・借家制度の研究：制度の現状と在り方に関する調査研究報告〈第1編精通者の意向〉』（稲本洋之助・副田隆重・高橋宏志・澤野順彦・田山輝明・木崎安和・瀬川信久・佐藤岩夫・藤井俊二・玉樹智文・関西大学借地借家法研究会・三好登・江渕武彦）（日本住宅総合センター）

借地借家制度調査会『借地・借家制度の研究：制度の現状と在り方に関する調査研究報告〈第2編紛争の実態〉』（日本住宅総合センター）

特集「借地・借家訴訟の現状と課題」判例タイムズ695号

借地上の建物の朽廃と増改築（佐藤康）／賃料改定事件の処理について（石井忠雄・新藤栄一）／更新料（太田武聖）／正当事由：借地関係終了の正当事由について（矢部紀子）／正当事由：借家法1条ノ2の正当事由（小林正）／土地・家屋賃貸借契約における解除原因（加藤就一）／借家における費用償還請求（小島正夫）／借地非訟：借地非訟手続の問題点（山田知司）／借地非訟：借地非訟事件における財産上の給付に関する諸問題（佐村浩之）／借地借家法の改正に向けて（寺田逸郎）／〈資料〉借地法・借家法改正要綱試案

定期借地権研究会『借地・借家法改正と都市の危機：定期借地権の導入をめぐって』（定期借地権研究会）

丸山英気「改正に踏みだした借地・借家法：改正要綱試案をめぐる検討」税理32巻9号

小林宏也・岩城謙二「〈対談〉借地・借家法の改正問題を考える」法令ニュース24巻6号

▷1989年7月

法務省民事局参事官室監修『借地・借家法改正要綱試案の要点：どう変わる借地・借家法』（商事法務研究会）

特集「土地立法の動向と土地人権：借地・借家法『改正』問題を中心に」法と民主主義239号

総論（甲斐道太郎）／「四全総法体制」と土地基本法（案）（池田恒男）／「借地法・借家法改正要綱試案」の批判的検討（松井宏興・横山精一・松尾直嗣・森信雄・卨田喜代隆・永岡昇司）／借地借家法改悪に対する背景（船越康亘）

特集「借地・借家法改正問題」不動産研究31巻3号

借地・借家法改正要綱試案について（市川廣太郎）／借地・借家関係の終了に伴う利害調整について（宮ケ原光正）／借地・借家関係に市場原理回復のための提案（法務省試案に対する）（成田彰次）

本田純一「いま、なぜ借地・借家法改正か」法学セミナー415号
「時代の残した宿題をかかえて：50年ぶりの借地借家法大改正に議論白熱」月刊FACE　5巻8号
上原由起夫・緒方瑞穂・武田公夫・寺沢秀文・勝木雅治「〈座談会〉借地法・借家法改正要綱試案と鑑定評価」不動産鑑定26巻7号
▷1989年8月
特集「借地・借家法改正の課題」ジュリスト939号
借地・借家法の見直し：その経緯と「改正要綱試案」の構想（寺田逸郎）／〈資料〉借地法・借家法改正要綱試案：「借地法・借家法改正要綱試案」と現行法の対比／〈座談会〉借地法・借家法改正要綱試案（五十嵐敬喜・石田喜久夫・木村誠之・寺田・水本浩・山崎一真）／借地権の存続期間（原田純孝）／定期借地権制度の課題（澤野順彦）／試案の既存借地への影響（藤井俊二）／正当事由の判断要素の明確化：借地（鎌田薫・山田伸直）／借地関係の終了に伴う利害調整（吉田克己）／自己借地権制度の創設（村田博史）／借地権の担保化（岩城謙二）／地代・家賃の増減額手続の整備（原田晃治）／正当事由の判断要素の明確化：借家（本田純一）／非居住用建物賃借権の終了と正当事由（内田勝一）／借家権承継人の拡大と縮小（右近健男）／短期賃貸借制度の改善（生熊長幸）
「〈シンポジウム〉借地・借家法改正問題の現段階と今日の都市問題：借地・借家法改正要綱試案をめぐって」日本不動産学会誌5巻1号
改正要綱試案の要点について（稲本洋之助）／民法学の立場から（瀬川信久）／弁護士の立場から（清水規廣）／不動産鑑定業界から（澤野順彦）／不動産業界から（佐藤一雄）／貸し手の立場から（藤井鋭三郎）／借り手の立場から（笹子幸男）／〈資料〉借地・借家法改正要綱試案について
瀬川信久「札幌の借地：借地法の改正議論の基礎的視座を求めて」北大法学論集（北海道大学法学部）(1)39巻5＝6号・(2)41巻2号（1990年12月）
寺田逸郎「借地・借家法改正へのスライド」債権管理(1)23号、(2)24号（9月）、(3)25号（10月）、(4)26号（11月）、(5)27号（12月）、(6)28号（1990年1月）
▷1989年9月
寺田逸郎「借地・借家法改正へのスライド：『改正要項試案』ではどのような提案がされているのか」登記研究(1)500号、(2)502号（11月）、(3)503号（12月）、(4)504号（1990年1月）、(5)505号（2月）
我妻真典「借地・借家法改悪がねらうもの」前衛579号
原田泰「ただ1行の法改正が『住宅』を解決する：新契約に借地・借家法を適用しない効果」エコノミスト2863号

▷1989年10月

藤林益三「借地法・借家法改正要綱試案についての意見」法の支配79号

松本弘「『借地権の担保化』へ向けて：財産性をめぐる問題点」立法と調査154号

▷1989年11月

関西大学法学研究所借地借家研究班『借地・借家制度の検証：意向調査の分析と法改正の方向』(関西大学法学研究所研究叢書第2冊)

地代・家賃：「意向調査」と法改正をめぐる論議（月岡利男・千藤洋三）／借地借家契約終了時の利害調整（高森八四郎）／正当事由をめぐる改正議論（澤井裕）／借地法・借家法の存続保障についての改正論議（永田眞三郎）／建物が滅失または朽廃した場合の借地関係の処理（早川真一郎）／借地権の相続等（國府剛）

甲斐道太郎「借地借家法改正について」龍谷法学（龍谷大学法学会）(1)22巻3号、(2)22巻4号（1990年3月）、(3)23巻1号（6月）、(4)23巻2号（9月）、(5)24巻1号（1991年6月）、(6)24巻2号（9月）

澤野順彦「借地・借家余聞：借地法・借家法改正要綱試案を横目に見て」書斎の窓389号

経営法友会「『借地法・借家法改正要綱試案』に対する意見」NBL437号

全国銀行協会連合会・全国信用金庫協会・全国信用保証協会連合会「『借地法・借家法改正要綱試案』に対する金融関係業界団体の意見」金融法務事情1236号

▷1989年12月

法務省民事局参事官室『「借地法・借家法改正要綱試案」に対する意見集』

馬淵辰郎「借地・借家法改正への意見：経団連意見」経団連月報37巻12号

吉川明弘「借地・借家法の見直しについて」法務通信461号

「借地法・借家法改正要綱試案についての各団体意見要約」不動産鑑定26巻12号

「『借地法・借家法改正要綱試案』についての各協会の意見まとまる」手形研究33巻14号

▶1990年 1月

寺田逸郎「借地・借家法の見直し作業」NBL440号

寺田逸郎「借地法の見直しと金融実務〈特集担保最近の論点と今後の課題〉」金融法務事情1242号

小野瀬厚「『借地法・借家法改正要綱試案』に対する関係各界からの意見の概要」民事月報45巻1号

小林哲弥「新借地方式による活用と対策」税務弘報38巻1号

旗田庸「借地契約の法定更新と建物の使用」手形研究34巻１号

▷1990年２月

永田眞三郎「定期借地権構想とその実効性：借地・借家法改正にみられる基本的理念の転換」関西大学法学論集（關西大學法學會）39巻４＝５号

▷1990年３月

小野瀬厚「『借地法・借家法改正要綱試案』に対する意見の概要：金融取引に関連する事項を中心に」金融法務事情1248号

寺田逸郎・小野瀬厚「『借地法・借家法改正要綱試案』に対する各界意見の分析」NBL⑴444号～⑿457号（９月）

（財）日本不動産研究所『定期借地権制度における諸問題の検討』

松井宏興「定期借地権制度の批判的検討」乾昭三編『土地法の理論的展開』（法律文化社）

日本司法書士連合会「借地法・借家法：改正要綱試案に関する日司連の意見」月報司法書士219号

東京司法書士会法令研究委員会「『借地・借家法改正要綱試案について』に関する意見照会に対する答申書」司法の窓73号

▷1990年４月

石田喜久夫「借地法改正の動向」法律のひろば43巻４号

小野瀬厚「『借地法・借家法改正要綱試案』に対する関係各界からの意見の概要」税経通信⑴45巻４号・⑵５号（５月）

▷1990年５月

飯塚孝・小野瀬厚・倉田卓次・曽田多賀・田尾桃二・西村宏一・野田愛子・本田純一・三ケ月章・藤林益三・勝尾鐐三・鈴木秀雄・岩田廣一・藤井冨弘「〈座談会〉借地法・借家法の改正要綱試案について」法の支配⑴81号、⑵82号（８月）、⑶83号（11月）

▷1990年６月

三好登「借地権の存続期間について：その決定基準の変遷」松山大学論集（松山大学学術研究会）２巻２号

特集「借地権等を巡る実務問題」税経通信45巻７号

地価高騰と借地権・相当の地代を巡る実務問題（武田昌輔）／地価高騰下の借地権の自然発生を巡る実務問題（米山鈞一）／地価高騰下の借地権の返還等を巡る実務問題（小島多計司）／地価高騰下の借地権と経済的利益を巡る実務問題（桜井四郎）／地価高騰下の相当の地代と評価通達を巡る実務問題：有利

性・合理性を探る（平川忠雄）／地価高騰下の相当の地代の計算を巡る実務問題（小池正明）

澤野順彦「国・公有地の貸付と新土地保有方式：東京臨海副都心地区の借地方式と地価対策」NBL451号

日本弁護士連合会編『現代法律実務の諸問題(上)』（第一法規出版）

借地借家法の判例の動向と改正の問題点（水本浩）／借地法借家法における動向と改正問題（木村保男）／借地借家における明渡しの正当事由について（菅原晴郎）

▷1990年７月

稲本洋之助・岩城謙二・吉田克己・藤井俊二・佐藤一雄「借地法・借家法と商事賃貸借」社会科学研究（東京大学社会科学研究所）42巻１号

▷1990年８月

稲本洋之助・丸山英気・本田純一・武田公夫・瀬川信久・高畠秀夫・澤野順彦・藤井俊二・東川始比古・山野目章夫・山本豊・五島京子・上原由起夫・石川信「〈都市的土地利用研究会シンポジウム〉定期借地権」法律時報62巻９号（通巻765号）

大阪市立大学法学部民事法研究会「借地・借家法改正要綱試案に対する意見書」大阪市立大学法学雑誌（大阪市立大学法学会）(1)37巻１号・(2)37巻２号（９月）

▷1990年９月

澤野順彦『借地借家法の現代的展開』（住宅新報社）

特集「定期借地権制度の検討」社会科学研究（東京大学社会科学研究所）(1)42巻２号、(2)42巻３号（11月）、(3)42巻４号（1991年１月）、(4)42巻６号（３月）

借地法改正と定期借地権（稲本洋之助）／定期借地権制度：土地信託等と比較して（本田純一）／欧米諸国の定期的土地利用権（藤井俊二）／定期借地権の需要予測（武田公夫）／定期借地権による宅地供給と定期借地権制度の評価（瀬川信久）／定期借地権の価格（澤野順彦）／定期借地権における権利金と地代（高畠秀夫）／長期型定期借地権（東川始比古）／短期型定期借地権（山野目章夫）／買取型定期借地権（山本豊）／生涯型定期借地権（五島京子）／対抗要件・譲渡・担保（上原由起夫）／定期借地上の建物賃貸借（石川信）／定期借地権の評価（丸山英気）／借地法改正と土地所有権観念（稲本）／〈資料〉「借地法・借家法改正要綱試案（第一部第三定期借地権）」に関する主要な意見の要約（都市的土地利用研究会編）

丸山英気「借地借家法改正と都市問題〈新しい展開のなかで民法を考える〉」不動産受験新報18巻９号

▷1990年10月

法務省民事局『よりよい借地・借家関係に向けて：「借地法・借家法改正要綱試案」の概要』

寺田逸郎・小野瀬厚「『借地法・借家法改正要綱試案』に対する各界意見の分析」別冊 NBL21号

日本土地法学会編『借地借家法の改正・土地基本法』（有斐閣）

第1部　借地借家法の改正(1)：住宅産業の立場より（佐藤正和）／法的問題点の検討（田山輝明）／住居学の立場より（湯川利和）／第2部　借地借家法の改正(2)：借地借家法の回顧と展望（篠塚昭次）／有効利用と正当事由（内田勝一）／定期借地権構想とその実効性（永田真三郎）／「高度／有効利用」論と地代・家賃問題（池田恒男）／第3部　土地基本法について：問題提起（早川和男）／借地借家法の改正（内田）／地価（評価）（梨本幸男）／地価・宅地並課税（長谷川徳之輔）／高層化・都市環境（五十嵐敬喜）／再開発と私権（佐藤昭夫）／基本法の実効性（山村恒年）／「宣言法」とは何か（大須賀明）

飯田武爾「借地権解放の問題点」不動産鑑定27巻11号

田口仁康「借地・借家法の改正に思う」レファレンス477号

▷1990年11月

上野芳子「また追い出すのですか：借地・借家法改正のもたらすもの」世界547号

▷1990年12月

丸山英気「定期借地権の位置づけ〈新しい展開のなかで民法を考える〉」不動産受験新報18巻12号

椿寿夫編『講座現代契約と現代債権の展望(5)：契約の一般的課題』（日本評論社）

借地権は、現在よりも強化すべきか、それともどの点かにおいて弱めるべきか（村田博史）／借家人に対する法的保護は、どの程度をもって妥当とすべきか（大内和直）

▶**1991年**1月

辻村詳造「『借地・借家法改正試案』について」税経新報(上)354号・(下)355号（2月）

寺田逸郎「新借地借家法の解説」(1)NBL488号、(2)489号（1992年1月）、(3)492号（3月）、(4)494号（4月）

▷1991年2月

飯塚孝「借地法・借家法改正要綱試案の要点」東京弁護士会弁護士研修委員会編『弁護士研修講座：平成2年度講義録』（東京弁護士会）

重田九十九・安西勉『新しい借地借家法（毎朝30分入門）』（実業之日本社）
植木敬夫「借地借家法改正の行方」月刊FACE 7巻2号
西牧駒蔵「借地・借家の基礎的知識」大阪経済法科大学法学研究所紀要（大阪経済法科大学法学研究所）12号
▷1991年3月
（財）日本不動産研究所『定期借地権制度等に関する調査』
資料「借地法等改正要綱」ジュリスト974号
藤井俊二「土地の有効利用と借家権の存続保護」研究年報社会科学研究（山梨学院大学）(1)7号・(2)8号（8月）
廣田尚久『不動産賃貸借の危機』（日本経済新聞社）
▷1991年4月
長谷川徳之輔「忘れられた借地借家法改正の本質」エコノミスト2952号
荒木新五「〈経済教室〉新借地借家法案、効果に限界：利害調整の域出ず、抜本的な土地立法必要」日本経済新聞（91.4.4朝刊）
資料「借地借家法案／民事調停法の一部を改正する法律案」金融法務事情1283号
寺田逸郎「立法担当官に聞く『借地借家法案』の概要と基本的視点」金融法務事情1285号
池田恒男「借地・借家法」天野和夫・片岡昇編『現代法を学ぶ』（法律文化社）
高橋健三「借地・借家法『改正』は何をもたらすか：法制審総会の答申と国会上程を目前にして」住民と自治336号
鈴木恒一・飯田武爾・寺沢秀文・武田公夫「借地法改正と鑑定評価」不動産鑑定28巻4号
「法律のひろば」編集部「『借地法等改正要綱』の採択について」法律のひろば44巻4号
石村健「〈国会通信〉法制審議会の借地・借家法改正要綱に関する答申」警察時報46巻4号
永井紀昭「借地借家法案」登記先例解説集31巻4号
▷1991年5月
永井紀昭「〈インタビュー〉借地借家法案の国会提出にあたって」NBL472号
宮尾尊弘「〈経済教室〉新借地借家法案、『所有』と『利用』の分離促す：土地活用を効率化」日本経済新聞（91.5.1朝刊）
山川一陽「借地法の改正と定期借地権」警察9巻5号
野口悠紀雄「借地・借家法と土地利用の高度化」人と国土17巻1号

「〈国会議事録を洗う〉土地基本法と借地借家法案を質す：立法化で総合的な見直し（第120回国会衆議院予算委員会会議録）」国会月報38巻509号

▷1991年6月

特集「430兆円のゆくえ／改正借地借家法」シティーフォーラム6号

借地借家法案に見る改正事業の到達点（稲本洋之助）／改正借地借家法の問題点とその及ぼす影響（笹子幸男）／借地法の改正について（古倉宗治）／借地借家法改正問題とその背景（丸山英気）／改正借地借家法と都心居住実現の土地利用（安藝哲郎）

小池宏也・岩城謙二「〈対談〉改正される借地借家法を考える」法令ニュース26巻6号

船越康亘「国民の権利を奪い、街をこわす借地借家法案」前衛606号

▷1991年7月

丸山英気「最終段階に入った借地借家法改正」税理34巻9号

藤井俊二「借地・借家制度(1)：ドイツ」住宅金融月報474号

藤井俊二「借地・借家法の改正」『不動産税務実務情報ファイル』（第一法規出版）

▷1991年8月

特集「借地・借家法改正で何が変わるか」法学セミナー440号

改正法で借地・借家関係はどう変化するのか（内田勝一）／賃借人はいつまで安心して住み続けられるか（鎌野邦樹）／借家法改正は住宅問題を解決できるのか（吉田克己）／借地権・借家権の弱体化は都市をよくするのか（岩見良太郎）

黒沢泰「定期借地権の価格特性に関する一考察：会計学的側面からのアプローチ」不動産鑑定28巻8号

澤野順彦「借地借家の諸問題：土地の有効利用、建替えと正当事由」『現代法律実務の諸問題(上)』（第一法規出版）

吉田克己「借地・借家制度(2)：フランス」住宅金融月報475号

法務省民事局参事官室「借地借家法案の概要」月報司法書士236号

▷1991年9月

内田勝一「借地・借家制度(3)：イギリス」住宅金融月報476号

鈴木節雄「登記制度から観た借地・借家法改正審議に関する一考察」司法の窓(上)76号（9月）、(中)77号（1992年3月）、（中の2）78号（7月）

▷1991年10月

寺田逸郎「新しい借地借家法の成立」金融法務事情1302号

鈴木禄彌「借地・借家法改正の動向」書研所報37号
NBL 編集部「借地借家法の成立について〔借地借家法と現行法の新旧対照条文〕」NBL483号
▷1991年10月
第二東京弁護士会五月会編『Q&A 新借地借家法の解説』(ぎょうせい)
澤野順彦『新借地借家法 T&E』(住宅新報社)
▷1991年11月
小野瀬厚「新しい借地借家法の概要」商事法務1266号
永井紀昭「借地借家法における正当事由」民事月報46巻11号
法務省民事局参事官室「これだけは知っておきたい借地・借家法改正のポイント」月報司法書士239号
法務省「借地借家法の成立」時の動き:政府の窓35巻22号
小野瀬厚「借地借家法の成立について」民事法情報62号
澤野順彦「定期借地権・自己借地権の実務上の諸問題」経営財務2059号
魚谷卓司「改正借地借家法(法案)における実務上の着眼点:特に借地関係に関する規定を中心として」愛知学院大学法学部同窓会編『法学論集(1):愛知学院大学法学部同窓会創立30周年記念』
細田良一『新法による借地借家 Q&A101』(法学書院)
▷1991年12月
石田喜久夫『問答式新借地借家法の解説』(新日本法規出版)
寺田逸郎「新しい『借地借家法』の成立〈特集第121回国会主要成立法律〉」ジュリスト992号
「〈特別解説〉新借地借家法について」税経通信46巻15号
　新しい借地・借家法制の実現(寺田逸郎)/新借地借家法の実務問題(工藤勇治)/新借地借家法の税務問題(山本守之)
澤野順彦「新・借地借家法を読む」不動産ジャーナル206号
寺田逸郎「借地・借家法改正の基本構想と登記」登記先例解説集31巻12号
飯塚孝「借地借家法の概要」手形研究35巻14号
「〈現代法セミナー〉借地・借家法の諸問題」ノモス(関西大学法学研究所)2号
　借地・借家の存続保障の一断面:賃料問題から見た分析(月岡利男)/家屋賃借権の相続等をめぐって(國府剛)/質疑応答(〔司会〕澤井裕)
▶1992年 1月
星野英一「〈インタビュー〉借地・借家法の改正」法学教室136号

寺田逸郎「借地・借家法の改正について」民事月報47巻1号
本田純一「日本の借地・借家制度」住宅金融月報(1)480号、(2)481号（1992年2月）、(3)482号（3月）
伊藤進「借地借家法の成立と銀行取引」手形研究(上)461号・(下)462号（2月）
林真佐男・岩本安昭『新しい借地借家法Q&A』（東京法経学院出版）
明石三郎『改正借地借家法』（法律文化社）
岩本安昭『Q&A解説新借地借家法』（第一法規出版）
水本浩・澤野順彦『どう変わる借地・借家』（有斐閣）
川井健「新借地借家法の意義について：貸主・借主の利益の調整と土地利用の拡大」創価法学（創価大学法学会）21巻2＝3号
永井紀昭「新しい借地借家法の概要」公証99号
永井紀昭「借地借家法における正当事由」民事月報46巻11号
徳光祝治「定期借地権の担保評価」金融法務事情1310号
伊藤進・石井眞司監修『図解・イラストによる改正借地借家法早わかり』（銀行研修社）
田中実・藤井輝久『ケースで学ぶ借地・借家法』（信山社出版）
「借地借家法の成立」登記研究528号
▷1992年2月
野口悠紀雄「〈経済教室〉借地借家法、一層自由化を：土地利用を高度化、既存契約にもメス必要」日本経済新聞（92.2.4朝刊）
特集「借地借家法改正と不動産業」住まいとまち22号
　〈座談会〉借地借家法改正に不動産業はどうかかわるか（瀬野俊樹・日下部二郎・波岡忠昭・松村敏夫・澤佳弘）／借地借家法改正の背景（稲本洋之助）／借地借家法の施行と宅地建物取引業法（建設省建設経済局不動産業課）／欧米の住宅都市政策と借地借家関係（名取雅彦）
瀬川信久・永田眞三郎・金本良嗣・澤野順彦・林道三郎・稲本洋之助「〈シンポジウム〉借地・借家法の改正をめぐって」／〈基調講演〉借地・借家法改正の動向（寺田逸郎）
特集「改正・借地借家法に関する考察」日本不動産学会誌7巻2号
　定期借地権と権利金（宮ケ原光正）／借地法改正と土地税制の問題点（鵜野和夫）／新借地方式と居住環境の整備（片岡佑介）
都市再開発法制研究会編『新借地借家法の実務』（信山社）
寺田逸郎・横須賀博・藤井俊二・澤野順彦「〈座談会〉新借地借家法上における

経済的諸問題」不動産鑑定353号
石井眞司「新借地借家法と不動産担保実務」判例タイムズ772号
桜井四郎「借地借家法改正による資産税からの問題点」税理35巻2号
川崎達也「借地借家法の改正と留意点」税理35巻2号
石井恒・川名照美「借地借家法の改正と解釈上の問題点」法律実務研究7号
▷1992年3月
特集「点検・新借地借家法」法学セミナー447号
借地借家法改正の意味するもの（内田勝一）／新借地借家法を読む――借地関係：定期借地権（大西泰博）／新借地借家法を読む――借地関係：定期借地権以外（佐藤岩夫）／新借地借家法を読む――借家関係（村田博史）／借地借家法改正と土地・住宅市場のゆくえ（宮尾尊弘）／定期借地権は都市における土地利用を促進するのか（菊池康夫）／借地人・借家人は新借地借家法をどうみるか（上野芳子）
大西泰博「新借地借家法の主な改正点とその検討」受験新報493号
特集「改正『借地借家法』」法律のひろば45巻3号
借地借家法の制定経緯とその概要（永井紀昭）／借地関係の改正の概要（小野瀬厚）／定期借地権および期限付借家の制度（寺田逸郎）／民事調停法の一部改正（下田文男）／借地借家法改正の意義と今後の課題（丸山英気）／借地借家法改正と土地問題（田中啓一）
特集「新借地借家法の実践的研究」法と民主主義265号
特集にあたって（甲斐道太郎）／総論――「改正」法の構造（永岡昇司）／各論――普通借地権の期間（池田恒男）／定期借地権（横山精一）／正当事由：借地関係（松尾直嗣）／建物賃貸借における正当事由（庥田喜代隆）／地代・家賃（藤井光男）／借地非訟手続（森信雄）／借家関係（松井宏興）／実態――機能逸脱への歯止めと監視を（船越康亘）
法務省民事局参事官室編『新しい借地借家法』（商事法務研究会）
岩田規久男・小林重敬・福井秀夫『都市と土地の理論』（ぎょうせい）
（財）日本不動産研究所『定期借地による借地の需給に関する調査』（日本不動産研究所）
永井紀昭「借地借家法のあらまし」民事研修419号
石井眞司「新借地借家法と借地上建物の担保取得：抵当権設定時の留意点」金融法務事情1314号
秋山昭八編著／阿部正博・菊地幸夫・三枝久・新保義隆・鈴木研一・關口博・竹村操著『こんなときどうする：土地と建物の法律相談』（三協法規出版）
▷1992年4月

榎本武光・金井克仁・小池振一郎・田崎信幸・堀敏明・横松昌典『明解 Q&A 新借地借家法』（三省堂）

内田勝一・山崎敏彦『わかりやすい新借地借家法』（有斐閣）

特集「新借地借家法の展望」不動産研究(1)34巻２号・(2)３号（７月）

改正借地借家法の特色と今後の課題（水本浩）／借地・借家法改正の経緯と趣旨（寺田逸郎）／借地・借家関係の終了に伴う利害調整（宮ケ原光正）／新借地借家法における借地権の存続期間と普通借地権の性格の変化（藤井俊二）／定期借地権（東川始比古）／改正借地借家法と鑑定評価上の問題点（北川雅章）

寺田逸郎「借地借家法！　50年ぶり改正は時代の要請」官界18巻４号

住田裕子「借地借家法（平成3.10.4法律第90号）」法令解説資料総覧123号

永井紀昭「借地借家法の解説」登記先例解説集(上)32巻４号、(中)32巻５号（５月）、(下)32巻６号（６月）

▷1992年５月

「〈共同研究〉新借地借家法の検討」法律時報64巻６号（通巻788号）

新借地借家法における借地権の観念（稲本洋之助）／借地権の存続期間（藤井俊二）／借地・借家契約の終了事由（本田純一）／定期借地権（山野目章夫）／借地権の対抗力（東川始比古）／自己借地権（上原由起夫）／地代家賃の改訂手続（副田隆重）／期限付借家契約（五島京子）／借地借家法改正関係文献目録（都市的土地利用研究会）

特集「改正借地借家法の問題と展望」自由と正義43巻５号

新「借地借家法」の基本視点（七戸克彦）／借地借家法と都市問題（田山輝明）／自治体住宅政策と借地借家法（五十嵐敬喜）／改正借地借家法の既存借地借家への影響（笹子幸男）／新借地借家法と税制（成道秀雄）／改正借地借家法の経済的、不動産鑑定評価上の諸問題（澤野順彦）／韓国、台湾の土地問題と借地借家法（日置雅晴）／借地権の存続保障（片山直也）／正当事由についての一考察（大西泰博）／地代・家賃改訂と紛争解決手続（鎌野邦樹）／借地借家法の下での借地権の担保化および自己借地権制度の検討（山野目章夫）／定期借地権について（飯塚孝）

特集「借地借家法の改正と運用実務のポイント」債権管理56号

こう変わる借地借家法（小野瀬厚）／借地借家法と借地権担保評価をめぐる諸問題（澤野順彦）／借地借家法と担保取得時の留意点（鈴木正和）

石井眞司「新借地借家法と借地上建物の担保管理：抵当権設定後の留意点」金融法務事情1320号

澤野順彦『借地借家法 Q&A』（総合法令）

内野経一郎・仁平志奈子『新借地借家法の契約書式とチェックポイント』（第一

法規）
文例委員会「借地借家契約の基本文例」公証100号
▷1992年６月
升田純「借地借家をめぐる裁判例の研究：借地・借家の裁判例と実務（平成元年度）：借地借家法の施行を迎えて」判例時報(上)1417号、(中)1419号（７月）、(下)1420号（７月）
伊藤進「新借地借家法の施行と担保取引」金融・商事判例893号
石井眞司「続・新借地借家法と不動産担保実務」判例タイムズ780号
朝日新聞法律相談所編著『こう変わった新・借地借家法』（朝日新聞社）
北村熊夫『実例・借地借家トラブル解決法：上手な貸し方・借り方』（清文社）
大島隆夫「借地権通達の意味・考え方・問題点」税務通信(1)47巻７号・(2)９号（７月）
藤田一伯「借家が競売されたときの賃借人の地位：こんなときどうする〈法律相談〉」月刊消費者394号
▷1992年７月
建設省建設経済局宅地企画室定期借地方式の普及・活用方策研究会『報告書』
小川幸士「自己借地権」判例タイムズ783号
特集「新借地借家法の運用と実務」判例タイムズ785号
新「借地借家法」の概要（寺田逸郎）／「民事調停法の一部を改正する法律及び民事調停規則の一部を改正する規則」の概要（福田剛久）／〈座談会〉借地借家法及び民事調停法の一部改正法に関する実務上の諸問題（大澤巖・寺田・橋本和夫・森一岳・横須賀博・澤野順彦・荒木新五）
岡正晶「新しい借地借家法と相続税」ジュリスト1004号
都市法研究会編（秋山英樹・板坂正人・井上和子・上原由起夫・鵜野和夫・遠藤晃・大西誠・緒方郁夫・軽部正彦・黒沢泰・菅原和夫・杉井得悦・高瀬敏久・田中邦弘・田中幸弘・遠山允人・冨澤淳・藤井俊二・丸山英気・安井礼二）『定期借地権の法律・鑑定評価・税務』（清文社）
仁瓶五郎『新借地借家法：法の概要と運用手続』（学陽書房）
小野瀬厚「新借地借家法の解説」登記研究(1)534号、(2)535号（８月）、(3)537号（10月）、(4)538号（11月）
小野瀬厚・渡辺秀喜「借地借家法の施行に伴う不動産登記事務の取扱いについて（基本通達）の解説」民事月報47巻７号
石井眞司・伊藤進・上野隆司「〈鼎談〉金融法務を語る：借地借家法の施行と担

保をめぐる問題点」手形研究⑴486号、⑵469号（8月）、⑶470号（9月）、⑷471号（10月）、⑸472号（11月）

滝鼻卓雄・岩城謙二「〈対談〉新借地借家法の焦点：8月1日施行を前に再検討」法令ニュース27巻7号

「新借地借家法 ABC」

⑴借地・借家の紛争と借地借家法の施行（升田純）NBL500号／⑵定期借地権（安田錦治郎）501号（7月）／⑶新借地借家法が既存の借地借家関係に与える影響と新法の適用関係（鳥本喜章）502号（8月）／⑷借地権と対抗力（升田）504号（8月）／⑸転勤等のための建物賃貸借（安田）505号（1992年9月）／⑹借地契約と借地上の建物の増改築（升田）507号（10月）／⑺事業用借地権設定時における公正証書作成日付（安田）508号（11月）／⑻取壊し予定の建物の賃貸借（安田）518号（1993年3月）

小野瀬厚「新借地借家法の解説：借地借家法（平成30.9.30公布、法律第90号）〔含条文〕」時の法令1430号

藤田一伯「新地主に借地権を対抗するには：こんなときどうする〈法律相談〉」月刊消費者395号

東京司法書士会法令研究委員会「『新借地借家法』について・概要〈報告〉」司法の窓㊤78号・㊥79号（1993年3月）

▷1992年8月

特集「新借地借家法」ジュリスト1006号

新借地借家法の施行を迎えて（寺田逸郎）／旧法と新法の関係（稲葉威雄）／社会・都市の発展と借地借家法規制の方向（瀬川信久）／新借地借家法の経済学的分析（金本良嗣）／借地権の存続期間（原田純孝）／「正当事由」の明確化（飯原一乗）／定期借地権（吉田克己）／借地権の対抗力（生熊長幸）／借地権消滅時の利害調整（澤野順彦）／自己借地権（岩城謙二）／借地条件変更の裁判（飯塚孝）／借地権の担保化（山野目章夫）／造作買取請求権の任意規定化（本田純一）／借地上の建物賃借人の保護（小野瀬厚）／期限付借家制度（永田眞三郎）／借家権の承継（野村豊弘）／地代・家賃紛争の調停制度（橋本和夫）

特集「新借地借家法の施行と金融実務」金融法務事情1328号

〈対談〉新借地借家法と不動産担保実務（升田純・石井眞司）／〈事例研究〉新借地借家法における担保実務上の留意点（秦光昭監修・石川清司・菅原雅晴・岡本雅弘・高田裕之・小林明彦・堂園昇平・澤重信・宮部俊彰・志賀剛一・渡辺隆生〔実務研究会〕）／借地借家法の施行に伴う不動産登記実務の取扱いについて：基本通達の解説（渡辺秀喜）／定期借地契約約款（案）の策定について（周藤利一）

借地借家法研究会（川崎達也・鈴木純・伊達俊二）『ハンドブック実務借地借家

法：文例書式とその解説』（ぎょうせい）
小野瀬厚・渡辺秀喜「借地借家法の施行に伴う不動産登記事務の取扱いについての解説」登記研究535号
飯塚孝「借地借家法案について」『現代法律実務の諸問題(上)〔平成３年版〕』日本弁護士連合会編
永井紀昭「借地借家法の施行に当たって（時標）」登記先例解説集32巻８号
市村貞雄「区分建物の敷地権の登記」登記先例解説集32巻８号
升田純「借地借家をめぐる裁判例の研究：借地・借家の裁判例と実務（平成２年度）借地借家法の施行を迎えて」判例時報(1)1422号、(2)1423号（８月）、(3)1425号（９月）、(4)1426号（９月）、（５・完）1428号（10月）
小野瀬厚「借地借家法の施行に伴う不動産登記事務の取扱いについての通達の概要」NBL502号
建設省建設経済局宅地企画室定期借地方式の普及・活用方策研究会「〈資料〉定期借地契約約款（案）」NBL503号
升田純「借地借家法と特約の重要性：借地借家法の施行に当たって（立法・裁判・法務行政の動き法律実務の動き）」民事法情報71号
武田公夫「〈経済教室〉住宅取得に定期借地権活用：負担は購入の1/3」日本経済新聞（92.8.28朝刊）
▷1992年９月
篠塚昭次・田山輝明・内田勝一・大西泰博『借地借家法：条文と解説』（有斐閣）
高津吉忠「定期借地権をめぐる税務問題試論」税経通信47巻11号
山田煕「定期借地権と権利金の認定：定期借地権に権利金の認定は行われるか」税理35巻10号
鵜野和夫「予想される定期借地権等の取引慣行と税務」税理35巻10号
武田公夫「〈論壇〉土地神話消す『定期借地権』」朝日新聞（92.9.23朝刊）
▷1992年10月
「〈シンポジウム〉新借地借家法の施行に関する法律上・実務上の諸問題」日本不動産学会誌８巻１号
借地権の存続期間（内田勝一）／契約の終了事由（本田純一）／定期借地権（山野目章夫）／〔司会〕稲本洋之助／〔総合司会〕林道三郎
澤野順彦「実務上および経済的観点からみた新借地借家法の問題点」日本不動産学会誌８巻１号
篠原みち子「貸し手・借り手からみた新借地借家法の問題点」日本不動産学会誌

8巻1号
水本浩・澤野順彦編著『定期借地権活用の手引き』(住宅新報社)
澤野順彦「定期借地権設定契約の実務と留意点」NBL㊤507号、㊥508号（11月)、㊦509号（11月)
特集「借地借家法の運用実務から」債権管理61号
借地借家法施行と公証制度の活用（原島克己)／〈資料〉借地借家契約の基本文例（日本公証人連合会文例委員会)／貸ビル賃料増額請求の実務（飯原一乗)
升田純「借地契約約款の一例について」登記先例解説集32巻10号
升田純「借地・借家紛争の解決と自力救済」民事月報47巻10号
野口昌宏「借地借家法10条の社会法的性格と借地権の公示機能」大東法学（大東文化大学法学会）２巻１＝２号
岡正晶「新借地借家法に基づく『事業用借地権』の設定に関する課税問題（所得税)」税務事例研究13号
堀家嘉郎「借地借家法の改正」市政41巻10号
▷1992年11月
升田純「建物賃貸借と近隣迷惑行為をめぐる裁判例の概観」ジュリスト㊤1012号・㊦1014号（12月)
升田純「借地借家法の施行に伴う不動産登記実務の取扱い（新通達解説)」税理35巻14号
特集「定期借地権を活用した事業手法」月刊不動産流通125号
定期借地方式の普及・活用に向けて（建設省建設経済局宅地開発課宅地企画室)／新借地借家法の税務と経営戦略（土屋晴行)
依田康「借地借家法改正にかかわるトラブル」月刊不動産流通125号
▷1992年12月
升田純『新しい借地契約書の作り方』(判例時報社)
升田純「借地契約と借地上の建物の無断増改築」登記先例解説集32巻12号
升田純「建物賃貸借における合意解約の法理」判例時報1434号
川田悦男「新借地借家法下での借地上建物担保および土地担保における地主との特約事項」金融法務事情1341号
「借地借家法と鑑定評価：新借地評価法（中間報告)」不動産鑑定29巻12号
▶1993年１月
森泉章編著『詳解新借地借家法』(大成出版社)
升田純「借地契約と建物の増改築」判例時報1438号

秦光昭「法定地上権と借地借家法」金融・商事判例906号
鵜野和夫「定期借地権等の税務と評価：設定時の地代と権利金等について」不動産鑑定30巻１号
酒井金太郎「借地借家法、固定資産税の問題点〈特集住宅問題にどう立ち向かうか〉」労働運動329号
法律実務研究会『借地・借家の法律知識〔改訂版〕』（弘文社）
▷1993年２月
熊田裕之『新借地借家法の解説』（一橋出版）
本郷尚『定期借地権活用の実際』（日本実業出版社）
東京弁護士会研修委員会編『新借地借家法』（東京弁護士会）
升田純「借家契約と増改築禁止特約」登記先例解説集33巻２号
升田純「借家人の敷地利用の根拠と限界」判例時報1440号
西牧駒蔵「借地借家法の改正」大阪経済法科大学法学研究所紀要（大阪経済法科大学法学研究所）16号
嶋崎英昭『「新」借地借家法解説』（週刊住宅新聞社）
▷1993年３月
特集「新借地借家法と税務問題」中央学院大学法学論叢（中央学院大学法学部）６巻２号
借地権の創設の趣旨と制度の概要（小林信明）／定期借地権制度の活用方策と留意点（澤野順彦）／借地権の存続期間の変更と借地権割合（右山昌一郎）／正当事由の判定と適正立退料（神野敏彦）／定期借地権の会計と税務（斎藤奏）／自己借地権の活用と税務（渡辺昌昭）／借地借家法にみる自己借地権について（宇都宮充夫）
寺田逸郎「改正『借地借家法』の解説」司法の窓79号
藤井俊二「期限付借家に関する一考察」『高島平蔵教授古稀記念　民法学の新たな展開』（成文堂）
上原由起夫「借地権の担保化」『高島平蔵教授古稀記念　民法学の新たな展開』（成文堂）
▷1993年４月
本郷会計事務所・堀口法律事務所編『新借地借家法と土地の有効利用』（大成出版社）
金子博人『貸したい人借りたい人の新借地借家法』（週刊住宅新聞社）
日本税理士会連合会『借地権課税実務事典』（ぎょうせい）

▷1993年5月
升田純「事業用借地と安定的な駐車場の使用」判例時報(上)1451号、(中)1453号（6月）、(下)1454号（6月）
豊永修穂「新借地借家法の不動産担保実務に与える影響について」金融554号
藤井俊二「定期借地権の物権化」不動産受験新報21巻5号
▷1993年6月
最高裁判所事務総局民事局・監修『借地借家関係事件執務資料』（司法協会）
斎藤大巳「借地借家関係訴訟における不動産鑑定について」自由と正義44巻6号
武田公夫「都市生活と定期借地権」不動産受験新報21巻6号
特集「どうする、どうなる？　定期借地権等の税務取扱い」税理36巻6号
私ならこうする、定期借地権の税務取扱い（山本守之）／私ならこうする、定期借地権の税務取扱い（山田煕）／私ならこうする、定期借地権の税務取扱い（緑川正博）／私ならこうする、事業用借地権の税務取扱い（右山昌一郎）／私ならこうする、事業用借地権の税務取扱い（平川忠雄）／私ならこうする、事業用借地権の税務取扱い（今仲清）／私ならこうする、建物買取型借地権の税務取扱い（鵜野和夫）／私ならこうする、建物買取型借地権の税務取扱い（大森正嘉）
▷1993年7月
高木文雄『法人・個人をめぐる借地権の税務〔平成5年4月現在〕』（清文社）
▷1993年8月
水本浩・遠藤浩編『基本法コンメンタール新借地借家法』（日本評論社）
サテライト・コンサルティング・パートナーズ『Q&A ケーススタディ事業用定期借地権活用マニュアル』（きんざい）
▷1993年9月
宮川博史『借地借家法律カウンセリング』（有斐閣）
米山鈞一『借地権〔14訂版〕』（税務経理協会）
桜井巳津男ほか『借地権課税の理論と実務』（財経詳報社）
今仲清『定期借地権と会社活用による土地相続』（ぎょうせい）
宇都宮充夫「借地借家法にみる期限付建物賃貸借について」中央学院大学法学論叢（中央学院大学法学部）7巻1号
▷1993年10月
広中俊雄編『注釈借地借家法』（有斐閣）
江口正夫・佐藤清次『決定版　定期借地権：ケース別活用と課税への対応策』（にじゅういち出版）

坂本一夫「定期借地方式による住宅宅地供給の推進：都市農地を中心とした検討結果報告」建設月報46巻10号
宮川博史「最近の借地借家事情：定期借地権制度の現状」書斎の窓428号
特集「借地借家をめぐる金融実務上の諸問題と対応策」金融法務事情1369号
借地人の融資取引と借地契約管理上の留意点（升田純）／借家人との融資取引と実務上の留意点（関沢正彦）／借家人との融資取引と実務上の留意点（寺上泰照）／借地借家と倒産法上の取扱い（宗田親彦）／借地上建物の担保取得における実務上の留意点：事例研究（関沢・高山満・寺上・中原利明）
▷1993年11月
平川忠雄『Q&A 定期借地権活用マニュアル』（ぎょうせい）
▷1993年12月
太田豊「借地借家法の制定と借地非訟」判例時報(上)1471号・(下)1472号（12月）
梨本幸男「新借地借家法と民事調停」不動産鑑定30巻12号
野波良平「普及が期待される定期借地権制度」経済情報45号
▶1994年 1月
中村人知『早わかり借地借家法〔改訂版〕』（税務経理協会）
細田良一『よくわかる借地借家100の法律相談』（法学書院）
升田純「賃料自動改定特約の利用価値」判例時報(上)1475号・(下)1477号（2月）
河野惟隆「法人税法における借地権課税」拓殖大学論集社会科学（拓殖大学研究所）1巻3号
▷1994年2月
福井秀夫「借地借家の法と経済分析」ジュリスト(上)1039号・(下)1040号（3月）
特集「定期借地権制度を活用した住宅宅地供給について」宅地開発144号
定期借地権を活用した住宅供給を促進定着させるために（林道三郎）／税制税務からみた定期借地権（鵜野和夫）／定期借地権事業に対する当社の取組み（津村隆一）／定期借地権制度を活用した住宅宅地供給の事例紹介＝売れる商品開発：カメヤコーポレーション（株）の事例（今仲清）／定期借地活用方策検討委員会検討結果まとまる（小池明夫）
▷1994年3月
弁護実務研究会『借地ものがたり』（大蔵省印刷局）
小田満・下野博文『定期借地権の税務 Q&A』（大蔵財務協会）
友弘正人『定期借地権の基本と活用がわかる本』（かんき出版）
升田純「一時使用目的の借地権の安定的な利用」判例時報(上)1481号、(中)1482号（4月）、(下)1483号（4月）

高瀬博司「定期借地権付建物の担保評価」手形研究38巻3号
伊藤達家・勝倉啓仁・鵜野和夫・武田公夫「定期借地権の現状と鑑定評価」不動産鑑定(上)31巻3号・(下)4号（3月）
稲本洋之助「新しい借地制度と都市計画」ちば鑑定士協会報2号
借地借家法研究会『借地借家法研究会報告書』（H&C財団）
『新しい住宅供給方式に関する研究：定期借地権・定期所有権を中心に』（住宅都市整備公団）
西村宏一・寺田逸郎・菅原晴郎・澤野順彦編『現代借地借家の法律実務1』『同2』『同3』（ぎょうせい）
▷1994年4月
加地徹『借地契約解除の正当事由』（近代文藝社）
鈴木基史『借地権ものがたり』（税務研究会出版社）
小川健『借地権等の課税上の取扱い』（日本税経研究会）
本郷会計事務所『図解、イラストによる定期借地権有効活用早わかり』（銀行研修社）
田中英司「存続保障保護をめぐる借地借家の法的関係：借地借家法とドイツ法を対象として」私法56号
稲本洋之助「『定期借地権』から『定期所有権』へ」今月の不動産経済（土地総合研究所）
山川一陽「借地権と新しい借地借家法」捜査研究43巻4号
有賀善政・平川忠雄・山田淳一郎・山本守之「座談会／定期借地権を巡る税務問題」税経通信49巻5号
稲本洋之助「『定期所有権』で土地活用を」日本経済新聞94年4月28日朝刊
福本泰『新借地借家法と税金Q&A』（東京教育情報センター）
総合ユニコム『定期借地権活用事業開発資料集』（総合ユニコム）
▷1994年5月
サテライト・コンサルティング・パートナーズ『Q&Aケーススタディ定期借地権付住宅活用マニュアル』（きんざい）
柴原一『定期借地権活用のすべて』（近代セールス社）
首都圏定期借地権研究会『定期借地権早わかりQ&A』（建築資料研究社）
特集「定期借地権」税務弘報42巻5号
定期借地権の設定による保証金の経済的利益の課税関係（小田満）／定期借地権等及び定期借地権等の目的となっている宅地の評価（畔上定宣）／定期借地

権の相続税対策としての活用と留意点（小池正明）
▷1994年６月
山田淳一郎『定期借地権の実務と税務』（税務経理協会）
菊本治男・辻洋一『不動産を貸す人の借地借家法』（中央経済社）
田中英司「借地借家法における借地権借家権の存続保障保護」経営と経済74巻１号
友弘公認会計士事務所『定期借地権の活用と税務戦略』（清文社）
多田稔『借地非訟事件手続の解説』（日本加除出版）
▷1994年７月
松嶋泰『借地借家の法律』（ビジネス教育出版社）
首都圏定期借地権研究会『定期借地権の上手な活用法』（週刊住宅新報社）
日本住宅総合センター『定期借地制度の研究』（日本住宅総合センター）
阿部健二『これが定期借地権住宅だ！　買う人の疑問に答える50問50答』（にじゅういち出版）
右山昌一郎編著『定期借地権税務のあり方と契約実務』（中央経済社）
石井輝光『都市農家地主さんのための早わかり定期借地権』（住宅新報社）
相京博士「借地権取引をめぐる益金の研究」会計146巻１号
高木文雄『法人・個人をめぐる借地権の税務〔平成６年版〕』（清文社）
▷1994年８月
佐藤清次・福嶋修・奥山雅治『定期借地権の衝撃』（日経 BP 出版センター）
奥村真吾『よくわかる定期借地権の税務』（清文社）
赤川彰彦・宇田川和也・大野木孝之『失敗しないための定期借地権活用法』（税務経理協会）
稲本洋之助「定期借地権の活用による住宅供給の促進について」Leisure501
中村隆一『早わかり定期借地権住宅106のポイント』（東洋経済社）
稲本洋之助「定期借地権の登場その道程と射程」財界臨時増刊1994.8.15
稲本洋之助「定期借地権とは何かそれはどうあるべきか」月刊不動産1994.8
稲本洋之助「『定期借地権』雑感」住宅土地経済14号
石井勝利『図解でわかる定期借地権』（ぱる出版）
不動産コンサルティングネットワークス編『絵でわかる定期借地権 Q&A』（住宅新報社）

▷1994年９月
下野博文「定期借地権及び定期借地権の目的となっている宅地の評価方法について」租税研究539号
道明雅美「定期借地権の普及の課題：土地の借地と所有による負担経費の多寡の比較を中心として」農林金融47巻９号
権田義憲「JA愛知東『借地権付き分譲別荘事業』の取り組み」月刊JA40巻９号
田中英司「賃料支払債務の不履行を理由とする借地契約の解除と借地法12条２項の『相当ト認ムル』賃料の支払（最判平成5.2.18）」経営と経済74巻２号
龍前篤志「定期借地権活用における定期所有権方式と保証金方式」税理37巻10号
橋本守次「定期借地権をめぐる課税上の疑問点」税務弘報42巻９号
米山鈞一『借地権〔15訂版〕』（税務経理協会）
▷1994年10月
渡辺昌昭『借地権：税務処理、申告、調査対策』（中央経済社）
特集「日本の借地借家制度の新展開と課題」日本不動産学会誌９巻３号
定期借地権について（稲本洋之助）／日本の借地借家法の根本的検討：アメリカ法との比較（小澤英明）／定借住宅をめぐる５つの断章（蒲池紀生）
稲本洋之助「定期借地権とは何であったか」住宅43巻10号
都市問題実務研究会『誰も書かなかった！　事業用借地権のすべて』（民事法研究会）
▷1994年11月
新企業法務研究会不動産部会『借地借家紛争解決の手引き』（新日本法規出版）
日本税理士会連合会『定期借地権の税務法務鑑定登記』（六法出版社）
岩城謙二・升田純・原田秀逸・澤野順彦「〈座談会〉借地借家法の実務の動向」NBL(上)557号・(下)558号（12月）
▷1994年12月
石井勝利『イラストでわかる定期借地権の活用法』（高橋書店）
本郷尚『イラストでわかる定期借地権の活用法』（中経出版）
▶1995年１月
実藤秀志『定期借地権活用ハンドブック』（中央経済社）
竹村忠明『借地借家法と補償』（清文社）
エムエスアイ『定期借地権活用ハンドブック』（中央経済社）
船田健二『借地権の税務』（大蔵財務協会）

▷1995年２月

不動産協会定期借地権住宅研究会編『定期借地権住宅の実務』（住宅新報社）

特集「定期借地権」ジュリスト1060号

最近の定期借地権の活用状況（黒田憲司）／定期借地権付住宅売買契約の仕組みと購入者保護（野村豊弘）／保証金をめぐる最近の諸問題（升田純）／定期借地権付マンションの法律上の諸問題（澤野順彦）

大西誠「新しい住宅供給方式に関する研究：定期借地権定期所有権を中心とした住宅供給方式の研究」住宅都市整備公団調査期報104号

野口敏治「借地権価格論」不動産鑑定⑴32巻２号、⑵３号（３月)、⑶４号（４月)、⑷５号（５月)、⑸６号（６月）

寺田逸郎「借地借家法の制定過程」法学教室173号

▷1995年３月

塩崎勤・澤野順彦編『借地借家訴訟法』（青林書院）

澤野順彦『定期借地権の法律相談』（住宅新報社）

サテライト・コンサルティング・パートナーズ『定期借地権と定期所有権』（ダイヤモンド社）

トラスト60『新借地借家法と市街地整備：報告書』

江口正夫『地主から見た定期借地権付住宅分譲事業』（にじゅういち出版）

瀬川信久「都市の成長と借地」法社会学47号

石井邦夫・勝木雅治・針谷博史・武田公夫「定期借地権住宅の現状と流通の問題点」不動産鑑定㊤32巻３号・㊦４号（４月）

岩城謙二「罹災都市借地借家臨時処理法の解説」NBL㊤564号・㊦565号

加藤義幸「定期借地権における保証金の経済的利益について」税法学531号

升田純・加藤朋寛・丸山健・金子直史・佐藤哲治「阪神・淡路大震災と罹災都市借地借家臨時処理法の適用」登記先例解説集35巻３号

升田純「阪神淡路大震災と財産法上の緊急課題：借地借家問題等を中心として⑶」NBL565号

升田純・加藤朋寛・丸山健・金子直史・佐藤哲治「阪神・淡路大震災と罹災都市借地借家臨時処理法の適用」民事法情報３巻102号

▷1995年４月

中村隆一『生涯型定借住宅マンション』（東洋経済新報社）

山野目章夫「定期借地権による住宅供給の条件」法律時報67巻４号（通巻825号）

関谷匡「定期借地権付き住宅はどこまで有利か」エコノミスト73巻17号

特集「定期借地権をめぐる動向」法律のひろば48巻4号
　定期借地権活用上の問題点（丸山健）／定期借地権の権利金、保証金をめぐる問題（藤井俊二）／定期借地権等における特約とその問題点（澤野順彦）／定期借地権における融資担保の諸問題（山野目章夫）／借地契約の正当の事由の現代的動向について（佐藤哲治）
稲本洋之助「定期借地権の誕生と今後の方向」別冊ダイヤモンド
稲本洋之助『これからのまちづくりと定期借地権』（定期借地権普及促進協議会）
建設省『定期借地制度研究会報告書　定期借地権設定標準契約書』（定期借地権普及促進協議会）
特集「定期借地権付底地の評価手法」月刊用地330号
　〈座談会〉定期借地権を実証的に考える：底地をいかに評価するか（江口正夫・平川茂・増山順・桐山良賢）／定期借地権の普及上の問題（江口）／定期借地権の相続税評価額と納税方法についての一考察（平川）
升田純「阪神淡路大震災と財産法上の緊急課題：借地借家問題等を中心として(4)」NBL566号
升田純「大規模災害と被災建物をめぐる諸問題：罹災都市借地借家臨時処理法の解説」法曹時報(1)47巻4号、(2)7号（7月）、(3)9号（9月）、(4)11号（12月）、(5)48巻3号（1996年3月）、（6・完）4号（4月）
▷1995年5月
法務省民事局参事官室編『大規模災害と借地借家法 Q&A』（商事法務研究会）
高木佳子編著『大地震に伴う借地借家法 Q&A131選』（日本法令）
辺見紀男『Q&A 借地借家法入門』（総合法令出版）
国府泰道「借地借家の法律問題」法学セミナー485号
小倉伝治・平沢春樹「定期借地権活用による再開発」新都市49巻5号
稲本洋之助「1995型の定期借地権〈今月の不動産〉」経済95巻5号
升田純「阪神淡路大震災と財産法上の緊急課題：借地借家問題等を中心として(6)」NBL568号
サテライト・コンサルティング・パートナーズ『定期借地権企画事例集』（住宅新報社）
▷1995年6月
園部厚『書式借地非訟の実務』（民事法研究会）
河内保・天野実・金坂善好・中山正隆・堀野家苗『新しい借地借家契約の書式と手続』（清文社）

岩田規久男「土地政策：土地有効活用を促す土地税制と借地借家法の改革を」日本経済研究センター会報729号
安永正昭「大震災に伴う借地借家の法律関係」ジュリスト1070号
日高清司「罹災都市借地借家臨時処理法の適用〈阪神淡路大震災被害救済の法を考える〉」法学セミナー486号
稲本洋之助「震災復興における定期借地権の役割と法律構成」財界臨時増刊1995.6.15
石井恒『得する借地借家法の基本常識』（実業之日本社）
▷1995年7月
水本浩「借地の法政策上いま最も重要な課題」日本不動産学会誌10巻1＝2号
加藤一宇「借地借家人の保護とマンション再建の特例等」立法と調査188号
建設省『定期借地権活用住宅研究会報告書』（土地総合研究所）
ミサワホーム『ミサワ定期借地95』（ミサワホーム総合研究所）
長谷川貞之「建物譲渡特約付借地権の創設と利害調整」駿河台法学8巻2号
織田晃子「定期借地権」私法学研究（駒沢大学大学院法学研究科私法学研究会）19号
升田純「阪神淡路大震災と財産法上の緊急課題：借地借家問題等を中心として」NBL⑺569号〜⑽572号
高木文雄『法人・個人をめぐる借地権の税務〔平成7年版〕』（清文社）
さくら綜合事務所『Q&A 定期借地権をめぐる諸問題』（新日本法規出版）
▷1995年8月
榎本武光・小池振一郎・堀敏明・金井克二・田崎信幸『明解 Q&A 新借地借家法〔新版〕』（三省堂）
藤原精吾「震災地における借地借家問題」法律時報67巻9号（通巻830号）
内田勝一「借地借家法制」ジュリスト1073号
斎藤正喜「個人間の使用貸借と借地権評価」税務弘報43巻9号
三村藤明「定期借地権と相続」自由と正義46巻8号
升田純「阪神淡路大震災と財産法上の緊急課題：借地借家問題等を中心として」NBL⑾573号・⑿574号
加藤朋寛「優先的借家権の取得〈阪神淡路大震災と被災建物をめぐる諸問題〉」金融法務事情1424号
丸山健「優先的借地権の取得〈阪神淡路大震災と被災建物をめぐる諸問題〉」金融法務事情1425号

升田純「優先的借地権と抵当権〈阪神淡路大震災と被災建物をめぐる諸問題〉」金融法務事情1426号
トータル財務プラン『借地底地のトラブル解決Q&A』(住宅新報社)
升田純「罹災都市借地借家臨時処理法をめぐる諸問題と裁判例(1)〜(8・完)〈借地借家をめぐる裁判例の研究〉」判例時報1532号・1533号(95年8月)、1535号・1536号(9月)、1538号・1539号(10月)、1541号・1542号(11月)
▷1995年9月
稲本洋之助『国際的視野から見た定期借地権』(都市農地普及促進協議会)
震災救済法研究会編『詳しい震災と借地借家の法律相談』(日本評論社)
金沢均監修『わかりやすい借地』(自由国民社)
佐藤哲治「借地上の建物の滅失と再築〈阪神淡路大震災と被災建物をめぐる諸問題〉」金融法務事情1427号
升田純「阪神淡路大震災と財産法上の緊急課題：借地借家問題等を中心として(13)」NBL575号
▷1995年11月
瀬川信久『日本の借地』(有斐閣)
篠塚昭次・永田真三郎・吉永順作編『借地借家法の基礎知識』(上)・(下)(96年3月)(青林書院)
丸山健「借地上の建物の滅失と対抗力〈阪神淡路大震災と被災建物をめぐる諸問題〉」金融法務事情1429号
加藤朋寛「借地上の建物の滅失と借地期間〈阪神淡路大震災と被災建物をめぐる諸問題〉」金融法務事情1431号
特集「阪神淡路大震災」不動産研究37巻3号
　罹災都市借地借家臨時処理法上の問題点(東川始比古)／震災被害と特別措置：法律に見る不動産関連特別措置(小西史憲)
秋山英樹『定期借地権マンションは得か損か』(住宅新報社)
▷1995年12月
稲本洋之助編著『定期借地住宅の契約実務』(ダイヤモンド社)
赤川彰彦・宇田川和也・大野木孝之『失敗しないための定期借地権活用法〔改訂版〕』(税務経理協会)
須郷昌徳「『定期借地権』をめぐる若干の問題」日本法政学会法政論叢31号
佐藤哲治「借家の滅失と敷金・権利金・保証金〈阪神淡路大震災と被災建物をめぐる諸問題〉」金融法務事情1432号

船井財産ドック『よくわかる定期借地権のメリット、デメリット』(ビジネス社)
▶1996年 1月
佐藤裕志『借地権の実務』(税務研究会)
澤野順彦「『定期借家権』構想の問題点」NBL585号
▷1996年2月
稲本洋之助「定期借地権の今後」書斎の窓451号
鈴木禄弥「いわゆる『定期借家権構想』について:福井秀夫東工大助教授の論稿を読んで」NBL(上)586号・(下)587号
▷1996年3月
賀集唱『借地・借家の法律相談』(青林書院)
▷1996年4月
村田博史「借地権の担保」ジュリスト1087号
本田純一「『定期借家権導入論』とその問題点」ジュリスト1088号
森本信明「我が国の持ち家率の高さと借地借家法」ジュリスト1088号
不動産有効活用研究会『定期借地権有効活用のしくみと実務』(あさ出版)
▷1996年5月
稲本洋之助「土地利用手法としての定期借地権」自由と正義47巻5号
山岸洋「定期借地供給の現況と弁護士の役割」自由と正義47巻5号
山口和男「公正証書による定期借地権設定契約」自由と正義47巻5号
副田隆重「借地改正法改正と賃料改定問題」愛知大学法学部法経論集(愛知大学法経学会)140号
佐藤篤「定期借地権制度の法学的諸問題」法学研究年誌(東北学院大学)7号
特集「震災復興と法」法律時報68巻7号(通巻841号)
　復興への合意形成と法律学(上)(稲本洋之助)/区分所有の買取請求(山野目章夫)/建替え再建と抵当権をめぐる諸問題(戎正晴・井口寛司)
北川孝『ドキュメント定期借地』(税務研究会)
▷1996年6月
稲本洋之助「復興への合意形成と法律学(下)」法律時報68巻8号(通巻842号)
山岸洋「定期借地分譲マンションをめぐる諸問題:事業化のための検討事項」NBL(上)594号、(中)595号(6月)、(下)601号(9月)
▷1996年7月
特集「定期借地権の実務」自由と正義47号
　定期借地権設定の事業契約上の諸問題(江口正夫)/定期借地権の担保上、評

価上の諸問題（澤野順彦）／定期借地権設定に関する税務上経済上の諸問題（本郷尚）／定期借地権契約約款の検討（山野目章夫）

高木文雄『法人・個人をめぐる借地権の税務〔平成８年版〕』（清文社）

米山鈞一『借地権〔16訂版〕』（税務経理協会）

本郷尚『解決！貸地借地権』（住宅新報社）

▷1996年８月

水野忠恒「市街化区域内農地の賃貸借契約の解除及びそれに伴う課税関係」税務事例研究32号

吉岡祥充「新借地借家法における借地権の性格：『改正』過程と『定期借地権化』の論理」奈良法学会雑誌（奈良産業大学法学会）８巻３＝４号

▷1996年９月

中村人知『早わかり借地借家法〔３訂版〕』（税務経理協会）

住田裕子「定期借地権の現状と今後の展望」NBL⑴601号、⑵603号（11月）、（３・完）607号（1997年１月）

▷1996年10月

甲斐道太郎『借地借家法』（青林書院）

内田勝一『借地・借家の裁判例』（有斐閣）

高橋寿一「農地法の賃貸借規定の今日的意義：立法者意思を中心として」茨城大学政経学会雑誌（茨城大学政経学会）65号

▷1996年12月

丸山健「定期借地権の活用と法的問題点〈民法の実務上の論点33〉」民事法情報122号

特集「土地の流動化と借地権（定期借地権）税制の命題」税研JTRI12巻70号

定期借地権の位置づけ（丸山英気）／土地所有と借地権：税制と絡めて（神野直彦）／土地・住宅政策の課題と税制改革の方向性（久米良昭）／定期借地権税務の課題（岩下忠吾）／相当の地代をめぐる問題点：定期借地権と関連して（鵜野和夫）

澤野順彦『訴訟における不動産鑑定』（住宅新報社）

▶1997年２月

特集「スケルトン定借（つくば方式）」住宅46巻２号

スケルトン型定期借地権マンション（つくば方式）開発物語（小林秀樹）／スケルトン定借住宅の法的検討（藤井範弘・竹井隆人・大西誠・小林）／土地所有者からみたスケルトン定借事業の可能性（小林・藤本秀一）／スケルトン―インフィルの三段階区分（佐野勝則・藤本）／スケルトン定借（つくば方式）

の事業プロセス（佐野）／つくばハウジング研究会の活動（冨江伸治）／つくば方式第一号の設計コンセプトの紹介（地主道夫）／メソードつくば２号棟の設計コンセプト（橋本晴夫）

松田佳久「借地借家法10条１項の建物登記による借地権の対抗力の及ぶ範囲：担保評価の現状調査の観点からの検討」銀行法務21㊤530号・㊦531号（３月）

大窪誠「賃借権が対抗力を有する場合における賃貸不動産の譲渡と賃貸人の地位の帰趨」法学（東北大学法学会）60巻６号

▷1997年３月

山野目章夫『定期借地権論：定期借地権制度の創設と展開』（一粒社）

黒木貞彦「借地権理論の誤りの根源と新借地権理論〈借地権税制の再構築５〉」税務弘報45巻３号

▷1997年４月

潮海一雄編『阪神・淡路大震災と法：阪神大震災の記録２』（甲南大学阪神大震災調査委員会）

阪神・淡路大震災と借地・借家関係（松井宏興）／借地借家をめぐる諸問題（丸山富夫）／罹災都市借地借家臨時処理法と鑑定評価（林武）

鈴木貴博「賃借人の破産の場合における借地権の取扱について」法学政治学論究（慶應義塾大学大学院法学研究科）32号

田中嗣久「定期借家権創設の必要性」大阪経済法科大学法学論集（大阪経済法科大学法学会）37号

▷1997年５月

澤野順彦・丸山英気・内田勝一編『借地借家法の理論と実務』（有斐閣）

▷1997年６月

香川保一「借地借家法第23条の建物譲渡特約付借地権の登記について」登記研究593号

▷1997年７月

黒木貞彦「借地権評価方法の改革〈借地権税制の再構築８〉」税務弘報45巻８号

与良秀雄・奥田芳彦「優良住宅地の造成等のために土地等を譲渡した場合の軽減税率の特例等に係る一団の宅地の面積要件等の判定における定期借地権設定地の取扱いについて」税理40巻８号

▷1997年８月

滝川あおい「被災地借地人の建物再築権」法の科学26号

山崎福寿「定期借地権と望ましい土地住宅税制」JTRI 税研74号

▷1997年９月

特集「定期借地権」月刊用地359号

〈座談会〉定期借地権のその後（江口正夫・平川茂・真部敏巳・桐山良賢）／定期借地権の現状と課題（江口）／定期借地権の活用における課税上の問題点（平川）／土地所有者が安心できる定期借地権制度の課題と解決策（真部）

東川始比古「定期借地事業の課題と展望」不動産研究月報233号

▷1997年10月

内田勝一『現代借地借家法学の課題』（成文堂）

▷1997年11月

村田博史「大震災時における借地・借家関係〈特集阪神淡路大震災の３年〉」法律時報69巻12号（通巻859号）

香川保一「借地借家法第23条第１項の建物譲渡特約付借地権の登記〈不動産登記／疑問の出入口５〉」登記情報37巻11号

▷1997年12月

水本浩・澤野順彦『くらしの相談室借家トラブル Q&A』（有斐閣）

特集「定期借家権構想の問題点」ジュリスト1124号

〈座談会〉定期借家権論をめぐって（阿部泰隆・岩田規久男・瀬川信久・野村豊弘・吉田克己）／定期借家権構想の課題（澤野順彦）／定期借家権の意義と必要性を問う（長谷川徳之輔）／定期借家権と住宅政策（玉置和宏）／「定期借家権」はなぜ必要か（八田達夫）／借地借家法の中立性（小谷清）／定期借家権と交渉（森田修）／定期借家権導入のもたらす社会的・法的効果（内田勝一）／定期借家権導入について：ドイツの定期賃貸借との比較において（藤井俊二）

上原由起夫「定期借家権導入論の背景とその動向」税理40巻15号

日本土地法学会『震災と法（土地問題双書32）』（有斐閣）

▶1998年１月

加藤雅信「『定期借家権』論の倫理と論理：立法試案の提示をかねて」判例タイムズ954号

原田純孝「定期借家権導入論の狙いは何か：土地の流動化と不動産業の活性化を優先する政策動向が、その背景にある」世界645号

▷1998年２月

稲本洋之助「借家法改正論について」民事法情報137号

青野勝広「定期借地権とまちづくり」松山大学論集（松山大学学術研究会）⑴９巻４号・⑵５号（４月）

阿部泰隆・加藤雅信・島田明夫・玉井克哉・福井秀夫「〈研究会〉定期借家権に

よる快適居住のまちづくり」自治研究74巻２号
特集「都市・住宅問題と規制緩和」法律時報70巻２号（通巻862号）
都市・住宅問題と規制緩和：特集の趣旨にかえて（原田純孝）／住居賃貸借法の位置と政策的機能（広渡清吾）／定期借家権を考える（吉田克己）／社会的関係形成と借家法（佐藤岩夫）／現代資本主義の構造変化と借家法改正論（山田良治）／容積率の緩和をめぐる諸問題：何のため、誰のための容積率緩和か（長谷川徳之輔）／容積率規制緩和の法律問題（安本典夫）
▷1998年３月
松田佳久「借地借家法10条１項による借地権の対抗力の及ぶ土地の範囲に関する一考察：担保評価を行う抵当権者の立場からの検討」銀行法務21(上)545号・(下)548号（５月）
藤井俊二「『借家制度等に関する論点』に対する回答」山梨学院大学法学論集39号
山崎福寿「定期借家権批判についての経済学的反論」判例タイムズ959号
野村好弘・東松文雄・福井秀夫・阿部泰隆・藤井俊二・福島隆司「〈座談会〉定期借家権構想の法的論点」判例タイムズ959号
澤野順彦「定期借家権構想をめぐる諸問題」自由と正義49巻２号
阿部泰隆「定期借家権の法制度設計」判例タイムズ959号
上原由起夫「定期借家権の立法論的検討」国士舘法学（国士舘大学法学会）29
上原由起夫「定期借家権批判の民事法学的検討」判例タイムズ959号
福島隆司「定期借家権批判論への反批判：経済分析の立場から」判例タイムズ959号
安念潤司「『定期借家権』論雑感」自治研究74巻３号
▷1998年４月
小川浩「建物賃貸借の法定更新をめぐる２つの問題：法定更新と連帯保証更新料」判例タイムズ964号
大西武士「建物保護法１条（借地借家法10条）と権利の濫用〈銀行実務と民事裁判391〉」判例タイムズ962号
対論「定期借家権」法学セミナー521号
ここが疑問だ、定期借家権（吉田克己）／弱者に優しい定期借家権（阿部泰隆）
鈴木禄弥・高島良一・佐藤繁・山崎敏彦編『借地の法律相談〔第３版〕』（有斐閣）

▷1998年５月

野村豊弘「対抗力のない借地権者に対する明渡請求と権利濫用（最三小判平９・７・１）〈民法判例レビュー〉」判例タイムズ965号

市川太志「借地非訟事件の処理について」判例タイムズ967号

▷1998年６月

赤川彰彦『半世紀後の定期借地権：定期借地権付住宅における期間満了時の諸問題』（税務経理協会）

三好登「借地制度の在り方に関する一考察：公有地上の借地権設定について」法律時報70巻７号（通巻867号）

阿部泰隆・野村好弘・福井秀夫編『定期借家権』（信山社）

▷1998年７月

宮崎裕二「定期借地権付建物分譲における若干の問題点〈取引法研究会レポート〉」法律時報70巻８号（通巻868号）

▷1998年８月

増成牧「借地法12条２項にいう相当賃料に関する平成８年７月12日の２つの最高裁判決」神戸学院法学（神戸学院大学法学会）27巻４号

高橋弘・鳥谷部茂・神谷遊・岡本智子・野田和裕「『借地制度等に関する論点』に対する意見」広島法学（広島大学法学会）22巻１号

特集「日本土地法学会レポート」NBL645号

定期借家権論争の経緯と問題点（伊藤進）／定期借家権をめぐる主要論点（倉橋透）／借家制度の課題と定期借家の考え方（升田純）

▷1998年９月

吉田修平「〈書評〉『定期借家権』阿部泰隆 野村好弘 福井秀夫編」判例タイムズ977号

林田清明「〈書評〉阿部泰隆・野村好弘・福井秀夫編『定期借家権』」ジュリスト1140号

東川始比古「定期借地権住宅の今後の展望と課題」松山大学論集（松山大学学術研究会）９巻６号

玉田弘毅「定期借家権導入のプラスとマイナス〈日本土地法学会レポート〉（４・完）」NBL647号

三好登「定期借家権導入論について」松山大学論集（松山大学学術研究会）９巻６号

林田清明「『法と経済学』から見た定期借家権論争：借家規制と効率性」判例時報1645号

▷1998年11月

稲葉威雄・内田勝一・澤野順彦・田尾桃二・寺田逸郎・水本浩編『新借地借家法講座第１巻総論借地編１』（日本評論社）

柿本尚志「借地借家法による貸家供給阻害効果について：『森本─福井論争』をめぐって」大阪府立大学経済研究（大阪府立大学経済学研究科）43巻４号

石井恒「定期借地権（地代家賃の増減マンションの法律問題を含む）：生涯型定期借地権マンションを中心として」東京弁護士会弁護士研修委員会編『平成10年度春季弁護士研修講座』（商法務研究会）

香川保一「定期借地権等に関する２つの疑問」登記研究610号

副田隆重「期間の定めのある建物賃貸借契約の更新と保証人の責任（最一小判平９・11・13）〈民法判例レビュー〉」判例タイムズ982号

山野目章夫「罹災都市借地借家臨時処理法２条３項にいう正当事由の判断（大阪高決平９・11・７）〈民法判例レビュー〉」判例タイムズ982号

▷1998年12月

特集「サブリース紛争をめぐる法的諸問題」金融法務事情1532号

オフィス賃料の変遷と需給動向（本田広昭）／サブリース紛争における賃料増減額請求に関する裁判例の動向（中野哲弘）／賃料の自動改定特約の有効性をめぐる問題（升田純）／サブリースの法的問題点（編集部）／〈座談会〉サブリースをめぐる法的諸問題（澤野順彦・堂園昇平・升田・山野目章夫）

宗建明「正当事由と『土地の有効利用』：公と私の関係を中心として」北大法学研究科ジュニア・リサーチ・ジャーナル（北海道大学）５号

▶1999年１月

鈴木博「権利金の授受がなく通常地代で法人に借地権を設定させた場合の譲渡所得課税の可否についての一考察」税務大学校論叢（税務大学校）32号

▷1999年２月

高橋眞「〈書評〉内田勝一『現代借地借家法学の課題』：民法学のあゆみ」法律時報71巻３号（通巻876号）

特集「サブリース契約の現状と分析」ジュリスト1150号

サブリース契約における賃料保証賃料自動改定特約の効力（内田勝一）／サブリース賃料の減額請求事件における適正賃料算定上の諸問題（澤野順彦）

杉浦正典「不動産のサブリースと賃料減額請求〈民法の実務上の論点60〉」民事法情報149号

佐藤岩夫『現代国家と一般条項：借家法の比較歴史社会学的研究』（創文社）

▷1999年３月
水本浩・澤野順彦・内田勝一編『借家の法律相談〔第３版〕』（有斐閣）
鈴木禄彌「いわゆるサブリースの法的性質と賃料減額請求の可否」ジュリスト1151号
田中嗣久「借地借家法１条にいう『建物の所有を目的とする地上権および土地の賃借権』」法学論集（大阪経済法科大学法学会）42号
藤井俊二「ドイツにおける住民賃借権の存続保護に関する近時の動き」山梨学院大学法学論集（山梨学院大学法学研究会）41号
▷1999年４月
澤野順彦「サブリース契約における賃料増減額請求に係わる判例の動向と今後の課題」判例タイムズ994号
▷1999年５月
澤野順彦「サブリースにおける適正な継続賃料とは：法理論と鑑定結果との狭間」NBL(上)665号・(下)667号（６月）
三和一博「賃貸借の解除と転貸借の終了時期：最高裁平成９年２月25日判決を中心に」法学新報（中央大学法学会）105巻２＝３号
▷1999年６月
清水俊彦「サブリースにおける賃料増減額」判例タイムズ(上)999号、(中)1001号（７月）、(下)1003号（８月）
▷1999年７月
小野幸二『すぐ役立つ借地借家の法律知識』（法学書院）
▷1999年９月
大野武「イギリス定期借地制度の基本問題と現代的展開」民商法雑誌(1)120巻４＝５号・（２・完）６号（９月）
金山直樹「サブリース契約の法的性質」民事研修(1)508号、(2)510号（11月）、(3)511号（12月）
特集「サブリース契約をめぐる判例の動向とその論点」法律のひろば52巻９号
　サブリース契約をめぐる裁判例の動向（中野哲弘）／サブリース契約に対する借地借家法32条の適用基準（岡内真哉）／いわゆるサブリース契約における賃料減額請求の可否（下森定）
▷1999年10月
花房博文「集合住宅の建替をめぐる権利の抵触と法の欠缺：建物の区分所有等に関する法律と借地借家法との関係」杏林社会科学研究（杏林大学社会科学学

会）15巻1＝2号
田原睦夫「『不動産小口化商品』による賃貸建物の所有権の移転と敷金返還義務〈実務の羅針盤〉」金融法務事情1560号
▷1999年11月
下森定「サブリース契約の法的性質と借地借家法32条適用の可否：東京地裁平成10年8月28日判決を契機として」金融法務事情⑴1563号、⑵1564号（12月）、（3・完）1565号（12月）
▷1999年12月
石昌目「韓国における住宅賃貸借：伝貰制度を中心に」北大法学論集（北海道大学大学院法学研究科）50巻4号
瀬川信久「なぜ韓国では伝貰金が授受されるのか？：わが国の保証金借地との比較」北大法学論集（北海道大学大学院法学研究科）50巻4号
▶2000年1月
原田純孝「定期借家制度導入法の問題点：異常な立法過程とその狙い〈法律時評〉」法律時報72巻2号（通巻888号）
▷2002年2月
太田秀也「定期賃貸住宅標準契約書の解説」NBL683号
山口英幸「良質な賃貸住宅等の供給の促進に関する特別措置法の概要」NBL682号
▷2000年3月
塩崎勤・西口元編『借地借家法の正当事由の判断基準』判例タイムズ1020号臨時増刊
永田眞三郎「定期借家権〈Key Word〉」法学教室234号
福井秀夫「定期借家法の概要と将来展望」民事法情報162号
小川秀樹「『良質な賃貸住宅等の供給の促進に関する特別措置法』の概要」登記インターネット4号
山口英幸「『良質な賃貸住宅等の供給の促進に関する特別措置法』の概要」金融法務事情1573号
▷2000年4月
清水誠「『定期借家制度』に関する立法への所感〈続・市民法の目13〉」法律時報72巻5号（通巻891号）
熊谷浩一「定期借家制度の導入：良質な賃貸住宅等の供給の促進に関する特別措置法〈法令解説〉」時の法令1614号

滝川あおい「優先借地権申出拒絶の際の正当事由の存在時期」司法書士論叢THINK96号
小川秀樹「『良質な賃貸住宅等の供給の促進に関する特別措置法』の概要」登記情報40巻4号
平田厚「定期借家法（良質な賃貸住宅等の供給の促進に関する特別措置法）について」自由と正義51巻3号
▷2000年5月
福井秀夫「定期借家法の概要と将来展望」登記インターネット6号
▷2000年6月
特集「定期借家権導入と住宅政策」ジュリスト1178号
　住宅政策の方向性と定期借家制度の意義（木内喜美男）／改正借地借家法の概要（山口英幸）／定期賃貸住宅標準契約書の解説（太田秀也）／宅建業者の説明義務等取扱い上の留意点（三好弘悦）／実務の現場から見た定期借家制度（末永照雄）
特集「不動産定期利用権の現状と展望」自由と正義51巻6号
　不動産定期利用権の現状と展望（稲本洋之助）／定期借家制度の解釈上、運用上の諸問題（澤野順彦）／定期借地権の実務と問題点（吉田修平）
丸山英気『都市の法律学』（悠々社）
小宮山秀史「定期借家制度創設に伴う不動産登記事務の取扱いについて」登記情報40巻6号
小宮山秀史「定期借家制度創設に伴う不動産登記事務についての解説」登記インターネット7号
▷2000年9月
菅野佳夫「借家人による増改築と附合の是非〈銀行実務と民事裁判429〉」判例タイムズ1034号
▷2000年10月
阪本清「期間付普通借家契約を借主の側から中途解約できるか：定期借家の中途解約制度と比較して」NBL698号
篠田省二「不動産賃貸借契約と公証実務」自由と正義51巻10号
▷2000年11月
清水俊彦「敷金の範囲に関する一考察：理論と実務、法解釈学と予防法学の交錯」判例タイムズ1040号

▷2000年12月

大塚浩著、建設省住宅局住宅生産課監修『Q&A 住宅品質確保促進法解説〔第2版〕』(三省堂)

▶2001年 2月

岡本修司「借地権の更新料の所得区分〈桜税会裁決事例研究102〉」税務弘報49巻3号

第二東京弁護士会・法律相談センター『借地・借家問題法律相談ガイドブック〔3訂版〕』(第二東京弁護士会)

西山井依子「新定期借家法の旧借家契約関係への遡及的適用の必要性について」大阪経済法科大学法学論集(大阪経済法科大学法学会)48号

▷2001年3月

石栗正子「借地非訟事件の現状:借地条件の変更と付随処分としての財産的給付〈日本土地法学会関東支部報告1〉」判例タイムズ1050号

平松宏子「賃料増減額請求権と適正継続賃料の算定〈日本土地法学会関東支部報告2〉」判例タイムズ1050号

藤井俊二「地価の下落と賃貸借契約のスライド条項の法的拘束力〈日本土地法学会関東支部報告3〉」判例タイムズ1050号

東京弁護士会弁護士研修センター運営委員会編『不動産の諸問題:借地非訟/マンション管理・訴訟/定期借家権(研修叢書36)』(商事法務研究会)

三浦文敬「住宅の品質確保の促進等に関する法律:安心して住宅を取得できる住宅市場の整備」時の法令1636号

田中英司『ドイツ借地・借家法の比較研究:存続保障・保護をめぐって』(成文堂)

▷2001年4月

北野弘久「公団住宅家賃の法的性格」税経新報474号

野辺博編著『借地借家の法律相談』(学陽書房)

升田純「地主の通知義務違反と借地契約の解除:東京地判平11.6.29の意義」金融法務事情1608号

▷2001年5月

滝川あおい「借地権と担保」司法書士論叢/THINK99号

田原睦夫「土地賃貸借契約の債務不履行解除と借地上の建物の賃貸借契約〈実務の羅針盤〉」金融法務事情1610号

▷2001年6月

滝川あおい「借地権と担保」社会科学研究年報(龍谷大学社会科学研究所)31号

▷2001年7月

内田勝一・浦川道太郎・鎌田薫編『現代の都市と土地私法』（有斐閣）

定期借地権の現状と課題（東川始比古）／定期借家制度の批判的検討（藤井俊二）

▷2001年12月

内田勝一・山崎敏彦編『借地・借家の裁判例：生活紛争裁判例シリーズ〔第2版〕』（有斐閣）

▶2002年 1月

香川保一「定期借地権等に関する登記の諸問題」登記インターネット26号

▷2002年2月

水本浩・澤野順彦・内田勝一編『借家の法律相談〔第3版補訂版〕』（有斐閣）

▷2002年3月

上原由起夫「定期借家権の解釈論的検討」国士舘法学（国士舘大学法学会）33号

▷2002年4月

岡本詔治「イタリア住居賃貸借制度の構造と特質」島大法学（島根大学法学会）㊤45巻4号、㊥46巻1号（7月）、㊦46巻3号（2003年1月）

藤井俊二「ドイツにおける賃貸借法改正概説」龍谷法学（龍谷大学法学会）34巻4号

▷2002年5月

松本茂郎「借地権課税の解説と批判：所得税・法人税・相続税・贈与税にわたって」税経新報⑵486号・⑶487号（6月）

▷2002年8月

武田公夫「定期借地権の経済性と価値観の変化：所有から利用の時代に入った不動産」用地3巻8号

▷2002年9月

遠藤浩先生傘寿記念『現代民法学の理論と課題』（第一法規）

「賃料の本質」序論（松尾英夫）／定期借家関係の終了に伴う法律問題と残された問題（藤井俊二）

▷2002年12月

生熊長幸「短期賃貸借保護廃止と賃料債権への物上代位・収益管理制度は両立するか」金融法務事情㊤1660号・㊦1661号

小山泰史「『担保・執行法制の見直しに関する要綱中間試案』の検討：賃借人保護の視点から」立命館法学（立命館大学人文科学研究所）282号

▶2003年 1 月

吉田光碩「賃貸目的建物の賃貸借契約引受制度〈銀行実務と民事裁判453〉」判例タイムズ1106号

▷2003年 2 月

吉田邦彦「居住法学問題の俯瞰：住宅所有権・賃借権規則をめぐるディレンマと公共的保護という観点からの再編」民事研修(1)549号、(2)550号（3 月）、（3・完）551号（4 月）

▷2003年 4 月

宮崎裕二「借家の敷金・保証金の返還をめぐる諸問題〈取引法研究会レポート〉」法律時報75巻 5 号（通巻930号）

上原由起夫「定期借家制度の見直しについて」国士舘法学（国士舘大学法学会）34号

▷2003年 5 月

清原泰司「表示登記と借地権の対抗力」桃山法学（桃山学院大学） 1 号

借地借家法関係文献目録①
（『第３版』より収録）

この文献目録は、2003年６月以降に発表にされた借地借家法全般に関する書籍・論文等についてまとめたものである。文献収集および目録の作成は、明海大学非常勤講師・竹田智志氏にお願いした。

▶2003年６月

松岡久和「建物サブリース契約〈特集テイクオフ民法〉」法学教室273号

荒木新五『実務借地借家法』（商事法務）

▷2003年７月

小柳春一郎『震災と借地借家：都市災害における賃借人の地位』（成文堂）

▷2003年８月

小柳春一郎「昭和30年代の借地借家法改正法案における『正当事由』条項(1)」獨協法学（獨協大学法学会）60号

▷2003年10月

増成牧「建物サブリース契約と借地借家法32条の賃料減額請求（取引法研究会レポート）」法律時報75巻12号（通巻937号）

清水俊彦「賃料債権の証券化と破産法の改正」判例タイムズ54巻23号（通巻1127号）

速水由佳里「内縁配偶者の居住と借家権の承継」龍谷大学大学院法学研究（龍谷大学大学院法学研究編集委員会）５号

高橋裕次郎監修『すぐに役立つ賃貸トラブルの法律しくみと手続き』（三修社）

▷2003年11月

藤井俊二「短期賃貸借保護制度の廃止と残された問題〈日本土地法学会関東支部研究会報告〉」判例タイムズ54巻24号（通巻1128号）

▷2003年12月

特集「サブリース最高裁判決を受けて：各界の反応」金融法務事情1691号

証券化等今日の金融取引にもインパクトある判決（浅田隆）／サブリースの実態を把握した妥当な判決（岡内真哉）／サブリースの賃料保障特約に限界、減額賃料算定方法に課題（小野兵太郎）／建物賃貸借における貸主の法的救済を願う（長久保隆英）／サブリース契約における契約当事者の利害調整（野村豊弘）／家賃保証した場合の判断基準たる衡平の中身（升永英俊）

升田純「サブリースに関する最高裁判決の意義」金融法務事情1693号

古積健三郎「敷金に関する一考察：充当と承継の問題」法学新報（中央大学法学会）110巻7＝8号

吉田邦彦「アメリカの居住事情と法介入のあり方　とくにボストンの場合(1)：居住隔離とレント・コントロール、居住適格保証、コミュニティ再生運動」民商法雑誌129巻1号

磯本典章「借地借家法32条3項に関する解釈問題：東京高判平成10年1月20日判例タイムズ989号114頁を素材として」学習院大学大学院法学論集（学習院大学大学院法学研究科）9巻10号

升永英俊「保証賃料に対する減額請求の当否・相当賃料額の判断基準たる衡平の意味」銀行法務21第47巻14号

▶2004年1月

久保淳一「抵当権と短期賃貸借〈ケーススタディ／営業店の法務・コンプライアンス入門7〉」金融法務事情1696号

清水俊彦「転貸目的の事業用建物賃貸借と借地借家法32条(下)：平成15年10月21日および同月23日の最高裁三判決」NBL777号

吉田邦彦「アメリカの居住事情と法介入のあり方　とくにボストンの場合(2)：居住隔離とレント・コントロール、居住適格保証、コミュニティ再生運動」民商法雑誌129巻2号

升永英俊「法の支配(上)：サブリース・センチュリータワー最判平15.10.21の規範」金融法務事情1696号

▷2004年2月

飯窪光隆・堂園昇平・升田純・山本豊〔司会：升田純〕「〈座談会〉サブリース最高裁判決と実務対応(上)」金融法務事情1697号

香川保一監修「借地借家法第23条の建物譲渡特約付借地権と同法第10条による対抗力〈登記・供託実務／質疑応答71〉」登記インターネット62号

田中英司「ドイツ使用賃貸借法の新たな展開と住居使用賃貸借権の存続保護」京都学園法学（京都学園大学法学会）42号

吉田邦彦「アメリカの居住事情と法介入のあり方　とくにボストンの場合（3・完）：居住隔離とレント・コントロール、居住適格保証、コミュニティ再生運

動」民商法雑誌129巻3号

升永英俊「法の支配(下)：サブリース・センチュリータワー最判平15.10.21の規範」金融法務事情1697号

▷2004年3月

特集「サブリース最高裁判決をめぐる論点」銀行法務21第629号

サブリース契約と衡平の原則（吉田克己）／サブリース契約における借地借家法32条1項（賃料増減額請求権）適用の可否（亀井洋一）

若林真「サブリース賃料の評価：法律と不動産鑑定評価の接点」判例タイムズ55巻7号（通巻1140号）

尹龍澤・姜京銀編『現代の韓国法：その理論と動態（創価大学比較文化研究所叢書)』（有信堂高文社）

商事用建物賃貸借保護法の主要内容と問題点（延基榮）／日韓商事用建物賃貸借法の比較（藤井俊二）

特集「担保法の最前線」（西口元・小賀野昌一編）金融・商事判例増刊1186号

(3)短期賃貸借保護の原則廃止（小賀野）／(11)競売不動産の内覧制度の創設（佐藤歳二）／〈特別座談会〉サブリース最高裁判決の意義と今後の実務展開（近江幸治・岡内真哉・金山直樹・下森定・奈良輝久・升永英俊〔司会：西口〕）

▷2004年4月

成本健二「民法第177条と借地借家法第10条における借地権の保護(1)(2)」大東法政論集（大東文化大学大学院）11号・12号

▷2004年5月

下森定「サブリース訴訟最高裁判決の先例的意義と今後の理論的展望(上)」金融・商事判例1191号

草野元己「借家権の相続：『終身借家権』の可能性をめぐって」法経論集（三重大学社会科学学会）21巻2号

久須本かおり「賃料債権への物上代位と敷金返還請求権の保護：最一小判平成14年3月28日に見られる敷金充当法理の問題点」法政論集（名古屋大学法学部）201号

甲斐道太郎「Ⅲ災害と借家法：災害と借家法」日本土地法学会編『土地バブル経済と法・都市の混迷（土地問題双書35)』（有斐閣）

▷2004年6月

松岡久和「建物サブリース契約と借地借家法32条の適用」法学論叢（京都大学法学会）154巻4＝5＝6号

松本浩平「不動産賃貸借と相続(1)」島大法学（島根大学法文学部法学科）47巻４号
下森定「サブリース訴訟最高裁判決の先例的意義と今後の理論的展望(下)」金融・商事判例1192号
小山泰史「サブリース契約をめぐる判例法理の意義：借地借家法32条との関係で」立命館法学（立命館大学法学会）293号
▷2004年７月
岡内真哉「地代の不減額特約と借地借家法11条：最三判平成16.6.29について」金融・商事判例1195号
山川一陽「借地期間の終了と賃貸借：借地借家法と借地権〈山川教授の民法講義ノート85〉」警察ヴァリアント22巻７号
清水俊彦「賃料自動改定特約と借地借家法(上)：判例史の通観と最一小判平成15年６月12日の法理」判例タイムズ55巻16号（通巻1149号）
▷2004年８月
太田昌志「定期賃貸借契約に関する一考察：解約保護制度緩和の是非について」中央大学大学院研究年報（中央大学大学院研究年報編集委員会）33号
橋本恭宏「転貸借・再賃貸の再構成」獨協法学（獨協大学法学会）63号
▷2004年９月
清水俊彦「賃料自動改定特約と借地借家法(中)：判例史の通観と最一小判平成15年６月12日の法理」判例タイムズ55巻19号（通巻1152号）
安福幸江「サブリース契約をめぐる裁判例と問題点〈判例展望民事法９〉」判例タイムズ55巻19号（通巻1152号）
荒木新五『実務借地借家法〔新訂版〕』（商事法務）
▷2004年10月
高木健太郎「サブリース契約における賃料減額請求権再考(1)」愛知学院大学大学院法研会論集（愛知学院大学大学院法学研究科法研会）19巻１＝２号
伊藤雄太「将来の賃料債権譲渡と物上代位に関する一考察」愛知学院大学大学院法研会論集（愛知学院大学大学院法学研究科法研会）19巻１＝２号
李又又「賃料債権への抵当権に基づく物上代位論の系譜」愛知学院大学大学院法研会論集（愛知学院大学大学院法学研究科法研会）19巻１＝２号
清水俊彦「賃料自動改定特約と借地借家法(下)：判例史の通観と最一小判平成15年６月12日の法理」判例タイムズ55巻22号（通巻1155号）
堀田泰司「定期借家制度における問題点」小林一俊博士古稀記念論集編集委員会

編『財産法諸問題の考察：小林一俊博士古稀記念論集』（酒井書店）
▷2004年11月
松岡久和「最高裁サブリース判決の方向性㊤〈関西金融法務懇談会報告〉」金融法務事情1722号
瀬川信久「借地借家法32条は強行法規か？：サブリース最高裁判決について〈金融商事の目〉」金融・商事判例1202号
上原由起夫「定期賃貸住宅標準契約書の検討」国士舘法学（国士舘大学法学会）35号
▷2004年12月
松岡久和「最高裁サブリース判決の方向性㊦〈関西金融法務懇談会報告〉」金融法務事情1723号
▶2005年１月
清原泰司「転貸料債権に対する抵当権の物上代位⑴」桃山法学（桃山学院大学法学会）４号
▷2005年２月
小林信明「賃貸借⑴：解除、敷金の扱い〈破産法が変わる25／全国倒産処理弁護士ネットワーク編〉」金融法務事情1728号
▷2005年３月
田中英司「ドイツにおける民法上の所有権の概念：内容と、所有権と不動産利用権との法的関係：現在の学説の概観的な確認とヨホウ物権法部分草案の検討」法学論集（西南学院大学学術研究所）37巻４号
森田茂夫『決定版　原状回復：その考え方とトラブル対処法〈不動産法務シリーズ１〉』（にじゅういち出版）
▷2005年４月
関川芳孝「高齢者に対する居住保証について〈特集高齢期のセーフティーネットの構築：高齢期を生き抜くために〉」法律時報77巻５号（通巻956号）
大村敦志「賃貸借：サブリースと借地借家法の適用〈もうひとつの基本民法26／債権各論編８〉」法学教室296号
和田安夫「賃貸借における賃料決定規範：判例にみる賃料改定特約と賃料増減請求権の規定との関係」姫路法学（姫路獨協大学法学部）41号
鳥谷部茂「賃料をめぐる抵当権の効力」広島法科大学院論集（広島大学法学会）１号
清原泰司「転貸料債権に対する抵当権の物上代位（２・完）」桃山法学（桃山学

院大学法学会）５号
小野秀誠「ドイツの期間割りの居住権契約・タイムシェア法：所有権概念の概要変容と私権の体系」国際商事法務33巻４号
内田勝一「都市居住推進手法としての定期借地制度〈特集都市居住を考える〉」都市問題研究57巻４号
長坂純「終身借家権の定立可能性：借地借家法30条の理論動向を素材にして」法律論叢（明治大学法律研究所）77巻２＝３号
▷2005年７月
村田哲夫「公営住宅明渡し訴訟と信頼関係法理」判例自治265号
日本土地法学会編『転機に立つアジアの土地法：長崎大学経済学部創立百周年記念・共催（土地問題双書36）』（有斐閣）
第１部　日中土地法――⑴土地の需要から土地制度と土地法を改革する重要性を考える（周千峙）／⑵中国における土地の売買・賃貸借・登記・相続：その実情（丁相順）／⑹日本の借地借家法（藤井俊二）／⑺中国土地使用権の法源（イギリス不動産賃貸借）について（大野武）／第２部　日本土地法　サブリース（転貸事業）契約（最高裁判決〔平成15年10月21日〕）を契機として：サブリース最高裁判決の要約――⑴最高裁判決に批判的な立場から（澤野順彦）／⑵最高裁判決に肯定的な立場から（近江幸治）／⑶サブリース訴訟の意義：不動産実務の立場から（植松丘）
亀井崇幸「短期賃貸借制度擁護論〈民法改正案を分析して〉」白鷗大学大学院法学研究年報（白鷗大学大学院法学研究科）１号
▷2005年８月
橋元四郎平監修・東京弁護士会易水会編『賃貸住居の法律Ｑ＆Ａ　困ったとき〔三訂版〕（住宅・不動産実務ブック）』（住宅新報社）
▷2005年９月
高橋裕次郎監修『すぐに役立つ賃貸トラブルの法律しくみと手続き〔改訂新版〕』（三修社）
近江幸治「サブリース問題『再論』」早稲田法学（早稲田大学法学会）80巻３号
▷2005年10月
鎌田薫（司会）・始関正光・道垣内弘人・松岡久和・安永正昭・山野目章夫（ゲスト）熊谷則一・藤井健「〈不動産法セミナー７〉事業用借地権の使い勝手㊤」ジュリスト1299号
▷2005年11月
鎌田薫（司会）・始関正光・道垣内弘人・松岡久和・安永正昭・山野目章夫（ゲ

スト）熊谷則一・藤井健「〈不動産法セミナー８〉事業用借地権の使い勝手㈦」ジュリスト1300号

杉本脩一「中国出譲土地使用権とローマ法系地上権との関係：ローマ法を系譜とする日本民法の地上権を素材として」司法書士論叢 THINK102号

太田昌志「ドイツにおける賃料額規制と解約保護制度、ならびに我が国の賃料減額問題について」法学新報（中央大学法学会）112巻３＝４号

石畝剛士「ドイツにおけるホーム契約の規制枠組：解約の局面を中心として」東北法学（東北大学大学院東北法学刊行会）69巻４号

中島明子「『ホームレス』支援における居住支援：ハウジング・ファーストアプローチ〈特集都市におけるホームレス問題〉」都市研究57巻11号

▶2006年１月

良永和隆「サブリース最高裁判決と実務対応〈＋α最新情報〉」ハイ・ローヤー243号

勝又正秀「住宅政策改革三法⑵：地域住宅協議会・地域住宅計画・地域住宅交付金等の導入による公的賃貸住宅等の整備・管理の推進（地域における多様な需要に応じた公的賃貸住宅等の整備等に関する特別措置法）」時の法令1752号

▷2006年２月

八木寿明「転換期にある住宅制度：セーフティ・ネットとしての公営住宅を中心として」レファレンス660号

松平定之・遠藤みち「定期借地権〈ケーススタディ税理士のための法律学講座〉」税研 JTRI21巻４号

▷2006年３月

田中英司「住居をめぐる所有権と不動産利用権との法的関係の一断面⑴：ドイツの裁判例を素材として判断枠組みの再構成を模索する」法学論集（西南学院大学学術研究所）38巻３＝４号

▷2006年４月

小林資郎「賃料債権に対する物上代位と敷金返還請求権の帰趨」北海学園大学法学研究（北海学園大学法学会）41巻４号

松野友芳「フランス居住用建物賃貸借法（抄訳）」龍谷法学（龍谷大学法学会）38巻４号

（ゲスト）松岡久和（ホスト）加藤雅信・加藤新太郎「〈鼎談〉サブリースを語る」判例タイムズ57巻11号（通巻1202号）

日本土地法学会編『借地借家法の改正・新景観法（土地問題双書37）』（有斐閣）

第１部　定期借家権・事業用借地権――⑴定期借家制度の見直し問題（藤井俊二）／⑵事業用借地権（澤野順彦）／⑶東京都における住宅の賃貸借に係る紛争の防止に関する条例について（青木弘・岡野弘）

▷2006年６月

稲本洋之助先生古稀記念論文集刊行委員会編『都市と土地利用：稲本洋之助先生古稀記念論文集』（日本評論社）

「不動産サブリース契約」の多様性と借地借家法32条の適用（田山輝明）／不動産賃貸借の対抗：ドイツ法を参考として（藤井俊二）／賃貸人たる地位の移転の法律構成：「状態債務関係」論・「賃借権の物権化」論・「法的契約引受」論の再検討（七戸克彦）／敷金・保証金返還請求権の期限の到来について（吉田修平）／人工地盤と区分地上権（鎌野邦樹）／民間貸家着工の要因の検討：資本コストによる分析（倉橋透）／都市的土地利用をめぐる土地政策上の諸課題（周藤利一）／不動産需要からみた土地所有概念の変遷：所有から利用へ（難波里美）

門田稔永「土地賃貸借契約における『敷金』と『保証金』：登記事項の新設に伴う悩ましき問題〈法務夜話〉」登記インターネット８巻６号

荒木新五『実務借地借家法〔新訂第２版〕』（商事法務）

▷2006年７月

高橋恒夫「借地上の建物に対する抵当権と地主の承諾書の効力〈営業店からの質疑応答９〉」銀行法務21第662号

▷2006年８月

吉田修平「リバースモーゲージ制度・高齢者専用賃貸住宅制度の概要〈特集不動産をめぐる最近の動き〉」Evaluation22号

▷2006年９月

田高寛貴「抵当権と賃借権〈クロススタディー物権法19〉」法学セミナー51巻10号（通巻622号）

▷2006年11月

野澤正充「使用貸借・賃貸借⑴：賃貸借の意義・成立〈セカンドステージ債権法12〉」法学セミナー51巻12号（通巻624号）

太田昌志「賃借権の譲渡・転貸に関する一考察」法学新報（中央大学法学会）113巻１＝２号

藤井俊二『借地権・借家権の存続保護』（成文堂）

▷2006年12月

野澤正充「賃貸借⑵：効力〈セカンドステージ債権法13〉」法学セミナー52巻１号（通巻625号）

▶**2007年**1月

野口大作「賃貸住宅の通常損耗と回復費用負担特約」札幌法学（札幌大学法学会）18巻1号

田中嗣久「建物賃貸借（いわゆる借家）契約終了時における原状回復費用を敷金から差し引く特約は有効か：不動産の所得と利用の問題を基礎に若干の裁判例の検討を中心にして」大阪経済法科大学論集（大阪経済法科大学法経学会）91号

野澤正充「賃貸借(3)：当事者の交代〈セカンドステージ債権法14〉」法学セミナー52巻2号（通巻626号）

▷2007年2月

野澤正充「賃貸借(4)：存続期間・終了〈セカンドステージ債権法15〉」法学セミナー52巻3号（通巻627号）

▷2007年3月

竹村公一「事業用建物の賃貸借と借地借家法：あるキーテナントからの中途解約をめぐって」法と政治（関西学院大学法政学会）57巻3＝4号

▷2007年4月

小粥太郎「定期借家制度導入後の民法教科書」民事研修599号

池田知史「転借人と建物明渡猶予制度〈さんまエクスプレス36〉」金融法務事情1798号

吉田克己（聞き手）馬場聡「民法学の問題：サブリースをめぐる問題〈特集法学入門2007〉」法学セミナー52巻5号（通巻629号）

▷2007年5月

澤野順彦「サブリース再論」立教法学（立教法学会）73号

▷2007年6月

田中嗣久「不動産貸借をめぐる、いわゆる『自力救済』の問題について」大阪経済法科大学論集（大阪経済法科大学法経学会）92号

▷2007年7月

下田範幸「不動産取引（Real Estate Transactions）(4)事務所賃貸借契約（Office lease）(1)〈ビジネスパーソンのためのアメリカ・カリフォルニア法実務講座80〉」国際商事法務35巻7号

▷2007年8月

高田淳「賃料債権の共同相続」法学新報（中央大学法学会）113巻7＝8号

角紀代恵「賃料債権の事前処分と賃貸不動産の取得者」法曹時報59巻7号

▷2007年９月

下田範幸「不動産取引（Real Estate Transactions）(5)事務所賃貸借契約（Office lease）(1)〈ビジネスパーソンのためのアメリカ・カリフォルニア法実務講座81〉」国際商事法務35巻９号

平林美紀「賃料債権の可分性と賃料債務の不可分性(1)」南山法学（南山大学法学会）31巻１＝２号

▷2007年10月

沈宏峰「現代中国宅地権利の形成(1)」法研論集（早稲田大学大学院法学研究科）123号

小野兵太郎「賃貸、賃料に関する基礎知識(1)〈司法書士・土地家屋調査士のための不動産ビジネス講座７〉」登記情報47巻10号

▷2007年11月

田中英司「住居をめぐる所有権と不動産利用権との法的関係の一断面(2)：ドイツの裁判例を素材として判断枠組みの再構成を模索する」法学論集（西南学院大学学術研究所）40巻２号

小野兵太郎「賃貸、賃料に関する基礎知識(2)〈司法書士・土地家屋調査士のための不動産ビジネス講座８〉」登記情報47巻11号

鎌田薫（司会）・始関正光・道垣内弘人・松岡久和・安永正昭・山野目章夫（ゲスト）片岡義広・山本克己・渡辺昭典「〈不動産法セミナー26〉不動産賃料債権の帰属(1)」ジュリスト1345号

▷2007年12月

松田佳久「正当事由具備の段階的判断と借地立退料の意義(1)」大阪経大論集（大阪経大学会）58巻５号

鎌田薫（司会）・始関正光・道垣内弘人・松岡久和・安永正昭・山野目章夫（ゲスト）片岡義広・山本克己・渡辺昭典「〈不動産法セミナー27〉不動産賃料債権の帰属(2)」ジュリスト1346号

鎌田薫（司会）・始関正光・道垣内弘人・松岡久和・安永正昭・山野目章夫（ゲスト）片岡義広・山本克己・渡辺昭典「〈不動産法セミナー27〉不動産賃料債権の帰属(3)」ジュリスト1347号

▶2008年２月

鳥飼晃嗣「居住用建物賃貸借契約における敷引特約に対する消費者契約法の適用について〈大阪民事実務研究〉」判例タイムズ59巻５号（通巻1257号）

金融商事法務編集部「借地借家法の一部改正：事業用定期借地権の上限期間を50

年に引き上げ〈法務の話題〉」金融法務事情1824号
中野渡守「短期賃貸借制度の廃止〈話せばわかる！研修講座／担保物権法編6〉」民事研修609号
「不動産登記関係：地上権の設定契約における地上権者の地位を地上権の設定の効力発生前に譲渡した場合の地上権の設定の登記の申請について〈質疑応答〉」登記研究719号
▷2008年3月
登記情報編集部「借地借家法の一部改正：事業用定期借地権の上限期間を50年に引き上げ」登記情報48巻3号
「住居の賃借に伴う預託金返還請求権の保護：日韓比較民法研究・各論(2)」ジュリスト1351号
(1)韓国における伝貰をめぐる議論の動向：伝貰金の優先弁済権の確保を中心に（権澈）／(2)預託金保護の必要性とその実現手段：債権的伝貰と敷金返還請求権の対比から（大村敦志）
田中英司「住居をめぐる所有権と不動産利用権との法的関係の一断面(3)：ドイツの裁判例を素材として判断枠組みの再構成を模索する」法学論集（西南学院大学学術研究所）40巻3＝4号
松田佳久「正当事由具備の段階的判断と借地立退料の意義(2)」大阪経大論集（大阪経大学会〔大阪経済大学〕）58巻6号
▷2008年4月
関沢正彦「事業用定期借地の担保取得について〈リーガルNAVI〉」金融商事法務1832号
立川正雄・及川健一郎・関戸淳平・横山宗祐・篠田貴和・小木正和・野竹秀一・原田満「借地の諸問題(1)」横浜弁護士会／専門実務研究2号
▷2008年5月
特集「いま、賃料評価の何が問題なのか？」Evaluation29号
現不動産鑑定基準は、賃料評価基準足りうるか？（田原拓治）／「継続賃料鑑定評価基準」改定の指針（勝木雅治）／地代（土地賃料）鑑定の今日的意義：新しい『借地コンサル業務』のイメージ（桜井誠三）
中野渡守「建物明渡猶予制度及び抵当権者の同意による賃貸借への対抗力付与制度〈話せばわかる！　研修講座／担保物権法7〉」民事研修612号
菅沼篤志「滞納家賃と住宅の明渡し請求〈法律相談〉」判例自治303号
「〈カウンター相談192〉地上権の設定契約における地上権者となる地位を地上権

の設定の効力発生前に譲渡した場合の地上権の設定の登記の申請について」登記研修723号
松田佳久「判例分析に基づく借地立退料と借家立退料との異同(1)」大阪経大論集（大阪経大学会〔大阪経済大学〕）59巻1号
▷2008年8月
中村巽「事業用定期借地権〈法務夜話〉」登記インターネット10巻8号
吉田清悟「借地上建物の競売と借地権の不存在」民事法情報263号
▷2008年9月
小柳春一郎訳「借地と都市整備：フランス・リヨン市民病院の貸地経営（1781-1914）(2)アンリ＝ソフィー・クレマンソン」獨協法学（獨協大学法学会）75号
▷2008年10月
「〈不動産法セミナー32〉都市再開発における土地の所有と利用(上)」〔鎌田薫（司会）・寺田逸郎・松岡久和・始関正光・道垣内弘人・安永正昭・山野目章夫／（ゲスト）小林重敬・宮川博史〕ジュリスト1364号
「〈不動産法セミナー33〉都市再開発における土地の所有と利用(下)」〔鎌田薫（司会）・寺田逸郎・松岡久和・始関正光・道垣内弘人・安永正昭・山野目章夫／（ゲスト）小林重敬・宮川博史〕ジュリスト1365号
澤野順彦編『実務解説借地借家法』（青林書院）
橋元四郎平監修／東京弁護士会易水会編『賃貸住居の法律Q＆A　困ったとき〔四訂版〕（住宅・不動産実務ブック）』（住宅新報社）
▷2008年11月
三林宏「適法転貸借と多角（三角）関係：多角的法律関係の研究⑤」法律時報80巻12号
▷2008年12月
香川保一「不動産の賃借権の登記において敷金を登記事項とすることの疑問〈不動産登記の疑問の入出門47〉」登記インターネット10巻12号
▶2009年1月
砂原勝彦「賃借人が死亡し、その相続人が行方不明となってしまった土地賃貸借契約の解除〈「Alliance・連帯」を合言葉に37〉」不動産法律セミナー40巻1号
村田博史「定期借家権の意味を再考する〈取引法研究会レポート〉」法律時報81巻2号
丸山英氣先生古稀記念論文集出版編集委員会編『マンション学の構築と都市法の新展開：丸山英氣先生古稀記念論文集』（プログレス）

営業用建物賃貸借における法的課題（大野武）／高齢者専用賃貸住宅における居住者の法的保護と自立の保障：ドイツの高齢者居住の議論を参考にして（矢田尚子）／ドイツにおける賃料法の展開（ウルフ・ベルシュティンクハウス著・藤井俊二訳）

▷2009年２月

「〈不動産法セミナー34・完〉不動産法の現状と課題：不動産法セミナーの総括と展望」〔鎌田薫（司会）・寺田逸郎・松岡久和・始関正光・道垣内弘人・安永正昭・山野目章夫〕ジュリスト1371号

▷2009年３月

太田知行・荒川重勝・生熊長幸編『民事法学への挑戦と新たな構築：鈴木祿弥先生追悼論集』（創文社）

BGB 公布当時のドイツにおける「売買は賃貸借を破らず」の法的構成（大窪誠）／ファイナンス・リース契約の法的構造：リース物件の「受領」および「借受証」の交付の法的意義（森田宏樹）／旧借家法１条ノ２の「正当ノ事由」と賃貸建物の取壊し：判例の分析（太田知行）

▷2009年４月

佐藤岩夫「〈脱商品化〉の視角からみた日本の住宅システム」社会科学研究（東京大学社会科学研究所）60巻５＝６号

高橋裕次郎監修『すぐに役立つ賃貸トラブルの法律しくみと手続き〔３訂版〕』（三修社）

民事法情報センター登記研究会「地下または空間を目的とする地上権（民法第269条の２参照）と同様の土地賃借権の設定及びその登記の可否〈質問回答41〉」登記インターネット11巻４号

山下寛・上田卓哉・土井文美・森里紀之編『賃料増減請求訴訟をめぐる諸問題(上)』判例タイムズ60巻９号（通巻1289号）

大久保正道「不動産賃貸の諸問題（前編）〈講演〉」Nibenfrontier 306号

松岡久和・鎌田薫・池田真朗編「不動産取引と登記：賃借権および通行地役権の時効取得と第三者への対抗（早慶合同ゼミナール）」法学教室344号

▷2009年５月

大久保正道「不動産賃貸の諸問題（後編）〈講演〉」Nibenfrontier 307号

秋山靖浩「不動産の取引(2)：契約締結後の滅失・損傷〈不動産法入門３〉」法学セミナー54巻６号（通巻654号）

▷2009年６月

永沼淳子「サブリース契約への借地借家法32条適用の可否」名経法学（名古屋経

済大学法学会）26号
松田佳久「射程拡大したサブリース法理(1)」大阪経大論集（大阪経大学会）60巻1号
▷2009年7月
山下寛・上田卓哉・土井文美・森里紀之編「賃料増減請求訴訟をめぐる諸問題〔補訂版〕」判例タイムズ60巻15号（通巻1295号）

借地借家法関係文献目録②

この文献目録は、2009年１月以降に発表された借地借家法全般に関する書籍・論文等についてまとめたものである。

▶2009年１月

桑原秀介「『賃料増減特約』はどこまで有効か？：近時最高裁判例をふまえた賃貸借契約の留意点」ビジネス法務９巻１号

▷2009年２月

高翔龍「韓国における不動産賃貸借制度」沖野眞已・岡孝・山下純司編『東アジア私法の諸相：東アジア比較私法学の構築のために』（勁草書房）

升田純「平成時代の借地・借家の裁判例(3)」市民と法55号

松田佳久「射程拡大したサブリース判決法理：最一小判平成15.6.12民集五七・六・五九五と最三小判平成16.6.29判時一八六八・五二の関連性を中心として〈取引法研究会レポート〉」法律時報81巻３号（通巻1006号）

澤野順彦『借地借家の正当事由と立退料（判定事例集）』（新日本法規）

▷2009年３月

山本真也・澤野順彦「居住用建物の賃貸借契約における更新料条項の効力〈平成21年度第２回判例・先例研究会〉」判例・先例研究2009年度版

東京都不動産鑑定士協会研究研修委員会編『借家権と立退料』（東京都不動産鑑定士協会研究研修委員会）

佐藤弘直「消費者契約法10条の『民法第１条第２項に規定する基本原則』に関する具体的事実について：建物賃貸借契約の判例の考察を中心に」法学研究（北海学園大学法学会）44巻３＝４号（通巻124号）

▷2009年４月

七戸克彦『新「借地借家法」の基本視点：「賃借権の物権化」論との関係で』（日本弁護士連合會）

升田純「平成時代の借地・借家の裁判例(4)」市民と法56号

日本不動産鑑定協会法務鑑定委員会編『不動産鑑定をめぐる諸問題：訴訟・賃貸

借・相続・税務争訟と不動産鑑定：弁護士・不動産鑑定士共同研究報告書』（判例タイムズ社）
▷2009年５月
辻拓一郎「〈実務解説〉賃借人側から見た建物賃貸借契約の留意点」Business law journal ２巻５号
野村豊弘「不動産賃貸借における賃料改定条項の効力について」前田重行・神田秀樹・神作裕之編『企業法の変遷：前田庸先生喜寿記念』（有斐閣）
▷2009年６月
升田純「平成時代の借地・借家の裁判例(5)」市民と法57号
水本浩・遠藤浩・田山輝明編『基本法コンメンタール借地借家法〔第２版補訂版〕』（日本評論社）
西尾則雄・奥野滋・栃木敏明・由岐和広編『借地借家の書式全集』（自由国民社）
竹林俊憲「立法・裁判・法務行政の動き東京地裁民事第22部（調停・建築・借地非訟部）における事件処理の概況」民事法情報273号
▷2009年７月
松田佳久「射程拡大したサブリース法理(2)」大阪経大論集（大阪経大学会）60巻２号（通巻311号）
▷2009年８月
升田純「平成時代の借地・借家の裁判例(6)」市民と法58号
中村肇「借地借家法三二条一項の性質論について：平成一五年サブリース判決以降の展開を中心に」平野裕之・長坂純・有賀恵美子編『現代民事法の課題：新美育文先生還暦記念』（信山社）
澤野順彦「不当な建物賃貸借契約を見抜くための借地借家法の論点整理〈特集建物賃貸トラブルの最新事情〉」月報司法書士450号
▷2009年９月
秋山靖浩「賃貸借〈特集「債権法改正の基本方針」を読む〉」法律時報81巻10号（通巻1013号）
松田佳久「射程拡大したサブリース法理（３・完）」大阪経大論集（大阪経大学会）60巻３号（通巻312号）
▷2009年10月
借地借家紛争事例研究会編『借地借家紛争事例データファイル』（新日本法規）
升田純「平成時代の借地・借家の裁判例(7)」市民と法59号
中田裕康・窪田充見・森田宏樹他「民法（債権法）改正検討委員会・第４準備会

継続的契約等、賃貸借、ファイナンス・リース、役務提供、請負、委任、寄託(上)(下)〈インタビュー「債権法改正の基本方針」のポイント：企業法務における関心事を中心に８・９〉」NBL914号、915号

▷2009年11月

小林達哉・深山雅也・米山重昭ほか「鑑定セミナー借家権と立退料：その求め方及び裁判上の関係」不動産鑑定46巻11号（通巻566号）

都市問題実務研究会編『Q & A 誰も書かなかった！事業用借地権のすべて：法律　契約　登記　税務　鑑定』（民事法研究会）

▷2009年12月

恩田剛「借地借家制度の概要及び賃貸借契約・更新〈民事特別研修：借地借家関係１〉」調停時報174号

升田純「平成時代の借地・借家の裁判例(8)」市民と法60号

長野浩三「建物賃貸借契約における更新料支払条項を消費者契約法10条により無効とした裁判例」市民と法60号

▶2010年１月

牛尾洋也「更新料判決と居住用建物賃貸借法：典型契約論の意義について〈取引法研究会レポート〉」法律時報82巻１号（通巻1017号）

大西泰博『土地法の基礎的研究：土地利用と借地権・土地所有権』（敬文堂）

▷2010年２月

升田純「平成時代の借地・借家の裁判例(9)」市民と法61号

松田佳久「(1)不動産融資に絡む金融機関の説明義務、(2)不動産賃貸借契約の成立時期〈共同研究調査概要報告（2008年度）〉」経営経済（大阪経済大学中小企業・経営研究所）45号

森川太一郎・宮本次郎・林文敏「不動産賃貸借契約（暴力団排除条項(中)）」NBL922号

▷2010年３月

特集「徹底マスター契約実務(3)：貸主に負けない賃貸借契約」Business law journal ３巻３号（通巻24号）

期間満了による契約終了と債務不履行解除（太田大三）／契約中に起こり得る問題への対処（荒木新五）

松岡美知代・八束和廣「地代・家賃増減請求調停について〈民事特別研修：借地借家関係２〉」調停時報175号

▷2010年４月

升田純「平成時代の借地・借家の裁判例⑽」市民と法62号
清水裕一郎「建物登記名義と借地権の対抗力」法学会誌60号
内藤亜美「賃借人の居住の安定確保に向けて：賃借人の居住の安定を確保するための家賃債務保証業の業務の適正化及び家賃等の取立て行為の規制等に関する法律案〈特集第174回国会の法律案等の紹介２〉」立法と調査303号
▷2010年６月
升田純「平成時代の借地・借家の裁判例⑾」市民と法63号
大澤彩「建物賃貸借契約における更新料特約の規制法理㊤：消費者契約法10条における『信義則』違反の意義・考慮要素に関する一考察」NBL931号
▷2010年７月
加藤雅信「賃貸借契約における更新料特約の機能と効力：近時の大阪高裁の相反する裁判例の検討を兼ねて」法律時報82巻８号（通巻1024号）
竹村公一「事業用建物の賃貸借法に関する日米比較の一考察（第１部）特にテナントの中途解約と賃貸人の損害軽減義務を中心に」法と政治61巻１＝２号
田中淳子「土地賃借権の時効取得とその周辺問題：東京高判平成18.11.28を素材として」愛知学院大学論叢法学研究（愛知学院大学法学会）51巻２号
日野忠和「建物賃貸借契約の解除（正当事由・立退料）について〈民事特別研修：借地借家関係３〉」調停時報176号
大澤彩「建物賃貸借契約における更新料特約の規制法理㊦：消費者契約法10条における『信義則』違反の意義・考慮要素に関する一考察」NBL932号
山田卓生『山田卓生著作選集２：民法　財産法』（信山社）

Ⅳ借地借家：13不動産賃貸借と借地・借家法／14借地借家立法と立法学／15借地借家紛争と調停制度／16借地権の対抗力／17対抗力を具備しない土地賃借人に対する新地主の明渡請求と権利濫用〈判例研究〉／18賃貸借契約における信頼関係破壊の法理：背信的行為、信頼関係の破壊の法理はなぜ必要とされるか

▷2010年８月
升田純「平成時代の借地・借家の裁判例⑿」市民と法64号
森田宏樹「賃借物の使用収益と賃料債権との関係⑴〈債権法改正を深める６〉」法学教室360号
▷2010年９月
佐藤孝一「居住用建物賃貸借における更新料特約の有効性の判断構造」東京大学法科大学院ローレビュー（東京大学法科大学院ローレビュー編集委員会）５巻
本田純一「サブリース契約の更新拒絶と正当事由」中央ロー・ジャーナル（中央

大学法科大学院）７巻２号（通巻24号）

特集「賃貸住宅管理の現状と課題と、法制度の国際比較」日本不動産学会誌24巻２号（通巻93号）

特集「賃貸住宅管理の現状と課題と、法制度の国際比較」にあたって（齊藤広子）／イギリス民間借家の管理法制度（岡田康夫）／イタリア住居賃貸借法の特質（岡本詔治）／ドイツの賃貸住宅管理に関する法制度（藤井俊二）／フランスの民間賃貸住宅管理（寺尾仁）／韓国の賃貸住宅管理制度（周藤利一）／居住者の原状回復費用負担実態からみた民間賃貸住宅管理の課題（齊藤広子）／実務面からみた「日本の民間賃貸住宅の管理の現状と課題、施策の展開」（亀井英樹）／情報シェアリングと賃貸住宅市場（中川雅之）／情報の非対称性と賃貸住宅の維持管理投資（山鹿久木）／賃貸住宅管理に関するアメリカの法制度（連邦法及び州法）（山中眞人）／日本の民間賃貸住宅の管理の現状と課題及び施策の展開（多田治樹）／民間賃貸住宅の管理の現状と課題（吉田修平）

▷2010年10月

秋山靖浩「不動産の利用⑴：不動産賃借権の対抗力〈不動産法入門19〉」法学セミナー55巻10号（通巻670号）

升田純「平成時代の借地・借家の裁判例⒀」市民と法65号

松尾弘「家賃債務保証業務の適正な実施の確保に向けて：『追い出し屋』規制法案の概要と賃借人が安心して暮らすための課題〈特集トラブル増加！保証人ビジネス〉」国民生活30号

森田宏樹「賃借物の使用収益と賃料債権との関係⑵〈債権法改正を深める７〉」法学教室362号

特集「賃貸住宅問題の最新実務」市民と法65号

京都における賃貸借問題と消費者団体訴訟の成果（石田郁雄）／建物賃貸借契約条項と消費者契約法10条（平尾嘉晃）／更新料特約と消費者契約法10条：消費者団体訴訟も踏まえて（長野浩三）／賃貸住宅の原状回復紛争に係る少額訴訟事例⑴（太田秀也）／追い出し屋規制法案の概要（増田尚）／福岡における賃貸住宅をめぐるトラブルの現状と取組（河内肇）

▷2010年11月

秋山靖浩「不動産の利用⑵：居住用建物の賃貸借における更新料特約（その１）〈不動産法入門20〉」法学セミナー55巻11号（通巻671号）

松田佳久「居住用建物賃貸借契約における更新料：４つの大阪高裁判決を中心として」大阪経大論集（大阪経大学会）61巻４号（通巻319号）

▷2010年12月

原井雅紀「借地・借家契約の終了とその効果〈民事特別研修　借地借家関係

（5・完)〉」調停時報177号

秋山靖浩「不動産の利用(3)：居住用建物の賃貸借における更新料特約（その2）〈不動産法入門21〉」法学セミナー55巻12号（通巻672号）

升田純「平成時代の借地・借家の裁判例(14)」市民と法66号

上原由起夫「借地・借家契約の自由化について」小林一俊・岡孝・高須順一編『債権法の近未来像：下森定先生傘寿記念論文集』（酒井書店）

赤星英夫「敷金返還請求と原状回復義務〈民事特別研修：借地借家関係4〉」調停時報177号

本田純一『借家法と正当事由の判例総合解説〈判例総合解説シリーズ〉』（信山社）

内田勝一・山崎敏彦編『借地・借家の裁判例〔第3版〕（生活紛争裁判例シリーズ）』（有斐閣）

▶2011年 1月

秋山靖浩「不動産の利用(4)：建物賃借権の存続保障と正当事由制度〈不動産法入門22〉」法学セミナー56巻1号（通巻673号）

▷2011年2月

秋山靖浩「不動産の利用(5)：定期借家権と住宅政策〈不動産法入門23〉」法学セミナー56巻2号（通巻674号）

升田純「平成時代の借地・借家の裁判例(15)」市民と法67号

松田佳久「(1)地方公共団体による定期借地権を利用した工業用地分譲事業、(2)更新料の有効性〈共同研究調査概要報告（2009年度)〉」経営経済（大阪経済大学中小企業・経営研究所）46号

特集「地代・家賃評価をめぐる諸課題」Evaluation 40号

旧法適用の借地権と地代について（森島俊逸）／定期借地権・定期借家権の実務上の留意点（小出紀久男）

▷2011年3月

永沼淳子「賃貸借契約における更新料特約の効力」名経法学（名古屋経済大学・市邨学園短期大学法学会）29号

秋山靖浩「不動産の利用(6)：賃借権の譲渡・転貸と背信行為論〈不動産法入門24〉」法学セミナー56巻3号（通巻675号）

落合誠一「不動産賃貸借契約における更新料約定の法的効力〈特集住宅政策の今日的課題と住生活基本計画〉」都市住宅学73号

▷2011年4月

升田純「平成時代の借地・借家の裁判例⒃」市民と法68号
長末亮「現地調査報告　定期借家制度の活用と課題」レファレンス61巻４号（通巻723号）
▷2011年５月
内田勝一「賃借権の保護〈特集民法の基礎〉」法学教室369号
▷2011年６月
升田純「平成時代の借地・借家の裁判例⒄」市民と法69号
井手慶祐・岡田美香・石森博行他「建物賃貸借契約⑴〈Q&A 東日本大震災後の不動産法務１〉」NBL955号
久米良昭「定期借家法の立法過程と学際的学術研究を基盤とする立法アプローチ〈都市住宅20年⑵〉」都市住宅学74号
▷2011年７月
吉田修平法律事務所編著『Q&A 震災と建物賃貸借』（金融財政事情研究会）
松田佳久「４つの大阪高裁判決と建物賃貸借契約における更新料条項〈取引法研究会レポート〉」法律時報83巻８号（通巻1037号）
松尾弘「債権法の領域：契約各論関連（その２）消費貸借、賃貸借、使用貸借等〈セミナー民法改正のゆくえ：その基礎的知識と論点16〉」税理54巻９号
田中秀幸「不動産管理と震災対応：建物賃貸借の権利義務関係〈特集災害時の完全法務マニュアル：東日本大震災に伴う法律問題〉」ビジネス法務11巻７号
井手慶祐・岡田美香・石森博行他「建物賃貸借契約⑵〈Q&A 東日本大震災後の不動産法務２〉」NBL956号
梶山太郎・高嶋諒「建物賃貸借契約における更新料条項を巡る裁判例の諸相」判例タイムズ62巻13号（通巻1346号）
大野喜久之輔・仲肥照暁・嶋田幸弘『転換期にある借地権・借家権の評価と補償』（住宅新報社）
▷2011年８月
特集「民法改正動向における賃貸借契約の論点と課題」月刊不動産39巻８号
升田純「平成時代の借地・借家の裁判例⒅」市民と法70号
▷2011年９月
岡正晶「賃貸人の『貸す債務』と民法（債権関係）改正論議：東日本大震災の借地借家相談を素材として」東京大学法科大学院ローレビュー（東京大学法科大学院ローレビュー編集委員会）６巻
升田純編著『平成時代における借地・借家の判例と実務：平成の借地・借家判例

の総覧』（大成出版社）
▷2011年11月
升田純「東日本大震災と土地・建物の賃貸借」市民と法71号
升田純「平成時代の借地・借家の裁判例⑲」市民と法71号
池田清治「不動産の物権変動と不動産賃借権の効力：二重譲渡と賃貸人の地位の移転〈基本事例で考える民法演習６〉」法学セミナー56巻10号（通巻681号）
竹村公一「事業用建物の賃貸借法に関する日米比較の一考察（第２部・完）特にテナントの中途解約と賃貸人の損害軽減義務を中心に」法と政治62巻３号
森島俊逸「旧法適用の借地権と地代について⑵」Evaluation 43号
野辺博編著、金子正志・髙岡信男・野崎晃・上條司『借地借家の法律相談』（学陽書房）
▷2011年12月
升田純「平成時代の借地・借家の裁判例⑳」市民と法72号
滝井繁男「借家契約」法学セミナー56巻12号（通巻683号）
秋山靖浩「借家の帰趨：建物の滅失の概念を中心として〈特集災害時における民事法の機能とあり方〉」ジュリスト1434号
石渡圭「非訟事件手続法の施行に伴う借地借家法の一部改正について〈新非訟事件手続法と労働審判・借地非訟・民事調停２〉」NBL966号
廣谷章雄編著『借地借家訴訟の実務』（新日本法規）
森光『古典期ローマ法における「賃借権」の「物権」化』比較法雑誌45巻３号（通巻159号）（弘文堂）
▶**2012年**１月
亀田浩一郎「サブリース取引における転貸借法理の変容」法律論叢（明治大学法律研究所）84巻２＝３号
三林宏「借地権の存続期間特約〈特集強行法と任意法：債権法規定と異なる合意・特約の効力〉」法学セミナー57巻１号（通巻684号）
▷2012年２月
升田純「平成時代の借地・借家の裁判例㉑」市民と法73号
松田佳久「⑴新潟県における定期借地権を利用した工業用地分譲事業、⑵更新料条項の有効性、⑶場所的利益アンケート結果〈共同研究調査概要報告（2010年度）〉」経営経済（大阪経済大学中小企業・経営研究所）47号
▷2012年３月
三浦直樹「不動産サブリースの問題点〈Q&A 消費者被害救済の法律と実務

13〉」現代消費者法14号

秋山靖治「学者の視点から：賃貸不動産の譲渡と賃貸借関係の承継〈債権法改正の争点⑾賃貸借〉」ジュリスト1438号

増成牧「居住用建物の賃貸借契約における敷引特約について」神戸学院法学（神戸学院大学法学会）41巻３＝４号

増田尚「消費者の視点から：債権法改正で賃借人保護を〈債権法改正の争点⑾賃貸借〉」ジュリスト1438号

武部知子「賃貸借㊤㊦〈裁判実務研究会第２クール研究報告２〉」NBL972号、973号

難波里美「ワークショップ借家権と立退料〈平成23年度秋季全国大会（学術講演会）報告〉」日本不動産学会誌25巻４号（通巻99号）

今井俊介「借地借家法における敷金・更新料についての再検討：消費者契約法の観点から」兵庫大学論集（兵庫大学）17号

▷2012年４月

升田純「平成時代の借地・借家の裁判例㉒」市民と法74号

中村英夫「賃貸借を巡る不動産鑑定実務の研究（第１回）フリーレント」不動産鑑定49巻４号（通巻595号）

不動産法部「借地借家法下における正当事由と立退料」法律実務研究27号

清水元・橋本恭宏・山田創一編『財産法の新動向：平井一雄先生喜寿記念』（信山社）

賃貸不動産の心理的瑕疵をめぐる自死遺族への不当請求について（山田創一）／賃貸借関係の存続の期間的保障〔紹介：マルティン・ホイブライン（Martin Haublein）著 Die zeitliche Sicherung des Bestandes des Mietverhaltnisses〕（藤井俊二）

多比羅誠編著『駐車場・資材置場・一時使用・使用貸借の契約実務：借地借家法の適用されない契約』（新日本法規）

▷2012年５月

小柳春一郎「フランス法における商事賃貸借と再建型債務整理手続」独協法学（獨協大学学術研究会）87号

中村英夫「賃貸借を巡る不動産鑑定実務の研究（第２回）敷金に関する諸問題」不動産鑑定49巻５号（通巻596号）

秋山靖浩・大西誠・周藤利一他「〈座談会〉定期借地権をめぐる諸課題㊤㊦」NBL976号、977号

山根聡恵「建物賃貸借契約における修繕と原状回復の費用負担について」熊本ロージャーナル（熊本大学大学院法曹養成研究科）7号
▷2012年6月
升田純「平成時代の借地・借家の裁判例(23)」市民と法75号
松尾弘「民法講座：契約法のポイント(2)賃貸借」税経新報600号
中村英夫「賃貸借を巡る不動産鑑定実務の研究（第3回・最終回）裁判例の研究」不動産鑑定49巻6号（通巻597号）
本田純一・山野目章夫・植垣勝裕他「〈座談会〉借家の賃貸人による解約申入れまたは更新拒絶の正当事由に関する裁判例の動向(上)(下)」NBL978号、979号
▷2012年7月
特集「賃貸借契約の新しい論点」自由と正義63巻7号
建物賃貸借契約の特約に関するこれまでの裁判例概観（長野浩三）／更新料・敷引特約に関する判例の動き（平尾嘉晃）／適格消費者団体による賃貸借契約条項の使用差止請求訴訟の特徴について：消費者団体訴訟制度の観点から（二之宮義人）／「原状回復をめぐるトラブルとガイドライン」（再改訂版）の解説（谷山智光）
罹災都市借地借家臨時処理法改正研究会「『罹災都市借地借家臨時処理法改正研究会報告書』のとりまとめについて」NBL981号
澤野順彦『判例にみる借地借家の用法違反賃借権の無断譲渡転貸』（新日本法規）
▷2012年8月
阿部隆志・浦川竜哉・山野目章夫他「定期借地権と鑑定評価〈鑑定セミナー〉」不動産鑑定49巻8号（通巻599号）
升田純「平成時代の借地・借家の裁判例(24)」市民と法76号
大野祐輔「建物賃貸借における相当賃料額の認定と鑑定評価：近時の裁判例とサブリースを中心に〈大阪民事実務研究〉」判例タイムズ63巻15号（通巻1372号）
▷2012年9月
村田博史「借家契約における消費者契約法の適用に関する雑感」みんけん665号
▷2012年10月
升田純「平成時代の借地・借家の裁判例(25)」市民と法77号
松尾弘・山野目章夫編『不動産賃貸借の課題と展望』（商事法務）
▷2012年11月
岩藤美智子「賃貸借契約〈ロードマップ・契約法6〉」法学教室387号
▷2012年12月

升田純「平成時代の借地・借家の裁判例(26)」市民と法78号
増成牧「居住用建物賃貸借契約における定額補修分担金特約について」神戸学院法学（神戸学院大学法学会）42巻2号
中舎寛樹「賃貸借(1)：賃貸借の意義・法制度の特殊性・成立〈基礎トレーニング債権法15〉」法学セミナー57巻12号（通巻695号）

▶2013年1月

中山実郎「居住用建物の賃貸借契約における更新料条項の効力」国際研究論叢26巻2号
中舎寛樹「賃貸借(2)：賃貸借の存続期間・更新〈基礎トレーニング債権法16〉」法学セミナー58巻1号（通巻696号）
岡山忠広「罹災都市借地借家臨時処理法および被災区分所有建物の再建等に関する特別措置法の改正の動向〈特集2013年ビジネスローの展望〉」NBL992号

▷2013年2月

升田純「平成時代の借地・借家の裁判例(27)」市民と法79号
中舎寛樹「賃貸借(3)：賃貸人・賃借人の権利義務〈基礎トレーニング債権法17〉」法学セミナー59巻2号（通巻697号）

▷2013年3月

小西飛鳥「賃貸借契約における賃貸人の修繕義務と賃借人の賃料減額」平成国際大学研究所論集（平成国際大学法政学会）13号
中舎寛樹「賃貸借(4)：賃借権の譲渡・転貸・賃借権の対抗（その1）〈基礎トレーニング債権法18〉」法学セミナー58巻3号（通巻698号）
澤野順彦『論点借地借家法』（青林書院）
荒木新五編著『借家の法律実務』（学陽書房）
田中志津子「賃貸借契約における更新料に関する最高裁判決の意味とその影響」桃山法学（桃山学院大学総合研究所）20・21号

▷2013年4月

升田純「平成時代の借地・借家の裁判例(28)」市民と法80号
大野武「存続期間満了時の契約調整の可能性〈分譲住宅・分譲マンションの定期借地権の再検討〉」マンション学45号
滝澤孝臣「借地権上の建物に抵当権が設定された場合と借地権の帰すう〈基本を学ぶ1〉」市民と法80号
中舎寛樹「賃貸借(5)：賃借権の対抗（その2）：賃貸借の終了〈基礎トレーニング債権法19〉」法学セミナー58巻4号（通巻699号）

澤野順彦編『実務解説借地借家法』（青林書院）
日本私法学会シンポジウム「不動産賃貸借の現代的課題」私法2013年75号
不動産賃貸借の現代的課題（山野目章夫）／存続保障の今日的意義（秋山靖浩）／信頼関係破壊法理の機能と展望（吉政知広）／賃借人のシルエット：消費者法の視座から（角田美穂子）／不動産流動化の要請と賃貸人の地位（松尾弘）〔司会：窪田充見・山野目〕
▷2013年5月
池田清治「他人の物の賃貸借と担保責任：賃貸人の義務と損害賠償の範囲〈基本事例で考える民法演習23〉」法学セミナー58巻5号（通巻700号）
金融法務事情編集部編「『罹災都市借地借家臨時処理法の見直しに関する要綱』および『被災区分所有建物の再建等に関する特別措置法の見直しに関する要綱』の概要」金融法務事情61巻9号（通巻1969号）
▷2013年6月
升田純「平成時代の借地・借家の裁判例(29)」市民と法81号
上原由起夫「定期借家契約締結に先立つ説明書面の交付について」成蹊法学（成蹊大学法学会）78号
増成牧「居住用建物賃貸借契約における更新料特約について」鹿野菜穂子・中田邦博・松本克美編『消費者法と民法：長尾治助先生追悼論文集』（法律文化社）
板持研吾「現代アメリカにおける不動産賃貸借法制：財産法と契約法の協働」国家学会雑誌126巻5・6号（通巻1115号）
▷2013年7月
岡山忠広「大規模な災害の被災地における借地借家に関する特別措置法について」NBL1005号
尾島茂樹「不動産賃借権の時効取得と対抗」名古屋大学法政論集（名古屋大学大学院法学研究科）250号
佐久間毅「民事法関係：不動産売買・賃貸借等をめぐる最近の重要判例」日本弁護士連合会編『現代法律実務の諸問題　平成24年度研修版』（第一法規）
岡山忠広・川副万代・遠藤啓佑他「大規模な災害の被災地における借地借家に関する特別措置法の概要」金融法務事情61巻14号（通巻1974号）
大野武「定期借地権終了時の契約調整の可能性〈共同研究：成年後見法制の実務的・理論的検証〉」明治学院大学法律科学研究所年報（明治学院大学法律科学研究所）29号
▷2013年8月

広渡清吾・浅倉むつ子・今村与一編『日本社会と市民法学：清水誠先生追悼論集』（日本評論社）

イギリス農業借地法の新展開：ポスト・「近代的土地所有権」論のために（戒能通厚）／賃貸住宅の耐震強度不足と修繕義務・正当事由：都市再生機構（UR）高幡台団地ケースを素材として（吉田克己）

山野目章夫「賃借建物の全部滅失という局面の解決：なぜ優先借家権は廃止されたか〈特集震災と民法学〉」論究ジュリスト6号

升田純「平成時代の借地・借家の裁判例(30)」市民と法82号

川副万代「大規模な災害の被災地における借地借家に関する特別措置法及び被災区分所有建物の再建等に関する特別措置法の一部改正法について」民事月報68巻8号

▷2013年9月

中田裕康「不動産賃借人の保証人の責任」千葉大学法学論集（千葉大学法経学部法学科）28巻1・2号

田村耕一「居住用建物賃貸借に関する最高裁判決」鳥谷部茂・片木晴彦・三井正信・田邊誠編著『現代民事法改革の動向4（広島大学公開講座）』（成文堂）

特集「民法改正の不動産実務への影響」日本不動産学会誌27巻2号（通巻105号）

特集「民法改正の不動産実務への影響」にあたって（松田佳久）／民法（債権法）改正の中間試案について―改正の背景と実務への影響―（内田貴）／「民法（債権関係）の改正に関する中間試案」に対する意見（抄）（一般社団法人不動産学会）／民法改正における民法体系の行方（塩澤一洋）／民法改正が不動産取引に与える影響と懸念事項について（柴田龍太郎）／民法改正の不動産取引への影響：「法と経済学」の視点から（安藤至大）／保証債務改正の主要論点（村田利喜彌）／将来債権譲渡の促進に関する考察：不動産賃貸借実務の視点から（吉田修平）／民法改正が不動産実務に与える影響―契約解除に関する改正について（関葉子）／「信義則の適用に当たっての考慮要素」条項の是非：情報の質及び量、交渉力に劣後する者の立場から（澤野順彦）／民法に取り込まれる消費者契約法の趣旨（松田佳久）／賃貸不動産の譲渡における賃貸人の地位の留保特約（松尾弘）／敷金をめぐる民法改正議論と不動産賃貸実務（稲田和也）

▷2013年10月

吉政知広「被災地借地借家法における借地権に関する特例〈特集被災関連二法と、これからの不動産法制〉」ジュリスト1459号

升田純「平成時代の借地・借家の裁判例(31)」市民と法83号

特集「被災関連二法と、これからの不動産法制」ジュリスト1459号

改正被災マンション法の団地規定について（鎌野邦樹）／大規模な災害による区分所有建物の全部の滅失または大規模な一部の滅失：敷地売却決議および、建物敷地売却決議について（山田誠一）／被災関連二法の概要（岡山忠広）／被災地短期借地権（津久井進）／〈座談会〉震災からの復興と被災関連二法〔司会：山田〕（岡山・山野目章夫他）

岡山忠広・川副万代・遠藤啓佑他「『大規模な災害の被災地における借地借家に関する特別措置法』および『被災区分所有建物の再建等に関する特別措置法の一部を改正する法律』について」事業再生と債権管理27巻３号（通巻142号）

▷2013年11月

荒木新五『実務借地借家法〔新訂第３版〕』（商事法務）

三浦直樹「サブリース規制法の制定を提言する：不動産サブリースを巡るトラブルは増加の一途」金融財政事情64巻44号（通巻3050号）

▷2013年12月

升田純「平成時代の借地・借家の裁判例(32)」市民と法84号

滝澤孝臣「賃貸人の訴状による賃貸借契約の解除と賃借人に対する明渡請求〈基本を学ぶ５〉」市民と法84号

岡山忠広編著『概説被災借地借家法・改正被災マンション法』（金融財政事情研究会）

▶2014年１月

茂木明奈「将来賃料債権の把握・処分と賃借人の保護」白鴎法学（白？大学法学部）20巻２号（通巻42号）

▷2014年２月

升田純「平成時代の借地・借家の裁判例(33)」市民と法85号

江口正夫編著『借地借家契約特約・禁止条項集』（新日本法規）

▷2014年３月

宮崎裕二「借家の正当事由に関する裁判例分析から見えてきたもの：正当事由への様々な誤解〈取引法研究会レポート〉」法律時報86巻３号（通巻1070号）

常岡史子「住居賃借権の承継と居住の保護：ドイツにおける相続的承継と特別承継」横浜法学（横浜法学会）22巻３号

不動産法部「居住用建物の賃貸借契約に付随する特約条項群の考察」法律実務研究29号

五十嵐敬喜・近江幸治・楜澤能生編『民事法学の歴史と未来：田山輝明先生古稀記念論文集』（弘文堂）

「定期建物賃貸借期間満了後の法律関係」再論（藤井俊二）／土地利用における土地所有権の規制論（大西泰博）

太田昌志「ドイツにおける新賃貸借法の導入と環境保護に対する配慮」千葉商大論叢（千葉商科大学国府台学会）51巻2号（通巻173号）

▷2014年4月

山田誠一「罹災都市借地借家臨時処理法とその廃止」能見善久・岡孝・樋口範雄・大塚直・沖野眞已・中山信弘・本山敦編『民法の未来：野村豊弘先生古稀記念論文集』（商事法務）

宇都宮充夫『不動産権利をめぐる判例研究：平成の最高裁判例を中心に』（成文堂）

升田純「平成時代の借地・借家の裁判例(34)」市民と法86号

特集「借家の現代的課題」月報司法書士506号

サブリース契約と借地借家法の賃料等増減請求権（小山泰史）／建物賃貸借における契約上の留意点：特約条項を中心として（澤野順彦）／借家をめぐる現代的課題：不動産法・消費者法・民法の観点から（秋山靖浩）／信頼関係破壊の法理の現代的意義について（太田昌志）／敷金返還請求の実務（原状回復をめぐる紛争と考え方）（仲野知樹）

▷2014年5月

田山輝明・澤野順彦・野澤正充編『新基本法コンメンタール借地借家法』（日本評論社）

▷2014年6月

升田純「平成時代の借地・借家の裁判例(35)」市民と法87号

岡山忠広『一問一答・被災借地借家法・改正被災マンション法』（商事法務）

▷2014年7月

佐藤啓二・大木祐悟「被災地の復興と定期借地権」土地総合研究23巻3号

▷2014年8月

石口修「借家権・看板設置権と不動産所有権との関係について（前編）所有権の行使に対する制限法理の一適用」愛知大学法学部法経論集（愛知大学法経学会）199号

特集「不動産サブリース問題の現状」国民生活25号

事例から見る不動産サブリース被害（川本真聖）／不動産サブリースの問題点（三浦直樹）

木庭顕「第九話賃貸借・役務提供（その1）〈法学再入門：秘密の扉：民事法篇17〉」法学教室407号

▷2014年９月

木庭顕「第九話賃貸借・役務提供（その２）〈法学再入門：秘密の扉：民事法篇18〉」法学教室408号

日本公証人連合会編著『証書の作成と文例借地借家関係編』（立花書房）

仲田雄一郎「定期借地契約における当事者の変動と定期借地権である旨の主張（対抗）」日本不動産学会誌28巻２号

太田昌志「改正賃貸借法における敷金の扱いについての一考察」千葉商大論叢（千葉商科大学国府台学会）52巻１号（通巻174号）

▷2014年10月

升田純「平成時代の借地・借家の裁判例(37)」市民と法89号

竹村公一『事業用建物の賃貸借に関する研究：キーテナントの中途撤退は許されるのか：アメリカの事例をまじえて』（ふくろう出版）

渡辺晋『建物賃貸借：建物賃貸借に関する法律と判例』（大成出版社）

平田厚『借地借家法の立法研究』（成文堂）

立川・及川法律事務所編『居住用建物賃貸借契約の書式と実務』（学陽書房）

安西勉・石原豊昭『地代家賃権利金・敷金・保証金・承諾料更新料・立退料：不動産の賃貸借と各種の金銭の授受』（自由国民社）

▷2014年11月

村千鶴子「特別編借地借家法の基礎〈誌上法学講座：消費生活相談に役立つ民法の基礎知識18〉」国民生活28号

▷2014年12月

升田純「平成時代の借地・借家の裁判例(38)」市民と法90号

小柳春一郎編『災害と法（法文化叢書：歴史・比較・情報12）』（国際書院）

　Ⅱ現代日本における災害と法：大規模災害と借地借家：罹災都市借地借家臨時処理法廃止と「大規模な災害の被災地における借地借家に関する特別措置法」制定（小柳春一郎）

副田隆重「定期建物賃貸借の終了をめぐる諸問題：最近の裁判例を中心に」南山法学（南山大学法学会）38巻２号

▶2015年

特集「民法改正と不動産取引」土地総合研究23巻４号

　債務不履行に係る改正と不動産実務：不動産の瑕疵をめぐる紛争への影響（松尾弘）／賃貸借に関する民法改正審議の過程をめぐる備忘録的なメモ（望月治彦）／不動産売買における瑕疵担保責任に関する民法改正の影響（熊谷則一）／

民法の改正構想における売買と賃貸借の規定の見直し（山野目章夫）／民法改正と不動産市場の今後（松原文雄）／民法改正の不動産賃貸借実務に与える影響（大野淳）

畑中久彌「賃借権に基づく登記請求権の否定は地震売買の原因だったか」立命館法學（立命館大学人文科学研究所）2015巻5＝6号（通巻363＝364下巻号）

▷2015年1月

田髙寛貴「賃貸借の終了による転借人への明渡請求の可否：『当事者距離関係』要素からの再構成」法学研究（慶應義塾大学法学研究会）88巻1号

▷2015年2月

升田純「平成時代の借地・借家の裁判例(39)」市民と法91号

野田謙二「土地の有効利用を目的とする建物賃借人に対する明渡請求：正当事由・立退料の考え方と交渉実務〈特集建物明渡事件の事例・論点と実務〉」市民と法91号

▷2015年3月

谷口聡「借家契約更新拒絶の『正当事由』に関する判例：初期：継続的契約としての借家契約と存続保障の現在的意義」地域政策研究（高崎経済大学地域政策学会）17巻4号

不動産法部「賃貸借契約における連帯保証人の責任範囲の制限に関する考察を中心として：裁判例および民法改正要綱仮案を踏まえて」法律実務研究30号

植垣勝裕編『借地非訟の実務』（新日本法規）

藤井俊二「定期建物賃貸借における賃料改定特約」創価ロージャーナル（創価大学法科大学院）8号

▷2015年4月

升田純「平成時代の借地・借家の裁判例(40)」市民と法92号

藤井俊二『ドイツ借家法概説（法律学講座10）』（信山社）

▷2015年5月

伊藤秀城『借地借家契約における信頼関係の破壊：実務裁判例』（日本加除出版）

村田渉編著『事実認定体系契約各論編2（4消費貸借、5使用貸借、6賃貸借）』（第一法規）

▷2015年6月

升田純「平成時代の借地・借家の裁判例（41・完）」市民と法93号

滝澤孝臣「借地上の建物に譲渡担保権が設定された場合と借地権の帰すう〈基本を学ぶ9〉」市民と法93号

上原由起夫「定期借家契約期間満了後の終了通知について」成蹊法学（成蹊大学法学部）82号

▷2015年８月

小西飛鳥「不動産賃借権の譲渡について：ドイツのシェアハウスを参考に」滝沢昌彦・工藤祐厳・松尾弘・北居功・本山敦・住田英穂・武川幸嗣・中村肇編『民事責任の法理：円谷峻先生古稀祝賀論文集』（成文堂）

▷2015年９月

加藤靖「借地非訟事件の運用上の諸問題：東京地裁民事第22部における最新の運用を踏まえて」判例タイムズ66巻９号（通巻1414号）

大野武「借地制度の基礎理論・法解釈論・政策論の再検討⑴」明治学院大学法学研究（明治学院大学法学会）99号

▷2015年10月

田中豊「借地権または借家権設定契約⑴〈紛争類型別事実認定の考え方と実務16〉」市民と法95号

▷2015年11月

渡辺博之「『信義則』論と『条理』論の正常化を目指して：賃借権の無断譲渡・転貸と『信頼関係法理』を素材として」高千穂論叢（高千穂商科大学商学会）50巻３号

荒木新五『新版要約借地借家判例154（要約判例シリーズ）』（学陽書房）

▷2015年12月

田中豊「借地権または借家権設定契約⑵〈紛争類型別事実認定の考え方と実務17〉」市民と法96号

松田佳久「意思主義と不動産取引：不動産売買と不動産賃貸借〈2014年度秋季全国大会（学術講演会）ワークショップ〉」日本不動産学会誌28巻４号⑾

▶2016年

和田真一「借家契約における賃貸人の自力救済行為と不法行為責任」立命館法學（立命館大学人文科学研究所）2016巻５・６号（通巻369・370下巻号）

▷2016年２月

田中豊「借地権または借家権設定契約⑶〈紛争類型別事実認定の考え方と実務18〉」市民と法95号

長野浩三「マンション等の賃貸借契約をめぐるトラブル事例と裁判例〈特集賃貸住宅の消費者トラブル〉」国民生活43号

藤井俊二『借地権・借家権の存続保護（借地借家法研究２）』（成文堂）

園部厚『書式借地非訟・民事非訟の実務：申立てから手続終了までの書式と理論（裁判事務手続講座）〔全訂５版〕』（民事法研究会）
▷2016年３月
関東甲信不動産鑑定士協会連合会『定期借地権の地代利回りに関する実態調査報告第３回』（関東甲信不動産鑑定士協会連合会）
田中英司「住居の賃貸借と経済的利用の妨げ⑴：ドイツ裁判例研究からの模索」西南学院大学法学論集（西南学院大学学術研究所）48巻３＝４号
清水俊順・高村至編『借地借家事件処理マニュアル』（新日本法規）
▷2016年４月
特集「千葉大会特集号：第５分科会定期借地権付マンションの現状と課題」マンション学54号
定期借地権付マンションの敷地管理について（佐藤元）／定期借地権付マンションの法的諸問題：趣旨説明も兼ねて（藤井俊二）
▷2016年５月
特集「不動産をめぐる諸課題と展望」Evaluation 60・61号
法人施設併用型の分譲マンションの企画における定期借地権の有用性（大木祐悟）／借地借家法改正への提言：建物譲渡特約付借地権・事業用借地権・終身借家権について（吉田修平）／賃貸住宅におけるサブリース：契約終了を中心に（太田秀也）
▷2016年６月
上原由起夫「定期借家契約説明書面の別個独立性」成蹊法学（成蹊大学法学会）84号
伊藤秀城『借地借家契約における原状回復義務：実務裁判例』（日本加除出版）
▷2016年７月
田中英司「住居の賃貸借と経済的利用の妨げ⑵ドイツ裁判例研究からの模索」西南学院大学法学論集（西南学院大学学術研究所）49巻１号
松田佳久「民法94条２項、同法96条３項、同法545条１項但書適用後における第三者との法律関係：第三者が不動産賃借人である場合の賃貸人の地位の承継を中心として」創価法学（創価大学法学会）46巻１号
大野武「借地制度の存続保障と私権調整：序論的考察」明治学院大学法律科学研究所年報（明治学院大学法学会）32号
▷2016年８月
長坂純「下請負・マンション分譲・サブリース・転貸借：契約の連鎖と従属的関

与者〈特集〔日本私法学会シンポジウム資料〕多角・三角取引と民法〉」NBL1080号

▷2016年９月

「賃貸借――⑴建物の賃貸借⑵アパートの賃貸借⑶工場移転跡地の借地権の命運：目的到達ないし目的不到達の確定による借地権消滅の法理」下森定『民法解釈学の諸問題（下森定著作集Ⅲ）』（信山社）

周東秀成「居住用の建物賃貸借契約における敷引特約と消費者契約法10条」臨床法務研究（岡山大学大学院法務研究科）17号

▷2016年10月

大野武「借地制度の基礎理論・法解釈論・政策論の再検討⑵（法学部創立五十周年記念論文集（中巻）消費情報環境法学科）」明治学院大学法学研究（明治学院大学法学会）101号

武川幸嗣「賃貸借における法律関係（その１）：当事者の交代〈プラスアルファについて考える基本民法19〉」法学セミナー61巻101号（通巻741号）

山本敬三『契約法の現代化Ⅰ：契約規制の現代化』（商事法務）

第４部　契約規制と借地借家法／第12章　借地借家法による賃料増減規制の意義と判断構造：「強行法規」の意味と契約規制としての特質

秋山靖浩「空き家問題と賃貸借法の課題：定期借家および実践例の分析を手掛かりとして」吉田克己・角松生史編『都市空間のガバナンスと法』（信山社）

▷2016年11月

武川幸嗣「賃貸借における法律関係（その２）：賃貸借の終了〈プラスアルファについて考える基本民法20〉」法学セミナー61巻11号（通巻742号）

▷2016年12月

渡辺晋『最新借地借家法の解説〔３訂版〕』（住宅新報社）

▶2017年

忰田美生・小川清一郎「サブリース契約における賃貸人からの更新拒絶についての考察」明海大学不動産学部論集（明海大学不動産学部）25号

▷2017年２月

田中英司「住居の賃貸借と経済的利用の妨げ⑶：ドイツ裁判例研究からの模索」西南学院大学法学論集（西南学院大学学術研究所）49巻２＝３号

内田勝一『借地借家法案内（勁草法学案内シリーズ）』（勁草書房）

▷2017年３月

青野博之「賃貸借における環境瑕疵：借家の近くに子どもの遊び場ができた場合

の問題」駒澤法曹（駒澤大学法科大学院）13号

田中英司「住居の賃貸借と経済的利用の妨げ(4)ドイツ裁判例研究からの模索」西南学院大学法学論集（西南学院大学学術研究所）49巻4号

▷2017年6月

安達敏男監修・古谷野賢一・酒井雅男・井原千恵・宅見誠編『Q&A 借地借家の法律と実務〔第3版〕』（日本加除出版）

▷2017年7月

伊藤秀城『借地借家契約における正当事由・立退料：実務裁判例』（日本加除出版）

浦川道太郎先生・内田勝一先生・鎌田薫先生古稀記念論文集編集委員会編『早稲田民法学の現在：浦川道太郎先生・内田勝一先生・鎌田薫先生古稀記念論文集』（成文堂）

住宅法学の過去・現在・未来（吉田克己）／正当事由制度の意義と民法学（住田英穂）／定期借家制度と人間（藤井俊二）／定期借地権における2042年問題：存続保障の排除に関する一考察（秋山靖浩）

松田佳久「サブリース法理の射程拡大の歴史と一般化」創価法学（創価大学法学会）47巻1号

▷2017年8月

小柳春一郎「フランスにおける居住用賃貸借における差別禁止法理と独立行政機関（AAI）：権利擁護官（Defenseurdesdroits）による賃貸差別防止(1)」独協法学（獨協大学学術研究会）103号

田中英司「住居の賃貸借と経済的利用の妨げ(5)ドイツ裁判例研究からの模索」西南学院大学法学論集（西南学院大学学術研究所）50巻1号

那須・本間法律事務所編『ビルオーナーのための建物賃貸借契約書の法律実務〔第2版〕』（商事法務）

▷2017年9月

大澤加奈子「賃貸借契約書〈特集ここから変える・始める民法改正への準備と対応：改正後の条項例から考える契約書ひな型見直しのポイント〉」ビジネス法務17巻9号

西田穣『借地・借家の知識と Q&A〔第2版〕』（法学書院）

▷2017年10月

川口誠・岡田修一編著『借地借家の正当事由・立退料（判例データブック）』（新日本法規）

青野博之「賃借建物の火災の場合における賃料減額と修補：火災保険が付されている場合におけるドイツ民法との比較を中心として」髙森八四郎・小賀野晶一編集代表『民事法学の基礎的課題：植木哲先生古稀記念論文集』（勁草書房）
阿部泰隆『まちづくりと法：都市計画、自動車、自転車、土地、地下水、住宅、借地借家』（信山社）
▷2017年11月
岡内真哉「サブリースの現代的課題〈不動産法の最前線８〉」ジュリスト1512号
田中英司「定期建物賃貸借契約の成立と終了：主要な裁判例を素材とする覚書」西南学院大学法学部創設50周年記念論文集編集委員会『変革期における法学・政治学のフロンティア』（日本評論社）
▷2017年12月
齋藤隆「〈講演録〉借地非訟の実務（前編）」Nibenfrontier 169号
吉田修平『民法改正と不動産取引』（きんざい）
下森定『現代的訴訟の諸相（下森定著作集Ⅳ）』（信山社）
第１章　サブリース契約とサブリース訴訟
▶**2018年**１月
大野武「借地制度の基礎理論・法解釈論・政策論の再検討（３・完）」明治学院大学法学研究（明治学院大学法学会）104号
田中英司「住居の賃貸借と経済的利用の妨げ⑹：ドイツ裁判例研究からの模索」西南学院大学法学論集（西南学院大学学術研究所）50巻２＝３号
平尾嘉晃「原状回復費用特約、敷引特約、更新料特約の問題点と実務での現状〈不動産法の最前線10〉」ジュリスト1514号
齋藤隆「〈講演録〉借地非訟の実務（後編）」Nibenfrontier 170号
▷2018年２月
東京弁護士会法友全期会債権法改正特別委員会編著『改正民法不動産売買・賃貸借契約とモデル書式』（日本法令）
▷2018年３月
秋山靖浩「民法改正と不動産賃貸借法：賃貸不動産の２つの側面を手がかりとして〈不動産法の最前線（12・完）〉」ジュリスト1516号
田中英司「住居の賃貸借と経済的利用の妨げ⑺ドイツ裁判例研究からの模索」西南学院大学法学論集（西南学院大学学術研究所）50巻４号
不動産法部「賃貸借契約における目的物返還義務と原状回復義務の微妙な関係に関する実務的考察」法律実務研究33号

松田佳久「サブリースにおける更新拒絶と正当事由：サブリース業者からの更新拒絶、賃貸人による賃借人（サブリース業者）の地位承継問題も含む」創価法学（創価大学法学会）47巻3号

丸山絵美子「財産譲渡における使用・収益権の対抗と契約上の地位の移転：ライセンス・賃借権・用益物権」名古屋大学法政論集（名古屋大学大学院法学研究科）276号

▷2018年4月

伊藤秀城『実務裁判例借地借家契約における各種特約の効力〔第2版〕』（日本加除出版）

中川裕一「賃貸借契約書：原状回復、中途解約〈特集円満合意を目指す相手方書式の契約書修正〉」ビジネス法務18巻4号

茂木明奈「住居の賃貸借契約における平等処遇の意義と課題(上)」法律時報90巻4号（通巻1123号）

澤野順彦編『不動産法論点大系』（民事法研究会）

信託不動産の賃貸借における賃料自動改定特約の効力：賃料自動改定特約に基づく賃料請求がすべて認められた事例を通じた考察（大久保由美）／区分地上権の設定、地下空間の公共的利用をめぐる諸問題（田髙寛貴）／市街地再開発事業における継続借家の適正賃料（中村肇）／借地上建物の建替え後に設定された土地の抵当権と借地権の対抗力（石田剛）／正当事由と立退料の今日的課題（七戸克彦）／耐震性の欠如を理由とする建物賃貸借の解約申入れ（澤野順彦）／賃料増減額訴訟と主張・立証責任（升田純）／賃料増減請求訴訟の今日的課題：継続賃料の鑑定評価上留意すべき事項（澤野）／定期建物賃貸借をめぐる法的諸問題（藤井俊二）／被災不動産の法的諸問題：借地借家とマンション（小柳春一郎）

柴田龍太郎『詳解〉民法（債権法）改正による不動産実務の完全対策79の Q&A と190のポイントで不動産取引の法律実務を徹底解説』（プログレス）

升田純『民法改正と賃貸借契約：賃貸管理業者への影響：100年振りの改正』（大成出版社）

▷2018年5月

茂木明奈「住居の賃貸借契約における平等処遇の意義と課題(下)」法律時報90巻5号（通巻1124号）

シティユーワ法律事務所編『債権法改正対応　不動産賃貸借契約の実務 Q&A』（商事法務）

▷2018年6月

不動産適正取引推進機構編、都道府県監修・編『住宅賃貸借〈借家〉契約の手引 平成30年度版』（不動産適正取引推進機構）

▷2018年７月

田中英司「住居の賃貸借と経済的利用の妨げ(8)：ドイツ裁判例研究からの模索」西南学院大学法学論集（西南学院大学学術研究所）51巻１号

太田秀也「賃貸住宅におけるサブリース事業の実態と法的課題」不動産政策研究会編『不動産政策研究　各論１』（東洋経済新報社）

吉田修平「借地借家をめぐる課題と展望」不動産政策研究会編『不動産政策研究 総論』（東洋経済新報社）

▷2018年９月

特集「再確認・民法の基本(2)」法学教室456号

借地上建物の賃借人の地位（池田清治）／賃借権の時効取得（小峯庸平）

樅木良一・夏目久樹・安達徹・林友梨『借地上の建物をめぐる実務と事例：朽廃・滅失、変更、譲渡』（新日本法規）

▷2018年12月

村田渉編著『新訂事実認定体系契約各論編２（４消費貸借、５使用貸借、６賃貸借）』（第一法規）

▶2019年１月

藤井俊二「経済学と借地借家法」近江幸治先生古稀記念『社会の発展と民法学㊦』（成文堂）

法令・引用文献略語一覧

(法令の略語一覧)

家事事件	家事事件手続法
建物保護法	建物保護ニ関スル法律
改正前民	※平成29年改正前の民法
改正民	※平成29年改正後の民法
仮登記担保	仮登記担保契約に関する法律
鑑定規	鑑定委員規則
裁	裁判所法
借非規	借地非訟事件手続規則
宅建業法	宅地建物取引業法
破	破産法
非訟	非訟事件手続法
非訟規	非訟事件手続規則
不登	不動産登記法
法適用	法の適用に関する通則法
民執	民事執行法
民訴	民事訴訟法
民訴費	民事訴訟費用等に関する法律
民調	民事調停法
民調規	民事調停規則

(編著書の略語一覧)

注民⒂	幾代通編『注釈民法⒂債権６』［1966］有斐閣
新版注民⒂	幾代通＝広中俊雄編『新版注釈民法⒂債権６』［1989］有斐閣
注釈借地借家	広中俊雄編『注釈借地借家法』（新版注釈民法⒂別冊）［1993］有斐閣
判例コンメ	我妻栄＝有泉亨＝水本浩編『判例コンメンタール（契約法）』［1975］コンメンタール刊行会／日本評論社
借地借家コンメ	中川淳編『判例コンメンタール特別法（借地借家法）』［1978］三省堂
基本コンメ住宅関係法	水本浩＝遠藤浩編『別冊法学セミナー基本法コンメンタール　住宅関係法』［1984］日本評論社
基本コンメ	水本浩＝遠藤浩＝田山輝明編『別冊法学セミナー基本法コンメンタール借地借家法〔第２版補訂版〕』［2009］日本評論社
新版基本コンメ	田山輝明＝澤野順彦＝野澤正充編『新基本法コンメンタール借地借家法』［2014］日本評論社

契約大系Ⅲ、Ⅶ	松坂佐一＝西村信雄＝舟橋諄一＝柚木馨＝石本雅男還暦記念『契約法大系』Ⅲ（賃貸借・消費貸借）［1962］、Ⅶ（補巻）［1965］有斐閣
不動産大系Ⅱ、Ⅲ	中川善之助＝兼子一監修『不動産法大系』Ⅱ（担保）［1971、1977改訂］、Ⅲ（借地借家）［1971、改訂1975］青林書院新社
現代契約大系３	遠藤浩＝林良平＝水本浩監修『現代契約法大系３』（不動産の賃貸借・売買契約）［1983］有斐閣
講座１、２、３	水本浩＝田尾桃二編『現代借地借家法講座』１（借地法）［1985］、２（借家法）［1986］、３（借地借家法の現代的諸問題）［1986］日本評論社
新講座１、２、３	稲葉威雄＝内田勝一＝澤野順彦＝田尾桃二＝寺田逸郎＝水本浩編『新・借地借家法講座』１（総論・借地編１）、２（紛争解決手続・借地編２）、３（借家編）［1998-1999］日本評論社
裁判実務大系23	塩崎勤＝澤野順彦編『裁判実務大系23　借地借家訴訟法』［1995］青林書院
新裁判実務大系６	塩崎勤＝中野哲弘編『新・裁判実務大系６　借地借家訴訟法』［2000］青林書院
実務解説	澤野順彦編『実務解説　借地借家法〔改訂版〕』［2013］青林書院
専門訴訟講座	塩崎勤＝澤野順彦＝齋藤隆編『専門訴訟講座５不動産関係法』［2010］民事法研究会
担保法の判例Ⅱ	椿寿夫編集代表／伊藤進＝大西武士＝秦光昭＝堀龍兒編『担保法の判例Ⅱ』［1994］ジュリ増刊

（雑誌の略語一覧）

NBL	NBL（商事法務研究会、月２）
一法	一橋大学法学研究（一橋大学研究年報編集委員会、年１）
金法	金融法務事情（金融財政事情研究会、月３）
司研	司法研究（司法省）
自正	自由と正義（日本弁護士連合会、月１）
ジュリ	ジュリスト（有斐閣、月２）
受新	受験新報（法学書院、月１）
税通	税務通信（税務経理協会、月１）
曹時	法曹時報（法曹会、月１）
手研	手形研究（経済法令研究会、月１）※1995年１月号から「銀行法務21」に誌名変更。
登記	登記先例解説集（民事法情報センター、月１）
東社	社会科学研究（東京大学社会科学研究所、年６）
時法	時の法令（大蔵省印刷局、月２）
判時	判例時報（判例時報社、月３）
判タ	判例タイムズ（判例タイムズ社、月２）
ひろば	法律のひろば（ぎょうせい、月１）
法協	法学協会雑誌（有斐閣、月１）
法教	法学教室（有斐閣、月１）

法時　法律時報（日本評論社、月１）
法セ　法学セミナー（日本評論社、月１）
法民　法と民主主義（日本民主法律家協会、月１）
民月　民事月報（法務省民事局、月１）
民研　民事研修（法務省法務総合研修所、月１）
民商　民商法雑誌（有斐閣、月１）

（法務省・国会関係等資料略語一覧）

「問題点」　法務省民事局参事官室「借地・借家法改正に関する問題点」［1985・11］
「問題点の説明」　法務省民事局参事官室「『借地・借家法改正に関する問題点』の説明」［1985・11］
「試案」　法務省民事局参事官室「借地法・借家法改正要綱試案」［1989・3］
「試案の説明」　法務省民事局参事官室「『借地法・借家法改正要綱試案』の説明」［1989・3］
「試案に対する意見」　法務省民事局参事官室「『借地法・借家法改正要綱試案』に対する意見集」［1989・12］
「改正要綱案」　法制審議会「借地法等改正要綱案」［1991・1］
「改正要綱」　法制審議会「借地法等改正要綱」［1991・2］
「1957年問題点」　法務省「借地借家法の問題点／借地借家法改正の問題点」ジュリ133号［1957・7］
「1960年試案」　借地借家法改正準備会「借地借家法改正要綱試案」ジュリ196号［1960・2］
1960年改正要綱案　借地借家法改正準備会「借地借家法改正要綱案」［1960］
1960年改正要綱　借地借家法改正準備会「借地借家法改正要綱」［1960］
121衆院会議録３、４　第121回国会衆議院法務委員会会議録３号、４号
121参院会議録３、５　第121回国会参議院法務委員会会議録３号、５号
民事局長回答1732　民事局長回答・昭和38年１月12日付33-1682号日本住宅公団副総裁照会に対する同年６月18日付民事甲第1732号［1963］
民事局長回答1733　民事局長回答・昭和38年１月12日付33-1683号日本住宅公団副総裁照会に対する同年６月18日付民事甲第1733号ならびに各法務局長及び地方法務局長あて通達［1963］
建設省住宅局＝財団法人土地総合研究所『定期借地権活用住宅研究会報告書』［1996・3］
都市基盤整備公団ほか『一体的計画的まちづくりのための定期借地権活用の検討調査』［2000・3］

（著書略語一覧――著者名は50音順、発行年度は原則として初版）

明石・基本コンメ住宅関係法　明石三郎『基本コンメ住宅関係法』
秋山・新版基本コンメ　秋山靖浩『新版基本コンメ』
阿部・新講座３　阿部満「期限付建物賃貸借」新講座３
阿部＝野村＝福井・定期借家権　阿部泰隆＝野村好弘＝福井秀夫『定期借家権』［1998］信山社
天野・民商91-2　天野弘「建物買取請求権に関する一考察」民商91巻２号［1984・11］

新井・ジュリ1472　新井剛「賃貸借契約における相殺合意と特別清算後の新所有者への効力――仙台高判平25.2.13」ジュリ1472号〔2014・9〕
荒木・新講座2　荒木新五「定期借地権の譲渡と消滅・終了」新講座2
荒木・実務解説　同・実務解説
飯塚・手研460　飯塚孝「借地借家法の概要」手形研究460号〔1991・12〕
飯原・ジュリ1006　飯原一乗「正当事由の明確化」ジュリ1006号〔1992・8〕
生熊・ジュリ1006　生熊長幸「借地権の対抗力」ジュリ1006号〔1992・8〕
生熊・注釈借地借家　同『注釈借地借家法』
幾代・新版注民⒂　幾代通『新版注民⒂』
幾代・総則　同『民法総則』（第2版）〔1984〕青林書院
石外＝田山・基本コンメ　石外克喜＝田山輝明『基本法コンメンタール借地借家法』
石川＝梶村　石川明＝梶村太市編『注解民事調停法〔改訂〕』（注解民事手続法第3）〔1993〕青林書院
石川（利）・契約大系Ⅲ　石川利夫「不動産賃借権の存続期間」契約法大系Ⅲ
石川・白鷗20-1　石川信「建物賃貸借における更新料条項の有効性」白鷗法学20巻1号〔2013・5〕
石黒・判タ852　石黒清子「経営委託契約名下になされた鉄道高架下施設物の一部分の利用を店舗等の賃貸借契約と解し、借家法の適用を認めた事例」判タ852号〔1994・9〕
石田・不動産大系Ⅱ　石田喜久夫「不動産の先取特権」不動産法大系Ⅱ
伊藤・基本コンメ住宅関係法　伊藤進『基本コンメ住宅関係法』
伊東（孝）・講座2　伊東孝彦『現代借地借家法講座2』
伊東・基本コンメ住宅関係法　伊東秀郎『基本コンメ住宅関係法』
伊東（秀）・借地借家　同『借地借家法』〔1957〕法文社
伊東ほか・諸問題　同＝田尾桃二＝賀集唱編『判例からみた借地借家の諸問題』〔1976〕新日本法規出版
伊藤・最判解　伊藤正晴・最高裁判所判例解説民事篇平成26年度
稲葉・ジュリ1006　稲葉威雄「旧法と新法の関係」ジュリ1006号〔1992・8〕
稲葉・別冊NBL20　同「借地借家法改正の方向――新しい法秩序を求めて」別冊NBL20号〔1988・10〕
稻本・法時61-7　稻本洋之助「〈座談会〉借地借家法改正問題の論点」法時61巻7号〔1989・6〕
稻本・法時62-9　同「〈シンポジウム〉定期借地権・序論」法時62巻9号〔1990・8〕
稻本・法時64-6　同「新借地借家法における借地権の観念」法時64巻6号〔1992・5〕
稻本＝山岸＝山野目・定期借地住宅の契約実務　同＝山岸洋＝山野目章夫『定期借地住宅の契約実務』〔1995〕ダイヤモンド社
乾・民商30-2　乾昭三「家屋明渡の訴と契約申入の意思表示」民商30巻2号〔1954・12〕
岩城・ジュリ1006　岩城謙二「自己借地権」ジュリ1006号〔1992・8〕
植垣・実務　植垣勝裕編集『借地非訟の実務』〔2015〕新日本法規
上原・基本コンメ住宅関係法　上原由起夫『基本コンメ住宅関係法』

上原・法時64-6　同「自己借地権」法時64巻6号［1992・5］
上原・国士舘法学33　同「定期借家権の解釈論的検討」国士舘法学33号［2001・12］
上原・成蹊法学84　同「定期借家契約説明書面の別個独立性」成蹊法学84号［2016・6］
上原・国士舘法学34　同「定期借家制度の見直しについて」国士舘法学34号［2002・12］
宇佐見・新講座2　宇佐見大司「一時使用目的の借地権」新講座2
薄根　薄根正男『借地法借家法コンメンタール』［1933］三省堂
内田・案内　内田勝一『借地借家法案内』［2017］勁草書房
内田・判タ536　同「判批」判タ536号［1984・11］
内田・法教175　同「正当事由を補完する立退料の提供ないし増額の申出の時期」法学教室175号［1995・4］
内田・リマークス15　同「賃料増額請求の場合における相当賃料の支払い」私法判例リマークス15号［1997］
内田・民法Ⅲ　内田貴『民法Ⅲ〔第3版〕』［2005］東京大学出版会
梅　梅謙次郎『民法要義』巻之三（債権編）［1968］有斐閣
梅・要義三　梅謙次郎『民法要義巻之三』※出版社、出版年
江口・新講座2　江口正夫「定期借地権の設定契約」新講座2
近江・講義Ⅴ　近江幸治『民法講義Ⅴ契約法〔第3版〕』［2006］成文堂
大久保・専門訴訟講座　大久保正道・専門訴訟講座
太田・課題　太田秀也『賃貸住宅管理の法的課題2――迷惑行為・自殺・サブリース』［2014］大成出版
太田・ジュリ1178　同「定期賃貸住宅標準契約書の解説」ジュリ1178号［2000・6］
大塚・法協102-3　大塚直「一時使用のための賃貸借については、買取請求権に関する借地法10条の適用はないとされた事例」（民事判例研究）法協102巻3号［1985・3］
大西・法時58-5　大西泰博「借地権の存続保障⑵正当事由」法時58巻5号［1986・4］
大西・受新493　同「新借地借家法の主な改正点とその検討」受験新報493号［1922・3］
大西・自正43-5　同「正当事由についての一考察」自正43巻5号［1992・5］
小賀野・新版基本コンメ　小賀野晶一『新版基本コンメ』
岡松　岡松参太郎『註釈民法理由㈦』（債権編）［1899］有斐閣
岡本・新版基本コンメ　岡本詔治『新版基本コンメ』
岡山＝石渡・新版基本コンメ　岡山忠広＝石渡圭『新版基本コンメ』
小川・基本コンメ住宅関係法　小川英明『基本コンメ住宅関係法』
小川・判タ964　小川浩「建物賃貸借の法定更新をめぐる二つの問題――法定更新と連帯保証・更新料」判タ964号［1998・4］
小倉・裁判実務大系　小倉博「取壊し予定建物の賃貸借」裁判実務大系23
小澤・ガイダンス　小澤英明『定期借家法ガイダンス』［2000］住宅新報社
小野瀬・ジュリ1006　小野瀬厚「借地上の建物賃借人の保護」ジュリ1006号［1992・8］
小野瀬＝渡辺・民月47-7　同＝渡辺秀喜「借地借家法の施行に伴う登記実務の取扱について」民月47巻7号［1992・7］
戒能　戒能通孝『借地借家法』（新法学全集）［1937］日本評論社

加賀山・債権担保　加賀山茂『債権担保法講義』［2011］日本評論社
香川・解説　香川保一＝井口牧郎編『借地法等改正関係法規の解説』（新法解説叢書4巻）［1974］
香川・曹時18-10、18-11、19-1　香川保一「借地法等の一部を改正する法律逐条解説(1)(2)(3)」曹時18巻10号［1966・10］、18巻11号［1966・11］、19巻1号［1967・1］
笠井・リマークス49　笠井修「判批」リマークス49号［2014・7］
梶村＝深沢　梶村太市＝深沢利一『和解・調停の実務〔補訂版〕』［2007］新日本法規出版
片山・自正43-5　片山直也「借地権の存続保障」自正43巻5号［1992・5］
加藤・エコノミスト　加藤一郎「改正で借地・借家の供給は促進される」エコノミスト1989年4月11日［1989・4］毎日新聞社
加藤・金判1417　加藤新太郎「判批」金判1417号［2013・6］
加藤＝吉田・基本コンメ　加藤正男＝吉田眞澄『基本コンメ』
加藤・NBL568　加藤雅信「不動産の事業受託（サブリース）と借賃増額請求権」NBL568号［1995・5］
金山・判タ1144　金山直樹「賃料について、私人の合意はどこまで効力が認められるか」判タ1144号［2004・5］
金山・契約大系Ⅶ　金山正信「賃貸借の終了と転貸借」契約法大系Ⅶ
金子・一問一答　金子修『一問一答非訟事件手続法』［2012］商事法務
金子・非訟　同『逐条解説非訟事件手続法』［2015］商事法務
兼子　兼子一『破産法』［1956］青林書院
鎌田＝山田・ジュリ828　鎌田薫＝山田伸直「借地法4条・6条の正当事由――戦後判例の総合的検討」ジュリ828号［1985・1］
亀田・深化　亀田浩一郎「サブリースと三角・多角取引」椿寿夫『三角・多角取引と民法法理の深化』（別冊NBL161号）［2016］
川上・基本コンメ住宅関係法　川上喬市『基本コンメ住宅関係法』
川島・判民昭8　川島武宜「129事件の評釈」東京大学判例研究会編『判例民事法第13巻（昭和8年度）』［1937］有斐閣
川島・法協74-4　同「借地人が借地上の地主の建物を取壊し、そのあとに建てた建物を30年後に無償で地主に移転する旨の特約の効力」（民事判例研究）法協74巻4号［1957・11］
川添・不動産大系Ⅲ　川添万夫「借地契約における各種特約の効力」不動産法大系Ⅲ
鑑定評価委員会・実務指針　公益社団法人日本不動産鑑定士協会連合会　鑑定評価基準委員会『不動産鑑定評価基準に関する実務指針――平成26年不動産鑑定評価基準改正部分について』［2014］
菅野・基本コンメ　菅野耕毅『基本コンメ』
木崎・新講座3　木崎安和「借家契約における特約の効力」新講座3
木村＝田山・基本コンメ　木村保男＝田山輝明『基本コンメ』
研究会・ジュリ196　研究会「借地借家法改正要綱試案をめぐって」ジュリ196号［1960・2］
小粥・みんけん599　小粥太郎「定期借家制度導入後の民法教科書」みんけん599号［2007・3］
五島・法時64-6　五島京子「期限付借家契約」法時64巻6号［1992・5］

五島・定期借地制度　　同「第３部　定期借地制度に関する法律上の諸問題Ⅱ　定期借地権をめぐる法律上の問題」稲本洋之助ほか『定期借地制度の研究』［1994］日本住宅総合センター
後藤　　後藤清『借地借家』（借地編）［1957］青林書院
小山・司書506　　小山泰史「借家の現代的課題　サブリース契約と借地借家法の賃料等増減請求権」月報司法書士506号［2014・4］
近藤・現代裁判法体系　　近藤裕之「借家権の消滅と転借人の保護」渋川満二塩崎勤＝玉田勝也編『現代裁判法大系３借地借家』［1999］新日本法規出版
最高裁民事局編・解説　　最高裁判所事務総局民事局編『民事調停法規逐条解説』［1970］法曹会
斎藤・不動産大系Ⅲ　　斎藤博「貸主の先取特権」不動産法大系Ⅲ
佐藤・ひろば48-4　　佐藤哲治「借地契約の『正当の事由』の現代的動向について」ひろば48巻４号［1995］
沢井・法時62-10　　沢井裕「借地法九条ノ二第三項の賃貸人の優先買受の要件」法時62巻10号［1990・9］
澤野（和）・新版基本コンメ　　澤野和博『新版基本コンメ』
澤野・基本コンメ　　澤野順彦『基本コンメ』
澤野・NBL554　　同「サブリースと賃料減額請求」NBL554号［1994・10］
澤野・ジュリ1006　　同「借地権消滅時の利害調整」ジュリ1006号［1992・8］
澤野・Q ＆ A　　同『借地借家法Q ＆ A』［1992］総合法令
澤野・基礎　　同『借地借家法の経済的基礎』［1988］日本評論社
澤野・裁判実務大系　　同「借地上建物の賃借人・建物の転借人の保護」裁判実務大系23
澤野・新借地借家　　同「新借地借家法』［1991］住宅新報社
澤野・担保法の判例Ⅱ　　同『担保法の判例Ⅱ』
澤野・定期借地　　同『定期借地権』［1992］日本評論社
澤野・新裁判実務大系　　同「定期借家権」『新・裁判実務大系　借地借家法』［2000］青林書院
澤野・理論と実務　　同『定期借家の理論と実務』［2000］住宅新報社
澤野・特約の効力　　同『判例にみる借地・借家における特約の効力』［2008］新日本法規出版
澤野・無断譲渡　　同『判例にみる借地借家の用法違反賃借権の無断譲渡転貸』［2012］新日本法規出版
澤野・論点　　同『論点　借地借家法』［2013］青林書院
塩崎・新裁判実務大系　　塩崎勤「一時使用目的の建物賃貸借」新裁判実務大系６
潮見・NBL1045　　潮見佳男「売買・請負の担保責任：契約不適合構成を介した債務不履行責任への統合・一元化」NBL1045号［2015・3］
下森・金判1192　　下森定「サブリース訴訟最高裁判決の先例的意義と今後の理論的展望(下)」金判1192号［2004・6］
七戸・理論と実務　　七戸克彦「借地上建物の賃借人の保護」澤野・理論と実務
篠塚・新版注民(15)　　篠塚昭次『新版注民(15)』
篠塚・注民(15)　　同『注民(15)』
篠塚・常識(下)　　同『不動産法の常識(下)』［1974］日本評論社

篠塚ほか・借地借家　篠塚昭次ほか『借地借家法――条文と解説』［1992］有斐閣
島田　島田信義『給与住宅・福利・共済』（実務法務大系20）［1972］総合労働研究所
清水・NBL777　清水俊彦「転貸目的の事業用建物賃貸借と借地借家法32条(下)」NBL777号［2004・1］
志水・借地借家コンメ　志水義文『判例コンメンタール特別法（借地借家法）』
研究会・新しい借地借家　借地借家法研究会『一問一答新しい借地借家法〔新訂版〕』［2000］商事法務研究会
住宅契約研究会・Q & A　民間賃貸住宅契約研究会『Q & A わかりやすい定期賃貸住宅標準契約書』［2000］大成出版社
住宅公団　日本住宅公団建築部「住宅経営管理上の法律問題に関する研究」［1958］
東海林・講座1　東海林邦彦「一時使用の借地権」現代借地借家講座1
末弘　末弘厳太郎『債権各論』［1918　合本］有斐閣
杉原・ジュリ1256　杉原則彦「地代等自動改定特約と借地借家法11条1項」ジュリ1256号［2003・11］
鈴木（重）・現代契約大系3　鈴木重信「更新料」現代契約法大系3
鈴木・発達史　鈴木禄弥＝鵜飼信成編『講座日本近代法発達史』11（借地借家法）［1967］勁草書房
鈴木・研究Ⅰ　鈴木禄弥『借地借家法の研究』Ⅰ［1984］創文社
鈴木・借地(上)(下)　同『借地法(上)(下)』［1980］青林書院
鈴木・注民(15)　同『注民(15)』
鈴木＝生熊・新版注民(15)　鈴木禄弥＝生熊長幸『新版注民(15)』
関口・契約大系Ⅲ　関口晃「一時賃貸借」契約法大系Ⅲ
副田・南山38-2　副田隆重「定期建物賃貸借の終了をめぐる諸問題」南山法学38巻2号［2014・12］
速記録4巻　法務大臣官房司法法制調査部監修『法典調査会民法議事速記録第4巻』［1984］商事法務
高木ほか・自正46-7　高木新二郎＝遠山廣直＝鈴木俊光＝後藤富士子「〈特集〉調停による紛争解決の現状と課題」自由と正義46巻7号［1995・7］
高島（義）・民商35-1　高島義郎「借地期間後地上建物を贈与すべき特約」（判例批評）民商35巻1号［1957・4］
高島（良）・借地借家　高島良一『借地借家法』［1961］弘文堂
高島・判例(上)(下)　同『判例借地借家法(上)(下)』［1962］判例タイムズ社
高橋・ジュリ1466　高橋眞「建物の賃借人に対する建物譲受人からの看板撤去請求と権利濫用」ジュリ1466号［2014・4］
滝川・定期借家権Q & A　滝川あおい『借家人のための定期借家権Q & A』［2000］消費者問題研究所
田中・契約大系Ⅲ　田中整爾「家屋明渡の正当事由の存在時期」契約法大系Ⅲ
玉田・不動産学会誌16-1　玉田弘毅「定期借家制度導入の意味」日本不動産学会誌16巻1号［2002・5］

田山・基本問題　田山輝明『現代土地住宅法の基本問題』［1990］成文堂
田山・新版基本コンメ　同『新版基本コンメ』
田山・法時45-14　同「民法604条の意義について」法時45巻14号［1973・11］
田山・詳解　森泉章＝田山輝明＝近江幸治（共編著）『詳解借地借家法』［1993］大成出版社
茶谷・司研17-5　茶谷勇吉「借地借家の現行法規に関する若干の考察」司研17巻5号［昭8・3］
月岡・講座2　月岡利男「社宅・公務員宿舎」講座2
月岡＝田山・基本コンメ　同＝田山輝明『基本コンメ』
筒井・NBL866　筒井健夫「平成19年借地借家法改正に関する覚書」NBL886号［2008・8］
筒井・ジュリ1511　同「債権法改正の経緯と概要」ジュリ1511号［2017・9］
寺田・NBL489、492、494　寺田逸郎「新借地借家法の解説」NBL489号［1992・1］、492号［1992・3］、494号［1992・4］
寺田・金法1285　同「『借地借家法案』の概要と基本的視点」金法1285号［1991・4］
寺田・ジュリ992　同「新しい『借地借家法』の成立」ジュリ992号［1991・12］
寺田・税通46-15　同「新しい借地・借家法制の実現」税通46巻15号［1991・12］
寺田・登記361　同「借地・借家法改正の基本構想と登記」登記先例解説集361号［1991・12］
寺田・民月47-1　同「借地・借家法の改正について」民月47巻1号［1992・1］
寺田・判タ785　同「新『借地借家法』の概要」判タ785号［1992・7］
寺田・ひろば45-3　同「定期借地権および期限付借家の制度」ひろば45巻3号［1992・3］
道垣内・NBL580　道垣内弘人「不動産の一括賃貸と借賃の減額請求」NBL580号［1995・11］
東京地裁民事調停実務研究会・判タ932　東京地裁民事調停実務研究会編「民事調停の実務」判タ932号［1997・4］
都市開発研　都市再開発法制研究会編『新借地借家法の実務』［1992・2］信山社
長井・国民生活25　長井和夫「不動産サブリースのしくみ――管理・原契約を中心に」国民生活ウェブ版25号
永井・解説(上)(中)(下)　永井紀昭「借地借家法の解説(上)(中)(下)」登記32巻4～6号［1992・4～6］
長尾・借地借家コンメ　長尾治助『判例コンメンタール特別法（借地借家法）』
中田　中田淳一『破産法和議法』（法律学全集）［1959］有斐閣
永田・ジュリ1006　永田眞三郎「期限付借家制度」ジュリ1006号［1992・8］
仲田・不動産学会誌28-2　仲田雄一郎「定期借地契約における当事者の変動と定期借地権である旨の主張（対抗）」日本不動産学会誌28巻2号（109号）［2014・9］
中村・新裁判実務大系　中村さとみ「一時使用目的の借地権」新裁判実務大系6
西村・実務民訴　西村宏一「借地非訟事件の申立てと債権者代位」鈴木忠一＝三ヶ月章監修『実務民事訴訟講座7』［1969］日本評論社
新田・基本コンメ住宅関係法　新田孝二『基本コンメ住宅関係法』
仁瓶　仁瓶五郎『新借地借家法――法の概要と運用手続』［1992］学陽書房
野村・ジュリ1006　野村豊弘「借家権の承継：改正見送りの理由・今後の方向」ジュリ1006号［1992・8］
橋本・ジュリ1006　橋本和夫「地代家賃紛争の調停制度」ジュリ1006号［1992・8］

橋本・判タ800　同「民事調停の適正かつ効率的な運用について」判タ800号［1993・1］
秦・別冊 NBL45　秦光昭「判批」別冊 NBL45号［1998・1］
濱崎・民研391　濱崎恭生「共有持分の上の地上権・賃借権の設定と登記：自己借地権制度との関係において」民研391号［1989・11］
浜田・基本コンメ住宅関係法　浜田稔『基本コンメ住宅関係法』
浜田・不動産大系Ⅲ　同「建物の区分所有と借地権の関係」不動産法大系Ⅲ
原田・ジュリ939　原田純孝「借地権の存続期間」ジュリ939号［1989・8］
原田・ジュリ1006　同「借地権の存続期間」ジュリ1006号［1992・8］
原田・新講座１　同「借地権の無断譲渡・転貸」新講座１
原田・注釈借地借家　同『注釈借地借家法』
原田・判タ901　同「賃料自動改定特約の効力と経済事情の変動」判タ901号［1996・5］
原田・法時72-2　同「定期借家制度導入法の問題点」法時72巻２号［2000・2］
東川・講座２　東川始比古「公営・公団住宅」講座２
東川・法時64-6　同「借地権の対抗力」法時64巻６号［1992・5］
ビジネスガイド397　借地借家法実務対策専門委員会編「新借地借家法実務対策マニュアル」ビジネスガイド397号［1992・2］日本法令
平井・基本コンメ　平井一雄『基本コンメ』
平田・判評543　平田健治「地代等自動改定特約と借地借家法11条１項」判評543号〔判時1849号〕［2004・5］
平出・ジュリ　平出晋一〔法律相談〕ジュリ992号［1991・12］
広瀬・借地借家　広瀬武文『借地借家法』（法律学大系コンメンタール篇）［1950］日本評論社
広瀬・諸問題　同『借地借家法の諸問題』［1959］日本評論社
広瀬・判例コンメ　同『判例コンメンタール』
広瀬・法時29-10　同「〈座談会〉借地借家法改正の動向」法時29巻10号［1957・10］
広中・注民⒂　広中俊雄『注民⒂』
広中・判例⑴⑵　同『借地借家判例の研究』⑴⑵〔補訂版〕［1978］一粒社
広中＝佐藤・注釈借地借家　広中俊雄＝佐藤岩夫『注釈借地借家法』
広橋・契約大系Ⅲ　広橋次郎「借地人の建物買取請求権」契約法大系Ⅲ
福井＝久米＝阿部・注釈定期借家　福井秀夫＝久米良昭＝阿部泰隆編『実務注釈定期借家法』［2000］信山社
福田・判タ785　福田剛久「『民事調停法の一部を改正する法律及び民事調停規則の一部を改正する規則』の概要」判タ785号［1992・7］
藤井・Ｑ＆Ａ　藤井俊二『借地トラブルＱ＆Ａ』（水本浩＝澤野順彦編）［1989］有斐閣
藤井・新判例 Watch13　藤井俊二「判批」新・判例 Watch13号［2013・9］
藤井・展開　同「期限付借家に関する一考察」高島平蔵古希記念『民法学の新たな展開』［1993］成文堂
藤井・東社42-9　同「欧米諸国の定期型土地利用権」東社42巻２号［1990・9］
藤井・不動産研究34-3　同「新借地借家法における借地権の存続期間と普通借地権の性格の変化」不動産研究34巻３号［1992・7］

藤井・法時64-6　　同「借地権の存続期間」法時64巻6号［1992・5］
藤井・歴史　　藤井俊二「『定期建物賃貸借期間満了後の法律関係』再論」田山輝明先生古稀記念論文集『民事法学の歴史と未来』［2014］成文堂
藤井・早稲田　　藤井俊二「定期借家制度と人間」浦川道太郎先生＝内田勝一先生＝鎌田薫先生古稀記念論文集『早稲田民法学の現在』［2017］成文堂
舟橋・物権法　　舟橋淳一『物権法』（法律学全集）［1960］有斐閣
法務省・新しい借地借家　　法務省民事局参事官室編『一問一答新しい借地借家法』［1992］商事法務研究会
星野・概論Ⅱ　　星野英一『民法概論Ⅱ』（物権・担保物権）合本新訂［1976］良書普及会
星野・借地借家　　同『借地・借家法』（法律学全集）［1969］有斐閣
星野・法教136　　同「借地・借家法の改正」法教136号［1992・1］
堀田・新裁判実務大系6　　堀田文雄「賃料増額請求における調停前置主義」新裁判実務大系6
本田・講座2　　本田純一「一時使用の借家」講座2
本田・ジュリ1006　　同「造作買取請求権の任意規定化」ジュリ1006号［1992・8］
本田・正当事由　　同「借家法と正当事由」（叢書民法総合判例研究第32-1）［1984］一粒社
本田・不動産学会誌16-1　　同「高齢社会と終身借家制度の導入」日本不動産学会誌16巻1号［2002・5］
本田・法時64-6　　同「借地・借家契約の終了事由」法時64巻6号［1992・5］
本多　　本多淳亮『新労働基準法論』［1982］法律文化社
升田・判時1419　　升田純「借地借家の裁判例と実務（平成元年度）――借地借家法の施行を迎えて(中)」判時1419号［1992・7］
升田・判時1475、1477　　同「賃料自動改定特約の利用価値(上)(下)」判時1475号、1477号［1994・1、2］
升田・判時1478　　同「一時目的借家と期限付借家の機能と実務」判時1478号［1994・2］
升永・金法1681　　升永英俊「地代等自動改定特約とサブリース契約」金法1681号［2003・7］
松井・法民265　　松井正興「新借地借家法の実践的研究／借家関係」法民265号［1992・3］
松尾・借地・借家の裁判例　　松尾弘「建物の意義」内田勝一＝山崎敏彦編『借地・借家の裁判例〔第2版〕』［2001］有斐閣
松岡・課題と展望　　松岡久和「不動産事業と建物賃貸借――サブリース判決の功罪」松尾弘＝山野目章夫編『不動産賃貸借の課題と展望』［2012］商事法務
松岡・論叢154　　同「建物リース契約と借地借家法32条の適用」法学論叢154号［2004・3］
松並・最高裁時の判例Ⅴ　　松並重雄「いわゆるサブリース契約と借地借家法32条1項の適用の有無」『最高裁時の判例Ⅴ』ジュリ増刊［2007・12］
松並・最判解　　同・最高裁判所判例解説民事篇平成15年度(下)
松並・ジュリ1277　　同「判批」ジュリ1277号［2004・10］
丸山＝勝田・基本コンメ　　丸山英気＝勝田信篤『基本コンメ』
三浦・金財3050　　三浦直樹「サブリース規制法の制定を提言する」金財3050号［2013・11］
三浦・国民生活25　　同「不動産サブリース問題の現状」国民生活ウェブ版25号
三浦・消費者14　　同「Q＆A消費者被害救済の法律と実務(13)不動産サブリースの問題点」消

費者14号133頁［2012・3］
三ケ月　三ケ月章『民事執行法』（法律学講座双書）［1981］弘文堂
水本・読本　水本浩『借地借家法読本』［1980］商事法務研究会
水本・民商43-3　同「借地法二条一項の建物朽廃にあたる例」民商43巻3号［1960・12］
水本＝内田＝東川＝藤井・NBL362、364、367、369、373、375、380、381　水本浩＝内田勝一＝東川始比古＝藤井俊二「営業用建物の賃貸借に関する比較法的研究」NBL362号、364号、367号、369号、373号、375号、380号、381号［1986-1987］
宮川編・Q＆A　宮川博史編『Q＆A定期借家権』［2000］新日本法規
宮川・判タ913　同「店舗を目的とする建物の賃貸借契約における更新料の支払い合意が、法定更新の場合にも適用されるとされた事例」判タ913号［1996・9］
三宅・新版注民⒂　三宅正男『新版注民⒂』
三宅・注民⒂　同『注民⒂』
三好・講座1　三好登「借地権の存続期間」講座1
三好・ジュリ1178　三好弘悦「宅建業者の説明義務等取扱い上の留意点」ジュリ1178号［2000・6］
村田・基本コンメ　村田博史『基本コンメ』
望月・注民⒂　望月礼二郎『注民⒂』
望月＝篠塚・新版注民⒂　望月礼二郎＝篠塚昭次『新版注民⒂』
望月＝水本・新版注民⒂　望月礼二郎＝水本浩『新版注民⒂』
森泉・契約大系Ⅲ　森泉章「賃借人に不利な特約」契約法大系Ⅲ
森泉・新版注民⒂　同『新版注民⒂』
森金・訴訟の実務　廣谷章雄編著『借地借家訴訟の実務』〔森金建一〕［2011］新日本法規
薬師寺　薬師寺志光「借地に因る先取特権を論ず」横田博士還暦・教授25年祝賀記念論文集228頁以下［1921］清水書店
山岸・新講座2　山岸洋「定期借地権の当事者関係」新講座2
山口・ジュリ1178　山口英幸「改正借地借家法の概要」ジュリ1178号［2000・6］
山下＝上田＝土井＝森里・判タ1289、1290　山下寛＝上田卓也＝土井文美＝森里紀之「賃料増減請求訴訟をめぐる諸問題(上)(下)」判タ1289号［2009・4］、1290号［2009・5］
山城・新版基本コンメ　山城一真『新版基本コンメ』
山野目・自正43-5　山野目章夫「借地借家法の下での借地権の担保化および自己借地権制度の検討」自正43巻5号［1992・5］
山野目・新講座2　同「定期借地権制度」新講座2
山野目・定期借地権論　同『定期借地権論――定期借地制度の創設と展開』［1997］一粒社
山野目・判タ933　同「借賃増額請求を受けた賃借人の相当と認める額による賃料支払の意義」判タ933号［1997・5］
山野目・法時64-6　同「定期借地権」法時64巻6号［1992・5］
山本・民法法理　山本敬三「借地借家法による賃料増減規制の意義と判断構造――「強行法規」の意味と契約規制としての特質」潮見佳男＝山本敬三＝森田宏樹編『特別法と民法法理』［2006］有斐閣

山本・東社42-4　山本豊「買取型定期借地権」東社42巻4号［1991・1］
吉井・不動産大系Ⅲ　吉井直昭「借家契約における各種特約の効力」不動産法大系Ⅲ
吉岡・奈良産8-3＝4　吉岡祥充「新借地借家法における借地権の性格――『改正』過程と『定期借地権』の論理」奈良法学会雑誌8巻3＝4号［1996］
吉田・銀行法務629　吉田克己「サブリース契約と衡平の原則」銀行法務21　629号［2004・3］
吉田・市民法学の課題と展望　同「サブリース契約と借地借家法32条に基づく賃料減額請求」『市民法学の課題と展望』［2000］日本評論社
吉田・ジュリ1006　同「定期借地権」ジュリ1006号［1992・8］
吉田・注釈借地借家　同『注釈借地借家法』
吉田・判タ778　吉田克己「解約申入後の立退料提供・増額と正当事由の判断」判タ778号［1992・5］
吉田・判タ1173　同「賃料不減額特約と借地借家法11条1項に基づく賃料減額請求」判タ1173号［2005・5］
吉田・判評617　同「判批（東京地判平成21.3.19）」判評617号〔判時2075号〕［2010・7］
吉田・民法学　同『市場・人格と民法学』［2012］北海道大学出版会
吉田・新講座2　吉田修平「事業用借地権」新講座2
吉田・新版基本コンメ　同『新版基本コンメ』
良永・新版基本コンメ　良永和隆『新版基本コンメ』
好美・一法2　好美清光「債権に基づく妨害排除についての考察」一法2号［1959・3］
我妻・各論中一　我妻栄『債権各論中巻一』（民法講義Ⅴ2）［1972］岩波書店
我妻・担物　同『新訂担保物権法』（民法講義Ⅲ）［1975］岩波書店
我妻・判例コンメ　同『判例コンメンタール（契約法）』
我妻・法協84-4　同「借地人が子の名義でした建物保存登記と建物保護法の適用の有無」（民事判例研究）法協84巻4号［1967・4］
我妻＝有泉・物権　我妻栄＝有泉亨『新訂物権法』（民法講義Ⅱ）［1983］岩波書店
我妻＝広瀬・法時13-9　我妻栄＝広瀬武文「賃貸借判例法(20)」法時13巻9号［1938・9］
渡辺・解説　渡辺晋『最新借地借家法の解説〔3訂版〕』［2016］住宅新報社
渡辺　渡辺洋三『土地・建物の法律制度』(上)［1960］東京大学出版会
渡辺＝原田・新版注民(15)　渡辺洋三＝原田純孝『新版注民(15)』
和根崎・新裁判実務大系　和根崎直樹「居住用建物の賃貸借の承継」新裁判実務大系

事項索引

＊は法文へのリファーを示す

【あ行】

【か行】

【さ行】

【た行】

【な行】

【は行】

【ま行】

【や行】

【ら行】

判例索引

【明治】

【大正】

【昭和】

【平成】

■編者紹介

稲本洋之助（いなもと・ようのすけ）故・東京大学名誉教授
澤野　順彦（さわの・ゆきひこ）弁護士・不動産鑑定士

■執筆者紹介（五十音順）

石川　　信（いしかわ・しん）白鷗大学名誉教授
上原由起夫（うえはら・ゆきお）弁護士
鎌野　邦樹（かまの・くにき）早稲田大学大学院法務研究科教授
五島　京子（ごとう・きょうこ）国士舘大学法学部教授
副田　隆重（そえだ・たかしげ）南山大学法学部教授
東川始比古（ひがしかわ・もとひこ）甲南女子大学名誉教授
藤井　俊二（ふじい・しゅんじ）創価大学名誉教授
本田　純一（ほんだ・じゅんいち）元中央大学法科大学院教授
松田　佳久（まつだ・よしひさ）創価大学法学部教授
宮﨑　　淳（みやざき・あつし）創価大学法学部教授
山野目章夫（やまのめ・あきお）早稲田大学大学院法務研究科教授
山本　　豊（やまもと・ゆたか）京都大学名誉教授

コンメンタール　借地借家法〔第４版〕

編　者	稲本洋之助・澤野順彦
発行所	株式会社　日本評論社
	〒170-8474 東京都豊島区南大塚3-12-4　振替00100-3-16
	電話　03-3987-8621（販売：FAX-8590）
	03-3987-8631（編集）
印刷所	株式会社平文社
製本所	株式会社松岳社
装　幀	駒井佑二

1993年７月30日第１版第１刷発行
2003年10月５日第２版第１刷発行
2010年３月10日第３版第１刷発行
2019年６月20日第４版第１刷発行
2022年３月15日第４版第３刷発行
ISBN978-4-535-52331-9　Printed in Japan